大田年鉴

DATIAN YEARBOOK

2015

大 田 县人 民 政 府 主 办
大田县地方志编纂委员会 编

方志出版社
Publishing House of Local Records

图书在版编目（CIP）数据

大田年鉴. 2015 / 大田县地方志编纂委员会编. —
北京 : 方志出版社，2015. 12
ISBN 978-7-5144-1907-8

Ⅰ. ①大…　Ⅱ. ①大…　Ⅲ. ①大田县—2015—年鉴
Ⅳ. ① Z525.74

中国版本图书馆 CIP 数据核字（2015）第 320250 号

大田年鉴（2015）

编　　者：大田县地方志编纂委员会

责任编辑：刘方圆

出 版 人：冀祥德

出 版 者：方志出版社

地址　北京市朝阳区潘家园东里 9 号（国家方志馆 4 层）

邮编　100021

网址　http://www.fzph.org

发　　行：方志出版社发行中心

电话（010）67110500

经　　销：各地新华书店

印　　刷：福州德安彩色印刷有限公司

开　　本：889 × 1194　　1/16

印　　张：22.5

字　　数：584 千字

版　　次：2015 年 12 月第 1 版　　2015 年 12 月第 1 次印刷

印　　数：001~800 册

ISBN 978-7-5144-1907-8　　定价：150.00 元

大田年鉴

2015

编 辑 说 明

一、《大田年鉴》由大田县人民政府主办、大田县地方志编纂委员会承编的，全面记述大田地情的大型综合性年刊。《大田年鉴》以马克思列宁主义、毛泽东思想、邓小平理论、“三个代表”重要思想、科学发展观为指导，坚持辨证唯物主义和历史唯物主义的立场、观点和方法，实事求是，存真求实，遵循国务院《地方志工作条例》和中国地方志指导小组《地方综合年鉴编纂出版规定（试行）》等有关法规和规定进行编写，力求思想性、科学性、资料性三者有机统一。《大田年鉴》编纂宗旨是为国内外各界人士及时提供全面、准确的大田县情资料，坚持为大田县经济建设、政治建设、文化建设、社会建设、生态文明建设服务。

二、《大田年鉴》采用条目体，入鉴文稿务求观点正确、资料翔实、文风朴实、语言简洁，且突出本年度的地方特色和时代特色，符合国家保密规定。本年鉴检索系统有：卷首设详细目录，书眉排有栏目、分目标题。2015年卷《大田年鉴》为第十九卷，结构为类目、分目、条目三个层次，主要记载2014年1月1日至12月31日大田县自然、政治、经济、文化、社会等方面的大事、要事、新事、特事，个别条目为了交代前因后果及保存资料的完整性，内容有适当的上溯或下延。

三、本年鉴中数据，原则上以统计局公布的数据为准，县统计局没有数据的，参照各专业部门提供的数据。记数与计量均使用阿拉伯数字，有小数的一般保留两位小数，百分数一般保留一位小数。

四、本年鉴稿件资料由大田县各部门、各乡镇提供，单位负责人审稿，在类目下署责任编辑姓名、条目后署撰稿人姓名。所有稿件均经过县地方志办公室编辑加工，并经县地方志编委会、县分管领导、县保密局审定。

五、本年鉴“先进人物”收录受到省委、省政府以上机关表彰的先进人物，或作出贡献、在全省范围有影响的人物；“逝世人物”收录曾担任过正科级以上（含正科级）的领导干部、离休干部及省级以上劳动模范；“先进人物”按表彰时间先后排列；“逝世人物”按卒月排列。

六、本年鉴由大田县地方志编纂委员会办公室编纂，得到中共大田县委、大田县人民政府的关心与支持，各撰稿单位和出版社、印刷公司给予积极配合，在此深表感谢。疏漏、错误之处，谨请批评指正。

PREFACE

卷首语

走过初春，走过暖冬，大田人民一步一个脚印，踏踏实实走过了 2014 年。

花开有痕，雁过有声。这一年，大田作为省委领导全市唯一的联系点，高标准、高质量地打造群众教育实践活动全市的样板，让人民群众切身感受到实实在在的变化；这一年，大田公交系统实现了从小到大、从劣到优、从弱到强的的美丽嬗变，有效破解了城区居民出行难题；这一年，大田成为首个承办国家级大型体育赛事的县级城市，全国艺术体操锦标赛运动员们的优雅曼妙身姿从大田新体育活动中心出发，绽放在世界各地的荧屏上；这一年，大田县率先推行的“河长制”在全省推广，１０多万城区居民喝上优质地表水，均溪河石雕文化长廊和景观栈道落成，矿山修复成了田园、公园、花园，重现青山绿水、秀美岩城；这一年，中央电视台科教频道《地理中国》栏目，用巧妙的镜头撩开了国家级文物古建筑的神秘面纱，让“养在深闺人不识”的《大田土堡》走进公众的视野；这一年，大田籍旅美科学家黄永恒获聘国务院海外专家咨询委员会委员，大田省级教育“两项督导”评估验收喜获“双优”，“中国洛神花之乡”花落大田……

回首既往，我们欣慰满怀、问心无愧；展望未来，我们信心百倍、意气风发。我们相信，在“中国梦·我的梦”引领下，全县人民一定能够自强不息，奋斗不止，改革创新，科学发展，为建设宜居宜业的新大田做出更大贡献，为子孙后代造福。

祝愿明天的大田更加辉煌、美丽，大田人民更加富裕、幸福！

编　者

9月5日，国家体育总局体操运动管理中心与大田县签订“中国体操协会大田县大体操培训基地”合作协议，并举行大体操进校园进社区启动仪式（林建伟 摄）

霞光下的大田东部新城（林跃 摄）

2015 年 1 月 14 日，政协第九届大田县委员会第四次会议在县影剧院隆重开幕（林建伟　摄）

2015 年 1 月 15 日，大田县第十六届人民代表大会第四次会议召开（林建伟　摄）

大田县体育文化中心靓影（林建伟　摄）

9 月 2 日—9 日，2014 年全国艺术体操锦标赛在大田县成功举办，这是该项赛事首次在县级城市举办，也是大田县首次承办国家级大型赛事（林建伟 摄）

2014 年全国艺术体操锦标赛（大田）比赛现场（林建伟 摄）

10月28日，大田县第九届中国高山茶暨首届中国洛神花文化节在中国高山茶城广场举行（王上成 摄）

2014年，全县共有志愿服务组织14个，社会志愿者2.3万多人，“浩沙杯”2014年全国艺术体操锦标赛期间，上万名志愿者进行志愿服务（刘冬春 摄）

大田县是全省唯一一个以地下水作为供水水源的县份，通过与省水投集团共同兴建城区水厂，成立了福建水投集团（大田）水务公司，投资2.6亿元建设大田县城区地表水厂，12月15日，大田县城区地表水厂投产供水，城区10多万百姓告别了40余年的地下水使用史（林起煌　摄）

12月8—9日，大田县大体操进校园进社区系列活动之一的健美操世界冠军大田行活动在大田县体育中心举行（林起煌　摄）

5月4日晚，以“放飞中国梦唱响青春歌”为主题的大田县“五四”青春歌会在影剧院举行（涂宝燕　摄）

8月，大田县行政服务中心迁入新址，入驻单位增加到53个，审批事项增加到276项，实现服务功能扩容升级、提质增效（林志建　摄）

10月28日，大田高山茶博物馆举行开馆仪式（王上成　摄）

2014年，大田县投入一千万元优化城区公交服务体系，引进22辆LNG新能源环保公交车，公交车辆增至54辆，公交线路增加到13条，站点增至130个，增加了发车密度，降低群众候车时间，密集线路每5分钟一班次（林志建　摄）

2014 年，大田县被中国经济林协会授予“中国洛神花之乡”称号，图为洛神花种基地（林起煌 摄）

2014 年，大田县被中国经济林协会授予“中国洛神花之乡”称号（林建伟 摄）

2014 年，大田县被中国经济林协会授予“中国洛神花之乡”称号，图为农民在收获洛神花（刘冬春 摄）

12 月 15 日，投资 2.6 亿元建设的大田县城区地表水厂正式投产供水，图为地表水厂运行场景（林建伟　摄）

2014 年，大田县推进矿山生态环境恢复治理，选种树种 36 万株，播撒草籽 300 公斤，建造拦碴坝、沉淀池 11 座和排洪沟，投资 2855 万元，完成矿山水土流失和“青山挂白”综合治理 335 公顷（林建伟　摄）

均溪河滨西岸木栈道景观工程（林跃 摄）

大田城关东部新城绿道（高启建 摄）

6月25—27日，《大田县志（1993—2008）》志稿省、市、县三级评审会在龙山宾馆召开（林志健 摄）

目 录

中共大田县委

大田县人民代表大会

大田县人民政府

政协大田县委员会

中共大田县纪委

社会团体

武 装

法　治

农　业

林　业

水利·电力

工　业

交通·邮电

商业贸易

城建·旅游

财政 · 税务

金　融

综合管理

科学技术

教 育

文化·体育

卫 生

社会生活

乡镇概况

人　物

重要文件选编

统计资料

附　录

特　　载

□编辑　陈源发

大田县

2014 年大田十大新闻

1. 群众路线教育实践活动打造全市样板。自 3 月中旬启动以来，大田县作为全市唯一省委领导联系点，在问题征集、民主生活会、整改落实、建章立制等环节坚持从严从实，高标准开展，高质量推进，着力打造全市教育实践活动的样板。在活动中，整合有效资源、集中力量优先解决群众反映强烈的作风、民生、发展等问题，开展好“四下基层”、“五到一线”等活动，办好为民实事项目，让人民群众切身感受到实实在在的变化；边查边改，对群众反映强烈的干部“走读”、“吃空饷”、参与“两违”建设等突出问题进行逐项整改落实，教育实践活动取得了阶段性成效。

2. 成功举办全国艺术体操锦标赛。9 月 2—10 日，2014 年全国艺术体操锦标赛在大田县成功举办，这是该项赛事首次在县级城市举办，也是大田县首次承办国家级大型赛事。整个赛事及微电影《缘定茶乡》首播仪式等相关活动吸引了CCTV-5、中新社、新华社等23家新闻媒体关注，相关新闻被各大媒体、网站刊播、转载达25000多次，在线赛事直播获得多达30多万人次点击观看，有效地宣传了整个赛事活动，提升了大田的知名度与美誉度。

3. 创设的“河长制”在全省推广。如何综合整治好境内河流、加强河道监管呢？2009年以来，大田县在全省率先探索推行“河长制”，明确河长为包河治理第一责任人。2013年，该县按属地管理原则，由乡镇长担任辖区总河长，全县200个大小河段均设立河长，实现了县、乡、村三级“河长制”全覆盖，创设“河长易信群”，有效地进行了监管、整治，这一做法2014年已在全省推广。

4. 矿业大县再现秀美山川。近年来，大田县持续推进生态文明建设，出台了相关的监控、管理、考核、问责等配套的长效机制，抓好矿山水土流失治理，推进全省首个生态执法局监管力度，确保“河长制”等措施落实到位。近两年来，大田已治理水土流失面积超25万亩，矿山正逐步修复成工业园、公园、庄园、田园，森林覆盖率大幅提高，矿山重披绿装。

5. 城区公交体系全面优化。大田县公交体系实现了从小到大、从劣到优、从弱到强的美丽嬗变，有效地解决了城区居民出行难题。2014年，投入近千万元全面优化城区公交服务体系，引进了22辆LNG新能源环保公交车，全县公交车辆由原先的12辆增加至54辆，公交线路由原来的2条增加到13条，公交站点由原先的40个增加至130个，增加了发车密度，降低群众候车时间，密集线路每5分钟一班次。

6. 行政服务中心扩容提效。8月下旬，大田县行政服务中心喜迁新址，推进了行政审批大集中，该县把涉及全县千家万户的教育、房管等276项行政审批服务事项都集中到县行政服务中心，并改变过去部分窗口仅有收件职能的历史，实现现场收件、现场审批，审批服务效率大幅提高，着力打造行政服务的全省样板。同时，县里整合就业和社会保障综合服务中心、公共资源交易中心，使入驻审批职能单位由23个增加到53个，审批服务事项由87项增加到276项，服务功能扩容升级、提质增效，受到群众好评。

7. 大田籍旅美科学家黄永恒获聘国务院海外专家咨询委员会委员。10月，大田籍旅美科学家黄永恒博士从众多海外优秀科学家中脱颖而出，获聘第四届国务院侨办海外专家咨询委员会委员，并成为本届最年轻的海外专家咨询委成员。黄永恒由大田一中考入同济大学，后毕业于同济大学环境工程系，获工学学士学位；1999年研究生毕业于清华大学，获工学硕士学位；同年赴美留学，2013年获得美国水环境联合会颁发的工业污水治理奖——鲁道夫勋章，现为德克萨斯A&M大学生物与农业工程系终身教授。

8、考评机制全面压缩“瘦身”。大田县考评办向全县110个考评对象征求意见，最终于5月19日出台新的《大田县2014年度工作考评方案》。方案对18个乡（镇）、62个县直职能部门综合工作考评进行了大“瘦身”：乡镇综合工作考评项目、考评单位双双减幅过半，修改了县直部门公众评议办法，增加乡镇对县直部门考评项目，从而改变了考评内容过细过散的缺陷，使得考评工作更科学更可行。

9. 10多万城区居民喝上优质地表水。此前，大田县是全省唯一一个以地下水作为供水水源的县份，通过与省水投集团共同兴建城区水厂，成立了福建水投集团（大田）水务公司，投资2.6亿元建设大田县城区地表水厂，12月15日，大田县城区地表水厂正式投产供水，让大田县城区10多万百姓告别了40余年的地下水使用史，大田城区饮用水迎来新时代。

10. 央视科教频道《大田土堡》节目揭开土堡地理奥秘。6月28日至29日，中央电视台十套科教频道《地理中国》栏目分上下两集播出《大田土堡》专题节目，该节目由中国地质科学院邱小平教授与栏目编导杨洋、李印清共同编制，以地质、文史专家探寻大田土堡为主线，用镜头巧妙揭开土堡奥妙，重点介绍了泰安堡等各个土堡的结构、功能和形成历史，讲述了大田县土堡的传奇身世，揭开了土堡地理分布、墙体建造和防御功能等谜团。

在县委十二届七次全会上的报告

汤俊生

（2014年10月11日）

这次全会的主要任务是，深入学习贯彻习近平总书记系列重要讲话和对福建工作的重要指示精神，以及中央支持福建进一步加快经济社会发展的重大战略部署，全面落实省委九届十一次全会、市委八届八次全会和全省新型城镇化工作现场会的各项部署要求，动员全县各级党组织和广大党员干部进一步统一思想、凝聚合力，加快推动大田科学发展跨越发展。下面，根据县委常委会研究的意见，我讲三个方面问题：

一、深刻领会、凝聚共识，把思想和行动统一到中央精神和省市委部署上来

1. **要深化认识**。党的十八大以来，习近平总书记多次就福建工作作出重要指示，殷切希望福建更好更快发展。从习总书记重要指示所包含的丰富内涵，以及这次省委和市委全会主要精神和部署要求看，我们深切感到，中央对福建发展的重视程度是空前的，支持力度是空前的，省委省政府和市委市政府推进落实的决心和力度也是空前的。中央支持福建进一步加快发展，是国家层面的重大战略部署，既有重大的政治意义，又有重要的经济意义。为深入贯彻习总书记重要指示，中央研究出台了一系列支持福建发展的政策措施，列出了重点推进的项目清单，明确了“十二五”期间福建要动工建设57个重大项目，“十三五”期间再开工58个重大项目，这是给福建单独开的“小灶”。省委召开九届十一次全会，市委召开八届八次全会，对进一步加快科学发展跨越发展作出了全面部署，明确了发展目标和工作任务，为我县科学发展跨越发展指明了方向。全县各级党组织和广大党员干部特别是各级领导干部，一定要从全局和战略的高度，充分认识进一步加快科学发展跨越发展的重大意义，切实把思想和行动统一到中央和省市委的决策部署上来，全力落实好政策、实施好项目，以实际成效加快推进大田科学发展跨越发展。

2. **要把握机遇**。习近平总书记的重要指示，给福建发展带来了千载难逢的重大历史机遇。这个机遇来之不易，我们没有任何理由不抓住这个机遇，也没有任何理由不用好这个机遇。从目前大田的发展情况看，我们具备了抓住并用好这一重大机遇的基础和条件。**一是宏观政策有优势**，特别是去年我县“申苏”成功，中央和省一系列加快老区苏区发展的政策措施，将为我们加快科学发展跨越发展提供有力的政策支持和保障。**二是产业发展有基础**，我们的传统产业在改造提升，产业结构调整稳步推进，初步形成了轻纺新型面料、机械铸造、矿产品深加工、高山茶等支柱产业集群。**三是交通区位在改善**，泉三高速公路穿境而过，国道“纵五”、泉三高速上京互通口等在建重大交通基础设施项目加快推进，吉泉铁路、莆炎高速等项目即将动工建设，大田的区位优势逐步显现。**四是发展环境在优化**，在推进发展的过程中，全县上下形成了干事创业的良好精神状态，形成了想发展、要发展的整体合力，这些都为我们做好今后各项工作奠定了更加坚实的基础。面对当前良好的机遇，各级各部门务必要把贯彻国家战略、落实省市委部署作为义不容辞的责任，全力推动大田经济社会发展在今后几年上一个新台阶。

3. 要迎接挑战。加快推进科学发展跨越发展的大幕已经开启，各地都在比学赶超、加快发展。大田是省市发展的重要组成部分，能否搭上这趟“快车”，认真落实好中央和省市委部署要求，是对我们各级领导干部能力素质的考验、精神作风的检验。新一轮发展的热潮，对我们大田而言，既是机遇，更是挑战。当前，我们仍然面临着不少的困难和压力。**一是加快发展的压力，**目前我们大田的经济总量、产业规模不足，亟需提速换挡加快发展，而在当前经济形势下，今后几年要保持两位数的增长速度，压力不小。**二是转型发展的压力，**实现加快发展不只是简单的总量增加，还要实现结构、质量的同步提升，实现环保、生态的同步加强，这对于我们大田以初级工业品为主的经济形态，面临的困难不少。**三是统筹发展的压力，**从项目接续看，虽然近年来我县在引进项目、培育产业方面取得了一些成效，但与发达地区和周边县（市）相比，仍然存在较大差距，能有效带动产业发展的大项目好项目不多；从城乡统筹看，城乡发展不协调，农村发展比较滞后，有些民生工作还处在保基本的水平，要实现协调发展、全面发展，还存在许多薄弱环节。对这些问题，我们既要高度重视、直面正视，又要坚定信心、鼓足干劲，积极应对、扎实工作，努力在全省全市发展中保持应有的位置。

二、明确方向、奋力拼搏，进一步加快大田科学发展跨越发展

根据中央精神和省市委部署，进一步加快科学发展跨越发展是今后几年的中心工作，各项工作都要服从服务于这个中心，所有力量都要聚焦聚集于这个中心。我们要结合大田实际，深入学习贯彻习近平总书记系列重要讲话和对福建工作的重要指示精神，坚持科学发展跨越发展和“百姓富、生态美”有机统一，落实“三个必须”要求，进一步解放思想、改革创新，求真务实、埋头苦干，争取在2018年前后全县经济综合实力迈上一个新的台阶。

1. 要明确主题。就是要抢抓中央支持福建进一步加快经济社会发展和我县被列入全省十二个重点生态功能区之一的历史机遇，按照省委省政府和市委市政府的部署，把**“转型驱动、绿色发展”**作为今后一个时期我县加快科学发展跨越发展的工作主题。我们强调“转型驱动、绿色发展”，就是要让转型发展和绿色发展成为大田的最强音，成为我们工作的主旋律。要通过转型发展和绿色发展做大经济总量、提升增长质量，通过转型发展和绿色发展增加社会财富、惠及民生大众，在全市乃至全省发展大局中保持我们的既有优势、保住我们的应有地位。就是既要“金山银山”，又要“绿水青山”，做足“山水”文章，挖掘生态潜力，以更大的力度加强生态建设和环境保护，让青山常在、绿水长流、空气清新，努力走出一条生产、生态、生活共赢的发展路子。

2. 要盯紧目标。省委明确到2018年前后全省经济总量达到3.5万亿元，未来五年经济增速必须保持在年均10%左右。市委提出未来五年经济增速要保持在年均11%左右。根据省市委要求，我们未来五年经济增速要保持在年均11.2%左右，人均GDP、城乡居民收入、生态环境等其他指标优于全市平均水平。这里需要强调的是，我们要的速度是**有质量有效益的速度，**不是简单的总量增加，不是单纯的数字增长，而是要实现结构的优化和质量的提升，财税的增长和民生的改善；**是重实绩重实效的速度，**一切从实际出发，实事求是，尊重经济规律，促进实实在在的增长；**是可持续可包容的速度，**不以牺牲环境为代价，不走老路、不留后患，促进“百姓富、生态美”的有机统一。全县各级各部门务必要坚定信心和决心，排除万难，奋力拼搏，千方百计将潜在优势变成现实优势，确保既定目标任务的实现。

3. 要把握重点。突出把握好做大经济总量、推进产业转型升级、加强生态建设、统筹城乡协调发展四个重点。

一要把做大经济总量作为重中之重。总量是一个地方发展的基础，也是提高经济发展质量和效益的前提。对大田而言，确保增长，做大总量，始终是经济工作重要而又紧迫的任务。**一方面，要深化项目带动。**把项目带动作为加快推进我县科学发展跨越发展的重要手段，深入贯彻落实“三明市‘十百千’重大项目工程建设五年计划”，今后五年全县要组织实施重大项目300个以上，总投资1500亿元以上，力争固定资产投资年均增长20%以上，到2018年全县经济总量达到230亿元以上。加大招商选资力度，创新招商方式，坚持每年引进一批科技型、税源型、生态型的大项目、好项目，增强经济发展后劲。**另一方面，要突出基础设施建设。**充分发挥投资在稳增长中的关键性作用，跟紧新一轮全省基础设施大开发大建设的热潮，把基础设施建设作为扩投资、稳增长的重头，作为优化大田开放开发环境、改善群众生产生活条件的重点，努力构建适度超前、功能配套的现代化基础设施体系。突出抓好交通、能源、市政、水利等基础设施提升工程，重点加快推进国道“纵五”、泉三高速上京互通口等在建交通基础设施项目建设，确保莆炎高速、吉泉铁路、220KV百石输变电工程等重大项目开工建设，力争到2018年完成投资680亿元以上。

二要把产业转型升级作为主攻方向。今后五年，要按照一产“接二连三”、二产集聚延伸、三产创新业态的产业发展思路，全面构建现代产业体系的主体框架。**工业方面**，要抓龙头、铸链条、建集群，改造提升机械铸造、建材水泥等传统产业，大力发展节能环保、生物医药等新兴产业，五年实施工业重大项目59个以上，力争到2018年总投资达380亿元以上，规模以上工业总产值比2013年翻一番。**农业方面**，要在稳定粮食生产的基础上，大力发展设施农业、生态农业、观光农业，五年实施农业重大项目28个以上，总投资56亿元以上，到2018年基本建成10万亩茶叶、15万亩油茶、10万亩木薯、10万亩洛神花等现代农业产业生产基地，全县农业产业总产值达150亿元以上，其中农林牧渔业总产值达60亿元以上。**三产方面**，着力推进服务业发展提速、比重提高、水平提升，突出抓好现代物流、旅游、电子商务、文化产业发展，五年实施重大项目78个以上，总投资220亿元以上，力争全县第三产业增加值年均增长10%以上，服务业固定资产投资年均增长25%以上，到2018年第三产业增加值占地区生产总值的比重达到38%以上，服务业税收占税收收入的比重达到50%以上。

三要把加强生态建设作为重大战略。节约资源、保护环境是基本国策。今后五年要按照保护生态环境与发挥生态优势并行、面上保护与点上开发并举、生态保护与生态修复并重的思路，着力构建与重点生态功能区定位相适应的产业发展格局、城镇化格局和生态安全格局，实施生态环保重大项目37个以上，总投资力争150亿元以上，到2018成功创建省级园林县城、省级森林城市、国家级生态县。**要突出矿山水土流失治理。**全面推行“五园”治理模式（废旧矿山变公园、林果园、田园、工业园、家园），因地制宜对矿山进行分类治理，重点推进废弃矿山复垦、生态绿色矿山建设、矿山地质环境治理等项目，积极探索矿山生态治理产业化、市场化道路，到2018年水土流失面积占国土面积比重下降至7%以内。**要突出环境综合整治。**进一步落实“河长制”，建立健全长效治理机制，突出抓好重点污染物、水环境污染、大气污染等综合整治，加强资源节约利用，深入推进节能降耗，化学需氧量、氨氮、二氧化硫、氮氧化物等污染物减排完成省市下达任务，大气环境质量达国家二级标准，城区饮用水源水质达标率100%。**要突出生态保护体系建设。**深入推进造林绿化和“四绿”工程，对重点生态功能区、生态极为脆弱区进行重点保护、保育和生态重建，巩固森林面积和蓄积量，到2018年累计完成造林更新10万亩，森林蓄积量1200万立方米以上，全县森林覆盖率稳定在75%以上，生态功能空间占国土空间比重不低于80%，把大田打造成全省重点生态功能区建设示范区。

四要把统筹城乡发展作为重要任务。统筹城乡协调发展既有利于提高人民群众的生活质量，又是拉动经济增长的现实需要。要按照全省新型城镇化工作现场会的要求，学习借鉴晋江等地新型城镇化工作经验，坚持重点突破与整体推进相结合，不断提升城乡协调发展水平。**要加快城镇化进程。**目前，我县的城镇化率比全市低7.5个百分点，城镇化的空间和潜力很大。因此，要做大中心城市规模，加大城市“四大板块”开发力度，抓好“五路三桥”市政路网工程，加快推进“数字城管”，到2018年县城常住人口达15万人以上，城市建成区面积达17平方公里以上，常住人口城镇化率达到50%以上。**要深化美丽乡村建设。**围绕“一好五美”目标，以高速公路、快速铁路、国省道沿线及重要节点为重点，加快实施“水源清洁”“家园清洁”“田园清洁”工程，全县每年培育一批精品村，通过典型示范带动，打造一批环境整洁、配套完善、房屋美观、自然生态的新型农村社区。加快小城镇建设，增强城镇产业发展、公共服务、吸纳就业、人口集聚功能，重点推进建设镇和桃源镇2个市级中心镇改革发展。**要保障和改善民生。**坚持建机制、补短板、兜底线，量力而行、尽力而为，办好惠民实事，解决民生问题，五年实施重大项目26个以上，总投资力争45亿元以上，推进城乡教育、医疗卫生、就业服务等基本公共服务均等化，提升城乡居民幸福指数，让改革发展成果更多更公平惠及全县人民。

三、凝心聚力、敢于担当，为加快大田科学发展跨越发展提供坚强保障

1.**要狠抓作风。**作风事关形象，关乎发展，要始终促进干部作风的转变，为发展积蓄奋发有为的动力。**一要进一步振奋精神。**各级各部门要把思想和行动统一到县委全会的总体部署上来，进一步增强“机不可失、时不再来”的紧迫感，树立“背水一战、迎难而上”的使命感，迅速行动起来，动员全县上下以饱满的工作热情投入到全力推动我县科学发展跨越发展的各项工作中去。**二要进一步改进作风。**要善始善终抓好党的群众路线教育实践活动，持续聚焦“四风”问题，深入开展专项整治，切实做到锲而不舍、一抓到底，真正让好作风内化为信念、外化为习惯、固化为制度。要严格落实中央八项规定精神，加大监督执纪问责力度，把“八项规定”精神和“十不准”坚持好、执行好。**三要进一步优化环境。**一方面要鼓励那些想干事、能干事的干部大胆工作，在进一步加快科学发展跨越发展中锻炼干部、考验干部、评价干部、使用干部。另一方面对那些作风不实损害发展环境的不作为、慢作为、乱作为的干部，要严肃问责。同时，要注意把握好政策界线，把过去由于制度缺失导致的工作失误，与违法乱纪、贪污腐败的行为区分开来，保护好干部干事创业的积极性。**四要进一步加强党建。**要落实从严治党责任，坚持党建工作和中心工作一起谋划、一起部署、一起考核，防止“一手硬、一手软”。要夯实基层基础，加大对基层软弱涣散党组织整治力度，增强基层党建服务发展、服务民生、服务群众的功能。要抓实廉政建设，全面落实党委主体责任和纪委监督责任，坚持以严的标准要求干部、以严的措施管理干部、以严的纪律约束干部，使干部心有所畏、言有所戒、行有所止。

2.**要狠抓落实。**一份部署，九分落实。各级各部门要把落实好这次全会精神以及两个《实施意见》文件精神作为当前的重要任务，抓紧分解细化责任，把压力传导下去，做到军令到岗、责任到人。**一要提高标准抓落实。**各级各部门要不安于现状，不满足于工作过得去，不满足于纵向比有进步，要珍惜发展机遇，真正把发展的优势发挥到极致，把工作的潜能挖掘到极致，把创业的热情释放到极致，以一流的精神状态、一流的工作标准，创造一流的工作业绩。**二要攻坚克难抓落实。**目前，我们仍然面临经济运行下行压力，经济社会发展存在种种困难，各级领导干部要敢于正视困难、敢于攻克难关，特别是要针对项目建设、产业转型、生态建设等经济社会发展中的难点问题拿出过硬措施，确保完成县委全会确定的各项目标任务。**三要凝聚合力抓落实。**大田的发展需要全县上下的共同努力，各级各部门要牢固树立全县“一盘棋”

思想，正确处理好个人与集体、局部与全局的关系，自觉服从县委、县政府的决策部署，在全县大局中找准自己的位置，扮好自己的角色，各司其职、各负其责，通力协作、密切配合，形成推动科学发展跨越发展的强大合力。

3.要狠抓当前。一要确保目标完成。目前已是10月中旬，离年底只剩下两个多月时间，时间紧，任务重，全县各级各部门要对照年初工作目标，特别是对滞后的指标，要找准问题，强化责任，细化措施，尽快迎头赶上。**二要抓实项目工作。**要深入开展“双百会战”活动，按照既定的目标要求，加强要素保障，抓好协调服务，倒排时间，倒逼进度，加速推进，确保项目工作取得实效。**三要做好计生工作。**各级各相关部门要对照年度责任目标和省、市考核方案，做好迎接省、市年终考核准备工作，认真开展自查和整改，逐项抓好落实，确保在省、市考核中取得好成绩。**四要办好两场活动。**各相关部门要认真做好第九届中国高山茶文化节暨中国洛神花文化节的筹备工作，确保本届文化节办出水平、办出特色、办出实效。同时，要做好市第十届林博会的项目、客商对接工作。**五要确保社会安定稳定。**要严格落实安全生产“党政同责、一岗双责”，突出抓好道路交通、矿山、建筑工地、学校、森林防火等重点领域和重点行业的安全监管，严防重特大安全生产事故发生，保障群众生命财产安全。要加强社会治安综合治理，加大矛盾纠纷排查调处力度，落实信访维稳责任制，加强社会治理创新工作，严厉打击各类违法犯罪活动，保持社会和谐稳定。**六要提前谋划明年。**结合省政府即将召开的务虚会，各分管处级领导要抓紧研判形势、牵头谋划明年工作，各相关部门要及早研究项目、强化对接，争取有更多的项目挤入省、市重点项目盘子。

同志们，加快大田科学发展跨越发展，使命崇高，责任重大。让我们紧密团结在以习近平同志为总书记的党中央周围，在省委省政府和市委市政府的正确领导下，解放思想、开拓创新，团结一心、奋力拼搏，为进一步加快大田科学发展跨越发展，促进“百姓富、生态美”有机统一做出新的贡献！

政府工作报告

——2015年1月15日在大田县第十六届人民代表大会第四次会议上

县 长 熊旭明

各位代表：

现在，我代表县人民政府，向大会报告工作，请予审议。并请县政协委员和列席代表提出意见。

2014年工作回顾

一年来，县政府在上级党委、政府和县委的正确领导下，在县人大及其常委会的法律监督、工作监督和县政协的民主监督支持下，深入贯彻落实党的十八大、十八届三中、四中全会和习近平总书记来闽考察重要讲话精神，紧紧依靠全县人民，围绕“转型驱动、绿色发展”工作主题，全力以赴解难题，凝心聚力抓发展，全县经济社会保持平稳发展态势。一些重要领域取得突破：

——中国经济林协会授予我县全国首个“中国洛神花之乡”，成功举办第九届中国高山茶暨首届中国洛神花文化节。

——国家体育总局体操运动管理中心授予我县全国首个“大体操”培训基地，成功举办2014“浩沙杯”全国艺术体操锦标赛。

——上京互通、国道“纵五”等重大交通基础设施项目开工建设，大德公路、赤岩隧道建成通车。

——华伦特重工成为2014年全市唯一在海峡股权交易中心挂牌交易的企业，三井科技成为我县首家在上海股权交易中心上市的科技型企业。

——创新“河长”制，实现全县所有大小河流管护全覆盖，文江河、均溪河等水流域治理初见成效，得到省委、省政府充分肯定。

——新开辟公交线路9条，新设公交停靠站89个，新投放公交车38辆，实行残疾人和65周岁以上老人免费乘坐。

——教育教学质量实现“点上突破，面上提高”，全县高考本科上线率比上年提高6个百分点，77名学生考入“985”“211”重点大学，叶豪同学以总分708分被清华大学录取。

主要工作及成效是：

一年来，我们积极应对，稳增长政策措施及时有效。 **政策扶持及时。**面对经济下行压力持续加大、市场需求持续低迷等不利形势，及时出台推动工业稳增长促转型、进一步扶持矿产品采选业发展等配套政策措施，兑现各类扶持奖励资金8911万元。**帮扶措施有力。**成立县金融办和中小微企业发展服务中心，组织开展“百名科级干部进百企”、“百日项目攻坚，百家企业帮扶”、政银企对接等活动，完成政府性融资12.8亿元，帮助企业解决各种困难和问题221个、落实贷款资金10.29亿元，帮助企业无偿办理应急转贷资金40笔、3.19亿元。**项目对接有效。**把握省纪委挂钩我县的有利机遇，打好“苏区牌”，共争取各类资金8.9亿元。举办“8·8”泉州专场招商推介会，组织参加各类招商活动，落地开工项目26个、总投资29.7亿元。实施重点项目132个，完成投资114.78亿元，39个项目开工，54个项目竣工或部分竣工投产（使用）。

一年来，我们量质并举，转型升级迈出坚实步伐。 **特色农业扎实推进。**出台培育发展家庭农场、加快推进富硒产业发展等扶持政策，新获批国家级和省级农业标准化示范区各1个，新培育省级龙头企业1家、省市级示范社8家、家庭农场63家，实现土地规模流转3.5万亩，被列为省级花卉产业发展示范县。新获无公害、绿色和有机农产品认证3个，8家企业列入省市级农产品质量安全可追溯体系建设。**工业经济稳步发展。**开工建设重点工业项目21个、完成投资27.23亿元，新增规模以上工业企业16家。实施红狮水泥、鑫鹭峰实业等企业技改项目283个、完成投资102.7亿元。新设企业研发中心3家，主导或参与制定国家、行业和地方标准3项，新增市知名商标3个、省名牌产品4项，新获授权专利81件。**第三产业活力增强。**长隆物流等16个重点商贸物流项目加快推进，新增限额以上贸易企业23家、物流企业25家、电子商务企业19家、中介服务机构41家，实现“个转企”103户。新培育省级“森林人家”2个，桃源蓝玉村通过省级乡村旅游特色村验收。

一年来，我们多管齐下，城乡统筹发展进程加快。 **城乡面貌逐步改观。**城市“四大板块”建设扎实推进，栋山路、珠宝桥、南门桥、石牌道路及立面改造竣工，城市自来水厂建成投入使用。实行“街长制”，加大“两违”综合整治、宜居环境建设力度，省级“文明县城”创建取得阶段性成果。深入开展美丽乡村创建活动，新培育示范点40个，蓝玉村、内洋村被评为全市首批示范村，东坂村、万宅村入选第三批中国传统村落名录。**城乡基础设施不断改善。**完成公路改造43公里、安保工程107公里，华石线二期、屏吴公路进展顺利，“莆炎”高速、“吉泉”快速铁路前期工作扎实推进。城关、梅山、奇韬35千伏输变电站建成投入使用，新一轮农村电网改造提升工程顺利实施。**生态环境保护工程扎实推进。**完成水土流失治理面积5.81万亩，新增造林绿化面积3.15万亩，7个乡（镇）获得国家级生态乡镇命名。实施重点减排项目6个、节能项目5个、循环经济项目10个，单位生产总值能耗降低和主要污染物减排完成省市下达任务。

一年来，我们以人为本，民生幸福指数持续提升。 **社会保障日益完善。**财政用于民生支出13.39亿元，21项为民办实事项目基本完成。建设保障性安居工程1129套、完成配租配售508套，“造福工程”搬迁2730人、农村危房改造300户，改造老年人活动中心16个，新建农村互助幸福园2个、敬老院4所，实现乡乡都有敬老院。开展各种技能培训1.6万人次，发放下岗失业人员创业小额担保贴息贷款1030万元，新增城镇就业2602人、转移农村劳动力5389人。农村低保、五保户供养、高龄老人补贴、退休劳模补充养老金、被征地农民养老保障金、乡镇专职残疾人联络员待遇等得到提高，养老、医疗、工伤、生育、失业等社会保险实现参保人数和基金征缴同步增长。**社会事业全面进步**。以“双优”成绩顺利通过省级教育“两项督导”考核，完成校安工程、城区扩容、薄弱校改造等项目12个，上京中小学及幼儿园实现整体搬迁，中小学生社会实践基地、农村中小学“班班通”工程有序推进。体育文化中心建成投入使用，国家公共文化服务体系示范区创建工作扎实开展。县、乡、村三级医疗机构药品零差率销售实现全覆盖，完成济阳、吴山卫生院改造和201个村卫生所信息化建设。“单独二孩”政策稳步推进，“诚信计生·幸福家庭”创建活动深入实施。**社会治理得到加强**。扎实开展“六五”普法，深化“平安大田”建设，落实信访工作“路线图”，强化安全生产“党政同责、一岗双责”，社会保持安定稳定。扶贫开发和库区移民后扶工作进展顺利。慈善总会作用有效发挥。与此同时，人民武装、国防动员、民兵预备役、人民防空、双拥、地方志、档案、审计、统计、民族宗教、外事侨务、老区、老龄、老体协、青少年、妇女儿童和关心下一代等各项工作全面推进。

一年来，我们依法行政，政府自身建设不断加强。深入开展党的群众路线教育实践活动，坚决纠正“四风”，着力解决事关群众切身利益的突出问题。依法接受人大法律监督、工作监督，自觉接受政协民主监督，共办理人大代表建议136件、政协委员提案83件，办结率、满意率均达100%。深化政务公开，行政服务中心、公共资源交易中心、就业和社会保障中心实现集中入驻和标准化建设，行政审批时限压缩56.2%、窗口即办率达99.8%，依法行政水平和行政效率进一步提高。严格落实中央“八项规定”精神、党风廉政建设责任制和廉政准则，严肃财经纪律，行政监察和审计监督力度加大。

各位代表，过去的一年，我们遇到的困难比预料的多，经受的考验比预想的大，取得的成绩来之不易，这是上级党委、政府和县委正确领导的结果，是县人大及其常委会和县政协监督支持的结果，是全县人民团结拼搏、开拓进取的结果。在此，我谨代表县人民政府，向辛勤工作在各条战线上的全县人民，向给予政府大力支持和有效监督的人大代表、政协委员、工商联、各人民团体、无党派人士、离退休老同志、社会各界人士和全体纳税人，向为大田经济社会发展做出积极贡献的人民解放军、武警官兵、民兵预备役部队、公安干警，向所有关心支持大田发展的同志们、朋友们，表示最衷心的感谢，并致以最崇高的敬意！

在看到成绩的同时，我们也要清醒地认识到，我县经济社会发展还存在不少困难和问题，主要是：经济总量不大，三次产业结构不合理，缺乏大项目、好项目支撑，转型发展任务艰巨；企业生产经营比较困难，自主创新能力不强；农村基础设施比较薄弱，新型城镇化进程不快；水土流失治理任重道远，生态环境保护和节能减排压力加大；财政增收困难，民生投入与实际需求还有差距；政府个别部门和干部“中梗阻”现象仍然存在，“四风”问题还需深入整治，等等。对此，我们将高度重视，采取有力措施认真加以解决。

2015年主要工作任务

今年，是全面深化改革的关键之年，是全面推进依法治国的开局之年，也是全面完成“十二五”规划的收官之年。我们要按照建设“机制活、产业优、百姓富、生态美的新福建”要求，坚持稳中求进工作总基调，围绕“转型驱动、绿色发展”工作主题，主动适应新常态，把握新机遇，激发新动能，进一步加快大田科学发展跨越发展。

全县经济社会发展主要预期目标是：地区生产总值增长11%；地方公共财政收入增长8%；农林牧渔业总产值增长5.2%；全社会固定资产投资增长20%；规模以上工业增加值增长13%，出口总值增长12%，验资口径实际利用外资增长10%；社会消费品零售总额增长14%，居民消费价格总水平涨幅控制在3%左右；城镇居民人均可支配收入增长11%，农村居民人均可支配收入增长11%；城镇登记失业率控制在3.6%以内；完成上级下达的人口与计划生育、单位生产总值能耗降低和主要污染物减排年度任务。着重做好以下六个方面工作：

（一）全力推进扩大投资

深化项目带动战略。创新项目策划理念，用足用活国务院支持赣闽粤原中央苏区振兴发展、支持福建省深入实施生态省战略加快生态文明先行示范区建设等政策措施，把握省纪委挂钩我县的有利机遇，加大向上沟通协调力度，抓好“十三五”规划研究编制，力争更多的项目进入国家和省、市盘子。创新招商选资机制，整合招商资源，抽调能力强、懂政策、会协调的干部，组建专业招商小分队，大力推行“产业链”“客商链”“企业链”招商，重点加强与央企、世界500强、民企500强和台湾百大企业的对接，力争全年新引进亿元以上项目10个以上，新引进央企、民企和台湾百大企业各1个以上。创新项目推进机制，落实领导挂包、部门联动、定期督查、考核奖惩等制度，全力破解项目征迁、融资、审批等难题，实施重点项目133个、年度计划投资71.68亿元，确保全年新开工项目47个以上、竣工或部分竣工投产（使用）项目59个以上。

加快基础设施建设。大力实施“六大提升工程”，加快上京互通、国道“纵五”项目建设，建成华石线二期、屏吴公路，推进“吉泉”快速铁路、“莆炎”高速前期工作，加强乡村公路建设和管护，完善城乡交通路网。继续实施新一轮农村电网改造升级工程，动工建设京口110千伏输变电站，推进配电网标准化建设。启动市政燃气管网建设，建成宝通LNG撬装站。实施污水处理厂二期、鸭蛋山垃圾填埋场整治等项目，加快闽江上游尤溪流域（大田段）防洪工程二期、武陵雪山水库、桃源土坑水库等项目建设。

有效激活社会资本。主动融入“一带一路”国家战略建设，积极对接中国（福建）自由贸易园区，充分发挥省级加工贸易梯度转移重点承接地作用，加强与台港澳侨的交流合作，拓展利用县外资本；出台支持本土企业发展壮大政策措施，鼓励本土企业家“二次创业”，积极引导“田商”回归，推动对内对外开放相互促进、引进外资和激活内资双轮驱动。加快投融资体制创新，支持有条件的企业挂牌上市、发行债券、引入风险投资等方式融资；推广政府与社会资本合作（PPP）模式，鼓励民间资本进入基础产业、社会事业以及特许经营领域，促进投资多元化。

（二）全力推进产业转型

做特一产。在稳定粮食生产的基础上，大力发展特色现代农业，推动优势产业由单纯扩大规模向提质提效转变，重点抓好“两茶两花”产业发展，实施生态茶园建设、低产油茶林改造各1万亩以上，新种植洛神花、樱花各1万亩以上。出台进一步扶持富硒产业发展配套政策措施，创建闽中富硒农产品产业园，建立富硒农产品示范基地1万亩以上，支持富硒农产品认证，打响富硒品牌。推动“一产接二连三”，围绕农业办工业，完善“公司+基地+农户”产业化运作模式，鼓励发展设施农业、品牌农业、观光农业，扶强做大农翔食品、大方广、仙顶实业、三九军大等深加工企业，力争每类农产品都有龙头企业带动。倾斜农发资金，做大县农业发展协会担保基金，支持家庭农场、专业大户、农民专业合作社、农业社会化服务组织发展，引导土地向新型经营主体流转，力争每个乡（镇）新培育家庭农场、“五有”示范社各2家以上。

做强二产。强化帮扶服务，及时兑现各类工业稳增长政策措施，延长企业贷款风险应急基金设立期限，切实帮助企业解决融资、用工等难题。围绕资源办工业，突出抓好机械铸造产业，科学编制产业发展规划，加大园区基础设施投入，同步推进招商工作，全力打造省级机械铸造产业基地；建立健全矿产品开发利用长效管理机制，加大涉矿企业监管力度，整合做大县煤炭、矿业、建材三大公司，提高矿产资源集约利用水平。大力实施产业龙头促进计划，抓好京口纺织园、陶瓷文化创意产业园的补链、续链工作，重点扶持华伦特重工、浩特纺织服饰、永大工艺等骨干企业发展，力争新培育规模以上企业10家以上、产值超十亿元企业3家以上。整合用好工业、科技等方面引导资金，鼓励企业、行业协会与科研院所开展产学研合作，重点抓好威斯特环保科技院士工作站、宝山机械博士后工作站等研发基地建设，支持金门油压无醛板、广联木业生态木等新技术、新产品开发，推动企业技改扩能、转型升级。

做旺三产。开展“三产提升年”活动，着力补齐三产短板。大力发展旅游业，围绕“生态·休闲·养生”主题，以民宿旅游为突破口，鼓励发展乡村旅游公司，推动特色农业产业基地、民俗文化与民宿旅游联动发展，重点培育屏山雾海茶人家、蓝玉美丽乡村等民宿试点，实现“百姓富、生态美”有机结合。鼓励发展新型业态，规划建设电子商务大厦，引进跨境电子商务，支持地产品网上直销；设立中介服务中心，建设类型齐全、自律规范的中介服务体系；发展家政、养老、文体等生活性服务业，培育消费新热点。繁荣发展商贸物流业，合理布局商贸网点、专业市场和社区便利店，引进一批仓储、冷链、配送中心项目，推动高山茶城、长隆物流等项目建设，力争新培育限上企业20家以上。加强房地产市场监管，激活和扩大市场需求，引导房地产市场平稳健康有序发展。深化“金融生态县”“全国小微企业信用体系建设试验区”创建，引导金融机构加大对中小微信用企业的信贷支持力度，防范化解金融风险。

（三）全力推进新型城镇化

加快宜居城市建设。积极争创省级新型城镇化试点县，放宽城镇户口登记和迁移条件，引导偏远农村群众向中心镇、产业园区和城市集聚，有序推进农业转移人口市民化。坚持“产城联动、绿色发展”，高标准完成县城总体规划修编，更加注重民生设施和立体绿化规划。大力实施城市“南进东拓北扩西延”战略，推进东部新城、北部新城和城市南部综合体等项目，建成赤岩路二期、龙腾盛世市民休闲广场、赤岩中央苏区公园等项目，完成县汽车站迁建、福塘农贸市场、牲畜定点屠宰场等项目主体工程，加快城市十公里特色景观长廊建设，抓好清水蓄水景观工程、福塘河滨景观工程等项目，完善停车场、公厕、垃圾中转站等市政基础设施，美化、亮化、绿化、净化城市，进一步推进城市扩容提质。

推进美丽乡村建设。用好城乡建设用地增减挂钩、土地整理、“一事一议”等政策措施，注重个性塑造和文化传承，加快桃源美丽乡村、建设商贸重镇、屏山茶香小镇、上京福能绿色小镇等各具特色的小城镇建设，增强小城镇产业发展、公共服务、吸纳就业、人口集聚功能。按照美丽乡村“一好五美”目标要求，更加注重民风民俗、历史遗迹等挖掘保护，积极培育一批新型农村社区，每个乡（镇）重点抓好1个中心村、2个特色村建设。

提高城乡管理水平。加大“两违”打击力度，确保“两违”零增长。积极推进“智慧城市”建设，深化“街长制”，逐步实现城市管理网格化。深入开展城乡宜居环境建设行动，延伸拓展“点、线、面”攻坚，提升城镇“三边三节点”整治水平，深化农村“水源清洁”“家园清洁”“田园清洁”和“村容村貌整治”工程，健全完善农村环境卫生长效保洁机制，推进城乡环境综合治理全覆盖、常态化。

（四）全力推进生态文明建设

构建生态安全屏障。树立“绿水青山就是金山银山”理念，探索构建重点生态功能区建设规划体系，深入实施生态环境保护工程，加大环境治理、生态修复等项目的策划对接实施力度，全力推进国家级生态县创建。深化“四绿”工程，严格落实生态脆弱区“三年禁伐”制度，严格执行重点生态林地“占一补一”制度，积极争创省级“园林县城”、省级“森林城市”。

加强水土流失治理。树立“污在水中，源在岸上”的水环境保护与综合治理理念，完善提升“河长制”“库长制”和生态综合执法、环境监察机制，强化坑口水库和乡村饮用水源地保护，争创省级河湖管护体制机制创新试点县、省级水生态文明试点县。全面推行矿山治理“五园”模式，探索矿山生态环境恢复治理市场化机制，落实工矿废弃地复垦利用与新增建设用地相挂钩政策，重点抓好银川矿区等矿山地质环境治理项目建设。

集约节约利用资源。严守耕地保护红线，落实耕地补充责任，用好“三旧”改造政策，鼓励企业“退城入园”、建设多层厂房，千方百计盘活土地存量，提高土地利用率。大力推进节能减排，加快发展绿色低碳循环经济，抓好工业、建筑、交通运输和公共机构等重点领域节能，实施重点节能项目5个、减排项目5个、循环经济项目10个。

（五）全力推进民生改善

健全社会保障体系。稳步推进机关事业单位养老保险制度改革，抓好养老、医疗、失业、工伤、生育五大社会保险扩面提标，保障特殊困难群体的基本生活，提高社区居家养老服务水平。完善促进创业就业政策，新增城镇就业2000人以上，完成农村劳动力转移就业5200人以上。加快保障性住房建设，完成“造福工程”、农村危房改造900户以上。量力而行、尽力而为办好群众最急需、受益面广的为民办实事项目，落实好各项支农惠农政策，稳步推进精准扶贫，扎实做好库区移民后扶工作，支持慈善公益和残疾人事业发展。

协调发展社会事业。优先发展教育，抓好薄弱校改造、学校信息化工程等项目，加快城区幼儿园建设步伐，新建梅山、太华中心幼儿园，优化教育资源配置，实施“名师工程”，提高教育教学质量，确保通过“义务教育发展基本均衡县”验收。深化医药卫生体制改革，完成县中医院、妇幼保健院搬迁，改造提升3所乡（镇）卫生院和80个村卫生所；加强县级医院重点专科建设，鼓励引导社会资本办医，构建覆盖城乡的公共卫生医疗服务体系。坚持计划生育基本国策，持续深化“诚信计生·幸福家庭”创建，促进人口长期均衡发展。推进国家公共文化服务体系示范区创建，建设县博物馆，完善县图书馆、文化馆和乡（镇）综合文化站、农家书屋，完成“大田土堡群”修缮方案编制，力争朱坂“丰场戏”列入省级、国家级非物质文化遗产保护。深入开展全民健身运动，加快国家“大体操”培训基地、省体育局象山夏季体育综合训练基地等项目建设，推进“大体操”进校园、进社区。同时，做好新一届村（居）委会换届选举工作，支持老区、老龄、老体协、青少年、妇女儿童和关心下一代事业发展，进一步抓好地方志、档案、气象、地震、水文、民族宗教、外事侨务等各项社会事业。

着力创新社会治理。深化省级“文明县城”创建，扎实开展群众性精神文明创建活动。深入开展“六五”普法，增强公民学法、守法、用法意识，争创全国法治先进县。健全社会治安防控体系，推进城乡社区自治和网格化管理，严厉打击违法犯罪行为。扎实抓好信访维稳工作，重点化解和处置征地拆迁、医患纠纷、民间借贷、企业欠薪等问题，切实维护社会稳定。全面贯彻落实新《安全生产法》，严厉打击各种违法违规生产经营行为，坚决遏制和有效防范重特大安全事故发生。组织开展防灾减灾宣传和应急演练，加强应急管理和防灾减灾体系建设，提高应急处突、事故救援和抗灾救灾能力。

（六）全力推进政府职能转变

依法行政。牢固树立法治理念，坚定法治信仰，积极运用法治思维和法治方式推进政府工作。认真执行县人大及其常委会各项决议并报告工作，主动与县政协协商讨论重大事项，自觉接受人大法律监督、政协民主监督和社会舆论监督，认真办理人大代表建议（议案）和政协委员提案。健全行政执法和刑事司法衔接机制，实现依法行政与行政审判良性互动。建立重大决策合法性审查制、责任终身追究制、责任倒查制，严格行政执法程序，推进政务公开和行政职权公开，确保权力在阳光下运行。

高效施政。巩固群众路线教育实践活动成果，全面推行“四下基层”“一线工作法”，深入开展“百名科级干部进百企”“部门优质服务郑重承诺”等活动，持之以恒整治“四风”，努力建设一支主动谋事、积极作为、高效务实、群众信赖的公务员队伍，提升政府公信力。强化责任担当、敢于亮剑，加强督查督办，加大效能监察和问责力度，确保决策第一时间落实、工作第一时间启动、任务第一时间完成，增强政府执行力。

廉洁从政。严守法纪红线，加强权力运行监督，进一步规范政府投资项目管理、建设工程招投标、经营性土地使用权出让、政府采购和产权交易等制度，开展党政机关、参公事业单位公务用车改革，从源头和制度上预防腐败。强化重点领域行政监察和审计监督，严肃查处违纪违法案件，努力营造风清气正的干事创业氛围。

各位代表，梦想创造奇迹，奋斗铸就辉煌。让我们在县委的坚强领导下，弘扬苏区精神和苏区干部好作风，用我们的勤劳和智慧共同创造大田更加美好的明天！

大事记

□编辑 涂庆南

一月

3日 县委、县政府在县政府五楼会议室召开大田县城市环境综合治理工作动员大会，县领导廖金辉、章玲、张勇民、谢军、陈钦梅、余维语、戴绍松、缑泽昆出席。

8日 市委常委、纪委书记冯新婷到武陵乡、石牌镇慰问困难党员、下岗职工，县领导汤俊生、廖金辉、张勇民陪同。

9日 市委常委、纪委书记冯新婷出席大田县推进惩防体系建设和落实党风廉政建设责任制工作汇报会，县领导汤俊生、熊旭明、廖金辉、章玲、蔡建明、张勇民、江太生陪同。

12日 国家计生协会副秘书长王景水一行到县调研生育关怀和基层计生群众自治工作，市计生协会会长吴金容，县领导汤俊生、温如校、陈钦梅陪同。

13日 省纪委常委惠学京到县调研挂包帮扶项目进展情况。

20—21日 省委常委、纪委书记倪岳峰到县调研水土流失治理和省纪委挂钩帮扶项目进展情况，到桃源镇蓝玉村、赤头坂国有林场、均溪镇周田村、许思坑村看望慰问困难党员、贫困户、五保户，并听取大田县水土流失治理和省纪委挂钩帮扶工作情况汇报，市委常委、纪委书记冯新婷，县领导汤俊生、熊旭明、廖金辉、张勇民、谢军陪同。

23日 省水利厅副厅长赖继秋到县检查指导流域管理和水源地保护工作，副县长廖荣才陪同。

二月

8日 县委、县政府在龙山宾馆七楼会议室召开全县人口和计划生育工作会议、县纪委十二届四次全会，县几套班子领导出席。

12日 省委常委、纪委书记倪岳峰到县指导党的群众路线教育实践活动并召开座谈会，市委常委、纪委书记冯新婷，县几套班子领导出席。

12—13日 市委副书记余红胜到福建高山茶文化创意产业园、吴山乡和洋村、均溪镇农翔食品公司、建设镇联瑞建材、三宝小区等地调研农业农村工作，县领导廖金辉、江太生、廖荣才陪同。

13日 省财政厅副厅长修兴高到县调研公立医院改革情况，副县长廖荣才陪同。

24日 县委、县政府在城区召开大田县推进重点项目建设现场会，县领导汤俊生、熊旭明、陈汉良、郑建勋、廖金辉、章玲、蔡建明、张勇民、江太生、谢军、王福校、张爱兰、郑宜堆出席。

25日 省计生协会副会长雍秀英到县评估验收省级计生协会“四联创”活动先进县工作，县领导张勇民、温如校、陈钦梅陪同。

27日 国家体育总局体操运动管理中心艺术体操部部长张莹一行到县考察体育文化中心项目建设等情况，县领导熊旭明、戴绍松陪同。

28日 三明军分区政委李小庆到县人武部主持召开干部任职命令大会，任命张朝阳任县人武部政委。县委书记、人武部党委第一书记汤俊生出席。

三月

3 日　县委、县政府在县政府五楼会议室召开全县政法工作会议暨举行 2014 年乡（镇）、县直系统党政领导综治（平安建设）责任书签订颁发仪式，县几套班子领导出席。

12 日下午　县委、县政府在县政府五楼会议室召开全县农业农村工作会议，县领导汤俊生、熊旭明、江太生、陈贵国出席。

11—12 日　省人大常委会副主任张健一行到县调研农业农村和经济社会发展工作，市领导徐铮、陈有极，县领导汤俊生、陈汉良、廖金辉、张爱兰、郑宜堆陪同。

12—14 日　市委常委、纪委书记冯新婷一行到济阳乡济中村、谢洋乡三和新村、石牌镇长溪村、桃源镇东坂村、县信访局等地调研，指导党的群众路线教育实践活动并召开座谈会，县领导汤俊生、张勇民陪同。

13 日　县委在县政府五楼会议室召开全县党的群众路线教育实践活动动员大会，安排部署全县教育实践活动，市委督导组成员、县几套班子领导出席。

17 日　县委在县政府五楼会议室举行党的群众路线活动专题报告会，省委党史研究室原副主任、正厅级巡视员、研究员林强教授作《坚守党的生命线》的专题报告，市委督导组成员、县几套班子领导出席。

25 日　市人大教科文卫工作座谈会在大田龙山宾馆召开。市人大常委会副主任廖小华、市人大常委会教科文卫委领导，各县（市、区）人大常委会分管领导及教科文卫委主任共 28 人出席。县委副书记廖金辉到会致辞。廖小平讲话。

28 日　集美大学党委书记辜芳昭率领校党委理论学习中心组到县参观“第二集美学村”旧址，开展党的群众路线教育实践活动，县委常委黄建总陪同。

31 日—4 月 2 日　省委党的群众路线教育实践活动第五督导组组长罗健一行到县调研并指导党的群众教育实践活动，召开座谈会。市委常委、纪委书记冯新婷，市委第十二督导组组长陈木星，县领导汤俊生、熊旭明、陈汉良、郑建勋、廖金辉、章玲、张勇民、江太生陪同或参加座谈会。

四月

1 日 省监察厅副厅长张才毕一行到本县调研中小河流治理项目建设情况，县领导廖金辉、江太生陪同。

3 日　县委在县政府五楼举行学习十八届三中全会精神报告会，省委党校教授林建华作《全面深化改革的宏伟蓝图》专题讲座，县几套班子领导及县直机关科级领导到会听取讲座。

4 日　省民政厅副厅长周瑛一行到本县调研社区综合服务站建设和居家养老服务等情况，县领导熊旭明、戴绍松陪同。

8—9 日　省妇联副主席陆菁一行到县开展寻找最美家庭、最美女性活动，县领导张勇民、戴绍松陪同。

9—10 日　市人大常委会副主任王庆，陪同省人大《人民政坛》记者到大田开展采访活动，县人大常委会副主任张爱兰陪同。

10 日　省林业厅副厅长谢在钟一行到县开展造林绿化督查，副县长廖荣才陪同。

15 日　省水利厅副厅长黄建波一行到县检查指导水土保持工作，县委常委、统战部部长江太生陪同。

17—18 日　市人大常委会副主任洪明德一行到大田进行信访督办活动调研，县人大常委会副主任郑宜堆陪同。

23—24 日　市人大常委会副主任王庆一行到本县开展乡（街道）人大工作情况调研，县人大常委会副主任温如校陪同。

24 日　国土资源部财务司副司长刘键一行到县检查验收银顶格—川石矿区矿山地质环境治理示范工程，县领导熊旭明、余维语陪同。

25 日　市委常委、副市长朱昌贤到县召开市政府帮扶工业企业发展现场会，县领导汤俊生、熊旭明、刘永生、余维语出席。

29 日　市委书记邓本元到县深入乡村调研，开展“访农户、进企业、看项目”活动，就进一步开展好党的群众路线教育实践活动、解决服务群众“最后一公里”问题，与基层干部群众交谈。县领导汤俊生、蔡建明陪同。

30日 县委、县政府在县政府五楼会议室召开全县推进重点项目建设现场会暨县委一季度经济形势分析会，县几套班子领导参加，乡（镇）党委书记、乡（镇）长，县直机关有关单位领导参加。

五月

7日 省军区副司令员李卫国一行到县检查民兵整组工作，县领导廖金辉、谢军、杨兴和、张朝阳陪同。

8日 市人大侨台民宗工作座谈会在本县召开，市人大常委会副主任涂振锟，市民族宗教局局长王灏，县领导廖金辉、刘永生参加。

10日 市委副书记余红胜到大田调研农业农村工作。

12日 台湾光彩促进会会长郭子记一行到本县考察茶产业情况，并召开座谈会，县领导汤俊生、江太生陪同。

14日 省残联理事长柯少愚一行到本县参加第二十四次“全国助残日”活动暨2014年残疾人用工招聘会及残疾人“福乐家园”揭牌仪式，市残联理事长章新华，县领导张勇民、戴绍松参加。

15日 省监察厅副厅长张才毕一行到本县行政服务中心、桃源镇东坂村开展行政体制改革和中小河流治理项目建设情况调研，县领导张勇民、江太生陪同。

15—16日 省委督导组组长袁锦贵一行到本县调研并指导群众路线教育实践活动工作，市委督导组组长陈木星，县领导汤俊生、廖金辉、章玲、蔡建明、张勇民参加。

16—20日 海峡两岸茶业交流协会副会长朱永康、省茶叶学会会长冯建伦分别到县调研考察茶产业发展情况，县领导陈汉良、江太生、廖荣才陪同。

20—21日 市人大常委会副主任张知通到大田开展茶产业发展情况调研，县人大常委会副主任张爱兰、副县长廖荣才陪同。

21—22日 全县普降大到暴雨，雨量60毫米，全县受灾人口1879人，直接经济损失1180万元。

23日 市关工委常务副主任常秀文一行到本县调研“关爱明天、普法先行”及“零犯罪学校”创建工作，县委常委、组织部部长蔡建明陪同。

26日 市政协副主席林传衍到县检查指导健全完善医疗纠纷调解工作机制工作，副县长陈钦梅陪同。

27日 省纪委副书记彭锦清一行到县指导县委领导班子专题民主生活会准备工作，市领导刘远、冯新婷，县领导汤俊生、蔡建明陪同。

27—28日 省经济信息委主任周联清一行到县调研工业经济情况，市委常委、副市长朱昌贤，县领导汤俊生、熊旭明、余维语陪同。

29日 省纪委常委陈国建到县检查督导梅山乡沈岭岬到盖竹村道路建设工作，副县长廖荣才陪同。

30日 县政府在县文明委召开全县诚信促进会成立大会暨第一届会员大会，省诚信促进会顾问张同盟，常务副会长林景华、林义杰，副会长明敏，市诚信促进会会长陈有极，县领导熊旭明、黄建总、廖荣才、陈培前参加。

同日 市委书记邓本元一行到大田县调研并指导党的群众路线教育实践活动工作，县委书记汤俊生陪同。

六月

3—4日 省委常委、纪委书记倪岳峰到县主持召开县委常委班子专题民主生活会，省委督导组成员，省纪委领导彭锦清、刘小宁，市领导邓本元、刘远、冯新婷，市委督导组组长陈木星出席。县委常委参加并作对照检查。

4日 省委第五督导组第一组长袁锦贵一行到谢洋乡检查指导基层教育实践活动开展情况，市委督导组组长陈木星，县委书记汤俊生陪同。

10日 新加坡原总理公署教育部部长曾士生一行到大田职专参观考察，县领导章玲、陈钦梅陪同。

11日 省质监局副局长吴赳一行到大田

广联木业有限公司检查指导免费检测扶持计划执行情况，副县长余维语陪同。

同日，省环保厅副厅长陈宁一行到前坪乡开展国家级生态乡、生态村评估验收工作，副县长廖荣才陪同。

13日　县委、县政府在县政府五楼会议室召开全县创建省级文明县城总评动员大会，县领导汤俊生、廖金辉、张英跃、章玲、陈钦梅、高石麟出席。

同日　厦门市老促会会长张振福到县开展经济发展、城市建设情况考察。

同日　省环保厅副厅长虞平和一行到县检查指导重金属污染减排工作，副县长廖荣才陪同。

19日　中国工程院院士、环境工程专家刘鸿亮一行到县调研环境保护工作，并召开座谈会，市委常委、统战部部长江兴禄，县领导汤俊生、廖金辉、江太生、谢军陪同。

同日　市委副书记余红胜一行到县调研人口计生工作，并在龙山宾馆召开全市计生工作推进会，县领导熊旭明、张勇民、陈钦梅陪同。

25—27日　县政府在龙山宾馆召开《大田县志（1993—2008）》省、市、县三级评审会。省、市方志委、三明市各县（市、区）方志办领导、专家，县政府办、宣传部、组织部等单位领导，县方志办全体编辑共50余人参加。副县长戴绍松出席并致辞。评审会上，与会的专家、学者对志稿进行逐章、逐节点评。

25日　2014年全国艺术体操锦标赛新闻发布会在北京召开，会上宣布2014年“浩沙杯”全国艺术体操锦标赛将于9月2—10日在大田县举办。县长熊旭明参加。

同日　省煤监局副局长朱石福到县检查指导煤矿安全生产工作，副县长余维语陪同。

27日　南安鹏峰福利基金负责人陈奕福一行到上京中学新校区开展侨心楼捐赠活动，中国侨联副主席、省侨联主席王亚君，市侨联副主席邓江，县领导汤俊生、江太生、陈钦梅参加。

七月

9月　市政协主席程立双到县开展“助力企业发展，壮大财政实力”调研活动，县政协主席郑建勋陪同。

10—11日　市大人常委会主任徐铮一行到本县开展乡镇人大工作情况调研，县人大常委会主任陈汉良陪同。

14日　福建农林大学作物学院党委书记、副院长林克显一行到县研讨申报“中国洛神花之乡”和筹建海峡富硒研发中心等事宜，县委常委、统战部部长江太生参加。

15日　省政协社会和法制委副主任陈锐率调研组到本县开展“以社区养老为依托完善居家养老服务”专题调研，县政协副主席陈庆建陪同。

16日　省纪委组织部部长陈熙满到大田看望省纪委在大田挂职干部，市委常委、纪委书记冯新婷陪同。

19日　市委书记邓本元、市长杜源生率领市委市政府工作检查组到福建高山茶文化创意产业园、东部新城开发建设项目、浩特国际纺织服饰生产项目工地开展工作检查，市领导徐铮、程立双、余红胜、朱昌贤、刘远、冯新婷、詹积富、王刚、黄建平、林俊德、纪熙全、肖明光、张丽娟、潘东升、罗蔺，县领导汤俊生、熊旭明、郑建勋、江太生、谢军、刘永生、叶其勇参加。

26日　省科协党组书记梁晋阳一行到大方广茶叶有限公司调研，县委常委、统战部部长江太生陪同。

29日　市人大常委会主任徐铮，副主任涂振锟、张知通、王庆、廖小华到桃源镇、均溪镇调研乡镇人大工作，县领导汤俊生、陈汉良、张爱兰陪同。

29—30日　全市乡镇（街道）人大工作座谈会在大田龙山宾馆召开。市人大常委会主任、副主任、秘书长、副秘书长及全市各县（市、区）人大常委会主任、办公室主任计30多人出席。市人大常委会主任徐铮讲话。

31日—8月1日　省监察厅副厅长温惠榕一行到本县调研水土流失治理工作，并看望驻村干部，市纪委副书记、监察局长邓观宝，县领导汤俊生、张勇民、潘荣灼陪同。

八月

3—5 日　创建省级文明县城检查组到县检查验收省级文明县城创建工作，并召开汇报会，县领导汤俊生、熊旭明、廖金辉、张英跃、章玲、温如校、高石麟参加。

7 日　市委常委、纪委书记冯新婷到桃源镇主持召开镇领导班子专题民主生活会，市委督导组组长陈木星，县领导汤俊生、蔡建明、张勇民参加。

8 日　省委常委、纪委书记倪岳峰到本县主持召开县委常委班子教育实践活动整改工作汇报会，省委督导组罗健、柳自鸿，省纪委领导江玉平、陈晓光、沈小明，市领导邓本元、冯新婷，市委督导组组长陈木星，县委常委、县人大常委会主任、县政协主席参加。

13 日　省纪委常委惠学京到县检查指导县体育文化中心项目建设，副县长戴绍松陪同。

15 日　省地震局副局长黄向荣一行到本县检查指导地质安全示范小区建设，副县长戴绍松陪同。

16 日　省银监局副局长黄邦锋一行到县督查省政府企业融资信贷服务措施落实情况，县领导张勇民、余维语陪同。

19—20 日　全县有 12 个乡镇出现大到暴雨，雨量 93.6 毫米，出现洪涝灾害，受害人口 2.08 万人，直接经济损失 6580.6 万元，桃源、广平镇最为严重，被洪水围困 42 人（桃源 39 人、广平镇 3 人），经县消防大队官兵赶赴救援，安全脱险。

27 日　市委常委、纪委书记冯新婷到桃源镇，就做好群众路线教育实践活动“整改落实、建章立制”工作开展调研指导，并召开座谈会。市委督导组组长陈木星，县领导汤俊生、张勇民参加。

同日　省长助理、省公安厅厅长王惠敏到县调研指导公安工作，省公安厅党委委员、交警总队长杜清森，副市长、市公安局局长潘东升，县领导汤俊生、张英跃陪同。

同日　市政协副主席张来水、许晴华到县开展“大力发展混合所有制经济”专题调研，县政协副主席陈庆建陪同。

九月

4 日　省体育局局长徐正国一行到象山景区考察设立省级夏季体育综合训练基地项目，副市长张丽娟，县领导汤俊生、熊旭明陪同。

5—10 日　2014 年“浩沙杯”全国艺术体操锦标赛在大田县举行。本次大赛由国家体育总局体操运动管理中心、中国体操协会主办，福建省体育局、大田县人民政府、浩沙集团共同承办，由浩沙集团总冠名。这是大田县自有史以来首次承办国家级大型体育赛事。来自全国各地的 12 支代表队、230 名运动员参加角逐。5 日，举行中国体操协会大田县大体操培训基地签约仪式暨大体操进校园、进社区启动仪式和 2014 年“浩沙杯”全国艺术体操锦标赛运动员入场仪式。国家体育总局体操运动管理中心主任罗超毅、大田县人民政府县长熊旭明分别在“中国体操协会大田县大体操培训基地”合作协议上签字。9 日，举行闭幕式。国家体育总局体操运动管理中心领导罗超毅、陆善真、谢颖，省体育局领导徐正国、陈忠和、许发荣、周耀龙，市政府领导张丽娟、市委督导组组长陈木星、县几套班子领导、浩沙集团副总裁施鸿雁出席。

8 日　市委书记邓本元到县调研体育文化工作，县领导汤俊生、熊旭明陪同。

10 日　省纪委副书记黄德安一行到县调研泉南高速上京互通、莆炎高速（大田段）建设项目，并召开汇报会，省高速公路指挥部董事长黄祥炎、省纪委第六纪检监察室主任李应良，市领导冯新婷、黄金伙，县领导汤俊生、熊旭明、潘荣灼、廖荣才参加。

11 日　省信访局副厅级督查员林正本率省信访积案化解工作专项督导组到县开展 2014 年省级信访积案化解工作专项督导检查。

22 日　中国村社发展促进会特色村工作委员会首席专家骆中钊教授到本县作《创建美丽乡村公园、促进城乡统筹发展》专题讲座，县几套班子领导、县直机关科级领导到会听讲。

23 日　中国残疾人联合会、国家扶贫办

督导检查组到县检查《农村残疾人扶贫开发纲要》执行情况，县领导张勇民、戴绍松陪同。

24日 市政协副主席李茂胜到县视察宗教活动场所，走访宗教人士，县政协副主席涂林瑢陪同。

24—25日 省监察厅副厅长张才毕到县调研中小河流域治理建设情况，县领导张勇民、江太生、潘荣灼陪同。

26日 省煤监局副局长戴文鹏一行到县调研煤矿安全生产工作，市煤管局局长林道兴，县领导汤俊生、余维语陪同。

27日 国务院安委办第三督查组到县开展安全生产工作督查，省安监局领导裘松樵、林文彪、林文元，县领导熊旭明、余维语陪同。

30日 县委召开纪念全国人民代表大会成立60周年、地方人大设立常委会35周年大会，县领导汤俊生、熊旭明、陈汉良、温如校、张爱兰、刘永生、郑宜堆、朱文绣、陈福东出席。

同日 省妇联副主席王秋梅一行到县调研妇女维权“三制”工作，县委常委、纪委书记张勇民陪同。

同日 召开2014年“浩沙杯”全国艺术体操锦标赛表彰大会暨“大体操”进校园、进社区动员大会，县领导汤俊生、熊旭明、廖金辉、张英跃、章玲、刘永生、陈钦梅、戴绍松、涂林瑢出席。

十月

10日 国家经济林协会会长张志达到县考察洛神花种植发展情况，县领导江太生、廖荣才陪同。

11日 中共大田县委十二届七次全体会议在县政府五楼会议室召开，县委委员出席，县几套班子领导参加。

14日 市委常委、纪委书记冯新婷到桃源镇指导群众路线教育实践活动整改落实工作，县领导汤俊生、蔡建明、张勇民陪同。

同日 省信访局副厅级督查专员林本正一行到县督查信访工作，市信访局局长邓善存，县委常委、政法委书记张英跃陪同。

21日 在县政府五楼会议室召开县委党的群众路线教育实践活动总结会，市委督导组成员，县几套班子领导出席，乡（镇）党政领导、县直机关科级领导参加。

22—23日 省纪委副书记、监察厅厅长陈善光一行到县调研新型城镇化建设工作开展情况，并召开座谈会，省调研组成员周书文、陈煊云、罗阿仲、林雄、余华建，市纪委领导冯新婷、邓观宝，县领导汤俊生、张勇民、谢军、潘荣灼参加。

28日 县委、县政府在大田县高山茶文化创意产业园举行大田县第九届中国高山茶暨首届中国洛神花文化节开幕式。国家民委原副主任李晋有，济南军区空军原司令、中将郭玉祥，中国经济林协会常务副会长兼秘书长伍步生，省农业厅副厅长池宁，海峡茶业交流协会副会长陈世泽，市海峡茶业交流协会常务副会长邱乾春，中华海峡两岸园艺交流协会理事长周张德堂，中众国际控股有限公司董事长庄黑将、总裁林其龙，县领导汤俊生、陈汉良、郑建勋、廖金辉、章玲、江太生、杨兴和、潘荣灼、缑泽昆、温如校、戴绍松、廖荣才、陈贵国、张友生出席。开幕式上，大田县被中国经济林协会命名为“中国洛神花之乡”。全县种、制茶企业主、各地茶叶经销商、洛神花种植户代表及各乡（镇）、县直机关干部1500多人参加。30日闭幕。其间，接待来自香港、台湾、福州、泉州、厦门等地的企业16家、22人，接洽项目7个，其中，签约项目5个，总投资7.25亿元；意向签约2个，拟投资2.9亿元。

29—30日 省纪委副书记彭锦清一行到县调研省纪委挂钩帮扶项目进展情况，并召开座谈会，省纪委何英、吴锡邦、谢勇，市纪委领导冯新婷、张健，县领导汤俊生、张勇民、潘荣灼、缑泽昆陪同并出席座谈会。

同日 省人大常委会委员、教科文卫委主任朱闽旺率调研组到县开展深化医药卫生体制改革工作，副县长陈钦梅陪同。

30—31日 国务院参事、国家能源局原局长徐锭明一行到福建鑫鹭峰实业有限公司考察资源综合利用、循环经济项目，并召开项目研讨会，县领导熊旭明、余维语陪同。

月内，大田籍旅美科学家黄永恒获聘国

务院海外专家咨询委员会委员。

十一月

6日　三明市副市长林守钦一行到县调研乡村旅游项目建设、行政服务中心工作开展情况、综治维稳工作，县领导汤俊生、张英跃、戴绍松陪同。

10日　市人大常委会副主任廖小华一行到县开展食品卫生工作调研，副县长余维语陪同。

10月3日—11月7日，境内出现连续干旱36天，形成秋冬旱情。

10—14日　省市政府教育“两项督导”（2012—2014年，县政府开展教育工作和县委书记、县长抓教育工作）检查组到县开展教育“两项督导”评估检查工作，并召开汇报会，县领导汤俊生、章玲、张勇民、刘永生、陈钦梅、戴绍松、高石麟陪同。

18—19日　市人大常委会副主任涂振锟一行到大田开展农村环境连片整治工作调研，县委常委缑泽昆、县人大常委会副主任温如校陪同。

20日　省人大常委会原副主任、党组副书记王美香率福州、三明部分省十二届人大代表到县开展生态环境建设视察，县领导汤俊生、熊旭明、陈汉良陪同。

25日　省军区政委曹德信一行到县人武部调研地方武装工作，三明军分区政委李小庆，县领导杨兴和、张朝阳陪同。

同日　省统计局副局长雷志亮到县进行城乡属性划分评审验收。

25—26日　省纪委常委陈国建、张淑萍到大田调研省纪委挂钩帮扶项目完成情况。

十二月

3日　市政府副市长林俊德一行到县开展电子商务和外经外贸工作，副县长谢辉陪同。

2—3日　省纪委常委惠学京一行到本县检查指导省纪委挂钩帮扶项目工作。

5日　共青团大田县第十九次代表大会召开，团市委副书记马方明，县领导汤俊生、熊旭明、廖金辉、蔡建明、张勇民、张友生参加开幕式。

8日　省政府秘书长刘道崎到县考察城区自来水项目。

同日　国家体育总局体操管理中心在县体育活动中心举行“健美体操大田行”活动，国家体育总局体操管理中心事业发展部部长王佑平、中国健美体操协会秘书长王宏，县领导熊旭明、章玲、陈钦梅、戴绍松出席。

15日　省水利投资集团、大田县人民政府在大田城区自来水厂举行投产供水仪式，省水利投资集团董事长夏让秋，总经理曾金水，县领导汤俊生、熊旭明、陈汉良、郑建勋、陈祥治、廖荣才出席。

15—16　省信访局局长林凤祥一行到县开展信访工作专项督导检查，县领导汤俊生、潘荣均、维泽昆参加。

16日　省纪委常委孙明忠一行到县调研省纪委挂钩帮扶项目工作，并召开座谈会。

23日　副市长罗蔺一行到县调研农业农村工作，县长熊旭明陪同。

年内　大丰羽农业生物科技有限公司与台湾中洲科技大学签订“微生物有益菌”液肥项目合作协议，联合开展微生物有益菌肥的研发和生产。项目总投资1168万元。截至9月，项目资金已全部到位。投资后，预计每批次生产有益菌液肥100吨，年产值亿元以上。产品将用于土壤改良，有助于生态农业的可持续发展。

年内，大田县被省政府授予“省级生态县”称号；全县17个乡镇通过“国家级生态乡镇”考核验收，其中，桃源、湖美、梅山、屏山、石牌、谢洋、吴山等7个乡镇获“国家级生态乡镇”命名，均溪、华兴、上京、太华、建设、广平、奇韬、文江、济阳、武陵等10个乡镇通过“国家级生态乡镇”考核验收（待命名），蓝玉等3个村获“国家生态村”命名，杞溪等4个村获“省级生态村”命名，全县26个村获得市级生态村命名。

大田概貌

□编辑 涂庆南

基本情况

【地理位置】 大田县位于福建省中部、戴云山脉西侧；地处北纬25°28′53″—26°09′42″，东经117°28′58″—118°03′13″；周边与德化、永春、漳平、永安、三元、沙县、尤溪等县（市、区）毗邻，总面积2233.12平方公里。境内交通便利，“泉南”高速公路、省道306线、307线从境内通过，县城至福州371公里（高速），至泉州141公里（高速），至厦门223公里（高速），至三明126公里（高速）、105公里（省道306线）。

（涂庆南）

【建置沿革】 县域，周至元朝先后隶属七闽地、吴越地、闽中郡、江南东道福州、福建路南剑州、福建道延平府；明嘉靖十四年（公元1535）建县，隶属延平府；清雍正十二年（公元1734）改属永春州；民国时期属福建南路道、厦门道和仙游、龙岩、永安等专署；1949年9月6日大田解放后，先后隶属永安、晋江和三明专区，1983年三明专区改市后属三明市至今。

（涂庆南）

【自然地理】 县境地处西南华力西——印支拗陷带之大田——龙岩拗陷的东北部，政和——大埔断裂斜贯全境。地质构造复杂，岩石以钙质砂岩、石英砂岩为主，次为花岗岩、花岗长岩、凝灰岩和变粒岩。地表水域多年平均径流量为19.84亿立方米；地下水总量3.54亿立方米，地下热水有太华汤泉、桃源广汤、石牌老厝、广平大竹林、华兴京口5处，水温29℃—79℃，总流量11.56升/秒。县境为中低山地带，地势大致由西南向东北倾斜，山岭、谷地分布趋向与境内构造基本一致；境内千米以上山峰175座，大仙峰海拔1553.4米，居全县之首；溪流纵横，是闽江、九龙江和晋江支流发源地之一，汇水面积30平方公里以上河流25条，均溪河最大，其主干流长81.7公里，是街面水库电站的主要水资源。气候属亚热带季风湿润区，无严寒酷暑，雨量充沛，日照充足。

（涂庆南）

【气候概况】 2014年，大田气候属正常年景，气温正常，降水偏少，日照时数偏多，阶段性、区域性气象灾害时有发生，程度不高，损失较轻。

气温 2014年，平均气温19.4℃，与常年相比，属正常。极端最高气温37.1℃，出现在6月28日；极端最低气温-3.5℃，出现在1月23日。冬季（2013年12月至2014年2月）平均气温9.7℃，与常年同期相比，偏低；春季（3—5月）平均气温为19.2℃，正常；夏季(6—8)月平均气温27.0℃，显著偏高，气温≥35℃的高温日数有38天，比常年偏多18天；秋季（9—11月）平均气温21.3℃，显著偏高。全年无出现“倒春寒”“五月寒”。

降水 2014年，全县降水量1269.3毫米，与常年相比，距平百分率在-18%，偏少。雨量正常，总体强度较弱，高峰期不明显，洪涝灾害少于常年。冬季降水量175.6毫米，与常年同期相比，距平百分率在-11%，正常。春季降水量492.2毫米，与常年同期相比，距平百分率在-16%，正常。雨季开始于5月初，正常，结束于6月下旬中前期，早于常年。夏季降水量为465.7毫米，距平百分率在-16%，9—10月降雨日数少，降雨量正常；秋季降水量194.6毫米，距平百分率在-13%，正常。

日照 2014年，日照1675.8小时，与常年相比，偏多，全年日照时数最少的是5月，最多的是7月，10月也相对较多。冬季日照时数404.3小时，偏多；春季日照时数250.3小时，偏少；夏季日照时数572.5小时，正常；秋季日照时数457.5小时，正常。

气象灾害 2014年，主要灾害性天气：一是寒潮，境内受强冷空气过程影响9次，其中，2月8—11日，出现强降温天气，境内出现大面积低温阴雨（雪）天气，降温幅度8℃—12℃，部分乡镇超过12℃，县气象站降温12.3℃，达到寒潮标准。2月9日夜间至10日夜间，高海拔山区出现雾凇。二是强对流天气过程。3月27—28日，建设、文江、太华等乡镇出现强对流天气，局部有黄豆大小的冰雹，未出现明显灾情。三是暴雨天气过程。全年境内出现暴雨2场。5月17—19日，受南支槽东移和低层暖切东影响，21—22日全县普降大到暴雨，雨量20.9—60毫米，全县受灾人口1879人，直接经济损失1180万元。其中，农作物受灾面积314.67公顷，成灾面积14.67公顷，粮食减产600吨，农林牧渔业直接经济损失226.8万元；工业交通运输损失345.59万元；水利设施损失410.4万元，其他损失197.21万元。8月19—20日，受高空槽和低层切边影响，境内出现罕见非台风引起的持续强降水过程，降水持续时间长、影响范围广、局部雨强大。降雨量32.3—93.6毫米，12个乡镇2.08万人受灾，房屋倒塌78间，转移人口985人，失踪1人，直接经济损失6580.6万元，其中，农作物受灾面积784.5公顷，成灾521公顷，绝收216.6公顷，农林牧渔业直接经济损失1163.4万元；工矿企业停产2家，公路中断37条次，供电中断7条次，通讯中断1条次，工业交通运输业直接经济损失2204万元；损毁堤防69处、护岸30处、灌溉设施78处、水电站12座，堤防决口7处，冲毁塘坝20座，水利设施直接经济损失2214万元，其他损失999.2万元。四是台风。受2014年第10号台风“麦德姆”影响，境内普降中到大雨，未出现明显灾情。五是干旱。10月3日—11月7日，连续出现无效降水36天，形成秋冬气象小旱。六是高温。4月10—13日、16—21日，出现气温≥30℃的较高温度2次，4月18日部分乡镇出现极端最高温度≥33.5℃的高温天气；6—8月，受副热带高压控制，境内多次出现气温≥35℃的高温天气，其中，6月28日出现37.1℃高温。9月1—2日、9—13日，部分乡镇高温≥35℃，9月极端最高气温36.0℃。七是秋寒。受冷空气南下影响，10月4日出现“23型”秋寒，偏早；5日出现“20型”秋寒。纵观全年因暴雨洪涝灾害而形成的气象灾害，影响全县的工农业、交通运输业及水利设施和群众生活，据统计，受灾人口2.26万人，直接经济损失达7760.6万元。

（李桥）

水文 2014年，大田水文站测得均溪河水位353米，平均流量9.39立方米/小时，最高水位354.73米（8月19日），最低水位352.77米（1月2日），最大流量217立方米/小时（8月19日），最小流量2.28立方米/小时；年径流量2.96亿立方米；年平均输沙率3.33公斤/小时，最大日平均输沙率188公斤/小时（8月19日）；年平均含沙量0.36公斤/立方米，最大断面平均含沙量6.71公斤/立方米，最小断面平均含沙量0公斤/立方米，年输沙量10.5万吨。

（周铮宏）

【特色产业】 10月28日，中国经济林协会授予大田县“中国洛神花之乡”称号。洛神花（又称玫瑰茄）20世纪80年代，大田引进种植。主要产区分布在湖美、梅山、文江、前坪、均溪、华兴等乡镇，种植面积年均3333.33公顷左右，亩产50公斤干花，干花斤价1500元左右，年产值7500万元。2014年，组建福建富仁堂生物科技有限公司，引进台湾优良品种，在湖美、梅山、均溪、华兴建立种植洛神花核心示范基地66.67公顷，并成功研发“美夫人”牌系列花茶、蜜饯、浓缩汁、天然植物色素——玫瑰茄红色素等产品，其中“美夫人”牌蜜饯已亮相2014年福建省“6·18”海峡科技成果交易会，受到与会代表的一致好评。洛神花富含人体所需的氨基酸、蛋白质、有机酸维生素C、大量天然色素及多种矿物质、水槿酸，其中水槿酸，被认为对治疗心脏病、高血压、动脉硬化等有较好的疗效。洛神花茶是由洛神花、陈皮煮制而成，具有抗氧化、抗肿瘤、护肝、降胆固醇、保护心血管、通便、利尿和美容、瘦身等药效，是一款休闲养生产品，适用于中老年人饮用。

（涂庆南）

【区划人口】 2014年，全县设8个镇、10个乡，辖8个社区、265个建制村，2537个村民小组，91个居民小组。全县户籍人口10.04万户、38.83万人，其中：城镇人口9.31万人；非城镇人口29.52万人；人口自然增长率11.67‰。

（涂庆南）

国民经济与社会发展

2014年，中共大田县委、县政府贯彻落实中共十八大和十八届三中、四中全会精神，以党的群众路线教育为驱动力，以实现“两个百年”中国梦为主题，团结和带领全县人民励精拼搏，破解难题，转型驱动，推动发展，实现经济稳中有升，产业加快转型，社会不断进步，生态建设取得新突破。全年实现地区生产总值148.68亿元，比上年增长9.89%，人均生产总值4.78万元，比上年增长9.89%。第一产业实现增加值27.23亿元，比上年增长9.45%；第二产业实现增加值79.32亿元，同比增长8.6%；第三产业实现增加值42.13亿元，比上年增12.98%。固定资产投资、农林牧渔业总产值、出口总值、实际利用外资4项指标增幅居全市前三位，10项重要指标中的地区生产总值、规模以上工业增加值、固定资产投资、农林牧渔业总产值、实际利用外资、社会消费品零售总额、城镇居民人均可支配收入等7项指标增幅高于全市平均水平。

存在的困难和问题：经济总量不大，三大产业结构不合理，缺乏大项目、好项目支撑，转型发展任务艰巨；企业生产经营困难，自主创新能力不强；农村基础设施比较薄弱，新型城镇化进程不快；水土流失治理任务繁重，生态环境保护和节能减排压力大；财政增收困难，民生投入与实际需求还有差距。

（涂庆南）

【农业经济】 2014年，完成农林牧渔业总产值45.59亿元，比上年增长9.04%。特色农业扎实推进，重点发展茶叶、油茶、木薯、洛神花等优势农业，全县茶园面积6301公顷、油茶林面积9446.7公顷、木薯4285公顷，洛神花3333.3公顷。涉茶产值7.2亿元。大田高山茶拥有6枚福建省著名商标、3枚福建名牌产品、93只茶样获省名优茶称号。举办第九届高山茶暨首届中国洛神花文化节，洛神花种植得到更大规模推广，并引进台湾优良洛神花优良品种，建立种植洛神花核心示范基地66.67公顷。扶持家庭农场发展，出台《大田县人民政府关于大力培育发展家庭农场的实施意见》，全县登记注册家庭农场74户，资金额1.07亿元。新型经济组织不断壮大。新获批国家级和省级农业标准化示范区各1个，建成休闲观光园5个、精品园18个。培育省级农业产业化龙头企业2家、市级29家、县级35家。新培育农民专业合作社51户，新增注册资本1.14亿元。全县农业专业合作社350个。实施农业产业化及生态保护项目19个，完成投资17.33亿元，完成年计划的115.07%。

（魏兰兰　涂庆南）

【工业经济】 2014年，全县工业经济结构不断优化，经济布局日趋合理，新增规模以上工业12家，全县规模以上工业达177家，实现总产值302.1亿元，比上年增加71.75亿元，同比增长31.15%。实现工业增加值98亿元，比上年增长12.6%。全年实施工业建设项目322项，完成投资119.68亿元，其中新开工建设重点工业项目21个，完成投资27.23亿元。实施工业技改项目274项，完成投资99.18亿元。县政府成立金融风险应急处置工作领导小组、中小微企业发展服务中心，下发《关于推动工业稳增长促转型措施的通知》和《关于进一步扶持矿产品采选业发展的实施意见》，组织开展“百名科技干部进百企”和政银企对接等活动，采取“一企一策”“一个项目一策”的办法，帮助解决企业存在的困难和问题200多个，兑现各类扶持奖励资金8911万元，完成政府性融资12.8亿元，落实贷款10.29亿元，帮助企业无偿办理应急转贷资金3.19亿元。完成工业园区土地平整90.33公顷，石牌、上京、京口、吴山、桃源等5个工业项目集中区已入驻企业53家，创工业总产值74亿元。新设企业研发中心3家，新增知名商标3个、省名牌产品4项，新获授权专利81件。华伦特重工、鑫鹭峰实业、金鹏矿业等3家企业在海峡股权交易中心挂牌交易或展示，三井科技成为本县首家在上海股权交易中心上市的科技企业。工业节能取得成效，15个节能与循环经济项目实施完成，年节省标煤1.5万吨。利用煤矸石、粉煤灰、炉渣等材料生产水泥、机砖等建材产品企业28家，年可处理固体废弃物150万吨。红狮水泥、鑫城水泥、原美化工等企业利用余热发电，年可发电1.18亿千瓦时，节省标煤4.14万吨。落实生产安全“党政同责、一岗双责”责任制，全年生产安全事故率比上年回落26.1%，无发生较大安全生产责任事故。

（陈昭才　涂庆南）

【水利电力】 2014年，动工建设水利工程项目8个，投入劳力161万个工日，占年计划的102.5%；完成土石方172万立方米，是年计划的104.2%；完成投资2.43亿元，占年计划的103.7%。实施全国第五批中央财政小型农田水利建设重点县项目，桃源、上京、建设、石牌、谢洋5个乡镇和东风农场，完成灌溉渠道建设35.23公里、排洪沟7.57公里、拦水坝41座、蓄水地63口，总投资1840万元（中央及省财政各补助800万元）。继续实施“河长制”管理模式，县境内200个河段设158名河长，实现县、乡、村三级“河长”全覆盖。实现网格化管理，根据各河段的实际编制全县及18个乡镇河道管理分布图，建立巡河制度，开展巡河监督检查活动，编印“河长”工作手册，做巡查记录日记，详细记录河段环境情况，标出污染分布，利用互联网组建“河长信箱”，适时上传巡查图照、河道对比图，并邀请人大代表、政协委员、社会人士及新闻媒体共同督查，均溪河、文江河等水流域初见成效，该做法得到省委、省政府肯定并推广。

电力部门加强水资源开发利用，规范小水电管理，加大增效扩容改造力度。全县小水电181处，装机容量14.74万千瓦，年发电量4.59亿千瓦时，比上年跌落16.3%；售电11.61亿千瓦时，比上年增长1.51%；新建和改造35千伏变电所3座，新增容量1.76万伏安；完成农村电网配套改造工程63项。全年电力建设固定资产投资5013.2万元。

（魏兰兰　涂庆南）

【城乡建设与旅游】 2014年，继续实施“大城关”战略，完成新一轮《大田县城总体规划修编》工作，建成区面积7.4平方公里，城镇化率45.6%。加快“四大板块”建设，农业企业总部大夏、城关自来水厂、体育文化中心相继建成，东部新城25个项目、城市天然气站及配套管网、均溪河西岸栈道景观工程序时推进。城市房地产完成投资8.68亿元，超年计划的16.5%，施工面积113.26万平方米，比上年增长25.7%；竣工面积18.27万平方米，商品房销售面积20.84万平方米，比上年增长14.9%，销售额16.10亿元，比上年增长15.7%。城市人均绿化面积14.97平方米，绿地率37.9%，城市生活污水、垃圾处理率分别达到80.5%和98.6%。拆除“两违”（违法占地、违章建设）建设面积30.57万平方米，腾出土地14.6万平方米，完成拆违任务的109.2%。完成15个乡镇、210个村的乡镇、村规划编修。省、市级宜居环境建设项目25个，投资16.41亿元，超年计划的5.16%。桃源、建设两个市级中心镇实施产业发展项目23个，完成投资4.88亿元，占年计划的126%。建设美丽乡村示范点10个，其中完成蓝玉、内洋、济阳、和洋4个村市级美丽乡村申报工作。

2014年，投入旅游开发和建设资金2.98亿元。接待旅客113万人次，比上年增长14.1%，实现旅游收入2.95亿元，比增31.1%。旅游招商引资落地建设的有屏山茶天下旅游开发、福建省象山夏季体操训练综合基地和中央苏区公园CS野战等项目。成立大田县乐源乡村旅游开发有限公司，周田、许思坑、蓝玉、东坂、赤头坂森林人家、内洋、和洋、济阳8个村庄列入三明市乡村旅游特色村2014—2016年创建计划。石牌大骨肉美食一条街通过省级旅游特色街区验收，蓝玉村通过省级“乡村旅游特色村”评估验收。

（潘梅 涂庆南）

【交通运输】 全年县公路建设总投资4.7亿元，完成公路改造43公里、安保工程107公里。动工兴建华石线二期、大田——德化、屏山——吴山、国道纵五线周田——长溪坂、“泉南”高速上京互通连接线。莆田——炎陵高速公路、吉安——泉州快速铁路前期准备工作扎实推进。年底，全县有公路211条、1661.18公里，其中，高级路面（混凝土）1234.44公里，中级路面（泥结碎石）225.03公里，低级路面（粗料）201.71公里。新开辟公交线路9条，营业性公交班车50辆，完成年客运量455万人次。拥有营业性货车3456辆、3.04万吨位，完成货运量1567.90万吨，周转量14.73亿吨公里。营业性客车208辆、3212座，日均发车268班次、运送乘客4130人次，全年完成客运量294.35万人次，周转量2.07亿人公里。

（郑祥果 涂庆南）

【固定资产投资与项目建设】 2014年，完成社会固定资产投资189.98亿元，比上年增长20.4%，增幅居全市第二位，其中，建安工程投资完成137.93亿元，比上年增长21.8%。投资按国民经济业分：第一产业投资完成15.67亿元，比上年增长56.6%；第二产业投资完成116.11亿元，比上年增长12.5%；第三产业投资完成58.2亿元，比上年增长30.8%。

坚持把项目建设作为转方式、调结构、惠民生的重要载体，实施“七个重点项目组”工作方案，全县重点项目132个，完成投资114.77亿元，其中，城市规划建设项目28个，完成投资29.19亿元；工业经济重点项目35个，完成投资34.82亿元；重大交通基础设施项目7个，完成投资6.38亿元；农业产业化及生态保护项目19个，完成投资17.33亿元；重大水利工程项目8个，完成投资2.43亿元；民生及社会事业项目12个，完成投资3.12亿元，现代服务业及旅游项目23个，完成投资21.5亿元。竣工或部分竣工项目86个。

（魏庆赐 涂庆南）

【财税金融】 2014年，财政收入10.37亿元，比上年下降7.3%，其中地方公共财政收入6.7亿元，同比下降9.41%；公共财政支出16.7亿元，比上年增长2.2%。在公共财政支出中，重点保障民生资金，全年用于民生支出资金13.39亿元，比上年增长3.80%，占公共财政支出的80.21%。加强预算编制和管理，公共经费支出在2013年的基础上压缩10%，全县行政事业单位的“三公”经费及会议费比上年下降32.64%。县国税局完成各项税收收入4.45亿元，其中，完成县本级税收1.31亿元，比上年增长16.1%。县地税局组织各项收入6.25亿元，其中，完成税收4.25亿元，比上年下降12.12%；非税性收入2.27亿元，比上年增长5.52%；完成县级一般预算收入3.28亿元，比上年下降8.12%。

2014年，全县有金融机构10家，存款余额79.52亿元，比上年增长4.6%；各项贷款余额74.56亿元，比上年增长12.9%。发行基金净投放4.7亿元，比上年下降40.73%。银行结汇总额417.73万美元，比降76.33%，付汇总额955.17万美元，比上年增长125.81%；外贸进出口总值1.38亿美元，比上年增长73.68%，其中出口1.11亿美元，同比增长48.65%，进口2734万美元，比增444.62%，进出口顺差8324万美元。三明银鉴分局大田办事处加强金融风险防控机制建设，强化金融风险防控督导，全年共处置不良贷款1.65亿元。

（陈吉浣 涂庆南）

【商贸流通】 2014年，全县个体工商户1.08万户，注册资金7.8亿元，从业人员2.11万人。完成社会消费品零售总额39亿元，比上年增长13.8%，其中，限上法人企业、大个体工商户和产业单位完成19.45亿元，同比增长19.0%，限额以下完成19.55亿元，同比增长9.0%。突出壮大商贸物流，同乐物流、闽中现代物流园筹项目加快推进，长隆物流配送中心、岩城仓储中心等建成投用。全年新增物流企业25家。培育新型业态，扶持电子商务、总部经济和中介组织，新增电子商务企业19家，中介服务机构41家。

（潘梅 涂庆南）

【外经外贸】 2014年，新批办外商投资企业3家，实际到资1575美元，比上年增长13.9%，居全市第三位；外贸出口1.37亿美元，比增29.3%，居全市第二位。在泉州举办“大田·泉州投资项目推介洽谈会”，对接项目44个，总投资107.49亿元，其中，合同项目18个，意向项目26个；签约项目8个，总投资44.2亿元，可利用外资2.1亿美元。签约项目中投资3亿元以上项目5个。组团参加“9·8”投洽会，对接项目23个，总投资4.51亿美元，其中合同项目12个，意向项目11个；签约项目4个，总投资1.08亿美元，可利用外资7500万美元。投资2000万美元以上项目3个。

（潘梅 涂庆南）

【生态建设】 2014年，围绕改善环境质量、建设生态大田、美丽大田为目标，开展美丽乡村创建活动，实施“点线面”攻坚计划，新培养“美丽乡村”示范点40个，创建省级、国家级生态县，17个乡镇、3个村通过国家生态乡镇、村考核验收，7个乡镇获“国家级生态乡镇”命名。实施造林绿化和“四绿”工程，完成造林面积2100公顷。探索矿山“五园”管理模式，投入1.19亿元，完成矿山水土流失治理面积3873.33公顷，完成省、市下达任务的114.6%。完善重点污染源在线监控体系建设，完成国控、省控企业和重点污染源企业监督性监测13个。推进节能减排、水环境保护工作，4条小河流域治理项目序时推进。全年审批建设项目44个，投资总额10.97亿元，其中环保投资5700万元，占5.2%。完成同时设计、施工、竣工“三同时”验收项目46个，环境执行率100%。实施重点减排项目6个、节能项目5个、循环经济项目10个。年内，境内主要河段水质符合国家有关标准，闽江流域交界断面水质达到二类标准，县城空气污染指数（API）为51，空气质量优良率100%，区域环境噪音和交通噪音均达到功能要求。

（陈吉浣 涂庆南）

【民生福祉】 2014年，城镇居民人均可支配收入2.5万元，比上年增长10.2%；农村居民人均可支配收入1.18万元，同比增长10.28%；单位从业人员全年平均劳动报酬4.38万元，比上年增长8.3%；居民消费价格指数101.9%。把新增财力主要用于民生事业，财政用于民生支出13.3亿元，21个民生项目基本完成。实施积极就业政策，城镇新增就业2602人，城镇下岗失业人员再就业1212人，发放下岗失业人员创业小额贴息贷款1030万元，城镇登记失业率2.06%，低于市下达3.5%的控制指标。农村劳动力转移就业5389人。建设保障性住房1129套，完成配租配额508套，超额完成市下达的任务。推行“348”精准扶贫工作机制，重点推进第四批省、市、县29个开发重点村，完成危房改造900户，有2个百户造福工程集中安置点列入省级集中安置点。改造老年人活动中心16个，新建农村互助幸福家园2个、敬老院4所，实现乡乡都有敬老院。巩固和发展社会保险的扩面征缴成果，职工医疗保险、新型农村合作医疗保险、企业职工和城镇居民养老保险、农村养老保险、被征地农民养老保障金以及工伤、失业、生育等公益保险做到应保尽保，保险面基本实现全覆盖，实现参保人数和基金征缴同步增长，所有保险金按月足额发放。城乡低保、“五保户”、高龄老人补贴、残疾人、退休劳模补充养老金标准提高。

（魏庆赐 陈吉浣 涂庆南）

【社会事业】 2014年，县财政投入预算内教育经费4.76亿元，改善和优化教育环境，以“双优”成绩通过省级教育“两项督导”考核，完成校安工程、城区扩容、薄弱学校改造项目12个，建立中小学生社会实践基地，农村中小学“班班通”稳步推进。教育质量实现“点上实破、面上提高”，全县高考考生本科上线率54.9%，比上年提高6个百分点，考入“985”“211”国家重点高校77人。大田一中考生叶豪以总分708分考入清华大学，获县政府奖励金10万元。开展国家公共文化体系示范区创建工作，县体育活动中心竣工投入使用，档案馆、图书馆、广电中心主体竣工。首次承办国家级体育赛事——2014年“浩沙杯”全国艺术体操锦标赛获得成功，并与国家体育总局体操运动中心签约“中国体操协会大田县大体操培训基地”合作协议，大田成为全国“大体操”进校园、进社区的试点推广区。桃源镇通过全省农村宣传思想文化示范乡镇评审验收。东坂、万宅两村入选第三批中国传统村落 名录。实施基层卫生机构第二轮改革，县、乡、村三级卫生机构药品零售率实现全覆盖。完成乡镇卫生改造2个、村卫生所信息化建设201个。继续开展卫生应急综合示范县创建工作，推进基本公共卫生服务项目，加强对重点传染病的预防控制和公共场所、饮用水、餐饮服务业的卫生监督，全年未出现重特大公共卫生事件。持续推进“双城同创”（省级文明县城、省级卫生县城）工作，开展“清洁家园、除害灭病、促进健康”为主题的第27个全国爱国卫生月活动，进行卫生整治和除“四害”活动，实施农村改水改厕，农村自来水普及率98.96%，无害化厕所普及率91.62%。坚持计划生育基本国策、党政一把手负总责、计划生育一票否决的“三不变”原则，加强人口计生工作，开展集中整治“两非”（非法鉴定胎儿性别、非法终止妊娠）专项行动，推行“诚信计生·幸福家庭”管理模式，已婚育夫妇参与率92%。全县人口自然增长率11.41‰，政策符合率86.7%，完成市下达的年度人口计生整改目标和任务，县政府被三明市政府评为计划生育依法行政工作先进单位，县计生协会被省计生协会评为“四联制”工作三类先进单位、被市计生协会评为创优工作先进单位。健全重大决策、重大项目社会稳定风险评估制度，创新社会管理，深化“平安大田”建设，落实信访工作“路线图”，完善信访听证和涉法涉诉、信访依法终结制度，推行社区网格化服务管理，成立全市首家县级社区矫正人员社区服务基地，综治工作连续7年保持全市领先。

（郑祥果　潘梅　陈吉浣　涂庆南）

2014年大田县党政军社团组织机构及其领导人名录

【中共大田县委员会】

电　话　7222097　邮编　366100
地　址　凤山西路40号
书　记　汤俊生（2012.9—　　）
副书记　熊旭明（2012.12—　　）
　　　　廖金辉（2013.10—　　）
常　委　吴昌年（2011.6—2014.4）
　　　　张英跃（2005.12—　　）
　　　　章　玲（女，2010.12—　）
　　　　蔡建明（2009.10—　　）
　　　　张勇民（2013.10—　　）
　　　　江太生（2011.6—　　）
　　　　黄建总（2012.5—2014.6）
　　　　谢　军（2013.10—　　）
　　　　杨兴和（2014.4—　　）
　　　　潘荣灼（2014.7—　挂职）
　　　　缑泽昆（2014.8—　　）
（其中书记、副书记为常委不重列）

（田成省）

【大田县人大常委会】

电　话　7222223　邮编　366100
地　址　凤山西路40号
主　任　陈汉良（2011.2—　）
副主任　温如校（2003.12—　　）
　　　　张爱兰（女，2013.12—　）
　　　　刘永生（2011.12—　　）
　　　　郑宜堆（2011.12—　　）

（田成省）

【大田县人民政府】

电　话　7222168　邮编　366100
地　址　凤山西路40号
县　长　熊旭明（2012.12—　　）
副县长　谢　军（2007.1—　　）
　　　　陈钦梅（女，2013.12—　）
　　　　余维语（2009.10—　　）
　　　　戴绍松（2011.12—　　）
　　　　缑泽昆（2012.7—2014.8）

廖荣才（2013.12—　）

（田成省）

【政协大田县委员会】

电　话　7220099　邮编　366100

地　址　凤山西路40号

主　席　郑建勋（2012.12—　）

副主席　张友生（2001.4—　）

陈庆建（2013.12—　）

高石麟（2003.12—　）

涂林瑢（女，2011.12—　）

（田成省）

【中共大田县纪委】

电　话　7222226　邮编　366100

地　址　凤山西路40号

书　记　张勇民（2013.10—　）

副书记　陈清辉（2008.4—　）

詹联景（2013.11—　）

（田成省）

【大田县人武部】

电　话　7222209　邮编　366100

地　址　凤山西路29号

部　长　杨兴和（2011.6—　）

政　委　吴昌年（2011.6—2014.3）

张朝阳（2014.3—　）

副部长　尹培虎（2012.4—　）

（田成省）

【县委工作部门及直属单位】

办公室

电　话　7222097　邮编　366100

地　址　凤山西路40号

主　任　吴初增（2011.7—　）

台办

电　话　7223296　邮编　366100

地　址　凤山西路40号

主　任　吴初增（兼，2011.7—　）

督查室

电　话　7223229　邮编　366100

地　址　凤山西路40号

主　任

信访局

电　话　7222117　邮编　366100

地　址　龙山路4号

局　长　甘满香（女，2011.5—　）

党史研究室

电　话　7222086　邮编　366100

地　址　凤山西路40号

主　任　廖舒静（女，2013.11—　）

组织部

电　话　7222096　邮编　366100

地　址　凤山西路40号

部　长　蔡建明（2009.10—　）

组织员办公室

电　话　7222550　邮编　366100

地　址　凤山西路40号

主　任　张春桃（2008.4—　）

老干部局

电　话　7223291　邮编　366100

地　址　白岩山南路1号

局　长　周建峰（2013.11—　）

宣传部

电　话　7222093　邮编　366100

地　址　凤山西路40号

部　长　章　玲（女，2010.12—　）

文明办

电　话　7222255　邮编　366100

地　址　建山路46号

主　任　蒋先切（2008.4—　）

报道组

电　话　7222225　邮编　366100

地　址　凤山西路40号

组　长　张知松（2008.4—　）

统战部

电　话　7222413　邮编　366100

地　址　凤山西路40号

部　长　江太生（2011.7—　）

政法委

电　话　7222001　邮编　366100

地　址　凤山西路40号

书　记　张英跃（2011.7—　）

综治办

电　话　7226776　邮编　366100

地　址　凤山西路40号

主　任　乐余聪（2013.11—　　）

县委群众工作部

电　话　7332970　邮编　366100

地　址　龙山路4号

部　长　张英跃（兼，2011.8—　）

县直机关党工委

电　话 7222228　邮编　366100

地　址　凤山西路40号

书　记　蔡建明（兼，2010.4—　）

常务副书记　纪虎劲（2009.4—　）

县委教育工委

电　话　7222064　邮编　366100

地　址　玉山路12号

书　记　章　玲（兼，女，2011.2—　）

县委党校

电　话　7222094　邮编　366100

地　址　文山路12号

校　长　蔡建明（兼，2010.4—　　）

常务副校长　周丽华（女，2008.8—　　）

农村工作领导小组办公室

电　话　7222131　邮编　366100

地　址　建山路74号

主　任　郑成鑫（2011.7—　　）

县委编办

电　话　7222191　邮编　366100

地　址　凤山西路40号

主　任　陈汝传（2013.11—　　）

档案局（馆）

电　话　7222183　邮编　366100

地　址　凤山西路40号

局（馆）长　林如耀（1999.11—　　）

（田成省）

【县人大常委会工作机构】

办公室

电　话　7222223　邮编　366100

地　址　凤山西路40号

主　任

副主任　涂振鹏（2011.7—　　）

教科文卫委

电　话　7225117　邮编 366100

地　址　凤山西路40号

主　任　卢建宏（2011.7—　　）

内司委

电　话　7225117　邮编　366100

地　址　凤山西路40号

主　任　林乃群（2006.12—　　）

人事代表工作室

电　话　7226151　邮编　366100

地　址　凤山西路40号

主　任　章宗炼（2013.12—　　）

侨台委

电　话　7234775　邮编　366100

地　址　凤山西路40号

主　任　程美花（女，2009.2—　　）

环城委

电　话　7223423　邮编　366100

地　址　凤山西路40号

主　任　林雁强（2013.12—　　）

财经委

电　话　7223423　邮编　366100

地　址　凤山西路40号

主　任　阮　芳（女，2006.12—　　）

信访室

主　任　李方广（2010.3—　　）

（田成省）

【政府工作部门及直属机构】

办公室

电　话　7222168　邮编　366100

地　址　凤山西路40号

主　任　黄和新（2011.7—　　）

机关事务管理局

电　话　7223202　邮编　366100

地　址　凤山西路40号

局　长　卢作福（2010.4—　　）

发展和改革局

电　话　7223188　邮编　366100

地　址　建山路20号

局　长　涂剑峰（2011.7—　　）

教育局

电　话　7222064　邮编　366100

地　址　玉山路12号

局　长　蔡建峰（2013.9—　　）

教育督导室

电　话　7243345　邮编　366100

地　址　玉山路 12 号
主　任　徐建清（2011.6—　　　）

经贸局

电　话　7222048　邮编　366100
地　址　建山路 27 号
局　长　陈文琴（2013.12—　　　）

公安局

电　话　7230909　邮编　366100
地　址　建山路 1 号
局　长　叶其勇（2012.5—　　　）
政　委　刘阳辉（2012.5—　　　）

指挥中心

电　话　7230904　邮编　366100
地　址　建山路 1 号
主　任　余建载（2011.12—　　　）

国内安全保卫大队

电　话　7230909-3128　邮编　366100
地　址　建山路 1 号
大队长　陈斯辉（2002.4—　　　）

公共网络安全监察大队

电　话　7230904　邮编　366100
地　址　建山路 1 号
大队长　杨维格（2009.1—　　　）

刑侦大队

电　话　7223325　邮编　366100
地　址　白岩山北路 5 号
大队长　郑乾智（2011.4—　　　）

出入境管理大队

电　话　7230906-3136　邮编　366100
地　址　建山路 1 号
大队长　周　芳（女，2008.12—　　　）

治安大队

电　话　7230909　邮编　366100
地　址　建山路 1 号
大队长　陈永超（2011.4—　　　）

经侦大队

电　话　7230909—3143　邮编　366100
地　址　建山路 1 号
大队长　余新荣（2002.4—　　　）

交通管理大队

电　话　7222013　邮编　366100
地　址　福田路 72 号
大队长　卢有明（2011.12—　　　）

法制大队

电　话　7230906-3126　邮编　366100
地　址　建山路 1 号
大队长　郑学春（2011.4—　　　）

看守所

电　话　7222067　邮编　366100
地　址　白岩山北路 5 号
所　长　刘文高（2011.4—　　　）

拘留所

电　话　7222068　邮编　366100
地　址　白岩山北路 5 号
所　长　林芳耀（2011.4—　　　）

监察局

电　话　7222226　邮编　366100
地　址　凤山西路 40 号
局　长　陈清辉（2008.4—　　　）

民政局

电　话　7222101　邮编　366100
地　址　雪山南路 2 号
局　长　陈成册（2008.4—　　　）

勘界办

电　话　7230016　邮编　366100
地　址　雪山南路 2 号
主　任　林开斌（2011.6—　　　）

司法局

电　话　7222107　邮编　366100
地　址　南山路 253 号
局　长　田是告（2013.12—　　　）

财政局

电　话　7223376　邮编　366100
地　址　凤山西路 40 号
局　长　田　勇（2003.11—　　　）

人力资源和社会保障局

电　话　7222150　邮编　366100
地　址　建山路 190 号
局　长　郭育靖（2009.4—　　　）

机关社保中心

电　话　7222249　邮编　366100
地　址　文山路 2 号
主　任　陈志清（2010.3—　　　）

公务员局

电　话　7222191　邮编　366100
地　址　凤山西路 40 号

局　长　余育好（2011.7—　　　）

国土资源局

电　话　7223527　邮编　366100
地　址　建山路11号2楼
局　长　林宗镇（2011.7—　　　）

库区移民开发局

电　话　7243595　邮编　366100
地　址　宝山路107号
局　长　林玉温（2011.7—　　　）

环境保护局

电　话　7222081　邮编　366100
地　址　建山路76号
局　长　施发烧（2002.2—　　　）

住房和城乡规划建设局

电　话　7222155　邮编　366100
地　址　建山路24号
局　长　林建明（2008.4—　　　）

交通运输局

电　话　7222028　邮编　366100
地　址　凤山中路209号
局　长　郑际楷（2012.3—　　　）

交通运管所

电　话　7222110　邮编　366100
地　址　凤山中路213号
所　长　郑一刚（2011.6—　　　）

交通综合行政执法大队

电　话　7280909　邮编　366100
地　址　建山路210号
大队长　张　文（2011.12—　　　）

农业局

电　话　7223311　邮编　366100
地　址　凤山中路219号
局　长　池乃国（2008.4—　　　）

林业局

电　话　7222185　邮编　366100
地　址　雪山南路3号
局　长　叶宝生（2008.4—　　　）

林业科技推广中心

电　话　726619　邮编　366100
地　址　雪山南路3号
主　任　苏亨荣（2010.3—　　　）

大仙峰省级自然保护区管理处

电　话　726619　邮编　366100
地　址　雪山南路3号
主　任　周仲琼（2005.1—　　　）

公安局森林分局

电　话　7222058　邮编　366100
地　址　雪山南路3号
局　长　林建楠（2004.3—　　　）
教导员　林建群（2004.3—　　　）

水利局

电　话　7222063　邮编　366100
地　址　建山路23号
局　长　田仁芳（2013.12—　　　）

坑口水库管理处

电　话　7236870　邮编　366100
地　址　谢洋乡坑口村
主　任　范明铁（2013.12—　　　）

文体广电出版局

电　话　7222157　邮编　366100
地　址　建山路14号
局　长　林春忠（2008.7—　　　）

文化市场综合执法大队

电　话　7222157　邮编　366100
地　址　建山路14号
大队长　连福石（2013.12—　　　）

卫生局

电　话　7222132　邮编　366100
地　址　建山路19号
局　长　陈永晶（2013.9—　　　）

人口和计划生育局

电　话　7222116　邮编　366100
地　址　凤山西路5号
局　长　周家好（2013.12—　　　）

审计局

电　话　7222268　邮编　366100
地　址　建山路31号
局　长　严建忠（2011.7—　　　）

安全生产监督管理局

电　话　7220737　邮编　366100
地　址　建山路27号
局　长　徐锦平（2006.5—　　　）

统计局

电　话　7222284　邮编　366100
地　址　建山路20号
局　长　吴高勇（2009.4—　　　）

农村社会经济调查队

电　话　7222260　邮编　366100

地　址　建山路 20 号

队　长　詹以利（1999.10—　　　）

城市社会经济调查队

电　话　7222260　邮编　366100

地　址　建山路 20 号

队　长　林美华（女，2010.3—　　　）

人民防空办公室

电　话　7305881　邮编　366100

地　址　凤山西路 40 号

局　长　罗　浩（2013.12—　　　）

食品药品监督管理局

电　话　7238396　邮编　366100

地　址　建山路 19 号

局　长　施发帅（2001.11—　　　）

经济开发区

电　话　7326776　邮编　366100

地　址　华兴乡京口村

主　任　乐永权（2014.12—

科技局

电　话　7222139　邮编　366100

地　址　凤山西路 40 号

局　长　陈永明（2013.12—　　　）

外经贸局

电　话　7223022　邮编　366100

地　址　宝山路 30—1 号

局　长　林奕明（2006.12—　　　）

农业机械化管理中心

电　话　7222159　邮编　366100

地　址　宝山路 97 号

主　任　翁祖勇（2013.12—　　　）

畜牧水产中心

电　话　7222029　邮编　366100

地　址　赤岩山路 10 号

主　任　高丽辉（2002.2—　　　）

茶业局

电　话　7223235　邮编　366100

地　址　宝山路 107 号

局　长　陈昭云（2008.4—　　　）

旅游局

电　话　7260655　邮编　366100

地　址　白岩山南路 1 号

局　长　陈益存（2008.12—　　　）

电视台

电　话　7222190　邮编　366100

地　址　文山路 13 号

台　长　李建政（2010.12—　　　）

县方志办

电　话　7222114　邮编　366100

地　址　建山路 11 号 5 楼

主　任　林元圈（2013.12—2014.6）

消防大队

电　话　7222118　邮编　366100

地　址　建山路 178 号

大队长　岑超凡（2012.7—2014.10　）

张金东　（2014.10—　　　）

（田成省）

【县政协工作机构】

办公室

电　话　7222099　邮编　366100

地　址　凤山西路 40 号

主　任　陈德强（2010.3—　　　）

文史学习和民族宗教委

电　话　7223628　邮编　366100

地　址　凤山西路 40 号

主　任　林　毅（2006.12—　　　）

经济和港澳侨台委

电　话　7223628　邮编　366100

地　址　凤山西路 40 号

主　任　张玉莲（女，2009.1—　　　）

提案和法制委

电　话　7220193　邮编　366100

地　址　凤山西路 40 号

主　任　易清花（女，2013.12—　　　）

社会事业委

电　话　7223628　邮编　366100

地　址　凤山西路 40 号

主　任

（田成省）

【县纪委工作部门】

办公室

电　话　7222226　邮编　366100

地　址　凤山西路 40 号

主　任　许志鹏（2010.2—　　　）

纪检监察室

电　话　7220466　邮编　366100
地　址　凤山西路40号
主　任　詹联景（2006.7—　　）

效能监察室

电　话　7222395　邮编　366100
地　址　凤山西路40号
主　任　叶玉成（2013.11—　　）

党风室

电　话　7220907　邮编　366100
地　址　凤山西路40号
主　任　颜清德（2010.2—　　）

案件审理室

电　话　7220908　邮编　366100
地　址　凤山西路40号
主　任　郭善锋（2010.2—　　）

执法监察室

电　话　7220907　邮编　366100
地　址　凤山西路40号
主　任　涂锦发（2011.6—　　）

信访室

电　话　7220466　邮编　366100
地　址　凤山西路40号
主　任　施生陆（2013.11—　　）

案件监督管理室

电　话　7222395　邮编　366100
地　址　凤山西路40号
主　任　岳荣耀（2013.11—　　）

纠风室

电　话　7222395　邮编　366100
地　址　凤山西路40号
主　任　范逢春（2013.11—　　）

宣传教育室

电　话　7260875　邮编　366100
地　址　凤山西路40号
主　任

（田成省）

【县人武部工作部门】

军事科

电　话　7233441　邮编　366100
地　址　凤山西路29号
科　长　尹培虎（兼，2012.3—　　）

政工科

电　话　7260367　邮编　366100
地　址　凤山西路29号
科　长　肖贯华（2012.2—　　）

后勤科

电　话　7233445　邮编　366100
地　址　凤山西路29号
科　长　陈家银（2010.6—2013.8）
　　　　郭　伟（2013.8—　　）

（田成省）

【人民武装】

武警中队

电　话　13348430575　邮编　366100
地　址　白岩山北路5—3号
中队长　赵革卫（2010.8—　　）

（田成省）

【县人民法院】

电　话　7222232　邮编　366100
地　址　凤山西路30号
院　长　朱文绣（2011.12—　　）
副院长　史小闽（1995.10—　　）
陈　晶　（女，2002.5—　　）
肖雄忠　（2002.5—　　）

（田成省）

【县人民检察院】

电　话　7223609　邮编　366100
地　址　福田路231号
检察长　陈福东（2011.12—　　）
副检察长　蒋原成（1999.10—　　）
　　　　　吴明华（2002.5—　　）
　　　　　郑向阳（2011.6—　　）

（田成省）

【群团组织】

总工会

电　话　7222039　邮编　366100
地　址　凤山西路73号
主　席　张勇民（兼，2013.12—2014.12）
江太生　（兼，2014.12—　　）
常务副主席　杨加炎（2008.12—　　）

团县委

电　话　7222227　邮编　366100

地　址　白岩山南路 1 号

书　记　乐永权（2008.11—2014.12）

　　　　李序扶（2014.12—　　）

妇女联合会

电　话　7222522　邮编　366100

地　址　白岩山南路 1 号

主　席　林爱红（女，2013.12—　　）

工商业联合会

电　话　7222472　邮编　366100

地　址　凤山西路 40 号

主　席　田光梯（兼，2011.12—　　）

常务副主席　柯荣辉（2009.4—　　）

科学技术联合会

电　话　7222154　邮编　366100

地　址　凤山西路 40 号

主　席　方来银（2013.12—　　）

社会科学界联合会

电　话　7222093　邮编　366100

地　址　凤山西路 40 号

主　席

文学艺术界联合会

电　话　7222157　邮编　366100

地　址　建山路 14 号

主　席

归国侨联联合会

电　话　7222549　邮编　366100

地　址　凤山西路 40 号

主　席　黄军晖（2011.6—　　）

残疾人联合会

电　话　7222902　邮编　366100

地　址　雪山北路 143 号

理事长　黄桂珍（女，2011.6—　　）

国际商会（贸促会）

电　话　7222902　邮编　366100

地　址　雪山北路 143 号

会　长　陈华塔（2014.2—　　）

（田成省）

【其他事业单位】

良种场

电　话　7382115　邮编　366100

地　址　桃源村 308 号

场　长　黄志金（2010.3—　　）

农科所

电　话　7248935　邮编　366100

地　址　赤岩山路 2 号

所　长　周高山（2011.6—　　）

卫生监督所（疾病控制中心）

电　话　7222017　邮编　366100

地　址　南山路 150 号

所　长　郑雪珍（女，2013.9—　　）

妇幼保健院

电　话　7222038　邮编　366100

地　址　建山路 8 号

院　长　林大平（2002.9—　　）

福建电大大田工作站

电　话　7222255　邮编　366100

地　址　玉山路 12 号

站　长　俞建营（2011.6—　　）

教师进修学校

电　话　7222197　邮编　366100

地　址　玉山路 12 号

校　长　林再生（2013.8—　　）

大田一中

电　话　7222167　邮编　366100

地　址　文山路 17 号

校　长　颜良重（兼，2013.8—　　）

大田五中

电　话　7222613　邮编　366100

地　址　天山路 43 号

校　长　连青阳（2013.8—　　）

大田二中

电　话　7408219　邮编　366105

地　址　建设镇建设村 272 号

校　长　郑兴民（2009.9—　　）

大田三中

电　话　7382819　邮编　366101

地　址　桃源镇桃源村 108 号

校　长

副校长　林照斌（2014.1—　主持）

职业中专

电　话　7223634　邮编　366100

地　址　福田路 160 号

校　长　林凤瑮（2008.9—　　）

医院

电　话　7222137　邮编　366100

地　址　雪山北路180号
院　长　林其汉（2013.9—　　）

中医院

电　话　7222047　邮编　366100
地　址　建山路69号
院　长　高石麟（1997.11—　　）

供销合作社联合社

电　话　7222051　邮编　366100
地　址　雪山南路5号
主　任　陈　群（2011.6—2014.10）

城镇集体工业联合社

电　话　7222089　邮编　366100
地　址　宝山路35号
主　任　吴联广（2013.12—　　）

吴山交通公路稽查站

电　话　（未装）　邮编　366118
地　址　吴山乡吴山村
站　长　涂振超（2010.3—　　）

交通开发公司

电　话　7226300　邮编　366100
地　址　建山路188号
经　理　郑泽光（2002.2—　　）

（田成省）

【乡镇党委、人大、政府】

均溪镇

电　话　7223419　邮编　366100
地　址　凤山中路156号
党委书记　肖宏强（2011.5—　　）
人大主席　陈华塔（2012.1—2014.2）
　　　　　范成火（2014.2—　　）
镇　长　陈秀达（2013.11—　　）

石牌镇

电　话　7224731　邮编　366100
地　址　石牌村1号
党委书记　吴文旗（2011.5—　　）
人大主席　陈如双（2014.2—　　）
镇　　长　施正钻（2008.4—　　）

华兴乡

电　话　7229968　邮编　366100
地　址　华兴街001号
党委书记　严志利（2010.1—　　）
人大主席　魏初寨（2012.1—　　）
乡　　长　严佳秀（女，2010.4—　）

屏山乡

电　话　7308238　邮编　366116
地　址　兴屏街1号
党委书记　连仁山（2011.5—　　）
人大主席　吴长春（2014.2—　　）
乡　　长　张乃军（2008.5—　　）

吴山乡

电　话　7328063　邮编　366118
地　址　吴山新街48号
党委书记　林世畅（2009.4—　　）
人大主席　张正春（2014.2—　　）
乡　　长　叶德镇（2010.3—　　）

济阳乡

电　话　7348850　邮编　366117
地　址　济阳新街007号
党委书记　林芳庆（2008.4—　　）
人大主席　周茂座（2012.1—　　）
乡　　长　温如凤（2012.1—　　）

谢洋乡

电　话　7338115　邮编　366119
地　址　复兴路1号
党委书记　余启珠（2011.5—　　）
人大主席　田首道（2010.3—　　）
乡　　长　黄永强（2012.1—　　）

武陵乡

电　话　7358088　邮编　366121
地　址　宏图街001号
党委书记　范一彬（2009.4—　　）
人大主席　陈开尧（2010.3—　　）
乡　　长　廖正楼（2012.1—　　）

桃源镇

电　话　7382210　邮编　366101
地　址　桃源村1号
党委书记　林永田（2013.11—　　）
人大主席　陈建伟（2010.3—　　）
镇　　长　陈庆进（2013.11—　　）

上京镇

电　话　7363205　邮编　366102
地　址　上京南路1号
党委书记　林廷灶（2011.5—　　）
人大主席　方来炽（2014.2—　　）
镇　　长　杨道成（2012.1—　　）

太华镇

电　话　7391020　邮编　366103

地　址　太华村35号
党委书记　刘玉江（2006.12—　）
人大主席　涂育贵（2010.3—　）
镇　　长　涂育严（2013.11—　）

建设镇

电　话　7408018　邮编　366105
地　址　建设街001号
党委书记　茅有温（2011.5—　）
人大主席　陈宏宾（2010.3—　）
镇　　长　林起严（2010.3—　）

广平镇

电　话　7416237　邮编　366107
地　址　广平村325号
党委书记　吴初通（2013.11—　）
人大主席　陈首光（2012.1—　）
镇　　长　陈占对（2012.1—　）

奇韬镇

电　话　7438026　邮编　366108
地　址　奇韬村372号
党委书记　肖长祥（2011.5—　）
人大主席　陈世忠（2014.2—　）
镇　　长　黄兴烈（2012.1—　）

文江乡

电　话　7458028　邮编　366109
地　址　文江路161号
党委书记　范德溥（2013.11—　）
人大主席　陈世忠（2010.3—2014.2）
　　　　　陈振宋（2014.2—　）
乡　　长　郑丁炫（2013.11—　）

前坪乡

电　话　7478134　邮编　366112
地　址　前坪村1号
党委书记　陈建文（2009.4—　）
人大主席　郑昌文（2010.3—　）
乡　　长　陈结章（2012.1—　）

梅山乡

电　话　7468028　邮编　366114
地　址　梅山村036号
党委书记　陈有明（2011.5—　）
人大主席　陈志堂（2014.2—　）
乡　　长　林昌儒（2012.1—　）

湖美乡

电　话　7488011　邮编　366115
地　址　仁美村1号
党委书记　翁淑燕（女，2011.5—　）
人大主席　徐成章（2014.2—　）
乡　　长　林大红（2010.3—　）

（田成省）

【部分省、市直属单位】

永安煤业公司上京分公司

电　话　7366699　邮编　366102
地　址　上京镇京仙路1号
经　理　陈开甜（2010.4—2014.12）
　　　　江诗课（2014.12—　）

国网大田县供电公司

电　话　7241807　邮编　366100
总经理　郑光华（2011.4—　）
书　记　柳建民（2013.3—　）

国税局

电　话　7227845　邮编　366100
地　址　建山路192号
局　长　郑礼广（2007.1—2014.8）
　　　　黄显福（2014.8—　）

地税局

电　话　7222378　邮编　366100
地　址　建山路41号
局　长　张建祥（2012.6—2014.8）
　　　　华　富（2014.8—　）

工商局

电　话　7222339　邮编　366100
地　址　福田路345号
局　长　郭伟平（2010.9—　）

质量技术监督局

电　话　7220386　邮编　366100
地　址　福田路216号
局　长　吴伟建（2002.10—　）

三明银监分局大田监管办

电　话　7261696　邮编　366100
地　址　建山路18号
副主任　乐光锻（2011.3—　）

人行大田支行

电　话　7222372　邮编　366100
地　址　建山路18号
行　长　陈增城（2007.3—2013.9）
　　　　林长平（2013.9—　）

工行大田支行

电　话　7222281　邮编　366100

地　址　凤山西路 36 号
行　长　张伟华（2011.4—2014.6 ）
　　　　朱　辉（2014.6—　　）

农行大田支行
电　话　7222358　邮编　366100
地　址　雪山南路 1 号
行　长　李天明（2010.3—　　）

建行大田支行
电　话　7238579　邮编　366100
地　址　建山路 51 号
行　长　饶建伟（2010.1—2012.11 ）
　　　　李兴超（2013.3—　　）
副行长　李兴超（2012.11—2013.3，主持）

中行大田支行
电　话　7320993　邮编　366100
地　址　建山路 18 号
行　长　梁友忠（2001.4—　　）

邮政储蓄大田支行
电　话　　　　　邮编　366100
地　址　凤山西路 44 号
行　长　郑日周（2011.3—2013.10 ）
　　　　陈汉榕（2013.10—　　）

农村信用联社
电　话　7232683　邮编　366100
地　址　建山路 16 号
理事长　张上志（2010.6—　　）

兴业银行股份有限公司三明大田支行
电　话　7200072　邮编　366100
地　址　大田县均溪镇建山路 27 号
理事长　陈平

福建大田晋农商村镇银行股份有限公司
电　话　7332263　邮编　366100
地　址　大田县均溪镇建山路 6 号
行　长　蔡长协（2013.10——　　）

中国财产保险股份有限公司大田支公司
电　话　7222241　邮编　366100
地　址　凤山中路 156 号
经　理　邓国勇（2007.12—2013.7 ）
　　　　牛鹤翎（2013.7—　　）

中国人寿保险股份有限公司大田县支公司
电　话　7229767　邮编　366100
地　址　建山路 10 号
经　理　谢泽平（2007.1—2013.12 ）
　　　　王　舒（2013.12—　　）

邮政局
电　话　7222178　邮编　366100
地　址　宝山路 111 号
局　长　陈铭山（2010.7—2013.4 ）
　　　　吴　华（2013.4—　　）

电信局
电　话　7239599　邮编　366100
地　址　凤山西路 44 号
局　长　郑志坚（2011.7—2014.8 ）
　　　　周晓毅（2014.8—　　）

公路分局
电　话　7222076　邮编　366100
地　址　雪山北路 210 号
局　长　郑占茶（2011.7—　　）

气象局
电　话　7222077　邮编　366100
地　址　建山路 20 号
局　长　高丽娥（女，2006.5—　）

烟草专卖局
电　话　7239668　邮编　366100
地　址　建山路 37 号
局　长　刘常胜（2009.7—2012.5 ）
　　　　吴　乒（2012.5—　　）

水文站
电　话　7222115　邮编　366100
地　址　均溪镇福塘村 226 号
局　长　杜传垦（2013.12—　　）

桃源林场
电　话　7382395　邮编　366101
地　址　桃源镇桃源村 559 号
场　长　黄德龙（2011.8—　　）

梅林林场
电　话　7365345　邮编　366102
地　址　上京镇梅林村 93 号
场　长　林庆富（2011.8—　　）

福建新华发行集团有限责任公司大田分公司
电　话　7223017　邮编　366100
地　址　建山路 6 号
经　理　林还诚（2013.12—　　）

（田成省）

中共大田县委

□编辑 涂庆南

综 述

2014年，中共大田县委学习贯彻中共十八大和十八届三中、四中全会及总书记习近平系列重要讲话精神，按照中央和省市委的各项决策部署，团结带领全县干部群众，在面对经济发展下行压力的逆境中励精拼搏，破解难题，实现经济稳中有升、社会不断进步的欣喜局面，10项主要经济指标中有7项指标增幅高于全市平均水平，其中，地区生产总值增长10.5%，固定资产投资增长20.45%，城乡居民人均可支配收入分别增长10.2%和10.28%。被国家体育总局体操管理中心授予全国首个“大体操”培训基地，成功举办2014年“浩沙杯”全国艺术体操锦标赛，是大田建县以来首次承办全国性的体育赛事，受到组委会、省市委领导、参赛运动员的点赞。被中国经济林协会命名为全国首个“中国洛神花之乡”，成功举办第九届中国高山茶暨首届中国洛神花文化节。生态文化建设取得新成就，17个乡（镇）通过国家级生态乡镇考核验收，7个乡（镇）获“国家级生态乡镇”命名，通过省级生态县、教育“两项督导”以及国家林业局林地使用和管理情况专项检查考核验收，“河长制”经验在全省推广。

组织学习统一思想 坚持把学习贯彻中共十八届三中、四中全会以及总书记习近平系列重要讲话和省市委全会精神作为一项重大政治任务，采取学习、研讨、宣传等方式和通过新闻媒体开设专栏、专版进行宣传阐释，营造浓厚的学习氛围。县委下发文件通知，级级部署，层层落实。县委中心组多次组织学习，在全县起带头示范作用，掀起学习贯彻热潮，切实用中央精神统一思想、指导实践、推动工作。县委十二届七次全会，提出“转型驱动，绿色发展”的新理念，作为今后一个时期全县加快科学发展跨越发展的工作主题，并围绕未来五年经济增速保持年均11.2%左右、人均GDP、城乡居民收入、生态环境优于全市平均水平的目标制定国民经济和社会发展计划，提高科学决策水平。

加强党的建设 一是落实党建工作“一岗双责”制度，强化党委“第一责任人”抓党建的主体责任意识，履行抓好基层党建工作职责。整顿软弱涣散村党组织26个。投入158万元用于补助扩建或改造村（局）级综合场所42个。二是落实中央“八项规定”，健全完善机关干部行为规范“十不准”，重点对服务窗口落实“马上就办”、单位工作纪律、重点项目“双百会战”、乡镇干部“走读”进行整治。组织开展“百名科级干部进百企”、“百日项目攻坚”、“百家企业帮扶”、现场办公等活动，推进领导干部“四下基层”，开展“五到一线”摸实情、办实事、促发展活动，帮助解决项目企业困难和问题200多个。开通“绿色通道”，实行容缺审批、并联审批制度。成立七个项目服务组，重点梳理10个开工项目、10个竣工项目、10个破解难题，做好跟踪服务。三是开展党的群众路线教育实践活动，通过专家导学、现场教学、培训助学、研讨互学等，创新学习方式，培训骨干1107人次，召开专题研讨会2540多场次，实现全县党员领导干部学习全覆盖。征求意见建议8375条，其中“四风”方面3053条。县委在市委巡视组的督导下，以整风精神，召开质量高、辣味浓的党内民主生活会和多层面的征求意见座谈会，查摆问题，剖析原因。全县662个党组织召开民主生活会。坚持立行立改，制订改落实和专项整治方案，新建制度266项，修订完善制度415项，废止237项。

四是落实党风廉政建设党委主体责任和纪委监督责任，出台《建立健全整治和预防腐败体系2013—2017年工作规划实施细则》，做到教育、制度、惩治“三位一体”。查处违纪违法案70件，追缴金额167.8万元，移送司法机关处理10人。

提升经济质量和效益 一是发展现代农业，组织开展“走乡镇、看变化”活动，茶叶、油茶、木薯、洛神花等优势特色产业持续发展，全县茶园面积6301公顷、油茶林9446.7公顷。种植木薯4285.47公顷、洛神花3333.3公顷。出台培育家庭农场、推进富硒产业发展措施，获批国家级、省级农业标准化示范区各1个，新培育省级农业产业化龙头企业1家、省级示范社8家、家庭农场63家，新获无公害、绿色和有机农产品3个，8家企业列入市级农产品质量安全可追溯建设体系，实现土地规模流转2333.3公顷，被列为省级花卉产业发展示范县。二是发展新型工业，抓龙头建集群，打造矿产品深加工、机械铸造、轻纺新型面料等产业集群，重点抓好浩特服饰、红狮水泥等龙头企业。全年新开工建设重点工业项目21个，完成投资27.23亿元。新增规模以上工业13家。重点实施鑫鹭峰铸造、华闽纸业、红狮水泥等工业技改项目283项，完成技改投资102.7亿元，增长13%，争取国家、省、市技改补助资金820万元。县财政安排企业应急转贷专项资金5000万元，帮助万华实业、华伦特重工等16家困难企业办理转贷业务周转资金3.19亿元。成立中小微企业发展中心，召开银企供需对接会，落实贷款资金10.29亿元。三是发展第三产业，长隆物流等16家重点商贸物流项目加快推进，新增限额以上贸易企业23家、物流企业25家、电子商务企业19家、中介服务机构41家，实现“个转企”103户。紫城、诺讯、仙顶等电商龙头企业实现年销售额1.5亿元。发展休闲旅游，屏山雾海茶人家项目建成投入使用，培育省级“森林人家”示范点2个，桃源监玉村通过省级乡村旅游特色村验收，全县接待游客首次突破百万人次。

增强投资对经济增长的拉动力 一是抓重点项目，全县132个重点项目完成投资114.78亿元，其中30个省、市重点项目完成投资70.48亿元，新开工项目39个、竣工或部分投产项目47个。省纪委挂钩帮扶第一批12个项目已完成对接8个，完成投资11.57亿元，争取上级各类资金2.85亿元；第二批12个项目已完成对接3个，争取上级资金1.15亿元。二是抓招商引资，出台鼓励招商引资和争取上级项目资金工作暂行办法，组织参加“6·18”“9·8”“11·6”等重点招商活动，成功举办泉州“8·8”专场招商会，对接引进总投资22亿元的汽配（工程机械）产业园、总投资15.5亿元的生态环境工程恢复与治理、总投资5亿元的高岭土深加工等一批大项目好项目。抢抓中央支持福建发展的政策机遇，策划2014—2018年大田县科学发展、跨越发展项目306个，总投资1534亿元，项目数与投资额居全市前列。

城乡统筹发展进程加快。一是实施“大城关”战略，完成新一轮县城总体规划修编初稿，实现城市扩容提质，城镇化率达45.6%。加大“四大板块”建设，农业企业总部大厦、县行政服务中心、就业和社会保障中心、公共资源交易中心、体育文化中心、城关自来水厂等民生项目建成投入使用，城市公交系统逐步完善。探索城市管理“河长制”，加大“两违”治理力度，依法拆除“两违”建筑面积30.57平方米。二是按照“一好五美”发展目标，实施“点线面”攻坚计划，新培育“美丽乡村”示范点40个，蓝玉村、内洋村被评为全市首批美丽乡村示范村，桃源整镇推进、屏山吴山济阳三个乡连片打造、省道沿线景观带建设有序开展。加快小城镇改革发展，以建设、桃源2个市级中心镇为重点，实施23个产业发展项目，全年完成投资4.88亿元，占年度计划126%。三是完成公路改造43公里、安保工程107公里，石牌路、大德公路建设通车，国道“纵五”、上京互通口、屏吴公路开工建设，“莆炎”高速、“吉泉”快速铁路前期工作扎实推进。四是开展创建国家级生态县，推进造林绿化和“四绿”工程，完成造林绿化面积2100公顷。完善重点污染源在线监控系统建设，节能减排、水环境保护等工作继续推进，4条小流域治理项目扎实开展。实施矿山“五园”治理模式，全年投入1.19亿元，治理水土流失面积3877.3公顷，占省市下达任务114.6%。

提升百姓幸福指数 一是办惠民实事。将新增财力主要用于民生事业，财政用于民生支出13.39亿元，21个为民办实事项目基本完成。实施积极就业政策，开展技能培训1.6万人次，新增就业2730人，农村劳动力转移就业5389人，发放下岗失业人员创业小额担保贴息贷款1030万元。建设保障性住房1129套、完成配租配售508套。推行“348”精准扶贫工作机制，重点推进第四批省市县29个扶贫开发重点村工作，完成造福工程危房改造900户，谢洋三和新村、太华顶庄新村2个百户造福工程集中安置点列入省级集中安置区。新建农村互助幸福园2个、敬老院4个。农村低保、五保户供养、高龄老人补贴、退休劳模补充养老金、被征地农民养老保障金、乡镇专职残疾人联络员待遇得到提高，养老、医疗、工伤、生育、失业等社会保险实现参保人数与基金征缴同步增长。二是兴社会事业，以“双优”成绩通过省级教育“两项督导”考核，完成校安工程，城市扩容、落弱学校改造等项目12个。上京中小学及其幼儿园实现整体搬迁，推进中小学生社会实践基地、农村中小学“班班通”工程。体育文化中心建成投用，开展国家公共文化服务体系示范区创建工作。实施基层医疗卫生机构第二轮改革，完成济阳、吴山卫生院改造和201个村卫生信息化建设，县、乡、村三级医疗机构药品零售率销售实现全覆盖，实行城乡医疗救助“一站式”即时结算服务。计生工作开展集中整治“两非”专项行动，推行“诚信计生”管理模式，已婚育龄妇女参与率达92%。三是保社会稳定。坚持周一早会制度，加强社会治安研判，健全重大决策、重大项目社会稳定风险评估制度，完善信访听证和涉法涉诉依法终结制度。开展领导干部信访下乡活动，发挥县委群工部的作用，推行社区网格化服务管理，成立全市首家县级社区矫正人员社区服务基地，综治工作连续7年保持全市领先。落实安全生产“党政同责、一岗双责”，强化安全生产、建筑、食品、药品等重点行业和重点领域的安全监管。

（林志铭 涂庆南）

县委重要会议与活动

县委全委会议

【县委十二届六次全体（扩大）会议】 2月8日，在龙山宾馆七楼会议室举行，会期半天。会议学习贯彻中共十八届三中全会、中央和省市经济工作会议、城镇化工作会议、农村工作会议以及省市委全会精神，总结表彰2013年工作，研究安排2014年工作，审议通过《中共大田县委十二届六次全会决议》。县委书记汤俊生主持并向全会作工作报告。县委委员、候补委员，县几套班子领导，担任过副处级以上领导职务的老同志，县纪委委员，各乡（镇）党委书记、乡（镇）长，县直副科级以上机关事业单位党员正职领导或主持工作的党员副职领导，省、市驻大田副科级以上机关企事业单位党员正职领导参加会议。

（林志铭）

【县委十二届七次全体（扩大）会议】 10月11日，在龙山宾馆七楼会议室举行，会期半天。会议学习贯彻总书记习近平系列重要讲话和对福建工作的重要指示精神，以及中央支持福建进一步加快经济社会发展的重大战略部署，落实省委九届十一次全会、市委八届八次全会和全省新型城镇化工作现场会的各项部署要求，听取和讨论县委书记汤俊生所作的报告，审议通过中共大田县委、大田县人民政府《关于进一步加快推进大田科学发展跨越发展的实施意见》和《关于实施转型驱动绿色发展战略加快推进大田重点生态功能区建设的实施意见》。县委副书记、县长熊旭明就县委两个“实施意见”作了说明。县委委员、候补委员，县几套班子领导，担任过副处级以上领导职务的老同志，县纪委委员，各乡（镇）党委书记、乡（镇）长，县直副科级以上机关事业单位党员正职领导或主持工作的党员副职领导，省、市驻大田副科级以上机关企事业单位党员正职领导参加会议。

（林志铭）

县委常委会议

1月23日下午常委（扩大）会议，县委书记汤俊生主持（下同），传达学习省委常委、纪委书记倪岳峰到大田考察调研时的讲话及省纪委九届五次全会、市纪委八届五次全会精神，研究贯彻意见；传达学习省委九届十次全会、市委八届七次全会和省市委经济工作会议精神，研究贯彻意见；研究讨论县委十二届六次全会会务、2014年七个重大项目组工作、《大田县鼓励招商引资工作暂行规定（送审稿）》、《大田县争取上级项目资金工作暂行规定（送审稿）》、大田县优秀民营企业家初步候选人名单、2013年度绩效考评情况等。

2月7日下午常委（扩大）会议，传达学习中央、省委、市委政法工作会议和全市信访工作会议精神，研究贯彻意见；研究讨论开展党的群众路线教育实践活动、召开县纪委十二届四次全会等。

2月25日上午常委（扩大）会议，传达学习省委常委、省纪委书记倪岳峰到县调研指导党的群众路线教育实践活动时的讲话、省第二批教育实践活动工作会议暨省委督导组培训会议和市深入开展教育实践活动动员大会以及全国、全省、全市统战部长会议和中央、省、市农村工作会议精神，研究贯彻意见；研究讨论推荐省五一劳动奖状、奖章人员名单等。

3月19日常委（扩大）会议，传达学习省市组织部长会议、宜居环境建设工作会议、“两违”综合治理工作会议和老体协工作会议精神，研究贯彻意见；研究讨论2014年为民办实事项目、2013年度科级干部年度考核等。

3月28日下午常委（扩大）会议，传达学习全省、全市宣传部长会议精神，研究贯彻意见；研究讨论群众路线教育实践活动征求到的意见和建议的整改方案、2014年县直部门综合财政预算支出以及县委农村工作领导小组组织赴江西、湖北等地考察富硒产业的报告等。

4月10日上午常委（扩大）会议，传达学习总书记习近平在河南省兰考县调研指导党的群众路线教育实践活动时的重要讲话、省市食品药品监督管理体制改革有关精神，研究贯彻意见；研究讨论群众路线教育实践活动征求到的意见和建议（第二批）整改落实任务分解方案等。

4月22日下午常委会议，研究讨论推荐省市“七一”表彰建议人选等。

5月9日上午常委（扩大）会议，传达中央党的群众路线教育实践活动视频会议精神，学习《十八大以来廉政新规定》《领导干部从政道德启示录》，研究贯彻意见；观看吴祥江同志先进事迹专题片《滴水穿石心》；研究讨论《中共大田县委关于开展学习吴祥江同志先进事迹的通知（讨论稿）》、广元矿区管委会总部及相关配套设施建设、2014年度综合工作考评方案等。

5月16日下午常委（扩大）会议，传达学习省委常委第二批联系点教育实践活动座谈会精神，研究贯彻意见；研究讨论县委常委班子专题民主生活会方案、县委常委会对照检查材料等。

5月29日常委会议，传达省委常委、纪委书记倪岳峰对本县开展党的群众路线教育实践活动提出的有关要求，研究贯彻意见。

6月5日下午常委（扩大）会议，传达学习省委书记尤权在长汀县委常委班子专题民主生活会上的讲话和省委常委、省纪委书记倪岳峰在大田县委常委班子专题民主生活会上的讲话精神，研究贯彻意见；研究讨论《大田县2014年项目工作竞赛活动考评方案（送审稿）》、2014年大田县人口计生工作等。

6月27日下午常委会议，传达学习市纪委“转职能、转方式、转作风”专题会议精神，研究贯彻意见；研究讨论2014年县委“七一”表彰事宜。

7月22日下午常委（扩大）会议，传达学习市委市政府上半年经济形势分析暨工作检查总结会议精神，研究贯彻意见；研究讨论迎接全国土地出让和耕地保护审计工作、鸿图中学稳定办学、乡镇人大工作、团县委换届、县委常委工作分工等。

8月13日上午常委（扩大）会议，学习贯彻省委常委、纪委书记倪岳峰在大田县委常委班子教育实践活动整改工作汇报会上的讲话、全市政法综治维稳信访及人民调解工作会议和老年体育工作会暨纳凉点建设现场会议精神，研究讨论全面深化改革工作有关事宜。听取县人武部的工作情况汇报，讨论县人武部提请研究解决的问题。

9月17日上午常委（扩大）会议，学习《习近平总书记系列重要讲话读本》《摆脱贫困》《改革热点面对面》；传达学习省委九届十一次全会精神和《中共福建省委印发〈关于落实党风廉政建设党委主体责任的意见〉〈关于落实党风廉政建设纪委监督责任的意见〉和〈关于党风廉政建设责任追究实施细则（试行）〉的通知》文件，研究贯彻意见；研究讨论大田县第九届中国高山茶文化节暨中国洛神花文化节活动方案等。

10月9日下午常委（扩大）会议，传达学习习近平总书记在中央党的群众路线教育实践活动总结大会上的重要讲话、市委八届八次全会和全省新型城镇化工作晋江现场会议精神，研究贯彻意见；研究大田县教育实践活动总结、县委十二届七次全会以及推荐2012—2014年度省市级精神文明建设各类先进名单等。

11月4日下午常委（扩大）会议，传达中共十八届四中全会、总书记习近平到闽调研重要讲话及省、市委常委（扩大）会议精神，研究贯彻意见；学习《中共中央关于全面推进依法治国若干重大问题的决定》《保密知识》；研究分析大田县年度经济指标完成情况，安排部署下阶段经济工作，以及提请县委常委会研究解决事宜。

11月24日上午常委会议，研究县委组织部提请研究解决的有关事宜。

12月22日上午常委（扩大）会议，传达学习全省经济工作会和省委九届十二次全会精神，研究贯彻意见。

12月30日下午常委（扩大）会议，传达学习市委八届九次全会和全市经济工作会议精神，研究贯彻意见；研究讨论县委十二届八次全会、县政府工作报告及《2014年国民经济和社会发展计划执行情况及2015年国民经济和社会发展计划草案的报告》《2014年预算执行情况及2015年预算草案的报告》等。

（林志铭）

县委专题会议

1月13日上午，县委书记汤俊生主持（下同），听取县城市环境综合治理工作领导小组关于城市环境综合治理工作的情况汇报，研究部署下一步综合治理工作。

2月24日，现场点评部分重点项目进展情况，协调解决项目建设中存在的困难和问题，研究部署下阶段项目工作。

4月30日，现场点评部分重点项目进展情况，协调解决项目建设中存在的困难和问题，研究部署下阶段项目工作。

5月9日下午，现场点评市工作检查备检项目进展情况，协调解决项目建设中存在的困难和问题，研究部署下阶段工作。

5月12日下午，通报市委群众路线教育实践活动督导组征集到的对县几套班子及成员“四风”方面存在的问题及意见建议，研究贯彻意见；研究讨论县委常委会专题民主生活会工作方案（讨论稿）、县委领导班子对照检查材料（讨论稿）等有关事宜。

7月2日上午，听取2014年“浩沙杯”全国艺术体操锦标赛筹备工作情况汇报，研究部署下阶段工作。

7月4日上午，县委副书记廖金辉主持（下同），专题研究城区环境专项整治有关事宜。

7月30日，听取2014年为民办实事工作暨水土流失治理项目情况汇报，现场点评项目进展情况，协调解决项目建设中存在的困难和问题，研究部署下阶段项目工作。

8月20日上午，县委副书记、县长熊旭明主持，专题研究部署“8·19”大暴雨抗灾救灾问题。

9月2日上午，县委书记汤俊生主持（下同），现场点评部分重点项目进展情况，协调解决项目建设中存在的困难和问题，研究部署下阶段工作。

11月5日上午，实地察看鑫鹭峰机械铸造项目循环经济与资源综合利用项目，听取福建鑫鹭峰实业股份有限公司的工作汇报，协调解决项目建设中存在的困难和问题。

11月25下午，县委副书记廖金辉主持，专题研究锦绣福田小区项目6号楼扫尾工程建设有关事宜。

（林志铭）

县委领导外联活动

1月15—16日　县领导汤俊生、熊旭明赴泉州拜访客商，洽谈项目。

2月25—27日　县领导汤俊生、廖金辉、谢军赴省直有关部门汇报对接项目。

3月4日　县委书记汤俊生赴龙岩、上杭考察矿山水土流失治理工作。

3月21日 县委书记汤俊生赴泉州走访客商，洽谈项目。

3月25—27日 县委书记汤俊生随同市委副书记余红胜赴北京中粮集团、正大集团等企业对接项目。

4月10—11日 县委副书记、县长熊旭明赴省有关部门对接项目。

4月28日 县委书记汤俊生会见永安煤业有限责任公司总经理黄金平、书记吴清烟，商谈项目建设工作。

5月12日 县领导汤俊生、江太生会见台湾光彩促进会会长郭子记，商讨大田茶产业发展事宜。

5月16—17日 县领导陈汉良、江太生、廖荣才会见海峡两岸茶业交流协会副会长朱永康，商讨大田茶产业发展事宜。

5月20日 县委常委、统战部部长江太生会见省茶叶学会会长冯廷佺，商讨大田茶产业发展事宜。

6月10日 县领导章玲、陈钦梅会见新加坡原总理公署教育部部长曾士生，商讨大田教育事业事宜。

6月10—11日 县委书记汤俊生赴广东深圳考察企业，洽谈项目。

6月14—15日 县领导汤俊生、江太生赴南平市顺昌县参加市委、市政府组织的学习考察现代农业及美丽乡村建设工作。

6月18日 县领导汤俊生、谢军赴福州参加第十二届中国·海峡项目成果交易会。

6月19日 县领导汤俊生、廖金辉、江太生、谢军会见中国工程院院士、环境工程专家刘鸿亮，商讨大田环境保护工作事宜。

6月21日 县领导熊旭明、廖荣才会见中铁二院工程集团项目总指挥李云，商讨吉泉快速铁路建设事宜。

6月23日 县委副书记、县长熊旭明赴省体育局对接举办2014年“浩沙杯”全国艺术体操锦标赛事宜。

6月25日 县领导熊旭明、章玲赴北京参加2014年“浩沙杯”年全国艺术体操锦标赛新闻发布会。

6月26日 县委副书记、县长熊旭明赴北京国务院国资委联系央企对接事宜。

7月2日下午 县委书记汤俊生会见福建格林集团董事长赵建河一行，就有关格林实业（三明）有限公司发展事宜交换意见。

7月4—5日 县领导汤俊生、江太生参加市委市政府学习考察组赴漳州市、厦门市学习考察现代农业、美丽乡村和城市社区管理工作。

7月14日 县委常委、统战部部长江太生会见福建农林大学作物学院党委书记、副院长林克显，商讨大田申报“中国洛神花之乡”和筹建海峡富硒研发中心等事宜。

7月27—29日 县委常委、统战部部长江太生赴北京国家林业局、中国经济林协会、中国营养协会汇报大田申报“中国洛神花之乡”“中国高山硒谷”等事宜。

8月5日 县委书记汤俊生赴省纪委等有关部门汇报工作，争取项目。

8月5—6日 县委副书记、县长熊旭明赴省有关部门对接项目。

8月8日下午 县领导汤俊生、熊旭明、谢军赴泉州参加大田县委、县政府举办的“2014大田·泉州投资推介洽谈会”。

8月18—23日 县委书记汤俊生应台湾中华菁英领袖交流协会邀请，率团赴台湾开展经贸交流，与台湾烟酒公司洽谈海西酒文化项目。

8月26日 县委书记汤俊生会见台湾中州科技大学校长一行，洽谈农业合作项目。

8月27日 县委副书记、县长熊旭明赴南京国家体育总局体操运动管理中心对接在大田设立全国艺术体操集训中心、实施“大体操”进校区、进社区及创建国家全民健身示范城事宜。

9月7—8日 县领导汤俊生、谢军赴厦门参加第18届中国国际投资贸易洽谈会。

9月10日下午 县委常委、统战部部长江太生会见台湾法人社区产业永续发展协会理事长邢圣得，商讨大田休闲农业和民俗旅游规划方案。

9月18—19日 县委书记汤俊生赴泉州走访客商，洽谈项目。

11月9—12日 县委副书记、县长熊旭明率队赴澳门参加经贸考察活动。

11月27—28日 县领导汤俊生、潘荣灼、缑泽昆赴省有关部门汇报工作，对接项目。

12月3—4日 县委副书记、县长熊旭明赴福州协调诚通地产公司重组合作、对接政府融资和上京海西机械铸造园规划事宜。

（林志铭）

上级党委系统领导到县调研

3月4日 省纪委机关党委副书记汪承浩到大田调研扶贫开发工作。

7月3日下午 市纪委副书记、监察局长邓观宝到大田调研党风廉政建设主体责任落实情况，并召开座谈会。

8月27日 市委督导组陈锦生到大田开展中央巡视组反馈意见整改落实情况专项督查，并召开座谈会。

10月10日 省纪委第六纪检监察室主任李应良到大田挂钩帮扶村调研。

（林志铭）

慰问活动

1月1—26日 县委、人大、政府、政协班子领导分别到京口工业园区、华武线改造工地、石牌开发建设工地、永安煤业公司上京分公司、广元矿区、三明军分区、永安二炮、三明高速三大队、县人武部、消防大队、武警中队、公安局、群工部、环卫所、城市综合执法大队、供电公司、上京镇等地慰问坚守在一线的干部职工和贫困残疾人、低保户、五保户及城区部分离退休老干部，并送去春节慰问金。

9月10日下午 县几套班子领导分别到全县各中小学校开展教师节慰问活动，并送去慰问金。

9月30日 县领导汤俊生、熊旭明、张勇民、戴绍松到武陵乡、梅山乡、太华镇开展2014年国庆节、重阳节走访慰问五老人员、军烈属、劳动模范、敬老院老人等活动，并送去慰问金。

（林志铭）

组织工作

【概况】 2014年，全县共有基层党组织728个，基层党（工）委33个（乡镇党委18个、县直机关党委11个、教育工委、非公党委、供电公司党委、经济开发区党委各1个），党总支16个（农村2个、国有企业4个、机关事业单位10个），党支部679个（农村267个、社区8个、非公企业105个、机关事业单位299个）。党员总数1.81万人，大专以上学历党员5400人，占29.86%；女党员3186人，占17.62%。

干部队伍建设 2014年，县委组织部一是选好干部配强班子。全年共研究干部人事调配3次。1月，进行乡镇领导班子的缺额补齐，提拔科级干部25人，其中24人具有乡镇工作经历人；4月新组建食药监管局，调配团县委领导班子，同职级接收任命科级干部7人。二是完善考核评价办法。修订优化《大田县乡镇领导班子和县直部门分类分项考评办法》，考评项目从42个缩减为20个，减幅达55%；考评责任单位由40个缩减为19个，减幅达52%；完善乡镇干部“两述（述职、述廉）两评（民主测评、组织考评）三公示（测评结果公示、业绩公示、任期经济责任审计结果公示）”、县直机关“三公三诺（公开承诺、公示践诺、公众评诺）”考评方法，12月下旬，对乡镇领导班子和科级干部进行“两评两述三公示”考评。三是注重干部培养锻炼。继续执行选派新提任副科级干部到县委群工部挂职锻炼制度，挂职时间半年，每期选派2名干部。新接收选调生5人、大学生村干部17人，举办选调生和大学生村干部培训班1期，选调参加各级培训21人次，调阅《村干部民情日记》41人次，引导28名大学生村干部通过公务员考录或事业单位工作人员招聘。

干部教育培训 2014年，县委组织部一是实行分类培训，将培训对象划分为党政干部、专业技术干部、企业经营管理者、村级组织干部四大类别，设置不同主体、不同层次的培训班次，共举办各类干部培训班25期，参加培训1857人次。二是坚持长短结合，采取分类别、小型化、短期式的办学模式和短、平、快的培训方式，围绕生态文明建设、城镇化建设、创新社会管理等开设专题辅导，实现拾遗补阙、点对点提高。三是拓展教学空间，采取座谈互动、专题讲座等多种方式办好领导讲坛，聘请县处级领导、优秀乡镇干部担任党校兼职教师，上台授课40余人次。结合乡镇特色性、示范性项目，选定教学点，开展“面对面”“零距离”现场互动教学。开展异地办班，与江阴、梅州、漳州等市委党校合作办学。

干部监督管理 2014年，县委组织部一是开展选人用人不正之风专项整治，抓好严禁超职数配备干部、党政领导干部在企业兼职（任职）或领取报酬、整治“裸官”等问题。经查，全县仅有个别单位超配领导职数和非领导职数；在企业兼职的科级干部和在社团兼职的退休领导干部已全部清理；全县没有发现“裸官”问题。二是加强干部日常监管，规范和完善县直机关事业单位工作人员日常管理办法，制定下发《大田县整治乡（镇）干部“走读”行为的暂行规定》，明确乡镇干部“走读”行为的界定和惩戒办法。联合县纪委、县委办、政府办、效能办等部门，采取定期或不定期明察暗访、抽查等方式核查干部在岗情况，对查实违规的，做到查实一起，通报一起，处理一起。三是完善干部监督机制，委托县审计局对5位“一把手”进行任期经济责任审计，对3名重点岗位的“一把手”进行任中经济责任审计。对新提任26名科级干部和2名转任领导职务科级干部的选任过程进行全程记录。配合市委组织部做好2013年度31名县处级干部个人有关事项报告工作，有14名出国（境）人员报告资金使用及处理等问题，有28名科级干部报告婚丧喜庆事项。严格出国（境）审查和学历更改，全年对出国境进行政审17人，办理学历（学位）更改15人。

基层服务型党组织建设 2014年，县委组织部一是抓主体、传压力。县委主要领导履行全县基层党建“第一责任人”职责，两次对各乡镇和县直各党委书记履行党建工作职责情况进行“集体约谈”，并多次到边远山村及挂钩联系点进行调研指导，帮助基层解决实际问题。其他县处级党员干部也深入各自的联系点，帮助理思路、找对策、抓落实。建立基层党委书记、分管副书记和组织委员抓党建示范点制度。修订完善基层党建工作考评办法，坚持以日常考评为主，年终考评为辅，采取定期或不定期督查方式，对各党委落实党建工作情况进行检查，及时掌握情况。二是抓弱点、破难点，通过实行县领导与非公经济代表人士联系交朋友，开展非公企业党建“调研推进月”、农民专业合作社组建党组织等活动，至年底，全县共组建非公领域党组织103个，覆盖率72.1%；农民专业合作社党组织21个，覆盖率37.2%。实行“一名县级领导牵头、一个县直部门帮扶、一名乡镇领导挂包、一个工作组驻村”的“四个一”整顿工作机制，集中整顿软弱涣散村党组织26个，年内，已完成整顿转化目标任务。全年县、乡举办党员干部学习贯彻总书记习近平系列重要讲话和中共十八大、十八届三中全会精神培训班28期，培训重点村党组织书记2130多人次。三是抓投入、夯基础。落实好省下拨的村级组织转移支付补助资金531万元，实现每村年均办公经费不低于8万元。采取“固定补贴+年限分档补贴”办法提高离任村主干生活补助标准，确保全县616名离任村主干每月补贴不少于100元。把村（居）级组织综合服务场所建设常态化纳入县委县政府“为民办实事”项目，全年新建改造村（居）级综合服务场所42个，投资158万元。同时，采取划拨办公场所、提供建设用地、列入住宅小区规划建设等方式，实现每个社区办公场所面积不低于200平方米。围绕反“四风”，转作风，坚持高标准严要求，组织广大党员干部参加群众路线教育实践活动。严格落实中央“八项规定”和《大田县机关干部作风行为规范“十不准”》，集中整治乡镇干部“走读”问题，严肃查处基层干部不正之风和违纪违法行为。全年共查处干部违反工作纪律24起，通报批评部门单位14个，效能问责21人次。四是抓亮点、育典型。深化党员干部联系基层服务群众“五到一线”（项目推进、矛盾化解、帮扶济困、富民强村、政策宣传），形成常态化、长效化机制，被省委办公厅在《八闽快讯》专刊宣传介绍。“两述两评三公示”考核办法，得到省、市领导的批示和肯定，并在全市推广。探索实践党建富民强村“三道加法”（村党组织+专业合作社、带创党员+致富能人+普通农户两述两评+三公示）、非公党建“一提前四同步”工作法（党组织组建提前介入到企业的筹建过程中，招聘新员中与吸纳党员和入党积极分子同步进行、生产行政组织与党组织同步建立、生产管理干部和党务干部同步配备、生产管理制度与党建制度同步制定）、“零距离”服务群众的“周二流动服务站”、“五事”（干群提事、集体定事、承诺干事、村民监事、考评亮事）服务机制等特色做法；采取认领岗位责任区的方式，深化无职党员“设岗定责”活动；为新增的70名党龄50年以上党员颁发“光荣在党50年”纪念奖座，至年底，全县有党龄50年以上党员1177人。重点培育各具特色的蓝玉村、和洋村、长溪村、梅林村、格林实业（三明）有限公司等一批基层党建示范点和被群众誉为“平民警察”的谢洋乡派出所教导员吴祥江等一批先进个人典型。

人才队伍建设 2014年，县委组织部一是坚持党管人才原则，落实省委关于进一步加强党管人才工作的实施意见，充分发挥组织部门在人才工作中的牵头抓总作用。年初，县委组织部协同县公务员局、科技局召开全县科技人才工作座谈会，征集各类人才对县委在人才工作方面的意见建议20多条。利用县政府门户网站、电视台等媒介，宣传本县惠才政策和各类优秀人才先进事迹，充分发挥典型示范引领作用。二是加强人才队伍培训。依托县委党校、县进修学校、星光职业技术培训学校、人力资源和社会保障局职业培训学校等培训基地，举办高（中）级专业技术人才研修班、农村实用人才培训班、党政干部进修班、企业经营管理人才培训班、高技能人才培训班等13期，培训各类人才1420人次。完成全县5725名专业技术人员2013年度继续教育证书验证，通过验证，完成继续教育学时的占99.7%。三是落实人才津贴补贴制度。执行《大田县进一步积聚和用好优秀人才促进大田跨越发展的若干意见》《大田县进一步加强人才工作意见》等人才政策，按规定兑现在职高层次人才和优秀人才的津贴和奖励金6.36万元。制定下发《大田县人民政府关于进一步加强中小学教师职称评聘管理改革工作的实施意见》，从政策上进一步提高教师的工资及福利待遇。四是加大人才引进力度。年初制订《2014年度急需紧缺人才引进指导目录》，通过县政府门户网站、县有线电视台向社会发布人才需求信息，对列入急需紧缺人才引进指导目录的，采取直接考核的方式进行招聘。针对教育、卫生人才紧缺情况，开展事业单位紧缺专业和优秀人才岗位的公开招聘，全年共办理聘用手续122人（研究生1人、大学50人、大专60人、中专11人），其中：急需紧缺人才21人、工作人员60人、紧缺学科和幼教教师41人。推荐申报福建省第四批“百人计划”、福建省企事业人才高地、福建省人才聚集区。推荐申报县林业局“白桂木种质资源保护及种苗繁育研究”常规引智项目，被国家外专局列入2014年度国家引进国外技术管理人才项目计划、并获补助经费3万元。向国家外专局推荐申报2015年度福建三九军大生物科技有限公司“油菜籽开发利用工程项目”国家引进国外技术常规引智项目。五是做好人才技术交流和服务工作，为企业与高校、科研院所对接项目和技术交流合作牵线搭桥。组织相关企业和人才参加“4·18”项目人才对接会、“6·18”项目成果交易会和“9·8”中国投资贸易洽谈会。做好清华、北大研究生到本县进行社会实践的服务工作。支持企业成立博士后、院士工作站，为企业申报做好服务。年内，中科环保有限公司在本县成立市级院士工作站。

组织部门自身建设 2014年，县委组织部一是着力强化外部监督，建立完善部风监督员制度。聘请作风正派、敢于直言的社会人士为作风监督员15人，通过定期座谈、电话征询、网络信箱等多种方式收集意见建议。开展“组工讲坛”活动，围绕“讲清楚一件腐败案件、讲明白一条廉政格言、讲透彻一句人生警句”，引导组工干部人人上讲坛，促进正气养成。二是立足“三个之家”（党员之家、干部之家、人才之家），搭设有效沟通桥梁。以谈心谈话“全覆盖”为目标，按照干部管理权限，对所有科级干部进行“一对一”的谈心谈话，给干部搭建谈思想、谈工作的平台和提供提建议、提要求的机会。鼓励干部向组织讲真话、实话、心里话，全面了解干部履行工作职责、完成工作任务情况，掌握干部思想情绪和意愿要求，倾听干部意见建议。三是优化常态服务机制。落实首问责任制、服务承诺制、限时办结制，开展党的群众路线教育实践活动，带头践行“干群结对帮扶济困”，部机关干部与7名城乡低保户结对，开展组工志愿者服务和公益岗位认领活动。

（郑秀萍）

【党的群众路线教育实践活动】 3月13日，全县党的群众路线教育实践活动正式启动，省委常委、省纪委书记倪岳峰挂钩联系。共有33个党（工）委、15个党总支、647个党支部，1.81万名党员参加，共划分164个活动单位，县委派出15个督导组到各单位、各乡镇督查指导教育实践活动。活动分学习教育、听取意见、查摆问题、开展批评、整改落实、建章立制六个环节，至10月中旬教育实践活动基本结束。县委坚持高起点、高标准、高质量，着力解决党员干部“四风”方面存在的突出问题、群众反映强烈问题和联系服务群众“最后一公里”问题,党的群众路线教育实践活动取得明显成效，先后得到省委常委、省纪委倪岳峰书记、市委邓本元书记和省、市委督导组的肯定。

（朱柏丞）

【村（社区）党支部书记异地挂职锻炼】 4月，按照省、市开展村（社区）党支部书记异地挂职锻炼活动的部署要求，选派13名村党支部书记参加为期1个月的跨县、跨市挂职锻炼。

（朱柏丞）

【“一先两优”评选】 7月，县委开展“一先两优”评选表彰活动，评选表彰先进基层党组织50个、优秀共产党员100人和优秀党务工作者50人，同时，本县被省委表彰的先进基层党组织2个、优秀共产党党员1人、优秀党务工作者1人；被市委表彰的先进基层党组织10个、优秀共产党员10人、优秀党务工作者8人。

（朱柏丞）

【第四批驻村任职干部选派】 2014年，在个人自愿报名和各派出单位组织推荐的基础上，省、市、县选派29名机关党员干部到相对后进薄弱村任村党组织第一书记，其中省直机关3人、市直机关7人、县直机关19人。

（朱柏丞）

【农村“信誉党员”评选】 2014年，县委组织部评选命名农村“信誉党员”445名，有143名“信誉党员”获得农信社授信贷款634万元。

（朱柏丞）

【干部“走读”行为严查】 2014年，县委组织部会同纪检监察部门，制定下发《大田县整治乡镇干部“走读”行为的暂行规定》，明确乡镇干部“走读”行为的界定和惩戒办法。联合县纪委、县委办、政府办、效能办等部门，明察暗访、抽查干部在岗情况。

（杨玉全）

宣传思想文化工作

【概况】 2014年，县委宣传部围绕中心、服务大局,积极培育和践行社会主义核心价值观，唱响主旋律、传播好声音、凝聚正能量、营造好氛围，宣传思想文化工作成效明显，被省、市委宣传部门评为全省舆情信息工作先进单位、全市重点党报党刊发行工作先进单位。

理论武装 2014年，县委宣传部强化理论学习宣传工作。一是抓好领导干部学习。邀请中央党校、省委党校等专家教授作专题报告5场，推进学习贯彻习近平总书记系列重要讲话精神和中共十八届三中、四中全会精神不断深化。县委中心组《推行“五课”学习机制，学用结合求发展》学习经验入选福建省学习型党组织建设案例选编。二是推进基层理论学习。创新“岩城讲堂”开办模式，邀请县处级领导作专题讲演，开展“习近平总书记系列重要讲话精神解读”等主题宣讲26场次。利用农家书屋阵地，推进理论读物进基层。三是转化学习成果。按照县委提出的“转型驱动、绿色发展、实干兴田”的总体思路，确定一批重点课题，安排集体学习12次。中心组成员撰写的《稳中求进调结构，改革创新促发展》等20多篇调研文章在《海峡通讯》《决策参考》等省、市刊物发表,《大田县推行“河长制”的探索与实践》等经验在全省推广。

新闻宣传 2014年，县委宣传部在县电视台、大田新闻网、大田手机报等媒体开设“改革新思路、发展新突破”“全力打好‘双百会战’”等专栏；结合群众路线教育实践活动，组织人员创作“反四风正清气”宣传漫画，开展“寻找践行群众路线的身边典型”征集活动，拍摄反映吴祥江先进事迹专题片《滴水穿石心》；在大田新闻网创建“大田·群众路线网”，全方位宣传报道全县教育实践活动开展情况，120多篇稿件被中国纪检监察报、福建日报、人民网等主流媒体采用，采用率位居全市前列；借势大田首次承办全国性体育赛事，扩大全国艺术体操锦标赛宣传外延，制作发行首部航拍片《空中看大田》、首部微电影《缘定茶乡》、电视专题片《活力大田》、邮册《闽中之秀—大田》等外宣作品；举办微电影《缘定茶乡》首播仪式、“田阳古韵”中国书画名家作品展等系列活动，邀请CCTV-5、中新社、新华社等20多家新闻媒体到大田集中采访，采（编）新闻稿件100多篇，被各大媒体、网站刊播、转载达 2.5 万多次。县电视台和户外 LED 大屏幕首次实现全过程直播，CCTV-5 录播赛事实况，腾讯视频转接县电视台直播信号，在线观看网民多达 30 万多人次；CCTV-4《远方的家》栏目、CCTV-10《地理中国》栏目先后专题播出《大田土堡》节目。全县在市级以上媒体共刊播新闻稿 1300 多条，省宣舆情信息采用转报 120 多条，县委报道组被福建日报报业集团评为“优秀报道组”。

文化事业 2014 年，县委宣传部以全市创建国家公共文化服务体系示范区为契机，加大公共文化设施建设力度，建成县体育馆并投入使用，桃源镇通过全省农村宣传思想文化示范乡镇创建检查验收，均溪、奇韬 2 个镇文化站文化信息共享服务点通过省、市文化部门初验。加大文化遗产保护力度，桃源镇东坂村、广平镇万宅村入选第三批中国传统村落名录，大田土堡群保护规划方案通过国家文物局立项审批。群众文化体育活动蓬勃开展，成功举办 2014 年“浩沙杯”全国艺术体操锦标赛。策划举办“中国梦 · 茶乡美”三明（屏山）音舞诗会、第九届大田高山茶暨首届中国洛神花文化节、2014 年“仙顶杯”全国艺术体操锦标赛优秀摄影作品展等大型主题活动 10 多场，组织科技文化卫生“三下乡”文艺惠民活动 20 多场；举办中韩群众体育文化交流活动、大体操进校园进社区之“健美操世界冠军大田行”等各类体育文化活动 30 多场；“中国体操协会大体操培训基地”正式落户大田，成为全国“大体操”进校园、进社区的试点。文艺精品创作成果丰硕，书法家颜建光加入中国书法家协会，舞蹈《狮趣》入选央视七套 2015 年农民春晚（东部地区）节目，革命历史题材小说《叶炎煌》《大田故事》正式出版发行，《福建文学》创作基地、三明市级首个特色文艺示范基地落户屏山，中国书法家协会大田县书法考级培训基地揭牌。文化产业发展成效明显。完成中国（大田）高山茶博物馆建设，福建高山茶文化创意产业园共入驻茶企 88 家；仙顶牌东方美人茶成为 2014 年“浩沙杯”全国艺术体操锦标赛、第三届“万里茶道”与城市发展（武夷山）中蒙俄市长峰会唯一指定用茶。翰霖泉休闲健身中心等 6 个市级重点文化产业项目超进度完成，累计完成投资 2.37 亿元，石牌大骨头肉美食一条街通过省级特色旅游街区创评工作。

（严景业）

【电视栏目《法治大田》开播】 2 月 10 日，县首档法治服务类电视节目——《法治大田》播出，该栏目每月一期，每期 15 分钟，在县电视台黄金时段播出。

（严景业）

【CCTV-4 栏目播出大田土堡专题】 2 月 27 日，CCTV-4《远方的家》栏目播出《戴云山下古韵长—尤溪、大田》，以“纪实 + 体验”的手法，再现大田芳联堡民居生活。

（严景业）

【省委党史研究室林强到县做专题讲座】 3 月 13 日，中共福建省委党史研究室原副主任、正厅级巡视员、研究员、国务院特殊津贴专家、福建师范大学兼职教授林强应邀在大田影剧院做《坚守党的生命线》专题讲座，党员领导干部 400 多人到会听讲。

（严景业）

【省委党校林建华到县做专题讲座】 4 月 3 日，福建省委党校哲学教研部教授林建华应邀到大田做《全面深化改革的宏伟蓝图》专题讲座，副科级以上领导干部 200 多人到会听讲。

（严景业）

【中央党校杨玉成到县做专题讲座】 4 月 11 日，中共中央党校哲学部中外哲学教研室主任杨玉成到大田做《中国特色社会主义道路与民族复兴中国梦》专题讲座，副科级以上领导干部 200 多人到会听讲。

（严景业）

【纪录片《谁来给农村老人养老？》在省获奖】 5 月 16 日，第十六届福建电视艺术奖评审结果公布，县电视台记者涂智靖、柯兴攀、郭绵韧创作的纪录片《谁来给农村老人养老？》获得三等奖。

（严景业）

【《大田土堡》专题节目在央视科教频道播出】 6 月 28—29 日，中央电视台十套科教频道《地理中国》栏目分上下两集播出《大田土堡》专题节目。该电视专题节目由中国地质科学院、福州大学博士邱小平与栏目组杨洋、李印清共同编导，主要探索大田土堡群的地理分布、建筑结构和防御功能等奥秘。

（严景业）

【“现代休闲农业与发展”专题讲座】 6月11日，台湾休闲农业专家、台湾产业永续发展协会理事长邢圣得应邀到大田做“现代休闲农业与发展”专题讲座。各乡镇分管领导，部分村主干，部分龙头企业、专业合作社和家庭农场负责人等100余人到会听讲。

（严景业）

【县电视栏目《绿色大田》《科普新说》开播】 7月底，《绿色大田》《科普新说》在县电视台黄金时段正式开播。《绿色大田》是由县电视台、县林业局联合开办的林业专题电视栏目，每月摄制2期，每期播出时间15分钟左右，有《信息动态》《法规传递》《森林卫士》《产业经济》《林区故事》等五个子栏目。《科普新说》电视节目是上海科技发展基金会与中国电视唯一读书频道联合出品的国内首档大型电视科普系列讲坛类节目，由县科协引进，从8月起每周六、周日在县电视台一套（19:30首播）、二套（23:30重播）播放，内容涉及健康保健、华夏文明、儿童教育等15个类别。

（严景业）

【微电影《缘定茶乡》正式上映】 9月7日，微电影《缘定茶乡》首播式在县委党校举行。该影片由县委宣传部和中国经济网共同出品。剧中女主演林婧嫔来自大田本土，男主演温合圳来自浙江温州，全片时长11分17秒。剧情主要突出展现大田青翠的茶园、古朴的土堡、如梦的象山、诱人的小吃、纯朴的方言等人文旅游资源和宜居宜业环境，让人“望得见山、看得见水、记得住乡愁”。

（严景业）

【大田县“岩城五友”创作室成立】 10月24日，在仙顶高山茶文化研究所举行大田县“岩城五友”创作室揭牌仪式，“岩城五友”分别是颜建光、陈玉贵、胡建钰、周仲埕、林永琨，其中颜建光为中国书法家协会会员，其余四人为福建省书法家协会会员。

（严景业）

【市特色文艺示范基地屏山落户】 10月24日，三明市特色文艺示范基地落户大田县屏山乡，三明学院党委书记曾祥辉、市文联主席黄莱笙等出席揭牌仪式。该基地将通过举办茶园观光、名茗品尝、文艺交流风采等系列活动，助力茶乡提升文化底蕴和茶产业附加值，打响文艺发展品牌，发挥经济和社会效益，提升茶乡知名度和美誉度。

（严景业）

【第九届中国高山茶暨首届中国洛神花文化节举办】 10月27—29日，由中国经济林协会、省农业厅、省茶叶协会主办，中共大田县委、大田县人民政府承办的，第九届中国高山茶暨首届中国洛神花文化节在吴山乡举行。以“富民、生态、健康”为主题，主要内容包括中国经济林协会授匾“中国洛神花之乡”仪式、邀请台湾和省内茶界专家开展秋季茶叶质量鉴评活动、举办海峡两岸高山茶论坛、中国高山茶博物馆揭牌仪式、美丽乡村书画摄影展，130余家企业进行高山茶、洛神花等产品展示、展销和品茗活动等。

（严景业）

【中国（大田）高山茶博物馆开馆】 10月28日，中国（大田）高山茶博物馆举行开馆仪式。该馆位于吴山乡中国高山茶国际文化城内，以弘扬传播中国高山茶文化为主题，在内部设计、装饰、景观、展位等方面融入高山茶文化元素，在茶文化雕塑、制茶过程展示、视频文件、休闲座椅、茶艺表演等环节体现大田高山茶文化氛围和内涵。展示中心分为三大类十个展区：茶叶历史区以及知名茶人区、茶事类中的采茶文化区、茶艺品茶区、茶与文化区，茶识类中的产茶地理区、制茶工艺区、茶叶包装区以及饮茶器具区。

（严景业）

【市委宣讲团到大田做专题讲座】 12月5日，市委宣讲团到县宣讲中共十八届四中全会精神。三明市司法局党组成员、政治部主任郑仁武作《迈向法治中国新时代——十八届四中全会精神解读》专题报告，副科级以上领导200多人到会听讲。

（严景业）

统战工作

【概况】 2014年，县委统战部坚持民主团结、围绕中心、服务发展主题，把握统战工作的方针、政策，继续发挥统战工作的优势和作用，荣获2014年度全市统战工作先进单位。

教育实践活动 2014年3—9月，县委统战部开展党的群众路线教育实践活动，组织系统干部集中学习10余次，80人次参加，召开全县统战干部会2场；部机关党员干部撰写学习笔记10万字，撰写心得体会7篇；发征求意见函37份，搜集到意见、建议12项；查摆出问题12项，落实整改措施12项，制定、完善各项制度6项；结合“四下基层”“五到一线”活动，帮助挂钩村筹集机耕道建设资金30万元和村办公场所改善、老年人活动中心建设资金10万元。

党外工作 2014年，县委统战部在加强党外干部的培养和与党外人士联系交友工作中，一是举办第3期党外干部培训班，乡镇和县直机关的党外干部28人参加培训。培训班参训学员年轻化，高学历，其中：“70后”有14人、“80后”有12人、“90后”2人，大学学历21人、大专7人；课程设置有新突破，教学内容多样性，不仅有党校教师上理论课，还邀请企业、金融领域有较高知名度的经理和台湾休闲农业专家授课，并采取异地培训形式，组织学员赴龙岩、泉州等地参观考察。二是完善县领导班子成员与党外干部联系交友制度，15名县级党员领导干部联系党外代表人士30人，通过走访、约谈等形式，建立融洽和谐关系。三是贯彻落实《县委关于加强新形势下党外代表人士队伍建设的实施意见》，加大对党外干部的培养和对党外人士的实职安排、政治安排和社会安排力度。年内，党外副科级以上干部60人，其中，副处4人（县人大、县政府各1人，县政协2人），正科级12人，副科级44人。有11个乡镇、8个政府组成部门各配备党外领导干部12人、9人，配备率分别为61.1%、32%；后备干部队伍中有党外后备干部74人，占18.5%。

“海西春雨行动” 2014年，县委统战部继续实施“海西春雨行动”，引导非公经济人士参与“光彩事业”、温暖工程、“爱心助残、安居工程”等公益事业，为新农村建设、希望工程、捐资助学、抗灾赈灾等慈善事业捐款700多万元；泉州市基督教义诊队42位医生于11月8—9日，分别在石牌镇小湖村、上京镇政府所在地组织大型义诊活动2场，为当地群众免费诊疗、健康检查900多人次，涉及心脑血管、肿瘤、内外、妇儿、骨伤、神经、皮肤诊疗和生化检查等多项内容，并免费发放药品价值3万多元；慰问少数民族村、挂钩村困难党员、特困户、残疾户、少数民族干部、宗教界代表人士50多人次，发放慰问金、慰问品1.4万元。

信息调研 2014年，县委统战部向省、市统战部门报送信息近200条，被采用53条，编发《大田统战信息》13期，获全市统战信息工作先进单位和全县党委办公室系统信息工作先进单位；向省、市统战部报送调研文章10篇，其中，《深化村企共建，助推美丽乡村》获得市委统战部“百姓富、生态美”统一战线服务改革发展专题调研三等奖。《小畲寨里的大事业——大田县探索打造东坂畲族特色村寨之路》被三明快讯、福建信息等增刊采用，获“2014年度大田县党委办公室系统信息工作先进个人”1人。

少数民族工作 2014年，全县少数民族有回族、畲族、苗族、布依族、满族、壮族、朝鲜族等23个，人口1662人。有少数民族村2个，即桃源镇东坂畲族村（畲族人口110户、557人，占64%）、前坪乡山川村（回族人口66户、338人、占58%）；少数民族人口较集中的有均溪镇华坑村（回族32户、180人），梅山乡沈岭村（畲族16户、90人）、梅山村（畲族18户、70人）、沈口村（畲族3户17人）、沧州村（畲族3户16人），太华镇罗丰村（畲族8户、40人）。其余零星分布在其他乡镇和机关企事业单位、居委会，主要是因婚嫁而迁入。一年来，少数民族工作得到省市民族工作部门和县委、县政府的重视，共获得上级和有关部门的扶持资金404万元。每年3.5万元的民族补助专项资金纳入县财政预算。桃源镇东坂村是省纪委挂钩扶贫村、被省民族宗教厅列为特色村寨建设村、县“美丽乡村”建设示范村，县长熊旭明带领县农办、住建、旅游、交通、文广等部门到东坂村调研，帮助制定“美丽乡村”“民族特色村寨建设”规划、项目。东坂村共获上级给予的村部改造资金45万元、太极池恢复和提升资金40万元、河堤及农田水渠建设资金75万元、乡村旅游规划资金10万元、特色园种植及竹山便道建设资金10万元、村内古民居修缮资金90万元、村内道路硬化资金30万元、畲药园建设资金60万元，总计360万元；前坪乡山川村得到上级给予山川回族村川石休闲公园建设20万元、河堤建设25万元的资金补助。年内，县民宗局为10名高考生、12名中考生出具少数民族身份证明，办理公民民族成分变更3人。

宗教工作 2014年，大田县宗教团体有大田基督教三自爱国运动委员会、大田县基督教协会、大田县道教协会、大田县佛教协会。基督教堂有城关、上京、桃源、广平、丰庄、铭溪、铭栋、下坪、桃东、建设、魁城、仙峰、元沙、梅山、福田等15处，信教群众3000多人，教会中有福建省神学院毕业生3人，三明市基督教"两会"常务委员2人，县政协委员2人；道教宫观有均溪镇玉田村龙兴殿1处，道士1人，县政协委员1人；佛教寺庙有建设镇感德寺、屏山乡大仙峰崇圣岩2座，和尚1人、市政协委员1人、县政协委员1人。县政府将宗教团体工作经费3万元纳入财政预算。县委统战部、民宗局组织宗教场所教职人员开展社会主义核心价值观的宣传活动，在各宗教场所建公益广告74块。

（池上亮）

【佛教文化园奠基仪式举行】 1月11日，在观音山举行福建大田佛教文化园奠基仪式，市委统战部副部长武丹，市民宗局副局长张建文，县委常委、统战部部长江太生，副县长戴绍松，三明市佛教协会会长释演新等高僧以及县相关部门领导及众多信众500多人参加。佛教文化园位于均溪镇红星村和金岭村交界的观音山麓，规划建设用地约20公顷，建设项目有佛教文化交流中心、瑞祥寺、观音殿、佛教福利院及其他配套设施，拟投资人民币3亿元，工程分三期施工，整体工程将于2020年完成。

（池上亮）

【首届优秀企业家受表彰】 2月8日，县委第十二届六次全会表彰2012—2013年度十位"优秀民营企业家"，分别是仙顶事业总经理刘起城、鑫鹭峰实业董事长许仙敏、张惠纸业董事长孙惠强、江山美人茶叶董事长李志忠、惠峰矿业总经理吴学峰、闽农农业总经理汪其选、华伦特重工董事长周闽湘、南湖针织时装总经理徐展兴、一方茶叶公司总经理章进设、凯天龙事业董事长温荣学等十位"优秀民营企业家"，涉及茶业、轻纺、机械重工、农业综合开发等领域。

（池上亮）

【统战工作会议】 4月4日，全县统战工作会议在县政府二楼会议室召开。县委常委、统战部部长江太生出席会议并讲话。会议组织学习十八届三中全会精神和总书记习近平系列重要讲话，传达全市统战部长会议精神，总结2013年工作，部署2014年工作。各乡镇党委统战委员、县直各系统党委分管领导、统战系统全体干部等40余人参加了会议。

4月25日，全县统战干部学习交流座谈会在县总工会举行。会议学习总书记习近平在河南兰考县的讲话精神，交流党的群众路线教育实践活动的学习体会和乡镇统战工作情况，并进行了统战、民族、宗教、非公经济、信息等统战业务理论知识学习培训，县委常委、统战部部长江太生出席并讲话，对统战干部提出"博学、实干、宽容、清廉"要求，切实提高统战干部服务基层能力和水平。全县统战干部、统战系统单位负责人、统战工作信息员共40余人参会。

（池上亮）

【台湾光彩促进会到大田考察】 5月8日，台湾光彩促进会会长郭子记率领该会会员和台湾钱塘兴茶叶有限公司、东和农业开发有限公司董事长等一行10余人到大田仙顶实业有限公司考察制茶工艺、生产规模、销售情况，与茶农进行座谈。

（池上亮）

【侨心楼捐赠揭牌仪式举行】 6月27日，在上京中学新校区举行侨心楼捐赠揭牌仪式。南安鹏峰福利基金会主席、新加坡南安会馆主席、新加坡远泰投资有限公司董事长陈奕福，中国侨联副主席、福建省侨联主席王亚君，三明市侨联副主席邓江，县领导汤俊生、江太生、陈钦梅及县侨联、教育局、上京镇等部门、单位领导出席。陈奕福代表南安鹏峰福利基金会向上京中学捐赠40万元建设侨心楼。

（池上亮）

【县领导到福州·大田商会调研】 8月6日，县长熊旭明，县委常委、统战部部长江太生到福州·大田商会调研，听取福建富仁堂生物科技有限公司洛神花产业开发、福建海福手术外科医院项目的情况介绍，熊旭明代表县委、县政府欢迎在外大田籍企业家回乡投资兴业，县委、县政府将在项目建设中的用地、用工、产业政策、政务服务方面给予大力支持。福州·大田商会名誉会长、省政府项目评审中心原副主任林明洙，省委编办副主任廖世珠，福建省农科院副院长余文权等大田乡贤，福州·大田商会会长余建华及商会班子成员等陪同。

（池上亮）

【厦门·大田商会会长办公会召开】 8月15日，厦门·大田商会会长办公会在均溪镇虎鼻崎山庄召开。会长陈武连主持，组织学习总书记习近平给福建三十位企业家的回信和三明市委、市政府《关于推进明商回归工程的若干意见（试行）》，讨论经济形势、企业发展状况和回乡投资问题，并筹集资金40万元助力2014年全国艺术体操锦标赛。县领导汤俊生、熊旭明、郑建勋、江太生看望与会的商会领导，并与大家座谈。

（池上亮）

【连战为连总陵园题词】 10月27日，连总陵园修缮大会在大田龙山宾馆召开。中华连氏宗会会长连文胜、常务副会长连式林、科书长连加利，湖南连氏宗会会长连若泉、福建连氏宗会理事长连瑜华以及来自海南、湖南、台湾地区及大田连氏宗亲代表近百人参加大会和祭祖等相关活动。县委统战部副部长林婕到会并致辞。国民党荣誉主席连战为连总陵园题写“连总进士陵园”六个大字；台湾书法家协会主席、著名书法家连胜彦书写“上党开宗家声远，总公肇系世泽长”楹联一副。

（陈加培）

【南湖公司成立20周年庆典活动】 11月25日，大田南湖针织时装有限公司举办成立20周年庆典活动，市委统战部驻部成员王坚英，市外经局局长谢家芹，市侨联主席关文良，县委常委、统战部部长江太生，南益集团党委书记黄治权及县直有关部门领导出席。

（池上亮）

【厦门·大田商会第二届第三次会员大会召开】 12月20日，厦门·大田商会第二届第三次会员大会在厦门威斯汀酒店举行。厦门市工商联主席、总商会会长柯希平，县委常委、统战部部长江太生以及在厦大田籍领导、厦门各异地商会负责人、商会会员、企业家代表300多人出席。柯希平、江太生分别致辞，祝贺会员大会召开。

（池上亮）

精神文明建设

【概况】 2014年，县委、县政府以建设社会主义核心价值体系为根本，以创建省级文明县城为主轴，精神文明创建活动取得成效，全县共创省级文明单位12个、文明学校2所、文明村（镇）3个、文明社区1个；创市级文明单位52个、文明学校12所、文明村（镇）7个、文明社区1个。8月，大田县通过“2012—2014年度省级文明县城”总评验收；建设镇被中央文明办表彰为“第三届国家级文明村（镇）”，刷新大田县没有国家级文明村（镇）的历史；东门社区志愿者服务站被确定为首批省级志愿者服务记录试点单位；县文明办获2014年三明市网络文明传播工作优秀组织奖。

社会主义核心价值观宣传教育 2014年，县委、县政府以“微载体、微活动、微行为”为平台，把培育和践行社会主义核心价值观“落细、落小、落实”，一是参与全省最美志愿者、善行义举、身边好人评选活动，每月推荐1人以上“身边好人”人选，屏山乡内洋村村民苏启绵、桃源林场胡林管理站负责人胡阿俊入选省级“好人榜”候选人。利用宣传媒介，对“道德模范”“身边好人”的典型事迹进行宣传报道并进行慰问。二是县直机关各单位、部分乡镇继续开展“道德讲堂”活动，全年举办道德讲堂培训班43班。文江、石牌、广平等乡镇开展乡镇首届“道德模范”评选表彰活动。三是运用“公民道德日”、重要纪念日、民俗节日和各种场合开展“节俭美德、孝老爱亲、文明餐桌、文明交通”等主题活动，弘扬中华民族传统美德，在公民中推进践行核心价值观内涵的文明养成教育。在大田电视台、广播电台、新闻网、文明网设置“我的梦·中国梦”“社会主义核心价值观”“学习道德模范”“文明旅游”“未成年人思想道德建设”等专题专栏，组织专稿播出。在公园、广场、社区、公交车亭、LED显示屏等张挂标语、壁画，以图文形式诠释核心价值观内容。

文明县城创建活动 2014年，县委、县政府根据省级文明县城总评年的目标、任务和要求，两次召开大会进行动员部署，明确责任，协调推进，调整创建指挥部领导机构，统一指挥，统一行动，县几套班子领导挂片督导，县直机关企事业单位分区包干，组织上千名干部、职工上街日夜巡查。县委办、政府办、效能办抽调人员组成督查组，开展明察暗访和检查评比，适时通报曝光。发送创城短信2万条，制作创城公益宣传广告1000多幅。县财政投入2000多万元，用于硬化街巷道路、购置卫生设施、建设盲道、缘石坡及道路诱导设施，完成城区街巷路面改造2万平方米，设置盲道栏杆6条、1500米。新购置公交车54台，开辟公交线路10条、232公里。投资3500万元，建设河滨栈道2130米。投入350万元，添置护栏清洗汽车3辆、集装箱垃圾车1辆、果皮箱200个、垃圾桶300个、垃圾箱15个，建造移动公厕4座、压缩式垃圾中转站1座。开展城乡接合部、农贸市场、城区绿化带环境和占道经营、乱撒乱滴、乱晒乱挂、乱贴“小广告”和违章停车、违章驾驶、违章行走等专项整治，查处各类违章7800余起。建设绿地面积20公顷，人均公园绿地面积达14.97平方米，建成区绿化率面积达37.9%。

基层创建活动 2014年，县委、县政府着力抓好农村精神文明建设，继续开展“文明乡镇”竞赛活动，共有6个乡镇受县委、县政府表彰，石牌镇获一等奖，谢洋乡、广平镇获二等奖，梅山、吴山、文江乡获三等奖。指导县直机关、村镇、学校、社区、企事业单位开展精神文明创建活动，强化动态管理，确保创建质量。举办诚信书画展，展出诚信优秀作品30件。开展缴纳信用和“守合同、重信用”评选，评出2012—2013年度纳税信用A级纳税人14户、B级1463户、C级16户，“守合同、重信用”企业35家，将不守信、失信企业纳入“黑名单”，有4家严重失信企业被取消中标或补助资格，9家不守信企业被拒贷融资。

未成年人思想道德建设 2014年，县文明办在全县开展“心手相牵·情暖大田”关爱青少年活动，与有关部门配合慰问未成年人36人次。组织开展网络、校园周边环境、娱乐网吧专项检查，组织“五老”志愿者网吧监督活动930多场次。制定《2014年大田县“做一个有道德的人”主题活动方案》，组织未成年人开展祭英烈、学英雄、争做美德少年、童心向党歌咏和向国旗敬礼四项活动，全县未成年人参与面达99%。团县委以纪念中国少先队成立65周年和庆“六一”活动为契机，组织全县少先队员开展“少先队先锋行动——核心价值观记心间”主题队会观摩活动，参观大田“第二集美学村”，到烈士陵园向烈士祭奠先烈；举办“红领巾相约中国梦——畅谈我的梦”主题中队会、关爱农民工子女和留守儿童、以中华民族优秀传统文化为内容的经典诵读、抄报、绘画、包粽子比赛、“红领巾向党”文艺演出等系列活动。组织开展“家训家风伴我成长”和优秀歌谣征集传唱活动，征集优秀童谣158首，报市参评25首。与团县委、教育局、关工委联合开展“青春魂·中国梦”主题教育活动，组织开展励志、道德、法纪、安全、国防、青春期心理健康等专题讲座，巡回宣讲43场次，受教育2.3万余人。建乡村学校少年宫18所，其中，项目少年宫3所得到中央专项彩票公益金85万元的扶持，至年底，已实现每个乡镇有一所乡村学校青少年宫的目标。

志愿者服务 2014年，全县共有志愿服务组织14个，社会志愿者2.3万多人。一是开展“邻里守望、情暖大田”主题志愿服务、关心关爱空巢老人、留守儿童、农民工子女、残疾人活动。二是继续开展“学雷锋志愿服务”，组织志愿者爱国主义教育基地宣讲和参与上街整治环境卫生、维持交通秩序，免费为群众修理电器、理发、诊病，宣传法律知识等。借助第29个“12·5”国际志愿者日，在时代广场举行大型志愿者服务。三是发动青少年参加义务植树。四是在迎接省级文明县城总评和2014年“浩沙杯”全国艺术体操锦标赛期间，组织上万名志愿者在城区大街小巷、公园、广场、体育场馆、车站宾馆等公众场所进行志愿服务，有15个志愿者服务先进单位和99名志愿服务先进个人受到县委、县政府表彰。

（陈加培）

【大田县诚信促进会成立】 5月30日，大田县召开诚信促进会成立暨第一届会员大会，省检察院原副检察长、省诚信促进会顾问张同盟，省旅游局原局长、省诚信促进会副会长明敏，省体委原主任、省诚信促进会副会长林景华，省委农办原巡视员、省诚信促进会常务副会长林义杰，市人大常委会副主任、市诚信促进会会长陈有极，县领导汤俊生、黄建总、廖荣才，县政协原副主席陈培前等出席。首届大田县诚信促进会有会员单位148个。大会宣读县民政局《关于同意成立大田县诚信促进会的批复》，审议通过《大田县诚信促进会章程（草案）》，选举产生诚信促进会会长、副会长、秘书长和常务理事共26人，聘任名誉会长5人、顾问5人。副县长廖荣才当选为大田县诚信促进会会长。

（陈加培）

【吴清芬获第十一届宋庆龄基金会奖学金】 7月，永安煤业有限责任公司上京分公司柯坑中学学生、市级“文明有礼美德少年”吴清芬获教育部、中国福利会、中国宋庆龄基金会联合公布的第十一届宋庆龄基金会奖学金。本届全国获奖学生1534人，福建36人。

（陈加培）

【“衣暖人心、情系大西北”大型公益活动举行】 11月22日，县文明办、大田华正义工联合会、县志愿者协会在时代广场联合举行为大西北贫困山区捐赠衣物大型公益活动，共收到企事业单位、学校和社会爱心人士捐赠的旧衣物10余万件、书籍5000余册、全新鞋服2000余件、爱心捐款5205元。

（陈加培）

对台工作

【概况】 2014年，县委台湾工作办公室贯彻中央对台工作政策，把握两岸和平发展主题，做好各项对台基础工作，为台商、台胞、台属服务。全年为台胞台属提供政策咨询等18批、51人次，接待到大田探亲旅游、投资考察、经贸洽谈等活动台胞13批、96人次，赴台探亲、考察、文化体育交流等11批、23人次。

双向交流 5月，县政协副主席涂林瑢率队到台湾参加第七届海峡两岸客家高峰论坛；大田连氏宗亲6人参加全省连氏宗亲联谊会组织的赴台宗亲文化交流活动。同月12日，台湾光彩促进会会长郭子记率促进会成员及台湾钱塘兴茶叶有限公司、东和农业有限公司董事长等一行10人到县考察茶产业。8月，县委书记汤俊生带领部分乡镇、县直有关部门领导赴台考察台啤项目，洽谈引进、合作协议；县妇联主席林爱红赴台参加世界女性企业家协会（FCEM）第62节世界大会；跆拳道中国台北队总教练、WTF（世界跆拳道联盟）黑带八段国际教练宋景宏到大田跆拳道协会指导跆拳道培训工作。9月，台湾萧氏宗亲组团一行36人到大田萧氏林埔大宗祠参加两岸萧公祭祖活动。10月，县政府副县长戴绍松参加福建行政学院新型城镇化培训班组织的赴台交流考察。同月，台商8名受邀到县参加“大田县第九届高山茶文化节”活动。11月，县政协副主席张友生参加三明市对外文化交流协会参访团赴台交流考察活动。12月，大田萧氏宗亲组团39人赴台，与台北萧氏宗亲总会开展文化交流、联谊活动。

台资企业 2014年，大田县台资注册企业5家，总投资7400万元，其中，茶企业2家，年产茶叶59.88吨，产值9223.2万元；已落户吴山乡的闽台高新农机具创业产业园项目，以台湾新技术、新工艺生产成套制茶设备为主，总投资5亿元，进行厂房和研发基地建设，年内完成投资1870万元。

（陈新彬）

【“微生物有益菌液肥”合作项目协议签订】 8月26日，大丰羽农业生物科技有限公司与台湾中洲科技大学签订“微生物有益菌液肥”项目合作协议。台湾中洲大学与大丰羽公司联合开展微生物有益菌液肥的研发和生产，项目总投资1168万，预计年产值亿元以上。9月底，资金已基本到位，利用大丰羽公司原有的厂房、设备投入生产，年内已产出液肥100吨，产值5000万元。

（陈鹏菁　林起煌）

党校工作

【概况】2014年，县委党校有专职教师11人，其中，本科学历10人，大专学历1人；高级讲师5人、讲师5人、助讲1人。县委党校以争创学习型、研究型、熔炉型、服务型、创新型党校为目标，创新办学模式，丰富教学内容。6月，被市委评为全市“先进基层党组织”。

党建工作 2014年，县委党校党支部有党员13人。党支部在实施党建中，一是完成换届工作。2月18日，选举产生新一届党校支部委员会。二是开展党的群众路线教育实践活动，组织党员干部集中学习19次，交流研讨5场，参观廉政教育基地1次，每位党员撰写读书笔记1万字以上和心得体会1篇；召开征求意见建议座谈会8场，发放问卷74份，收集意见、建议35条，立行立改8项；查摆校领导班子“四风”方面突出问题12个，并已制定整改措施；班子成员开展批评与自我批评，相互提出批评意见19条；围绕“五型”党校建设查找出10个方面问题，建立新的规章制度2个、完善7个。三是加强党员队伍建设。开展“增强宗旨意识、实践群众路线、创建美丽家园”和廉政文化建设党课研讨、专访慰问困难党员、到烈士陵园重温入党誓词系列教育活动，全年组织党员学习交流47场，开展道德讲堂活动4场，参加省、市委党校学习培训16人次。四是送教下基层和挂村帮扶。到机关、乡镇宣讲以群众路线教育、中共十八届三中和四中全会精神、社会主义核心价值、廉政文化为主要内容的教育课52场次，受教育群众4850多人次；到武陵乡武陵、桃溪、岬坪村走访慰问特困户7户，发给慰问金9600元，帮扶武陵村文化基地建设资金3000元。

干部培训 2014年，县委党校举办各类培训班、进修班26期，参训3107人次，其中，科级干部进修班2期、73人，青年干部培训班2期、73人，党外干部培训班1期、29人，县直机关党务干部培训班1期34人，县直机关入党积极分子培训班1期、68人，选调生、大学生村干部培训班1期、41人，科级干部学习贯彻中共十八届三中全会精神专题轮训班5期、720人，就业大中专毕业生转正定级培训班1期、151人，县综治干部培训班1期、75人，事业单位专业技术人员继续教育培训班9期、1577人，民政知识专题培训班1期、50人，行政执法专题培训班1期、216人。全年聘请专家学者和省市县乡及县直部门领导授课39人次。在4月2—25日举办的5期全县科技干部学习贯彻中共十八届三中全会精神专题培训班中，中央党校中外哲学教研室主任、教授、博士生导师杨玉成，福建省委党校哲学教研部教授林建华和县领导汤俊生、熊旭明、陈汉良、郑建勋、廖金辉、张英跃、章玲、蔡建明、张勇民、江太生、黄建总、陈钦梅、余维语、戴绍松、缑泽昆、廖荣才等分别到培训班授课。开辟学员讲坛，有8位学员登台讲课；组织到江苏江阴，浙江东阳，广东广州、汕头、梅州、增城和本省的长泰、南靖等异地培训6个班次、191人；组织到前坪乡、文江乡、赤头坂林场、湖美乡、济阳乡等进行美丽乡村建设现场教学。

科研工作 2014年，县委党校参加省市学术研讨会5人次；完成教研论文20篇，其中在CN刊物发表5篇、准印刊物发表2篇、入选省市研讨会3篇。教师田生银的《推进服务型基层党组织建设》课题入选福建省党校、行政学院系统中国特色社会主义理论体系研究基地2014年课题立项；郭立新撰写的《县级党校创新办学模式的实践与探索》被评为2014年三明市党校教育研究会年会优秀论文。

（郭立新）

【省委党校、行政学院领导到县委党校调研】12月1—2日，省委党校、省行政学院副校（院）长姜华率省委党校、行政学院业务指导处处长等到县委党校调研基层党校办学情况，征求开展新一轮县级党校办学质量评估工作意见。

（郭立新）

党史研究工作

【概况】2014年，党史研究室履行存史、资政、育人的职责，党史研究工作有成效、有特色、有创新，在县委年度绩效考评获一等奖；被县委、县政府授予申报中央苏区县“先进单位”；室全体干部获县委、县政府申报中央苏区县“先进工作者”；郑晓婷被三明市委授予“优秀共产党员”。

省、市征编任务完成 2014年，县委党史研究室按照省、市党史室下达的任务，完成编纂《福建中央苏区纵横》(大田卷)任务；评定三明市红色历史文化名村，对全县村庄进行全面摸查，完成村落划定、影像留存、事迹收集、档案建立等普查工作。

党史宣传教育 2014年，县党史研究室一是在大田电视台开设“大田苏区行”专栏。滚动播放各乡镇的红色历史及访谈节目，并与电视台联合制作《红军在这里播下革命火种》《红旗飘飘》《红色的土地》《红动大田》等党史专题片，在县电视台播出。二是利用新闻媒体宣传大田厚重的历史。在新浪网开通“红色大田”博客，上传与大田革命历史有关文章、党史工作信息、新闻视频等；党史信息、党史文章、人物传记等30多篇被中国共产党历史网、福建党史网、大田新闻网、政府网采用。三是在报刊发表党史题材文章。《一位大田籍红军老战士的寻亲之路》《屠城血证主人公原型罗瑾》《血洒战场》《战死沙场，名垂青史》等20多篇党史题材文章在《三明日报》《三明党史》发表。为《福建党史工作》《岩城快讯》《大田政讯》等刊物报送信息50多条。四是创新党史宣传途径，走进大讲堂。县委党史研究室主任受邀到县委党校各类培训班讲授《大田革命斗争史》《大田苏区史》《大田抗战史》《从党的历史中汲取营养和智慧》等内容；创新微课堂，该活动主要以大田县党史研究志愿者为主体，讲授大田革命英烈的斗争故事、军民鱼水深情故事等，时间多为十几分钟或二十几分钟；开辟红色旅游课堂，大田中央苏区革命历史陈列馆与大田职业中专学校举办红色旅游课堂，培训“红色导游员”；创建多层次队伍，建立党史研究“三支队伍”，全县共有党史研究协会会员、党史工作志愿者、纪念馆讲解员等共50多人。

（郑晓婷）

【大田革命历史纪念馆开馆】 2月28日，大田革命历史纪念馆对外开放。原为闽中工委会址展馆，1986年开馆，改版四次，现升级为县馆。纪念馆分为“星星之火、燎原闽中”“土地革命、苏区创立”“团结抗日、共赴国难”“解放大田、走向胜利”“丰碑永铸、光耀千秋”“苏区精神、永续传扬”六个部分，共展出珍贵党史图片120多幅，以大量珍贵翔实的史料，展示大田苏区老区辉煌的革命斗争史。

（郑晓婷）

【彭德怀元帅旧居暨桃源乡苏维埃政府旧址展馆开馆】 3月1日，位于桃源镇荥阳祠的彭德怀元帅旧居暨桃源乡苏维埃政府旧址展馆开馆。分为苏区创建、苏区巩固、红色史迹三个部分。以珍贵翔实的史料，展示桃源苏区辉煌的革命斗争史。土地革命战争时期，桃源是中央主力红军开辟的苏维埃区域和红军战事中心地之一，积极策应中央苏区反“围剿”斗争，中央苏区主力红军红三军团(东方军)、红七军团(北上抗日先遣队)、红九军团，福建省军区红九团，闽赣省军区十二团、十七团、十八团等都在桃源开展革命活动。荥阳祠是红军指挥作战、安营扎寨的重要场所，彭德怀元帅曾在此短期居住。

（郑晓婷）

【16处展馆确定为党的群众路线红色教育基地】 3月11日，县委确定红四军指挥部旧址暨大田中央苏区革命历史陈列馆、朱德元帅旧居暨中共大田特区委旧址、彭德怀元帅旧居暨桃源乡苏维埃政府旧址、大田建党创始人叶炎煌烈士纪念馆、大田革命历史纪念馆(闽中工委会址)、集美职业学校旧址等16处展馆为党的群众路线红色教育基地。年内，党员干部、师生从中接受教育2万余人。

（郑晓婷）

【纪念红军北上抗日先遣队征战大田80周年采风活动】 8月9日，党史研究室举办“纪念红军北上抗日先遣队征战大田80周年”采风活动，邀请25名大田本土作家参加。采风团成员先后参观红九军团驻扎地旧址(安良堡)、东坂乡苏维埃政府旧址、红军标语、肖冠槐烈士故居、分水隔革命烈士墓等革命遗址遗迹。

（郑晓婷）

【县红军北上抗日先遣队陈列馆开馆】 10月15日上午，在湖美乡高才村举行红军北上抗日先遣队革命历史陈列馆揭牌仪式，省委党史研究室副主任黄玲、市人大常委会副主任张知通为纪念馆开馆揭牌。陈列馆分为“临危受命、挥师北上”“进军闽中、攻占大田”“抢渡榕溪、会师高才”“精神永驻、浩气长存”四个部分。陈列当年红军攻占大田县城的珍贵图片资料，真实记载红军北上抗日先遣队战斗历程和峥嵘岁月。

（郑晓婷）

【《叶炎煌》小说出版发行】 11月，以大田县建党创始人叶炎煌为原型的同名小说出版发行，小说作者杨金远。小说以叶炎煌从少年时代到牺牲短暂一生为主线，再现叶炎煌烈士追求真理、坚持革命信念、忠诚党的事业、不惧强敌的大无畏革命精神和高尚情怀，同时也反映大田第一个地下党组织的革命历史。

（郑晓婷）

【《大田故事》出版发行】 12月，纪念中国人民抗日战争胜利69周年暨中国工农红军北上抗日先遣队征战大田80周年专辑《大田故事》出版发行，印数1500册。该纪念专辑由省委党史研究室主任逄立左作序，分为历史感怀、历史档案、历史印记、历史回眸四个篇章，全书共21万字，内容丰富翔实，以不同笔触和视角，以踏寻红色足迹为主线，以历史档案印记为见证，追忆红军北上抗日先遣队攻占大田县城等重大历史事件，可读性强。

（郑晓婷）

【海西红色在线——中共大田历史网开通】 12月，大田党史新天地——大田网站开通。网站将传播大田中央苏区老区厚重的革命历史和光荣革命传统。

（郑晓婷）

老干部工作

【概况】 2014年末，全县有离休干部40人，其中在行政单位20人、事业单位10人、企业单位10人；副处级（含享受）以上14人；条管3人，其中享受副处级待遇1人。由老干局管理的“5·12”退休干部32人、原任副处级以上职务的退休干部18人。

管理服务 2014年，县委、县政府在老干部工作中，一是坚持县领导联系老干部制度，县党政领导每人联系1—2名老干部，了解他们的思想、生活和身体状况，解决老干部的实际困难。二是坚持邀请老干部参加重要会议和工作情况通报制度，邀请老干部参加县委、县政府重大会议，县人大、政协“两会”及领导干部述职、测评、推荐和党的群众路线教育征求意见会、反腐倡廉报告会8场，130人次参加。县委、县政府召开大型通报会2次（每半年1次），290多人次参加。三是坚持参观视察制度，组织对县重点建设项目参观视察2次，40多人次参加。9月，邀请原任处级的离退休老干部免费观看2014年“浩沙杯”全国艺术体操锦标赛盛况。四是坚持学习制度，每月15日定为老干部集中学习日，提供文件和资料10多种；对于年事已高、行动不便的老干部，实行“送学上门”。五是坚持走访、探视和祝寿制度。县委老干局在重大节日走访慰问老干部（含遗属）210人次，春节期间发放慰问金12.8万元、困难补助金0.5万元；国庆节期间慰问1949年前入党的离休老干部9人，发慰问金0.45万元；召开老干部工作征求意见座谈会2场；探视生病住院35人次，祝寿90人次。五是建立老干部联系卡制度，每人一卡，输入电脑，可随时查询；经常通过电话联系，掌握老干部的基本情况；保持与原单位、社区及其子女的沟通联络，建立单位、社区、家庭等多位一体的服务机制。六是经费保障制度。老干部的离退休金、公务费、办公费等足额按月拨付，每人每年发给老干部书报费180元、公务费320元；对改组、改制企业的老干部“两费”提留由财政局、老干部局提前介入，对破产企业的老干部“两费”，由县财政局负担。七是创新服务方式，在白岩社区建立干部服务“四就近”示范点，即利用社区联系方便的优势，就近组织老同志开展学习和社区文化活动，就近组织工作人员和志愿者服务队与老同志结对，就近发挥老干部的余热。

活动开展 2014年，县老干局开展重大节日活动3场，一是在“五一”期间，举办“庆五一保健康”活动，请县中医院医师做“中老年人保健知识”讲座1场，81人次参加。二是在国庆节期间举办“红色回忆”电影周活动，让老干部重温革命岁月，放映革命故事片6片，113人次观看。三是召开“庆国庆贺重阳”茶话会，县委常委、组织部长蔡建明到场看望慰问老干部，县老年大学艺术团、县职专茶艺表

演队、实验幼儿园小朋友为老干部表演歌舞节目，68人次参加。

（陈辉文）

【活动中心建设】 2014年，县老干局投入1.5万元在老干部活动中心安装监控设备，可通过视频观看活动情况。

（陈辉文）

【招商引资工作】 2014年，县老干局引进内资800万元，协助业主在太华镇锦溪村成立华锦养牛专业合作社，饲养水牛100头。

（陈辉文）

县直机关党的工作

【概况】 2014年，县直机关党工委下辖系统党委11个、企业公司党委1个、党总支11个、党支部229个。年末，党员5407名，其中，预备党员73名，占1.35%；女党员998名，占18.46%；少数民族党员23名，占0.43%；大专以上党员3383名，占62.6%；35岁以下党员744名，占13.8%。

机关党建 2014年，县直机关党工委一是开展党的群众路线教育实践活动。3月中旬开始，按县委的统一部署和实施方案，以“为民、务实、清廉”为内容，以“五到一线践宗旨，立说立行转作风”为载体，抓好学习教育、听取意见、查摆问题、开展批评、落实整改、建章立制环节，安排集体学习6次，主要领导上党课2次，召开专题学习讨论会2次，组织召开专题座谈会3场，发出征求意见函100份，收集到意见建议17条，召开专题民主生活会1场，4名党员领导干部进行对照检查与批评和自我批评；工委成员4人到基层座谈、调研15人次；到挂钩村入户调查3次；落实整改方案15项，制度建设计划8项。原有32项制度保留24项，修改完善5项，废止1项，新建2项。二是建设学习型党组织。巩固和坚持“上好必修课、抓好选修课、开好流程课、扎深群众课、做实实践课”的学习机制，开展创建“学习型支部”、争当“学习型党员”活动，丰富“三会一课”形式，激活党员学习热情。参与交通、住建、供电等系统党委上党课10次，到党委（党组）开展巡听12次。机关党员领导干部参加县委党校举办的学习总书记习近平系列讲话和中共十八大和十八届三中、四中全会精神专题培训班，培训率100%；举办入党积极分子培训班和党务干部培训班各1期，100人参加。班子成员到省、市工委参加党务干部培训2人；开展党建工作理论调研15次，形成调研文章12篇，上报市工委3篇，其中一篇获优秀奖。三是推动党建工作创新。完成机关13个党委及其下属的各总支、支部的换届选举；理顺非公党委、文广局、水务局等一批因机构设置、隶属关系发生改变的党组织关系，更名党总支1个，新成立党支部7个，撤销党总支2个、党支部17个；预审党员发展对象28人；工委班子挂钩帮扶软弱涣散党组织7个，抓整顿、整改，全部实现转化；建立“党员学习室”“党员活动室”。春节、“七一”、中秋、重阳节等重大节假日，开展对困难党员、离退休老党员的慰问活动。组织部分党组织负责人到市行政服务中心等党建先进典型参观学习；新培育县民政局、婚姻登记中心、县行政服务中心为党建示范点。“七一”期间，县直机关受省委表彰的党员1人；受市委表彰的党支部6个、党员3人、党务工作者16人；受县委表彰的党建工作先进单位10个、党总支（支部）15个、党员20人、党务工作者16人；工委表彰先进党支部14个、优秀党员22人，优秀党务工作者14人。四是落实和深化党风廉政建设。完善“公示承诺、公示践诺、公众评诺”和“亮岗履职”活动，全年开展明察暗访4次，被效能告诫8人、诫勉教育5人；开展反对形式主义、官僚主义、享乐主义、奢靡主义，贯彻中央“八项规定”和县委的“十个不准”，遏制公款吃喝、公款旅游、公车私用，节假日全部封存机关公车；向党员领导干部编发反腐倡廉警示短信，督促所属党组织按期召开党员领导干部民主生活会，定期检查党员特别是党员领导干部参加民主生活会情况；工委所属252个党组织全部推行党务、政务、机关事务公开。五是统筹推进各项工作。深化机关精神文明建设。参与组织机关干部1066人次参加省级文明县城创建和“浩沙杯”全国艺术体操锦标赛志愿者服务；举办“护绿、护河”等法律讲座12场；组织机关干部“三下乡”活动15场；组织党员干部参加清理河道，到城区公园、公路沿线清除垃圾杂草、义务植树等，党员干部参加200余人；继续开展“三个一”“帮扶济困”和帮扶挂钩联系村活动，县直机关89个单位挂钩联系265个村，有19名干部到挂钩村担任村党支部第一书记。

信息报送 2014年，县直机关党工委共报送信息43条，其中，被省党工委“福建机关党建网”采用20条，被市党工委“三明机关党建网”采用23条。

（郭守东）

【市直工委领导到县调研】 3月18日，市直机关工委组织部长张辉到县调研，召开征求党的群众路线教育实践活动意见和建议座谈会。4月11日，市直机关工委副书记陈立瑜、工委组织部长张辉到挂钩村桃源镇兰玉村开展农村、农业经济发展、“美丽乡村”建设专题调研，协调解决建设中存在的困难和问题。10月26日，市直机关工委常务副书记龚其明陪同市委教育实践活动督导组到县开展如何巩固党的群众路线教育实践活动成果调研。

（郭守东）

【党建工作会议】 4月25日上午，县直机关党建工作会议在住建局会议室召开。党工委副书记郑祥源主持。党工委常务副书记纪虎劲传达省、市机关党的工作会议精神，对2014年县直机关企事业党建工作作具体部署。县委常委、组织部长、党工委书记蔡建明到会并讲话。

7月18日上午，在县委党校会议室召开。党工委副书记郑祥源主持，党工委常务副书记纪虎劲对上半年工作进行总结，并对下半年工作进行部署。县委常委、组织部长、党工委书记蔡建明到会并讲话。会议还表彰先进基层党组织、优秀党员和优秀党务工作者。

（郭守东）

机要保密

【概况】 2014年，县机要、保密局一是开展保密宣传教育。11月，县委保密委在县龙山宾馆七楼会议室上“保密委员会主任讲保密专题党课”，县四套班子领导、县直机关、乡镇主要领导和分管保密工作领导参加学习196人，县委常委、县委保密委主任潘荣灼授课。二是组织保密专项检查。4月，市涉密中央文件保密管理专项检查组到县检查；9月，市保密局局长黄茂升到县检查保密工作；高考期间，参与全国高考保密工作，会同教育、公安等部门对试卷保密室进行检查验收和巡查，确保保密措施落实到位。三是做好安全保障工作。做好报务和通信工作，完善收发、登记、收回、销毁等保密制度，落实责任和措施，提高应付突发事件和应急通信保障能力，全年共接发密级文件406份，接收电报432份，全年没有出现失泄密事故。

（刘利烽）

大田县人民代表大会

□编辑 郑祥墨

综述

2014年，县人大常委会贯彻落实中共十八大和十八届三中、四中全会精神，依法履行宪法和法律赋予的职责。全年召开常委会会议6次、主任会议18次，听取和审议“一府两院”及有关部门工作报告14项，组织检查、视察、调研24次，配合省、市人大开展执法检查、立法调研和专项工作调研22次，任免国家机关工作人员25人次，完成县十六届人大三次会议确定的各项工作任务。

加强自身建设 一是制度建设进一步健全。出台《进一步加强和改进调研、视察和执法检查工作的规定》《审议意见、决议决定办理工作规定》《代表建议、批评和意见办理工作规定》《常委会组成人员分片联系人大代表工作制度》；制定《关于加强乡镇人大主席团工作指导意见》以及《规范乡镇人大主席团会议的指导意见》，指导乡镇人大完善各项规章制度。二是监督刚性进一步增强。在听取和审议“一府两院”专项工作报告之前，到基层调研、视察、检查形成相应的报告，印发给全体组成人员，供审议时参考。合理安排常委会审议议题和时间，让参会人员有充分的时间发表意见。加强询问前的调查研究，力求询问抓住重点、切中要害，问出群众的心声。加强询问时的交流互动，实行现场自由发问，支持鼓励追问，力求问出症结、答出对策，增强专题询问的针对性和促进性。扩大满意度测评的参与面，邀请市县人大代表及居民代表参与测评，让社会各界了解、参与人大工作，确保测评结果更加公平真实。加强规范性文件的备案审查，加大主动审查力度，及时发现并纠正问题，维护法制统一。三是作风建设进一步加强。结合党的群众路线教育实践活动，开展常委会组成人员联系原选区选民、联系人大代表和常委会领导联企驻村；问政于民、问需于民、问计于民；督办在“三联三问”中搜集到的意见建议，督促“一府两院”落实县人大及其常委会决议决定、审议意见及主任会议交办事项；督办代表意见建议的“三联三问三督”。常委会及组成人员共制定整改措施96条，整改落实存在的问题108条，完善制定各类长效机制16项，形式主义、官僚主义、享乐主义和奢靡之风等“四风”问题得到较好的解决。全年共走访群众216人，为民办实事23项，结对帮扶群众16户，化解矛盾纠纷32起。

推动经济平稳发展 一是助推经济健康发展。开展工业经济转型升级情况专题调研，矿产品流通情况跟踪检查，相继听取和审议县政府2014年上半年计划、预算执行和审计工作情况等报告，建议县政府及时出台推动工业稳增长促转型、进一步扶持矿产品采选业发展等配套政策措施，扩大有效投资，保持经济稳定增长，实现全年目标。支持县政府适度举债，解决县级财力投入不足问题，对于县政府提请审议的向兴业银行申请贷款等议案，及时组织审查，依法作出决定，力保重点项目、基础设施和民生工程建设等顺利推进。二是开展全口径预算监督。重视财政预决算管理，审查和批准2014年财政预算细化方案，批准2014年县本级财政收支预算调整方案。要求县政府每月汇报预算外资金管理使用情况，将监督范围由预算内向预算外延伸。听取县政府关于政府性投资建设项目资金管理使用情况的报告，针对项目建设过程中存在的变更设计控制不严、预算管理不够到位等问题，要求县政府及相关部门加强项目立项、工程招投标、资金拨付使用等方面的管理，提高财政资金使用效益，保障政府性投资建设项目的顺利实施。开展2013年度审计查出问题整改情况跟踪检查，提出运用审计成果，采取有效措施，加大审计查出问题整改力度等审议意见。三是参与经济建设。常委会领导主动融入经济建设主战场，面对经济发展新常态，顺势而为，参与所挂包的联瑞建材、大联新型材料、凯天龙等项目、企业，帮助解决用工、用地及融资等问题。做好引资工作，三九军大生物科技项目竣工试产，岩兴工业气体项目开工建设。深化“四下基层”和“挂钩帮扶济困”活动，共争取落实各类资金400多万元，促进挂钩的乡镇、村经济社会加快发展。

促进社会和谐 一是回应民生热点。把人民群众关心的食品安全工作作为监督重点，连续三年通过专题询问、跟踪检查等方式，对食品安全工作进行持续监督，督促县政府解决监管力量、工作经费不足等问题，加大联合执法力度，促进食品安全环境进一步改善。开展城区环境综合治理情况视察，听取县政府2011年起造林成果巩固和水土流失治理工作情况报告，开展“河长制”目标责任落实情况专题询问，针对存在的薄弱环节，要求县政府加强宣传指导、创新工作方法、加大管理力度、完善长效机制。二是推动社会事业健康发展。关注“平安大田”建设，听取县公安局关于城区治安管理工作整改情况报告，建议适当增加城区警力、持续保持严打高压态势、切实提升防控能力，保障市民安居乐业。力推教育均衡发展，开展学前教育发展情况调研，督促县政府合理布局，加快公办幼儿园建设步伐，改善办学条件，提高全县学前教育水平。对代表反映较为集中的中小学教师职称评聘问题，进行专题调研，听取专项工作报告，形成审议意见交由县政府办理，促使县政府出台《关于进一步加强中小学职称评聘管理改革工作的实施意见》等文件。三是维护社会和谐稳定。把信访工作作为反映民声、维护民权、化解民怨的重要抓手，引导群众依法有序表达诉求，规范信访转办程序，强化跟踪督办。全年，共接待来访73批、166人次，受理来信52件，督促“一府两院”研究解决涉及群众切身利益的正当诉求和实际问题。

维护社会公平正义 一是加强普法宣传。结合日常监督工作，多渠道、多形式、多方位参与开展普法宣传教育，推动“六五”普法工作深入开展。开展全国法制宣传日、首个国家宪法日等活动，通过召开座谈会、举办法律知识讲座、征文竞赛等形式，加强对中华人民共和国宪法、代表法、选举法、监督法等法律法规的宣传，引导广大干部群众树立宪法意识，提升法制观念。二是加强司法监督。以促进公正司法为重点，听取县法院人民陪审员工作情况报告，提出一系列意见建议，督促县法院充分发挥陪审员的审判、调解、监督和宣传等职能，使陪审员在推进司法民主进程、促进社会和谐方面发挥更大作用。听取县检察院关于反贪污贿赂工作情况报告，督促检察机关开拓案源、强化预防教育工作，推进反腐倡廉建设。三是抓好执法检查。对国务院制定的《宗教事务条例》和《中华人民共和国职业教育法》等贯彻实施情况开展执法检查，提出“发挥宗教旅游资源优势，促进宗教文化发展”和“优化职业教育师资结构，提高职业教育水平”等意见建议。

改进代表工作 一是提升代表履职水平。开展“如何审议人大常委会及‘一府两院’工作报告”“贯彻实施新预算法”等课题的培训；建立手机短信平台，定期向全县1000多名各级人大代表发送人大业务知识、法律法规摘要信息；坚持为每位县人大代表订阅《中国人大》《人民政坛》等报刊杂志，让代表及时了解相关法律政策和人大工作动态。指导代表定期向原选区选民公开述职，接受选民监督，听取选民意见建议。二是搭好代表履职平台。扩大代表对常委会工作的参与，有针对性地邀请代表参加常委会组织的调研、视察、检查等活动，增加代表列席常委会会议的人数。全年共有市、县人大代表389人次参加了常委会组织的各项活动，比上年增长15%。打造“代表之家”，建设闭会期间代表履职平台，建立18个乡镇人大代表工作室和75个村级代表小组活动室，引导各级人大代表在代表小组指导下，做到“六个一”（每月走访原选区选民和到乡镇人大代表工作室或人大代表小组活动室活动一次以上；每半年参加调研、视察、评议、列席会议等各项活动和集中学习一次以上；每半年领衔提议案、建议一条以上和向原选区选民述职一次）。全年共开展代表小组活动216次，提出意见建议160余条。在全省率先建立茶产业、教育和卫生三个行业人大代表小组并组织开展活动，在代表活动专业化上先行先试。三是抓好代表履职。提升代表意见建议办理质量，探索完善"重点督、牵头办、回头看"等工作方法，推进代表议案建议办理工作从"答复型"向"落实型"转变。全年代表建议136件均得到答复，所提问题解决或基本解决的95件，占69.9%，正在解决或已列入计划的41件，占30.1%。抓好"重点督"，确定11件有代表性的建议作为重点督办件，由常委会领导挂包督办，代表对初次办理结果均表示满意。实行"牵头办"，对初次办理，代表表示不满意的建议件，常委会领导分片牵头督办，通过实地调查、走访代表、召开督办会等形式加强督办，确保代表意见建议得到解决。开展"回头看"，组织代表对一次会议以来承办建议较多的教育局、卫生局、住建局等部门的建议办理情况开展集中视察，对县十二届人大二次会议10件列入县政府工作计划的建议继续进行督办，提升建议办理的"落实率"。

（钟 岑）

【人大常委会会议】 3月31日，县十六届人大常委会第19次会议在县政府二楼人大会议室（下同）召开，副主任张爱兰主持，会议审议通过《大田县人大常委会2014年工作要点（草案）》《大田县人大常委会关于评选"先进乡镇人大主席团""优秀人大工作者"暂行办法（草案）》《关于提请调整县十六届人大常委会代表资格审查委员会的议案》，听取和审议县政府关于大田县调整2013年县本级财政支出预算草案的报告、2014年县本级财政预算及部门预算细化方案的报告，听取县政府2011年以来造林绿化成果巩固情况报告。

5月23日第20次会议，副主任刘永生主持。会议听取县法院关于人民陪审员工作情况报告、县政府关于水土流失治理工作情况报告，审议通过《大田县人大常委会关于审议意见、决议决定办理工作的规定（草案）》《大田县人大常委会关于进一步加强和改进调研、视察和执法检查工作的规定（草案）》《大田县人民代表大会代表建议、批评和意见办理规定（草案）》，进行人事任免。

7月25日第21次会议，副主任郑宜堆主持。会议听取和审议关于2014年上半年财政预算执行情况的报告、国民经济及社会发展计划执行情况的报告、2013年度县本级财政预算执行和其他财政收支情况的审计报告，审议通过《大田县人民政府关于请求将县城道路地下管网等资产售后租回的资金列入年度财政预算的议案》。

9月26日第22次会议，副主任温如校主持。会议进行人事任免，听取县检察院关于反贪污贿赂工作情况的报告，学习总书记习近平在庆祝全国人民代表大会成立60周年大会上的讲话。

11月27日第23次会议，在龙山宾馆一楼会议室召开，副主任张爱兰主持。会议听取代表议案、建议办理情况报告，听取和审议县政府食品安全工作情况汇报，进行食品安全工作满意度测评。

12月18日，第24次会议在县政府二楼会议室召开，副主任刘永生主持。会议听取和审议县政府关于调整2014年县本级财政收支预算草案的报告和关于提请恢复县十六届人大代表陈升明执行代表职务的议案。审议通过县人民政府关于申请向兴业银行大田支行贷款等事宜列入年度财政预算议案、县人大常委会工作报告（草案）、召开大田县第十六届人民代表大会第四次会议的决定（草案）及会议议程和日程（草案）、代表资格审查委员会关于代表变动情况的报告、财政经济计划审查委员会和议案审查委员会名单（草案）、各代表团划分及团长名单（草案）、主席团和秘书长、副秘书长、主席团常务主席、执行主席分组名单（草案）、邀请上主席台就座人员和列席会议人员名单（草案）、接受乐永权辞去县人大常委会委员职务等事项；补选市十二届人大代表1人。

（钟 岑）

主要活动

【县政府组成部门工作测评】 1月22日，县人大常委会组成人员及部分省、市、县人大代表对县政府25个工作部门2013年度工作开展测评。将测评中反映的问题，提交县政府及有关部门进行整改，并将评议结果报送县委参阅。

（钟 岑）

【省、市人大领导到县调研】 3月11—13日，省人大常委会副主任张健，市人大常委会主任徐铮、副主任陈有极一行6人，到县开展茶产业发展及社会经济情况调研。调研组察看桃源镇华伦特重型机械制造项目、蓝玉村“美丽乡村”和大湾新村造福工程项目及县经济开发区；察看县老人、青少年、妇女儿童活动中心及白岩公园改造、仙顶实业有限公司等项目。县人大常委会主任陈汉良、县委副书记廖金辉和县人大常委会副主任郑宜堆等陪同。

4月9—10日，市人大常委会副主任王庆一行4人，与省人大《人民政坛》杂志记者到县采访代表。县人大常委会副主任张爱兰陪同。

4月17—18日，市人大常委会副主任洪明德一行2人，到县开展信访督办活动调研，到武陵乡联系挂钩村了解情况，召开座谈会，听取和征求意见、建议。县人大常委会副主任郑宜堆陪同。

4月23—24日，市人大常委会副主任王庆一行4人，到县开展乡（街道）人大工作情况调研。县人大常委会副主任温如校陪同。

5月20—21日，市人大常委会副主任张知通一行9人，到县开展茶产业发展情况调研，到福建高山茶文化创意产业园、吴山乡和洋村茶叶加工销售一条街和阳春村茶叶加工销售集中区、屏山乡雾海茶人家项目、大方广茶业有限公司、福建仙顶实业有限公司等企业和乡村了解情况，并召开座谈会。县人大常委会副主任张爱兰、副县长廖荣才陪同。

7月10—11日，市人大常委会主任徐铮一行6人，到县开展乡镇人大工作情况调研，实地察看桃源镇大湾新村和人大代表工作室等。县人大常委会主任陈汉良陪同。

11月18—19日，市人大常委会副主任涂振锟一行5人，到县开展农村环境连片整治工作调研，实地察看湖美乡、吴山乡等农村环境连片整治工作和福建高山茶文化创意产业园项目建设情况。县委常委缑泽昆、县人大常委会副主任温如校陪同。

11月20—21日，省人大常委会原副主任王美香带领福州团、三明团部分省十二届人大代表一行30人，到桃源镇美丽乡村示范点、屏山生态茶园等地调研。

（钟 岑）

【县人大常委会调研活动】 3月13—18日，县人大常委会副主任郑宜堆为组长一行8人，到桃源镇蓝玉村、赤头坂国有林场、建设镇贵竹林矿区、广平镇五峰村、梅山乡璞溪村调研2011年后造林成果巩固和县造林绿化成果巩固及资金使用、管理情况。

4月，县人大常委会副主任张爱兰带领部分县人大常委会组成人员一行12人，到建设、太华、屏山、石牌等乡镇中小学和六中、一中等城区学校专题调研中小学教师职称评聘工作，听取县教育局、公务员局、县委编办工作情况汇报，并到宁化县考察学习小学教师职称评聘工作情况。

5月7—8日，县人大常委会以副主任张爱兰为组长，组织部分常委会组成人员、人大代表对县人民陪审员工作进行调研，到县法院、宏岩律师事务所等单位听取汇报并座谈，查阅相关资料，个别走访，并向部分人民陪审员征求意见建议。

5月9—16日，县人大常委会副主任温如校、郑宜堆带领部分常委会组成人员、人大代表到屏山、谢洋、均溪、前坪等乡镇，实地察看部分水土流失治理项目，听取工作情况汇报、召开部分县人大代表座谈会，征求相关意见建议。

6月10—19日，县人大常委会副主任郑宜堆带队，到县经贸局、发改局、统计局、财政局、国税局、地税局和飞鹰实业（三明）、华闽纸业、长鑫船舶配件制造、华阳光电、宝山机械、格林实业（三明）、大田红狮水泥有限公司及太华煤矿、诺迅（福建）电子商务有限公司等单位，对县工业经济转型升级情况进行专题调研，了解2011年以来县工业经济“调结构、促转型”的成效和做法、存在困难及、解决方法等情况。

6月26—27日，县人大常委会副主任刘永生带领部分县人大常委会组成人员和县人大代表到县教育局、住建局、财政局和实验、红星、文江、大风车、白岩等幼儿园，调研学前教育发展情况。

8月11日—25日，县人大常委会副主任郑宜堆带队到县城市道路改造工程指挥部、体育文化中心建设指挥部、发改局、财政局、审计局、住建局、文广局、市政工程维护处、兴田城投有限责任公司等单位，对政府性投资的福田路改造、体育文化中心一期工程等项目资金管理使用情况进行专题调研，了解项目立项、工程投资预算、施工合同履行、工程项目资金筹集拨付使用管理、工程竣工验收及实际造价、投资效果和存在的困难等问题。

12月2—4日，县人大常委会副主任温如校带领部分常委会组成员一行7人，赴长泰、南靖县学习考察美丽乡村建设及特色农业和农村经济发展情况，并进行交流座谈。

（钟岑）

【“企业国资法”执法检查】 3月19—20日，市人大常委会副主任洪明德一行5人，到县国有资产投资经营有限责任公司、大田县田阳旅游开发有限公司、福建兴田城投公司等企业开展中华人民共和国企业国有资产法执法检查，县人大常委会副主任郑宜堆、副县长廖荣才陪同。

（钟岑）

【人大代表视察活动】 3月21—26日，县人大常委会副主任郑宜堆为组长的检查组一行12人视察城区干支街道、居民小区、城中村等地环境综合治理情况，听取县卫生局、经贸局、住建局、城区办、城关派出所、城市管理综合执法大队、环卫处等单位工作情况汇报。

8月20—21日，在大田的部分市十二届人大代表一行15人，到尤溪县、沙县开展“企业和设施农业发展”“城市规划建设与发展”专题调研活动。

11月19日，在大田的部分市人大代表一行11人实地察看城区地表水厂（石牌镇）、饮用水源地（坑口水库坝头、副坝、谢洋乡白玉村），专题调研城区饮水工程。

（钟岑）

12月9日，在大田的部分市十二届人大代表一行10人到县均溪中心小学、红星幼儿园、城关第二小学、特殊教育学校、职业中专、大田二中、建设中心小学等地，进行“优化教育资源配置，促进教育均衡发展”情况调研，

（钟岑）

【人大代表议案、建议办理】 3月25日，县人大常委会与县政府召开县人大代表提出的议案、建议、批评和意见交办会。县人大常委会改进督办方式，在代表建议办理之初，就将城区公办幼儿园扩建、水污染治理等11件建议列为重点督办件。至6月25日，按规定期限136件全部以书面形式答复代表，代表对建议办理情况表示满意和基本满意的占84.6%。

（钟岑）

【市人大教科文卫工作座谈会在大田召开】 3月27—28日，市人大教科文卫工作座谈会在龙山宾馆召开。市人大常委会副主任廖小华、教科文卫委主任王闽，各县（市、区）人大常委会分管领导及教科文卫委主任等28人出席，县委副书记廖金辉到会致欢迎词。会议通报了市人大教科文卫委2013年工作情况及2014年工作安排；各县（市、区）人大教科文卫委就2013年最具亮点和特色的监督工作进行交流探讨。廖小华做讲话。

（钟岑）

【市人大侨台民宗工作座谈会在大田召开】 5月7—8日，市人大侨台民宗工作座谈会在龙山宾馆召开。市人大常委会副主任涂振锟、侨台委主任黄高明、市民宗局局长王灏及各县（市、区）人大常委会分管领导、侨台民宗委主任等29人出席，县委副书记廖金辉到会致欢迎词。会议传达全省人大侨台民宗工作座谈会主要精神；通报市人大侨台委2013年工作情况及2014年工作安排；王灏就民族与宗教工做专题讲座；各县（市、区）人大侨台民宗工作分管副主任就如何更好开展侨台民宗工作进行交流探讨。

（钟岑）

【市乡镇（街道）人大工作座谈会在大田召开】 7月29—30日，全市乡镇（街道）人大工作座谈会在龙山宾馆召开。市人大常委会主任徐铮、副主任、秘书长、副秘书长和各县（市、区）人大常委会主任及办公室主任等30余人出席，与会人员实地考察均溪镇、桃源镇人大工作，并召开座谈会。各县（市、区）人大常委会主任就新形势下如何进一步加强乡镇（街道）人大工作进行交流探讨。徐铮做讲话。

（钟岑）

【落实“河长制”专题询问】 9月25日，县人大常委会就县“河长制”落实情况进行专题询问。之前，通过向社会发布公告、召开座谈会、开展县乡镇人大代表视察调研、听取工作汇报等形式，广泛征求社会各界对“河长制”工作的意见建议，了解“河长制”目标责任落实情况。县政府、县监察局、水利局、生态综合执法局、矿业监督管理局、环保局、国土局、林业局、财政局、经贸局、住建局、交通运输局、安监局、公安局、农业局、卫生局、工商局、畜牧兽医水产中心等单位负责人到场回答有关询问。

（钟 岑）

【食品安全工作专项测评】 11月27日，县十六届人大常委会召开第23次会议，对食品安全工作进行专项测评。之前，通过实地考察、明察暗访、听取和审议工作报告，对食品安全工作作出审议意见和建议等方式，连续三年对食品安全工作进行跟踪监督，全面掌握全县食品安全工作监管情况。测评会上，常委会组成人员、部分省、市、县人大代表及社会各界代表对县食安办、食药监局、公安局、农业局、经贸局、住建局（城管大队）、教育局、环保局、水利局、工商局、畜牧兽医水产中心、卫生监督所等13个部门进行食品安全工作情况满意度测评，并将测评结果向社会进行通报。

（钟 岑）

大田县人民政府

□编辑 魏兰兰

综述

2014年，大田县人民政府贯彻落实中共十八大和十八届三中、四中全会精神，围绕转型驱动、绿色发展，统筹稳增长、调结构、惠民生工作，全县保持经济社会平稳发展。全年完成地区生产总值148.68亿元，比上年增长9.89%；农林牧渔业总产值45.59亿元，同比增长9.04%；全社会固定资产投资189.98亿元，同比增长20.4%；地方公共财政收入6.7亿元，同比下降9.4%；验资口径实际利用外资1575万美元，同比增长13.9%；城镇居民人均可支配收入2.5万元，同比增长10.2%；村居民可支配收入1.18万元，同比增长10.28%；居民消费价格指数101.9%，10项主要经济指标中有7项增幅高于全市平均水平。当年，举办第九届中国高山茶暨首届中国洛神花文化节，被中国经济林协会授予全国首个“中国洛神花之乡”；举办2014年“浩沙杯”全国艺术体操锦标赛，被国家体育总局体操运动管理中心授予全国首个“大体操”培训基地。

经济发展稳中向好 县政府一是面对宏观经济下行压力加大、市场需求持续低迷等不利形势，出台推动工业稳增长促转型、进一步扶持矿产品采选业发展等配套政策措施，兑现各类扶持奖励资金8911万元。二是成立县金融办、小微企业发展服务中心，开展“百名干部进百企”“百日项目攻坚，百家企业帮扶”、农业“走乡镇·看变化”活动和银企供需对接会，帮助企业解决各种困难和问题221个、落实贷款资金10.29亿元，帮助企业无偿办理转贷业务周转资金40笔、3.19亿元。三是出台鼓励招商引资、争取项目资金的暂行规定，设立重大招商项目招商引资工作专项基金；举办“8·8”泉州专场招商推介会，开展招商活动，对接开工项目26个、总投资29.7亿元；策划2014—2018年科学发展、跨越发展项目306个、总投资1534亿元，项目数与投资额均居全市前列；实施重点项目132个，完成投资114.78亿元，开工项目39个，竣工或部分竣工投产项目54个。

质量效益不断提升 县政府一是发展特色农业。巩固发展茶叶、油茶、洛神花、木薯、蔬菜、林下经济、珍稀花卉苗木等特色优势产业，全县茶园面积0.66万公顷、油茶林0.93万公顷，种植木薯0.43万公顷、洛神花0.33万公顷，被列为花卉产业发展示范县；出台培育家庭农场、加快推进富硒产业发展等扶持政策，获批建设国家级农业标准化示范区1个，实施省级农业标准化示范区1个，新培育省级农业产业化龙头企业1家、省级示范社8家、家庭农场63家，新获无公害、绿色和有机农产品3个，列入省市级农产品质量安全可追溯体系建设企业8家。二是工业经济稳中趋好。打造矿产品深加工、机械铸造、轻纺新型面料等产业集群，重点抓浩特服饰、红狮水泥等带动力强的龙头企业，新开工重点工业项目21个，完成投资27.23亿元，新增规模以上工业企业12家；重点实施鑫鹭峰铸造、华闽纸业等工业技改项目283项，全年完成投资102.7亿元，争取国家、省、市技改补助资金820万元；华伦特重工成为年内全市唯一一家在海峡交易中心挂牌交易的企业，三井科技成为全县首家在上海股权交易中心上市的科技型企业。三是增强第三产业活力。加快发展商贸物流业，推进闽中现代物流、同乐物流等16个重点项目，新增限额以上企业23家、物流企业25家；发展电子商务、总部经济和中介组织等新型业态，紫诚、诺讯、仙顶等电商龙头企业年销售额1.5亿元，全年新增电子商务企业19家、中介服务机构41家；发展休闲旅游，建成屏山雾海茶人家项目投入使用，培育省级“森林人家”示范点2个，桃源镇蓝玉村通过省级乡村旅游特色村验收，全县接待游客首次突破百万人次。

城乡建设更加协调 县政府一是加强基础设施建设。动工建设“泉南”高速上京互通、国道“纵五”、屏吴公路等重大交通项目，推进“莆炎”高速、“吉泉”快速铁路、华石线二期、大德公路等项目，完成公路改造43公里、安保工程107公里；城关、梅山、奇韬35千伏输变电工程投入使用，实施新一轮农村电网改造提升工程。二是推进城乡建设。启动城区北部城市总体规划、十公里特色景观带等规划编制，推进中医院迁建、龙腾盛世城市广场、均溪河滨栈道景观工程等项目，栋山路、南门桥、珠宝桥、石牌道路及立面改造竣工，城区自来水厂、农业企业总部大厦、县医院综合楼、供电大厦、赤岩森林公园等投入使用；推进建设、桃源两个市级中心镇为重点的小城镇建设，新培育“美丽乡村”示范点40个，蓝玉村、内洋村被评为全市首批星级示范村，东坂村、万宅村入选第三批中国传统村落名录；加大城乡宜居环境建设、“两违”综合整治和道路交通安全整治力度，实行城市“街长制”，创建省级“文明县城”“卫生县城”。三是加强生态文明建设。延伸“河长制”，组建“河长易信群”，覆盖全县所有大小河流。推进银川矿区为重点的矿山水土流失综合治理，完成治理面积3873.33公顷，新增造林绿化面积2100公顷，7个乡（镇）获得国家级生态乡镇命名；实施重点减排项目6个、节能项目5个、循环经济项目10个，完成省市下达单位生产总值能耗降低和主要污染物减排任务。

民生福祉稳步提高 一是办惠民实事。财政用于民生支出13.39亿元，基本完成为民办实事项目21项，建设保障性住房1129套、完成配租配售508套，“造福工程”搬迁2730人，农村危房改造300户，新建敬老院4所、农村互助幸福园2个，改造老年人活动中心16个；新开辟公交线路9条，新设公交停靠站点89个，新投放公交车38辆，实行残疾人和65周岁以上老人免费乘坐；实施积极就业政策，全县城镇新增就业2602人，农村劳动力转移就业5389人，发放下岗失业人员创业小额担保贴息贷款1030万元；完善城乡居民基本养老保险制度，调整高龄老人补贴发放范围及标准，提高农村低保、五保户供养水平、退休劳模补充养老金、被征地农民养老保障金、乡镇专职残疾人联络员工资标准。二是兴社会事业。出台《加强中小学教师职称评聘管理改革工作的实施意见》，完成校安工程、城区扩容、薄弱校改造等项目12个，上京中小学及幼儿园实现整体搬迁，以“双优”成绩通过省级教育“两项督导”考核；开展国家公共文化服务体系示范区创建工作，体育文化中心投入使用；完成2所卫生院、201个村卫生所信息化建设，实施基层医疗卫生机构第二轮改革，全县医疗机构药品零差率销售全覆盖；落实“单独二孩”政策和计生特殊家庭救助帮扶等政策，实施“诚信计生·幸福家庭”创建活动。三是保社会稳定。开展“六五”普法、“法律六进”等依法治理工作，深化“平安大田”建设，落实信访工作“路线图”，保持社会安定稳定；落实安全生产“党政同责、一岗双责”，加强安全生产标准化建设，抓矿山、道路、消防、建筑、食品、药品等重点行业和重点领域的安全监管。

服务水平在转变职能中切实增强 一是依法行政。深入开展党的群众路线教育实践活动，纠正“四风”（形式主义、官僚主义、享乐主义和奢靡之风），着力解决事关群众切身利益的突出问题；依法接受人大法律监督、工作监督，自觉接受政协民主监督，共办理人大代表建议136件、政协委员提案83件，办结率、满意率均达100%；修订完善县政府党组工作规则，执行重大行政决策程序规定，深化政务公开，提高依法行政水平。二是高效施政。践行“马上就办、办就办好”工作理念，深入开展“百名（科）股长亮岗评议”，实行部门“优质服务郑重承诺”，建立“政府OA(办公自动化)系统”，完成“三中心”（行政服务中心、社会保障服务中心和公共资源交易中心）搬迁入住并实现标准化建设，审批时限压缩为56.2%、窗口即办率99.8%，提高行政效率。三是廉洁从政。严格执行中央“八项规定”，落实党风廉政责任制和廉政准则，严肃财经纪律，推进政务公开、村务公开和办事公开，加大行政监察和审计监督力度。

（柯永晋）

县政府会议

【县政府常务会议】 2014 年，县政府召开常务会议 10 次。1 月 13 日会议，在县政府二楼会议室召开（下同），县长熊旭明主持（下同），主要研究讨论县中小学生社会实践基地建设、调整坑口水库饮用水水源地保护范围及《在县委十二届六次全会上的讲话（初稿）》《大田县鼓励招商引资工作暂行办法（送审稿）》《大田县争取上级项目资金工作暂行办法(送审稿)》等问题。

3 月 17 日会议，传达贯彻省、市宜居环境建设和“两违”综合整治、全国和省、市国土资源工作会议精神及意见；研究讨论 2014 年《为民办实事项目方案（送审稿）》，创建国家公共文化服务体系示范区工作、提高被征地农民养老保障金标准、重要区位和生态脆弱地区实行三年禁伐等问题。

3 月 27 日会议，主要研究讨论县城市管理综合执法大队继续执行建山路等主干道夜间执勤补贴、提高婚前医学检查成本补贴标准、2014 年县直部门综合财政预算支出安排情况等问题。

4 月 21 日会议，主要研究讨论推动工业稳增长促转型措施、《进一步扶持矿产品采选业的实施意见》、广元矿区管委会总部及相关配套设施建设问题、《大田县人民政府关于推进商标品牌工作的实施意见》、《大田县 2014 年度水土保持工作意见（送审稿）》和县疾控中心旧办公场所部分资产拍卖处置等问题。

5 月 26 日会议，传达贯彻全市迎接省级生态市考核验收工作推进落实会议、全省地灾搬迁暨 2014 年汛期地灾防治工作视频会议精神及意见；研究讨论银川矿区地质环境调查及整治规划项目、《加快培育壮大货物运输业发展的实施意见》、《大田县福塘轻工业区标准厂房企业入驻管理暂行规定（修订）（送审稿）》，提高农村低保标准和五保供养标准等问题。

6 月 16 日会议，研究讨论中小学教师职称评聘管理、鸿图中学继续稳定办学、与福能融资租赁股份有限公司合作、坑口水库水源地群众生产帮扶、加快推进吉泉快速铁路前期工作等问题。

7 月 7 日会议，研究讨论调整全县高龄老人补贴发放范围及标准、宝山机械公司创建产学研合作基地资金补助、林地检查迎检准备工作等问题。

8 月 25 日会议，研究讨论县人大常委会对全县水土流失治理工作审议意见的整改落实情况、《大田县深化基层医疗卫生机构第二轮改革的实施意见（送审稿）》、各类专项资金安排、红狮水泥配套水泥窑协同处理工业固体废物项目前期工作资金补助、调整乡镇残疾人专职联络员工资标准、村（居）老体协主席工作补贴、增加县体育文化中心田径场及景观工程造价、县环卫处要求添置环卫洒水车、城区部分地下供水管网改造、将县财政先期投入城区地表水厂建设项目资金作为注入大田水务公司资本金以及委派县闽江上游防洪工程建设有限公司董事、董事长等问题。

10 月 29 日会议，研究讨论建立依法行政与行政审判良性互动机制、调整《大田县矿产资源总体规划（2008—2015）》禁采区、县人大常委会对 2014 年上半年国民经济和社会发展计划及预算执行情况审议意见的整改落实情况、完善城乡居民基本养老保险制度、农村中小学“班班通”工程（第二期）建设、2014 年度城市基础设施配套费收支预算安排和县矿业监督管理局 2013 年 7—12 月综合财政预算编制等问题。

12 月 29 日会议，研究讨论《大田县化工产业集中区控制性详细规划》《2014 年政府工作报告》《2015 年国民经济和社会发展计划报告》《2014 年预算执行情况及 2015 年预算草案（送审稿）》及 2014 年省教育“两项督导”评估情况、县行政服务中心标准化建设、公共资源交易中心建设、社区干部报酬等有关问题。

（李生军）

领导工作分工

【县政府领导工作分工】 2014 年，因人事变动，调整分工 2 次，3 月 13 日调整分工如下：

县长熊旭明 领导县政府全面工作，主管编制、人事、财政、监察、审计、规划工作。

常务副县长谢军 负责县政府常务工作，县长外出时，主持县政府工作。分管县发展和改革局（含物价局、粮食局）、统计局、公安局、信访局、国土资源局（土地）、住房和城乡规划建设局（含城市管理综合执法大队、城投公司）、人民防空办公室、外经贸局、招商局、县政府驻外机构，协助县长分管县政府机构编制办公室、监察局、公务员局。联系县人大常委会，县法院、检察院，县武警中队、消防大队，国际商会、外商投资企业家协会、老体协、关工委。

副县长陈钦梅 分管县教育局、卫生局、人口和计划生育局，联系县文明办、计生协会、红十字会。

副县长余维语 分管县经贸局、国土资源局（矿产资源）、人力资源和社会保障局、安全生产监督管理局、大田经济开发区、非公办、城镇集体工业联合社、矿业监督管理局（含协调办、煤管局、冶金化学矿行办、建材行办）、煤炭公司、矿产开发公司、建材公司，联系县政协，县总工会、质量技术监督局、食品药品监督管理局、工商局、工商联、供电公司、邮政局、电信公司、移动公司、联通公司、石油分公司、永安煤业上京分公司、广元矿区管委会。

副县长戴绍松 分管县政府办（含效能办、纠风办、公共资源交易中心、外侨办）、行政服务中心管委会、民政局（含老龄办、老区办）、文体广电出版局、旅游局、民族与宗教事务局、县志办，联系团县委、妇联、残联、侨联、台办、文联、社科联、新闻单位、老促会、慈善总会、新华书店。

科技副县长缑泽昆 分管县政府法制办、司法局、环保局、科技局（含地震办）、机关事务管理局、林业局（林业科技），联系县保密局、档案局、科协。

副县长廖荣才 分管县政府农村工作办公室、农业局、林业局、水利局、生态综合执法局、茶业局、库区移民开发局、交通运输局、高速公路建设办公室、铁路建设办公室、烟草局、供销联社、农业机械化管理中心、畜牧兽医水产中心、坑口水库管理处、东风农场、农科所、良种场、金融办、国投公司。协助县长分管县财政局、审计局，联系县气象局、盐务局、水文站、公路分局、闽通长运大田分公司、国税局、地税局、人民银行大田县支行、大田银监办、三明市住房公积金管理中心大田管理部、医疗保障基金大田管理部、金融、保险机构。

副调研员陈贵国 协助分管农村、农业工作。

9月28日，因人事变动，调整分工如下：

县长熊旭明 领导县政府全面工作，主管编制、人事、财政、监察、审计、规划工作。

常务副县长谢军 负责县政府常务工作，县长外出时，主持县政府工作。分管县发展和改革局（含物价局、粮食局）、统计局、公安局、环保局、信访局、国土资源局（土地）、住房和城乡规划建设局（含城市管理综合执法大队、城投公司）、人民防空办公室、外经贸局、招商局、县政府驻外机构，协助县长分管县政府机构编制办公室、监察局、公务员局。联系县人大常委会，县法院、检察院，县武警中队、消防大队，国际商会、外商投资企业家协会、老体协、关工委。

副县长陈钦梅 分管县教育局、卫生局、人口和计划生育局、政府法制办、司法局，联系县文明办、计生协会、红十字会。

副县长余维语 分管县经贸局、国土资源局（矿产资源、工业用地）、人力资源和社会保障局、安全生产监督管理局、大田经济开发区、非公办、城镇集体工业联合社、矿业监督管理局（含协调办、煤管局、冶金化学矿行办、建材行办）、煤炭公司、矿产开发公司、建材公司，联系县政协，县总工会、质量技术监督局、食品药品监督管理局、工商局、工商联、供电公司、邮政局、电信公司、移动公司、联通公司、石油分公司、永安煤业上京分公司、广元矿区管委会。

副县长戴绍松 分管县政府办（含效能办、纠风办、公共资源交易中心、外侨办）、科技局（含地震办）、机关事务管理局、行政服务中心管委会、民政局（含老龄办、老区办）、文体广电出版局、旅游局、民族与宗教事务局、县志办，联系县保密局、档案局、科协、团县委、妇联、残联、侨联、台办、文联、社科联、新闻单位、老促会、慈善总会、新华书店。

副县长廖荣才 分管县政府农村工作办公室、农业局、林业局、水利局、生态综合执法局、茶业局、库区移民开发局、交通运输局、高速公路建设办公室、铁路建设办公室、烟草局、供销联社、农业机械化管理中心、畜牧兽医水产中心、坑口水库管理处、东风农场、农科所、良种场、金融办、国投公司。协助县长抓县财政局、审计局，联系县气象局、盐务局、水文站、公路分局、闽通长运大田分公司、国税局、地税局、人民银行大田县支行、大田银监办、三明市住房公积金管理中心大田管理部、医疗保障基金大田管理部、金融、保险机构。

副调研员陈贵国 协助分管农村、农业工作。

（李生军）

政务活动

【现场办公】 1月3日 副县长戴绍松在县体育文化中心召开现场会议，研究解决项目建设有关问题。

14日 县长熊旭明主持现场会议，研究解决银顶格骏原工贸矿区水土流失综合治理有关问题。

2月14日 常务副县长谢军召开现场会议，研究解决闽运公交公司加气站建设有关问题。

20日 副县长廖荣才带领相关部门到太华、文江、奇韬、建设等乡（镇）召开研究文江河流域污染整治问题现场办公会。

26日 县长熊旭明召开现场会议，研究解决桃源镇整镇推进工作有关问题。

3月6日 县长熊旭明到华伦特重工、和顺竹业、宝山机械、格林实业、供电公司等企业开展“百名干部进百企”活动。

6—7日 副县长余维语到均溪、广平、吴山等乡镇调研工业经济及重点项目建设情况。

4月11日 常务副县长谢军参加县城区地表水厂安置地现场办公会。

28—29日 常务副县长谢军召开现场会议，研究解决县城区城市规划、用地有关问题。

5月6日 副县长缑泽昆到文江河流域沿岸部分矿产品采选企业召开现场会议，检查环评审批以及偷排漏排等情况；到文江、奇韬、广平等乡镇检查指导创建国家级生态乡镇工作。

6月26日 副县长陈钦梅到文江乡参加慈善个人捐资助学活动；副县长廖荣才召开现场会议，研究解决国道“纵五线”、华石线（二期）等项目建设有关问题。

8月7日 副县长余维语到均溪镇腾顺矿业香口坑硫铁矿召开现场办公会议，研究安全生产工作有关问题。

25日 县长熊旭明参加2014年“浩沙杯”全国艺术体操锦标赛筹备工作现场办公会议。

9月4日 副县长廖荣才主持召开现场会议，研究部署高山茶文化创意产业园入驻企业开业前期准备工作。

11日 县长熊旭明主持召开现场会议，专题研究解决县中医院迁建、赤岩路（二期）、龙盛广场等项目建设有关问题。

29日 副县长余维语到一中食堂、满田春农贸市场、新华都购物广场（凤山店）、御花园酒楼等地检查指导食品安全工作，并召开食品安全委成员会，安排部署节假日期间食品安全有关工作。

10月11日 副县长廖荣才主持召开现场会议，研究解决国道“纵五线”项目建设有关问题。

11月5日 县长熊旭明召开现场会议，研究解决鑫鹭峰实业有限公司发展有关问题。

25日 县长熊旭明主持召开现场会议，专题研究解决国道“纵五线”和泉南高速上京互通项目建设有关问题。

12月9日 副县长廖荣才主持召开现场会议，研究解决华石线（二期）、泉南高速上京互通和屏山至吴山公路建设项目等有关问题。

24日 副县长廖荣才主持召开现场会议，研究解决国道“纵五线”项目建设有关问题。

（李生军）

【参观考察】 1月7日 副县长余维语到泉州市德化县考察学习陶瓷产业发展有关情况。

2月27日 常务副县长谢军到莆田市参加全省“两违”综合治理专项行动（莆田）现场会。

3月10—11日 副县长缑泽昆到厦门市参加省级生态县创建培训会议。

4月15日 副县长余维语到尤溪县学习考察食品检验检测资源整合有关工作。

17日 副县长廖荣才到德化县、永春县考察学习小流域治理生态护岸建设情况。

5月2—16日 副县长陈钦梅到江苏太仓参加全国县级公立医院试点县专题培训班学习。

18—25日 副县长余维语到北京参加中国铸造协会研讨会，到武汉与华中科技大学开展产学研合作对接。

8月27日 县长熊旭明到南京与国家体育总局体操运动管理中心主任罗超毅对接在大田县设立全国艺术体操集训中心、实施“大体操”进校区、进社区、创建国家全民健身示范城等有关事宜。

10月13—22日 县长熊旭明参加中国浦东干部学院原中央苏区振兴发展专题培训班（第1期）学习。

13—24日 副县长戴绍松参加省委组织部组织的“新型城镇化与县域经济发展”专题赴台培训。

（李生军）

【外引内联】 1月15—16日 县长熊旭明、常务副县长谢军到晋江、石狮等地拜访在大田县投资企业家并对接项目。

28—29日 县长熊旭明到拜访客商并开展项目对接活动。

3月25—27日 县委书记汤俊生、副县长廖荣才到北京与中粮集团、正大集团开展央企对接工作。

5月12—13日 副县长廖荣才到福州与中新房集团洽谈对接枫坑垅土地一级开发有关事宜。

17日 泉州市汽配（工程机械）同业工会蒋火炎一行到县考察机械铸造项目入驻工作，常务副县长谢军、副县长余维语陪同。

21日 常务副县长谢军到晋江、福州等地拜访客商。

6月3—4日 副县长廖荣才出席大田县与福建新龙马汽车股份有限公司微型客车赠送交接车仪式。

25日 县长熊旭明到北京市参加2014“浩沙杯”全国艺术体操锦标赛新闻发布会议。

26日 县长熊旭明到国务院国资委沟通汇报联系对接央企有关情况。

7月21—23日 副县长缑泽昆到国家科技部沟通对接项目。

29日 县长熊旭明、副县长廖荣才到三明海峡银行、交通银行沟通汇报融资贷款有关问题。

8月5—6日 县长熊旭明到福建中医药大学、福建农林大学、省农业厅、经信委等部门沟通对接畲药产业园建设、设立富硒博士后工作站、延伸茶产业链、建立省级铸造材料产业基地及机械铸造行业改造提升等有关事宜。

8日 县长熊旭明、常务副县长谢军出席2014年大田·泉州投资项目推介会。

19—23日 常务副县长谢军到台湾开展经贸对接活动。

9月12日 省铸造协会陈庆友会长一行到县调研机械铸造行业发展情况，副县长余维语陪同。

16—19日 常务副县长谢军到山东省寿光市考察保险粉生产项目情况。

10月14日 副县长廖荣才参加交通银行三明分行开业典礼暨银企签约合作仪式。

11月5—6日 县长熊旭明、副县长廖荣才到三明参加第十届海峡两岸林业博览会暨投资贸易洽谈会。

9—12日 县长熊旭明到澳门开展经贸活动，并出席澳门福建三明联谊总会成立三周年暨第二届理监会就职典礼。

13—14日 县长熊旭明到珠海、广州、东莞、深圳等地走访广东大田商会和有关企业。

12月16日 县长熊旭明到三明参加全市“跨越发展、交通先行”项目对接会。

【上级领导到县指导工作】 1月12日 国家计生协会副秘书长兼办公室主任王景水一行到县检查指导生育关怀和基层计生群众自治等工作，副县长陈钦梅陪同。

23日 省水利厅副厅长赖继秋一行到县检查指导流域管理和水源地保护工作，副县长廖荣才陪同。

2月11日 市委副书记余红胜到县检查指导农业农村工作，副县长廖荣才陪同。

12—13日 省委常委、纪委书记倪岳峰一行到县指导开展党的群众路线教育实践活动工作，县长熊旭明陪同。

13日 省财政厅副厅长修兴高一行到县调研公立医院改革工作情况，副县长廖荣才陪同。

27日 国家体育总局体操运动管理中心艺术体操部副部长张莹一行到县调研体育工作开展情况，县长熊旭明、副县长余维语和戴绍松陪同。

3月25日 省计生协会常务副会长雍秀英到县检查计生工作进展情况，副县长陈钦梅陪同。

4月4日 省民政厅副厅长周瑛一行到县调研社区工作，县长熊旭明、副县长戴绍松陪同。

10日 省林业厅副厅长谢再钟一行到县开展造林绿化情况督查活动，副县长廖荣才陪同。

15日 省水利厅副厅长黄建波一行到县开展水土保持督查工作，副县长廖荣才陪同。

16日 省气象局副局长葛小清一行到县检查指导气象业务平台建设，副县长廖荣才陪同。

23—24日 国土资源部财务司副司长刘键一行到县检查指导矿山生态恢复治理工作，副县长余维语陪同。

24日 国土资源部财务司副司长刘键一行到县核查银顶格—川石矿区矿山地质环境治理示范工程项目建设情况，县长熊旭明、副县长余维语陪同；台湾中洲科技大学校长曾庆瀛一行到县考察洽谈台湾高科生物有机肥料项目入驻有关事宜，副县长廖荣才陪同。

25日 市政府常务副市长朱昌贤一行到县开展帮扶工业企业发展现场会议，县长熊旭明、副县长余维语陪同。

5月17日 省质监局总工程师刘绍文一行到县开展省矿山机械及冶铸产品质量监督检验中心验收工作，副县长余维语陪同。

20日 市人大常委会副主任张知通一行到县开展茶产业发展情况调研，副县长廖荣才陪同。

26日 市政协副主席林传衔一行到县检查指导健全完善医疗纠纷调解工作机制，副县长陈钦梅陪同。

29日 省纪委常委陈国建一行到县检查指导梅山乡沈岭岬到盖竹道路项目建设工作，副县长廖荣才陪同。

6月10日 新加坡原总理公署教育部部长曾士生一行到县参观职业中专并指导合作办学等工作，副县长陈钦梅陪同。

11日 省质监局副局长吴赳一行到大田广联木业有限公司检查指导免费检测扶持计划工作，副县长余维语陪同；省环保厅副厅长陈宁一行到前坪乡开展国家级生态乡、生态村验收工作，副县长廖荣才陪同。

13日 厦门市老促会会长张振福一行到县调研经济发展、城市建设等情况，副县长戴绍松陪同；省环保厅副厅长虞平和一行到县检查指导重金属污染减排工作，副县长廖荣才陪同。

16日 新加坡工艺教育局工艺系署长罗锦辉一行到县职业中专开展学生互派交流、短期交流互访、教师培养等合作教学有关工作，副县长陈钦梅陪同。

21—22日 中铁二院交规院总体李云一行到县开展吉泉快速铁路踏勘工作，县长熊旭明、副县长廖荣才陪同。

25日 省煤监局副局长朱石福一行到县检查指导煤矿安全生产工作，副县长余维语陪同。

7月14日 省预防办副主任林新一行到县开展“平安畅通县区（二等）”达标复评检查，常务副县长谢军陪同。

15日 省政协社会和法制委副主任陈锐一行到县检查指导居家养老服务有关工作，副县长戴绍松陪同。

19—22日 国家林业局华东调查规划设计院书记刘裕春一行到县开展林地管理工作检查，副县长廖荣才陪同。

29日 中国铸造协会秘书长张立波一行到县检查指导铸造产业发展工作，副县长余维语陪同。

8月1日 省纪委监察厅副厅长温惠榕一行到县检查指导水土流失治理有关工作，副县长廖荣才陪同。

7日 市纪委书记冯新婷一行到县检查指导劳动社会保障中心运行情况，副县长余维语陪同。

8日 省委常委、纪委书记倪岳峰主持召开大田县委常委班子教育实践活动整改工作汇报会，县长熊旭明、常务副县长谢军参加会议。

9日 国家体育总局体操运动管理中心艺术体操部副部长张莹一行到县检查指导2014年“浩沙杯”全国艺术体操筹备工作，副县长余维语陪同。

13日 省纪委常委惠学京一行到县检查指导县体育文化中心项目建设工作，副县长戴绍松陪同。

15日 省地震局副局长黄向荣一行到县检查指导地震安全示范小区建设，副县长戴绍松、缑泽昆陪同。

9月4日 省体育局局长徐正国一行到县考察象山省级夏季综合训练基地项目，县长熊旭明陪同。

8日 市委书记邓本元到县调研体育文化等工作，县长熊旭明陪同。

10日 省纪委副书记黄德安一行到县调研泉南高速上京互通和莆炎高速公路（大田段）项目建设情况，并召开座谈会，县长熊旭明、副县长廖荣才陪同。

20—22日 原建设部村镇建设试点办公室副主任、副总建筑师教授骆中钊一行到县检查指导美丽乡村建设和城乡统筹发展工作，并开展《创建美丽乡村公园，促进城乡统筹发展》专题讲座，县长熊旭明、各位副县长出席。

23日 广东省残联副理事长柯沫夫一行到县检查指导《农村残疾人扶贫开发纲要（2011—2020）》执行工作，副县长戴绍松陪同。

26—27日 国家安监总局规划科技司监察专员李德忠到县检查指导安全生产工作，副县长余维语陪同。

10月22—23日 省纪委副书记、监察厅厅长陈善光一行到县调研新型城镇化建设情况，常务副县长谢军陪同

28日 国家住建部教授杨昌鸣一行到县进行传统村落中央资金补助现场核查，常务副县长谢军陪同。

29—30日 省人大常委会委员、教科文卫委主任宋闽旺一行到县调研深化医药卫生体制改革工作情况，副县长陈钦梅陪同。

30日 国务院参事徐锭明一行到县参加鑫鹭峰实业有关公司企业发展高端专家研讨会，副县长余维语陪同。

11月6日 市政府副市长林守钦一行到县检查指导行政服务等工作，副县长戴绍松陪同。

10日 市人大常委会副主任廖小华一行到县检查指导食品安全工作，副县长余维语陪同。

25日 省统计局副局长雷志亮一行到县进行城乡属性划分验收，副县长陈钦梅陪同。

12月3日 市政府副市长林俊德一行到县调研电子商务和外经外贸工作情况，常务副县长谢军陪同。

15日 省信访局局长林凤祥一行到县开展信访工作专项督查活动，常务副县长谢军陪同。

23日 市政府副市长罗蔺一行到县调研农业农村工作，县长熊旭明陪同。

（李生军）

【法制政府建设】 2014年，县政府法制办探索制度创新，运用法治思维和法治方式推进政府工作，为全县经济建设和创建“法治大田”“平安大田”营造法治环境。落实重大性质处罚案件报备制度，全年共报备重大执法案件6件，合法率100%；落实规范性文件报备制度，向县人大和市政府报备规范性文件8件，合法率100%；联合县法院建立依法行政与行政审判良性联动机制，全年收到行政复议申请案件3件，全部受理办结，结案率100%；联合效能办、行政服务中心推行网上行政执法平台运行，实现执法案件办理从登记、立案、调查、执行到结案、复议全过程电子化处理，杜绝人为因素的干扰，通过案件过程、时限、异常案件、处罚结果、瑕疵案件监察等集成监察方式，实现对执法行为的全过程、全方位监督。

（李生军）

【政务信息】 2014年，县政府办公室围绕县委、县政府中心工作及重大问题，挖掘有新动态、新举措、新成效的信息。全年共编发《大田政讯》正刊31期、增刊4期，编报专报信息540件，分别被省政府办《今日要讯》、市政府办《三明要讯》采用17件、39件。县政府网站增开“道路交通安全综合整治”“三年行动”专题栏目，更新栏目内容确保信息发布及时，公开政府各类信息1000条，上报市政府网站信息214条。

（李生军）

【行政服务工作】 2014年，县行政服务中心管委会按照省行政服务中心标准化建设要求，优化环境，加强窗口管理，加强队伍建设，规范行政行为，提高办事效率。一是提高审批项目办结率。全年受理各类审批及服务事项3.79万件，办结3.63万件，办结率95.78%；其中即办件2.36万件，即办率62.3%；网上审批系统当年收件8735件、往年未结501件，办结9211件，办结率99.73%，提前办结9166件，提前办结率99.24%。二是实现标准化建设。按照规范场所建设、项目进驻、人员派驻和服务设施“四个规范”要求，推进行政服务中心和18个乡镇便民服务中心标准化建设，提升基层行政服务水平。三是优化流程提升办事效率。全县具有行政审批及公共服务职能的单位63个，其中行政审批职能部门29个、公共服务职

能部门34个。共有行政审批及公共服务事项367项，其中行政审批147项、公共服务220项。通过压缩时限提高效率，承诺审批时限共1294个工作日，比法定时限缩短2626个工作日，缩短率66.99%。四是创新机制提高服务水平。继续简政放权，推动政府职能向创造良好发展环境、提供优质公共服务、维护社会公平正义转变。执行审批服务限时办结制、集中办理制和重大项目联审会议制、全程跟踪督办，探索服务机制，推进审批高效、便民、优质。

（涂广森）

人事编制工作

【概况】 2014年，大田县公务员局坚持“服务发展、人才优先”工作，加大人才引进培养力度，推进公务员队伍建设事业单位人事制度和工资收入分配改革，促进毕业生就业创业和各项人事人才工作。

人事计划统计 2014年，县公务员局按照上级下达的增人增资计划控制干部总数，逐步建立适应人事制度改革的调控机制。年底，全县在职干部职工总数7704人，其中，政府机关公务员1326人、参照《中华人民共和国公务员法》管理（简称“参公人员”）190人、事业单位6188人，其中管理人员358人、专业技术人员5318人、工勤人员512人。

干部管理 2014年，非师范类大中专毕业生回县报到240人，其中博士1人、硕士12人、本科138人、大专88人、中专1人。调配干部职工104人，其中，县外调入6人，调出12人，县内调整65人，办理借调21人。事业单位招聘131人，其中急需紧缺人才22人、紧缺学科教师51人、工作人员58人。食品药品监督管理局整建制转入35人。接收大学生村干部17人、“选调生”5人，安置军转干部1名、转业士官5名、接收安置随军家属11人，乡镇卫生院临床医学专升本定向委培生1人、安排服务期满考核合格村干部就业17人，面向社会公开招考录用国家公务员43人（含参公人员6人）。确定科员81人、九级职员59人、十级职员12人。党政纪处分12人（党内警告6人、开除党籍3人、开除公职3人），效能诫勉教育7人，效能告诫11人，通报批评20人。会同有关部门审核把关，上报省、市评选先进集体3个、先进个人16人。完成2013年县政府系统新录用公务员转正登记79人，组织新录用公务员32人参加市公务员局举办的初任培训。

人才市场管理 2014年，县人才服务中心办理事业单位改制人事代理168人，推荐受代理人员参加职称评审163人，代理毕业生就业转正定级37人，免费保管毕业生人事档案2309人、转递档案207人。接收大学生志愿者到基层服务7人、到社区服务5人。

干部档案管理 2014年，县公务员局转入干部档案178册、转出53册，提供查阅103人次，确认干部学历本科29人次、大专29人次。

工资福利 2014年，县公务员局完成413个单位人员工资基金核定，办理新录用人员工资193人次，调入、调出等工资审批项目561人次；办理机关工作人员级别滚动升级194人次、事业单位工作人员薪级晋升6376人次、职务晋升86人次、等级工考试增资32人次、岗位降低17人次、浮动工资转固定26人次；办理退休人员退休金171人次、死亡人员及受处分人员工资核减69人次、警衔变动增资30人次。兑现2013年被确定为优秀等次公务员奖励242人，并对6名合格（称职）以下等次的机关（含参公）单位工作人员，取消当年一次性年终考核奖金。

年度考核 2014年年初，县公务员局完成2013年度机关事业单位工作人员考核，全县共7273人，实际参加考核7206人，经考核，优秀1022人、称职（合格）5949人、不称职（不合格）12人、不定等次219人、不属考核对象4人，不参加考核67人。凡在2013年度工作综合考评中获一、二等奖的优秀比例分别按16%、14%核定，获鼓励奖的优秀比例按7%核定。会同县委组织部审核、审批三等功43人、嘉奖135人。

退休干部职工管理 2014年，县公务员局办理人员退休171人，其中干部107人、工人64人；审批办理机关事业单位在职、离退休人员死亡抚恤69人，遗属困难补助6人；办理70周岁以上退休干部高龄补贴63人、80周岁以上退休干部高龄补贴20人；开展退休干部慰问探亲、送温暖，政治学习和重大节日文体、游园等活动，慰问退休干部1690人、发放慰问品1690份，慰问特困退休干部70人和退休干部代表60人。

机构编制管理 2014年，县编办遵循“行政类无差别化、公益类差别合理化、生产经营类差别最小化”的相对平衡原则，按照事业单位所承担的社会功能作为分类标准，进行全县事业单位分类意见的审核和全县承担行政职能的事业单位报备以及县属事业单位分类的报批。一是构建机构编制动态管理机制。在严控总量上实行机构限额管理、编制总量控制，在盘活存量上实行机构编制空量集中管理、统筹调剂使用，在优化结构上按照规定提出优化机构设置、编制结构、领导职数核定的具体标准，在动态调整上实行适时合理调整机构编制资源配置，充分发挥有限机构编制资源的最大使用效益。二是构建机构编制监督检查机制。明确机构编制监督检查的对象、内容、方法、程序，对全县机关、事业单位执行机构编制法规政策情况进行定期监督检查，开展机构和人员编制核查，会同纪检监察机关、组织人事、财政、审计等部门对全县机关事业单位的机构编制核查情况进行实地核查和检查验收。年内，全县党群、政府系统招考公务员和参照公务员法管理事业单位工作人员使用编制40名，其中行政34名、参公6名。县属事业单位招聘专业人员使用编制134名，办理机关、事业单位申请调动人员入编568人次。年底，全县事业单位454个，符合条件年检288个，其中新设立登记6个、变更登记42个，年检率100%。

（余启伟 周庆锋）

【优化人才政策环境】 8月，县政府制定《关于进一步加强中小学教师职称评聘管理改革工作的实施意见》，县政府办转发《县教育局等部门关于加强中小学教师专业技术职务聘后管理意见的通知》，进一步优化人才政策环境，调动教师工作积极性，发挥教师职务评聘工作在促进教师专业发展、提高教学质量中的作用。全年共发放优秀人才、正高级人才等高层次人才津贴6.27万元。

（余启伟）

【政府职能转变和机构改革】 2014年，县编办按照精简、统一、高效的原则，稳步推进大部门制改革，围绕转变职能和理顺职责关系，重点整合加强卫生和计划生育、市场监督管理、人力资源社会保障和公务员管理、内贸和外贸、涉农管理和教育管理机构等，同时推进其他领域机构和职责的整合。改革后，县政府设置工作部门24个，其中重新整合组建7个部门，即县市场监督管理局（加挂工商局、质监局、食药监局、食安办牌子）、县卫生和计划生育局、县农业局（与县委农村工作领导小组办公室一个机构、两块牌子）、县住房和城乡规划建设局（与县人民防空办公室一个机构、两块牌子，挂县城市行政管理执法局牌子）、县人力资源和社会保障局（加挂县公务员局牌子）、县经济和信息化局（加挂县国防动员委员会支前办公室牌子）、县商务局；保留17个部门。

（周庆锋）

【食品药品监管体制改革】 2014年，县编办根据《福建省人民政府关于改革完善市县食品药品监督管理体制的实施意见》（闽政〔2013〕52号），将原食品药品监管部门、质量技术监督部门、工商行政管理部门和卫生部门等食品安全监管及药品管理职能进行整合，重新组建县食品药品监督管理局，对食品药品实行集中统一监管。为加强食品药品安全执法工作，结合食品药品监督管理体制改革，整合分散在药监、质监等部门的食品检验检测机构，重新组建大田县食品检验检测中心、成立大田县食品药品监管执法支队。

（周庆锋）

【县交通综合执法体制改革】 2014年，县编办按照“一个地方只设一个交通综合行政执法机构”的原则，规范县级交通综合行政执法机构设置，理顺交通执法管理体制，解决重复执法、多头执法问题。将市交通综合行政执法支队下设的大田县路政中队承担的市公路局管养公路的路政监督处罚职责划入县交通综合行政执法大队，人员编制相应划转4名；将市交通综合行政执法支队下设的大田石牌超限运输检测站下放到县管理，成为县交通运输局下属副科级事业单位，与县交通综合行政执法大队合署办公，下放事业编制26名，人员划转11名。

（周庆锋）

【中文域名注册管理】 2014年，县编办为提高中文域名注册覆盖率和网上名称管理水平，推进机关、事业单位、村（居委会）政务和公益中文域名注册工作，向已注册中文域名但未建立网站（网页）的机关、事业单位、行政村（居委会）推广使用“微网站”工作。全县注册中文域名461个，其中机关事业单位237个，村(居委会)224个。

（周庆锋）

【专业技术人员管理】 2014年，县公务员局执行7月1日起施行的国务院《事业单位人事管理条例》，全年举办专业技术人员参加继续教育培训63期、参训5803人，其中，教育系统4213人、其他事业单位1590人，完成2013年度继续教育登记验证5756人；参加继续教育网络培训693人。推荐评审各类专业技术人员97人次，其中高级50人、中级45人、初级2人，确认专业技术初级职务任职资格99人；组织企事业单位人员参加工程技术人员初级职务评审、取得任职资格109人。机关事业单位工勤人员138人参加等级考核报名（技师42人），通过技师考试10人。

（余启伟）

【事业单位岗位设置管理】 2014年，县公务员局第二轮事业单位岗位设置一年一次空岗递补管理。一是加大在职专业技术人才岗位聘用力度。对县市级以上优秀人才和学科带头人、市管拔尖人才、省级优秀教师和优秀教育工作者、省杰出人民教师、特级教师等专业技术人员，聘任时不占核定的岗位限额，由所在单位根据专业技术职务内部细分级别的岗位任职条件，直接聘用到相应职务级别的岗位，共65人。二是实行职称聘任倾斜政策。对在农村一线工作，并获得省级以上表彰1次或市级表彰2次或县级表彰3次的事业单位优秀专业技术人才，经组织、人事部门审核认定，在下一轮岗位聘用中，由县人事部门下达专项指标给予聘任，当年轮到相应职务级别的岗位聘用13人。三是提高全县中小学校高、中级专业技术岗位结构比例控制标准。初、中、高职称由原来的小学2：33：65、初中8：36：56，分别提高为10：55：35和20：40：40。在农村学校任教累计满25年以上且仍在农村学校任教的教师已取得中、高级专业技术任职资格，参加岗位竞聘未聘上的人员78人，直接聘任相应岗位。

（余启伟）

【智力项目推荐申报】 2014年，县公务员局向国家外国专家局（简称外专局）推荐县林业局“白桂木种质资源保护及种苗繁育研究”申报常规引智项目，被外专局列入2014年度国家引进国外技术管理人才项目计划，并获补助经费3万元。同时，向外专局推荐福建三九军大生物科技有限公司“油菜籽开发利用工程项目”申报2015年度常规引智项目。

（余启伟）

信访工作

【概况】 2014年，大田县信访局改革信访工作制度，实行逐级受理信访事项制度，召开信访事项听证评议会，推动诉讼与信访分离，推进信访工作法治化，依法实施处理信访事项“路线图”和省联席会议《关于建立健全初访分析和首办责任制等七项机制》规定，深化信访工作“五抓”（预防、排查、化解、处置、责任）机制，做到政策落实、问题处理、思想疏导、措施稳控“四个到位”，解决信访问题，促进社会和谐稳定。在十八届三中、四中全会和省市两会以及“浩沙杯”全国艺术体操锦标赛期间，统筹安排信访维稳工作。

全年，共受理县级群众来信来访145件次，比2013年（下同）下降30.6%。其中，来信30件，下降3.2%；来访115批、179人次，分别下降36%、52.5%；坚持单月15日县委书记接访、双月县长接访和其他县领导每周一接访群众制度，共接访60次、331批次、450人次，其中县委书记接访6次、32批、52人次，县长接访6次、31批，51人次，其他领导接访48次、268批、347人次。办结国家信访局网上投诉件22件，省交办件236件，“12345”政务服务平台408件；全年上访68批、196人次，其中，进京上访29批、33人次，省访1批、40人次、市访38批、123人次；省交办信访积案9件，其中签订息诉息访书3件，办结5件，处理中1件。

（章高乾）

【县委常委会议研究信访工作】 1月23日，3月25日，11月13日，县委分别召开常委（扩大）会议3次，研究信访工作综合考评，传达贯彻省、市信访工作会议精神，落实信访问题领导包案责任，安排部署信访积案攻坚和进京非访整治工作。每周一县委书记主持召开维稳研判会，县委常委、县人大、政协、纪检及相关乡镇、部门主要领导参加，会议主要研究维稳信访工作情况，部署维稳相关工作，落实信访突出问题，化解责任。

（章高乾）

【省、市领导到县接访调研督导】 5月23日，市信访局副局长杨善彻一行3人到县开展《信访条例》执法检查，副县长陈钦梅陪同。

9月2日，市政府副秘书长、市信访局局长邓善存一行4人到县督导检查信访积案化解、信访事项听证专案评审、进京非访治理等情况。县委常委、政法委书记张英跃陪同。

9月11日、10月14日，省信访局副厅级督查专员林本正一行2人、4人分别到县对省级信访积案化解和进京非访化解稳控工作情况进行检查，市政府副秘书长、信访局局长邓善存和县委政法委书记张英跃等领导陪同。

11月6日，三明市政府副市长林守钦到县信访局调研。县委书记汤俊生、县委常委、政法委书记张英跃陪同。

12月15日，省联席办主任、省信访局局长林风祥一行4人到县开展行政类信访积案专案评查评审和化解工作情况专项督查。市政府副市长林守钦和副秘书长、信访局长邓善存及县委书记汤俊生、政法委书记张英跃等领导陪同。

（章高乾）

【处理信访突出问题会议召开】 2014年，县信访局召开信访联席会议3次。

1月10日，在县政府三楼会议室召开。出席会议有县领导廖金辉、张英跃，县法院院长朱文绣，县信访联席会成员单位、部分乡镇以及信访突出问题有关单位领导。会议听取信访问题突出的相关部门关于信访积案化解意见和稳控情况汇报，对下阶段化解稳控工作作具体部署。

3月21日，在县政府四楼会议室召开。出席会议有县领导廖金辉、张英跃，县法院院长、检察院检察长、公安局局长、信访局、综治办领导。会议主要研究11个被省市挂牌督办的特殊疑难信访问题，推行县综治委、县信访联席会议领导干部包案，开展攻坚，要求包案领导加强信访积案、力争化解一批。

10月13日，在县政府四楼会议室召开，参加会议有县领导廖金辉、张英跃、谢军、郑宜堆，县法院院长、检察院检察长、公安局局长、信访局、综治办、住建局、国土局、水利局、人社局等主要领导及均溪、石牌、华兴3个乡镇党委书记。会议主要传达全省信访工作会议精神，通报全县信访形势，对下阶段信访工作和贯彻中共十八届四中全会精神，做好维稳工作进行再动员、再部署。

（章高乾）

【结对帮扶活动】 2014年，县信访局挂钩屏山乡许坑村、内山村，为水利和基础设施建设帮助向市、县争取资金8.5万元；与4户贫困户开展结对帮扶济困活动，捐赠帮扶资金4000元，赠送因病致贫的贫困户棉被9条。

（章高乾）

政协大田县委员会

□编辑 魏兰兰

综述

2014年，政协大田县委员会（简称县政协）突出团结和民主两大主题，坚持“转型驱动、绿色发展”，履行政治协商、民主监督、参政议政三大职能，发挥协调关系、汇聚力量、建言献策、服务大局的作用，推进大田科学发展跨越发展。

加强学习培训 一是通过常委会、主席会、专题学习会、委员小组活动、选派班子成员到省市党校培训等形式，学习中共十八大，十八届三中、四中全会和总书记习近平系列重要讲话精神。二是人民政协成立65周年之际，组织部分委员参加省市政协摄影赛、书画展等活动，邀请市政协专委会领导、县委党校老师作专题辅导讲座，政协领导上党课，并通过常委会、专题学习会等方式，组织政协各参加单位、委员学习总书记习近平在庆祝人民政协成立65周年大会上的重要讲话精神。

服务改革发展 一是立足大局献良策。通过政协全会、常委会、主席会、专题协商会、座谈会等渠道，开展多层次的政治协商、参政议政工作，促进党政决策科学、民主、实效。年内，将60余条针对性较强的意见建议以呈阅件形式报送县几套班子领导参阅；召开4次常委会、3次专题协商会。二是紧贴热点谏诤言。选择机械铸造、电子商务、休闲旅游、油茶产业、中介服务、教育教学等6个重点课题，开展调研视察；多次到重点机械铸造企业调研，并组织企业代表到北京参加第十二届中国国际铸造博览会，到武汉高校开展产学研交流与合作活动，为县委、县政府加快机械铸造业转型发展提供决策参考；组织委员进行大腔戏、汉剧、朱坂丰场戏等近20个地方戏种专题调研，撰写的调研报告获得省政协教科文卫体委的肯定，并在大会交流发言。三是尽职履责促发展。结合全县开展“五到一线”（项目推进到一线，矛盾化解到一线，帮扶济困到一线，富民强村到一线，政策宣传到一线）、“双百会战”（百日项目攻坚、百家企业帮扶）等活动，协调有关部门帮助解决10个重点项目、12个挂包联系企业，生产建设过程存在的困难和问题92个。

履行民主监督 一是落实提案督办。抓好提案征集、审查、立案、督办、反馈、评议等，年内，委员们共撰写提案83件，经审查立案75件，办复率、满意率均100%。二是促进提案成果转化。精心选取5件提案，实行主席、副主席重点督办，促进成果转化。三是开展民主监督。挑选委员参与“双百会战专项督查”活动，配合有关部门实地督查重点项目建设进展情况；推荐36名委员担任54个县直党政部门、部分省市属单位的行风政风、党风廉政监督员，参与政府部门绩效考评、行风政风民主评议、旁听法院案件审理等工作。

促进和谐发展 一是关注服务民生。围绕人民群众最关心、最直接、最现实的利益问题进行调研视察议政；为挂包村争取美丽乡村建设资金30多万元；引导广大政协委员参与慈善事业、医疗义诊、捐资助学、扶贫济困等社会公益活动。二是反映社情民意。年内，县政协共编报社情民意信息107条，被全国、省、市政协采用42条；创建县政协门户网站，登载政协动态、政策信息、调研成果、提案办理情况，收集委员意见建议。三是推进文化传承。发行大田文史资料内刊，正式出版国家首批传统村落、省级古代文化名村《古镇名村·济阳》；征编出版大田县首个中国书法家协会会员颜建光的《书画作品集》。四是提升联谊水平。加强与南平市浦城县、泉州市德化县等周边县(市、区)政协的交流学习；协助省、市政协做好10多个课题调研；走访调研少数民族村和宗教场所，拜访在外大田商会，看望在外政协委员和知名人士，宣传大田投资环境和“田商回归”政策。

加强自身建设 一是注重改进作风，开展党的群众路线教育实践活动。县政协召开征求意见座谈会6场，征集梳理意见建议33条。至11月底，县政协党组、政协机关党支部均完成群众路线教育实践活动查摆出问题的整改。二是注重平台搭建，提升委员履职水平。有计划安排界别委员列席常委会，参加县政府工作通报会、专题协商会和调研视察活动等，帮助委员了解党委、政府和政协工作动态，让委员知情明政；加强乡镇政协委员联络组建设，实行县政协领导挂钩制度，指导联络组开展工作。三是注重制度建设，促进工作更加规范。制定和完善主席会议成员联系常委、常委联系委员、加强委员视察工作等7项工作制度和对专委会、委员活动小组及联络组的服务管理。四是注重效能提升，加强政协机关建设。健全政协机关工作考核、奖惩激励机制，从制度上推进工作作风转变，加强调查研究，体察民情，讲求实效。

（陈文行）

政协全委会与常委会会议

【县政协九届四次会议】 1月13—15日，在县影剧院召开，县政协委员203人(含特邀委员)出席会议，在县的省、市政协委员，省、市属单位领导，县直机关、企事业单位领导以及离退休干部代表列席会议，县政协副主席张友生主持。会议听取审议并通过县政协主席郑建勋作的《中国人民政治协商会议第九届大田县委员会常务委员会工作报告》和副主席陈庆建作的《政协第九届大田县委员会常务委员会关于九届三次会议以来提案工作情况的报告》；会议表彰优秀委员15名、优秀提案5件、提案办理先进单位3个。与会政协委员列席县十六届人大四次会议第一次全体会议，听取大会有报告，就全县的科学发展、跨越发展和三个文明建设坦诚建言献策。县领导汤俊生、熊旭明等应邀出席开、闭幕式。

（陈文行）

【常委会会议】 2014年，县政协第九届委员会共召开常委会4次。

4月17日，九届十一次会议在县政府四楼会议室召开。县政协主席郑建勋主持，副主席张友生、高石麟、涂林瑢、秘书长陈德强和县政协常委出席，副县长戴绍松应邀参加，乡镇政协委员联络组组长及县政协机关各委办副科级以上干部列席。会议一是听取县政府关于2014年为民办实事项目及推进情况通报；二是围绕全县生态茶园休闲旅游开发、高山茶产业升级开展专题议政；三是讨论通过《关于县教育教学工作的调研报告》；四是征求县政协党组开展党的群众路线教育实践活动意见。

7月31日，九届十二次会议在龙山宾馆一楼会议室召开。县政协副主席陈庆建主持，主席郑建勋、副主席高石麟、涂林瑢、秘书长陈德强和县政协常委出席，副县长廖荣才应邀参加，驻县的省市政协委员以及部分县政协委员、乡镇政协委员联络组组长列席。会议一是听取县政府关于上半年全县经济社会运行情况的通报和全县交通工作情况的介绍；二是审议通过《大田县政协主席会议成员联系常委、常委联系委员制度》《委员管理办法》。

10月24日，九届十三次会议在龙山宾馆一楼会议室召开。县政协副主席张友生主持，主席郑建勋、副主席陈庆建、高石麟、涂林瑢、秘书长陈德强和县政协常委出席，副县长余维语应邀参加，各乡镇政协委员联络组组长和政协机关各委办领导列席。会议一是学习总书记习近平在庆祝中国人民政治协商会议成立65周年大会上的讲话；二是讨论通过《关于推动大田电子商务发展的调研报告》《关于推动县机械铸造业转型发展的调研报告》《关于加快县休闲旅游业发展的调研报告》。

12月23日，九届十四次会议在龙山宾馆一楼会议室召开。县政协主席郑建勋主持，副主席陈庆建、高石麟、涂林瑢，秘书长陈德强和县政协常委出席，副县长余维语应邀参加，各乡镇政协委员联络组组长和政协机关各委办领导列席。会议一是讨论通过《关于进一步发展壮大县油茶产业的调研报告（讨论稿）》《关于县中介机构的调研报告（讨论稿）》；二是讨论通过政协第九届大田县委员会第四次会议有关文件；三是讨论通过《政协第九届大田县委员会常务委员会工作报告(征求意见稿)》《政协第九届大田县委员会关于九届三次会议以来提案工作情况的报告（征求意见稿）》。

（陈文行）

主要活动

【提案工作】 1月，县政协九届四次会议期间共收到委员提案85件，其中个人提案41件、联名提案43件、集体组织提案1件；经提案委审查、立案76件，作为委员来信办理9件。内容涉及经济社会发展、城市建设管理、科教文卫体、生态保护、社会保障等方面。提案委员会经过研究，对已立案的提案呈交县政府主要领导审阅，再分解到县政府分管领导阅示，转交有关部门办理。

（易清花）

【下基层活动】 1月2日 县政协副主席涂林瑢到华兴中学、城关第三小学调研。

7日 县政协副主席张友生、陈庆建、涂林瑢到梅山乡考察茂林珍稀花木基地。

16日 县政协主席郑建勋到均溪镇开展“干群结对帮扶济困”慰问活动。

22日 县政协主席郑建勋到太华镇调研圣德建材、仙师泉山泉水项目建设情况。

2月18日 县政协主席郑建勋、副主席涂林瑢到南门桥、龙腾盛世及景观坝、浩沙文化创意产业园、珠宝桥、浩特纺织等建设项目检查指导工作。

20日 县政协主席郑建勋到建设镇调研消防中队、联瑞建材、山宝小区建设情况。

25日 县政协副主席涂林瑢带领国土、住建部门领导到华兴乡开展“坪尾崙”地块指界工作。

3月4日 县政协主席郑建勋到桃源镇调研华伦特重工、和顺竹业、湖羊养殖、蓝玉美丽乡村项目和湖美乡广福矿业大尤选矿厂、西燕村花卉基地。

7日 县政协副主席陈庆建带领国土、晋农商村镇银行等单位领导到前坪乡闽中金姜保鲜仓储及交易中心建设项目现场办公。

10日 县政协主席郑建勋到南门桥、龙腾盛世及景观坝、浩沙文化创意产业园等督促检查项目建设。

4月15—16日 县政协主席郑建勋走访闽盛、宝山、水坑头、协进、山友、鑫宏、昌盛等机械铸造企业，并召开机械铸造转型发展座谈会，听取意见建议。

23日 县政协主席郑建勋到均溪镇大道山村、红星村，就软弱涣散基层党组织集中整顿等工作与村两委成员、驻村工作队座谈交流。

28日 县政协主席郑建勋、副主席涂林瑢到京口工业园区就加快推进浩特国际纺织服饰生产项目进行现场办公。

6月13日 县政协主席郑建勋到龙腾盛世、南门桥建设项目检查指导；县政协副主席涂林瑢带领县政协文史研究员到济阳乡调研，并主持召开文史工作座谈会。

30日 县政协主席郑建勋、副主席涂林瑢到南门桥项目、浩特国际纺织服饰生产项目检查指导工作。

7月3日 县政协主席郑建勋到前坪乡鑫鹭峰实业有限公司、山川村、闽中金姜保鲜仓储及交易中心建设项目调研。

8月20日 县政协副主席高石麟到广平镇指导强降雨救灾工作。

9月30日 县政协副主席涂林瑢参加烈士纪念日公祭烈士活动。

10月10日 县政协副主席陈庆建带领部分委员就“社区办公用房和公益性服务用房建设”开展视察和专题协商。

12月23日 县政协九届十四次常委会与会人员视察城区水厂、中医院迁建项目和县体育文化中心。

25日 县政协主席郑建勋组织第一委员活动小组视察城区水厂和农翔食品有限公司；县政协副主席陈庆建组织第四委员活动小组视察客运汽车站迁建和过境公路（二期）项目。

（陈文行）

【外来人员考察】 2月18—19日 浩沙集团行政总裁施鸿雁考察县体育中心、仙廷大酒店二期等项目，县政协主席郑建勋陪同。

27 日 晋江龙峰纺织有限公司董事长施天扶一行考察均溪镇水泥厂、建成村双茂园，华兴乡“坪尾崙”、仙峰村、大田经济开发区等地，县政协主席郑建勋陪同。

5 月 30 日 大帝集团董事长吕培榕、厦门力隆氨纶有限公司总经理刘清侨到县考察大田经济开发区，县政协主席郑建勋陪同。

（陈文行）

【外联活动】 5 月 18—22 日 县政协主席郑建勋带领机械铸造企业代表到北京参加中国铸造协会博览会，到武汉华中科技大学、武汉工程学院及武汉市机械工艺研究所开展校企合作活动。

6 月 25 日—7 月 3 日 县政协副主席涂林瑢到台湾参加“海峡高峰论坛”对接交流活动。

12 月 18—24 日 县政协副主席张友生参加三明市对外文化交流协会考察团赴台湾考察交流。

（陈文行）

【上级调研视察】 6 月 9 日 国家级生态乡镇、村验收考核组人员到均溪镇镇东社区、城东村等考核，县政协主席郑建勋陪同。

7 月 9 日 市政协主席程立双到县开展“助力企业发展，壮大财政实力”调研活动，县政协主席郑建勋陪同。

15 日 省政协社会和法制委副主任陈锐带领调研组到县开展“以社区养老为依托完善居家养老服务”专题调研，县政协副主席陈庆建陪同。

17 日 市委第十二督导组到广联木业、仙顶茶业、浩特纺织、农翔食品等企业调研，县政协主席郑建勋、副主席陈庆建陪同。

8 月 27 日 市政协副主席张来水、许清华到县开展“大力发展混合所有制经济”专题调研，县政协副主席陈庆建陪同。

9 月 24 日 市政协副主席李茂胜到县调研宗教场所，走访宗教人士，县政协副主席涂林瑢陪同。

11 月 24 日 国家和省市农发办、水利部门一行到县文桃中型灌区节水配套改造工程项目检查验收，县政协副主席张友生陪同。

（陈文行）

【文史资料工作】 2014 年，县政协文史资料委员会编辑并出版大田文史资料第二十七辑——国家首批传统村落、省级古代文化名村《古镇名村 · 济阳》，共收录文字史料 20 万字，图片 500 张，首次由内刊转入正刊发行。征编出版中国书法家协会会员颜建光的书画作品集《融古出新》，共收集书画作品 60 余幅，县政协九届四次会议期间，举办个人书画作品展。

（陈文行）

【挂钩村帮扶】 2014 年，县政协机关帮扶挂钩均溪镇后华村、大道山村、和丰坪村，为建设美丽乡村、村道、小水利和危旧房改造等项目筹措资金 30 万元；慰问困难户 20 户，送慰问金和慰问品 1.2 万元。

（陈文行）

中共大田县纪委

□编辑 涂庆南

纪委全会和纪委常委会

【县纪委十二届四次全会】 2月8日在县龙山宾馆七楼会议室召开，县纪委委员19人出席，县四套班子领导参加。县委常委、县纪委书记张勇民主持会议，并向大会作题为《突出主业，正风肃纪——深入推进党风廉政建设和反腐败斗争》的工作报告；县委书记汤俊生在会上讲话。

（王圣荣）

【纪委常委会议】 2014年，共召开常委会议15次（1月24日、2月26日、4月11日、5月4日、5月31日、6月10日、8月4日、8月15日、8月18日、8月22日、9月1日、9月15日、9月26日、10月24日、12月16日），研究2013年度委局机关工作人员工作绩效、乡镇和县直单位纪检监察工作考评情况；传达学习中央纪委和省市纪委全会精神，研究贯彻意见；研究2014年度县直单位、乡镇纪检监察工作考评办法和委局机关工作人员工作绩效考评办法修订方案；研究有关案件的处理意见和反腐倡廉工作。

（王圣荣）

纪律检查与行政监察

【组织机构】 2014年，县纪委、监察局合署办公，内设办公室、纪检监察一室、纪检监察二室、信访室、案件审理室、宣传教育室、党风政风监督室、执法监察室、案件监督管理室、效能监察室；下设县机关效能建设办公室（机关投诉中心），挂靠县纪委、县监察局效能监察室；信息技术中心；县政府纠正行业不正之风办公室依托在县纪委党风政风监察局。委局机关干部职工35人。县纪委配书记1人，副书记2人；监察局配局长1人，副局长2人。18个乡镇配备纪委书记16人；派驻法院、检察院、国土资源局纪检组配备组长各1人；在17个系统、部门配备纪委书记17人；派驻17个部门、单位监察室主任15人。

党风廉政建设 2014年，县纪检监察机关在党风廉政建设、反腐倡廉工作中，一是落实党风廉政建设责任制，制定下发《大田县贯彻落实中共中央〈建立健全惩治和预防腐败体系2013—2017年工作规划〉和省委〈实施办法〉、市委〈工作方案〉的实施细则》《关于落实党风廉政建设党委主体责任的实施意见》和《关于落实党风廉政建设党委监督责任的实施意见》，明确党委（党组）履行党风廉政建设主体责任，纪委（纪检组）承担党风廉政建设监督责任。制定下发《2014年县直单位贯彻落实反腐倡廉建设主要任务分工意见》，将任务细化分解为4个方面、32项，落实到10个牵头单位和各参与单位，采取适时督导、半年分析评估、年终考评的办法，对违反廉政自律的领导干部给予问责，对落实党风廉政建设责任制不力的3个单位、3名干部在评先评优中给予"一票否决"。二是丰富廉政教育内容。组织全县处级领导干部参观市廉政教育基地和"违反中央八项规定精神典型问题专题展"；在县法院建立旁听庭审警示教育中心，先后组织4批次300余名党员干部参加庭审旁听。组织党员干部到"第二集美学村"、"三田"文化广场和闽中工委旧址等廉政教育基地接受教育6000余人次；落实考廉和谈话制度，下发《大田县落实党员干部廉政谈话提醒机制的实施意见》，对干部中出现的苗头性、倾向性问题，早提醒、早纠正，加强党内监督。全年共组织新提拔以及非领导职务转任领导职务5批、76名参加全县廉政法规知识测试，任前谈话10人次，廉政责任提醒谈话4人次，案后整改谈话4人次。三是实行目标管理。分别制定2014年乡镇、县直机关单位纪检监察工作考评办法，对乡镇、县直机关单位纪委（监察室）查办案件、党风廉政建设、宣传教育、执法监察、效能监察、信息工作等6项工作实行百分制考评。经年终考核，广平镇纪委（监察室）获乡镇纪检监察工作一等奖，太华镇、前坪乡纪委（监察室）获二等奖，均溪镇、桃源镇、上京镇纪委（监察室）获三等奖；县公安局纪委（监察室）获县直机关纪检监察工作一等奖，驻检察院纪检组、发改系统纪委（监察室）获二等奖，驻法院纪检组、宣传系统纪委、林业系统纪委（监察室）获 三等奖。四是落实“八项规定”，肃纪惩贪。下发《关于做好节假日期间公务用车定点停放管理的通知》《大田县机关干部作风行为规范“十个不准”》《大田县整治乡镇干部“走读”行为的暂行规定》等系列文件，整风肃纪，营造风清气正氛围。紧盯春节、中秋、国庆节重要时间节点，加强防范，加强对公务接待、公车管理的检查监督，规定节假日公车集中、定点封存，确有需要公务用车的需报批。采取定期抽查、媒体监督、调取录像、察看账册等，检查部门、单位40个和酒家、饭店、超市等营业场所18家，抽查消费发票300余张，调取公车视频监控40多份，发现违反“八项规定”典型案件15起，查处党员干部15人，给予党政纪处分6人（科级干部4人），在全县范围内实名通报；联合财政、审计部门对15个乡镇、11个机关单位2013年以来“三公”经费开支情况进行核查，对发现有问题的4个单位主要领导进行提醒谈话，给予2名违反财经纪律的党员干部党政纪处理。全县各级“三公”经费同比减少32.63%，节约开支2138.2万元。纪委领导班子成员深入基层，开展各类座谈会11次，与群众一起查摆“四风”方面存在的突出问题，征求意见建议97条，落实整改措施17个。立案查处县志办主任林元圈（正科级）、县供销合作联社主任陈群（正科级）的贪污、挪用公款，财政局干部吴正忠、张春建收受“回扣”，财政系统家电下乡骗补贿赂等一批发生在重要领域、重要岗位违法违纪典型案件，林元圈、陈群、吴正忠、陈春建等人受到开除党籍、开除公职处分，并移送司法机关查处，起到严肃纪律、惩治腐败的震慑作用。

案件查办 2014年，县纪检监察机关一是对举报线索实行“一个口”接受、“一系统”管理、“一杆子”办理、“一标准”了解的标准化管理，按轻重缓急建立“红、橙、黄”三级督办机制，全年共受理群众信访举报134件（次），其中，直接受理60件，上级机关转来74件。初信初访97件，初核78件，初核率80%，信访监督18件（信访约谈7件、作出说明11件），已办结88件，办结率95%，其中，转立案31件，立案率32%，给予党政纪处理31人，其他处理8件，为举报不实而澄清是非39人。二是立案查处各类违法违纪案件70件，其中：党纪66件、政纪4件；乡科级以上案件10件，万元以上大案14件，经济案件22件；自办案件37件；移送司法机关立案侦查10人，追缴违纪款项167.8万余元。三是移送审理63件，审结63件，审结率100%。其中，本委自审案件33件，协审案件30件；党纪案件63件，政纪案件0件。对已受过处理的党员干部进行回访教育29人次，回访率89.65%。

执法监察 2014年，县纪检监察机关一是参与监督县公共资源交易中心交易104宗（场次），预算价11.39亿元，中标价10.82亿元，通过竞标节省资金5700万元，节约率5%，增值金额1262.56万元，增值率3.77%。二是组织对畜牧水产、水利、民政系统3个系统的依法行政综合监察进行“回头看”，发现问题3个，提出整改意见3条；开展对教育系统自2012年以来依法行政综合监察工作检查行政行为27项，发现违规问题12个，查纠违规资金131.34万元，提出整改意见3条，发监察建议书1份；围绕重大决策部署贯彻落实情况、工程建设领域突出问题、文江流域治理、国家级生态县建设、“两违”综合整治等进行督查17次，发现问题61个，约谈单位主要领导8人，因管控不力而被问责的科级领导2人。三是落实“标前审计”制度，对50个政府投资项目进行预算（标前）审计，送审预算造价6.85亿元，审核后预算造价6.51亿元，节约资金3400万元，审减率4.96%；

对149个建设项目进行竣工结算审计，净审减4600余万元，审减率11.58%。

专项整理与纠风工作 2014年，县纪检监察机关在医药购销和医疗服务领域、教育领域、保障性住房、食品安全、涉农收费等突出问题进行专项整治，开展联合检查27次，发现各类问题32个，发出整改通知书81份，追回资金27.4万元；在54个部门、行业继续开展民主评议政风行风活动，新增矿业监督管理局、生态综合执法局、交通综合行政执法大队等3个行政执法部门和邮储银行、兴业银行为民评单位。制定下发《大田县2014年民主评议政风行风工作考评方案》，组织2轮督导评议，明察暗访38次，召开座谈会67场次，确定评议选题55个。推进民评“一网（民评网）一库（评议员信息库）两平台（网络评议平台、短信评议平台）”建设。聘请民评监督员9人，充实群众评议员132人。经综合评定，县供电公司、发改局（含物价局）、地税局、国税局、统计局，公安局（含交管大队）、人力资源和社会保障局、民政局、质量技术监督局、消防大队、闽通长运大田分公司、农业银行、烟草专卖局、建设银行、外经局等15个单位名列前三，农业局、城市管理综合执法大队、财政局名列后三。

效能建设 2014年，县纪检监察机关在效能建设中，一是加强作风建设，持续开展“百名科（股）长亮岗评议”、县直部门“优质服务郑重承诺”活动，对群众办事集中的36个政府职能部门的132名科（股）室、所站负责人在县纪委监察局网实行网络实时评议。参与网上评议2.3万人次，因工作不力被效能告诫2人，立案查处1人。二是强化行政服务。开展“马上就办”行动，实行行政审批项目清理和审批事项“三集中”，有39个审批职能单位和6个公共服务单位入驻新的行政服务中心，6个单位成立审批审核股入驻，全年审批服务项目234项，确保中心“一个窗口对外、一站式审批、一条龙服务”的标准化建设。全年开展城市综合整治、省级文明县城、“七个重大项目组”项目建设、森林防火等各类专项督查28次，发《情况通报》26期，发出督办通知书8份，通报批评机关单位16个、乡镇11个，电视曝光项目建设滞后5个责任单位，责令单位主要领导表态发言。三是效能问责。开展“庸懒散拖”专项行动。明察暗访10批次，对存在上班迟到早退、脱岗溜岗、服务态度不好、制度不落实、履职不到位等问题的15个单位通报批评，效能问责26人，扣发考勤奖16人。

干部培训 2014年，县纪检监察机关和乡镇纪委干部参加上级纪委举办的业务培训13人，其中，委局机关参加中纪委业务培训3人，乡镇纪委干部参加市纪委业务培训10人。专职纪委干部参加市纪检监察业务知识测试80人；举办全县执法机关干部“规范执法，廉政创新”行政执法业务培训班1期、参加219人。

宣传报道与信息工作 2014年，县纪检监察机关反腐倡廉宣传报道稿被《中国纪检监察报》《福建日报》《福建方圆》《三明日报》《三明清风》等报刊采用85篇；上报信息127条、采用112条，其中，被省纪委办采用6条、市纪委办采用9条、省纪委网站采用43条、市纪委网站采用34条、县委办县政府办采用20条。

驻村工作 2014年，县纪检监察机关开展“三个一”（一本民情日记、一张民心卡片、一份民意答卷）“四下基层”（领导干部“信访接待下基层、现场办公下基层、调查研究下基层、宣传党的方针政策下基层”）活动，到挂包帮扶的前坪乡前坪村、黎明村和下坑村调查研究，规划建设项目，为三个村筹集帮扶资金20万元。

（王圣荣）

社会团体

□编辑 陈昭才

大田县总工会

【概况】 2014年，全县各级工会按照县委、县政府和上级工会的工作要求，对照年度工作目标和任务，努力使工会工作“贴近大局、贴近基层、贴近职工、贴近实际”，履行维权职能，重视和加强自身建设，工会工作保持良好发展态势。4月，县总工会获福建省女职工才艺技能作品展示会优秀组织奖；格林公司“妈妈班组”被全国总工会授予“全国工人先锋号”称号，“五一”期间组长陈秀胜作为全省代表进京领奖。6月，县总工会党支部获三明市委“全市先进基层党组织”称号。7月，县总工会获全省工会经审工作规范化建设A级单位。12月，县总工会获全国总工会优秀审计项目1个。

【劳动竞赛】 2月25日，县总工会承办“三明市职工缝纫技能大赛”，来自三明6个县（市、区）9个代表队39名选手在格林公司参赛，共评出一等奖1人、二等奖2人、三等奖3人，其中第一名市总工会授予“三明市五一劳动奖章”称号。4月28—29日，“仙顶美人茶杯”2014年全省职业院校（中职组）手工制茶技能大赛在大田职专举行，全省各职业院校手工制茶专业的7个代表队51名选手参加比赛，本县参赛选手10人，获二等奖3人、三等奖3人。12月26日，总工会、人社局、行政服务中心联合举办“中国梦·青春系列”行政服务礼仪技能竞赛，有9个队45名选手参赛，县总工会授予“五一劳动标兵”1名、“五一劳动能手”5名。全年全县开展各类职工岗位技术比赛113场次，参赛职工2651人次。

开展“安康杯”劳动竞赛、安全月活动和职业病防治宣传周工作，营造安全健康的劳动环境，全县参与活动企业251家。

（范可杰、吴联巍）

【县总工会十五届二次全委（扩大）会议】 3月18日，在县总工会五楼会议室召开，县总工会十五届全体委员、经审委员，各乡（镇）工会主席或分管领导，人民银行、格林童装、红狮水泥、闽通长运、新泉包装、南湖时装工会主席，县总工会各部(室)负责人共51人参加，副主席郑昌建主持会议。会议听取县总工会常务副主席杨加炎作的《汇聚正能量 展现新作为 组织全县职工为大田改革发展作出新贡献》的工作报告，学习贯彻中共十八届三中全会、中国工会十六大和县委全会精神，回顾总结2013年全县工会工作，研究部署2014年工作任务。县委常委、纪委书记、县总工会主席张勇民作讲话。审议并通过县总工会2013年度经费结算和2014年经费预算方案。

（范可杰、吴联巍）

【文体活动】 3月，县总工会组织开展“拥抱绿色”登山活动，来自基层工会47个单位50多名女职工参加；推荐参加三明市“中国梦·劳动美”女职工演讲比赛，永安煤业小华煤矿职工傅颖兰《在奉献中绽放美丽》的演讲获一等奖。4月，组队参加2014年福建省全民健身运动会三明市职工羽毛球公开赛，获得甲级、乙级混合团体赛冠军。4月26—27日，举办全县职工乒乓球比赛，6个组别27个代表队234名选手参赛，11个团体代表队，获奖选手32人。4月29日—5月7日，举办著名书法家崔寒柏暨全县职工书画展，崔寒柏作品30幅、县职工书法作品80幅参展，并在总工会举办崔寒柏书法讲座。5月，组队参加“‘中国梦·劳动美’三明市职工全民健身排舞大赛”获二等奖。年内，全县基层工会共举办各种文体活动150多场（次）、参加3万多人次。

（范可杰、吴联巍）

【县总工会十五届三次全委会议】12月2日，在县总工会五楼会议室召开，县总工会十五届全体委员、经审委员；县总工会各部(室)负责人共35人参加，常务副主席杨加炎主持。

会议决定：县委常委、统战部部长江太生为大田县总工会第十五届委员会委员、常委、主席职务，张勇民不再担任大田县总工会第十五届委员会委员、常委、主席职务。江太生代表县委和县总工会就今后工会工作作讲话。

（范可杰、吴联巍）

【工会组织建设】 2014年，县总工会一是完成非公企业信息核查。组织人员对数据库企业进行逐家入户核对排查，做到全覆盖、零遗漏。全年新组建工会组织21家，新发展会员865人。当年，均溪镇成立县第一个乡镇总工会；新组建大田经济开发区工会联合会；31家系统工会及基层工会完成换届。二是“双亮”（工会干部亮身份、工会主席亮牌子）活动持续开展。制作270块工会建设一览表及非公企业“双亮”公示牌，下发到各乡（镇）和相关企业；做好县供电公司厂务公开标准化建设试点单位工作。三是全县各级工会组织继续开展“面心实”(面对面、心贴心、实打实)活动，做好“亮岗履职”和“三个一”（一篇民情日记、一张民心卡片、一份民意答卷）作风建设，着力提高服务质量和办事效率。新聘6名工会专干、9名兼职工会干部11月到岗工作；选送工会干部参加省总工会干部学校举办的培训班学习17人。

（范可杰、吴联巍）

【职工维权工作】 2014年，县总工会参与劳动争议调解工作，参加仲裁审理47件，其中调解18件、裁决29件，涉及劳动者人数275人，涉及金额999.41万元，其中支付拖欠职工工资732.5万元、经济补偿金87.36万元、工伤等各项保险待遇179.55万元。接待职工群众信访5件、39人，办理市总工会转办件2件。

（范可杰、吴联巍）

【工资集体协商】 2014年，县总工会与县人社局等部门联合下发《关于推进工资集体协商工作继续开展2014年“要约行动月”活动的通知》，组织人员到各乡镇工会指导开展区域性集体合同、工资集体协商工作，发放指导书籍300份，全县区域性工资集体协商合同签订18份，百人以上企业单独签订合同66份，工资集体协商覆盖企业873家。

（范可杰、吴联巍）

【劳模工作】 2014年，县总工会组织推荐评选省五一劳动奖状1个单位、省五一劳动奖章2人，全国工人先锋号班组1个。5月5日，三明市总工会对获得“全国工人先锋号”的大田格林公司“妈妈班组”、获得省五一劳动奖状的大田县地税局举行授牌仪式。“五一”期间，县总工会、县电视台联合开设《劳模风采》电视专栏，宣传5名劳模的典型事迹和崇高精神。建立严秀兰、肖玉琳两个省级劳模工作室，各拨补专项经费3万元。年内走访慰问56名各级劳模，发放劳模慰问金及劳模津贴18.82万元。

（范可杰、吴联巍）

【女工工作】 2014年，县总工会一是推进女职工维权工作，签订女职工特殊保护专项集体合同的企业136家。二是做好单亲困难女职工建档工作，为单亲困难女职工免费体检72名。三是“六一”儿童节对城区部分学校困难女职工子女送去慰问金和学习用品。四是给一线环卫女工送保温饭盒104个。五是慰问单亲困难女职工13名，发放慰问资金1.6万元。

（范可杰、吴联巍）

【困难职工慰问】 2014年，县总工会组织各基层工会对困难职工重新调查摸底，入档困难职工（农民工）共889户，其中临时救助档案94户，比上年底增加147户。年内走访慰问困难职工468人，发放慰问金46.76万元。

（范可杰、吴联巍）

【班组建设】 2014年，县总工会推广格林公司“妈妈班组”弹性制度和亲情管理经验，有3家企业建立“妈妈班组”8个、502人。年内，闽通长运大田分公司闽GY0877客车班组、鹭峰矿业机修班被省总工会授予“工人先锋号”称号。开展“清凉一夏”慰问活动，慰问一线班组职工430人，发放防暑降温慰问品价值1.48万元。

（范可杰、吴联巍）

【金秋助学活动】 2014年，县总工会继续开展“金秋助学”活动，通过定向资助、一对一资助、统筹安排等方式，共资助在读和当年考入大学的困难大学生 172 人、困难高中生 18 人，资助金额 42.4 万元。

（范可杰、吴联巍）

【职工医疗互助】 2014 年，县总工会组织开展第五期职工医疗互助活动，全县参加第五期医疗互助活动单位 370 个，其中机关事业单位 201 个、企业 169 个；参加职工总数 19.2 万人，其中女特病 5145 人，共缴交互助金 105.52 万元。做好患病职工住院补助工作，至年底，共办理职工住院医疗补助 1122 人（次），发放互助金 95.84 万元。

（范可杰、吴联巍）

【职工服务阵地建设】 2014 年，县职工服务中心从总工会办公楼的四楼搬到二楼，其中医疗互助窗口搬迁到县社会保障服务中心集中办公。新建均溪、石牌乡镇职工服务站 2 个，总数 7 个；均溪、建设、上京三个服务站通过市级示范站验收。加强窗口功能建设，新增 1 名工作人员，聘请常年法律顾问 2 人，实行“通透式”办公，“一站式”服务，全面提升对外窗口服务效能。

（范可杰、吴联巍）

【新闻宣传】 2014 年，县总工会新闻稿被《工人日报》采用 10 篇、《福建日报》4 篇、《三明日报》38 篇，中工网、福建工会网、东南网等省级官方网站采用 16 篇，被全国总工会信息专报采用 6 条。杨加炎、范可杰撰写的《大田“妈妈班组”创建工作的实践与思考》获 2014 年全市工会工运研讨论文评选一等奖，并入选《2014 年福建省工运理论政策研究文选》。

（范可杰、吴联巍）

共青团大田县委

【概况】 2014 年，全县有基层团委 48 个，新发展团员 3610 人，超龄退团 1852 人，年底有团员 3.62 万人。优秀团员经推优加入中国共产党 172 人。团县委获“福建省大学生志愿服务欠发达地区计划优秀项目办、三明市暑教活动先进县”、县政府“2014‘浩沙杯’全国艺术体操锦标赛先进集体”称号。

（王尧钦）

【共青团大田县十八届四次全体会议召开】 4 月 4 日，在团县委四楼会议室召开。基层团委书记、团县委领导共 51 人出席，团县委书记乐永权主持。会上传达学习中共十八届三中全会、全省共青团工作会议、团市委十一届三次全体（扩大）会议精神，回顾总结 2013 年团县委工作，研究和部署 2014 年工作。

（王尧钦）

【“税收在我身边”征文活动】 4 月，团县委联合县地税局、教育局，开展“税收在我身边”主题征文活动。全县 37 所中小学校来稿 351 篇。作品从不同层次和不同角度，展现当代中小学生的精神风貌和时代风采，使学生们从小在读写实践中树立纳税光荣、诚信纳税的理念，并通过学生们向家长、向社会传递依法诚信纳税、共建美好家园正能量。经过评审，81 篇参赛作品分别获中小学一、二、三等奖和优秀奖。

（王尧钦）

【“五四”系列活动】 “五四”前后，团县委组织开展“五四”纪念活动。一是 4 月 15 日，开展“青年看大田，发现家乡美—太华站”五四青春主题活动，参与青年 70 多人。二是 5 月 4 日晚，纪念“五四”运动 95 周年青春歌会暨建团 92 周年移动“真 4G”杯青春歌会在县影剧院举行。歌会共分为红色记忆、放歌青春、展望未来 3 个乐章，由县委宣传部、团县委、县教育局、文体广电出版局主办，鸿图中学团委承办，移动大田分公司协办。三是 5 月 22 日，开展“信用社杯”趣味运动会，15 个代表队、200 余人参加，鸿图中学代表队获一等奖，职专和一中代表队获二等奖，五中、格林集团和供电公司代表队获三等奖。

（王尧钦）

【“六一”系列活动】 2014 年，“六一”儿童节期间团县委一是围绕“中国梦，我的梦”主题，举办“红领巾相约中国梦－畅谈我的梦”主题中队会、游园、“心手相牵”关爱农民工子女和留守儿童系列活动。二是以“相约中国梦”为主题，开展“立志向、爱学习、爱劳动、爱祖国”和中华民族优秀传统文化为内容的经典诵读、手抄报和绘画比赛等活动。三是组织少年儿童开展端午节包粽子比赛活动。四是召开“六一”表彰大会，举办“红领巾心向党”文艺演出。

（王尧钦）

【暑期社会实践活动】 7—8月，暑假期间，团县委为学生社会实践活动做好服务、协调工作。一是阳光之行，为学生引航。华侨大学36名学生第四次走进大田，在一中展开社会实践活动。通过开设文理科学习指导，心理健康、人生规划讲解，个人形象塑造以及社交等各类课程，为青年学生健康成长指路引航。二是到乡村，探望孤寡老人。仰恩大学人文学院组织社会实践队15名志愿者到县走访慰问谢洋乡、均溪镇、太华镇、梅山乡的孤寡、空巢老人共86人，了解老人们的生活情况，送去慰问品和美好祝愿。三是义诊，温暖社区百姓。福建中医药大学12名志愿者和县一中学生以及县卫生局专业医师组成志愿服务队，在时代广场、白岩公园设点为居民开展义诊。

（王尧钦）

【第五届青少年游泳联谊赛】 8月9日，由团县委、文体广电出版局联合主办，县冬季游泳协会承办的“翰霖泉杯”2014年大田县第五届青少年游泳联谊赛在翰霖泉体育休闲中心举行，参与儿童88人。张竞仁以53〃90获得丁组50米蛙泳第一名，张文悦以52〃44获得丁组50米自由泳第一名。

（王尧钦）

【全国艺术体操锦标赛志愿者服务】 8月27—31日，由团县委、教育局牵头组织的2014年全国艺术体操锦标赛志愿者培训班，在县鸿图中学学术报告厅举行，参加培训200人。副县长陈钦梅出席开班仪式。培训班共安排5天，福建师范大学教授、南京青奥会志愿者指导老师江芸和吴燕丹现场教学授课，全体志愿者圆满完成赛事服务工作。

（王尧钦）

【共青团大田县第十九次代表大会召开】 12月5日，在龙山宾馆七楼会议室召开。117名代表全部出席，县委书记汤俊生，县长熊旭明，团市委副书记马方明，县委副书记廖金辉，县委常委、组织部长蔡建明，县委常委、纪委书记张勇民，县人大常委会副主任温如校，县政府副县长戴绍松，县政协副主席张友生出席会议。县纪委书记张勇民主持。李序扶作“高举团旗跟党走，青春奋进勇担当，为加快实现大田百姓富、生态美奉献青春智慧和力量”工作报告。团市委副书记马方明、县委书记汤俊生分别作讲话。会议选举产生共青团大田县第十九届委员会委员29名。同日，召开共青团大田县十九届一次全委会。会议选举产生共青团大田县第十九届委员会常务委员7人，书记李序扶，副书记廖卉喆、李长祖。县委常委、纪委书记张勇民出席会议并讲话。

（王尧钦）

【中国少先队建队65周年活动】 2014年，团县委一是在县实验小学组织开展全县“少先队先锋行动——核心价值观记心间”主题队会观摩活动。二是在烈士公祭日期间，组织城区1000多名少先队员参观大田第二集美学村、烈士陵园等爱国主义教育基地，缅怀革命先烈，弘扬优良传统。三是围绕“核心价值观记心间”主题，号召全县各中小学校广泛开展少先队基本知识竞赛、手抄报、故事汇、分享会、经典诵读、歌咏比赛等丰富多彩、形式多样、少年儿童喜欢的系列主题队日活动。

（王尧钦）

大田县妇女联合会

【概况】 2014年，全县设乡镇妇联18个，村(居)妇代会273个，县直系统妇委会7个，非公有制新经济妇女组织4个，县妇联配有7名专职妇干，乡镇妇联配有妇联主席18人，专职副主席14人。县妇联围绕县委、县政府的工作大局，认真履职，抓好维权与发展问题，团结带领广大妇女为实现“百姓富、生态美”做贡献。

（叶新慧）

【“家庭助廉”活动】 在元旦、春节期间，县妇联以“家庭建设年”为主题，向县、乡、村领导、干部及其家属发送“廉政提高人格魅力，和睦增强家庭活力，厚待促进社会和谐”家庭助廉、平安短信5万条，提高家庭廉洁、和睦、平安意识，发挥家庭成员对领导干部及时敲打廉洁警钟的作用，创造稳定和谐的家庭环境。

（叶新慧）

【香港华恩助学活动】 2月20—21日，香港华恩基金会总干事陈丽娟、营运经理江荣基、助学主任郭丽芬和梁翠芳等一行5人，到一中、五中探访120名受资助的贫困学生。通过参观访问、座谈交流、集体游戏等方式，组织学生与香港义工开展交流。21日下午，香港华恩基金会一行到县教育局，与县妇联、教育局协商2014—2017年的资助意向。8月，与一中、五中、职专签订资助协议，继续资助120名贫困生，每人每年1000元，为期三年，资助金额共36万元。

（叶新慧）

【“平安家庭”创建活动】 2月，县妇联向全县18个乡镇妇联和社区下发“平安家庭创建工作方案”，要求继续对“平安家庭户”滚动管理；开展“平安家庭宣传月”活动。3月，向全县分发妇女维权法律法规、反邪教、禁毒等平安建设知识宣传单1万多份，春蕾护蕾家长手册、妇女儿童维权、平安建设宣传手册800多份。年内，接待来信来访12起；在节庆日期间向全县发送“创建平安家庭”手机短信5万条。

【“三八”妇女节纪念活动】 3月6日，县妇联组织县法院、总工会、司法局、综治办、计生局、妇幼保健院等单位女干部、女职工联合在东街口开展妇女维权周活动，分发《中华人民共和国妇女权益保障法》《女职工劳动保护特别规定》《婴幼儿的保健重点和措施》等各类宣传资料600余份。3月7日，为庆祝第104个国际劳动妇女节，在白岩山公园举办“我运动，我快乐，我健康”为主题的庆“三八”女子登山健步走活动，参加妇女300多人。在电视台开展“大田巾帼风采”系列专题宣传报道，宣传刘幼英等“好母亲、好儿女、好妻子”，县妇幼保健院等省级“巾帼文明岗”、“三八”红旗集体先进事迹。

（叶新慧）

【县妇联十四届二次执委（扩大）会】 3月24日上午，在县妇联四楼会议室召开，县乡妇联干部共34人参加。县妇联副主席吴细使主持，妇联主席林爱红作2013年工作总结、2014工作部署。县委常委、纪委书记张勇民出席会议并作讲话。

（叶新慧）

【寻找“最美家庭”活动】 3—5月，县妇联联合县文明办、广播电视台在全县范围内开展“寻找最美家庭”活动，征集120多户“最美家庭”素材。6月，经过网络投票和综合评审，7月25日，县妇联、文明办召开全县“最美家庭”表彰大会，刘幼英、吴兰芳、吴美华等10户家庭获县“最美家庭”称号，方新华、刘雪香等10户家庭获县“最美家庭”提名奖。陈宝珍被评为市“十佳孝女”，周秀芳被评为市“十佳贤妻”刘幼英、林慧清被评为市“十佳慈母”。

（叶新慧）

【省妇联领导到县调研】 4月8日，省妇联副主席陆菁带领《中国妇女报》、中央人民广播电视台、新华社记者及省妇联宣传部有关人员等一行9人到大田开展采访活动。9日上午，到县刑侦大队察看参观，召开座谈会，重点了解刑侦大队近年来维护妇女儿童合法权益工作亮点、破获案件情况以及打击拐卖妇女儿童专项行动的做法和成就；《中国妇女报》记者、中央人民广播电视台记者、新华社记者专门采访刑侦大队副大队长郑淑淋。9日下午，察看县教育局家教指导中心，与志愿者交谈，了解家教指导中心工作。9月30日上午，省妇联副主席王秋梅到县均溪镇南街社区调研妇女维权“三制（妇女议事制、妇女信访代理/协理制、妇女互助制）”工作，实地查看南街社区“妇女之家”活动场所，对南街社区“巾帼调解队”、“爱心敲敲门”等工作给予肯定。

（叶新慧）

【城乡妇女事业发展】 2014年，县妇联一是推进“巾帼示范村、巾帼示范基地”创建工作。二是申报大田县兰源蔬菜专业合作社为“全国巾帼现代农业科技示范基地”、华兴乡昆山油茶专业合作社示范基地为省级“巾帼示范基地”，并获得批准。三是发放2013年度“巾帼扶贫”小额贴息款11.15万元，帮助70多名妇女发展生产；完成当年度204万元巾帼扶贫小额贷款的核对、审查、分配工作；与劳动部门共同帮助98名妇女解决创业贷款资金450万元，并获得贴息。四是由县劳动和社会保障局、县妇联、团县委、工会在县岩城文化广场联合举办2014年“春风行动”大型人才资源招聘会。县内36家企业现场招聘，提供各类用工岗位4912个，到场咨询和应聘妇女300多人，达成就业意向妇女180人。

（叶新慧）

【“母亲节”活动】 2014年，县妇联一是以南街居委会为示范点，根据各乡镇特点开展“爱心敲敲门”巾帼志愿者服务行动，梅山乡成立关爱留守儿童“爱心接力站”、开展“双拥”活动。二是开展“母亲健康1+1”募捐活动，发动社会各界为“两癌”贫困母亲捐助，共收捐助款1.44万元，4位贫困母亲获得救助，每人3000元。三是开展贫困母亲慰问活动，组织妇联干部到湖美乡元安村、仁美村、前进村为8位贫困母亲送去慰问金2400元。四是制作“感恩母亲，回馈母爱”手机动漫宣传图，宣传孝老爱亲，希望子女们在母亲节那天给母亲打个电话、发个短信；给母亲煮餐饭、做家务；陪母亲散步、说话。向全县移动手机用户发送敬老、孝老动漫短信。

（叶新慧）

【“春蕾计划”活动】 2014年，县妇联加强对“春蕾计划”的实施管理，组织协调好社会各界资助款下发工作。年内，社会各界共资助县贫困学生187人，金额22万元；由省、市妇联牵线各界人士资助大田贫困生23人，资助款2万元；获美国角声基金会资助30名贫困大学生助学款9万元；发放香港华恩基金会对县120名贫困学生资助款12万元。

（叶新慧）

【“留守儿童之家”创建】 2014年，县妇联在文江、湖美、梅山等乡镇中小学建立“留守儿童之家”6所，投入资金18万元，为“留守儿童之家”配备电脑、电话、文体器材、爱心图书，建立“QQ亲情”视频聊天亲情室、心理咨询室、文体活动室、图书室等。

（叶新慧）

【妇联基层组织建设】 2014年，县妇联一是依托已创建的省、市“妇女之家”示范点，强化“妇女之家”服务功能，真正发挥其宣传教育、维权服务、组织开展活动的功能，使基层妇联组织所有活动都能在“妇女之家”落地。年内，湖美乡仁美村获得省级“妇女之家”示范村，玉凤社区和华兴乡京口村获得市级先进妇女之家示范点。二是以党的群众路线教育实践活动为契机，开展“下基层、访妇情、办实事”活动，组织妇联干部深入基层，走进妇女群众，通过问卷调查低保户妇女3000多户，了解贫困原因、急需解决的问题，并建立档案分类管理。其间，通过调研、座谈会、信函等方式广泛听取群众的意见和建议，共征求各类意见建议26条，慰问贫困妇女90多人、3.05万元。三是加强基层妇女培训工作，选送妇联干部参加省、市、县培训18人，参加省、市“先进妇女之家示范点”妇代会主任培训班学习5人。

（叶新慧）

【妇女儿童发展“两纲”实施】 2014年，县委、县政府着力推动新“两纲”（2011—2020年《中国妇女发展纲要》和《中国儿童发展纲要》）目标实施，及时调整妇儿工委领导小组成员，副县长陈钦梅任县妇儿工委主任，直属部门县政府党委副书记张知才、县妇联主席林爱红任副主任，叶新慧任办公室主任。办公室设在县妇联，负责协调督促相关部门按照“两纲”目标要求加大攻关力度，着力解决“两纲”实施中的重点难点问题。县妇联一是配合妇幼保健院开展低保妇女常见病和农村妇女“两癌”筛查工作，完成农村妇女“两癌”筛查3000例，12名两癌妇女获得救助，救助金额3.8万元。二是联合卫生医疗部门到乡村开展“关爱妇女儿童健康”“关爱老人健康”义诊活动，为老人、贫困妇女儿童免费体检，发放健康手册3万多册。

（叶新慧）

大田县科学技术协会

【概况】 2014年，大田县科学技术协会第四届委员会有委员41人、常委15人、主席1人、副主席3人（其中兼职2人）。全县共有县级协（学）会17个、乡镇科协18个、企业科协16个、学校科协4个、机关科协1个、农村专业技术研究会8个，会员2374人。

6月，华兴乡油茶协会被评为国家级基层科普行动计划先进单位，陵百兔业养殖场总经理蒋承伟被省科协、财政厅评为全省农村科普带头人。

（郑彬彬）

【村干部经济管理专业大专班开班】 3月5

日，由县委组织部、县科协联合举办的县首期村干部经济管理专业大专班正式开班。共有56名农村干部、党员报名参加，43名通过入学考试。

（廖凌凌）

【科普体验馆托管】 3月20日，县科协与教育局签订青少年科普体验馆托管协议，定于每周六、周日免费对青少年开放。

（廖凌凌）

【院士刘鸿亮到县考察】 6月19—20日，环境工程专家、中国工程院院士刘鸿亮一行8人到县考察环保产业。实地察看大田县正仁环保有限公司，详细询问垃圾处理焚烧流程，听取公司副总经理林春堆的汇报和开展工作调研，并决定在大田设立院士工作站。市委常委、统战部长江兴禄，市科协副主席林小霞、县委书记汤俊生、科协主席方来银陪同。

（廖凌凌）

【有机农业学术交流座谈会召开】 8月4日下午，县科协在仙顶茶叶有限公司会议室召开发展有机富硒茶叶种植座谈会。海智专家、日本自然农法国际研究开发中心理事、副所长、首席研究员徐会连博士，省科协国际联络部部长游永东，县委常委、纪委书记张勇民，县科协主席方来银，县茶业局局长陈昭云、相关部门代表、企业业主代表等20人出席座谈会。会上，徐会连博士就如何发展有机农业（茶叶），提高农产品质量等方面做详细解说，并同与会代表交流意见 。

（廖凌凌）

【《科普新说》电视系列纪录片开播】 8月，《科普新说》电视系列纪录片在县电视台开播，于每周六、周日在一套(19:30首播)、二套(23:30重播）播放，内容涉及健康保健、华夏文明、儿童教育等15个类别讲座。《科普新说》电视节目是上海科技发展基金会与中国电视读书频道，联合出品的国内首档大型电视科普系列讲坛类节目。节目通过邀请某一领域的专家，深入浅出地讲解科学知识，传播科学思想。

（廖凌凌）

【“全国科普日”活动】 9月20—26日，县科协以“创新发展，全民行动”为主题，开展为期一周的 “全国科普日”系列活动。县农业局、科技局、气象局、食品药品监督管理局、卫生局、计生局等9个单位科技工作者、科普志愿者23人，相继在均溪镇、屏山乡、武陵乡、白岩社区开展活动。一是组织涉农科技工作者开展科技下乡活动。二是开放县科技馆。三是举办青少年科技竞赛活动。四是开展社区益民宣传活动。五是开展水土保持、农业新技术讲座和新品种推广等科普活动。六是科普教育基地面向社会开放。活动期间共发放科普小册子、科技书籍、宣传资料1.2多万份（册），张贴科普挂图1200余幅，展出科普展板40块，举办科普知识展览3场、培训班5期、消防知识讲座1期，受益群众1.5万余人。

（廖凌凌）

【公益活动】 11月22日，县科协组织单位全体干部参加在县时代广场举办的“衣暖人心·情系大西北”公益活动，为贫困山区的孩子和困难群众献爱心，捐衣物200余件、图书80册。

（郑彬彬）

【徐会连博士服务大田茶产业协议签约】 12月26—28日，徐会连博士应省科协邀请访问大田，指导有机茶园规划和有机茶叶生产，与福建省江山美人茶业有限公司正式签订有机茶、富硒茶种植与制作合作协议，将为公司提供技术咨询及有机茶种植、有机富硒茶（包括生物活性肥和茶园管理技术）的技术实施方案。

（郑彬彬）

【科普“五进”活动】 2014年，县科协开展科普“五进”活动。一是进农村。省农函大大田分校、县农技协举办茶叶、蔬菜、畜牧养殖、油茶等农村实用技术培训班15期，发放技术资料1000余册（份），受训近1000人；向农民赠送科普资料、实用手册共2000余册（份）；向18个乡（镇）赠送科普挂图1200份、科技书籍500册（份）。二是进社区。发挥8个社区“站、栏、员”作用，督促社区科普宣传员每2个月更新一次科普挂图。组织社区工作人员参与科技周、食品卫生宣传周、消防安全知识讲座等活动3场。三是进机关。以创建学习型党组织、机关活动为抓手，由组织部牵头，将循环经济、节能减排、保护生态、改善环境、安全生产、健康生活等科学知识和科学理念列入单位集体学习重要内容，以理论辅导、专题讲座、电化教育等方式，开展理论、科学知识学习。四是进校园。组织全县中小学生参加青少年科技创新大赛、青少年科学素质网络竞赛等活动。在29届青少年创新大赛，县参赛作品中获国家、省、市奖项12个，其中林小暄的"'多彩的光'演示仪"获得省科技创新大赛一等奖，一中教师林启福《银顶格矿区生态安全现状调查活动方案》获全国科技创新大赛科技辅导员项目类二等奖；在首届福建省青少年科学素养网络竞赛中，网络在线知识竞答项目小学组获得二等奖1个，中学组获得二等奖2个、三等奖1个，科普绘画项目中学组获得三等奖1个。五是进企业。县科协与工商联联合下发《大田县科普进企业实施方案》，围绕企业的重点、难点技术问题开展科技交流，增强企业核心竞争力，推动企业技术创新，促进科技交流，提高员工科学素质。年内，中国工程院院士刘鸿亮在大田设立院士工作站一个，促进产学研合作项目一个。

（郑彬彬）

大田县老科技工作者协会

【概况】 2014年，县老科技工作者协会，持续推进科普宣传，推广、普及科技知识；围绕中心，服务大局，开展调研活动7次。1月21日，在县老科协会议室召开县老科协二届七次理事会暨工作年会，2月20日、3月18日、5月15日、9月24日分别召开常务理事会、全体理事会或理事扩大会。组织22位会员参加县关工委"金秋服务团"、老人大学科技讲座活动。

（郑学圣）

【科普宣传】 2014年，县老科协根据省老科协关于"十、百、千、万"（十个科技报告团、百个科普宣传队、千场科普讲座、万人听众）科普活动和科普常态工作的实施意见，组织67位老科技工作者，举办科技报告8场、参加700多人次；利用城乡墟日，义诊和健康咨询4次、受益900多人次。在华兴乡早兴、张墩、横坑等村举办油茶生产科技培训班5期、参训360多人。在均溪镇温镇、上太、后华、周田、宋京举办油茶、蔬菜、雷竹栽培和养蜂等实用技术培训班5期、参训197人。编制科普挂图40版，分发防灾减灾、《五新技术》（新品种、新技术、新化肥、新农药、新机具）和《大田科普》等科普资料；给18个乡（镇）卫生院分发《乡村医生健康教育（实用手册）》及光碟；增订《农村百事通》《农村新技术》等刊物赠送给广平、均溪等5个乡（镇）老科协分会。

（郑学圣）

【油茶良种示范基地建设】 2014年，县老科协向省老科协、省老区办申请专项资金10万元，扶持华兴乡昆山油茶生产合作社，在张墩村建立26.67公顷油茶良种示范基地进行良种示范。同时引进中药材藿香、穿心莲、板蓝根、桔梗、紫苏及台湾嘉宝果、美国蓝草莓、叶甜菜等名特优品种17个，开展实验、示范。

（郑学圣）

【省老科协领导到县调研】 3月11—12日，省老科协副会长陈奎一行4人到华兴乡张墩、早兴、昆山、横坑村，开展油茶生产情况调研。11月11—13日，省老科技常务副会长谢水龙一行5人，到谢洋乡珍山农林开发有限公司，考察油茶良种繁育基地，县老科协会长范起溁陪同。

（郑学圣）

大田县工商业联合会

【概况】 2014年，大田县工商业联合会新发展会员8个，年底共有工商联会员344个，其中企业会员162个，个人会员179个（老工商业者6个），团体会员3个。会员中有省人大代表1人，市人大代表2人，市政协委员9人，市工商联执委10人（常委4人），县人大代表2人（常委1人），县政协委员35人（常委13人）。

【非公经济发展】 2014年，全县新增个体工商户1668户、注册资金2.49亿元、从业人员3302人，总数分别达1.07万户、7.59亿元、2.08万人；新办私营企业404家，新增注册资金13亿元、从业人员3279人，总数分别达2088户、84.88亿元、2.2万人。纳税超百万元民营企业69家，其中超500万元的有14家，超1000万元的6家，电子、物流等第三产业超百万的有10家。规模以上民营企业161家，完成工业增加值76.5亿元，缴纳税收5.4亿元。出口创汇企业13家，出口创汇1.03亿美元，比2013年增长43.05%。年内，全县非公经济实现产值（销售收入）233.34亿元，同比下降1%；上缴税收6.76亿元，同比下降4.38%。

（张流篇）

【金秋爱心助学】 2014年，在县慈善总会举办的“金秋爱心助学”活动中，工商业者捐赠36万元，帮助贫困大学生就学45人。

（张流篇）

大田县个体私营企业协会

【概况】 2014年，全县新增个体工商户1668户、注册资金2.49亿元；个体工商户总数1.07万户，注册资金累计7.67亿元，比2013年分别增长15.54%、43.36%。新增私营企业394家、注册资金13.76亿元；私营企业总数2101家、注册资金累计87.55亿元，比2013年分别增长14.81%、14.50%。

（乐晓卓）

【参观叶炎煌烈士故居】 5月28日，县个私协会组织个私协会工作人员参观县爱国主义教育基地——叶炎煌烈士故居。了解烈士的英雄事迹，传承先烈精神。

（乐晓卓）

【工商登记制度改革宣传】 2014年，县个私协会配合县工商局注册股做好工商登记制度改革宣传工作，共发放各类宣传单2500份。通过加强与会员的联系，了解会员困难需求，及时帮助企业解决困难和问题，年内共帮助企业解决问题58个，为企业提供政策、法律咨询125人次。

（乐晓卓）

【慰问困难会员】 2014年，县个私协会慰问困难会员6户，送出慰问金3000元。

（乐晓卓）

【年报公示宣传】 2014年，县个私协会服务企业通过印发宣传册8000多份、在县电视台连续10天滚动播出年报相关事宜、发送年报告知短信1万余条等形式做好企业年报公示宣传工作。

（乐晓卓）

大田县消费者权益保护委员会

【概况】 2014年，县消费者权益保护委员会抓好新修订《中华人民共和国消费者权益保护法》（简称新《消法》）宣传工作。受理投诉119起，为消费者挽回经济损失4.53万元，投诉、举报的调解率和办结率100%。

（翟永昌）

【“3·15”国际消费者权益日活动】 2014年，县消委会开展纪念“3·15”国际消费者权益日活动。一是3月15日，县消委会在时代广场开展以“新消法，新权益，新责任”为主题的现场接诉、咨询和宣传活动，分发材料1000多份，接受咨询68人次。二是在电视台和城区各大屏幕滚动播出新《消法》及消费维权知识，制作卡通图案，将新《消法》的主要内容通过短信、微信形式，给消费者发送1.5万多条。三是各工商所、消委分会开展“送知识、送服务——消费维权进乡村”活动，发放宣传资料500多份，接受咨询65人次。

（翟永昌）

【销毁假冒、伪劣商品】 2014年，县消委会协同县工商局和食品药品监督管理局及消防等部门，开展打击销售假冒、伪劣商品活动，销毁假冒伪劣服装、鞋帽、药品、保健食品、医疗器械及消防器材等品种320多个，价值110余万元。

（翟永昌）

大田县残疾人联合会

【概况】 2014年，大田县残疾人联合会，继续抓好基层组织建设和残疾人康复、就业、教育、宣传、文体、维权等方面工作。年内，县残联获三明市第四届残疾人运动会团体第二名、三明市第六届残疾人职业技能竞赛团体一等奖，通过国家级残疾人扶贫工作检查验收；发放二代残疾人证527本。年底，全县共有残疾人2.78万人，其中持证1.17万人。

残疾人康复 2014年，县残联一是为114名在县医院、县中医院做复明手术的白内障贫困患者分别补助自费部分的手术费1000元、

600元。为120名贫困精神病患者提供服药救助，救助标准为每人500元；为18名精神病患者提供住院医疗救助，救助标准为每人次2000元、住院期3个月。二是完善、巩固中医院福田社区、文昌社区卫生服务站和桃源、建设卫生院5个残疾人社区康复室建设，培训在职技术人员和社区康复协调员，参训35人。三是实施残疾儿童国家康复项目，送残疾儿童到定点康复机构康复训练24人，国家补助每人1.2万元；送15名聋儿到市残联聋儿语训部参加康复训练。四是建立智力残疾儿童康复训练档案30本、肢体残疾康复训练档案85本。五是开展盲人定向行走培训50人。六是县残联安排专项资金20多万元，在助残日期间，为500名贫困残疾人免费配送电动轮椅、普通轮椅、坐便椅、腋拐等辅助器具。组织发放国家彩金项目辅具80件和市委、市政府为民办实事项目辅具170件。

残疾人教育 2014年，县残联继续实施“双百扶残助学计划”，残疾人参加各类职业技术培训实行免费或补贴制度。一是对101名就读于高中和高中以上院校的残疾学生及贫困残疾人子女，分别给予500元或1000元的学费补助，共发放补助金16.85万元。二是继续办好县特殊学校，年内新招学生26，在校生总数91人。三是为128名残疾人提供职业技能和实用技术培训，培训盲人保健按摩2人，

残疾人就业 2014年，县残联一是扶持盲人在县盲人按摩中心就业10人。二是做好年度盲人按摩场所的审批和年审工作。三是扶持城乡贫困残疾人家庭创业和生产经营125人，每户补助5000元；规范福乐种养基地建设，加强基地建设资金监管，落实帮扶措施，种养基地新增就业10人；残疾人在城关新增就业95人，其中集中就业34人，分散就业25人，个体就业36人；扶持农村个体创业就业和生产经营95人，每户补助5000元，共发放扶持资金47.5万元；有483名残疾人家庭增加收入，生活状况得到改善。四是帮助华闽纸业、弘惠纸业两家福利企业争取国家贴息贷款250万元，享受贴息补助14.58万元。五是做好残保金征收工作。完成残保金征缴220万元。六是县残联开展残疾人“创业之星”评选工作，评出残疾人为大田县创业之星15人，每人奖励1000元。八是召开残疾人就业公开招聘会7场，受聘57人；全年共扶持残疾人就业220人。

残疾人保障 2014年，县残联配合做好重度贫困残疾人生活救助金发放、残疾人医疗保险、养老保险和扶贫工作。为重度残疾6260人，发放生活救助金375.6万元；城镇低保对象和重度残疾人参加城镇居民基本医疗保险540人；农村残疾人参加新型农村合作医疗和新型社会养老保险1.17万人。发放扶贫贷款15万元，帮助残疾人发展生产。推进农村贫困残疾人“安居工程建设，县财政每户补助1.2万元，实施危房改造50户、造福工程61户；享受补助270人，每人4000元，，共发补助金额108万元。帮助11户贫困残疾人申请廉租房，享受租金减免政策。结合“安居工程”建设，残疾人进行居家无障碍改造68户。下肢残疾人机动轮椅车燃油补贴发放117人，发放补贴费3万元。

残疾人维权 2014年，县残联共接待来访175人次，处理来访150人、来信4件。残联法律援助站协调有关部门，提供法律援助15件。

（颜晓斌）

【关爱活动】 春节期间，县残联组织人员走访慰问残疾人370人，每人慰问金200元，共7.4万元。5月底，省残联、残疾人福利基金会与大田县委、县政府在县特殊教育学校联合开展“送爱心、送福乐、关爱残疾儿童·欢度‘六一’国际儿童节”活动，为县残疾儿童赠送“六一”儿童节礼物410人。爱心企业代表为县特校学生赠送生活、学习用品价值20.5万元。6月底，上海晨冠乳业有限公司与县残疾人联合会携手举办“关爱残疾儿童公益活动”，免费赠送康贝幼儿园奶粉90份，价值2万多元。10月8—9日，市盲协、县残联、县盲协联合举办庆祝第31个“国际盲人节”三明大田系列活动，市盲协主席等共40多人参加活动。12月，县残联为5名特殊学校学生免费配备矫形器价值2万元；县岩视眼镜城免费为11名视力残疾人赠送眼镜，价值5000元。

（颜晓斌）

【残疾人综合服务中心建设】 5月，“残疾人福乐家园”正式投入使用，该建设项目累计投资700万元，设有残疾人综合服务大厅、维权信访室、福乐健身站、五个专门协会、多功

能厅等。该中心采取民办公助的形式，引导社会力量，建设残疾人综合服务中心，一是依托大田平安医院建立残疾人康复服务中心，主要对脑瘫、偏瘫、截瘫、关节功能障碍等残疾患者进行康复医疗和指导训练、残疾预防、康复转介、知识普及和咨询等服务；对全县持证残疾人就诊实行部分诊疗项目15%—100%优惠，住院残疾患者一律免收住院门槛费，对低保残疾人定期免费体检，对特困残疾人治疗费给予减免或全免。县残联免费提供康复服务场所和康复训练器材，对住院残疾患者每人补助100元。二是建立康贝启智教育中心，是县第一所省级儿童康复定点机构，主要为0—6岁智障、自闭（孤独）症、言语发育障碍特殊儿童提供康复训练，聘有教职工7人，接受康复训练残疾儿童22人。县残联无偿提供康复教育场所，装修和添置设备投入6万元；市残联下拨2万元用于教职工工资补助。三是建立福乐盲人推拿中心，是县首家盲人实习、培训、就业的服务基地，安置10名盲人就业，已培训实习学员2人。办理工商营业执照、盲人保健按摩从业资格证、税务登记证，列入县“医保刷卡定点单位”，被评为省级福乐盲人按摩示范店，并获物质奖励。县残联无偿提供场所，投入5万元帮助该推拿中心添置电视、电脑、空调等设施设备，提供免息贷款3万元。

（颜晓斌）

【各项竞赛】 7月7—9日，县残联组织残疾人代表团，10名残疾人运动员参加三明市第四届残疾人运动会，获得10金4银1铜和团体第二名。10月10—11日，组团参加三明市第六届残疾人职业技能竞赛，共有10名选手参加盲人保健按摩、计算机组装、水彩绘画、美发、插花等7个项目，获得团体第一名。有3名选手参加省残疾人职业技能竞赛，其中苏文炜获盲人保健按摩第二名、苏增兴获第三名。当年，全国残疾人羽毛球公开赛，县残疾人运动员施生倬获得羽毛球男子SU5单打金牌、双打铜牌。

（颜晓斌）

【组织建设】 2014年，县残联配专职理事长1人、副理事长1人、残疾人理事1人。继续做好残疾人人才库和残疾人后备干部数据库建设。18个乡（镇）残联配齐专（兼）职理事长和294个残疾人工作联络员（工资补贴不变），273个村（社区）成立残疾人协会。全县残联干部均纳入考核管理，按工作绩效进行考评，形成较完善的县、乡、村三级残疾人工作网络。

（颜晓斌）

【爱心保险理赔】 2014年，全县持证残疾人参加爱心保险6124人，共投保费15.36万元，理赔33人、金额10万元。

（颜晓斌）

【居家养护与托养服务】 2014年，县残联落实智力、精神和重度残疾人开展居家养护工作265人，发放金额53万元；落实机构托养补助10人，每人5000元，计5万元；实行服务项目网上录入“实名制、直通车”制度，补助资金做到人、钱、物相对应。

（颜晓斌）

【残疾人状况监测工作】 2014年，县残联做好新一轮全省残疾人状况监测筛查工作，对石牌镇老厝村第三小区和屏山乡杨梅村第二小区进行现场监测，做好监测点台账上报。监测时为每个监测对象赠送礼品100元。

（颜晓斌）

【驻村工作】 2014年，县残联挂包上京镇下溪口村。开展“爱心助残一助一”先锋行动，帮助10户残疾人家庭解决生产生活上的困难。投入1万元，用于科技宣传栏、公告栏建设。

（颜晓斌）

【专项调查培训班举办】 12月8—13日，县残联在县残联七楼会议室举办全国残疾人基本服务状况和需求专项调查培训班3期，每期2天。县残联全体工作人员、18个乡镇残联理事长及专职残疾人联络员、273个村（社区）的调查员，参加培训共300余人。

（颜晓斌）

外事侨务工作

【概况】 2014年，大田侨联与外事侨务部门以侨为本，为侨服务，履行海外联谊、维护侨益、群众工作、参政议政职能，参与和配合政府组织的经贸活动，为全县对外招商项目牵线搭桥、引资引智，加强与有投资意向的外商跟踪联系，争取项目落户。年内，共协助新批办外资企业

3家，实际到资验资口径1550万美元，接待华侨华人和考察项目的客商共12批、60人次；发放慰问金、助学金1.57万元，挂村帮扶资金3万元；引导华侨华人到县捐资助学、兴办公益事业，协助引进资金折合人民币116.7万元；县侨联被三明市侨联评为全市侨联工作一等奖。

（郑桂珠 陈汝钢）

【海外联谊】 6月10日、16日，新加坡原总理公署教育部部长曾士生与工艺教育局工程系署长罗锦辉等人分别到大田职专考察，对大田职专与新加坡工艺教育学院合作办学意向提出建议，探讨合作模式。

（郑桂珠）

【引资助教】 6月27日，县侨联与县外事侨务部门协助引进南安鹏峰福利基金40万元建设上京中学侨心楼，举行捐赠揭牌仪式，基金会主席、新加坡南安会馆主席陈奕福到上京中学新校区参加侨心楼捐赠揭牌仪式，省侨联主席王亚君、市侨联副主席邓江、县委书记汤俊生出席；协助引进泉州侨联暨青委会捐资25万元，用于均溪中心小学"侨青楼"建设；协助引进"广东骏马育才计划助学金"资助县一中4名学生，每人每学年1500元；协助引进黄仲咸教育基金资助县一中、五中贫困学生80名，每人1000元；协助引进华恩教育基金助学金10.2万元资助120名中学生；新加坡义安理工学院捐赠新加坡币5000元为梅山中学进行基础设施建设；黄廷芳教育基金为2名侨眷大学生捐赠助学金4000元。

（郑桂珠 陈汝钢）

【涉侨维权服务中心成立】 12月25日，大田县涉侨维权服务中心在县侨联挂牌成立，中心将侨务信访、侨商投诉和法律维权相结合，通过法律咨询、法律援助、诉讼代理等，处理涉侨案件，开展涉侨法律维权工作。聘请许俊新、林翕祥、黄清水、苏秀琴、蒋芳榴为成员，县委常委、统战部部长江太生出席揭牌仪式。

（郑桂珠）

【帮扶工作】 2014年，县侨联与石牌镇龙坑村挂钩帮扶，引进帮扶资金3万元，用于村环境卫生整治、美丽乡村建设；县侨联走访慰问困难归侨侨眷，调查贫困老归侨生产生活以及住房情况，将11户归侨危旧木头房列入县危房改造补助项目，每户补助1万元；引进省贫困侨财政救助专项资金7200元，慰问颜家广等4名特困归侨和1名父母在南非遇害的失依儿童陈振时；发放生活困难侨眷补助金2500元。

（郑桂珠）

【招商引资】 2014年，县侨联通过向海内外侨胞推介县招商引资项目、优惠政策，引进资金在均溪镇金岭村建设金岭建胜家庭农场，总投资1200万元。

（郑桂珠）

大田县关心下一代工作委员会

【概况】 2014年，大田县关心下一代工作委员会（下称关工委）内设农村教育、学校教育、城市教育、法制教育、家庭教育、宣传教育、基金管理7个专业委员会，下辖普法、德育2个报告团和关爱、卫生保健、金秋农业科技3个服务工作团。年内，县一中、均溪镇、玉田村等5个基层关工委被授予"三明市先进基层关工委"称号；范起溧、郑家乐、范立洋获"福建省关心下一代工作先进个人"称号。

（池其政）

【系列关爱工作】 2月，县关工委与法院、教育部门联手，做好"问题孩子"的帮教工作，为2名刑满释放的失足少年解决复学问题，并与相关学校建立跟踪帮教机制；5月，与信访和公安部门协调，帮助1名中专女生解决户籍；10—12月，先后8次与学校老师商讨服刑人员子女心理疏导工作，并与相关学生谈心。年内，全县各级关工委建立或在关工委协助下建立助学基金会15个。筹集基金85万元，扶贫助学365人、29.3万元；加强省关工委"禾和助学金"的管理和发放工作；经县关工委牵线搭桥，县医院退休老医生郝滔夫妇继续捐助特困大学生4人、每人1000元。

（池其政）

【"国防教育基地"共建】 8月下旬，厦门大学国防生模拟一连、二连分批参观三明市爱国主义教育基地大田"第二集美学村"陈列馆，观看陈嘉庚玉田抗日演讲历史文献片《有枝才有花，有国才有家》。同月28日，南京军区驻厦门大学后备军官选培办主任、上校黄平和副主任、上校王飞及县关工委副主任范立洋在该址为县关工委和厦门大学共建的“国防教育基地”揭牌，驻厦部队官兵和县关工委、玉田村关工委代表参加揭牌仪式。

（池其政）

【参加陈嘉庚先生诞辰纪念活动】 10月19日，应厦门集美校委会和集美校友总会邀请，县关工委副主任范立洋和大田“第二集美学村”青年志愿者服务队队长、县“青春魂·中国梦”宣讲团一中老师黄秀凤参加厦门陈嘉庚诞辰纪念活动，范立洋在纪念大会上作《承传先贤，守护历史——纪念陈嘉庚先生诞辰140周年》主题发言。

（池其政）

【读书演讲比赛】 10月23日，经各中小学4个月的“读书—征文—演讲”活动，县关工委、教育局、团县委、慈善总会在教育局多媒体会议室举办“中华魂·放飞理想”读书演讲比赛，小学组、初中组、高中组和社会青年组获得一等奖4人、二等奖18人。

（池其政）

【为军地共育活动牵线搭桥】 11月15日，由县关工委牵线搭桥、南京军区批准，南京军区驻厦门大学后备军官选培办与大田五中正式建立军民共建关系。该项活动是继大田一中之后，厦门、大田两地又一项军地共育工程，既为县中学生解决每年新生军训教官少、新生多的矛盾，又为军事院校师生开展“学传统·铸军魂”活动开辟大田“第二集美学村”和“中央苏区县”爱国主义教育及国防教育基地。

（池其政）

【基层组织建设】 2014年，全县有基层关工委组织356个，其中乡镇18个、县直机关10个、民营企业10个、村265个、社区8个、中小学45个；报告员、校外辅导员、帮教员、家教员、科教员、文化市场督导员等共1200余人。当年，10个民营企业关工委建设步入正轨。均溪镇关工委经验被全县各基层关工委借鉴、学习，全县98%的基层关工委达到或基本达到新一轮创“五好”（领导重视好、组织建设好、老干部发动好、活动开展好、工作效果好）活动的预期要求。为提升全县基层关工委“五好”创先争优活动的水平和档次，县关工委先后在均溪镇、县青少年宫、广平镇苏桥村等分类举办基层关工委骨干、“五老”报告员培训班和召开现场会，推动、拓新关心下一代工作。

（池其政）

【青少年法制教育】 2014年，县关工委青少年法制教育工作，一是抓典型带路，4月在一中召开“学校法制教育推进会”。二抓新学年“开学第一课”，8月底协同公安、法院等部门在新学年开始之际，走进校园，分别为新同学上法纪教育和安全教育“第一课”。三是以第一个“国家宪法日”为契机，与政法、教育等部门联手，借助“本周说法”电视节目，以参观法庭、模拟审判、图片展览等多种形式，开展“弘扬宪法精神，建设法治中国”主题教育活动。四是利用寒暑假继续推进学生“带法回家”活动，共有中学生3.2万人次到各社区、乡村开展普法宣传社会实践工作。

（池其政）

【“青春魂·中国梦”教育活动】 2014年，县关工委配合文明办、司法局、教育局、团县委联手开展“青春魂·中国梦”主题教育活动。各校根据校情选题，宣讲团18名讲师发挥专长、分题备课，县里统筹排课。宣讲内容涵盖爱国主义教育、社会主义价值观教育、励志教育、道德教育、法纪教育、珍爱生命和安全教育、国防教育、青春期心理健康教育、家庭教育等160个专题。全年共宣讲43场次，受教育的县内外师生、干群人数2.3万余人。县政府和教育局支持宣讲活动资金1万元。

（池其政）

【参与社会管理创新】 2014年，县关工委继续发挥县青少年法律咨询室和青少年法制教育基地作用，借助公、检、法、司兼职法律教师力量，为青少年提供全天候、全方位、全过程、全义务的法律服务，引导青少年及其亲友依法维权、依法化解矛盾纠纷，推进和谐社会。县关工委和一中联合编撰《学生学法用法50例》获各界好评。县关工委选派29位网吧监督员和文化市场督导员配合公安、工商和文化部门开展督查活动近百次，净化青少年成长环境。

（池其政）

【“创五好”工作推进】 2014年，县关工委领导班子依照“工作要上来，领导须下去”的理念，先后到一中、四中、五中、六中、鸿图中学、石牌中学、奇韬中学、城关第三小学、均溪小学等学校，上京、吴山、石牌、均溪、华兴、广平、文江等乡镇学校，白岩、文昌等社区开展“青少年法制教育”“留守孩子关爱工作”“未成年人成长环境”“德育工作创新活动”“‘四失’（失亲、失教、失学、失足）孩子教育”和“家庭教育”等课题调研，推进基层关工委“创五好”活动。

（池其政）

【关心下一代理论研讨与交流】 2014年，县关工委发掘“第二集美学村”历史文化遗产、弘扬陈嘉庚精神教育下一代引发各方关注。先后有厦门大学、集美大学、集美校友总会、厦门海洋学院、《集美校友》编委会、厦门陈嘉庚纪念馆、厦门市集美区关工委、广州市陈嘉庚纪念中学、安溪县关工委前来进行陈嘉庚爱国精神与事迹理论研讨和关心下一代工作经验交流。

（池其政）

大田县国际贸易促进委员会

【概况】 2014年，县国际贸易促进委员会，亦称县国际商会（下称县贸促会），有会员企业25家，设会员25人、理事11人、会长1人、副会长3人、秘书长1人。会员企业涉及机械、电子、轻工、纺织、建材、商业、农业等行业。县贸促会与省内外40多家商会、工商联合会、外贸协会和其他经贸组织有工作联系。

（吴高钟　陈燕秋）

【县贸促会三届二次理事会】 3月12日，在县政府二楼会议室召开，理事出席11人。副县长陈钦梅主持会议，县委组织部副部长叶增稳出席。会议补选陈华塔为县贸促会会长，徐履兴、温荣学、周敏为副会长，吴高钟为秘书长。

（吴高钟　陈燕秋）

【会员企业参加博览会】 4月16—18日，县贸促会组织4家会员企业参加晋江国际鞋博会、石狮国际服装博览会。10月16—20日，组织3家会员企业参加第三届中朝经贸、文化、旅游项目博览会。

（吴高钟　陈燕秋）

【上级贸促会领导到大田调研】 5月16—18日，省贸促会秘书长彭华民、市贸促会会长杨大荣、副调研员陈斌率市贸促会招商部、法律部工作人员一行6人，到县南湖、永大、宏润、宝通、宝山等纺织、陶瓷、机械生产性出口企业调研，推荐商讯，并提供咨询服务。

（吴高钟　陈燕秋）

【走访会员企业活动】 7月，县贸促会会长、副会长等人员，走访会员企业21家，与企业工作人员座谈交流，了解情况，建立档案，倾听需求，发放商情信息350份，服务企业发展。

（吴高钟　陈燕秋）

【外诉案件排查协调】 8月，县贸促会组织法律工作者到外商投资企业，开展外诉案件排查，把外诉案件协调解决在厦门“9·8”投洽会前。在厦门“9·8”投洽会期间，大田县无外诉案件发生。

（吴高钟　陈燕秋）

【出口货物原产地证明书代理签发】 2014年，县贸促会代理签发出口货物一般原产地证明书2份；代理签发印度、韩国、斯里兰卡 、孟加拉、新西兰、 秘鲁、哥斯达黎加《亚太贸易协定》优惠原产地证明书1份；代理签发文莱、印尼、马来西亚、菲律宾、新加坡、泰国、柬埔寨、越南、老挝、缅甸《中国—东盟自由贸易协定》优惠原产地证书3份；代理签发赴台湾《海峡西岸经济合作框架协议》优惠原产地证书（ECFA）1份。

（吴高钟　陈燕秋）

大田县老年人体育协会

【概况】 2014年，全县老体协组织有县老体协1个，县直机关部门老体协15个，乡镇老体协19个，村（居）老体协273个；共有老体协会员3.69万人，其中城区有老体协会员4865人。当年，县老体协，继续开展抓总结、抓提高、抓主题、抓重点“四个层层抓”，推进县老年人体育事业向前发展。

（林克雄）

【县老体协成立三十周年纪念大会暨年会】 4月22日，在太华镇政府召开。县委常委、组织部部长蔡建明，县政府常务副县长谢军，文体广电出版局局长林春忠，县老体协顾问、主席、常务副主席、副主席、秘书长、副秘书长，各俱乐部负责人，各乡（镇、场）、县直机关企事业单位、社区分管领导及主持工作的常务副主席、太华镇主要领导共120多人参加会议，常务副主席张逢生主持。镇党委书记刘玉江致欢迎词；镇人大主席团主席、镇老体协主席涂育贵介绍太华镇老体协工作情况；县文体广电出版局副局长、县老体协常务副主席陈丽明宣读省、市健康老人及受省、市表彰的先进单位、先进个人名单；县老体协主席黄少春传达省、市老体协年会精神，做县老体协三十年工作总结，部署今后工作；向317个基层老体协赠送县老体协工作30年缩影——《金秋年华》一书1585本。

（林克雄）

【参加市第九届老年人健身比赛获奖】 6月9日，县老体协选派76人组成的代表团参加市第九届老健会9个大项目（13个小项目）比赛。团体项目获7金2银4铜。其中，健身秧歌、气排球女队、气排球男队、柔力球竞技男子团体、柔力球竞技女子团体、乒乓球女子团体、太极拳（剑）等获金奖；乒乓球男子团体、健身球操获银奖；门球男子团体与女子团体、地掷球、桥牌获铜奖。其中，健身秧歌、气排球女队获第一名。个人项目获4金1银1铜。其中，太极拳剑成员2男2女分别获个人竞赛套路金奖，黄丽华获42式太极拳竞赛套路第一名；2名象棋队员获得一银一铜。

（林克雄）

【参加省九届老健会获奖】 11月8—13日在漳州市召开的省九届老年人健身会，县组队代表三明市参赛的健身秧歌、气排球女队均获银奖。

（林克雄）

【宣传工作和纳凉点建设】 8月22日，县老体协下发《关于印发全市老体协工作会暨纳凉点建设现场会主要精神的通知》。为更好地贯彻落实全国、省、市、县相关会议精神，县老体协将全县18个乡镇、东风农场和8个社区居委会分为均溪、文江、太华、吴山、石牌5个片区，并于9月17—19日，由县老体协主席黄少春带领常务会成员，分别到5个片区召开乡镇（场、居）老体协主席、主持工作的常务副主席、分管领导及有关人员会议进行宣传贯彻，并根据各级文件精神，对老体协工作和纳凉点建设提出具体要求。

（林克雄）

【慰问孤寡老人】 9月25日，在国庆、老年节来临之际，县老体协组织屏山乡夕阳红普法宣传队木偶戏团到县福利院慰问孤寡老人，县老体协、民政局领导参加慰问并观看演出。

（林克雄）

【参加健美操世界冠军大田行活动】 12月8日，大体操进校园进社区“健美操世界冠军大田行”活动在县体育中心举行，活动2天。国家体育总局体操运动管理中心事业发展部部长王佑平、县长熊旭明等领导出席活动。

（林克雄）

【手杖操、可乐球操培训班举办】 12月3—4日，三明市老体协手杖操、可乐球操健身辅导员首场培训班在县体育馆举办。县健身指导站及城区各老体协共50多位健身指导员参加培训。

4日下午，市老体协副主席刘胜富、秘书长方兰英，观看学员们的培训展示汇报表演，县政协副主席高石麟等陪同。

（林克雄）

【气排球邀请赛】 12月20日，县老体协气排球俱乐部在县体育中心球馆举办“庆祝2015年元旦气排球邀请赛”。应邀参加的有厦门、永春、永安、三明、大田等市、县13支队伍、100多人。赛事设老年组和青少年组，县参赛年龄最小的队员15岁。

（林克雄）

武装

□编辑 涂庆南

大田县人武部

【概况】 2014年，大田县人武部围绕“听党指挥、能打胜仗、作风优良”的目标要求，强军铸魂，聚焦军事斗争准备，推进各项工作新的飞跃，被三明军分区评为“军事训练先进单位”。

思想政治建设 2014年，县人武部一是贯彻党中央、中央军委和两级军区党委关于加强思想政治建设的决策部署，开展党的群众路线教育实践活动，共组织集体学习26次，参加学习辅导课15次，召开学习心得交流会6次；12名党员做读书笔记38万多字，撰写心得体会50篇；坚持开门搞教育，召集专武干部、民兵营连长、基干民兵征求意见建议座谈会3场，采取书面、上门、谈心、开通电话和意见箱，征询地方党委政府和基层干部、群众的意见建议3个方面、21个问题，部党委研究制定整改措施，按照先易后难逐条逐项落实；以徐才厚、谷俊山等一批军内腐政分子的典型案例为反面教材，加强对官兵的廉政教育，按照习总书记提出的“照镜子、正衣冠、洗洗澡、治治病”的要求，部党委成员带头在民主生活会上对照检查，开展批评和自我批评；贯彻中央“八项规定”和中央军委廉军建设的一系列规定，健全制度，规范公务接待和财产、财务、公车管理，“三公经费”下降15%。二是抓好中共十八届四中全会和全军、军区政治工作会议和习近平系列重要讲话精神的传达学习，深化“读经典、学哲学”活动，创新理论武装。

规范化建设 2014年，县人武部在抓好均溪镇及后华村规范化建设试点基础上，按照示范观摩、部署展开、检查评比、整改提高的四个环节，对全县民兵组织的规范化建设进行检查验收，取得实效；投入60余万元，对部作战室、会议室、值班室进行装修改造以及网络、监控系统建设。

民兵整组 2014年，县人武部按照“建之够用、建之管用、建之能用”和“压缩规模、优化结构、提高质量”的原则，于3—4月对基干民兵结构进行调整，编实应急、支援、储备三类基干民兵队伍。

国潜调查 2014年，县人武部根据市国动委《关于国防动员潜力调查工作的通知》精神，组织专人对全县科技、信息、装备、交通、人防、经济、政治、武装力量等潜力情况进行调查、核实完善国防潜力数据库。

战备工作 2014年，县人武部修订完善作战和非战争行动2类15个方案，投入10余万元添置应急维稳、抗台防汛和森林防火等装备器材，并与公安、武警等单位进行任务对接。

军事训练 2014年，县人武部多层面、多批次对专武干部、基干民兵进行军事训练。4月上旬，参加军分区组织的专武干部集训。4月下旬，组织专武干部和民兵营（连）长强化训练。5—10月，分批次组织重点应急连、对空观察警戒哨、公路护路分队等民兵专业分队训练；选送人员参加军分区组织的在尤溪人武部举行的高射机枪集训。11月，开展“麒麟—2013”室内指挥所演习。

学生军训 2014年，全县驻军及民兵预备役人员承训中学新生4060人，其中，初中生2540人，高中生1520人。

国防动员 2014年，县人武部领导3人到县委党校上国防教育课3堂（次）；参加省市县三级国防动员指挥所演练35人次；修订完善国防动员支前预案；官兵5人担任校外辅导员，到城区各学校为学生上国防教育课6堂（次），受教育师生3768人次；9月20日，举行防空警报试鸣，组织城区中小学、幼儿园开展防空、防震、防灾疏散演练。

安全管理 2014年，县人武部投入3.5万元安装武器库视频监控设备。武器装备管理实现连续35个安全年。

拥政爱民 2014年，县人武部挂钩联系武陵乡茶山村，分别捐助5万元、3万元作为该村民兵营（连）部规范化建设资金和“八一”希望小学“助学奖学金”；“六一”节、教师节、春节，部领导到中小学、幼儿园慰问教师，送慰问金2万元。

（黄章凤）

【人武部主官调整】 2月28日，三明军分区政委李小庆到县宣布省军区命令：政委吴昌年退役转业地方工作，政委由省军区保卫处张朝阳接任。

（黄章凤）

【民兵整组暨基层规范化建设现场会在大田召开】 3月17日，全市民兵整组暨基层规范化建设现场会在县人武部召开，会期1天，会议由军分区参谋长刘能涛主持，军分区政委李小庆、政治部主任徐林森，各县（市、区）人武部领导共56人参加会议。

（黄章凤）

【上级首长到县调研检查】 5月7日，省军区副司令员李卫国率工作组到县检查民兵整组工作；21日，军分区政治部主任徐林森到县人武部检查群众路线教育实践活动开展情况；9月4日，军分区政委李小庆到县参加2014年夏秋季征兵定兵会议；11月25日，省军区政委曹德信到县进行地方武装工作调研；12月20日，军分区政委李小庆率工作组到县考核人武部党委班子建设情况。

（黄章凤）

县消防大队

【概况】 2014年，大田县消防大队开展党的群众路线教育实践活动，践行总书记习近平的系列重要讲话，以强军为目标，加强实战演练，提升部队战斗力，完成防火、灭火、救援等各项工作任务。组织官兵对城区消火栓进行全面调查，加强消防栓的信息采集、录入工作，完善辖区水源道路手册；熟悉辖区消防安全重点单位78家，修改和完善有关数据，开展实战演练84次。全年接警112次，出动消防车129辆次、警力1196人次。成功处置“1·7”三泉高速油罐车火灾事故和“8·19”洪涝灾害，抢救被困群众42人，疏散人员479人，抢救财产价值201万余元；完成大田县老年大学建校25周年文艺演出、“浩沙杯”全国艺术体操锦标赛、大田县第九届高山茶文化节、“两会”等活动的安全保卫工作。

【抢险救援】 8月19日19—21时，桃源、广平两镇大雨骤降，爆发洪涝灾害，部分村民被困，险情危急。县消防大队接警后，先后出动消防车4辆、官兵30名赶赴两地救援，解救被困群众42人，其中桃源镇翁厝村39人，广平镇铭溪村3人。

（高锦灏）

【消防宣传】 2014年，县消防大队开展“消防宣传进学校”系列活动，与城关派出所、大田职专联合开展以“认识火灾、学会逃生”为主题的消防宣传教育活动；应邀到实验小学、县医院开办消防安全知识讲座10场，听众2000人次。全年举办现场咨询会13场，发放宣传资料1万余份；邀请社会单位、社区居民开放消防站59场次，受训人员600余人，接待参观师生3000多人，接待企事业单位40个、1万多人次；集中培训重点单位消防安全管理人、责任人200多人次；开辟《生活向导》“火警119”消防新阵地，利用电视广播、互联网、手机发送消防信息1000多条。

（高锦灏）

【火患整治】 2014年，县消防大队办理消防设计审核50项，消防验收34项，消防设计备案26起，竣工验收备案17起，开业前检查18起，检查单位1828家，发改正通知书1283份，办理行政处罚案件73家，查令停止经营销售、使用、施工“三停”9起，临时查封9起，拘留2人，罚款金额41.8万元。开展“清剿火患”“除火患、保平安”冬春专项行动和“重大火灾隐患”“火灾隐患排查整治”等专项活动，实行三级“网格化”消防安全管理模式，完善消防重点单位“户籍化”管理78家。

（高锦灏）

【队伍建设】 2014年，县消防大队完成18个乡镇专职（志愿）消防队组建工作，有专职（志愿）消防队员86人。每支消防队配置车、泵、水带、灭火器等器材，消防队员发战斗服、防头盔、手套、腰带等消防装备。开展消防器材使用和应急救援业务技能训练和实战演习，提高队员灭火救援能力，丰富实战经验。

（高锦灏）

武警大田中队

【概况】 2014年，武警大田中队按照“转变作风、提高标准、确保安全、争创先进”的工作目标，围绕“强队梦”，强化军事训练，从严治警，提高执勤标准，实现确保部队内部安全稳定和执勤处突为中心的各项任务圆满完成。除完成看守所的警戒保卫外，还出警9次、官兵80余人次，其中武装押解4次、警戒2次、巡逻1次、安全保卫2次。年内，中队指导员章红荣立“个人三等功”1次，二班荣立“集体三等功”1次，张俊、陈建辉等8人被武警三明支队评为2014年“优秀士兵”并嘉奖；中队连续21年保持执勤无事故、无案件、无严重违纪行为。

（赵革卫）

【军事训练】 2014年，武警大田中队组织官兵60余人次，参加三明支队组织的应急班集训、勤训轮换、“精武杯”比武、冲锋舟操作手集训、班干集训等军事训练，提升官兵的军事素质和处置突发事件的能力。

（邓常敬）

【国防教育】 2014年，武警大田中队在队内开办国防教育课8场，受教育官兵400人次；开放营区让师生参观，体验部队生活。

（何树链）

【后勤保障】 2014年，武警大队中队投入资金10余万元，改造执勤设施、维护营房营具和改善官兵生活条件。开展农牧业生产，年产蔬菜3.26吨、生猪12头，产值3万元。

（赵革卫 廖圣文）

【军地两用人才培养】 2014年，武警大田中队参加军地两用人才实用技术培训13人，其中参加武警福建总队、武警三明支队集训4人，地方培训9人。培训内容主要有电工、烹饪、驾驶等。

（何树链）

【双拥共建系列活动】 2014年，武警大田中队开展拥政爱民和精神文明共建活动。5月，中队派遣10名官兵参加县抗洪抢险演练；端午节期间参加白岩社区包粽子活动；8—9月，完成大田鸿图中学、第六中学新生的军事训练，受训学生1000多人；8月1日，召开共建单位双拥座谈会；11月23日，与大田职专举办“赞老兵、颂老兵”军民联欢会。

（何树链）

法治

□编辑 郑祥果

综 治

【概况】 2014年，全县政法综治维稳部门学习贯彻中共十八大和十八届四中全会精神，扎实工作，较好地完成各项目标任务，全年没有发生重大政治性、非法聚集、大规模群体性、暴力恐怖和个人极端事件，以及群死群伤重大治安安全事故。县政法委获县综治工作考评二等奖。公安机关共立刑事案件2279起，破获1035起，抓获犯罪嫌疑人615人；查处治安行政案件3.4万起，治安行政处罚3.24万人次。检察机关批准决定逮捕刑事案件110件、158人，审查提起公诉268件、441人。审判机关受理各类案件4696件、审执结3539件。司法机关共排查调处各类矛盾纠纷1405起，调处成功1358起，成功率96.65%。当年，大田县获全省2012—2013年度平安先进县称号；基层单位被市委、市政府评为“争创企业综治长安杯先进集体”7个、先进个人12人。桃源国有林场职工何吓俊、城市综合执法大队职工涂孝总被授予“三明市见义勇为模范”称号。

（胡建国）

【见义勇为模范慰问】 1月6日上午，省见义勇为基金会副会长李清带队的见义勇为模范（先进个人）慰问组在市委政法委副书记、市综治办常务副主任、市见义勇为协会会长林芳叶陪同下到县开展元旦春节慰问见义勇为模范（先进个人）活动。慰问组在县公安局三楼会议室与林玉清、王宗杰、陈上寅、施发长、李秀春等省、市级见义勇为模范或亲属，以及县政法委、县委宣传部、综治办、公安局、财政局、民政局、总工会、团县委、妇联等单位有关领导进行座谈。共发放见义勇为慰问金2.86万元，其中省级2.16万元、市级0.2万元、县级0.5万元。

（叶正锐）

【《法治大田》电视宣传栏目创办】 1月，县综治办、普法办与县电视台共同创办《法治大田》电视宣传栏目，24日晚上，《大田新闻》之后第一期《农民工的维权路》播出，全年共制作10期，每天在一套、二套各播4次。该栏目以案释法，结合全县各个时期社会热点，通过律师、司法工作人员以案释法，开展电视普法宣传，推进法治大田建设。

（叶正锐）

【综治责任书签字颁发】 3月3日，全县政法工作会议暨2014年度党政领导综治（平安建设）责任书签字颁发仪式在龙山宾馆七楼会议室举行。会议学习贯彻中央和省、市委政法工作会议精神，部署政法综治信访维稳工作。县委常委及县人大、政府、政协分管领导出席；各乡镇党委书记、乡镇长、分管综治副书记、综治办专职副主任，县直各系统和县综治委成员单位主要负责人，永安煤业上京分公司领导，政法部门领导班子成员及有关科、所、队、庭室负责人参加会议。县委副书记廖金辉主持，县委常委、政法委书记张英跃回顾总结2013年度全县政法综治信访维稳情况，分析全县维护稳定形势，安排部署2014年工作；县委书记汤俊生、县长熊旭明与18个乡镇党委书记、乡镇长签订2014年度综治（平安建设）责任书，向县直各系统和永安煤业上京分公司颁发2014年度综治（平安建设）责任书；汤俊生就政法综治信访维稳工作讲话。

（叶正锐）

【新一轮“平安大田”建设启动】 9月10日，县委、县政府出台《关于进一步深化“平安大田”

建设工作的实施意见》，新一轮“平安大田”建设全面启动。县综治委把平安创建活动延伸到各行各业和非经济组织、新社会组织，加强军地平安共建和涉军维权工作，创建一流平安小区；在桃源镇蓝玉村、屏山乡内洋村、湖美乡西燕村等37个“美丽乡村”建设示范点，以及吴山乡“二村一园”（和洋村、阳春村、福建省高山茶文化创意产业园）分别设立一批平安小区创建示范点。

（叶正锐）

【社会治安视频监控建设】 10月14日，县综治委社会治安视频监控投入使用。全年投资150余万元，新增城区高清视频监控75路，至年底，全县已建成高清视频监控321路、标清89路，其中城区220路、标清37路；建成覆盖全县18个乡镇、小区、农村1600多个前端视频监控点和80个治安卡口，华兴、石牌、上京、太华、建设、广平、奇韬、前坪、吴山等9个乡镇及均溪镇东兜、镇东小区，全部达到高清视频监控标准，形成“百里天眼长廊”，为维护社会稳定发挥作用。

（叶正锐）

【“全能神”邪教活动打击整治】 2014年，县委政法委，根据上级部署，确立“以正压邪、依法治邪、用邪祛邪、以情转邪”的工作思路。一是运用各种新闻媒体、宣传栏营造良好的反邪教舆论声势和氛围，组织广大干部群众观看反邪教警示教育系列片，传播正能量，以正压邪。二是由公安机关强化专案侦查，依法打击“全能神”邪教组织活动，深挖幕后组织者和主要骨干，获取和固定违法犯罪证据；法院、检察院等部门提前介入，按照《关于依法严厉打击“全能神”等邪教组织犯罪的通知》精神，统一执法思想，形成“依法治邪”震慑氛围。三是结合近年来发生在本辖区的“全能神”邪教组织违法犯罪案例，揭露“全能神”邪教组织的反动本质、歪理邪说、骗人手法、现实危害等看得见、听得到、摸得着的事实，增强群众识别抵御“全能神”等邪教侵蚀的能力。四是坚持“教育挽救绝大多数、依法打击极少数”的政策，协调社会各界人士，开展教育转化工作，做到“于情转邪”。五是做好扶贫帮困、入户回访等帮教工作，把解决思想问题和实际困难相结合，使“全能神”信徒更好地融入社会。六是开展摸排“全能神”邪教组织“百日会战”工作，查清全县“全能神”等邪教组织人员底数、组织体系和资金来源，确保专案攻坚和教育转化工作顺利进行。至年底，查明全县有“全能神”小区基层教会23个，开设教育转化班15期，正面教育转化信徒和被裹挟人员461人，其中，行政处罚教育78人（含被外地处罚教育17人），刑事处罚教育2人，正面教育转化381人。摧毁县级“全能神”小区体系1个、基层教会体系26个。

（胡建国）

【社会稳定风险评估】 2014年，县委政法委加强县、乡两级社会稳定风险评估管理中心建设，完善社会稳定风险评估机制和ABC分类分级评估制度，出台《大田县重大固定资产投资项目社会稳定风险评估管理办法》，探索规范化评估程序，确保做到应评尽评，且评估后稳定率达到95%以上。同时，开展重大活动、重大事项、重大决策稳定风险评估，探索将省交办的信访积案化解和人民调解工作纳入稳定风险评估范围，适时开展信访问题和矛盾纠纷公证、听证等工作。全年共评估22项，其中重大活动、重大决策各2项。

（叶正锐）

【综治平安宣传活动】 2014年，县综治委结合群众路线教育实践活动，“四下基层”（领导干部“信访接待、现场办公、调查研究、宣传党的方针政策下基层”）、“五到一线”（项目推进、矛盾化解、帮扶济困、富民强村、政策宣传到一线），“转作风、提效能、促发展”、综治宣传月、“六五”普法、中国高山茶暨首届洛神花文化节等系列活动，通过新闻媒体、短信平台、电话彩铃、手机彩漫等媒介，营造平安共建、和谐共享的良好氛围，不断提高平安建设重视率、知晓率和满意率。全年，共开展综治宣传月活动2次、平安建设“三率”测评2次、知识专题讲座20场次、学生“带法回家”45场次、民俗文化宣传6场次、村村通广播265个村、电视台专栏10期、制作大幅广告牌42块、发送短信20万条和彩漫1万条、发放宣传手册和宣传单2万份。

（叶正锐）

【社区网格化服务管理】 2014年，县综治委依托县公安“110”指挥中心建立县级网格化管理平台；在均溪镇及8个社区，建设镇及其12个村，以及其他乡镇2个村，搭建社区网格化服务管理系统，实现县、乡镇、社区、基础网格四级互联互通。并在社区探索建立一个网格服务站、六大网格服务员、五支服务队伍的“165”模式；在农村探索建立融合村规民约、“六要”群众工作法、为民服务全程代理、亲情视频沟通驿站等内容的服务管理模式。其中，亲情视频沟通驿站的建立，为农村空巢老人、留守儿童等群体，构筑了安全防范绿色通道。

（叶正锐）

【综治难点整治】 2014年，县综治委确定综治难点18个，其中市、县级各2个，乡级14个。市县级整治难点全部按照“一点一册一个会议纪要”的要求，落实项目化法治化教育运作机制和网格化管理、民俗化调解，有效解决矛盾纠纷多发、交通安全管理等突出治安稳定问题。同时引入平安建设“三率”电话测评机制，两次对县级以上重点村进行电话测评，均达97%以上。

（叶正锐）

【综治维稳基层基础建设】 2014年，县综治委围绕权威性、机制性、实效性要求，持续推进县、乡镇、村居综治信访维稳“1+N”联动中心（站）和县直12个部门“1+N”调解室规范化建设；下发《关于进一步规范乡镇社会管理综合治理委员会及其办公室建设的通知》，在18个乡镇综治办配备副科级专职副主任，落实乡镇综治专职干部每人每月200元的岗位津贴；配备各类维稳信息员2763人、舆情引导员218人，建立维稳群众工作分队29支，选聘村级综治协管员273人、平安中心户长2285人，建立社会管理人才库1个、1816人。

（叶正锐）

【群众路线教育实践系列活动】 2014年，全县各政法单位在党的群众路线教育实践中开展系列活动。一是根据征求的意见，结合全县信访问题比较突出的实际，开展“矛盾不上交，化解在当地”专项活动和“金银铜牌调委会、调解员”评选活动。二是在湖美、桃源、谢洋、文江、建设等乡镇分别组建“平安湖调解室”“和谐源调解室”“祥江调解室”“护河调解队”“新三宝调解队”等特色调解室。三是结合全县矿山水土流失、河流污染问题，开展“政法护绿护河”行动和县检察院巡回检察活动，对不爱青山绿水的企业、个人进行治理和打击。四是结合企业发展难题，开展“司法助企、培植税源”活动，由政法委牵头，县法院、国地税部门联手，帮助企业渡难关。五是结合政法队伍建设，开展“向吴祥江同志学习”活动。

（叶正锐）

公 安

【概况】 2014年，全县公安机关共立各类刑事案件2279起、破1035起，其中，公安部督办案件1起、破1起；另破年前隐漏积案166起。抓获各类犯罪嫌疑人615人，移送公诉501人；抓获在逃人员88人，其中，年前逃犯23人。全年受理各类行政案件3.4万起、查处率99.95%，治安行政处罚3.24万人次，其中拘留337人、罚款162人。立各类经济犯罪案件56起、破33起（年前案件12起），涉案金额1087万元，抓获犯罪嫌疑人43人、移送起诉33人。全年发生一般以上交通事故1769起，死亡19人、受伤88人，直接经济损失21.82万元；轻微事故807起。发生火灾事故63起，受伤1人，直接经济损失126.77万元。看守所收押刑拘277人，刑满释放出所87人，投送监狱执行143人，其他处理出所139人，年底在押174人。法制大队共审核各类行政案件452件、6230人，取保候审案件163件、323人，发现并纠正各类执法问题4160件，依法撤案2件，没有因执法过错发生行政复议撤销、诉讼败诉、国家赔偿案件。全年受理各类信访件29件，办结29件。受理审核出国（境）及往来港澳台申请6200件，其中，受理公民出国申请2138件、往来港澳地区申请2685件、前往台湾578件、受理台湾居民签注签发799件。办理机动车注册登记3421辆、检测2.53万辆、换发驾驶证1.29万本。

年内有5个集体、8位民警受到厅级以上表彰，其中，县公安局交管大队被公安部装备财务局评为“五十百千”示范单位（基层所队），县公安局打击“全能神”邪教组织专项工作办公室被省厅授予集体二等功，县公安局被省厅评为全省“清剿火患”战役成绩突出集体，拘留所被省厅监所管理总队评为全省公安监管工作成绩突出集体，县公安局、刑侦大队、交管大队被省厅评为全省公安机关执法示范单位；吴祥江被省委评为优秀共产党员，林起栋、吴欣被省总工会授予“福建省五一劳动奖章”；林起栋被省厅评为全省公安机关“我身边的好交警”并授予个人二等功，吴欣被评为全省公安刑侦系统侦查破案能手，唐方进被评为全省“打假行动”成绩突出个人，谢志峰被评为“全省公安机关执法规范化建设成绩突出个人”，陈初稳被评为2013年全省公安监管工作成绩突出个人。

（廖世林）

【“雷霆治爆”专项行动】 2013年12月—2014年3月，县公安局开展“雷霆治爆”专项行动。全县共清查烟花爆竹销售网点124个，捣毁非法储存烟花爆竹窝点34个，收缴非法烟花爆竹3500件、黑火药40公斤；收缴企业过期炸药2916公斤，过期雷管1.8万枚；收缴非法枪支18支，子弹1200发；集中销毁小山地炮弹9枚、手榴弹4枚、手雷1枚。共查获涉爆涉枪案件48起，抓获犯罪嫌疑人5人，行政拘留44人。

（廖世林）

【系列盗窃车内财物案告破】 3月7日，县公安局组织警力在均溪镇富山新村某美食店门口抓获正在作案的乐某培、严某杰、范某灶等3名犯罪嫌疑人，摧毁市局挂牌督办系列盗窃犯罪团伙。该团伙自2014年1月起，在大田城区敲砸车窗盗窃车内财物42起，入室盗窃11起，撬盗沿街店铺13起，涉案价值13万余元。

（廖世林）

【应急处突队伍成立】 3月10日，县公安局按照上级公安机关《关于迅速组建全省县级公安机关应急处突队的通知》要求，组建1支59人应急处突队伍。该队伍从刑侦大队、城关派出所抽调9名精干警力充实，分成6个小组，每个小组有队员若干人，由1名民警任小组长。开展巡逻盘查等战术科目训练和群体性突发性事件现场处置等应急处突演练。

（廖世林）

【“猎狐捕鼠”专项行动】 3—12月，县公安局根据上级公安机关部署，在全县范围内组织开展打击防范侵财犯罪“猎狐捕鼠”专项行动，共破获各类案件877起，提起公诉107人，追缴各类赃款赃物84万余元。

（廖世林）

【出入境及往来港澳台“三表合一”启用】 4月1日，县公安局出入境窗口根据公安部和省厅统一部署，正式启用“三表合一”，即市民同时申请办理三个证件（普通护照、往来港澳通行证和签注、往来台湾通行证和签注），只需填写一张表，5分钟内完成整个受理过程。

（廖世林）

【省部门领导到县公安局调研】 4月9日，省妇联副主席陆菁一行到刑侦大队调研指导妇女儿童权益保障工作。参观了刑侦大队办公环境以及警容风纪等各项软硬件设施建设，就深入开展打击拐卖妇女儿童犯罪、维护广大妇女儿童的合法权益提出建议。

8月27日下午，省长助理、公安厅长王惠敏到县公安局调研指导。省厅党委委员、交警总队长杜清森，副市长、市公安局长潘东升，县委书记汤俊生陪同。实地查看交通法庭办公室、联调中心调解室和石牌派出所，对大田县创新成立“1+N”道路交通事故联合调处服务中心，高效化解道路交通事故矛盾纠纷的做法给予高度评价。

10月25日上午，省厅巡视员施志强率技侦总队政委胡楠一行4人在副市长、市公安局长潘东升陪同下，督导开展“剑盾”4号第二次集中统一行动。先后到永丰民爆公司仓库、烟花爆竹仓库检查安防设施、进出库台账和安防工作制度落实情况；检查城关派出所工作情况，重点对开展“剑盾”4号第二次统一行动工作进行检查督导。

（廖世林）

【民警傅德生参加援藏活动】 4—12月，县公安局刑侦大队技术副中队长傅德生被省委组织部选派赴西藏援助工作。傅德生在援藏期间发挥自身专业特长，共参加现场勘查各类案件7场次，对刑事科学技术室规范管理进行指导10场次，完成援藏活动各项任务。

（廖世林）

【县局特警队成立】 5月21日，县公安局特警队在民警训练基地正式挂牌成立。特警队警力共65人(民警15人,协勤50人),平均年龄25岁,配备防暴枪、冲锋枪、手枪、盾牌、防弹衣、防刺服等警械及中巴、巡逻车等交通工具。队伍实行半军事化管理,统一食宿、训练、工作,平时专司训练,战时处突攻坚。执行抓捕重特大嫌疑人、处置群体性事件,打击“两抢”等任务。

(廖世林)

【市领导到县公安局调研】 6月10—11日,市政府副市长、公安局长潘东升带领局党委委员、办公室主任倪义福一行到县调研指导。先后到交管大队、刑侦大队、看守所、巡特警大队、城关派出所、指挥中心等单位,调研指导道路交通“1+N”联调机制建设、星级民警评选、监所安全管理、巡特警队伍建设、派出所勤务机制运行、视频指挥调度等工作。

7月19日晚,委书记邓本元率领市委常委、秘书长、政法委书记王刚和副市长、市公安局长潘东升到县公安局检查指导并慰问公安民警。察看县局“网上警局”办公室,详细了解“网上警局”联系服务群众措施及落实情况,并到县局指挥中心,了解日常接处警、勤务指挥调度情况和视频监控、报警系统。

(廖世林)

【“剑盾”系列统一行动】 7—12月,县公安局开展“剑盾”系列集中统一行动。共破获各类刑事案件267起,抓获违法犯罪嫌疑人102人,其中网上逃犯23人;收缴管制刀具5把、非法枪支18支、射钉弹305发、非法爆竹7万余响、电雷管38枚、炸药21公斤。

(廖世林)

【特大系列诈骗案告破】 7月17日,县公安局刑侦大队民警在厦门市思明区假日花园小区某出租屋抓获涉嫌诈骗犯罪嫌疑人王某辉(男,38岁,大田县均溪镇人),连带破获系列诈骗案10起,涉案价值400余万元。经审查,犯罪嫌疑人王某辉供述2013年5月至2014年1月间,以投资永安煤业有限公司上京分公司广平矿区配套项目,需预交保证金为由,骗取孙某辉、谢某承、肖某培等人现金400余万元,用于炒黄金、白银并挥霍殆尽的犯罪事实。

(廖世林)

【林起栋受表彰】 7月23日,县公安局在局会议室举行交管大队教导员林起栋省“五一劳动奖章”“我身边的好交警”二等功授奖仪式。省厅交警总队党委委员、纪委书记赵风,市总工会副主席陈立兵和经济部部长李明芳,市公安局党委委员、副局长高立以及县公安局领导、城区部分民警参加。

(廖世林)

【公安部督打拐卖儿童案告破】 8月14日,县公安局刑侦大队协助云南昆明铁路公安警方在时代广场附近抓获公安部督打拐卖儿童犯罪嫌疑人陈某成(男,52岁,大田县武陵乡人),破获拐卖儿童案2起,解救被拐儿童2人。经初审,犯罪嫌疑人陈某成供述其于3月和6月从云南女子“小王”(身份待查)手中购得2名男婴,分别以8.3万元、10.1万元贩卖至德化县,从中获利3万余元的犯罪事实。

(廖世林)

【“祥江调解室”成立】 8月15日,“祥江调解室”在谢洋乡正式成立并投入使用。该调解室按照规范化建设标准施工,以民警吴祥江命名,改建将成为公安为民办实事的一个“亮点”窗口、联系群众的桥梁和纽带及维护社会和谐稳定的平台。

(廖世林)

【非法制造买卖毒品案告破】 8月17日,县公安局组织100余名警力在吴山乡梓溪村打掉一非法制造、买卖麻黄碱犯罪团伙,当场抓获犯罪嫌疑人11人,其中长汀、安徽籍各1人,大田、宁化籍各2人,贵州籍5人。缴获麻黄碱成品558.75千克,扣押制毒设备、原料百余件。

(廖世林)

【“9·19”系列持刀抢劫案告破】 9月22日下午,县公安局专案组民警在城区抓获涉嫌持刀抢劫的犯罪嫌疑人林某(男,40岁,武陵乡人),成功破获“9·19”系列持刀抢劫案。经查,犯罪嫌疑人林某于当年9月19日、20日、21日夜间,在城区凤山东路、银山北路、文化广场等地抢劫单身女子财物,连续作案3起、涉案价值3000余元。

(廖世林)

【20年“白骨迷案”告破】 9月25日,县公安局经过缜密侦查,成功破获历时20年的奇诏“白骨迷案”。犯罪嫌疑人邱某在大田城区

被警方抓获。经审，邱某供述了奇韬桃东村民邱某辉于1995年9月在奇韬镇文经村一甘蔗地被害经过，以及伙同弟弟邱某某、侄儿邱某某共同将邱某辉的尸体抬到后山挖坑掩埋的犯罪事实。

（廖世林）

【民用爆炸物品安全管理协会成立】 11月19日，大田县民用爆炸物品安全管理协会成立，并在县委党校五楼召开第一次会员大会。会议表决通过《大田县民用爆炸物品安全管理协会章程》和《大田县民用爆炸物品安全管理协会会费管理办法》；选举产生第一届理事会理事和协会会长；聘请县公安局副局长李建成为协会名誉会长。

（廖世林）

【省公安厅文艺小分队到县演出】 12月8日下午，省公安厅文联秘书长郭强带领省厅“公安文化基层行”文艺小分队20名文艺工作者到县民警训练基地慰问演出。县委常委、政法委书记张英跃与基层民警、武警官兵及民警家属一同观看演出。

（廖世林）

【县公安局禁毒大队成立】 12月23日上午，县公安局举行禁毒大队揭牌仪式。县委常委、政法委书记张英跃和公安局长叶其勇为禁毒大队揭牌。县委政法委政治处主任吴绍锯，县公安局党委班子成员、城区各室所队负责人和禁毒大队、刑侦大队全体民警参加。

（廖世林）

【“新生儿落户政策”落实】 2014年，县公安局根据市公安、计生、民政等四部门联合出台《关于切实解决新生儿落户问题的意见》，贯彻执行新生儿落户不再与计生挂钩，当事人只需要持出生证及父母亲双方的结婚证、户口本、身份证，即可为新生儿落户籍。全年，共办理新生儿落户6305人（男性4071人，女性2234人），其中当年出生1302人、往年出生5003人。

（廖世林）

【户口清理整顿专项行动】 2014年，县公安局根据公安部、省厅的统一部署，在全县开展户口清理整顿专项行动。共发现重复户口414人、虚假户口16人。已清理重复户口45人，解决出生未落户1.53万人，长期无户口人员（黑户）53人；纠正户口主项项目信息错误35人，依法强制注销违规户口46人；已立伪造出生医学证明刑事案件31起，依法追究当事人刑事责任31人。

（廖世林）

检　察

【概况】 2014年，县检察院推行派驻巡回检察联络机制，发挥打击、预防、教育、监督、保护等检察职能，提升检察工作公信力和执法亲和力。全年共批准逮捕110件、158人，提起公诉268件、441人。其中，批捕故意杀人、强奸、抢劫、故意伤害、绑架等严重暴力犯罪13件、17人，对侵犯人身、民主权利等犯罪提起公诉50件、78人；批捕“两抢一盗”犯罪34件、41人，提起公诉38件、63人；批捕聚众斗殴、寻衅滋事、开设赌场等犯罪27件、44人，提起公诉72件、131人。其他案件批捕36建、56人，提起公诉108件、169人。

当年，共有14个集体、9人获市级以上表彰。其中，县检察院获全市先进基层检察院、全市网络文明传播工作先进单位，控申科保持全国检察机关“文明接待示范窗口”称号，派驻县看守所检察室获第四届“全国检察机关二级规范化检察室”，公诉科被团省委评为全省青少年维权岗、第十一届“福建青年五四奖章集体”。

（肖海、陈成建）

【巡回检察联络室建立】 2月19日，县检察院驻均溪镇检察联络室设立。3月18日，印发《大田县人民检察院关于派驻巡回检察联络室（站）管理暂行办法》，推行派驻巡回检察联络机制。至年底，共设立均溪、文江、上京、建设4个巡回检察联络室，辐射18个乡镇，形成“定点＋巡回＋联络员”工作模式，就近接待处置来访、预防犯罪、法律监督和化解矛盾。全年共开展巡回检察20余次，法律服务6次，收集各类信息30余条；针对生态保护，走访乡镇企业30余家；参与协助各乡镇司法所、综治办处理社会矛盾5次。

（肖海、陈成建）

【职务犯罪查办和预防】 2014年，县检察院开展查办“发生在群众身边、损害群众利益”的职务犯罪专项活动，立案侦查医疗卫生、家电下乡等惠民涉农职务犯罪案件10件、11人，其中贪污贿赂案件8件、9人，渎职侵权案件2件、2人。侦查案件中大案9人，占立案人数81.81%，犯罪金额100万元以上案件4人、50万元以上2人、科级干部3人，为国家和集体挽回经济损失300余万元。同时，向县委、人大、政府及有关部门报送惩治和预防职务犯罪年度报告，与市检察院联合制作预防职务犯罪微电影《唐跑跑流浪记》，开展预防咨询调查10次，提出预防建议7份，提供行贿犯罪档案查询253人次，进行预防警示教育103场次，组织97个单位、600余人参观反腐倡廉法制教育基地。

（肖海、陈成建）

【刑事诉讼活动监督】 2014年，县检察院加强刑事诉讼监督。一是依法监督公安机关立案19件、撤案24件，向公安机关发出《补充侦查提纲》4份、《逮捕案件继续侦查提纲》5份，对遗漏的犯罪嫌疑人依法追捕14人、追诉22人，对侦查行为不规范等现象提出书面纠正意见9份。未出现捕后作撤案、不起诉、判无罪以及不捕后经复议复核被纠正的案件。二是开展“破坏环境资源和危害食品药品安全犯罪专项立案”及“服务生态经济建设美丽福建”专项监督活动，将监督重点放在破坏环境资源和危害食品、药品安全领域；走访公安、国土、环保、食品药品监管、生态综合执法局等10余个行政执法部门，查阅卷宗80余册，对近3年作出行政处罚或涉嫌犯罪尚未移送公安机关的案件跟踪监督。

（肖海、陈成建）

【刑罚执行监管监督】 2014年，县检察院强化派驻监所检察室监督职能。一是落实检察官谈话、约见检察官、检察官信箱等制度，催办羁押期限即将届满的案件72人次，参加监所安全防范检查22次，对看守所使用戒具、禁闭情况检察18人次，对在押人员伙食标准、生活卫生、疾病治疗等情况检察16次。二是强化社区矫正法律监督，与县司法局联合对2013年社区矫正人员矫正期间再犯罪情况进行摸底，到18个乡镇司法所进行社区矫正巡查检察。三是落实修改后刑诉法、刑事诉讼规则关于羁押必要性审查的规定，监督对指定居所监视居住的执行案件2件、2人，开展减刑、假释、暂予监外执行专项检察活动，促成法院重新收监不符合暂予监外执行条件的社区矫正人员7人，及时纠正法院对执行刑期计算错误案件3起。

（肖海、陈成建）

【民事行政检察监督】 2014年，县检察院共办理民事检察案件6件，行政检察案件4件。一是强化对法院民事执行工作监督，针对县法院拍卖、冻结、查封财产措施不符合法律规定等问题发出检察建议4件，均被采纳。二是加大对行政非诉执行活动的监督力度，向县法院发出检察建议2份；以环境保护、食品药品安全、水土流失等涉及国家利益、公共利益和民生的领域为监督重点，开展行政执法检察监督，向县生态综合执法局发出检察建议2份。

（肖海、陈成建）

【“四位一体”综合受理平台完善】 2014年，县检察院完善“12309”举报电话、网络信访、来信、来访“四位一体”综合受理平台。全年共受理群众来信来访77件次，其中来信31件、来访46件，群众来信来访均能在7日内分流转办，开展检察长接待活动44次，办理检察长接待并批办25件；开展刑事被害人救助工作，办理刑事被害人救助案件4件，发放救助金8.5万元；举办以“依靠群众惩治职务犯罪，公开检务强化自身监督”为主题的举报宣传周活动，发布手机短信22万条，发放宣传材料700余份，向群众提供法律咨询83人次，到企业、社区等单位宣传5次，受教育1300多人。

（肖海、陈成建）

【生态环境领域犯罪打击】 2014年，县检察院成立生态环境检察科，履行对生态环境领域犯罪打击、预防、宣传、监督等职能，确立“捕、诉、监、防”一体化工作模式，形成打击和预防生态环境领域犯罪的整体合力，全年共审查批捕各类破坏生态环境犯罪13件、24人，起诉47件、68人。

（肖海、陈成建）

【“摸实情、办实事、促发展”活动】 2014年，县检察院在梅山乡长津、新楼、沈岭等挂钩村开展项目推进、矛盾化解、帮扶济困、富民强村、政策宣传“五到一线摸实情、办实事、促发展”活动，帮助挂钩村开展“美丽乡村”和民生民利工程建设，实地考察调研10次，帮助争取项目建设资金14.6万元，收集基层群众意见10余条，为69户结对帮扶对象发放慰问金及帮扶资金计1.67万元。

（肖海、陈成建）

【人权保障工作落实】 2014年，县检察院贯彻修改后刑事诉讼法关于人权保障的要求，细化审查逮捕条件，坚持“疑罪从无”原则。一是全年对11名犯罪嫌疑人作出无逮捕必要的不捕决定。听取犯罪嫌疑人辩解和律师辩护意见，安排辩护律师阅卷40人次，及时办理妨碍行使诉讼权利的控告申诉。二是开展羁押必要性审查工作，督促办案机关及时将不必继续羁押的9名在押人员变更强制措施。三是加强对法院判决、裁定的审查，及时纠正错误；突出保障残疾人等弱势群体的权益，对盲、聋、哑等犯罪嫌疑人，协调法律援助机构提供辩护2件。四是加强对未成年人的特殊司法保护，对未成年犯罪嫌疑人进行社会调查15人，起诉8件、8人，帮教14人，不起诉2人；针对未成年人与成年人混管混押、违法收押等方面存在的问题，向看守所发出书面纠正意见书11份、口头纠正8次。

（肖海、陈成建）

【内纠外监强化】 2014年，县检察院强化内纠外监工作。一是抓内部廉政纪律和执法监督，促进规范执法。开展专项督查并发出《检务督查通报》3次，领导干部述职述廉20人次、诫勉谈话1人次，落实重大事项报告23人次，评查各科室案件93件，发现各类办案瑕疵154处，发出《规范执法建议书》34份。二是主动接受外部监督，推动阳光检务，推进检务公开，加强案件信息公开网站运用，探索审查逮捕方式改革，试行公开听取相关诉讼参与人意见的审查方式；运用微博、微信、客户端“两微一端”服务平台，拓宽检群联系途径。全年共走访各界代表100余人次，公开案件程序性信息117件、法律文书22份，公开审查逮捕案件1件。

（肖海、陈成建）

法　院

【概况】 2014年，县法院共受理各类案件4696件，审结3539件，解决诉讼标的2.73亿元。其中，审结刑事案件300件，判处罪犯457人；审结民商事案件2864件、行政诉讼案件17件；执结执行案件358件，执行标的975万余元。当年，县法院共有6个集体、24人受到市级以上表彰。

（张五一）

【失足少年帮教】 2月，武陵乡2名失足少年因参与县城小南门2013年“5·19”聚众斗殴被判刑，两少年刑满释放，县法院和关工委数次对其开展帮助教育，鼓励重塑信心，扬起理想风帆，并多方奔走，联系帮助他们重返校园学习，4月8日，三明电视台“法庭内外”栏目专题报道大田法官帮扶失足少年重返校园事迹，引发社会各界广泛关注。在法官、老师和社会各方关怀下，两名失足少年告别过去，健康成长。

（李晓萍）

【危害药品安全犯罪打击】 3月，县法院与检察院、公安局、食品药品监督管理局联合出台《关于进一步完善涉嫌危害药品安全犯罪行政执法与刑事司法衔接工作机制的意见》，通过联席会议、信息共享、介入支持等制度，做好行政执法与刑事司法的衔接工作，保障人民群众生命安全和身体健康。全年共判处危害药品食品安全罪犯刑罚5人。

（黄承超）

【淘宝网“司法拍卖”平台入驻】 5月，县法院入驻淘宝网“司法拍卖”平台，依托网络渠道公开拍卖被执行财产。该平台在实施拍卖时，只要缴纳保证金就可参与拍卖，竞拍人不受身份限制，杜绝串标、暗箱操作等违规行为，提升了拍卖溢价率以及成交率，实现零佣金、涉讼财产交易价格最大化。全年共在淘宝网“司法拍卖”平台挂拍7件、成交2件，总金额374.93万元。

（陈晓颖）

【人民陪审员“倍增计划”完成】 5月23日，县第十六届人大常委会第20次会议审议通过任命林凤涪等20人为县法院人民陪审员的议案，完成人民陪审员“倍增计划”，至此、全县人民陪审员队伍达59人，全年适用普通程序案件373件，人民陪审员参加合议365件，陪审率97.86%。

（卢新煌）

【“司法助企，培植税源”专项行动】 5月27日，县法院与县国税局、县地税局联合出台《关于在党的群众路线教育实践活动中开展“司法助企，培植税源”专项行动的实施方案》。一是入企调研，摸清企业实际状况，建立企业维权及需求信息库，为企业送法律、政策、服务和信心。二是依托各领域职能优势，确定挂钩企业，对重点企业和项目开展“一对一”保姆式服务，帮助企业解决存在的难题。三是梳理企业反映的问题，对照目标查找差距，针对问题进行整改，完善各项配套措施，明确责任，强化后续服务。

（黄承超）

【远程视频接访系统开通】 7月23日，县法院与市中级人民法院远程视频接访系统正式开通。依托内网专线，通过高清摄像头、全向语音麦克风、扫描仪、投影机、身份证识别器等设备现场采集来访群众和上级法院接访法官音视频等信号。形成电子文档，经网络同步传输后，在两级法院信访接待室的电视屏幕上分别显示对方画面和语音。来访群众通过视频可以直接向上级法院表达诉求，接访法官根据上访群众反映的问题，现场解答，提高接访工作效率，减轻当事人申诉负担，拉近法官与当事人的距离，有利于矛盾化解。

（李岳泉）

【生态环境特色审判】 2014年，县法院充分发挥生态审判职能作用，通过建立“复绿管护、联动执法、司法建议常态化”等三个机制，搭建生态建设的“绿色通道”，打造生态环境特色审判。全年共开展“绿色司法 服务生态”法制宣传18场次，发放宣传材料2000余份，与国土、林业、水利等部门开展联合执法8次；提出司法建议15条，被有关部门采用5条；妥善化解各类生态环境纠纷43起；判处破坏生态环境罪犯71人、复植补种各种树苗面积49.5公顷；加大对稀土资源保护力度，对王某、黄某等6名非法开采稀土的罪犯均判处有期徒刑。

（曾海鹰）

【“三媒合一”司法公开新平台搭建】 2014年，县法院政务网站(www.dtfy.com.cn)正式上线运行，官方微博(@福建大田法院)在新浪网正式开通，官方微信(公众号:大田县人民法院)在腾讯网正式开通，搭建起网站、微博、微信“三媒合一”司法公开新平台，为社会公众及时获取司法信息、了解法院及法官工作带来便利。县法院运用新媒体推进司法公开、加大民意沟通、主动接受群众监督。全年共发布个案信息、司法文件、案件公告等和工作信息433条，官方原创微博、微信182条，转发968条。

（李岳泉）

【帮扶共建活动】 2014年，县法院建立新农村建设联系点制度，开展帮扶共建活动。全年共为老弱病残等困难群众缓交诉讼费13万余元，减免诉讼费9万余元，向生活确有困难的6名申请执行人发放司法救助金16万元；为31名贫困党员和群众捐赠现金1.6万余元。为挂钩的建设镇建爱村、香浮村分别筹措扶持资金2.5万元、4万元；教师节期间，向大田二中和建设中心幼儿园送去慰问金6000元。

（黄承超）

【“两中心一拓展”司法为民品牌建设】 2014年，建设法庭坚持“两中心一拓展”，持续推进司法为民品牌建设。“两中心”：诉讼服务中心、诉调对接中心。诉讼服务中心为当事人提供“一站式”便民诉讼服务，诉调对接中心通过调解员、联络员及时掌握辖区社情民意，开展指导人民调解工作，及时把矛盾化解在基层一线和服务群众的“前一公里”和“后一公里”。“一拓展”：根据辖区经济发展需要，将巡回审判内涵拓展至“司法助企”等领域，将法庭搬到企业、项目争议现场，采取司法建议、法律讲堂、风险体检三大“护航法宝”，助力企业发展。全年，建设法庭审结案件457件，其中调解282件，调解率61.71%；审结涉企案件157件，为企业挽回直接经济损失320余万元。7月，该法庭被市中院、市司法局联合授予“全市指导人民调解工作先进集体”称号。

（李勤模）

【交通事故纠纷解决机制建立】 2014年，县交通审判庭建立以司法调解为主导，行政调解、人民调解“多元跟进”的解决纠纷机制。全年受理道路交通事故赔偿案件318件、审结307件，结案标的1464.52万元。其中，当天调解结案173件，当即履行168件，标的168.02万元。8月，该庭先后被确定为全省、全市法院司法品牌项目。

（黄承超）

【执行工作信息化建设】 2014年，县法院加快执行工作信息化建设，集远程指挥监控、被执行人信息“点对点”查询、被执行人信息发布、执行短信互动及执行外勤单兵系统建设等功能于一体的执行指挥中心。该中心自2013年底建成以来共运用“点对点”查询被执行人的银行账户、房产、车辆等信息16万人次，冻结、划拨执行款747.57万元，发送执行短信7407余条，上网公布失信被执行人1919人，公布率100%。

（黄承超）

【庭审直播工作推进】 2014年，县法院推动数字化法院建设，推行“每庭必录、每案必刻”一案一光盘全程留痕制度，对6个具有典型代表性的案件进行庭审网络视频和微博图文直播，让群众及时了解案件审理过程，满足社会公众的知情权。

（李岳泉）

司法行政

【概况】 2014年，大田县司法局继续开展学生“带法回家”“夕阳红”特色普法等系列“六五”普法及“法律六进”宣传教育活动，共发放各类法制宣传资料和普法读物10万余份，评选表彰县级“遵纪守法示范户家庭”50户。全县累计接收社区服刑人员1204人，其中已解除矫正892人，在册312人；GPS定位手机配备率100%。全县在管安置帮教人员2024人，安置1937人，安置率95.7%。共排查调处矛盾纠纷1405件，调处成功1358件，成功率96.65%；继续组织开展“金银铜牌调委会、调解员”评选表彰活动。县法律援助中心共解答各类法律咨询278人次，办理法律援助案件475件，为510位受援群众挽回经济损失1100余万元。全县律师事务所共担任法律顾问181家，办理案件812件；基层法律服务工作者共担任法律顾问7家，办理案件173件；县公证处办理各类公证550件。当年，县司法局被三明市中级人民法院、市司法局评为“2011—2013年度全市指导人民调解工作先进集体”，被县委、县政府评为“平安先进单位”；全局有4名干部受到市级表彰。

（范清萍）

【省司法厅领导到大田慰问】 1月8日，省司法厅副厅长、省监狱管理局局长李陵军和三明市司法局局长黄国城一行到县慰问困难司法行政干部陈某某，并送去慰问金1500元。县委副书记廖金辉、副县长余维语陪同。

（范清萍）

【社区矫正服务基地建设】 6月，县司法局在屏山乡建成首家社区矫正人员社区服务基地。发挥本县特色茶产业优势，在屏山乡美阳、杨梅村改造提升茶园133.3公顷，作为职业技能培训和社区服务场所；利用龙头企业高峰茶业有限公司建设矫正教育中心，内设矫正办公室、宿舍、食堂、休闲活动室等。县司法局定期分批组织社区矫正对象到基地参加茶叶种植与加工技术培训，全年共到服务基地参加培训210人次。

（范清萍）

【法律援助中心入驻县行政服务中心】 8月，县法律援助中心入驻县行政服务中心，为需援对象提供优质、便捷的法律服务。

（范清萍）

【“国家宪法日”宣传活动】 12月4日，县司法局开展首个国家宪法日暨全国法制宣传日宣传活动。一是组织10名律师和法律服务工作者上街现场法律咨询、发放法制宣传材料1000余份。二是组织以依法治国、法治建设及中国特色社会主义法律体系知识为主要内容的党委（组）中心组理论学习2场。三是组织县法制宣讲团和各校法制副校长、法制宣传志愿者等为中小学学生上宪法课25课次，寒假期间组织全县中学生开展以宣传宪法为主要内容的学生“带法回家”活动。四是以城区南山路法制宣传一条街为宣传阵地出专栏2期，围绕全国法制宣传日主题，进行相关法律法规宣传。五是依托各乡（镇）“夕阳红”普法宣传队，开展系列农村普法活动18场次。

（廖建新）

【“法治大田”电视栏目创办】 2014年，县依法治县办与县综治办、电视台联合创办首档法制服务类电视栏目《法治大田》，该栏目以案释法，每月1期，每期15分钟，在县电视台黄金时段滚动播出。当年制作播出10期。

（范清萍）

【个人调解室建设】 2014年，县司法局分别在湖美乡、桃源镇成立以“全国模范人民调解员”廖明绩、肖衍呈为骨干的“平安湖调解室”和“和谐渡调解室”，分别开展“明绩五心”（热心、关心、爱心、用心、平常心）和“衍呈在线654321”（在调解组织上，做到有“六专人员”，在调解机制上，做到“五个一”，在调解方法上，做到“四个化”，在调解原则上，做到“三个有”，在调解效果上，实现“一千个目标”）调解工作法；在文江乡结合“保护母亲河行动”成立“护河调解队”，及时解决群众的合理诉求，实现“矛盾不积累、不激化、不上交，就地解决”的目标。

（范清萍）

【调解风险评估机制创新】 2014年，县司法局在桃源镇创新人民调解工作风险评估机制，并在全县推广，从调前、调中、调后三个方面对调解案件进行评估，将“风险评估”与矛盾调解融为一体，提高对潜在矛盾纠纷的防范能力。

（范清萍）

农业

□编辑 魏兰兰

综述

【概况】 2014年，大田县农业部门贯彻落实中央一号文件和中央、省、市农村工作会议精神，全面深化农村改革，发展现代农业，创建美丽乡村，农业农村各项工作取得新成效。全县完成农业总产值45.59亿元，比上年增长9.04%；农民人均可支配收入1.18万元，同比增长10.28%。粮食总产量12.03万吨；茶叶产量8243吨，烟叶4100吨，木薯10.2万吨，蔬菜瓜果类56.2吨；全年饲养生猪出栏数20.65万头，牛0.63万头，羊2.15万头，禽152.44万只，兔253万只，肉类总产量2.25万吨，禽蛋产量3400吨，水产品产量6184吨。

（涂萃林）

【农产品质量安全例行抽检】 4月1日，省农业厅检查人员到县开展春季农产品质量安全例行抽检，随机抽检县农贸市场蔬菜类品种苦瓜、莴笋叶、茄子、包菜、西芹、西红柿、大白菜以及水果类香蕉等8个样品送省农产品质量安全检验检测中心检测分析。

（乐丁补）

【省农业科学院专家到县指导土肥工作】 5月29日，省农业科学院土肥所副所长王飞等专家一行到县指导土肥工作，到桃源镇前村村察看烂泥田现状和玉米缺素现象等，分析烂泥田缺磷、缺钾现象，针对玉米缺素进行现场诊断，提出烂泥田增施磷钾肥等改良措施，对玉米田地进行土样化验和就地安排试验分析等工作。

（乐丁补）

【农产品质量安全知识宣传】 5—6月，县农业局与县经贸局、工商局、卫生局、食品药品监管局等部门在上京、湖美、建设、均溪等乡镇联合开展以“国以民为本，民以食为天，食以安为先”为主题的食品安全宣传活动，共发放《农产品质量安全法律法规》《安全食用农产品》《中国禁用限用农药规定》《消费者权益保护法》等宣传资料4600多份。

（乐丁补）

【县6家农业企业签订三明市第二批农产品质量安全承诺书】 6月25—26日，福建仙顶实业有限公司等6家农业企业赴三明参加农产品质量体系运作培训，在三明市第二批农产品质量安全承诺仪式上签订农产品质量安全承诺书。

（乐丁补）

【农技人员指导灾后生产自救】 8月19日，全县10个乡镇和东风农场遭受暴雨灾害，其中粮食、蔬菜主产区桃源镇受灾最严重。县农业局组织技术干部到灾区，帮助群众开展生产自救和灾后恢复生产工作。一是清水洗泥，去除田间杂物；二是清沟排水，疏通渠道；三是根外追肥和病虫害综合防治。灾后植株受伤，田间湿度大，易诱发病虫害发生，进行稻瘟病、纹枯病、卷叶螟和稻飞虱等病虫综合防控，结合0.3%磷酸二氢钾和0.5%尿素进行根外追肥，以增强植株抗性，加快恢复生长，提高防控效果。

（乐丁补）

【农广校首次开展农业职业技能鉴定】 9月12日，县农广校首次开展农业职业技能鉴定，对象为2014年毕业的农广校学员，共73人参加鉴定。技能鉴定分为理论考核和实际操作，由国家题库统一命题，合格学员获得国家人力资源和社会保障部颁发的相应职业资格证书。

（乐丁补）

【乡镇农产品质量安全监测点启动】 11月4日，县农业局对全县农产品质量安全乡镇监管检测设备开展验收，并对桃源、上京、奇韬、湖美、屏山5个乡镇的检测人员进行验收和农药残留速测仪及数据上传等技术培训，检测点乡镇的农产品质量安全监测将纳入全省监测信息平台。

（乐丁补）

【周高山获农业部表彰】 12月23日，县农业技术推广站站长周高山被农业部评为“全国粮食生产突出贡献农业科技人员”，在全国农业工作会议上受通报表扬。

（乐丁补）

【美丽乡村创建】 2014年，全县开展美丽乡村创建，每个乡镇重点抓好1个中心村和2—3个特色村。共实施精品村项目65个，新培育示范点40个，重点推进桃源镇蓝玉、东坂、桃源等村和吴山乡和洋、阳春、梓溪以及济阳乡济阳、济中等村美丽乡村创建；提升石牌镇长溪、上京镇梅林、建设镇建国和建设、广平镇栋仁等村省道沿线美丽乡村景观带。聘请台湾永续发展协会对桃源镇蓝玉村、东坂村，东风农场和屏山乡内洋村，济阳乡济阳村、济中村，吴山乡和洋村等作区域美丽乡村整体规划，引进台湾乡村旅游理念，推进蓝玉村、东坂村和内洋村民宿旅游，建成蓝玉、内洋等村民宿设施，具备接待能力。桃源镇蓝玉村、屏山乡内洋村被评为全市首批美丽乡村示范村，桃源镇东坂村、广平镇万宅村入选第三批中国传统村落名录。

（涂萃林）

【农业产业化】 2014年，大田县农业产业化工作一是扶持家庭农场发展，县政府制定《关于大力培育发展家庭农场的实施意见》，全县登记注册家庭农场74户，资金数额1.07亿元。二是壮大新型经济组织，新获批大田雪山萝卜神植标准化示范区，建成屏山雾海茶人家、石牌大盖竹农庄、均溪虎鼻崎山庄、桃源赤头坂森林人家、东风农场红菇基地5个休闲观光园和武陵永强家庭农场、谢洋九町农场、济阳乌山头休闲观光农场、屏山樱花园等18个精品园；对符合条件的龙头企业和专业合作社给予贷款贴息，培育省级农业产业化龙头企业2家、市级29家、县级25家；新培育农民专业合作社59户，新增注册资本1.14亿元，年底，全县农民专业合作社361个。三是实施农业产业化及生态保护项目19个，总投资17.33亿元，完成年度计划的115.07%。

（涂萃林 王有铭）

【富硒产业发展】 2014年，县委、县政府制定《关于加快推进大田县富硒产业发展的实施意见》，成立富硒产业发展工作领导小组，由县委常委、统战部长江太生任组长，县农办、农业、茶业、林业、发改、财政、质监、水利、环保、国土、工商、供销等部门为成员单位，下设办公室（挂靠县农办），负责制定富硒产业发展规划、年度计划和推进富硒产业发展的具体政策措施。一是开展富硒土壤详查和农产品硒元素含量测定，选送278个农产品和土壤样品至湖北恩施质检所检验硒含量，经检验粮食、红菇、萝卜、甘薯、提子、笋干等农产品硒含量达到科学标准，属于天然富硒植物。二是成立福建省富硒茶研发中心，农翔（福建）食品有限公司、福建仙顶实业有限公司等龙头企业进行大米、珍珠粉、茶叶、地瓜干、生姜、萝卜、去火梅和茶食品等富硒产品的研究与开发。三是规划富硒农产品产业园，建立富硒基地666.67公顷。四是加强交流合作，与省地矿局合作开展土地资源调查和武陵乡土地详查，组团参加首届中国富硒农业技术与产业创新论坛、第二届硒产品博览交易会。

（涂萃林）

【国家立项农业综合开发】 2014年，全县实施国家立项农业综合开发土地治理项目3个，分别在均溪镇温镇村、上太村，广平镇苏桥村、元沙村、五峰村、丰庄村和东风农场实施，总面积1000公顷，总投资1740万元，新建机耕路12.1公里、蓄水池7座、护岸3.54公里，浇灌管道21.35公里等；由大田县高峰茶业有限公司实施产业化经营项目1个，建设东方美人茶基地100公顷，总投资330万元；实施土地治理项目，衬砌灌溉渠道3.15公里、拦水坝4座，新建、修建机耕路1.67公里，新建护岸0.75公里。

（涂萃林 林友波）

【扶贫工作】 2014年，县委、县政府继续实施扶贫开发工作，一是推进造福工程危房改造，全县危房改造900户、4128人，争取造福工程搬迁指标及补助资金1098万元，其中谢洋乡三和新村、太华镇汤泉村顶庄2个百户造福工程集中安置点列入省级集中安置区，各获基础设施补助资金100万元。二是实施扶贫开发省级重点村3个、市级7个、县级19个，争取上级补助资金2282万元，实施项目70个。争取计生小额信贷贴息资金505万元，贴息22.5万元，扶持计生户发展生产；争取农村贫困妇女巾帼扶贫小额信贷贴息资金170万元，贴息11.2万元；争取农村贫困人口发展生产雨露计划培训补助资金20万元；争取贫困户发展生产和带动贫困户脱贫的生产性重点扶贫项目中央财政扶贫资金75万元。三是实施第二轮"干群结对帮扶济困"活动，科级以上干部每人结对帮扶1户，一般干部职工以股室或站所为单位结对帮扶，共落实帮扶资金118万元。

（涂萃林　林永昆）

【小城镇建设】 2014年，全县小城镇建设重点实施镇建设镇和桃源镇市级中心建设。建设镇计划投资7.68亿元实施项目9个，当年完成投资3.05亿元，其中美丽乡村、新型社区、石材加工、小型农田水利、小流域景观工程、农业特色精品园、汽车站、农村安全饮用水、福建顺天来彩陶制品有限公司9个项目，年底，竣工9个；桃源镇实施项目13个，总投资3.96亿元，完成投资2.18亿元，其中，美丽乡村、农业特色精品园、敬老院、大湾造福工程、中心幼儿园、公共租赁房、湖田生态农业、农村生态能源循环综合利用工程、集镇景观综合整治、源农花卉10个项目年底竣工。

（涂萃林　刘传明）

【扶贫小额信贷机制创新】 2014年，县成立农村扶贫小额信贷担保协会，制定《大田县支农扶贫小额信贷担保金管理暂行办法》，设立担保金200万元，与县农村信用社合作，对贫困户和带动贫困户发展的龙头企业、专业合作社、家庭农场、种养大户提供贷款担保，利用小额信贷资金撬动银行信贷资金，全年发放贷款400万元，解决部分农户担保难、融资难问题，被省农业厅（农办）列入扶贫小额信贷创新试点县，新增补助50万元，累计获得补助250万元。

（涂萃林　涂育东）

【农村经济管理】 2014年，县、乡镇经管站加强农村经济管理工作，一是推进土地承包经营权流转，稳定和完善农村土地承包关系。全年共协审土地征用项目17个，总面积38.46公顷，协审失地养老保障对象3313人；实行土地承包经营权流转的农户4816户、耕地面积2312.4公顷，占总面积16.08%。二是加强农村集体资金、资产、资源"三资"监管，剔除手续不完整发票1008张、金额144.2万元，剔除违纪发票98张、追回全部金额11.07万元；做好"三资"台账数量、金额变动滚动，确保资产资源保值增值，对资产、资源的拍卖、转包、转让、工程发包实行招投标，共处置资产招投标10件，标的218.94万元，中标231.08万元，增加村财收入12.14万元，工程项目招投标174件，标的3950.36万元，中标3604.04万元，减少村财政支出346.32万元；做好村组接待费督查，共清退招待费35.03万元。三是发展规范农民专业合作社，年底，全县经工商注册登记的农民专业合作社361家，年内新增59家，被评为省级示范社4家、规范化建设社1家、市级示范社4家、县级示范社10家。四是大力培育发展家庭农场。全县经工商注册的家庭农场89家，被评为省级示范场2家、市级4家、县级10家。五是加强信访调查，共受理信访件3件，查出违纪金额1.6万元。

（乐丁补）

【农村能源建设】 2014年，县农村能源站开展全县沼气安全生产排查治理大检查，组织40人入户回访2600户，发放宣传手册2000本，投入经费2.5万元；举办乡、村沼气知识培训32期、1300人次。在奇韬、建设、屏山等5个乡镇新规划建设沼气服务网点5个，累计投入16万元，年底，农村沼气服务网点（包含县服务中心）59个，基本实现服务网络无缝覆盖。全年，新建沼气池205口，全县户用沼气池保有量7548户。

（乐丁补）

【农业信息化】 2014年，县农业信息工作站规范"12316"农业服务热线规范用语等制度，安装专家值班客户端软件以及音频视频硬件，实现全省专家资源共享；年内完成14个乡镇15个信息服务点建设，将乡镇农业"五站"、中介组织及产业化龙头企业联网，全县共建立93个农村信息服务点，累计投资27.9万元；利用"12316"农业信息服务终端机服务"三农"，发布各种农业信息 142 条、网站信息 223 条；接待群众来访来电 83 人次，解决农业生产实际问题 65 个，解答农村政策咨询 22 人次，指导处理农业生产问题 33 人次，现场指导 42 次，技术咨询96次，发放“三农”信息服务卡200张；为专家、乡镇农技人员和群众安装“12316”手机客户端 1220 个。

（乐丁补）

【农资打假】 2014 年，大田县被农业部确定为“放心农资下乡进村”示范单位。县农业执法大队出动执法人员 598 人次，执法检查 8 次，检查农资经营店 196 家，查处并结案 6 起（农药标签、饲料质量各 2 起，兽药标签、兽药质量各 1 起），罚款 2.58 万元；抽查农资标签 166个，其中种子61个、农药58个、肥料25个、兽药 22 个，合格 152 个，合格率 91.6%；质量抽查 20 个，合格 17 个、合格率 85%。

（乐丁补）

【农产品质量安全监管】 2014 年，县农产品质量安全监管部门加强对农产品质量安全监管工作，一是加强初级产品生产环节监管，蔬菜农药残留速测抽样 1800 个、合格率 99.3%，水果农残速测抽样 100 个、合格率 99 %，茶叶农残速测抽样 600 个、合格率 100 %，将监测、抽查结果在东街口信息栏、大田农业信息网上公布；开展种植业产品实验室检测抽检 3 次，共抽检样品 10 个，其中蔬菜 7 个、水果 1 个、茶叶 2 个，经省农产品质量安全检验检测中心检测，所抽检的10个样品36个项目全部合格。二是落实经营主体责任，建立农产品质量安全可追溯监管平台，全县列入省级农产品质量安全可追溯体系建设企业 5 家，列入市级可追溯体系建设企业 3 家；共有 9 家农业企业在市农业局举办的农产品质量安全承诺仪式上签订农产品质量安全承诺书，并参加农产品质量安全体系运作培训。三是加强监管保障，实施省厅农产品质量安全乡镇监管能力建设项目，投入50万元，为桃源等 5 个乡镇新配备有机磷、氨基甲酸酯类和菊酯类农药残留速测仪、荧光增白剂专用分析仪系统等仪器设备和采样检测车辆。

（乐丁补）

【农业品牌认证】 2014 年，县绿色食品办加强有机食品、无公害农产品、绿色食品和地理标志“三品一标”认证工作。一是福建省象山岩茶业有限公司的铁观音（茶）、东方美人茶、高山茶（红茶）和大田县联欣茶业有限公司的铁观音、金观音、新怡红茶叶共 6 个产品，通过绿色食品的现场检查和产品检测，其中象山岩茶业有限公司的 3 个产品获绿色食品认证。二是大田县梅山红芦柑专业合作社和大田县华阳生态养殖有限公司 2 个生产基地获无公害农产品产地认定证书。三是桃源镇蔬菜协会完成无公害农产品复查换证申报。四是大方广茶业有限公司、武陵乡陵雪茶厂等 8 家企业完成绿色食品标志年检。

（乐丁补）

【农科教工作】 2014 年，县农业局科教股一是遴选、发布两大主导产业、4 个主导品种、10 项主推技术，选聘 11 名农技专家、40 名骨干农业技术指导员，联系 10 个以上科技示范户、1 家以上农民专业合作社和 1 个以上农业示范基地，科技示范户分布在全县 18 个乡镇 176 个主导产业村。每个村遴选 5—10 个科技示范户，每户带动周边10个农户，辐射带动农户4000户。二是采取到部级或省级现代农业技术培训基地开展 3 天以上的异地研修、集中办班和现场实训等方式，分层分类分批开展农技人员岗位教育和知识更新培训，提高基层农技人员的业务能力。三是推广应用“12316”手机农务通，配备 82 人，四是分别建设县级和个人农业科技网络书屋 33 个、125 个。五是建立 4 所农民田间学校，推动科技进村入户、培养新型农民。六是推进基层农技推广服务体系条件建设，新建乡镇农技站办公业务用房 5 处，修缮 4 个站，配置办公、检验检测试验、培训等仪器设备。

（乐丁补）

【刘连生等获全国农牧渔业丰收奖二等奖】 2014 年，县农业局刘连生、吴新增、陈世镜从事福建省地方特色蔬菜品种及配套技术研究与开发工作，获 2011—2013 年度全国农牧渔业丰收奖二等奖。

（乐丁补）

【4 个市级家庭示范农场被确认】 2014 年，县湖珍家庭农场（林业）、永强家庭农场、牛栏山农场、文江乡瑞牧肉兔养殖家庭农场 4 个家庭农场，经三明市农业局、财政局评审确认

为2014年度市级家庭农场示范场。

（乐丁补）

种植业

【概况】2014年，大田县农业部门贯彻全国、省、市农业工作会议精神，稳定粮食和烟叶生产，发展培育木薯、蔬菜、食用菌等家庭农场，建设农业标准化示范区，推进无公害、绿色和有机农产品生产，落实增产措施，完成农业产值29.32亿元，比上年增长11.48%。

粮食生产 2014年，全县粮食播种面积2.51万公顷，粮食总产量12.03万吨。县农业局继续实施农业部粮油高产创建活动，一是在太华、桃源镇建立单季稻和烟后稻万亩示范片，平均亩产干谷分别613.1公斤、611.9公斤，比目标产量高13.1公斤、11.9公斤。二是继续承担农业部2个水稻万亩示范片的创建任务，总面积1409.33公顷，在太华镇、桃源镇2个单季稻万亩示范片各建立3个百亩片，给示范片农户无偿提供水稻种子750公斤、专用肥50吨。结合省再生稻和市超级稻推广项目，全县建立超级稻、再生稻“万、千、百”高产示范片24片，面积1600公顷，其中万亩区、千亩片各2个，百亩片20个，推广超级稻5666.67公顷，再生稻1466.67公顷。

木薯生产 2014年，县农业局继续抓大村、大户，以典型引路，扩大良种GR911、华南205推广面积，使良种覆盖率达85%以上。实施农业部大豆套种木薯高产高效示范工程，在文江乡建立百亩间套种高效栽培示范片，重点实施木薯套种大豆高产高效关键技术集成应用示范。推广木薯间作西瓜、大豆、花生栽培模式266.67公顷，推广标准化栽培666.67公顷。全县种植木薯4000公顷，总产量10.2万吨，平均亩产1.7吨。

果蔬生产 2014年，县农业部门推广生产示范，发展武陵大石的春香爱媛杂柑，建设管理房1座，建立春香橘柚良种苗木繁育基地0.67公顷，栽种香橙砧木2万株，搭建繁育基地钢架大棚3座。全县种植蔬菜瓜果类2.08万公顷、总产量56.2万吨。

食用菌生产 2014年，全县生产食用菌4410万袋，产值1.32亿元，其中常规菌类3189万袋、珍稀菌类1221万袋。食用菌品种栽培量香菇899万袋、蘑菇480万平方尺、毛木耳568万袋、秀珍菇200万袋、金针菇252万袋、杏鲍菇150万袋、草菇240万平方尺、平菇750万袋、黑木耳20万袋、茶树菇200万袋、滑菇42万袋、真姬菇75万袋、猴头菇20万袋、鸡腿菇45万袋、长根菇75万袋、大杯蕈64万袋、大球盖菇74万平方尺、姬松茸190万平方尺，其他品种66万袋。

烟叶生产 2014年，县烟草局围绕“卷烟上水平”的基本方针和全省烟草商业系统工作会议精神，采取措施稳定烟叶种植面积，提高烟叶品质。全县共有烟农868户，比2013年减少294户，种植面积1033.33公顷，同比减少192公顷；户均种烟1.19公顷，单户种烟最大面积8.67公顷；全县共收购烟叶1405吨，比2013年减少868吨，烟农售烟叶总收入4280.63万元，比2013年减少1560.85万元。

（乐丁补　庄莉红）

【良种工程】 2014年，县种子站完成农作物新品种示范推广面积1.61万公顷，其中优质稻品种0.93万公顷，高效蔬菜品种0.24万公顷，旱作品种甘薯、马铃薯、大豆、玉米、花生、油菜等0.44万公顷，总增产值3400万元；引进各类农作物新品种89个，其中水稻60个、高效蔬菜13个、旱作16个，分别在武陵、华兴、广平、上京、均溪、桃源等乡镇进行多点试验示范，筛选出优质、高产、抗病新品种水稻8个、玉米3个、蔬菜6个和甘薯、马铃薯、大豆各1个，在全县推广应用。

（乐丁补）

【测土配方施肥】 2014年，县土肥站采集土样449个，调查农户施肥情况162户；在石牌、桃源、均溪等乡镇（场）实施中稻田间肥效试验9组126个小区；举办乡、村农技员、示范户等技术培训7期、392人次；完成土样养分检测2935项；推广测土配方施肥面积2.91万公顷次，其中水稻1.27万公顷次、茶叶0.4万公顷次；制作、发放测土配方施肥农户指导手册6万册；实现水稻亩增产8.6公斤、亩均增产节支33.2元，茶叶亩增产茶青10.3公斤、亩均增产节支81.8元，总节本增收1456.83万元。（乐丁补）

【病虫害测报与防治】 2014年，县植保站发布《病虫害情报》17期、1500份。开展病虫害绿色防控，在大方广茶业有限公司茶叶生产基地建立茶树病虫害绿色防控技术核心示范区66.67公顷，辐射面积666.67公顷；推广新技术2次，重点推广苯醚甲·丙环唑等新农药16个，全年推广使用新农药2666.67公顷次；开展区域站建设，建设通透围栏370米、日光温室192平方米、养虫网室72平方米、机耕道250米、水渠400米，安装智能测报灯3盏、虫情测报灯1盏、孢子捕捉仪7个以及小气候观测仪1个等监测设备。

（乐丁补）

【烟叶生产基础设施建设】 2014年，全县烟叶生产设施投入397.7万元，其中新建育苗棚150个、43.65万元，烤房38座、354.05万元，受益的农户868户、面积1033.33公顷。11月12日，市烟草局烟叶处一行6人到县验收烟叶生产基础设施建设，评为优良，获通过。该年度实施建设烟、水、路项目21个，其中新建19个、2012年度结转2个，完成田间道路15条、15.52公里，沟渠6条、4.6公里，投入587.32万元。

（庄莉红）

茶 业

【概况】 2014年，大田县茶业局落实中央和省、市、县农业工作会议精神，围绕"百姓富、生态美"，推进现代茶业建设，通过举办茶事活动、参加展销会等，宣传大田高山茶。全县茶园面积5153.33公顷，年产干毛茶4310吨，产值7.19亿元，种植台湾樱花、福建山樱花、日本樱花等共3.03万株，杨梅6.99万株，建设蓄水池3750立方米、混凝土干支道29.5公里、步道21公里。举办大田县第九届中国高山茶暨首届中国洛神花文化节；组织茶企业参加"闽茶杯"质量鉴评，获金奖3项、特等奖2项；参加三明市"尚书品"名优茶（秋季）鉴评会，获名茶2只，优质茶6只。

（罗义航）

【中国高山茶城开业】 9月6日，中国高山茶城开业，地处泉三高速公路吴山互通口,，一期工程2013年开工，占地16.8公顷，总投资2.06亿元，首期入驻企业56家。县领导江太生、廖荣才为茶城服务中心揭牌。

（罗义航）

【茶产品展示展销】 9月8—11日，县政府组织象山岩茶业、岬顶峰茶业参加第十八届"9·8"投洽会暨品牌茶产业投资展览会。11月14—18日，县政府组织仙顶实业有限公司参加在武夷山举办的"万里茶道"沿线城市文化展示及产品展销会，就城市间文化、旅游、茶业等各领域展开洽谈、签约与合作。仙顶牌东方美人茶成为第三届"万里茶道"与城市发展（武夷山）中蒙俄市长峰会唯一指定用茶。11月16—18日，县政府组织象山岩、易津、五龙山、岬顶峰、仙叶、溢清香等企业参加第八届海峡两岸茶业博览会。

（罗义航）

【茶叶质量安全管控培训】 10月27日，县茶业局在仙廷大酒店四楼会议室举办全省茶叶质量安全管控关键技术培训班，26个现代茶业项目县的技术干部、重点茶业企业代表155人参加。福建农林大学教授、博士生导师孙威江、漳州市英格尔农业科技有限公司创始人梁景华、北京国太亚医投资有限责任公司网络营销总监刘光中、紫诚（福建）信息技术有限公司董事长杜超洋做专题讲座。

（罗义航）

【秋茶质量鉴评】 10月27日，县茶业局在仙顶实业有限公司审评室举行秋茶质量鉴评，采取密码审评，由省农业厅、茶叶质量检测中心站等茶叶专家担任评委。共收参赛茶样134只，其中铁观音107只、金观音17只、东方美人茶10只。吴山富裕茶厂获铁观音茶王奖，屏山德茗茶厂、九龙峰茶业有限公司、仙顶研究所分获铁观音、金观音、东方美人茶金奖。

（罗义航）

【第九届中国高山茶暨首届中国洛神花文化节】 10月28日，大田县第九届中国高山茶暨首届中国洛神花文化节在中国高山茶城广场举办。由中国经济林协会、福建省农业厅、福建省茶叶协会主办，大田县委、县政府承办，海峡两岸园艺交流协会、三明市农业局、三明市海峡茶业交流协会、福建富仁堂生物科技有限公司、三明市钻石置业有限公司协办。打造全国一流的“中国高山茶之乡”“中国洛神花之乡”，全面提高大田高山茶和洛神花的影响力与品牌知名度、美誉度。文化节以“富民、生态、健康”为主题，宣传大田高山茶和洛神花，弘扬茶文化，推进大田茶产业、洛神花产业持续、健康、稳步发展。邀请专家、知名书画家、新闻媒体、客商代表等参加开幕式。其间，还举办秋茶质量鉴评，茶博馆揭牌仪式，海峡两岸高山茶论坛，新闻媒体专题采访，茶产品、洛神花产品、农产品展示、展销，品茗，美丽乡村书画、摄影展等系列活动。

（罗义航）

【高山茶博物馆建成】 10月28日，中国高山茶博物馆在中国高山茶城主楼三楼建成，建筑面积1300多平方米。博物馆以高山茶文化为主题，由展示中心与活动中心两大版块构成。展示中心分为茶史、茶事、茶识三大类，茶叶历史、知名茶人、茶叶知识、采茶文化、茶艺品茶、茶与文化、产茶地理、制茶工艺、茶叶包装以及饮茶器具十个展区。省农业厅副厅长池宁、县委书记汤俊生共同为博物馆揭牌。

（罗义航）

【海峡两岸高山茶论坛】 10月28日，在福塘工业园区仙顶实业有限公司会议室举行，18个乡镇的分管领导、农技站长、茶业局技术干部、茶企代表及两岸茶叶界专家学者等共85人参加。台湾茶叶改良场教授廖文如做《东方美人茶之奥秘》讲座，安溪茶学院院长、教授、博导林金科做《铁观音营养品质与市场拓展》讲座。县领导陈汉良、江太生出席。

（罗义航）

畜牧业

【概况】 2014年，大田县畜牧业生产持续稳定发展，全县饲养生猪33.59万头，比上年下降0.03%；牛7452头，比上年增长22.75%；羊4.58万只，与上年平；禽202.73万只，与上年持平；兔375.81万只，比上年增长7.54%。肉类产量2.25万吨，同比增长3.69%，禽蛋产量3400吨，比上年下降18.19%，畜牧业产值7.23亿元，同比增长1.26%。

动物疫情测报 2014年，县动物疫情测报站开展高致病性禽流感、口蹄疫、猪瘟、鸡新城疫免疫抗体监测。猪免疫抗体监测770头份，猪瘟、口蹄疫抗体合格率分别93.85%、92%；牛羊免疫抗体监测50头份，口蹄疫抗体合格率87.5%；鸡免疫抗体监测430头份，检测鸡新城疫、禽流感抗体合格率分别为95.52%、96.25%；鸭免疫抗体监测430份、禽流感抗体合格率94.73%。盐酸克伦特罗、莱克巴多胺、沙丁胺醇检测各1823份，均为阴性。

动物卫生监督 2014年，县动物卫生监督所对兽药和饲料经营、使用环节进行监督管理，抽取兽药品种12个和饲料品种样品9个送省兽药饲料监察所检测，检测结果劣兽药1个和不合格饲料品种2个，依法查处，罚没款共1.1万余元；开展兽药、饲料整治行动16次，检查兽药经营企业、养殖场65个次，出动执法人员45人次、车辆16车次；打击非法经营病死猪违法犯罪专项行动6次，出动执法人员25人次，检查规模养殖场52个次，未发现养殖环节有非法经营病死猪行为；动物产地检疫9.82万头（只），其中生猪3.78万头，牛羊0.56万头，禽兔5.48万只（头），检出病畜禽23头（只），全部进行无害化处理。

（田新提）

【县兔业中心和均溪畜牧兽医站动工】 2月17日，县兔业中心和均溪畜牧兽医站业务用房动工，项目位于均溪镇赤岩山路10号北侧，占地304平方米，建筑面积786平方米，总投资90万元。

（田新提）

【动物疫情防控】 2014年，全县完成高致病性猪蓝耳病和猪瘟免疫各29.96万头，牲畜口蹄疫免疫30.90万头，禽流感免疫241.83万羽，新城疫免疫149万羽。

（田新提）

【畜牧养殖补助】 2014年，大田县碧珍园、鑫业养殖专业合作社和上京镇京呈畜牧有限公司生猪标准化规模养殖场建设项目分别获中央预算补助80万元、80万元、100万元；福建省湖田生态农业发展有限公司获省优质特色畜禽产业发展补助50万元；全县所有按规定进行无害化处理的养殖环节病死猪（不包括强制扑杀的猪、流产后的死胎、木乃伊胎等），给予养殖户每头补助无害化处理费用80元，无害化处理病死猪1198头。

（田新提）

【县种兔场新址征地】 2014年，因县规划建设需要，原位于均溪镇红星村鸭蛋山县种兔场拟搬迁至后华村芹菜垅原庆新机砖厂址，完成征地1.8公顷，累计投资100万元。

（田新提）

渔 业

【概况】 2014年，全县水产养殖总面积1390.94公顷，其中池塘68.87公顷、占人工养殖面积5%，山塘水库1322.07公顷，占95%;水产品总产量6184吨，比上年增加320吨，增长5.4%，其中淡水捕捞水产品产量728吨，人工养殖产量5482吨。全县人均水产品占有量16公斤， 全县渔业产值1.03亿万元，比上年增长3.45%，渔业产值占农林牧渔业总产值的2.26%。渔业专业劳动力1173人，兼业380人。

（陈仁收）

【基层水产技术推广体系建设】 2014年，全县提升基层水产技术推广体系公共服务能力，为渔民增收提供技术支持和人才保障，将湖美、梅山、屏山、武陵、太华等5个乡镇作为项目实施地点，建立2个渔业科技示范基地，选聘10名技术指导员，建立200个科技示范户，辐射带动1000户，遴选草鱼为主导品种、水库网箱健康养殖、草鱼免疫为主推技术，主推技术入户率100%。创新“专家＋试验示范基地＋水产技术人员＋科技示范户＋辐射带动户”的渔业科技成果转化应用快捷机制，示范户网箱养殖760箱，池塘养殖11.8公顷，生产优质成鱼4000吨。水产品质量达到无公害标准。

（陈仁收）

【重点养殖区水质监测】 2014年，县畜牧水产中心开展街面水库大田库区渔业水域环境监测。每月5日、15日和25日监测水温、透明度、溶解氧和pH值；每月15日监测亚硝酸氮、氨氮、硫化物、石油类、高锰酸盐指数、悬浮物，5日监测生化需氧量、叶绿素a；半年开展挥发性酚、总大肠菌群、浮游动植物（定性定量）、铜、锌、铅、镉、汞、砷含量等检测，及时掌握养殖区水环境质量变化情况，促进渔业“平安建设”。

（陈仁收）

【养殖池塘标准化改造】 2014年，上京镇桂诚养鱼专业合作社改造标准化水产养殖池塘2.53公顷，总投资36万元。池塘长宽比例合理，面积适中、塘埂宽度、内坡比符合生产需要，增氧机械配套及养殖区内道路完善，达到项目建设要求。

（陈仁收）

【渔政管理】 2014年，县渔政大队开展打击非法经营渔业专项行动，共组织执法人员104人次，出动车船巡查检查26次，检查渔船103艘、养殖场3家，发现安全生产隐患15件，当场落实整改10件，责令整改5件；查处渔业违法案件6起，没收电鱼机3台，清理违规网具34张，共罚款人民币4100元。年内，开展渔业船舶年检105艘，审验渔业捕捞许可证26本，办理新版水域滩涂养殖证7本；办理渔船保险23份、渔工人身意外伤害险105份；发放2013年度21艘捕捞渔船、74艘养殖渔船油价补贴89.17万元。

（田新提）

农业机械

【概况】 2014年，大田县农业机械化管理中心以服务农业、方便机手、兴机富民为主线，开展创建“平安农机”活动，做好农机推广、监理、培训、维修监管等工作。全县共有农机户9369户、9380人，农业机械净值9011万元，农机总动力16.65万千瓦，其中，拖拉机579台、6281千瓦，耕整机5154台、2.3万千瓦，机动插秧机19台、62千瓦，机动收割机25台、495千瓦，农副产品加工机械1.3万台、4.47万千瓦，其他机械9.2万千瓦;完成机耕1.27万公顷、机插秧593公顷、机收割836公顷。全年完成农机运输作业量6080.42万吨·公里，农机化经营收入9500万元。

农机推广 2014年，县政府办根据省农业厅、财政厅有关通知精神，印发《关于印发2014年大田县农业机械购置补贴实施方案的通知》，对全县18个乡镇农民实行农机购置补贴，办理指标确认书2173份，受益户1780户，落实补贴资金232.51万元，其中中央补贴196.5万元，省补贴36万元。补贴各类农业机械机具2328台（套），其中微耕机1169台，离心泵118台，割灌机526台，草木修剪机287台，采茶机5台，手扶和轮式拖拉机共49台，其他机械机具174台（套）。年内，带动农民群众投入农机发展资金838.6万元，农业机械总动力达16.65万千瓦，比上年增加0.55万千瓦。

农机监理 2014年，县农业机械化管理中心开展创建“平安农机”“安全生产月”“年检月”活动，做好农机推广、监理、培训、维修监管等工作。与乡镇站、科室，乡镇站与农机户分别签订农机安全生产责任状，做到层层有人抓、有人管，实现上下统一、齐抓共管的良好局面；到18个乡镇办理年检审核工作，年检512部。年内，全县年检拖拉机669部、挂牌5部。

维修监管 2014年，县农机中心年检修理网点16家、配件供应店3家。

（林志凌）

【安全咨询日活动】 6月3日，县农机中心、建设农机站联合开展农机安全生产宣传咨询日活动，放置农机安全宣传展牌6块，悬挂横幅1条，设立农机宣传咨询台1个，接受村民和机手咨询24人次，发放宣传单、安全生产知识手册等200多份。

（林志凌）

农 场

【概况】 2014年，全县有东风农场、县良种场，共1118户、3902人，耕地282.5公顷，农业总产值5610万元。

东风农场 2014年，全场1071户、3716人，耕地面积269.5公顷，粮豆播种面积386.67公顷，种植烟叶36.4公顷，收购烟叶95.4吨，种植雷竹120公顷，雷竹笋总产值达2000万元，比上年增长25%。完成工农业总产值1.03亿元，同比增长7.29%，其中农林牧渔业产值5260万元，与上年持平，人均纯收入9243元，同比增长7%。将登榜、盂坂红菇取样送至湖北恩施检测，硒含量分别为每公斤0.753毫克、0.28毫克，均为富硒农产品。福建省思源矿泉水公司落户泼水村，项目占地1.2公顷，8月建成投产，总投资5000万元。

县良种场 2014年，全场47户，186人；耕地面积13公顷，完成农业总产值350万元，人均纯收入7200元。种植玉米12公顷，产量245吨，产值70.5万元；种植蔬菜26.6公顷（含复种），总产量1400吨，产值195万元；种植大棚蔬菜1公顷，产值25万元；温州蜜柑80亩，产量100吨，产值8万元；烟叶产量101担，产值13.5万元。

（林生郁　黄志金）

【基础设施建设】 2014年，东风农场实施小型农田水利基础设施建设，投资200万元；乾元水库除险加固项目，投资90万元；完成垦区危房改造52户（套），投资450万元；对2013年改造的65户危旧房进行配套基础设施建设，三门、登榜、排吉、前坪、乾元等10村危房改造点道路铺设混凝土4.05公里，改造桥梁2座，总投资175万元，其中中央及省市配套补助97万元；泼水至桂洋村铺设混凝土道路3公里，投资100万元，其中一事一议财政奖补资金22.2万元；完成三门村、登榜村主干道改造铺设混凝土5.5公里，投资280万元。启动公租房建设项目，占地422平方米，建筑总面积1618平方米，总投资280万元。

（林生郁）

林 业

□编辑 陈吉悦

森林资源培育

【概况】 2014年，大田县林业工作围绕“百姓富、生态美”和建设生态林业、民生林业及抓造林改善环境、改革增添活力、制度保护资源、产业促进增收“四抓”的要求，以“创建国家级生态县和森林城市”为目标，深化改革，创新机制，推进现代林业建设，较好完成各项工作。

营林造林 2014年，全县共完成造林绿化面积2098.87公顷，占省、市下达任务的149.2%。其中，造林更新1316.13公顷，占省、市下达任务的197.4%；“四绿”工程建设782.74公顷，占省、市下达任务105.8%。其中，绿色城市33.47公顷、绿色村镇103.07公顷、绿色通道62.4公顷、绿色屏障583.8公顷。

苗木培育 2014年，全县大田育苗4.6公顷、产苗446万株，其中，马尾松2公顷、240万株，杉木1.67公顷、150万株，木荷0.8公顷、48万株，其他阔叶树0.13公顷、8万株。培育轻质机型马尾松容器苗0.4公顷、90万袋，绿化苗252公顷、730万株。

竹业开发 2014年，全县巩固高产、高效、优质的“两高一优”丰产竹林面积1466.67公顷，新发展“两高一优”毛竹笋竹两用林200公顷，低产毛竹林改造534公顷；完成3米宽竹山机耕路21公里，建竹山灌溉蓄水池2个、60立方米。全年生产原竹250万根，中小径竹材产量1025吨，鲜笋1.07万吨，清水笋570吨，笋干700吨。竹业总产值1.89亿元，其中加工产值1590万元。竹业招商引资600万元。

油茶开发 2014年，全县新造油茶林120公顷、油茶林改造264公顷。争取中央现代农业油茶生产发展项目、市级油茶产业发展项目国家和省市财政补助资金617万元。

（陈鹏飞 张锦斌 叶德扬）

【义务植树】 2014年，全县参加义务植树19.86万人次，植树73.88万株。创建21个绿色村庄，新增公园绿地面积10.93公顷，新建义务植树基地1个、2.07公顷；全县通道绿化工程新增里程13.96公里，林木绿化率80%。

（方来毅）

森林资源保护

【概况】 2014年，县林业局执行《中华人民共和国森林法》《中华人民共和国森林法实施条例》等法律、法规，严格采伐限额管理，控制森林资源过量消耗，实现森林可持续利用。建立健全森林资源管理制度，做到管理、服务一起抓，强化措施，依法行政，森林资源管理工作与经济社会协调发展。

限额采伐 2014年，县林业局根据省林业厅下达的商品材采伐计划，分解下达各乡镇、场采伐蓄积量19.42万立方米，确保年度采伐消耗量及分项结构不突破指标。全县共办理商品材林木采伐证770份、15.04万立方米，出材11.01万立方米。除自然保护区外，林业部门不再进行审批毛竹采伐。

依法护林 2014年，县林业局执法部门共受理查处各类森林案件312起，其中立刑案66起，破案54起，抓获逃犯11人，摧毁犯罪团伙3个、24人。受理查处林业行政案件243起，共处理违法人员311人次，其中依法逮捕11人、取保候审51人、刑事拘留6人、治安拘留1人、行政处罚242人次，为国家挽回经济损失312.34万元。全年办理木材运输证9334份，运输木材 10 万立方米。

林地管理 2014 年，县林业局受理审批征占用林地项目 40 起、面积 178.57 公顷，7 月下旬通过国家林业局林地管理检查。执法部门开展非法占用林地清查专项行动，全年共清理非法占用林地 4.54 公顷，其中，立刑案 1 起，林业行政处罚 19 起，责令限期恢复森林植被。

森林防火 2014 年，全县贯彻执行森林防火的法规、政策，按照省、市政府下达的森林防火责任目标要求，坚持“预防为主、积极消灭”的方针，结合实际，突出重点，抓好各项防范措施落实。全年召开指挥部成员及其他形式会议 148 场次，参加 3200 人次，多层次、全方位抓森林防火；出动宣传车 810 车次，制作固定宣传牌 218 块，印发防火宣传单、禁火令、刷写、张贴标语 8 万多张（条）；查处违章野外用火 309 起，罚款 5 万元。全县发生森林火灾 4 起、过火面积 33.1 公顷、受害面积 17.7 公顷，发生率 0.4 次 /10 万公顷，商品林受害率 0.1‰，生态林受害率 0。

森防检疫 2014 年，县林业局森防站执行国家《植物检疫条例》和《森林病虫害防治条例》，做好森林病虫害测报和防治。全年测报病虫种 10 种，监测面积 14.21 万公顷，发布虫情预警 2 次，产地苗木检疫 15 户、面积 111.3 公顷，产地检疫率 100%，无发现检疫对象。

（陈秉宇　林伟才　林剑明　陈思伟　沈荔琴　曾建新）

【山林纠纷调处】 2014 年，县山林纠纷调处办调处县内森林、林木林地纠纷 10 起、面积 131.5 公顷；受理群众来信 60 件、接待来访 145 人次，受理林权纠纷信访、办结反馈 60 件。没有发生恶性纠纷案件。

（吴贵戌　郭行泽）

【树王评选活动】 2014 年，在三明市树王评选活动中，武陵乡仕洋村祖祠角的罗汉松树龄 838 年、树高 13.4 米、胸围 510 厘米、冠幅 18.5 米 ×22.3 米，以树龄、冠幅最大、胸围最粗，综合评分第一，获“罗汉松王”；华兴乡早兴村南尾池的水松树龄 318 年、树高 29.7 米、胸围 403 厘米、冠幅 10.1 米 ×7.6 米，以树龄、冠幅最大、树高最高、胸围最粗，综合评分第一，获“水松王”；屏山乡和坑村昭灵庵前圆柏树龄 868 年、树高 18.8 米、胸围 556 厘米、冠幅 18.1 米 ×15.4 米，以胸围最粗、冠幅最大，综合评分第一，获“圆柏王”。

（林伟才）

林业改革

【概况】 2014 年，县林业局进一步完善集体林权制度改革。一是加强林权动态管理，全年共受理林权登记申请 481 宗，林权初始登记 302 宗（份），新增林权登记面积 164.73 公顷，发放林权证 159 本，补办 26 本，注销登记 93 宗、更正登记 1 宗、变更登记 59 宗。二是推进培育新型林业合作经济组织，全县共有林业专业合作经济组织 105 家，其中工商注册合作社 50 家。各类林业协会 50 家，股份林场 7 家，家庭林场 2 家。三是加强生态林管理，签订重点生态林管护合同 415 份、重点生态公益林监管责任书 224 份、林业站工作人员生态公益林监管责任书 48 份。全年发放国财、省财补助资金 1147.13 万元。

（张峰林　林因鸿）

【林权抵押贴息贷款】 2014 年，县林业局共办理林权抵押登记 13 宗、面积 1154.7 公顷，抵押贷款金额 2795 万元。申请林农小额贴息贷款 1.03 亿元，中央财政贴息 309.30 万元。

（张峰林　庄丽）

【林下经济发展】 2014 年，全县发展林下经济 3.39 万公顷、年产值 2.32 亿元，农民人均创收 1584 元。其中，种植中药材、林菌（红菇、梨红菇）3820 公顷、产值 1146 万元，林下养殖鸡、鸭、鹅、牛、羊 1.05 万公顷、产值 1.18 亿元，采集加工笋竹（含小径竹）1.43 万公顷、产值 1.02 亿元，森林景观利用森林公园、森林人家 5300 公顷、产值 60 万元。县林下经济林菌示范基地建设项目得到省林业厅批复，项目资金补助 200 万元。

（张峰林）

国有场圃

【概况】 2014 年，县境内国有场圃 4 个，其中，市属林场 2 个，县属林场、苗圃各 1 个。

共有经营面积1.39万公顷（苗圃用地1.2公顷），其中有林地1.4万公顷，林分蓄积量239.3万立方米。全年迹地更新造林180.17公顷，森林抚育1915.47公顷，木材生产2.82万立方米、主营业务收入3116.39万元，利润1006.23万元。年底,共有职工192人,其中专业技术人员67人。

桃源国有林场 2014年，全场经营面积6902.53公顷，其中有林地5951.5公顷，森林覆盖率86.9%，林分蓄积量101.8万立方米。当年迹地更新造林67.47公顷，其中速生丰产林面积41.8公顷，平均成活率96.7%，新造珍贵树种41.67公顷，其中林冠下套种7.8公顷。森林抚育786.54公顷，其中未成林抚育158.07公顷，幼林抚育628.47公顷。大径材基地建设75.33公顷。划定国家储备林1809.4公顷，后备林183公顷，杉木、马尾松当年抽高综合合格率、速生丰产林达标率、未成林造林转有林地综合合格率、幼林进阶率4项指标均100%；防火林带抚育51.23公里，林道维修46.38公里，森林病虫害防治76.13公顷。新办林权证2本、60.6公顷。全年主伐择伐林木面积24.8公顷，抚育间伐132.27公顷，完成木材生产1.59万立方米，销售1.58万立方米，平均销售单价1116.63元/立方米。主营业务收入1810.69万元（不含薪材），销售利润943.68万元，利润率52.12%；营林、抚育投资332.13万元。年底，全场在职干部职工74人，其中专业技术人员28人（中级职称9人，高级13人）。

梅林国有林场 2014年，全场林业用地面积按省林业厅资源站图库融合计算6496.2公顷，其中有林地5618.4公顷，森林覆盖率88.9%，林分蓄积量95.9万立方米，生态公益林937.07公顷。育苗地福建柏333平方米、木荷666.7平方米。全年迹地更新造林72.7公顷，中幼林抚育580公顷，抚育间伐34.73公顷；森林病虫防治345.07公顷，林道维修86公里，防火林带抚育13公里；协助森林派出所查处盗伐林木案件30起，被盗林木共265株，收回木材90立方米。木材生产7355立方米，销售7328立方米，销售收入705.7万元，利润20.55万元。年底在职干部职工76人，其中专业技术人员30人。

赤头坂国有林场 2014年，全场经营面积2540公顷，其中有林地面积2433.33公顷、森林覆盖率96%，林分蓄积量41.6万立方米，比上年增加2.72%，实施中央财政森林抚育补贴项目548.93公顷。迹地更新造林种植马尾松、杉木、楠木混交林40公顷；新营造木荷防火林带12公里。幼林抚育313.33公顷，抚育间伐、卫生伐20公顷；维修防火路64.9公里；森林病虫害防治320公顷。全年木材生产、销售4930立方米，销售收入600万元，分别比上年减少15.8%、15.3%;税后利润和财务收支节余均42万元；实现林业金费66万元（维简费39.6万元、育林费26.4万元），提取林价款66.8万元，分别比减7.04%和10.93%。年底，有干部职工36人,其中专业技术人员9人。当年，林场被国家林业局列为国家储备林示范基地；被国家林业局速生丰产林办公室和北京林业大学推荐为“国家木材储备战略联盟理事单位”；被省生态文化协会评为“省级生态文化示范企业”；被省林学会、环境科学学会、水土保持学会和海峡非营利组织研究院联合评为“建设生态文明，促进百姓富裕”单位。林场党支部被县直机关党工委评为“先进基层党组织”，被县林业系统党委评为“先进党支部”。

汤泉苗圃 2014年，苗圃水田1.07公顷、旱地0.13公顷，育苗1.07公顷、产苗130万株。年末，有职工6人。

（林伟才 张加汪 林起刚 余瑞真）

【多花黄精等培育技术规程通过审定】 3月28日，梅林国有林场与市林业科技推广中心等单位共同起草的《多花黄精栽培技术规程》，4月25日，梅林国有林场、省林业科学研究院等单位共同起草的《柳杉丰产林培育技术规程》《福建柏丰产林培育技术规程》3个福建省地方标准，分别在福州通过专家审定，并于5月21日由省质量技术监督局发布。

（林起刚）

【何吓俊见义勇为受表彰】 5月7日晚，桃源国有林场湖美森林保护站站长何吓俊在城区雪山南路桥头，勇救两位落水老人。其事迹先后在大田电视台、《三明日报》、三明文明网、省文明网等多家媒体报道，并入围中央文明网9月份中国好人榜人选。12月，何吓俊被市政府授予见义勇为模范称号。

（张加汪）

【梅林代表队气排球赛夺冠】 6月14—15日，梅林国有林场代表队参加市林业工会在沙县官庄国有林场举办的市林业系统首届气排球赛，24个代表队小组循环、交叉淘汰和决赛，梅林国有林场代表队获得冠军。

（林起刚）

【安全生产月活动】 6月，梅林国有林场以“强化红线意识，促进安全发展”为主题，形式多样开展安全生产月活动，发送印有安全标识的雨伞，利用标语、短信、宣传栏、电子显示屏（LED）等全方位进行宣传。24日，全场职工、工程队、三级安全员等69人集中学习培训，观看交通、森林防火警示片，举办安全知识猜谜和森林火灾扑救演练等，提高全员安全素质。

（林起刚）

【道德讲堂举办】 11月25日，梅林国有林场以培育和践行社会主义核心价值观为主题，举办道法讲堂，参加60多人，邀请县文明办主任科员高上钗就社会主义核心价值观的内涵进行讲解。

（林起刚）

【美丽林场建设】 2014年，桃源林场根据美丽林场建设总体规划方案，完成办公楼外立面改造和单身宿舍楼修缮、场部绿化等工程，投资150万元。将场部划为办公区、休闲运动区、生活区三个功能区，场部绿化面积1.2万平方米，绿化率54.6%。

（张加汪）

【梅林林场连续4年无火灾】 2014年，梅林国有林场一是宣传到位，新建固定宣传牌2块、刷新10块，张贴宣传单500张，高火险期发野外用火管制禁令3张，森林防火期间出动宣传80车次，召开森林防火护林员会议6次，防火宣传“进村、进户、进学校、进林区”。二是加强火源管理，严格野外用火审批制度，建立火险期预警制度，戒严期间杜绝一切野外用火行为。实行护林员巡山考核，应设警示牌无插牌警示的，每起扣工资50元。三是明确保护站责任，下达防火责任书25份，兑现2013年度森林防火工作奖惩。连续第4年实现无发生森林火警、火灾。

（林起刚）

【梨红菇基地建设】 2014年，赤头坂国有林场在场部至十八溪工区建设阔叶林培植梨红菇示范基地林下经济示范项目，面积86.67公顷，添置烘烤设备1套，建集菇亭3座、集菇道4条。项目投资180万元，其中省林业厅补助120万元，自筹60万元。

（余瑞真）

【居住和基础设施完善】 2014年，赤头坂国有林场新建1栋4层半职工宿舍32套，建筑面积1570.1平方米，铺设自来水管道1公里，投资315.29万元；铺设场部至风水格路口的混凝土路4.33公里，投资281.45万元，改善职工生活和交通条件。

（余瑞真）

水利·电力

□编辑 魏兰兰

水利

【概况】 2014年，大田县水利局动工建设各类水利工程8个，投劳161万工日，占计划的102.5%；完成土石方172万立方米，占计划的104.2%；实际完成投资2.43亿元，占计划总投资103.7%。福建省水利投资集团（大田）水务有限公司有职工266人，新增自来水用户688户。全年供水643万吨，产值623万元，水质综合合格率99.6%，分别代征污水、垃圾处理费512万元、176万元。完成供水643万吨，产值623万元；代征收污水费512万元、垃圾处理费176万元；新增用户688户；全年水质综合合格率99.6%。

（周庆生 郑序在）

【城区地表水厂正式投产】 12月15日，城区地表水厂正式供水，项目由县水利局与省水投集团组建福建水投集团（大田）水务公司建设，总投资2.6亿元。从坑口水库引入水源，为城区10万居民日供水量3万吨，结束城区居民40余年饮用地下水的历史。

（周庆生 陈精高）

【中央财政小型农田水利重点县建设】 2014年，大田县继续实施中央财政小型农田水利重点县建设，中央和省级财政每年各补助800万元，以建设畅通的农田渠网水系、旱涝保收的高标准灌溉农田、高效节水的山地水利喷灌系统和完善基层水利服务体系为重点，提高山区农田水利服务农业综合生产和防灾减灾能力。年内，桃源、上京、建设、石牌、谢洋5个乡镇和东风农场建设项目全部完成，共建设灌溉渠道35.23公里、排洪沟7.57公里、拦水坝41座、蓄水池63口，共1600余方，完成投资1840万元。

（周庆生 陈精高）

【水旱灾情】 2014年，县气象站实测全年平均降雨量1584.1毫米，比往年（前30年平均降雨量、下同）多50.4毫米。降雨特点一是时空分布不均，最大为屏山站2037.4毫米，最小为建设镇高云站1308.6毫米。其中，1—4月平均降雨量295.6毫米，比往年减少31.8%；5—8月平均降雨量1069.6毫米，比往年增加29.2%；9—12月平均降雨量219毫米，比往年减少19.6%。二是台风雨影响多，全年受“苏力”“西马仑”“潭美”“康妮”“天兔”5个台风影响。7月13—14日，受台风“苏力”影响，全县29个自动站点降雨量全部超过100毫米，其中上坪站221毫米、屏山站和吴山牛沟岭站各215毫米、桃源双纲站214毫米；均溪河最高水位355.19米，超警戒水位0.6米；文江河最高水位257.21米，超危险水位0.35米；六角宫水库蓄水位538.9米，低于正常蓄水位0.1米；桃源水位站被冲倒。8月23—24日坑口水库泄洪66万立方米，8月29日至9月1日泄洪451万立方米，8月30日至9月1日共泄洪315万立方米。9月22日，受台风“天兔”影响，万湖水库放水涵洞口坍塌，致下游近6.67公顷农田受淹，经济损失约200万元。年内，全县受灾人口1.19万人，转移456人，经济损失3539万元，其中，农作物受灾面积1060公顷，粮食减产520吨，农林牧渔业直接经济损失686万元；主干线公路中断2条次、经济损失665万元；损坏堤防95处、护岸119处，冲毁塘坝34座，损坏灌溉设施584处、电站1座，水利设施经济损失2188万元。

2014年大田台风过程降雨量情况

表1

台风	影响时间	最大过程降雨量(毫米)	平均过程雨量（毫米）
苏力	7月12—15日	263	154
西马仑	7月16—19日	60	24
潭美	8月20—25日	234	117
康妮	8月29日—9月1日	137	73
天兔	9月22—24日	123	37

（周庆生　陈精高）

【“河长制”制度实施】 2014年，全县继续实施“河长制”制度，成立“河长”办，挂靠县水利局，负责协调“河长制”日常工作。一是按照属地管理原则，分管水利和环保的副县长分别担任境内两条主要河流“河长”，乡镇长担任辖区内总“河长”，县内200个河段共设立158名“河长”，实现县、乡、村三级“河长”全覆盖。实行网格化管理，根据各河段的实际情况编制全县及18个乡镇河道管理分布图，建立“一河一长、一河一策、一河一方案、一河一考评”机制。二是建立巡河制度，开展巡河监督检查活动，编印“河长”工作手册，做巡查记录日志，记录河段环境情况，标出污染源分布。利用互联网组建“河长易信群”，实时上传巡查拍照图、河道对比图。三是加大社会监督力度，通过县电视台向社会公布所有“河长”名单和联系电话，在各河段重要位置设立公示牌，邀请人大代表、政协委员、老干部、新闻媒体共同参与督查，逐步形成“河长”工作制度化、常态化、规范化。

（周庆生　陈精高）

【小流域水土流失综合治理】 2014年，县武陵溪、三角溪、屏山溪、和春溪第二批省级专项水土流失综合治理项目完工，累计投资2000余万元，治理面积3180公顷，其中封禁2784公顷（含补植257公顷），造水保林、经济林各20公顷，茶园坡改梯376公顷。

（周庆生　陈精高）

【农村水电增效扩容改造】 2014年，坑口三级、京口六级等17座农村小水电首批列入增效扩容改造项目，总投资7456万元。项目建成后可提升装机容量1.95亿千瓦，年新增发电量8933万千瓦时。

（周庆生　陈精高）

【水政管理】 2014年，全县完成主要河流省定水功能区的现状水质调查，配合市级完成县内流域50平方公里至200平方公里河流二级水功能区划、水资源管理系统编制设计审查工作，修编全省水功能区大田县域部分。成立“大田县水资源管理委员会”，确立水资源用水总量和用水效率控制、水功能区限制纳污3条红线，制定严格的水资源管理制度。全年，征收水资源费295.7万元，审查审批建设项目水资源论证2件，年检取水证201本，其中水电站取水证换证181本。

（周庆生　陈精高）

【中小河流防洪工程整治】 2014年，建设镇、湖美乡、桃源镇、文江乡、太华镇5个乡镇为提升防洪减灾能力，改变易洪易涝状况，实施4条中小河流整治项目，总投资8912.03万元，其中，中央补助资金30%，省财政配套20%，市级10%，地方配套40%。综合治理重点河段12.59公里，按照10年一遇防洪标准建设防洪堤2.39公里，新建护岸14.3公里。

（周庆生　陈精高）

【供水管网建设】 2014年，省水利投资集团（大田）水务有限公司共投入153万元，新建供水管网6.5公里，改造供水管网2.4公里，重点完成赤岩壹号公馆、企业大厦、福裕名城小区3号楼、东方嘉园续建项目等给水工程和富山新村一路与二路供水主管道、城区巷道及福塘村自建水源管网等改造工程。

（郑序在）

电 力

【概况】 2014年，大田县水利、电力部门规范小水电管理，挖掘小水电潜能，加大增效扩容改造力度；加强小水电下泄流量监管，保护水生态环境，落实防汛度汛安全责任制度。全县有水电站181处，总装机容量14.74万千瓦，年发电量4.59亿千瓦时，比上年下降16.39%，用电量14.30亿千瓦时，比上年增长1.26%。县供电公司完成售电量11.61亿千瓦时，比上年下降7.64%，完成年度指标92.29%；综合线损率5.56%，比上年下降1.16%；完成固定资产投资6376.3万元，占年度计划97.06%。县供电公司与县图书馆联动成立电力分馆，共享全县图书信息资源；被国家能源局评为“国家级电力安全生产标准化二级企业”。

（周庆生 宋志祥）

【电网建设】 2014年，县供电公司开展配电网发展诊断分析，编制完成县《2015—2019年大田配电网滚动规划》,并通过省电力公司审核。一是建设35千伏梅山输变电工程，投运6.3兆伏安主变压器1台，新建10千伏线路1.55公里；二是完成35千伏奇韬变电所、城关变主变电所增容工程，新增容量1.76万伏安，投产35千伏及以上线路3.24公里；三是完成农网配改工程63项，新建、改造10千伏线路38.76公里、0.4千伏线路145.33公里，新增容65台配变、容量13.2兆伏安，改造户表1.39万户。年内，完成低电压台区整治54个，解决低电压问题1915户。当年工程施工、物资采购等非招标项目共73个，节约资金285.3万元，设备再利用53台，利用资金64.9万元。

（宋志祥）

【电力管理】 2014年，县供电公司一是开展“学安规、懂安规、执行安规”活动，全年检查作业现场178处，发现违章154起；累计连续生产安全2957天、连续经济安全1260天。二是开展“安全生产大讨论”活动，参加667人次，梳理工作内容、发现风险点或薄弱点各57个，提出解决措施60项。三是开展设备综合整治，重新编写高低压杆号3.5万根；安装线路分断开关17台，增设线路避雷器172组，完善接地措施118项。四是提升营销服务，推广低压单相零散居民业扩实行电话报装，勘察人员上门一次性办结；推广10千伏业扩协同化运作，实施供电方案“一岗制”作业，开辟便民缴费点223个；开展反窃电检查15次，查处窃电、违约用电23起，追补电费及违约使用电费9.09万元；发现安全隐患108处，发放用电安全隐患整改通知书54份。

（宋志祥）

工业

□编辑 陈昭才

综述

【概况】2014年，全县规模以上工业企业177家，比上年增加12家；实现产值302.1亿元，比上年增加71.75亿元，增长31.15%。实现工业增加值98亿元，比上年增长12.6%。全年实施工业建设项目322项，完成投资119.68亿元，其中城镇工业项目（3000万元以上）258项，完成投资104.1亿元。实施技改项目274项，完成投资99.18亿元。发展循环经济项目15项，其中节能项目5项。

经济运行 2014年，县政府加强对规模以上工业企业的宏观调控，及时掌握运行动态，帮助解决企业生产经营活动中遇到的困难和问题，确保企业正常生产，培育新的经济增长点，对新增长点项目的建设过程实行跟踪服务。当年，全县规模以上工业企业完成产值302.1亿元。其中，轻工业完成产值79.8亿元，比上年增长24.9%；纸制品、合成革制造和茶叶加工产值增幅分别为19.1%、19.9%和23.7%；重工业完成产值222.3亿元，比上年增长10.5%；铁矿、非金属矿采选和炼铁产值增幅分别为18.7%、23.4%和19%。1—12月规模以上工业经济效益综合指数451.4%，比上年增加39个百分点，实现利税总额13.55亿元，其中实现利润5.73亿元，税收7.82亿元。当年新增规模以上企业16家。

项目投资 2014年，一是全县列入市工业建设投资千万元以上重点项目69项，其中在建结转项目25项，新开工项目15项。列入县工业经济重点投资项目35个(8个前期项目）、完成投资34.8亿元，占年度计划32亿元的108.8%。进度提前的有35千伏梅山变电站、元庄新型墙体材料、黎祥食品、华伦特重工、岩兴气体、飞鹰高档面料等20个项目；进度滞后的有中德顺机械制造、华灿生物兽药厂、110千伏京口变电站、福联兴游艇、海峡酒文化创意产业园、金泰铝合金生产项目等15个项目。年内，新开工的有岩兴气体、凯力机械、农村电网改造、35千伏梅山变电站4个项目。年内共对接民营企业项目8项，总投资41.3亿元，其中福建秦朝木业科技有限公司“建设年产8000立方米炭化木与60万立方米地热实木地板技改项目”，完成投资2259万元，年底，设备正在安装。

企业技术改造 2014年，全县实施技改项目274项，完成投资99.18亿元。企业技改项目列入省级投资重点技改项目5家，完成投资1.71亿元。华伦特“建设新增年产4万吨机械铸造生产线技改项目”，完成投资3818万元，部分厂房在建设中；弘惠纸业“新增年产10.6万吨包装用特种纸扩建项目”，完成投资1100万元，第二条生产线建设的征地工作正在进行；庆成新型建材“建设年产9000万块（折标）综合利用煤矸石、尾矿渣、页岩烧结空心砖技改项目”，完成投资3995万元，年内第一条生产线投产，正在开展第二条生产线建设前期工作。节能与循环经济项目年内已实施完成15个，其中节能项目5项，循环经济项目10项，年节省标煤1.5万吨。当年，全县利用煤矸石、粉煤灰、炉渣等材料生产水泥、机砖等建材产品的企业28家，年可处理各类固体废弃物近150万吨。红狮水泥、鑫城水泥、原美化工等企业利用余热发电，年可发电1.18亿千瓦时，年可节省标煤4.14万吨。新岩水泥、红狮水泥、鑫鹭峰（铸造）、华闽纸业等重点企业开展企业对标行动，改进企业内部管理，促进企业生态环境和品牌的提升。

园区建设 2014年，按照区域集中、产业集聚、开发集约的要求，扎实推进工业项目区建设。其中，京口开发区园区三期完成场地平整33.33公顷，园区拆迁安置商住楼完工，市政道路完成部分路面及管网；海西机械铸锻集中区园区开发完成平整土地30公顷，并通过验收，道路连接线、拦土坝工程完工；罗丰工业集中区完成园区一期平台、道路、高压线路、防洪沟和挡墙等基础设施建设，平整土地27公顷；石牌和上京工业项目区的机械铸造业、京口和吴山工业项目集中区的轻纺加工业、桃源工业项目区的林产品加工业等园区规划建设初具规模，工业园区入驻企业53家，实现工业总产值74亿元。

服务企业 2014年，县政府先后制定出台《关于印发大田县2014年七个重大项目组任务的通知》《关于进一步扶持矿产品采选业发展的实施意见》《关于推动工业稳增长促转型措施的通知》《关于大田县开展“百日项目攻坚百家农业帮扶”活动实施方案》推动工业稳增长促转型、进一步扶持矿产品采选业发展等配套政策措施，重点在鼓励企业增产增效、技术改造、节能降耗、开拓市场、兼并重组等方面加大扶持奖励，为工业企业争取到上级用电、节能、技改、淘汰落后产能等补助资金1793.5万元。县政府成立金融风险应急处置工作领导小组、中小微企业发展服务中心，组织开展“干部进企业”“双百活动”（百日项目攻坚、百家企业帮扶）和银企供需对接会，旨在扶持小微企业加快发展，推进工业节能降耗，帮助企业解决困难和问题68个、落实贷款资金6.29亿元。发挥贷款风险应急基金作用，年内，累计使用风险应急基金4.33亿元，为17家企业办理应急转贷基金51笔。抓安全生产保障，加强宣传教育，营造良好的安全生产氛围；抓企业安全生产标准化建设工作，维护企业安全稳定。继续组织实施企业减负专项行动，查处各种名目的乱收费、乱罚款、乱摊派、乱检查、乱评比、乱培训等行为，切实减轻企业负担。

（刘兴发）

【百名干部进“百企”活动】 2月25日至4月底，县政府办下发《关于开展“百名干部进百企”活动的通知》县长、副县长及县直各部门选派165名副科级以上领导干部到全县165家规模以上工业企业，帮助企业落实政策，破解难题。活动分调查摸底阶段、分析阶段、解决阶段、总结阶段四个阶段进行。

（刘兴发）

【县陶瓷文化创意产业园项目建设指挥部成立】 5月14日，县政府办下发《关于成立大田县陶瓷文化创意产业园项目建设指挥部的通知》文件，县陶瓷文化创意产业园项目建设指挥部成立。指挥部由县政府分管领导为总指挥，县经贸局、均溪镇领导为副总指挥，县相关部门为成员单位，指挥部下设综合协调组、项目规划设计组、土地征收报批组、项目征地拆迁组。

（刘兴发）

【省推进大田铸造产业改造提升专题会议纪要出台】 8月7日，福建省经济和信息化委员会出台《关于推进大田铸造产业改造提升专题会议纪要》，从协助做好铸造用生铁企业的认定工作、指导大田铸造企业做好铸造行业准入申报工作、引导和支持大田铸造企业做好技术改造工作、开展大田铸造行业的及时诊断辅导、支持大田建设铸造产业基地编制好发展规划、指导大田建立铸造行业公共服务平台等六个方面支持县铸造企业发展。9月11日，县政府发出《关于调整充实大田县铸造产业基地项目建设指挥部组成人员的通知》，指挥部由县政府主要领导为总指挥，县分管领导为副总指挥，县相关部门为成员单位，指挥部下设综合协调组、规划设计组、土地征收报批组、征地拆迁组。

（刘兴发）

矿物采选工业

【概况】 2014年，全县矿物采选工业规模以上企业71家，与上年持平。实现产值110.37亿元、销售总额110.17亿元，分别比上年增加23.05亿元、17.43亿元，分别增长26.31%、18.79%。

规模以上工业企业 2014年，采煤企业17家，职工总数5214人；产值22.56亿元，销售额22.51亿元；矿山分别分布在广平、上京、太华、建设、奇韬5个镇。上京镇（包括永安煤业上京分公司）销售额7.27亿元，名列第一；广平镇销售额4.98亿元，名列第二；太华镇销售额4.15亿元，名列第三。铁矿采选企业28家，职工总数1802人；产值45.09亿元，销售额44.9亿元；矿山分别分布在均溪、太华、奇韬、建设、前坪、济阳6个乡（镇）。均溪镇销售额12.94亿元，名列第一；济阳乡销售额10.73亿元，名列第二；太华镇销售额8.67亿元，名列第三。铅锌矿采选企业13家，职工总数1080人；产值19.22亿元，销售额18.93亿元；矿山分别分布在建设、前坪、梅山、文江、谢洋、华兴6个乡（镇）。建设镇销售额5.76亿元，名列第一；华兴乡销售额3.49亿元，名列第二；文江乡销售额3.36亿元，名列第三。硫铁矿采选企业3家，职工总数258人；产值3.18亿元，销售额3.18亿元；矿山分别分布在均溪、广平、前坪3个乡（镇）。广平镇销售额1.51亿元，名列第一。石灰石开采企业5家，职工总数347人；产值8.86亿元，销售额8.86亿元；矿山分别分布在均溪、广平、上京、太华4个镇。均溪镇销售额3.13亿元，位列第一。锰矿开采企业1家，职工82人；产值1.5亿元，销售额1.5亿元；矿山位于广平镇。石墨矿开采企业2家，职工216人；产值3.64亿元，销售额3.64亿元；矿山位于建设、文江两个乡镇。硅锰矿开采企业1家，职工98人；产值3.37亿元，销售额3.7亿元；矿山位于石牌镇。有色金属矿开采企业1家，职工274人；产值2.95亿元，销售额2.95亿元；矿山位于建设镇。

规模以上重点企业 2014年，采煤企业规模最大的为永安煤业上京分公司，当年销售额3.87亿元。奇韬镇的东源煤矿有限公司销售额2.58亿元，名列第二。广平镇铭源煤矿有限公司销售额2.17亿元，名列第三。铁矿采选企业规模最大的为太华铁矿，销售额5.86亿元；其次为前坪乡矿业公司，销售额4.08亿元；均溪镇矿业管理站销售额3.87亿元，名列第三。铅锌矿规模最大的是梅山乡的宝树矿业有限公司，销售额2.92亿元；其次为华兴矿业有限公司，销售额2.27亿元；文江乡的盛鑫矿业有限公司，销售额1.78亿元，名列第三。石灰石开采企业规模最大的为均溪镇非金属矿，销售额3.13亿元。硫铁矿开采企业规模最大的为海鑫矿业有限公司，销售额1.51亿元，矿山位于广平镇。

（林丁峰、薛茂新、乐生瑞、章选建、刘福琪、周明呈、郑正埜、田起炜、林乐斗、颜全峰、邱惠敏、吴占样、林秀盛）

建材工业

【概况】 2014年，全县建材工业规模以上企业17家，比上年增加2家；职工总数1700人，比上年增加18人。实现产值21.78亿元、销售总额21.7亿元，分别比上年增加3.09亿元、4.03亿元，分别增长16.53%、22.81%。其中，水泥生产企业8家，职工总数1194人；实现产值11.88亿元、销售额11.81亿元，企业分布在广平、上京、太华、石牌4个镇，销售额太华镇为5.4亿元，居首位。空心砖、普通砖生产企业6家，职工387人；实现产值6.25亿元、销售额6.24亿元，企业分布在广平、建设、上京3个镇；销售额上京镇为3.59亿元，居首位。石灰生产企业2家，职工81人；实现产值2.7亿元、销售额2.7亿元，2家企业均在上京镇。机制砂生产企业1家，职工38人；实现产值9460万元、销售额9460万元，企业位于武陵乡。建材工业规模最大的企业为红狮水泥有限公司，当年销售额5.4亿元，厂址位于太华镇；其次为鑫城水泥工业有限公司，当年销售额3.14亿元，厂址位于广平镇；名列第三的是上京镇辖区内的成熙新型建材有限公司，当年销售额1.51亿元。

（乐生瑞　周明呈　郑正埜　林乐斗）

【矿产品流通管理】 2014年，县建材公司投资120万元，在基层矿山设立8个管理站（开单点），建设5座过磅房。实行准运制度，全年发放“福建省矿产品准运凭证单”3594本，石灰石、石墨等非金属矿产品计量费征收618.56万元。

（高　扬）

【新型墙体材料发展】 2014年，全县新增新型墙体材料企业2家，技改新型墙材企业1家，年生产能力3.8亿块标砖。节约土地5.2公顷，节约标准煤8000吨，减少废气排放1.6万吨，利用废渣8.8万吨，新型墙体材料使用比例达到93%以上。全年征收新型墙体材料专项基金185.51万元，返还新型墙体材料专项基金32.5万元。

（高　扬）

【散装水泥推广应用】 2014年，全县销售散装水泥153.6万吨（包括县外使用），散装水泥发散率为50.1%。其中县域使用散装水泥66万吨，城区使用散装率为80.66%。全年征收散装水泥专项资金214.11万元。

（高　扬）

冶炼与铸造工业

【概况】 2014年，全县冶炼与铸造工业规模以上企业29家，比上年增加2家；有职工2681人，比上年减少607人；实现产值83.81亿元、销售额83.32亿元，分别比上年增加35.09亿元、28.39亿元、增长72.02%、51.66%。其中，冶炼钢铁和工业硅企业3家，职工466人；产值9.74亿元，销售额9.63亿元；企业分布在广平、均溪、上京3个镇，销售额上京镇居首位。铸造企业26家，职工2215人；产值74.2亿元，销售额74.18亿元；企业分布在前坪、上京、桃源、太华、武陵、均溪、华兴8个乡镇，销售额前坪乡居首位。冶炼铸造工业规模最大的企业为福建鑫鹭峰实业股份有限公司，企业位于前坪乡，当年销售额15.25亿元；其次为上京镇的长鑫船舶配件制造有限公司，当年销售额9.53亿元；太华镇的金川制造有限公司，当年销售额5.69亿元，名列第三。当年，销售额在3亿元以上的有东升铸造有限责任公司、恒丰工贸有限公司、华能机械铸造有限公司、晨华铸造有限公司、大华机械制造有限公司。

（林丁峰、薛茂新、林芳湖、蔡品元、周明呈、郑正埜、林乐斗、林秀盛）

造纸工业

【概况】 2014年，全县造纸工业有规模以上企业4家，企业分别分布在吴山、华兴2个乡，职工405人，与上年持平，生产机制纸、包装纸和卫生纸。工业产值4.91亿元，比上年增长16.9%；销售总额4.78亿元，比上年增长16.87%；销售额华兴乡居首位。规模最大的造纸企业为华闽纸业有限公司，厂址位于华兴乡，当年销售额为3.14亿元。

（庄家乐）

【闽发纸业公司装置安全监控系统】 5月，闽发纸业公司在厂区内装置安全监控系统，设置17个监控点，投资5万多元。

（庄家乐）

【闽发纸业公司组织义务消防队员演练】 8月，闽发纸业公司邀请县消防大队派员到公司指导义务消防员现场演练，使企业员工掌握消防报警和紧急救援措施及火灾应急疏散逃生知识。

（庄家乐）

【落实新《中华人民共和国安全生产法》承诺书签订】 11月，县城联社与福建华闽纸业公司等7家造纸企业签订生产经营单位主要负责人学习贯彻新《中华人民共和国安全生产法》承诺书，全面推进安全生产目标管理责任制落实。

（庄家乐）

【生活用纸出口】 8月，闽发纸业公司生产的生活用纸通过泉州、厦门、山东青岛等国际贸易公司出口到南非、埃塞俄比亚等非洲国家，月出口产品80吨。

（庄家乐）

【外商投资闽发纸业公司】 12月，外商伊望亮投资闽发纸业公司600万元，新建一条3200双缸双毡纸机生产线，主要生产工业用纸。

（庄家乐）

【造纸生产线外包经营】 12月，华闽纸业公司将三台1575纸机生产线租赁承包给龙岩商人廖炳福经营生产，月生产生活用纸400吨。

（庄家乐）

【安全生产标准化三级企业确定】 12月，大田闽发纸业有限公司、大田兴洲纸业有限公司2家造纸企业经省、市安监局考核评定，确定为安全生产标准化三级企业。

（庄家乐）

纺织服装工业

【概况】 2014年，全县纺织服装工业规模以上企业11家，职工2555人，比上年增加3家、411人。实现产值32.73亿元，销售额31.63亿元，分别比上年增加6.28亿元、5.01亿元，增长23.74%、18.82%。其中，生产人造革与无纺布企业4家，职工940人；产值25.4亿元，销售额与产值持平；生产企业分别分布在吴山、华兴乡。服装生产、包装制作和织布企业7家，职工1615人；产值7.33亿元，销售额6.23亿元；企业分别分布在均溪、湖美2个乡（镇）。纺织服装生产企业规模最大为吴山乡辖区内的万华实业公司，当年销售额21.15亿元，居首位。飞鹰实业（三明）有限公司销售额2.14亿元，名列第二；格林实业（三明）有限公司销售额1.7亿元，名列第三。

（陈吉秒　周调产　薛茂新　林丁峰）

陶瓷工业

【概况】 2014年，全县规模以上陶瓷生产企业4家，与上年持平，职工591人，比上年减少234人。产品为日用瓷和工艺瓷，实现产值5.34亿，销售额与产值持平，分别比上年增加9600万元、1.27亿元，增长21.92%、31.2%；企业分布在均溪、奇韬2个镇。规模最大为均溪镇辖区内的宝通瓷业公司，当年销售额2.03亿元，居首位。

【陶瓷原料资源管理】 2014年，全县共有陶瓷原料加工企业5家，陶瓷原料开采企业6家，在建陶瓷原料开采企业1家。全年征收陶瓷原料资源矿产品金费55.69万元，比上年增长34.19%。

（高　扬）

【陶瓷工艺制品商贸洽谈】 12月16日，美国格雷仕采购商阿比盖尔和台湾万家国际公司总经理王俊杰一行，到县永大工艺制品公司进行商贸洽谈。永大公司负责人对车间及其产品技术特点作了介绍，并且提出自己的见解。年内，公司与欧美客户联合开发出上百种工艺陶瓷产品。

（庄家乐）

粮食与食品工业

【概况】 2014年，全县食品工业规模以上企业7家，与上年持平，职工518人，比上年增加130人。产品为茶叶、蜜饯、淀粉，实现产值4.83亿元、销售额4.78亿元；产值与上年持平，销售额减少500万元、下降1.04%。其中，食品工业规模以上企业有茶业公司5家，分布在屏山、湖美、武陵3个乡；加工生产淀粉企业1家，位于建设镇；蜜饯生产企业1家，位于均溪镇。规模最大的为文江乡辖区内的聚祥生物公司，当年销售额1.69亿元，位居第一。其次为屏山的高峰茶业公司，当年销售额1.37亿元。名列第三的是屏山的大方广茶业公司，当年销售额9223万元。粮食工业规模以下主要企业2家，均为加工大米，其中规模较大的为福丰粮食加工厂，当年产值350万元，销售额与产值持平；比上年减少167万元，下降32.28%。

（张加泰　林丁峰　苏晋聪　邱惠敏　陈吉妙　林芳湖）

生物医药工业

【概况】 2014年，全县生物医药企业有福建华灿生物科技有限公司1家，内设机构有办公室、财务室、博士后科研工作站、全国工具酶标准化工作组秘书处、实验室、化验室、生产部、设备部、采购部、 销售部等；职工135人，有技术人员82人，其中高级工程师8人、工程师15人、助理工程师22人、其他技术人员37人；博士学历2人、硕士学历18人。工业产值1.39亿元，销售总额1.39亿元。

【国家立项项目】 2014年1月，新药《生物源纤维蛋白止血贴的临床前研究》获国家科技部企业技术创新项目立项，编号为14C26213501781。2014年9月，《重要核酸生物技术》等30项国家标准研制项目，获国家标准化管理委员会公益性行业科研专项立项，编号为201510208-09。

（林芳镇）

【黄发灿入选科技部科技创新创业人才】 3月20日，公司董事长黄发灿被国家科学技术部入选为创新人才推进计划科技创新创业人才（证号为第2013RA3215号）及2014年福建省科技厅领军人才。

（林芳镇）

其他制造加工工业

【概况】 2014年，其他制造加工工业规模以上企业21家，职工2029人，比上年增加9家、293人。实现工业产值30.15亿元，销售额29.2亿元，分别比上年增加17.11亿元、16.28亿元，增长131.21%、126.01%；企业分别分布在均溪、上京、建设、石牌、太华、桃源、武陵7个乡镇，主要产品为压缩板、指接板、竹胶板、建筑模板、木质家具、电子表芯、颗粒燃料、塑料制品等。规模最大的企业为石牌镇辖区内的新泉包装制品有限公司，当年销售额2.94亿元，名列首位。

规模以下的其他制造加工工业有木雕、根雕、石雕等工艺美术品制作，打铁、弹棉和腐竹、麺类食品加工等小型企业。

（庄家乐）

【县城联社挂企入会服务活动】 2014年3月，县城镇集体工业联合社开展党的群众路线教育实践活动，推行挂企入会服务活动，每位工作人员挂包一个造纸企业、联系一个工艺美术会员，推行定向挂包服务。

（庄家乐）

【参加第九届中国（莆田）海峡工艺品博览会】 5月，县城镇集体工业联合社组织县工艺美术企业、艺人，选送木雕、根雕、工艺环保瓷等优秀作品35件（套），参加第九届中国（莆田）海峡工艺品博览会，其中，木雕作品《五鲤朝阳》《收获》等获博览会银奖，《一帆风顺》《雷霆万钧》《月之舞》获博览会铜奖。

（庄家乐）

【神韵雕刻厂技改电脑生产线引进】 7月，神韵雕刻厂引进两台电脑数控木雕、石雕生产线，逐步从手工制作向机械化、电脑制动化方向发展。投资25万元。

（庄家乐）

个体与私营工业

【概况】 2014年，县工商局落实推进工商注册登记便利化，简化市场主体办理注册登记事项，营造便捷市场准入环境。全县个私工业企业总数为1290户，从业人数9837人，注册资金33.06亿元，比上年增加89户、406人，注册资金比上年增加7.85亿元，增长31.14%。其中，私营工业企业714家，注册资金32.51亿元，从业人员7864人；个体工业企业576家，注册资金5473.88万元，从业人员1973人。当年经工商注册的个体、私营工业企业有89家，注册资金7.85亿元，从业人员405人。

2014年，全县个私印刷工业企业12家，注册资金390.2万元。其中，注册资金100万元以上的有飞腾彩印厂1家、50万元以上3家、30万元以上1家、不足30万元的7家。12家印刷企业均分布于城区。

（黄清渊）

【股份处治登记】 2014年，县工商局注册股，应用工商登记职能作用，向金融部门和企业宣传商标质押权贷款模式，拓展企业融资渠道。年内共办理股权出质登记21件，担保债权数额1.43亿元；办理动产抵押登记20件，债权数额8107万元。

（黄清渊）

交通·邮电

□编辑 郑祥累

交通建设

【概况】 2014年，大田县公路建设总投资4.7亿元。完成县道华兴乡至德化界三级公路改造8.7公里，乡、村公路改造15条、34.9公里；动工兴建国道纵五线二级公路均溪周田至石牌长溪段10.61公里、县级三级公路屏山乡至横七线（和洋村）8.24公里。年底，全县有公路219条、1661.18公里。其中，高速公路1条、60.61公里；省道2条、136.6公里；县道14条、254.25公里；乡道8条、92.73公里；村道171条、967.68公里；专用公路23条、149.31公里。全县公路高级（混凝土、沥青）路面1234.44.公里，中级（泥结碎石）225.03公里，低级（粒料改善）201.71公里，晴雨通车1599.97公里。县专业养护班（站、组）15个，员工115人，配备灌缝机、清缝机、洒水车各2台，扫地车、装载机、挖掘机、发动机、刻槽机、划线机各1台，农用车17辆、压路机3台。县、乡、村道养护站18个、养护工280人，配备割草机40台、清缝机、灌缝机各2台、装载机、洒水车、小挖掘机、破碎镐、切割机、扫路机各1台，小型自卸车1辆。

（林加兴）

2014年大田县乡村公路建设改造情况

表2

序号	路线起讫地点	组织实施单位	路基宽（米）	混凝土路面（米）	里程（公里）	总投资（万元）	动工时间	竣工时间
1	湖上后乾—洋坑里自然村	湖美乡湖上村	4.5	4.5	1.50	72	2013.8	2014.5
2	珍山—北河自然村	谢洋乡珍山村	3.5	3.5	1.70	68	2014.1	2014.8
3	济中村坪洋—坪洋路口	济阳乡济中村	3.5	3.5	0.90	45	2014.3	2014.8
4	济中村东坑仔—东坑仔路口	济阳乡济中村	3.5	3.5	0.45	30	2014.3	2014.8
5	西坑—民主	梅山西坑村、文江民主村	4.5	4.5	5.07	232	2013.11	2014.10
6	丰田—漳平灵地	上京镇丰田村	4.5	4.5	1.80	95	2013.8	2014.10
7	大吉—松阳	广平镇大吉村	4.5	4.5	8.03	538	2013.11	2014.10
8	梓溪—黄牛尾自然村	吴山乡梓溪村	3.5	3.5	1.88	62	2014.1	2014.10
9	大安—朱坂	文江乡大安村	4.5	4.5	2.87	125	2014.1	2014.10
10	长津村—旧坑自然村	梅山乡长津村	3.5	3.5	1.26	63	2014.2	2014.10
11	后坂洋—金岭自然村	均溪镇金岭村	3.5	3.5	3.00	109	2014.1	2014.11
12	龙口—坑里坂自然村	梅山乡龙口村	3.5	3.5	1.69	68	2014.1	2014.11
13	大儒长仓—长仓路口自然村	济阳乡济中村	3.5	3.5	1.30	45	2014.2	2014.11
14	大儒—土楼洋自然村	济阳乡济中村	3.5	3.5	1.00	35	2014.2	2014.11
15	吴山和洋格—加内自然村	吴山乡吴山村	3.5	3.5	2.45	98	2014.2	2014.11

（林加兴）

【省道绿化工程】 1月4日，大田公路局在省道307线上京至岭头26.2公里、管大线银顶格至城关19公里行道和边坡种植、补植香樟等乔木2011株、灌木2.59万株、地被绿化苗43.05万株、爬山虎2000株、竹类100株、草皮4400平方米。工程总投资133万元。

（林加兴）

【大同拱桥改造完工】 1月，县交通局改造续建建设镇大同拱桥长60米、宽4.6米，福建省亿达工程咨询有限公司设计，南平市高速咨询监理有限公司监理，三明市和信工程建设有限公司施工。投资35万元。

（林加兴）

【秋竹隧道贯通】 1月，县国有资产投资经营有限责任公司续建华武线（过境公路二期）公路秋竹隧道，位于秋竹新村桩号K0+200—K0+490处，两洞总长576米（左洞286米，右洞290米），单洞净宽10.5米，高5米，设计时速60公里。由江西赣北公路勘察设计院测设、三明昌盛公路工程有限公司承建、三明永达公路工程监理咨询有限公司监理，10月，隧道贯通。工程总投资4654.46万元。

（林加兴）

【国道“纵五”线周田至长溪段动工】 2月，大田县锦田公路建设有限责任公司负责建设国道“纵五”线梅山德州至谢洋溪底大田段。通过市发改委工程许可批复。均溪西柏林至石牌长溪段第一阶段项目施工图设计，通过市发改委审核批复； 4月，A1标段由中国交建第四公路工程局有限公司以1.68亿元中标，A2标段中交一公局厦门工程有限公司1.7亿元中标。2个标段均由合诚工程咨询有限公司监理，福建省交通规划设计院设计。7月1日动工建设，至年底，路基挖土石方205.83万立方米、填方123.437万立方米；筑涵洞163米；大桥桩基工程开孔44根、成孔28根、浇筑24根。完成投资1.91亿元。

（林加兴）

【鲤鱼坑大桥避险车道建设】 2—4月，大田县公路局修建鲤鱼坑大桥避险车道，紧急停车道引道长125米，制动床长80米。永达公路勘察设计有限公司设计，永达公路工程有限公司承建，永达公路工程监理咨询有限公司监理。投资143.8万元。

（林加兴）

【农村公路安保工程建设】 3—10月，县交通运输局组织实施农村公路安保工程，福建通和路桥设计院有限公司设计，大田县盛达建筑工程有限责任公司、福建省南安市第六建设工程有限公司组织施工，县交通局技术质量监督。共完成农村公路安保工程建设19条、45.29公里，浇筑防撞墙2701米，安装公路标志185面、设置反光凸面镜20面。工程总投资133万元。

（林加兴）

【县道安保工程建设】 7—12月，大田公路局对县道文江至均溪、奇韬至广平、桃源至广汤线实施安保工程建设，安装隔离护栏11.1公里、凸面镜16面，筑防撞墙1072米。三明永达公路设计有限公司设计，三明盛达公路有限责任公司施工，永达公路监理有限公司监理。工程总投资332万元。

（林加兴）

【泉南高速上京互通连接线动工】 6月18日，经水保、环评、压覆矿、社会稳定风险性等9项调查，泉南高速大田上京互通及连接线工程，通过省发改委工可批复。起点位于上京镇溪口村，互通区主线长1.06公里，匝道长度2.76公里，连接线6.85公里。主线路基宽24.5米，双向四车道，设计时速80公里；连接线路基宽10米，双向两车道，设计时速60公里。连接线途经溪口、三阳、灵川、隆美、梅林5个村，分别在灵川崎、石牛岬与省道307、306线连接。8月中旬通过省发改委、交通运输厅初设批复，8月22日正式挂网招标，8月29日在市公共资源交易中心开标，A1合同段施工项目由中铁十二局集团中标，合同段监理厦门中平工程监理咨询有限公司中标。10月23日动工，年底，完成土石方5万立方米、投资2500万元（建安费1000万元）。预计工程总造价2.8亿元。

（林加兴）

【石牌至武陵水毁路基修复】 8—9月，县交通运输局组织对县道石牌至武陵水毁路基修复，浇筑混凝土挡土墙150立方米，县福田农村公路养护有限公司施工，县交通运输局技术质量监督。工程投资8万元。

（林加兴）

【屏山至“横七”线公路动工】 9月，大田县锦田公路建设有限责任公司完成屏山乡至横七线（和洋村）公路招投标，并与施工单位签订施工合同，10月全线开工建设。起点吴山乡和洋村省道306线K180+050，经甲格坑、黄歧坂至屏山乡的溪头、坑里，终点屏山乡内洋村石牌至屏山公路，全长8.24公里。按三级公路标准建设，路基宽度7.5米，路面宽度6.5米，全幅式水泥混凝土路面，设计时速30公里。项目预算总造价4289.3万元。福建通和路桥设计院有限公司设计，龙岩交通建设集团有限公司承建，三明永达公路工程监理咨询有限公司施工监理。市交通质监站质量监督。至年底，完成投资2000万元。

（林加兴）

【上京至分水隔路段灾害点整治】 9—12月，大田公路局对307线上京至分水隔路段高边坡地质灾害整治19处，工程施工分为A、B两个标段，A标段边坡2处，永达公路有限责任公司承建，工程造价356万元；B标段边坡17处，三明昌盛公路工程有限责任公司承建，工程造价475万元。均由三明永达公路勘察设计有限公司设计，永达公路监理公司监理。工程总投资831万元。

（林加兴）

【湖美至均溪破损路面重铺】 11—12月，县交通运输局组织重铺县道湖美至均溪破损混凝土路面676平方米，县福田农村公路养护有限公司施工，县交通运输局技术质量监督。工程投资11.5万元。

（林加兴）

【莆田至炎陵高速公路通过工可】 12月16日，莆田至炎陵（湖南）高速公路（大田段33公里）项目通过省发改委工可省内审查。

（林加兴）

【汽车站续建】 2014年，省闽通长运股份有限公司续建建设镇汽车站，完成沿河挡墙、场地平整、站房主体工程，投资1200万元。县汽车站续建，完成排洪沟及边坡挡墙工程，浇筑桩基223根、围护桩144根；地下建筑面积11.8万平方米，架空层建筑面积428.4平方米，进入主站房主体结构施工。完成投资5000万元。

（林加兴）

【华武线公路续建】 2014年，县国有资产投资经营有限公司续建华武线（过境公路二期）公路，完成路基2.2公里（土石方挖方223万立方米、填方154.78万平方米），涵洞19道865米，拱形骨架护坡1.81万平方米，种植边坡防护植被17.42万平方米，路面铺设3公里。完成投资1.4亿元。

（林加兴）

交通运输

【概况】 2014年，全县拥有营业性货车3456辆、3.04万吨位，其中货运汽车3334辆、3.03万吨位，低速汽车122辆、127.84吨位。全年完成货运量1567.90万吨，周转量14.73亿吨公里。拥有营业性客车208辆（含旅游、出租车）、3212座，平均日发客车268班次，运送乘客4130人次，全年完成客运量294.35万人次，周转量2.07亿人公里。营业性公交班车50辆，全年完成客运量455万人次。年底，有省际客运线路1条，省内跨地（市）线路13条，市内跨县（市）区线路8条，县内线路20条，学生周末班车线路7条，城区公交客运线路11条。人力三轮车145辆。

（林加兴）

【组织运力保春运】 1月16日至2月24日，县交通运输部门按照“便民利民、平安春运”指导原则，抓好春运组织工作，合理调控运力，采取长短客运经营，多班、双班、包车和卸载分流相结合抓好客运业务。春运40天，组织客车183辆，发车1.18万班次，安全运送旅客29.3万人次（不含县内短途客运），完成周转量2860万人公里。

（林加兴）

【公交私营历史结束】 1月，大田县闽通公共交通有限公司成立，公司以230万元并购大田县连福公共交通有限公司，归并后所有权、经营权归属大田县闽通公共交通有限公司，实行公车公营，结束公交私营9年的历史。

（林加兴）

【新能源公交车投入运营】 1月，大田闽通公共交通有限公司投资400多万元，引进厦门金旅XML6805J18CN型LNG燃气新能源燃料公交车13辆，分别投入1、2、3路公交线路运营，取代传统燃料公交车。是全市首次使用LNG新能源客车。票价由原来每票2元/人，降为1元/人。6月，第二批引进厦门金旅XML6895J18CN型LNG新能源公交车9辆，投入350万元。该型客车具有车厢大、行驶稳，安全性、舒适性好等特点。

（林加兴）

【首批新能源甩挂牵引车投入运营】 5月，县汉德物流有限公司投资600万元，与三明华菱汽车贸易有限公司签订购车协议，引进华菱之星甩挂牵引车10辆，投入甩挂货运。为县货运业首批使用燃气新能源的车辆。

（林加兴）

【新龙马公司微型客车捐赠】 6月，福建新龙马股份有限公司向县政府捐赠启腾M70微型客车20辆，价值约90多万元，作为各乡镇村村通客车的辅助运力。

（林加兴）

【机动车维修企业通过许可】 7月，县运管所依照《机动车维修开业条件》DB35/T749.3规定，对县柯大夫汽车服务中心、县俊升汽车修理厂等2家机动车维修企业进行审核，准予经营机动车三类汽车维修。

（林加兴）

【物流有限公司通过许可】 2014年，县运管所依照国家《道路货物运输及站场管理规定》，对县南北、建城、通诚、尚鑫、豪达、三大、顺石、诚诺、金诺、华瑞、双港、长鑫、龙联、远方、中天、弘和、昌顺、福达、厦嘉、恒通、瑞通、高腾等22家物流公司和大田汇鑫运输有限公司、大田县骏峰弃土服务有限公司经营资质进行审核，准予经营普通货运。

（林加兴）

2014年大田县客运班线一览表

表3

线别	序号	营运班线	里程（公里）	客车（辆）
县内	1	大田—广平东景	80	1
	2	大田—广平丰庄	82	1
	3	大田—广平万筹	78	1
	4	大田—桃源	51	4
	5	大田—梅山	50	5
	6	大田—梅山秀岭	48	1
	7	大田—上京	32	6
	8	大田—奇韬	64	5
	9	大田—广平	75	11
	10	大田—太华魁城	36	1
	11	大田—桃源东风农场	60	1
	12	大田—桃源广汤	56	1
	13	大田—武陵	26	2
	14	大田—济阳	46	2
	15	大田—谢洋	30	1
	16	大田—屏山	23	2
	17	大田—湖美	24	3
	18	大田—华兴早兴	24	1
	19	大田—太华大合	54	1
	20	大田—梅山乡梅山村	50	1
市内跨县（市）区	1	大田—永安（高速）	87	6
	2	大田—沙县（高速）	150	1
	3	大田—沙县（X732、S304）	125	2
	4	大田—尤溪	114	2
	5	大田—三明	105	10
	6	建设—永安	107	2
	7	梅山—沙县	150	1
	8	上京—永安	55	1

续表 3

线别	序号	营运班线	里程（公里）	客车（辆）
省内跨地（市）	1	大田—泉州（高速）	141	5
	2	大田—建设—福州	397	1
	3	大田—福州（高速）	297	4
	4	大田—石狮（高速）	164	5
	5	大田—厦门（高速）	223	5
	6	大田—漳州	248	1
	7	大田—龙岩	218	1
	8	大田—武夷山	386	1
	9	大田—晋江（高速）	154	2
	10	大田—安溪	132	1
	11	大田—莆田	230	1
	12	大田—南安	177	1
	13	大田—泉港	250	1
省际	1	大田—广州（高速）	905	2
合 计				107

交通管理

【概况】 2014年，全县拥有营业性客运企业3家，客车208辆（含旅游、出租车），公交客车50辆：道路运输证持证率、年审合格率100%；客运驾驶员从业资格证办证46人，办证率100%；乘务员从业资格证办证率99%。营业性货车3456辆，其中货运汽车3334辆、年审合格率57.38%，低速汽车122辆、年审合格率64.75%，货运汽车驾驶员从业资格证办证224人（危货83人）、办证率96.5%。五级以上货运企业84家，经营许可证办证率100%，61家运输企业通过质量信誉考核，其中AA级17家、A级23家、B级21家，注销经营许可1家。汽车维修经营业户57家，其中一类1家、二类17家、三类29家，摩托车维修经营业户5家；维修质量信誉考核48家，其中AAA级2家、AA级31家、A级15家；免予考核2家，注销经营许可2家，维修技工持证率98%。机动车驾驶员培训企业4家，二类、三类各2家，驾培质量信誉考核达到AA级3家、A级1家：教练车192辆，其中小型汽车164辆、大型汽车10辆，摩托车18辆。教练员248人，其中理论教练员5人、理论兼实际操作教练员243人。培训机动车驾驶员6524人，其中小型汽车3884人、大型汽车85人、摩托车255人。

（林加兴）

【公交五种IC卡优惠市民】 4月，县公交车推行普通卡、天翼卡、学生卡、老人卡和特优卡（残疾人专用）五种IC卡管理，优惠市民。规定老年人年龄65周岁以上持老人卡、残疾人持特优卡和现役军人持军官、士兵证书的可免费乘坐公交车，中、小学生购买公交IC卡，刷卡消费7折优费，天翼手机用户和普通市民购买公交IC卡，刷卡消费分别8折、9折优费。至年底，办理五种优惠IC卡7995人。

（林加兴）

【路政中队、石牌超限运输检测站划转县管】 11月26日，根据《三明市人民政府办公室转发市委编办等单位关于进一步深化三明市交通综合行政执法体制改革实施意见的通知》和《中共三明市委机构编制委员会关于三明市交通综合行政执法支队机构编制调整的批复》精神，三明市交通综合行政执法支队下属大田路政中队，人员编制划入大田县交通综合行政执法大队。同时，三明市交通综合行政执法支队下属大田石牌超限运输检测站下放给县管，隶属大田县交通运输局下属事业单位，机构规格仍相当副科级，与县交通综合行政执法大队合署办公。

（林加兴）

【公路超限运输整治】 2014年，县交通综合行政执法大队开展“雷霆”治超专项整治4次，共检查超限车辆658辆，立案92起，卸载1202.9吨，处罚15.64万元，公路超限车辆明显减少，辖区内路况明显改善。

（林加兴）

【“平安交通”创建活动】 2014年，县交通运输部门开展“平安交通”创建活动。一是与公安交管、安监、教育、高速交通执法等部门联合开展“1+N”执法行动，打击客运车辆和非法改装从事旅客运输车辆等违法行为。二是有针对性开展客运经营行为整治，严厉查处不按线路行驶，让乘客坐放心车、安全车、满意车。三是与教育局联合到上京、太华、梅山等7所中小学，开展校园周末班车执法监督。四是加强道路运输、机动车维修、驾驶员培训行业监管，打击无证无照违法经营，维护运输市场秩序。五是与有关部门联合开展水上交通安全联合执法和"打非治违"专项行动，保障水上交通安全。六是稳步推进农村公路安保工程建设，加强在建交通重点建设项目、农村公路建设项目安全隐患整治，确保公路畅通和施工安全。全年交通运输部门开展执法行动134次，出动执法人员2189人次，检查车辆3724辆次，查获违法车辆581辆次、无证无照违法经营行为41起，立案处罚违法案件581件次，罚款73.37万元；治理公路安全隐患点125处，完成农村公路安保工程建设45.29公里、改造危桥1座。

（林加兴）

邮政

【概况】 2014年，大田县邮政局业务总收入2474.4万元，比上年增长13%，居全区第三。其中，代理金融收入1598.2万元、同比增长18%，邮务类收入699.6万元、同比增长3%，其他收入176.6万元；收支差448.8万元。全县城乡邮路71条，总长1651公里。报纸期发数21.41万份、杂志12.34万份，分别比上年增加8%和下降16%；函件出口28.12万件、进口96.92万件，包件出口0.28万件、进口0.8万件。

（谢　铁）

【邮政队伍建设加强】 2014年，县邮政局从四个方面入手加强员工队伍建设。一是抓好代理金融负责人与理财经理（大堂主管）队伍建设。二是把支局乡邮员培养为副支局长，协助支局长管理邮务类项目，改变支局长（所主任）忙于金融发展、疏于邮务管理的状况。三是改选团支部班子和民主选举工会小组长，让农村支局工会小组长成为协助支局长做好经营发展的骨干。

（谢　铁）

【欠费集中清理】 5月，县邮政局对累计欠费2个月以上（包括报刊、函件、集邮、电商分销等邮务类专业）开展集中清理，当月共回收欠费76.31万元，全部清零，得到市公司肯定。

（谢　铁）

【"去赶圩"电商实体店试点开业】 11月28日，大田县邮政局建设支局作为三明邮政"去赶圩"网"线上加线下"实体店农村电商市场代购试点开业，活动3天，以日用品为主，由市公司统一配货，采用线下看货挑选、线上点击购买、店铺当场提货，销售1.28万元。

（谢　铁）

【三明邮政电商工作会议在大田召开】 12月26日，三明邮政2015年电商工作会议在大田龙山宾馆召开。市公司总经理俞灏、副总经理徐晓雷，各县（市、区）局的局长、副局长、市场部主任和电商专业相关人员等50多人参加。徐晓雷主持会议，俞灏做年度发展预期讲话。会前参观全区电商试点建设、上京支局农村电商代购实体店。会议肯定了大田试点工作经验，确定2015年以跨境电商、"去赶圩"农村电商、"优惠购"三大平台为发展目标。

（谢　铁）

【爱心包裹捐赠】 12月起，由团县委、县教育局、关工委、邮政局联合组织的"爱心包裹"百万善款捐赠活动在城一小、城二小、城三小和特殊学校4所学校进行。活动期限12月至2015年3月，当月募集善款9.58万元，已转化为爱心礼包，奉献给958名留守儿童。

（谢　铁）

【服务全国艺术体操赛】 2014年，县邮政局为在大田体育馆举办的2014年全国艺术体操锦标赛，一是设计制作门票1.6万张，并与移动公司联合销售。二是设计开展服务表现大田特色茶产业、大田土堡、新落成体育馆等个性化纪念册1600本，作为活动赠品。三是与教育局联合开展锦标赛观后感征文比赛，评出一等奖20篇、二等奖50篇、优秀指导奖70个。

（谢　铁）

【农村邮政渠道建设加强】 2014年，县邮政局加强农村邮政渠道建设，开展渠道、大客户、集邮、函件、报刊、电商等专业部门不同项目竞赛，下乡举办小型品鉴会、产品推介会、"微沙"等活动，促进农村邮政业务发展和当年全局邮务类业务收入指标完成。

（谢　铁）

电　信

【**概况**】 2014年，中国电信大田分公司电信业务收入5728万元，纳税219万元，比上年增长5.55%。桃源、上京等13个乡镇光宽带全覆盖，城区全光网区域达95%。全县拥有固定电话5.33万部；天翼移动电话5.32万户，其中智能机用户2.28万户、3G用户2.6万户；宽带3.45万户，其中光宽带1.41万户；光缆3400皮长公里，天翼基站195个，全县信号覆盖率100%。通话村256个，通话面97%，有20个营业网点、11个渠道专营店，为社会提供全方位电信服务。当年，分公司被电信福建公司授予“2013年移动互联网业务劳动竞赛发展标杆先进单位”“2013年校园市场专项劳动竞赛优秀校园营销团队”“2014年度末梢网络整治十佳区县”等称号。分公司党支部被电信福建公司党委授予“中国电信福建公司先进基层党组织”称号。宝山中心支局被电信福建公司授予机制市场化、渠道协同化、产品差异化、营销专业化、服务规范化、动作标准化“六化达标分局”称号。分公司获电信三明分公司2013年度“光网络资源管理整治达标奖”“网络运行维护竞赛优胜单位三等奖”“网络建设管理劳动竞赛先进集体三等奖和WiFi建设优胜团队二等奖”“第四季度政企渠道专项营销竞赛三等奖”“全市效绩考核一等奖”“三明分公司行风建设工作先进集体”和“安全管理先进集体二等奖”、首届“中国梦·劳动美—海西天翼杯”职业技能竞赛团体二等奖”、2014年“网络资源竞赛优秀团队一等奖”“设备资源整治达标奖”。分公司连续18年实现“三无”工作目标。

（周瑞青）

【**省公司领导到大田分公司调研**】 1月10日上午，电信福建公司副总经理陈锦华一行7人到大田分公司政企客户部和网格中心支局调研指导工作；4月16日下午，省公司副总经理杨岭才一行8人到大田分公司政企客户部调研和指导强渠工程工作。市公司领导分别陪同。

（周瑞青）

【**扶贫帮困送“平安”活动**】 2月，电信大田分公司联合梅山乡政府和沈岭村村委开展扶贫帮困下乡送“平安”活动，为五保户、低保户免费赠送平安机13部，并运用“号簿精灵”组建“乡情网”，让村民免费拨打乡情网。

（周瑞青）

【**志愿者活动**】 2014年，电信大田分公司弘扬“奉献、友爱、互助、进步”的志愿精神，开展“邻里相助、情暖大田”“心系群众、情暖人心”等为主题的志愿者活动12次，参与500多人次，捐款5万余元。

（周瑞青）

【**节能降耗出成效**】 2014年，电信大田分公司通过PON-ONU、FTTH等优化割接，将S1240程控交换设备有效整合，设备资源占用率从24.9%提高到58.2%，直流负载电流直降160安培，共节省用电近20万千瓦时，提高资源利用率。

（周瑞青）

【**高清全球眼改造竣工**】 2014年，电信大田分公司全面助力“平安大田”公安全球眼高清改造，提前近两个月完成，使县公安局6楼指挥中心电视屏幕显示75路高清全球眼画面，助力公安局破获抢劫案件1起。

（周瑞青）

【**中小学生围棋和象棋赛协办**】 2014年，电信大田分公司独家赞助县教育局举办县第二届中小学“天翼杯”围棋和中国象棋比赛，共赞助资金2万元。

（周瑞青）

【**“道德讲堂”活动**】 2014年，电信大田分公司将“道德讲堂”与企业文化相结合，先后开展“自强不息”“诚信做产品”等为主题的“道德讲堂”活动6期，参加员工400余人次。丰富员工生活，提升个人修养，用专业的态度为客户提供更好的服务。

（周瑞青）

【**“云桌面”瘦终端推广**】 2014年，电信大田分公司以“简化管理、数据安全、移动办公”为梅园山庄、零点酒店等2个单位提供“云桌面”瘦终端服务，为购机单位节省电脑购置一次性投资、维护和用电成本，降低设备被人为拆卸或恶意破坏的概率，加强单位内部管控，解决客户需求，提升客户感知。

（周瑞青）

【公路建设线杆迁移】 2014年，电信大田分公司支持国道“纵五”和县道“华武”线建设，迁移两条高速线杆路，费用85万元。

（周瑞青）

【“执法终端”应用】 2014年，电信大田分公司运用天翼移动网络优势，首次为县国土资源局提供执法终端服务，提升执法队伍的软、硬件装配水平，解决巡查人员定位弱、无参考、查找困难问题，帮助该局有效建立土地执法动态巡查体系，将执法业务受理模式转变为智能化和主动式。

（周瑞青）

【“电子校徽”信息化推广】 2014年，电信大田分公司利用天翼网络、信息平台优势，为城三小提供多所家校互动平台。电子校徽可以实现远距离非接触考勤，通过感应器捕捉学生的考勤信息，再通过手机短信及时发送给学生家长，学校也可以将学生的作业和成绩进行反馈，实现家长及时掌握学生动态，加强家校共育工作。

（周瑞青）

【“易信群”应用】 2014年，电信大田分公司利用技术融合和品牌优势，为县政府组建“大田县河长群”和“大田县街长群”两个易信工作群，实现“河长”工作“查、处、究”一体化，通过智能机拍摄河流图片并配上简要文字，实时向上级反馈河道受污治理情况，上级通过监督统筹管控，及时进行指导并下发实施解决方案，跟踪执行进度，整个过程实时、便捷、有图有文有真相，且公开透明。

（周瑞青）

中国移动

【概况】 2014年，中国移动通信集团福建省有限公司大田分公司分析当年形势变化特点，打好4G发展领先战。全年运营收入1.42亿元，比上年增长2.9%，排名全区第一；全县移动客户18.5万户，比上年减少0.2万户。年底，共有4G基站258个，其中新建251个；在人口较多的建制村以及城区新建有线宽带端口976个，全年共有49个项目点、1564个端口；手机上网流量同比增长110.8%。

当年，移动大田分公司经营业绩获省公司第一季度分组竞赛二等奖、市公司劳动竞赛一季度、二季度一等奖、三季度A+竞赛二等奖；公司党支部获省公司“先进党支部”、市公司“先进基层党组织”称号。

（章留玲）

【互联网电视团购拓展】 4月，移动通信大田分公司通过团购模式与大田鑫城水泥有限公司签约，达成集团宽带120条，互联网电视114户，实现CD类集团OTV拓展模式新突破。贴合客户需求，整合“OTV+专线+V网”，解决集团客户办公、上网、电视、娱乐、话务等需求，有效区隔电信IPTV；摒弃原有单户价格形式，采取团购模式，用户办理越多价格越实惠。

（章留玲）

【联合网络应急演练】 6月，移动通信大田和尤溪分公司在尤溪闽湖联合举行防汛网络应急演练。模拟梅山、街面地区遭遇罕见暴雨及雷电袭击，山体滑坡导致大田至尤溪骨干光缆中断，基站雷击故障及大面积停电等突发情况，需要进行光缆基站抢修和恢复电力保障。两县通信部门互相协调、充分配合，演练达到预期目的，为两县协同联动、应急作战积累经验。

（章留玲）

【电信诈骗窝点捣毁】 6月，移动通信大田分公司网络部发现建设镇建国村区域话务量连续多日出现异常，基站小区通信严重拥塞，每小时呼叫达2.5万次，经过缜密分析，推断该区域疑似存在电信诈骗活动。建设派出所民警遂与分公司人员经3天的隐蔽摸排比对，查获有人通过顺丰快递多次接收手机卡包裹，有组织有分工。在全面掌握该电信诈骗犯罪团伙组织结构、人员情况、日常生活点和工作点后，成功捣毁位于建设镇建国村民房内以“重金求子”话务电信诈骗团伙作案窝点。当场扣押笔记本电脑、短信群发器、手机、虚拟查询机等作案工具100多台，挽回直接经济损失25万元。

（章留玲）

【市领导到社区网格化服务平台调研】 7月17日上午，市委副书记陈永强一行3人到均溪镇赤岩社区、建设镇建国村社区网格化服务平台考察调研，对该平台推进社会管理创新、维护社会和谐稳定、社会管理服务框架等模块所起的作用表示满意，对移动通信大田分公司所提供的产品及服务表示认可。

（章留玲）

【宽带运营新增】 7月，移动通信大田分公司整合优质资源与中国铁通公司三明分公司（简称铁通）合作，发展家庭宽带。一是引入优质社会营销队伍，转“坐商”为“行商”。二是深化与铁通营业部合作，将城区、乡镇进行网格化划片管理营销。三是深挖家庭、集团等聚类市场，融合家庭宽带、互联网电视、ONU（光网络单元）固定电话、终端、V网等制定灵活个性化政策。当月累计新装机520部，净增464户，至年底净增892户。

（章留玲）

【营销4G换卡全区第一】 2014年，移动通信大田分公司4G换卡任务2356张，采取按日更新数据，以班组为单位在宣传栏上通报，在日报中体现任务进展情况，由班组长督促组员完成。同时，通过周例会在人员聚集地方进行“自助换卡”宣传，以口碑宣传带动营销。至年底完成11164张，换卡完成率473.85%，居全区第一。

（章留玲）

【移动通信队伍综合能力提升活动】 2014年，移动通信大田分公司分层级、分9个专业队伍开展综合能力提升系列活动，转变员工的财务管理观念和健康发展理念，倡导主动作为，树立有效执行、持续运营导向，实现管理员能抓项目、项目经理能快速落实、三支队伍积极拓展业务，提升公司全员的工作能力。

（章留玲）

【组织参加上级空缺岗位公开竞聘】 2014年，移动通信大田分公司组织47人，参加三明公司开放空缺职位面向劳务派遣人员公开竞聘，竞聘设置综合素质积分、笔试、面试、公示及考察等环节，有26人入围。

（章留玲）

【TD七期18个站点开通】 7月，移动通信大田分公司在规定时间内开通TD（移动通信标准简称）七期18个站点。七期TD站点开通，是在完成前期4G工程及TD升级后针对农村数据流量较大区域的一次覆盖，有效减低部分2G基站流量占比，提高用户手机上网感知。

（章留玲）

【全国艺术体操竞标赛通信保障】 10月，全国艺术体操锦标赛在大田开赛。前夕，移动通信大田分公司网络人员提前制定详细通信保障计划。在体育场内增设4GRRU3个、2GRRU2个、AP4个，开放免认证WiFi信号；在运动员下榻宾馆内开通4GRRU、TDRRU、2GRRU各5个，并进行拉网测试优化。实现“通信不中断，服务不打折，安全零故障”。

（章留玲）

【总经理接待日活动】 10月，移动通信大田分公司在仙廷大酒店举办“优+服务和你在一起”总经理接待活动，邀请全县AB类集团主要负责人和市客户服务部同仁参加。现场介绍4G基本知识和特点优势，畅享4G的方式以及分公司4G网络覆盖情况；与客户开展面对面沟通交流、听取客户意见和建议，并为客户提供免费4G手机网速体验及软件应用下载，提高客户感知度和满意度。

（章留玲）

【4G基站建设年任务提前完成】 11月18日，移动通信大田分公司完成4G基站251个，提前完成全年建设任务。4G网络实现城区、乡镇集镇所在地、较大建制村、重点企业、学校及工业园区等重要场所基本覆盖，网络整体下载速率达30Mb/S以上。

（章留玲）

【政府OA自动办公系统运行】 2014年，移动通信大田分公司与政府合作开发政府OA协同办公系统，为县委办、县政府办、人大办、政协办专项开发各类收文、发文、督查督办、会议纪要等流程。各乡镇政府、县直机关单位利用该系统实现文件传送，替换原有纸质专递。

（章留玲）

中国联通

【概况】 2014年，中国联合网络通信有限公司大田县分公司全年业务收入3257万元，比上年增长12.6%。全县联通基站271个，联通2G用户2.91万户、3G/4G用户1.76万户。优质的网络服务、优良的客户服务使企业的核心竞争力得到加强，为改善大田投资环境、促进经济发展提供通信保障。当年，联通大田分公司获省分公司“2014 年度固网专业发展优胜单位”、全国总工会“全国五一劳动奖状”称号。

（郭秀明）

【4G 业务试商用】 3 月，联通大田分公司成为中国联通 4G 业务试商用。4G 是第四代移动通信技术的简称，是 3GPP 主导的无线通信技术的演进，分为 LTE-TDD 和 LTE-FDD 两种网络模式。国际主流 4G 快 150Mbps（兆位 / 秒），拥有 150Mbps 的最快下行速度，是 yd 公司 TDD 制式 4G 的 3 倍，为目前最快的 4G 网络。

（郭秀明）

【第二家神脑营业厅开业】 11 月 1 日，联通大田分公司位于均溪镇凤山中路 195 号第二家神脑营业厅开业。店内面积 80 平方米，“沃”店特有橙色风格与苹果店的通透连体设计，体验店别具特色。内设 3G 业务体验区、产品展示区、业务受理区；分别摆放 iPhone（苹果）手机、无线上网卡及其他 3G 产品，有国际品牌三星、iPhone，国产的华为、酷派、联想、小米等智能手机，每台体验手机都下载安装不同类型与用户生活相关的应用软件，供市民免费体验。

（郭秀明）

【乡镇宽带覆盖面加大】 2014 年，联通大田分公司与专营店、电脑商等合作，加大乡镇宽带覆盖面。新开通建设、桃源、奇韬、文江等 10 个乡镇宽带，年底，联通宽带共覆盖乡镇 14 个、村 42 个；全县新增有线宽带端口 5000 个、无线宽带端口 1200 个，城区覆盖率 99%、乡镇 72%、村级 20%。

（郭秀明）

商业贸易

□编辑 潘 梅

商业系统商业

【概况】 2014年，全县社会消费品零售总额39亿元，比上年增长13.8%。新增限额以上企业23家，至年底共72家，其中，批发企业28家，零售企业35家，住宿餐饮企业9家。限额以上批发业销售额10.7亿元，同比增长34.2%。一是建立县级可调控副食品基地45个（省级生猪、蔬菜基地各1个），企业投入资金2214.6万元。其中蔬菜基地17个，面积243.3公顷，年产蔬菜1.8万吨；生猪基地18个，年出栏生猪5.9万头；蛋禽基地5个，存栏蛋鸡9.5万只，年产蛋品2600吨；水产基地场5个，网箱养殖580箱，年上市淡水产品2900吨。主要副食品价格指数菜103.5%、肉禽及其制品102.0%、水产品102.6%、蛋106.7%。二是加强商务执法。联合公安、工商、畜牧兽医等部门，开展执法活动24次，出动65人次、执法车辆24台次；专项整治猪、牛肉品质量安全，进行生猪屠宰执法检查22次，出动57人次；对全县38个加油站加强监管，出动执法人员8人次，专项检查2次，配合市级查处违规经营2起；完成酒类备案登记131家，发放宣传材料300余份。三是加强国有企业管理，商业总公司职工69人，营业收入614万元，上缴税收251万元，营业利润46万元。饮服公司营业额257万元，上缴税收51万元，利润30元。县食品公司全年屠宰生猪3.17万头、牛217头，营业收入123万元，上缴税收6.8万元。四是加强市场管理，县市场服务中心干部职工6人、协管员16人、保安8人，设2个管理组。下辖满田春、活牲畜、岩城新市场3个市场，总资产87万元，全年收入28.5万元、支出131万元。当年，商业总公司获2012—2013年度纳税100万元企业和县级文明单位，公司党支部被县委评为2011—2014年度基层先进党组织。

（叶五二 高上柳 陈真珍 陈荣事）

【岩城旅社升级改造】 2014年，县饮服公司开拓网络营销方式，与艺龙网、携程网签订酒店合作协议，提供网上订房服务；陈旧客房和设备维修、更新、新增无线网络设备，投入约15万元；对宾馆服务人员定期培训，提升其素质和服务质量。全年客房接待1.73万人次，床位数103张，月入住率50%，年收入99万元。

（陈真珍）

【国有资产管理加强】 2014年，县商业总公司投入近11万元，进行大楼维护修缮，保证出租屋质量；到期店面及时进行公开招标，年增加收入67万元。

（陈真珍）

供销系统商业

【概况】 2014年，大田县供销合作社联合社内设办公、人事、财务、经济发展、合作指导、资产管理、农副产品信息中心7个科室；县供销贸易总公司辖烟花爆竹经营部、农业生产资料公司、龙得宝农资有限公司（股份制）3家直属商业企业和4个基层中心社。有经营网点127个，在职干部职工36人，离退休人员251人。全年商品购进总额5.91亿元，比上年增长44.5%；商品销售总额6.17亿元，同比增长43.49%；实现利润75.3万元，同比增长20.87%。

（丁首群）

【“高峰金姜”项目推进】 2014年，县供销社高峰金姜生产基地扩建，在梅山、湖美、前坪、均溪、文江5个乡镇36个村向800余户姜农推广种植金姜良种6600公顷，年新增产值7000万元，年人均增收800多元，带动物流业、服务业等相关产业发展，转移农村剩余劳动力1000多人。该项目申报为2014年农业综合开发供销合作总社新型合作示范项目，是县社近十年来首个。

（丁首群）

【综合改革试点工作进展】 2014年，县供销社制定并实施《大田县基层供销合作社综合改革试点实施方案》，进行基层社组建宣传发动、调研对接和户外广告统一制作，完成办公场所确定，初步拟定办公条件完善方案及现有资源整合方案，初步确定专业合作社社员87人。草拟示范方案，拟定章程、做好工商登记等前期工作。年底，桃源试点人员场所等初步确定，前坪恢复重建已完成图纸设计，建设、武陵、梅山、吴山等基层社初步达成与移动公司大田分公司合作改造意向。

（丁首群）

【农村社区综合维修服务体系建设】 2014年，县供销社争取各级补助资金11.8万元，添置各维修服务站、点维修设备、装修简易店面、购置维修人员交通和通讯工具，实现门店牌匾、标识、服装、“四簿”（维修服务登记簿、零部件预定簿、服务承诺簿、意见建议簿）的“四统一”。年底，全县农村社区综合维修服务体系覆盖15个乡镇，共有维修服务站15个、维修服务点47个。开展农机具、沼气设备、太阳能设备、摩托车、电视接收器、家用电器等综合维修服务和零配件供应。年经营额2400多万元，惠及3万多农户，取得“农民得方便，企业得实惠，政府得民心”的效果。

（丁首群）

【烟花爆竹经营管理】 2014年，县供销社加强烟花爆竹安全生产经营，设立配送中心，占地526平方米，全县经营网点137个、从业276人，其中城区网点27个、乡镇110个。与安监、工商等部门联合执法，共出动车辆22辆次、执法人员55人次，查处违规营运烟花爆竹案件12起，实现规范、安全、有序经营和管理。全年销售额4180万元，实现利润526万元，上缴税收209万元。

（丁首群）

【农资供应】 2014年，县供销社发挥点多面广优势，将化肥储备至各连锁店和农家店，化肥入村率达60%以上。组织5人到省社参加庄稼医院人员培训班学习，聘请专家举办新肥新药、科学种植等知识培训班3场，发放宣传单5万多份，全年储备各种化肥1.99万吨、农药136.9吨、农（地）膜326.2吨。农资销售总额8248万元，其中，化肥4.63万吨，金额6932.32万元；农药386.8吨，金额618.88万元；农地膜415.6吨，金额664.96万元；农用机械类8372件，金额31.84万元。

（丁首群）

粮食系统商业

【概况】 2014年，大田县粮食局履行粮油市场监管与服务职能，依法管粮。县地方储备粮库安全储粮9500吨、储油70吨；粮油购销公司房租收入163万元，县国有粮食企业实现净利润2万元。推进县粮油储备库建设，改善储粮器材库条件，夯实科学保粮基础，固定资产原值7612万元（粮食企业1365万元），比上年增加1058万元；流动资产6996万元（粮食企业4570万元，政策性亏损挂账1507万元），同比增加530万元。年底，局及下属企业职工36人（局机关15人，国有粮食企业21人），同比增加4人。

（张加泰）

【社会粮食供需平衡调查】 1月，县粮食局根据省局部署，抽调监督检查股和调控股共7人，分2个组到5个乡镇45户农户及城区8个居委会16家居民户抽样调查全县粮食供需情况，为政府决策提供依据。

（张加泰）

【订单粮食收购】 6月，县政府根据“订单粮食”收购政策及地方储备粮轮换需要，确定“订单粮食”任务3620吨，制定合理收购价格。当年产国标中等早籼稻每50公斤135元，晚籼稻每50公斤138元。直接补贴标准保持每50公斤12元。县地方储备粮库实行公开订单直补标准、收购价格、质量标准，预约收购时间，及时兑现粮食收购款及直补款的“三公开一预约一兑现”收购办法。全年收购县内稻谷3506吨，采购外县稻谷1114吨，全面完成储备粮收购任务。

（张加泰）

【农户科学储粮专项建设】 9月，县政府根据省粮食局《关于做好2014年农户科学储粮专项建设工作的通知》，全县分配储粮仓1万套，再培育农户科学储粮示范户1万户。县政府下发《关于做好2014农户科学储粮专项建设工作的通知》，在全县开展农户科学储粮示范工作，推广使用新型储粮仓具。县粮食部门通过新闻媒体、印发宣传手册和墟日现场讲解、实物操作演示等形式向农民传授科学储粮知识，提高农民科学储粮意识。10月中旬开始，与示范农户签订《农户科学储粮示范项目协议书》。12月15日，新型储粮仓制作中标企业湖南雄龙置业有限公司进驻县粮油储备库福塘中心库制作科学储粮仓。县粮食局联合各乡镇、村，25天给农户发放储粮仓1万套。

（张加泰）

【粮油储备库建设】 2014年，县粮食局抽调精干人员抓质量、保安全、促进度，至年底，完成9#仓库、机械库、配电房、器材库等工程建设，当年投资1367万元，累计投资7002万元。

（张加泰）

【县级储备粮规模增加】 2014年，县政府根据市粮食局《关于先期下达部分地方储备粮规模的通知》，增加县级储备粮1000吨，全县县级储备粮规模达9500吨。

（张加泰）

【粮食流通市场监管加强】 2014年，县粮食局按照国务院《粮食流通管理条例》及相关政策，加强粮食流通市场监督和粮食市场监测，完善旬报制度，开展最高最低库存量检查，指导粮食经营者合理购销，保证粮食市场供应，价格平衡。1月底，召开粮食统计工作会议，对粮食经营及加工业主进行粮食统计业务培训，部署统计工作，确保粮食统计的及时、准确，为政府做好粮食宏观调控工作提供决策依据；加强“放心粮油”工程建设，参与“餐桌污染”专项行动，春节、“五一”、中秋、国庆等节庆日前组织有关人员在城区和重点乡镇开展粮油质量检查，督促粮食经营者依法经营，杜绝陈粮进入口粮市场；在收购期间，组织人员进乡入村调查，杜绝哄抬粮价、压级压价等行为，维护正常收购秩序，保证粮源质量。

（张加泰）

民用爆炸物品经营

【概况】 2014年，大田县永丰民用爆炸器材专卖有限公司加强企业管理，做好工农业生产和重点工程建设所需民爆物品的供应，抓好企业的安全生产和增收节支工作，确保国有资产保值增值。年底，有干部、职工15人，总资产1677.07万元、比上年下降6.80%，净资产1422.09万元、同比下降1.23％。全年销售工业炸药3733吨、同比下降19.11%，工业雷管473万发、与上年持平，实现销售收入4072万元、同比下降17.91%，利税总额636.45万元、同比下降25.77%。

（陈华贡）

烟草专卖

【概况】 2014年，大田县烟草专卖局、三明市烟草公司大田分公司实行“一套班子、两块牌子”体制模式，简称“大田县烟草专卖局（分公司）”，年底有员工143人。

专卖管理 2014年，县烟草专卖局依据《中华人民共和国烟草专卖法》及实施条例、《烟草专卖许可证管理办法》履行专卖管理职责，依法行政，诚信服务，全年共出动打假打私3151人次，查办烟草专卖案件27起，其中，无证生产烟草制品案件1起，查获烟叶11.9吨、烟丝8.31吨、烟梗4.44吨，制假设备7台，案值800余万元；非法收购烟叶案件1起，查获烟叶0.9吨；无证运输案件3起，查获卷烟549条；卷烟各类违法案件22起，查获卷烟189.8条，罚没款5.63万元。年底，全县共有烟草专卖零售许可证经营卷烟1754户。

烟叶购销 2014年，县烟草专卖局执行国家局守住烟叶收购红线的要求，落实控制烟叶生产总量方针，加强收购现场管理，全县“平稳、平衡、平安”收购烟叶1405.61吨，比上年下降38.17%；上等烟比例占57.23%，平均亩产量90.68公斤、同比下降26.87%；平均亩产值2762元、同比下降13.09%；户均种烟收入4.93万元，单户烟农售烟总额最高达35.55万元，烟农售烟总收入4280.63万元，同比下降 26.72%，实现烟叶税 924.07 万元。

卷烟销售 2014 年，全县卷烟销售 1.37 万箱、同比下降 3.52%，其中，销售一类烟 1938.42 箱、同比增长 5.63%，二类烟 3559.2 箱、同比增长 4.44 %，其他类烟 8228.31 箱、同比下降 8.13%。全年销售额（含税）3.42 亿元、同比下降 0.29%。

（庄　婧）

石油经营

【概况】 2014 年，县辖区内成品油经营单位有中石化森美（福建）石油有限公司三明分公司加油站 13 座（含泉三高速路 4 座）、中石化森美商客部大田批发点、中国石油天然气股份有限公司大田加油站 8 座、社会私营加油站 17 座，员工总数 255 人。中石化、中石油 2 家分别为国有控股合资和国有控股非独立核算单位，人、财、物由上级公司统一管理，油品由上级公司配送，销售价格由省级公司根据国家规定统一下发。全年度因油源充沛、国际油价大幅下跌，未出现市场紧张现象。年均柴油每吨 6300 元，93 号汽油每吨 8200 元，97 号汽油每吨 9200 元。全县成品油零售总量 9.6 万吨，其中中石化森美销售 4.8 万吨；中石油销售 2.8 万吨，私营加油站销售 2 万吨；中石化森美代批发 0.6 万吨。中石化森美公司大田片区全年上缴税收 550 万元。

（范祯钟）

医药经营

【概况】 2014 年，福建省大众医药有限责任公司职工 68 人，其中药学高级职称 1 人、中级 5 人、初级 31 人；取得执业注册证药师 5 人、从业药师 6 人。企业注册资本 1100 万元，固定资产 3785 万元，流动资金 1520 万元。全年药品购进 2079 万元、比上年下降 8.94%，销售总额 1648 万元、同比下降 38.21%，实现利税 75 万元，其中利润 18 万元。6 月，企业通过 2012 版《药品经营质量管理规范》（GSP）认证。

（杨建新）

个体私营商业

【概况】 2014 年，全县经工商行政管理局登记注册的个体商业户和私营商业企业 1.07 万户、比上年增加 15.69%，从业人员 3.89 万人、同比增长 65.53%，注册资金 52.05 亿元、同比增长 27.89%，其中，城区 6853 户，从业 1.99 万人，注册资金 41.89 亿元；农村 3885 户，从业 1.9 万人，注册资金 10.16 亿元。总户数中，个体商业户 9476 户、同比增长 14.65%，从业 1.6 万人、同比增长 14.29%，注册资金 4.78 亿元、同比增长 30.96%；私营商业企业 1232 户、同比增长 24.32%，从业 1.15 万人、同比增长 21.55%，注册资金 47.27 亿元、同比增长 27.52%。全年，商品销售额 16.05 亿元。

（黄清渊）

城乡集市贸易

【概况】 2014 年，城区有满田春市场、岩城新市场（好多多超市、服装鞋帽市场各占一半）、活牲畜市场、商贸中心市场（桥山路 1 号一层，2013 年下半年，三明市三汇源置业有限公司投资 1200 多万元收购该市场摊位 245 个、租赁经营内店面 20 个，2014 年对 A 区约 1300 平方米进行标准化改造）4 个市场，总面积 1.29 万平方米，全年交易额 1.63 亿元。规范城区 5 个农产品临时交易点，即城区凤山西路岩城集团楼前的农副产品早市临时交易点、小溪坂（城东村）、南山路（中段）桥头、镇东居委会在镇东桥头附近投资 40 万元建设的 550 平方米彩钢大棚镇东片区便民市场、县城市综合执法大队在福田大道原纺织厂路口投资 6 万元建设的 90 平方米便民交易点。乡镇有济阳、梅山、华兴、建设、武陵、文江、前坪、太华、石牌、奇韬、湖美、屏山、吴山 13 个乡镇农贸市场。总面积 3.24 万平方米，全年交易额 1.69 亿元。

（叶五二）

【满田春市场】 2014 年，满田春市场占地 7045.56 平方米，实用面积 5794.34 平方米，内设服务总台、信息中心、食品安全检测中心。分为 A、B 两个经营区，其中 A 区为干货区，设有店面40间、固定摊位81个,主要以干鲜果、三类小药材、茶叶、青草药、食杂、粮食、菜籽、干海产品等11类货物;B区为鲜货区,设有店面36间、固定摊位258个,主要经营鲜肉类、蔬菜、家禽、卤制品、熟食品、面豆制品、食用菌、酱菜调味品、糕点、活鱼、海产品、冰冻产品等20多类货物。全年交易额1.45亿元。

(陈荣事)

【岩城新市场】 2014年,岩城新市场主要经营服装、鞋帽、日用小商品,经营面积3114.54平方米,其中服装鞋帽市场设有固定摊位136个,有个体工商户136户,全年成交额820万元。

(陈荣事)

【活牲畜市场】 2014年,活牲畜市场经营小猪、牛、羊,以小猪为主,每墟交易约150头,年交易约1.1万头;牛交易主要在春耕季节。年交易额950万元。

(陈荣事)

【农贸市场和生鲜超市建设】 2014年,根据省经贸委、财政厅《关于印发2008年推进城乡集贸市场升级改造实施方案的通知》《城镇集贸市场超市化改造验收标准及评分细则》《城乡集贸市场规范化改造验收标准及评分细则》,至年底,完成满田春市场和济阳、梅山、华兴、建设、武陵、文江、前坪、上京等乡镇的农贸市场规范化改造,岩城新市场、冠超市市场超市化改造及生鲜超市建设,上京集贸市场完成规范化改造未营业,同时,进行广平镇、桃源镇农贸市场和商贸中心市场改造。

(叶五二)

【冠超市】 2014年,大田县冠超商贸有限公司销售额4450万元,吸纳当地员工227人,纳税15.57万元。该公司成立于2013年11月14日,位于均溪镇建山路99号凤翔新天地负一层,建筑面积7800多平方米,12月27日试营业,29日正式营业。分为生鲜、食品、非食三大区域。其中生鲜区域包括干货、水果、蔬菜、鲜肉、水产、熟食;食品区域包括休闲食品、烟酒饮料、粮油调料、冷冻冷藏品;非食区域包括生活用品、针织、家电。在超市出口处设立便民自动服务站,免费提供直饮净化水、手机充电、商品打包、自助投递快递件等便民服务,是全市首家设立系列自动便民服务站的超市。在超市的地下(负二层)设有50个免费停车位,方便市民购物停车。

(叶五二)

对外经济贸易

【概况】 2014年,县委、县政府围绕国家产业政策,加强招商选资,支持出口企业加快转型升级,提升外贸出口创汇能力。

外贸 2014年,大田县对外贸易经济合作局做好对源农花卉专业合作社、豪辉贸易有限责任公司等企业的扶持、服务、协调工作,拓宽永大陶瓷、格林实业、飞鹰实业有限公司等对外贸易公司业务渠道。全县外贸出口1.37亿美元,完成市下达任务的114%,全市排名第三。

外资 2014年,全县新批办长安实业集团有限公司、福建仙居山樱花产业发展有限公司、福州圣德建材有限公司3家外商投资企业,验资口径1575万美元,完成市下达任务的101.6%,全市排名第三。

(叶长江)

【投资项目推介洽谈会举办】 8月8日,县委、县政府在泉州市举办“大田·泉州投资项目推介洽谈会”,邀请客商190人参会。共对接项目44个,总投资107.49亿元,其中合同项目18个、意向项目26个。上台签约项目8个,涵盖电子、能源、新材料及机械设备等行业,总投资44.2亿元,利用外资2.1亿美元,其中投资3亿元以上的有汽配(工程机械)产业园建设项目、总投资22亿元,晶源蓝宝石生产项目、总投资8亿元,元情高岭土深加工项目、总投资5亿元,生态环境工程恢复与治理项目、总投资3亿元,宇隆超纤生产项目、总投资3亿元。

(叶长江)

【组团参加“9·8”中国国际投资贸易洽谈会】 9月8日,县委、县政府组团参加第十八届厦门“9·8”中国国际投资贸易洽谈会。邀请客商30人,对接项目23个(外资项目9个)、总投资4.51亿美元,其中合同项目12个、意向项目11个。上台签约合同项目4个、总投资1.08亿美元。其中,洛神花产业化项目和隔音板新型建材生产项目投资各3000万美元,宏发食品加工项目、投资2800万美元,珍稀苗木基地项目、投资2000万美元。

(叶长江)

城建·旅游

□编辑 潘 梅

规划设计

【概况】 2014年，县城市规划工作围绕新型城镇化建设，实施"大城关"战略。一是加强城市规划管理，严把规划审批关，执行"一书两证"制度，城区建房办证率100%。全年共办理单位建设项目选址意见书4件，用地约3.4万平方米；单位建设用地规划许可证7件，用地约19.9万平方米，建筑面积约26.7万平方米；单位建设工程规划许可证14件，用地约15.2万平方米，建筑面积约22.6万平方米；个人建房办理建设规划用地许可证7件，用地约0.08万平方米，建筑面积约0.46万平方米；个人建房办理建设工程规划许可证51件，用地约0.53万平方米，建筑面积约2.32万平方米。二是继续做大做美城市，按照"南进东拓北扩西延"的发展思路，抓好规划编制工作。完成新一轮《大田县城总体规划修编》，并通过城市空间拓展战略规划评审，城市规划控制区面积拟从34平方公里扩大到80平方公里，进一步拉大城市空间和构架。启动城区南部13平方公里以石牌镇为中心的石牌镇用地发展概念规划编制、东部新城部分地块的修建性详细规划设计。完成城区北部城市总体规划2平方公里1∶1000的地形图修测。设计完成原纺织总厂周边地块改造的概念性详细规划、县均溪河西岸（南门桥—东门桥）栈道景观工程的规划、泉三高速公路石牌互通口至福田桥桥头沿街立面改造及互通口东西两侧和六迪坑地块概念性规划。完成乐祠桃源山庄（原火电厂）等项目修建性详细规划设计方案的审批及凯天龙商务酒店、福星花园保障性住房、凤山大厦、闽中物流园区东坑地块一期、二期等规划审批。至年底，建成区面积7.6平方公里，城镇化率46.1%。

（柳 青）

【县城总体规划纲要编制完成】 11月，县住房和城乡规划建设局（简称县住建局）委托厦门市城市规划设计研究院编制县城总体规划修编（2012—2030）规划纲要完成。规划修订结合县城发展空间资源统一配置，调整中心城区建设用地范围，由原来的7.4平方公里扩展到北侧的后华组团、东北侧的汤泉组团和西南侧的翰林组团，共约22.3平方公里。

（柳 青）

【桃源山庄方案设计完成】 2014年，县住建局委托福建省闽武建筑设计院有限公司和博能（福建）建筑规划设计有限公司设计修改县乐祠桃源山庄完成。项目位于原火电厂地块，为商住用地，规划总用地6.57万平方米，其中出让用地红线面积4.09万平方米。用地红线范围内地势较为平坦，高差不大，易于建设，建设中处理好水岸景观过渡和山体边缘护坡等技术问题，建成后将达到"通山透水"的景观视觉效果。

（柳 青）

【人民法院审判用房设计完成】 2014年，县人民法院审判功能性用房建筑方案委托福建超平建筑设计有限公司设计完成。项目位于均溪镇福塘村"菜坂洋"。东为福田大道，西临20米均溪河滨路，南靠检察院，北为民房。规划用地1.09万平方米，分两期建设，配套建设电梯和给排水、消防、供电电气照明、火灾报警系统及绿化工程等设施。

（柳 青）

【城区数字地形图测量编写完成】 2014年，县住建局经招投标，由福建省地质测绘院完成城区1∶1000数字地形图及修补测绘项目，编撰技术设计书。测区介于北纬 25° 37′ —25° 46′，东经 117° 45′ —117° 57′ 之间，涉及均溪、石牌、华兴和武陵等乡镇，面积约 102 平方公里。测区内有泉南高速 G72、省道 S306、县道 X722 等交通干线，有均溪、武陵溪、屏山溪及其支流等水系。

（柳　青）

【陶瓷文化创意产业园设计完成】 2014 年，县陶瓷文化创意产业园宝通、永大瓷业有限公司技改项目委托福建超平建筑设计有限公司设计完成。项目位于均溪镇香山路 156 号，东接过境道路及菜地，北临树林，西靠山林，南临近农田和菜地。用地 3.4 万平方米，已建综合楼 7980 平方米，设计新综合楼建筑面积 7 万平方米、厂房车间等 3.1 万平方米、仓库 263.2 平方米。

（柳　青）

城市建设

【概况】 2014 年，县住建局围绕完善城市基础设施，提高综合承载力进行城市建设。一是市政桥梁建设。完成福塘桥基础、桥台、柱墩及盖梁建设，进行桥梁模板支撑系统架设；珠宝桥完工；投资约 1400 万元的福田桥和南门桥拓宽改造投入使用。二是市政道路建设。11 月，长 651.38 米、宽 18 米的栋山路经 3 年改造通车，总造价约 2500 万元，投资 6000 万元，建设长 651.8 米、宽 18 米的赤岩隧道。三是背街巷道及污水管网改造建设。对破损严重、排水不畅、环境“脏乱差”的背街小巷道路 60 条、长约 5 公里进行改造，铺设混凝土，并全部实行雨污分流，完善污水收集系统，投资 1000 多万元。四是福塘至石牌污水管网工程完工，造价 550 万。五是市政公用基础设施排查。全年共修复城区人行道（含商贸街、主干道）31.4 公里、主路面冷补沥青 15.7 公里、建山路及福田大道护栏 31.4 公里；及时清理存在隐患的防洪沟，更换破损窨井盖板 182 个。六是实施亮化工程，增设白岩后山步游道、象山路、栋山路及背街小巷路灯近百盏，投资 80 多万元。

当年，县城市生活污水和垃圾处理率分别达到 80.5% 和 98.6%，人均道路面积 10.93 平方米。

（柳　青）

【均溪河西岸栈道景观工程】 6 月，县市政工程维护处动工建设均溪河西岸栈道景观工程。栈道起于南门桥，终于东门桥，全长 2130 米，宽 3 米。分为 A、B、C 三个标段，预算总造价约 3500 万元。至年底全部完成桩基浇筑、检测和地梁、满堂支架基础混凝土浇筑，基本完成梁板浇筑、防腐木安装。

（柳　青）

【体育文化中心投入使用】 12 月，县体育文化中心初验投入使用，项目位于均溪镇银山北路 2 号，2012 年 5 月动工，占地 4.9 万平方米，总建筑面积 4.23 万平方米，总投资约 5.05 亿元。建有体育馆、田径场、图书档案新闻中心、聚龙商务中心和聚龙华庭住宅楼 5 个项目。当年完成投资 7905 万元。

（柳　青）

【重点项目建设】 2014 年，县东部新城及城市规划建设项目 28 个，投资 25.35 亿元。取消凤山东路改造、东坑垅城市开发、体育文化中心地下停车场建设项目 3 个，保留项目 25 个。至年底，在建项目 11 个，完成投资 18.77 亿元，其中南门桥、福田桥拓宽改造工程竣工通车。开展前期工作和预备建设项目各 7 个。

（柳　青）

【城市燃气设施建设】 2014 年，大田安然燃气有限公司完成京口工业集中区市政管网 3.5 公里、城区中压管网 9 公里和 1 个城区试点小区庭院户内燃气工程；开工建设京口工业集中区 LNG（液化天然气）站和城区临时气化站；报批红狮物流加气站。该公司计划于 2013—2020 年在大田建设液化天然气站 2 座、天然气汽车加气站 3 座、指挥调度中心和接收门站各 1 座，建设城市小区低压管网、中压干管 27.8 公里，中压支管 27.3 公里。

（柳　青）

【石牌市政建设改造】 2014 年，石牌镇政府完成福田桥经石牌转盘至老厝村部总长 1.45 公里道路沥青混凝土路面和大部分人行道面砖铺设，交通标志线施划、路灯安装和行道树栽植，石牌高速路口至福田桥沿街立面改造及夜景工程等，全年完成投资 7950 万元。

（柳　青）

城市管理

【概况】 2014年，县住建局加强城市管理监管并进，建立长效机制，提升管理水平。一是城市监管制度建设。加大违法用地和违法建设“两违”专项整治力度，实行“街长制”，推进“数字城管”建设，探索创新城市管理办法，推动城市景观形象改善，解决好“人进城、建好城、管好城”问题。二是加大城区市容环卫设施投入。添置护栏清洗车3辆、集装箱垃圾车1辆、果皮箱200个、垃圾桶300个、垃圾箱15个，建造移动公厕4座、压缩式垃圾中转站1座，投资350万元；逐步解决城区垃圾清扫、清运难及公厕破旧问题，投资12万元，维护管理公厕。全年共清运垃圾3.65万吨。三是市容监管。加强市容环境卫生、城市“牛皮癣”、交通秩序、占道经营、集贸市场、河道管理；开展创文明县城活动，对城区主次干道招牌规范整治，并在年底完成改造更新。全年共查处各类违章7880余起，其中市容方面6300余起。劝导和纠正违章占道5200余起，取缔违章摊点650余起，拆除破旧、影响市容、存在安全隐患的户外广告及门店招牌185块，改造更新门店招牌700余块，清理主次干道横幅160余条，清理乱张贴广告2.3万余张。四是城区渣土、弃土整治。县政府成立渣土办，制定《大田县建筑渣土砂石运输管理实施方案》，遏制城区渣土、弃土乱倒乱排等行为。全年共查处违章弃土25起，责令施工单位整改30起。五是园林绿化管理。全年建设绿地20公顷，其中公园绿地、生产绿地各5公顷，防护绿地、附属绿地各1.5公顷，其他绿地7公顷。人均公园绿地面积14.97平方米，建成区绿地率37.9%。

（柳　青）

【全国艺术体操锦标赛绿化布置】 9月，县园林处在全国艺术体操锦标赛比赛主场馆、体育场周围、银山北路部分路段和公园广场种植和摆设花草树木及部分设施维护。整个场馆共种植和摆设时令花1.03万盆、大盆多头鸡冠花280盆、大棵特色造型花木70盆，共1.06万株。

（柳　青）

【规划执法】 2014年，县综合执法大队查处规划区内违章260起，发放停建通知书166份；拆除违法建筑68起，立案21起，行政强制执法2起，处罚金额43.17万元。

（柳　青）

【“两违”综合治理】 2014年，全县按照省委、省政府部署，开展“两违”综合治理专项行动，全年共发现违法建筑面积36万平方米、违法用地24万平方米。拆除建筑物30万平方米、腾出土地14.6万平方米。

（柳　青）

房地产

【概况】 2014年，县住房委员会办公室（简称县住房办）落实国家宏观政策，保持房地产业健康发展。一是商品房开发。城区主要有金象温泉城、龙腾盛世、锦绣福田、福裕名城、东方嘉园、美地公园、凤山大厦、福星花园、岩城明珠等9个楼盘，年计划投资7.45亿元，实际完成投资8.68亿元，占年计划的116.5%。年商品房销售任务20.02万平方米，全年销售20.84万平方米，比上年增长15.52%。二是房产管理。全年完成房屋所有权登记2698宗，面积76.53万平方米；办理所有权抵押登记3215宗，面积138.87万平方米；出具房屋登记信息证明6417份；办理商品房购销合同备案登记1926宗、2535套，面积23.12万平方米，备案金额3亿元。归集住宅专项维修资金265.89万元，年底累计1978.97万元。

（柳　青）

【保障房配租配售扩大】 9月25日，县住房办实施经调整修改的《大田县限价商品房暂行管理规定》，扩大保障性住房覆盖面，惠及更多中低收入居民。全年，受理申请573户，分配保障性住房508套。

（柳　青）

【商品房预售管理】 2014年，县住建局批准商品房预售面积32.8万平方米、比上年增长25.29%，销售面积20.84万平方米、同比增长15.14%。至年底，全县已批准预售可售商品房面积约42万平方米，其中商品住房约19万平方米。出让的房地产开发用地83.73万平方米，其中城市规划区74.41万平方米。规划建筑面积204.37万平方米，其中城市规划区182.05万平方米（含限价商品房10.08万平方米）。

（柳　青）

【保障性安居工程建设】 2014年，全县新建、改建保障性住房1129套，开工率100%。至年底，完成投资1.38亿元，占年度投资计划120.73%；已竣工316套并已分配入住，竣工率27.98%。

（柳　青）

【住房公积金管理】 2014年，三明市住房公积金管理中心大田管理部加大住房公积金政策宣传力度，与工商、医保、银行等部门信息互通，重点拓展民营企业和中小企业扩大住房公积金覆盖面，催缴历年欠缴公积金200万元。坚持确保资金安全、提高资金使用率及其保值增值，进一步规范住房公积金缴存、提取、贷款管理。单位和个人按工资总额同等比例缴交住房公积金，央企、国属单位各按单位、个人15%，市、县属企业各按单位、个人12%缴交。当年，全县缴交住房公积金单位521个、职工1.41万人，比上年增加321人，归集额1.50亿元，同比增长10.41%；购建房、还贷、退休等4555人，提取公积金8710万元，同比增长10%；为254户发放公积金贷款6924万元，同比下降27.5%，其中保障性住房贷款2202万元。年底，全县累计归集额9.24亿元，余额4.86亿元，同比增加6254万元；提取额4.21亿元，占缴存总额45.56%；贷款5215户、金额6.36亿元，贷款余额3.41亿元、同比增加2900万元，个贷率70.21%。

（陈进端）

建筑业

【概况】 2014年，全县建筑业完成产值26.3亿元，比上年增长33.5%。县住建局加强建筑工程质量和安全监管。一是专项治理。对施工现场随机抽查，共发出《责令改正通知书》66份，提出隐患整改意见258条，整改率91.1%。“安全生产月”期间，在全县建筑工程施工现场和燃气经营场所等醒目位置张贴安全警示标语（横幅）72幅，。制定《关于集中开展打非治违专项行动的实施方案》，组织执法检查2次，出动联合检查人员256人次，检查企事业单位和场所28家次，发现建设工程项目未办理质量安全监督等法定建设手续而擅自开工的行为2起，特种作业人员无操作资格证书而从事建筑施工活动的行为1起。二是监督执法检查。全年共召开季度安全检查4次，其中，节后复工专项检查、标准化工地及文明、卫生县城“两城”创建检查、市住建局安全生产大检查、配合省建设工程质量安全监督总站及住建厅安全检查各1次。三是安全生产管理。共办理安全施工备案登记28件，受理福建省宝宸建设有限公司、大田县龙昌建设工程有限公司2家新增企业安全生产许可证申报。全年未发生重大伤亡事故。四是建筑市场管理。按照《建设工程施工许可证管理办法》规定，共审查办理建筑施工许可证40个项目，建筑面积39.1万平方米，总造价12.05亿元；全年工程招投标项目18个，招投标率100%。

（柳　青）

【建筑施工整治】 9月，县住建局安全站针对建筑起重机械、模板支架、高处作业等施工安全事故多发、频发等重点问题，召开模板专项整治点评会，总结凤山大厦项目模板支撑体系整改经验，介绍和分析近期模板及坍塌事故，传达省市模板整治相关文件要求。同时组织各施工单位负责人、质安科长和监理单位总监参加在福州举办的建筑起重机械和模板支架坍塌事故警示与强制性条文宣传贯彻及建筑施工高处作业与安全监管要点培训班。

（柳　青）

【建筑市场管理】 2014年，县住建局工程质监站按照《建设工程竣工验收备案》规定，审核办理工程竣工验收备案18个，建筑面积11.5万平方米，总造价1.54亿元。

（柳　青）

【起重机械使用规范】 2014年，县住建局安全站共受理建筑起重机械使用登记45项，其中，登记施工使用升降机33台，塔吊12台。全县建筑起重机械设备均实行网上申报，共发放U盾（客户证书USBkey）38个。

（柳　青）

村镇建设

【概况】 2014年，县住建局围绕“城镇扩规模，建设新农村”的目标，加强村镇规划与管理，建设和谐乡镇。一是乡镇规划编制。全县除属城市总体规划区的均溪镇、石牌镇、华兴乡外，15个乡镇、210个村庄的总体规划编制全部完成。广平镇总体规划新一轮修编通过专家评审，报县政府批复；《济阳乡济阳村传统村落保护与发展规划》编制通过专家评审，报省政府批复。二是美丽乡村建设。树立“镇当城建”理念，以建设、桃源2个市级中心镇为重点，因地制宜推进小城镇建设。实施10个美丽乡村示范点，进行危旧房改造、村庄道路混凝土铺设、小区绿化、村庄环境综合整治等，总投资5790多万元，其中桃源镇翁厝村、吴山乡和洋村、石牌镇长溪村、广平镇栋仁村4个村获省住建厅“以奖代补”资金360万元。完成蓝玉、内洋、济阳、和洋4个市级美丽乡村示范点申报。三是宜居环境建设。全县省、市级宜居环境建设项目25个（含小城镇建设和美丽乡村建设项目），累计完成投资16.41亿元，占年度计划105.16%。

（柳　青）

【村镇公建项目审批】 2014年，县住建局审批发放村镇建设选址意见书9份、用地91.97万平方米，审批发放建设用地规划许可证22份、建设工程规划许可证16份、乡村建设规划许可证56份，占地分别为19.65万平方米、1.66万平方米、0.55万平方米，建筑面积分别为25.99万平方米、3.61万平方米、1.5万平方米。核发规划意见函34份，其中审批新村建设15个，用地9.52万平方米，可满足400户村民建房；生产性建设项目19个，用地62.33万平方米。

（柳　青）

【省级村镇住宅小区试点入选】 2014年，县住建局推荐桃源镇翁厝村大湾新村、谢洋乡谢洋村三和新村、华兴乡洪坑村华虹新村、上京镇上京村富民小镇、建设镇三宝小区5个小区申报省级村镇住宅小区建设试点小区。经省住建厅评定，谢洋乡三和新村和上京镇富民小镇2个小区入选，并获省补助资金各10万元。

（柳　青）

【乡镇垃圾处理设施建设】 2014年，全县加大农村垃圾治理力度，投入400多万元，建成吴山乡和石牌镇压缩式垃圾中转站2个，并通过市住建部门验收，获省级“以奖代补”资金110万元。

（柳　青）

【市政提升“五千工程”开展】 2014年，县实施省宜居环境建设项目之一的市政提升“五千工程”（即新建改造城区雨污管网、供水管网、燃气管网、城市道路、绿道各1000公里以上），全年城区铺设雨污排水管网10公里、投资1590万元，地表水厂供水管网16.8公里、投资约5160万元，燃气管网7.3公里、投资约7800万元，高速路口至福田桥道路沥青混凝土路面2.3公里、投资约4500万元；建设华石公路5.5公里，路基和隧道在建，投资约1.1亿元。

（柳　青）

【特色景观长廊建设】 2014年，县宜居办继续实施10公里特色景观带规划项目，分为旅游度假、城市功能、木栈道景观、社区景观、兴田路两侧岸线景观区5个区，总投资12.5亿元。当年，完成石牌沿街立面改造，投资约1550万元；仙亭社区按照“六有五达标三完善”（社区有1个综合服务站、卫生服务站、幼儿园、室外活动场地、完善的市政设施和便捷的慢行系统，外观整治、公园绿地、道路建设、市政管理、环境卫生达标，组织队伍、社区服务、共建机制完善）标准，完善文化广场、锦绣福田小区、职业中专学校等绿化建设及环境卫生日常管理，完成投资约500万元；建设均溪河滨西岸木栈道景观工程、防洪堤及河滨绿道建设，投资4880万元。

（柳　青）

旅游经济开发

【概况】 2014年，县旅游局开展旅游投资项目宣传推介活动，组织旅游从业人员进行服务技能学习培训，及时上报旅游统计数据。做好乡村旅游示范点培育创建，10月，石牌大骨头肉美食一条街通过省级旅游特色街区验收；12月，蓝玉村通过省级乡村旅游特色村检查验收。当年，全县接待游客113万人次，比上年增加14.1%，实现旅游总收入2.95亿元，同比增长31.1%，主景区象山接待游客4.38万人次，门票收入18.42万元，分别同比增长20.7%和21.2%。全年投入旅游开发和建设资金2.98亿元，其中，福建省仙峰养生温泉度假区项目温泉汤池建设、五星级温泉酒店装修、温泉健身中心建设及商业街、桥梁工程，投资1.03亿元；福建凯天龙文化创意产业园项目商务酒店装修并试营业、凯天龙大桥及河堤等附属工程、赤岩隧道工程竣工，五星级国际酒店主体建设等，投资1.28亿元；赤岩中央苏区公园一期工程建成投入使用，完成主入口景观区、水平健身道仿木纹栏杆安装、防腐木地面铺设及排水沟施工、管线布设等配套设施，投资750万元；雾海茶人家休闲体验项目完成休闲栈道800米和休闲木屋5座、游客服务中心、生态公厕、停车场等设施，投资5500万元；象山避暑养生度假区环境整治、环湖枕木和鹅卵石铺设，完成景区景观绿化补植和农家乐项目建设，投资520万元。

（张春珍）

【新闻媒体旅游资源宣传】 2月，中央电视台中文国际频道《远方的家——百山百川行》栏目播出纪录片《戴云山下古韵长》，介绍大田土堡情景；6月，央视科教频道《地理中国》栏目播出《大田土堡》上下两集专题节目，介绍土堡群的地理分布、墙体建造和防御功能奥秘及大田民众与土匪较量的智慧与胆识；8月8日，首部大型客家文化题材电视连续剧《大南迁》在东南卫视、陕西卫视、广东卫视等多家卫星电视台播出，实景展现桃源镇东坂村安良堡娶亲、拜寿等风俗；9月7日，由县委宣传部和中国经济网合作拍摄的微电影《缘定茶乡》首映，并通过中国经济网以及国内其他知名网站、大田电视台等媒介展映；9月9日，大田革命题材电影《无悔的心》完成签约始拍；同时，县电视台持续播放"游在大田""空中看大田""活力大田"等一系列旅游宣传片。

（张春珍）

【智慧旅游营销】 3月，县旅游局开通官方微信，及时发布大田旅游资讯及信息，宣传大田旅游资源和游览线路，全年编写微信80多期，订阅4000余人。12月，在天猫网站开设三明旅游网店，进行手机APP（智能手机的第三方应用程序）平台宣传。

（张春珍）

【仙廷大酒店二期运营】 9月2日，县首家按四星级旅游饭店标准建设的仙廷大酒店二期项目建成并试营业。该项目总投资1.8亿元，占地1.28万平方米，总建筑面积4.06万平方米，设有大堂1000平方米，客房133间（套），不同多功能大小会议室3个，茶艺棋牌室6间，精品店7间，车库2500平方米及运动健身中心，自助餐厅，中餐包间，露天花园等配套设施。

（张春珍）

【乡村旅游特色村创建】 2014年，全县开展乡村旅游示范点培育创建，均溪镇周田村、许思坑村，桃源镇蓝玉村、东坂村，赤头坂森林人家，济阳乡济阳村，屏山乡内洋村，吴山乡和洋村等8个村庄被列入三明市乡村旅游特色村2014—2016年创建计划。其中，蓝玉村投入资金1000多万元，实现"户户通"混凝土路，在村主干道及"一河两岸"种植香樟、桂花、罗汉松等树木，安装河滨夜景灯，修建农民休闲文化公园、家训文化园、农耕文化园、自行车休闲慢步道等休闲场所及5个亲水平台，建设划船区、赏鱼区、垂钓区、农家乐，设置旅游标识系统，恢复乾隆皇帝御赐的"孝节牌"、修缮"十里五花桥"、肖冠槐烈士故居等特色乡土文化；成立三明市乐源乡村旅游开发有限公司，购置观光电瓶车4部和自行车45辆并投入运营。打造以休闲、度假、养生为主题，集山地运动、农业观光采摘、垂钓休闲、农家乐、民居住宿等功能于一体的乡村综合型休闲养生度假区。

（张春珍）

【旅游项目招商引资】 2014年，县旅游局印制大田旅游招商项目手册，制作旅游招商项目课件和易拉宝（竖立式宣传海报），组织参加厦门投资项目推介洽谈会、"9·8"中国国际投资贸易洽谈会、海峡旅游博览会、三明林业博览会等。利用县内举办的"浩沙杯"全国艺术体操锦标赛和第九届中国高山茶暨首届洛神花文化节等活动，进行广泛宣传推介，吸引省体育局、金满林旅游开发公司、福建寸木信息科技有限公司以及台湾等地客商对投资大田旅游的兴趣，并进行象山避暑养生度假区、高山生态茶园、土堡民宿旅游等项目考察。全年旅游招商引资落地建设的有屏山茶天下旅游开发、福建省象山夏季体育综合训练基地和中央苏区公园CS野战游戏等项目。

（张春珍）

【中国传统村落名录入选】 2014年，桃源镇东坂村和广平镇万宅村，被国家传统村落保护发展委员会评审认定为全国第三批中国传统村落名录，至此，含首批济阳乡济阳村，全县共有中国传统村落3个。

（张春珍）

【民宿旅游奖励政策出台】 2014年，县制定《大田县民宿旅游试点方案》，鼓励农民利用自宅空闲房间，结合地域性人文和自然景观，以家庭副业方式经营，为旅客提供乡野生活的住宿处所。以桃源镇东坂村、蓝玉村，东风农场盂板自然村，屏山乡内洋村，济阳乡济阳村、济中村为重点，每个村各选择3—5个农户开展民游民宿试点，以民宿、农游、农事体验为重点内容，采取自主经营或公司经营和民宿协会统一经营模式进行运作。县财政对试点期间民宿旅游进行补助，主要用于房屋外观、道路和庭院铺设混凝土、无害化厕所、餐馆、住宿设施等以奖代补。

（张春珍）

财政·税务

□编辑 陈吉滢

财政工作

【概况】 2014年，大田县财政局加大组织财政收入力度，加强支出管理，做好资金筹集调度，保障各项重点支出，促进经济社会平稳发展。

公共财政收支 2014年，全县公共财政总收入10.37亿元，比上年下降7.30%，其中地方公共财政收入6.70亿元，同比下降9.41%。全县公共财政支出16.94亿元，同比增长3.65%。

公共财政预算平衡 2014年，全县地方公共财政收入6.70亿元，上级补助收入8.29亿元、债券转贷收入6400万元、预算外资金调入253万元、其他调入179万元，体制上解支出1776万元，专项上解支出1167万元，全县总财力15.38亿元；总财力加上年结余3.79亿元，减去当年公共财政支出16.94亿元、结转下年支出2.23亿元，全县财政净结余19万元。

政府性基金收支 2014年，全县财政基金预算收入4.20亿元，同比下降39.95%；全县财政基金预算支出4.24亿元，同比下降42.99%。

基金预算平衡 2014年，全县财政基金预算收入4.20亿元，省市补助1.15亿元，上年结转1.22亿元，基金总收入6.57亿元；全县财政基金预算支出4.24亿元，上解上级支出475万元，基金总支出4.29亿元。收支相抵，滚存结余2.29亿元。

2014年大田县财政收入情况表

表4

收入项目	决算数（万元）	比上年	
		增减额（万元）	增减幅度（%）
一、全县地方公共财政收入	66964	-6954	-9.41
1. 国内增值税	8340	148	1.81
2. 改征增值税	1940	1011	108.83
3. 营业税	13272	-724	-5.17
4. 企业所得税	5998	-725	-10.78
5. 个人所得税	1832	-379	-17.14
6. 资源税	2994	439	17.18
7. 城市维护建设税	1546	-499	-24.40
8. 房产税	1454	378	35.13
9. 印花税	755	142	23.16
10. 城镇土地使用税	467	-7	-1.48
11. 土地增值税	2423	228	10.39
12. 车船税	422	82	24.12
13. 耕地占用税	450	-346	-43.47
14. 契税	1786	-355	-16.58
15. 烟叶税	924	-265	-22.29
16. 专项收入	2904	174	6.37
17. 行政事业性收费收入	4553	819	21.93
18. 罚没收入	2739	-272	-9.03
19. 国有资源有偿使用收入	12162	-6798	-35.85
20. 其他收入	3	-5	-62.50
二、政府性基金收入	42046	-27978	-39.95
三、上划中央收入	36783	-1212	-3.19

2014年大田县财政支出情况表

表 5

支出项目	决算数（万元）	比上年 增减额（万元）	比上年 增减幅度（%）
一、公共财政支出	169414	5969	3.65
1. 一般公共服务支出	17625	1290	7.90
2. 国防支出	586	153	35.33
3. 公共安全支出	8832	677	8.30
4. 教育支出	45504	2639	6.16
5. 科学技术支出	3979	1556	64.22
6. 文化体育与传媒支出	5722	2359	70.15
7. 社会保障和就业支出	17586	1611	10.08
8. 医疗卫生与计划生育支出	13727	-4011	-22.61
9. 节能环保支出	5309	1301	32.46
10. 城乡社区支出	3688	-632	-14.63
11. 农林水支出	28947	377	1.32
12. 交通运输支出	2452	232	10.45
13. 资源勘探信息等支出	2744	-135	-4.69
14. 商业服务业等支出	996	-1085	-52.14
15. 金融支出	82	-21	-20.39
16. 国土海洋气象等支出	3623	1188	48.79
17. 住房保障支出	5811	90	1.57
18. 粮油物资储备支出	612	-269	-30.53
19. 国债还本付息支出	212	58	37.66
20. 其他支出	1377	-1409	-50.57
二、基金预算支出	42393	-31964	-42.99
合计	211807	-25995	-10.93

说明：2014年计划生育支出从“一般公共服务支出”科目转列至“医疗卫生与计划生育支出”科目

（林克夏）

【服务经济发展】 2014年，县财政落实促进工业稳定增长各项措施，兑现扶持矿产品采选业、货物运输业、硒产业发展、企业入驻园区等财税优惠政策，拨付扶持奖励资金8911万元；提高5000万元企业应急转贷资金使用效益，无偿办理转贷业务40笔、3.19亿元，缓解企业融资困难。落实各项结构性减税和取消或免征部分涉企行政事业性收费政策，减轻实体经济负担。鼓励招商引资，设立重大招商引资工作专项基金。配合金融办争取融资资金12.8亿元，支持重点项目建设。

（林克夏）

【民生资金保障】 2014年，县财政用于民生支出资金13.39亿元，同比增长3.80%，占全县公共财政支出的80.21%，比上年提高0.58个百分点，保障已出台民生项目和标准提高及扩面政策落实。小学、初中年生均公用经费分别提高到650元和850元；将孤、残儿童纳入低保幼儿保教费补助范围，标准提高到每生每学年2000元。农村低保标准提高到家庭年人均收入2100元，月人均补差提高到135元，农村五保对象集中、分散供养月人均补助标准分别提高到600元和466元；城乡居民月基础养老金提高到70元；农村重度残疾人月生活补助标准提高到50元；失地农民养老保障金发放标准增加到每人每月120元；城乡医疗救助基金筹集标准提高到每人每年200元。人均基本公共卫生服务经费、城乡居民医保财政补助标准分别提高到35元和320元。7月1日起，高龄补贴初始年龄从85周岁调整为80周岁。全年拨付资金4939万元，支持保障性安居工程建设。发放农资综合直补、订单粮食直补和农作物良种、农机购置、水稻种植保险保费补贴及成品油价格改革财政补贴共3877万元；拨付财政奖补资金1663万元，支持实施村级公益事业一事一议建设项目113个，受益人口15.18万人。

（林克夏）

【理财水平提升】 2014年，县财政对可不列为县专项的项目改由部门预算编制，实行一个项目一申报办法，保证部门预算完整性。加强政府非税收入管理，对30个单位推行财政票据电子化网络管理改革；简化财政资金内部审批程序，提高资金拨付效率；在2013年3个单位试点的基础上，对已实行国库集中支付的92个单位全面实施公务卡改革；试编权责发生制政府综合财务报告。制定《大田县行政机关和事业单位差旅费管理办法》，公用经费预算支出在2013年的基础上压缩10%；建立支出月报制度，当年全县行政事业单位因公出国（境）经费、公务用车购置及运行费、公务接待费“三公经费”及会议费支出比上年下降32.64%。对19个单位91个项目资金2.46亿元进行预算绩效评价，覆盖率65.80%。并全面公开财政、部门和“三公经费”预决算。拟定《大田县县级财政专项资金管理办法》，对专项资金的设立、申报、审批、监督等提出规范管理措施。清查全县265个行政事业单位资产，对141个事业单位资产进行产权初始登记。清理甄别政府存量债务，完成政法机关基础设施建设债务化解工作。开展强农惠农资金使用和县人民法院、第六中学、实验小学、均溪卫生服务中心、福建省大众医药有限责任公司等5个单位会计信息质量情况等检查，对发现的问题责令有关单位进行整改。

（林克夏）

【会计基础管理加强】 2014年，县财政将会计从业资格证核准和转移事项入驻县行政服务中心窗口办理，当年新增办证326人，换发新版证书83人，办理证书调转320人；加强会计人员继续教育，坚持面授培训和网络教育相结合，举办面授培训班5期、受训394人，完成网络教育1992人；组织1007人参加行政事业单位内部控制知识竞赛；做好会计职称考试报名、审核，全县报考会计职称218人，其中，高级会计师5人，中级职称56人、初级157人。

（林克夏）

国家税收

【概况】 2014年，大田县国家税务局围绕“服务经济发展、共建和谐税收”和“便民办税春风行动”工作，克服经济发展趋缓、税收下滑的困难，组织收入、依法治税、做好税源专业化管理、队伍建设和绩效管理、纳税服务等工作。在党的群众路线教育实践活动中落实整改项目16项，专项整治11个大项、37个小项。

6月，市国税局党组成员、总会计师黄显福兼任县国税局局长，郑礼广调任市国税局稽查局副局长。当年，县国税局获县民主评议综合考评第一名，局团支部被团县委授予2013年度“五四红旗团支部”称号；黄显福被列入全国税务系统首批领军人才培养，黄进发、林曦分别被团市委、团县委授予2013年度“优秀共青团员”称号。

税收收入 2014年，县国税局组织各项税收收入4.45亿元（含免抵调库788万元），比上年增收3625万元，同比增长8.9%。其中，增值税3.53亿元（免抵调库788万元），同比增长4.8%；企业所得税7123万元，同比增长30.4 %；车辆购置税2083万元，同比增长21%；消费税18万元、与上年持平。完成县本级税收1.31亿元，比上年增收1822万元，同比增长16.1%。

税收征管 2014年，县国税局一是按照上级部署，抓好新增电信邮政行业营业税改增值税（简称营改增）工作，6月1日，电信业营改增试点上线。全县“营改增”企业257户，全年入库税款2288万元。二是组织11个纳税评估小组，开展纳税评估企业112家，入库税款和滞纳金1210万元，比上年增长33.26%。三是完成2013年度管征的1212家企业所得税汇算清缴，汇算清缴面100%，全年缴纳企业所得税8955.84万元，同比增长51.03%。四是发挥税收稽查的威慑作用，查办违税案17件，检查面100%，查补税款376.36万元，加收滞纳金26万元，罚款25万元，入库税款763万元，入库率100%。五是打击发票违法犯罪行为，开展税收专项、专案检查和日常检查，全年查处发票违法行为企业取得虚开进项发票159份、非应税项目进项增值税发票25份、套开普通发票105份、未按规定取得发票6份，涉及金额共1794.46万元。查补税额429.36万元，加收滞纳金19.82万元，罚款20.11万元。

税收优惠 2014年，县国税局为6家民政福利企业审批退税385.59万元，为农、林、牧、渔等企业和个体经营者减免企业所得税175.21万元，资源综合利用企业审批退税247.99万元；为污水处理、特定建材、垃圾处理、图书销售、农村电视收视等企业销售收入2879.8万元，免征增值税489.57万元。企业出口退税接收函调25批次，审核生产企业6家，计算应退增值税357.6万元，办理免抵调库372.5万元。同时，为全县865家小微企业减税171万元；简并增值税征收率减轻纳税人税收负担312万元

（张正利）

【便民办税春风行动】 2月，县国税局按照国家税务总局"便民办税春风行动"实施方案，解决纳税人最期盼、最迫切、最不满意的问题，推出纳税人资料报送、税企双方沟通、制定"容缺制"允许纳税人缺件办税、"免填单"纳税申报和开办"流动税校"纳税宣传咨询等便民服务五个"零距离"做法，提高纳税人满意度和税法遵从度，树立国税良好社会形象。

（张正利）

【微信订阅号开通】 4月8日，县国税局开通"大田县国家税务局"微信订阅号，并投入运行，纳税人享受订阅号提供的各项服务。该订阅号涵盖政策法规、办税流程、附列资料、热点问题、最新通知及征纳联系方式等信息；智能回复准确，为纳税人办理相关业务提供准确信息；同时利用该平台和手机搭建征纳双方互动平台，帮助纳税人及时了解最新税收动态。

（张正利）

【孙景到县国税局调研】 4月9—11日，国家税务总局离退休干部办公室处长孙景到县国税局调研老干部管理工作，并参观大田中央苏区革命历史陈列馆。省国税局离退休干部处处长吴纯寿和市国税局副局长林秉俊陪同。

（张正利）

【纳税服务规范】 10月，县国税局经会议传达、学习、收集意见、资料梳理、宣传实施等步骤，推行国家税务总局《全国县级税务机关纳税服务规范》实施方案1.0版，涉及税务登记、税务认定、发票办理、申报纳税、优惠办理、证明办理、宣传咨询、权益维护、文明服务规范等九大类、72项、212个服务事项、1120个服务规范内容。

（张正利）

地方税收

【概况】 2014年，大田县地方税务局着力抓班子、带队伍、增活力，转作风、强基础、促发展，构建法治、现代、满意、和谐、清廉、效率的新型大田地税。省总工会授予县地税局"福建省五一劳动奖章"、办税服务厅"福建省五一巾帼标兵岗"称号；局团支部被团市委授予"2013年度三明市五四红旗团支部"称号；县局被县委评为"2011—2014年度党建工作先进单位"，获县政府"2013年度第三产业发展先进单位完成责任目标任务奖"。2014年度全县民主评议行风政风第一名；学雷锋志愿者服务队被市地税局授予"学雷锋优秀志愿服务组织"称号。蔡茂源、郭春林、苏荣林、柯香兰、郑新生被市地税局记三等功；朱春接、林文华分别被市地税局评为学雷锋优秀志愿服务者和服务工作者，颜建谋被三明日报社评为2013年度优秀特约通讯员；李家帮被县政府评为2013年度第三产业发展先进个人；信息和宣传报道得分连续两年居全市地税系统第一。

税费征收 2014年，县地税局组织各项收入6.52亿元，比上年下降6.70%，其中，各项税收收入4.25亿元，同比下降12.13%；各项非税收入2.27亿元，同比增长5.52%。县级一般预算收入3.28亿元，同比下降8.12%。

2014年大田县地方税务局税收收入情况

表6

项目	入库额（万元）	比上年	
		增减额（万元）	增减率(%)
一、营业税	16043.58	-990.74	-5.82
二、企业所得税	7873.54	-3471.24	-30.60

续表 6

项目	入库额（万元）	比上年	
		增减额（万元）	增减率（%）
三、个人所得税	4578.78	-949.94	-17.18
四、房产税	1454.09	378.59	35.20
五、城市维护建设税	1545.85	-499.32	-24.41
六、印花税	754.90	141.79	23.13
七、土地使用税	467.17	-6.74	-1.42
八、资源税	2994.26	439.03	17.18
九、车船税	421.69	81.34	23.90
十、土地增值税	2423.52	228.56	10.41
十一、烟叶税	924.07	-264.63	-22.26
十二、耕地占用税	449.68	-345.78	-43.47
十三、契税	2616.90	-614.82	-19.02
合 计	42548.03	-5873.90	-12.13

2014 年大田县地方税务局非税收入情况

表 7

项目	入库额（万元）	比上年	
		增减额（万元）	增减率（%）
一、教育费附加	1348.04	-203.87	-13.14
二、地方教育附加	1007.74	8.46	0.85
三、文化事业建设费	27.06	-5.34	-16.48
四、基本养老保险费	9108.66	991.49	12.21
五、失业保险费	801.02	110.02	15.92
六、医疗保险费	6504.17	249.23	3.98
七、工伤保险费	1712.56	27.30	1.62
八、生育保险费	511.09	75.48	17.33
九、税务部门其他罚没收入	8.59	-6.21	-41.96
十、税务行政性收费	0.00	0.00	0.00
十一、其他收入	1658.60	-60.68	-3.53
合 计	22687.53	1185.88	5.52

税收征管 2014 年，县地税局加大税费征管力度，一是加强重点税种管理，组织开展企业所得税汇算清缴工作，完成企业汇算 402 户，自查补缴企业所得税 1654.03 万元；重点抽查企业所得税汇算清缴 121 户，查补各项税收 1430.07 万元。组织年所得 12 万元以上个人所得税自行申报，共申报 284 人，自行申报应纳税额 825.46 万元，补缴个人所得税 5.68 万元。开展土地增值税清算，完成清算 8 个项目，应补缴税款 832.37 万元。加强股权转让个人所得税征收管理，审核并出具个人股权转让完税证明 66 份，入库税款 89.14 万元。二是起草《大田县人民政府关于调整城镇土地使用税征税范围及适用税额标准的通知》，由县政府印发，当年 7 月 1 日起执行，加强城镇土地使用税管理，全年入库 467.17 万元。三是起草《大田县加强建筑业地方税收征收管理暂行办法》，由县政府印发，当年 1 月 1 日起施行。四是开展税费稽查，共立案检查 16 户、全部结案，清理积案 3 件，组织自查 12 户，稽查入库税款、滞纳金、罚款计 785.68 万元。查处发票违法案件 10 件和非法发票 381 份，涉及票面金额 681.08 万元，查补税、费、滞纳金、罚款计 78.38 万元。

纳税服务 2014 年，县地税局创新纳税服务方式，一是开展“便民办税春风行动”。将审核审批关口前移到办税服务厅，实现“窗口受理、内部流转、限时办结、窗口出件”，并提供标准化服务；完善和落实“首问责任制”和“一次性告知制”；利用“涉税资料管理系统”和“电子印章管理系统”，简化资料报送，减轻纳税人负担；建成自助办税服务厅，启用 2 台自助办税机，实现 24 小时自助办税；全县所有涉税事项“同城通办”；开展远程服务，通过远程协助解决客户端软件问题 60 余户次。二是加强纳税信用体系建设，实行分类服务。联合县国税局开展 2012—2013 年度纳税信用等级评定，共评出 A 级 10 户，B 级 1467 户，C 级 16 户。三是进一步规范纳税服务。10 月 1 日起，试行《全国县级税务机关纳税服务规范》（1.0 版），开展简化流程和简并资料的“双简”工作，减少办理流程 335 个、办税资料 752 项，即办事项增至 253 项，占全部业务事项的 85%，办税流程和资料累计均减少 70%。四是加强服务监督。在办税服务厅实行值班长制度，负责应急处理、受理纳税人投诉及维权事项、督促监督窗口工作、及时解答纳税人的咨询、处理纳税人意见或建议等，每天填写值班日志。并利用电子评价器、监督电话、“12366”热线和“国地税联合维权中心”等，接受社会监督，打造“阳光地税”，对纳税人反映的问题，做到“件件有落实，事事有回音”。五是成立规范进户执法工作协调小组，明确工作职责，统筹安排进户执法工作，减少进户执法行为，解决“多头执法”和“重复检查”问题。六是落实税收优惠政策，全年共为11户小型微利企业减免税款52.31万元；对安置残疾人的8户企业税前加计扣除452.51万元；为个人转让257套二手住房减免相关税费1460.16万元，为608户个人购买家庭唯一住房减免契税523.11万元、45户个人继承房产减免税费593.64万元。

（颜建谋）

【社会综合治税加强】 5月21日，县政府印发《关于贯彻落实〈福建省税收保障办法〉的实施意见》，当年1月1日起施行。成立由分管财税工作的县领导为组长，县财政、税务等部门组成税收保障工作领导小组，建立“先税后证”税收管理、涉税信息日常提供、协税护税日常协助配合、“以票控税”日常监管、税收保障工作绩效考核等五项社会综合治税制度，发挥社会协税护税质效。

（颜建谋）

【打造节约型机关】 2014年，县地税局建设节约型机关，领导班子率先垂范讲节俭，贯彻落实中央“八项规定”“廉政准则”和《大田县机关干部作风行为规范“十不准”》等有关规定，在全局上下倡导艰苦奋斗精神、文明节俭意识、健康向上风尚、清正廉洁风气、亲民务实作风；通过党的群众路线教育实践活动，围绕“为民、务实、清廉”建章立制；全面规范经费报销、审批流程，加强财务管理和监督，提高经费使用效益；解决“四风”方面突出问题，改进调研、精简会议和文件、规范公务接待、公务用车管理，公务接待费比上年减少36.76%，车辆运行费用下降11.33%。

（颜建谋）

金 融

□编辑 陈吉说

中国人民银行大田县支行

【概况】2014年，中国人民银行大田县支行贯彻国家金融方针政策和上级行会议精神，开展党的群众路线教育实践活动，推进各项业务开展，取得较好工作成效。年底，人行县支行设办公室、信贷调统股、外汇管理股、保卫股、营业室等3股2室。有员工29人，其中，本科学历13人、大专11人，中级职称15人、初级14人。

当年，县支行在全市考评中，金融调研工作位居第一名，政务信息工作居第二名，获县（市）支行工作业绩考评A类。

存款贷款 2014年，全县金融机构本外币各项存款余额79.52亿元，比上年增长4.56%；各项贷款余额74.56亿元，同比增长12.89%，其中，短期贷款31.72亿元，同比增长15.36%；中长期贷款42.45亿元，同比增长11.07%。全县发行基金净投放4.70亿元，同比下降40.73%。全县银行结汇总额417.73万美元、同比下降76.33%，付汇总额955.17万美元，同比增长125.81%；对外贸易进出口总值1.38亿美元，同比增长73.68%，其中，出口1.11亿美元，同比增长48.65%；进口2734万美元，同比增长444.62%；进出口顺差8324万美元。

2014年大田县金融机构本外币存款余额表

表8

项目	年底余额（万元）	比年初增减	
		增减额（万元）	增减幅度（%）
一、单位存款	304592	-6119	-1.97
二、个人存款	477169	37878	8.62
1. 储蓄存款	476152	37826	8.63
2. 保证金存款	8	1	14.29
3. 结构性存款	1009	51	5.32
三、财政性存款	6796	41	0.61
四、临时性存款	50	-679	-93.14
五、其他存款	6586	3568	118.22
合　计	795193	34689	4.56

2014年大田县金融机构本外币贷款余额表

表9

项　目	年底余额	比年初增减	
		增减额（万元）	增减幅度（%）
一、短期贷款	317172	42225	15.36
1. 个人贷款及透支	145198	1186	0.82
2. 单位贷款及透支	168997	68227	67.71
3. 贸易融资	2977	-27188	-90.13
二、中长期贷款	424547	42312	11.07
1. 个人贷款	319239	42328	15.29
2. 单位贷款	105308	-16	-0.02
三、票据融资	830	380	84.44
四、各项垫款	3016	227	8.14
合　计	745565	85144	12.89

货币政策 2014年，人行县支行贯彻执行稳健的货币政策，支持地方经济社会健康发展。

一是利用会议、培训、宣传等多途径多载体，加大对定向货币政策实施效应的监测和反馈，引导社会各方做到合理预期。二是结合辖区实际，制定实施金融扶持小微企业、“三农”经济发展和加强农村金融服务的措施，编制《2014年大田县实体经济资金需求及项目简介》，引导金融机构针对性地对实体经济发展加大支持力度，督促其贯彻执行国务院解决企业融资难融资贵相关文件精神，对企业进行分类帮扶，避免贷款“急刹车”。三是发挥小微企业贷款应急周转金作用，全年为13家企业办理44笔转贷，金额3.83亿元；统筹安排地方法人金融机构年度适度新增贷款，督促其加强流动性管理，科学把握贷款增量、节奏与投向。四是引导金融机构贯彻执行《关于进一步做好住房金融服务工作的通知》，合理确定利率，提高审贷效率，支持民生消费。

金融服务 2014年，人行县支行坚持普惠金融、民生金融理念，加强金融统计制度研究，重点抓好地方法人金融机构统计数据的报送质量和标准化工作，提高区域金融运行分析报告质量；加强金融调研和政务信息工作，调研文章被《上海金融实践与探索》《福建金融研究报告》等刊物采用20余篇。优化支付结算环境，全面推广助农取款点代理转账、缴费和汇款业务，引导农村信用社、邮储银行等涉农金融机构在农资企业和种植养殖大户使用手机支付；采用推介加培训，推动电子商业汇票业务应用普及；同时优化银行卡受理环境，提高银行卡渗透率。拓展“乡村医生”“摩托车、家电下乡”等国库涉农直拨业务，覆盖所有乡镇；推进国库集中支付改革，全县66%的部门单位参与国库集中支付。建立小面额人民币兑换主办银行制度并开展巡查，开通小面额人民币和残损币兑换“绿色通道”；推进银行机构冠字号码查询，开展对外误付假币专项治理。从“城镇强化、乡村深化”两个层面，探索金融消费权益保护工作新途径新方式，组织开展“金融知识普及月”活动。率先在全省建立标准化农村金融服务宣传示范点。开展“金融知识进农家”授课宣传活动3次，分发各类宣传资料2500余份，接受现场咨询150余人次，该做法被《福建金融信息专刊》刊载。

人行县支行作为全国、全省普惠金融指标体系建设试点单位，构建县域普惠金融指标体系并成为全省样本。率先在全省推动地方政府行文转发普惠金融发展指导意见及三年主要指标量化表，实施“支付、支农、支小、信贷、信用、信息”六项普惠建设。该项工作得到福州、三明中心支行领导批示，由三明市中心支行发文要求全区学习借鉴，被《福建金融专报件》《基层情况反映》等刊物推介。

金融稳定 2014年，人行县支行履行宏观审慎管理和金融稳定职责，参与金融风险防控。审慎开展法人金融机构合格评估，为利率市场化改革作准备。督促金融机构执行上级行《金融管理与服务暂行办法》，开展行政执法检查，约谈新设金融机构高管人员，督促其完善内控制度、强化内部管理、规范业务行为。严格金融机构重大事项报告制度，做好各项维稳工作。密切关注金融机构资产质量变化情况和流动性风险状况，对房地产、采选矿行业和民间融资、融资性担保业、典当行、小贷公司等风险加大监测力度，及时提示风险，为地方政府提供决策建议。

外汇管理 2014年，人行县支行实行货物贸易外汇管理改革和资本项目简政放权，开展重点涉外企业动态跟踪性主体监测，防范跨境贸易资金异常流动风险。加强外汇政策学习与培训，县外汇管理局参加全省国际收支业务网络知识竞赛获团体一等奖。召开推进会、建立重点企业联系制度、走访工业园区等，推动跨境人民币业务发展，业务总量1.7亿元，占国际收支比重70%。

征信管理 2014年，人行县支行严格“专机专用”“双人临柜”等征信查询制度，利用全市“征信杯”羽毛球邀请赛、信用关爱日等平台时点，开展国务院《征信业管理条例》及征信知识宣传，提高全社会诚信意识。在全省率先构建互联互通、高效便利、覆盖面广、实用性强的县域小微企业信用信息共享平台，形成以“基础信息、良好信息、警示信息、提示信息”为要素的社会信用报告，形成守信激励和失信惩戒机制，归集全县20个政府部门履职产生的3000多条企业信用信息。该做法在全省征信工作会作交流，被总行《小微企业和农村信用体系建设简报》《上海金融实践与探索》《福建日报》《八闽快讯》《福建金融专报件》等报刊刊登。社会信用体系建设得到总行、福州中心支行和省市诚信促进会等各级领导肯定，市政府向省政府推荐参选全国社会信用体系建设试验区。

反洗钱管理 2014年，人行县支行组织邀请县公安经侦、检察院反贪局等司法机关，参加《关于办理洗钱等刑事案件若干实务问题的纪要》学习研讨座谈会，领会其精神，增强预防和遏制洗钱犯罪的技能；将“风险为本”的理念落实到反洗钱业务中，督促金融机构主动识别涉嫌洗钱等非法客户交易活动。

（涂振平）

【企业银行账户管理加强】 2014年，人行县支行联合税务部门共享企业信息，对企业银行结算账户实行分类处理，遏制企业逃漏税违法行为。至年底，全县共有499家企业被列为银行结算账户年检“重点关注名单”并实行分类处理，将22户可能存在逃漏税行为的企业重新提交税务部门进行认定。该做法被《福建金融专报件》《福建金融法制动态与调研》《福建支付结算工作动态》等刊物刊登。

（涂振平）

【无库行安全管理】 2014年，人行县支行建立无库行综治安全全面教育防范、严格制度保障、安全责任落实“三项机制”，组织、防控“二个体系”，技术防范“一个系统”的“321”管理模式，该做法被《福建金融信息专刊》刊载。支行连续被县委、县政府评为“平安先进单位”“社会管理综合治理先进单位”。

（涂振平）

【金融生态图谱绘制】 2014年，人行县支行绘制全省首张县、乡、村三级金融生态图谱电子图，内容有县级金融指标及评价、单位评价得分和乡村级概况、主要经济、金融指标及金融支持重点产业、主要风险点、试点村的金融概况等，图谱量化反映近4年政策、信用、法制、金融、服务等环境变化情况，直观金融生态环境创建工作做法、成效及风险点、便于了解全县产业发展情况。

（涂振平）

【“四问四诊”主题教育活动】 2014年，人行县支行结合党的群众路线教育实践活动开展“四问四诊”主题教育活动，推行问计于民、“会诊”寻求发展之策，问需于民、“出诊”办好惠民实事，问安于民、“急诊”维护金融稳定，问效于民、“复诊”提升工作绩效 “四问四诊”工作机制。在窗口部门实行“共产党员亮牌服务承诺”，为客户服务提供绿色通道、预约查询、即来即办和延长服务时间等，开展“道德讲堂”和学习“身边的榜样”等活动，推进“模范职工之家”建设，支行党组组织学习12次，党支部、党小组集中学习15次。查摆班子“四风”问题16个、班子成员38个，制定方案计划进行整改，接受群众评议，得到三明中心支行督导组肯定。同时，严格控制“三公”经费和会议费，减支2万元，比上年下降30%，清理领导超标准办公用房62平方米。

（涂振平）

三明银监分局大田办事处

【概况】 2014年，三明银监分局大田办事处遵循银监会“管风险、管法人、管内控、提高透明度”的新监管理念，履行属地监管职责，通过日常非现场监管、现场检查，准入监管，督促辖内银行业机构依法合规经营，增强风险防控能力和自身综合经营实力，提升金融服务水平，营造良好的金融运行环境，服务地方经济建设。

督导宏观政策执行 2014年，大田银监办通过召开监管情况通报会、监管走访、约见谈话、调研督查等形式，督促银行业机构加大信贷投放，科学安排信贷投放总量、结构和进度，确保信贷资金进入实体经济，加大对符合要求的重点建设项目、重点产业规划、节能减排和生态环保等项目支持，实现小微企业贷款和涉农贷款当年增量不低于上年、贷款增速不低于全部贷款增速。

风险重点监管 2014年，大田银监办定期召开信用风险防控专题会议，推动银行业机构金融风险防控机制建设；加强金融风险防控信息搜集汇总，开展企业和公职人员（含为他人担保）欠贷欠息情况等调查统计；督导金融风险防控工作，加强不良贷款抓降日常跟踪督促，全年各银行业机构共处置完成不良贷款1.65亿元。开展县农村信用合作联社年度综合监管评级；定期召开“三方会谈”，分别对信用联社和晋农商村镇银行定期召开“审慎监管会谈”，加强流动性比例、存贷比和超额备付率等指标监测，督促晋农商村镇银行审慎稳健经营，进行开业后评估检查。对两家行（社）各发出风险提示单4份。

案件防控和安全维稳 2014年，大田银监办配合市公安局、银监分局抽查辖内银行业机构自助设备安全，对监控设备故障、加钞间供电线路凌乱等存在的风险隐患要求立即整改。

高管人员任职资格管理 2014年，大田银监办对辖内银行业机构4名高管人员进行任职资格初审；开展县邮储银行行长、县农村信用合作联社理事长、监事长、主任及基层社高管人员2013年度履职评价。

（杨　汀）

【银行业协会和金融团工委成立】 5月，大田银监办牵头成立大田县银行业协会，会员机构46个，设会长1人、副会长2人、理事8人，协会履行自律、维权、协调、服务职能，维护银行业合法权益和市场秩序。9月，县银行业成立共青团大田县金融工作委员会，设书记、副书记各1人，委员7人。

（杨　汀）

中国工商银行股份有限公司大田支行

【概况】 2014年，中国工商银行股份有限公司大田支行围绕提升网点效率和竞争力，改进风险管理、内部控制和服务作风，增设个人金融业务部，信用卡等重点业务取得新成绩。全年实现拨备前利润2102万元，比上年下降33.9%。年底，机关内设综合、客户、业务、个人金融业务等4个部，有营业大厅1个营业网点，附行式自助银行1个、离行式自助银行3个，员工39人。12月，三明分行聘朱辉任工行大田支行行长，解聘张伟华行长职务。当年，支行获“2012—2014年省级文明单位”称号，信用卡业务三明分行业务评比中获第二名。王耀明被省分行评为信用卡先进个人、被县金融同业协会评为先进工作者。

存款贷款 2014年，工行大田支行人民币存款余额5.56亿元、比上年下降0.36%，其中，储蓄存款2.82亿元、同比下降0.7%，公司存款0.68亿元、同比下降1.45%，机构及同业存款2.06亿元、同比增长0.5%。各项贷款余额7.1亿元、同比下降3.66%，其中，个人贷款3.73亿元、同比下降5.81%，公司类贷款3.37亿元、同比下降1.17%。年底，公司及个人不良贷款余额3258万元，不良率4.54%，同比增长3.24%。

内控管理 2014年，工行大田支行坚持“内控优先”原则，落实内控外防管理制度，坚持以制度管人，始终贯穿依法合规经营；每月开好1次案件防范分析会，每会必讲安全经营，做到警钟长鸣；坚持节假日领导带班和安防日常巡查制度，监督保安规范履职，不定期检查安防设备运行情况，及时整改或消除存在的问题和风险隐患；通过柜面操作人员联网核查身份信息和内控主管当面核对，堵截用他人身份证到柜面假冒开户多起，防范开户风险。全年实现无案件、无重大责任事故和无差错的“三无”经营目标。

金融服务 2014年，工行大田支行一是推进网点标准化改革，中高端客户满意度提升了2个百分点，客户平均排队时间缩短0.4分钟，可转账分流率降低3.1%。二是推行信用卡业务，全年信用卡分期付款交易额1.59亿元，业务量居全区第二，产生中间业务收入1045万元，占全行中间业务80%。三是加强业务部门班后培训，培养业务能手，提高业务结算核算水平和质量，并注重服务细节，为行动不便客户上门办理重置密码业务1件。四是在支行营业厅旁增设24小时自助银行网点，配备穿墙式存取款一体机3台，取款机2台，为客户提供存取款、查询、转账等服务。

（李美玲）

【新业务开办】 2014年，工行大田支行与大田明宇置换公司合作，办理“直客式”二手房按揭贷款，下半年发放8笔、金额326万元，减少客户担保费负担，提升信贷审批效率。同时推行信用卡预审批业务，以单位、楼盘为团队进行信用卡预授信，全年预审批信用卡143张。

（李美玲）

【帮扶助学活动】 2014年，工行大田支行继续开展挂村帮扶济困活动，为挂钩的梅山乡沈口村捐款3800元；继续资助奇韬镇洋地村困难大学生胡茂城学费3000元；支行和员工为敬老、助学及其他公益事业捐款共1万余元。

（李美玲）

中国建设银行股份有限公司大田支行

【概况】 2014年，中国建设银行股份有限公司大田支行围绕“当地最好、系统领先”目标，坚持规范经营，实现账面利润4634万元，比上年下降12.65%。年底，支行内设办公室、业务部和营业部，辖营业网点储蓄专柜和镇东支行，员工44人。

当年，建行大田支行被总行授予2013年度对公结算业务先进集体、对公网点被省分行授予“2013年度三星级对公网点”称号，镇东支行被省分行重新命名为“2013—2014年度省分行级青年文明号”；大田支行被县政府评为2013年度银行业金融机构支持大田经济发展先进单位，被三明分行评为2013年度先进集体、全市建设银行先进单位、业务工作先进单位。省分行授予施燕鹏“2013年度安全保卫工作先进个人”、高连华“优质服务明星柜员”、凌秀英“电商金融业务优秀管理人员”和“业务工作先进个人”、高忠主“电商金融业务优秀营销明星”、郑腾产“十佳纪检监察特派员”、吴丽霞“2014年善融商务旺季营销先进个人”称号。

存款贷款 2014年，建行大田支行一般性存款余额11.24亿元，比上年下降6.11%，市场占有率36.8%；各项贷款余额13.1亿元，同比下降3.18%，市场占有率35.82%。实现中间业务收入2050万元，市场占比第一；不良贷款104万元，不良贷款率0.08%，同比下降0.02%。

内控管理 2014年，建行大田支行一是建立健全和组织学习各项规章制度，开展“正风肃纪、勤业守廉”主题教育实践及“抓基层、强管理、防案件”专项治理活动。二是加强作风建设，大力倡导移风易俗、绿色健康、禁奢倡廉的新风尚，增强全行员工勤俭节约、艰苦奋斗的自觉性，营造廉洁和谐文明的良好氛围。三是采取日常教育与专题教育相结合，加大员工廉洁合规教育力度，落实领导干部“每季一课”和每季案防工作部门联席会制度，开展领导干部廉洁合规网络课程学习。四是下发《大田支行2014年党风廉政建设和案件防控工作要点》，落实既抓业务又抓党风廉政安全“一岗双责”要求，各部门结合本机构业务特点，及时制定案件防控工作计划，将工作、责任落实到人，行长与各部门主要负责人签订《2014年案件防防控工作责任状》，与员工签署《防外部风险承诺书》和《廉洁合规承诺书》，进行案件风险专项排查，消除案件风险隐患，提高党风廉政建设和案件防控水平，实现全年“不发案、不误人”和“不伤企业”的内控目标。

金融服务 2014年，建行大田支行加强金融服务品质建设，创新金融服务内涵，推行服务规范化、标准化。抓好客户服务工作，一线人员对客户真诚、微笑服务，办理业务速度快，减少客户等候时间，提高产品营销技能，规范营销行为。加强网点硬件建设，增设1处离行式自助银行；加强大堂经理工作，实行双大堂制度，为客户提供整洁舒适温馨的服务环境；做好客户引导，提升服务效率和服务水平，提高客户满意度。

（姚　诚）

【人员聘任及调整】 2月，建行三明分行党委聘施生洪任大田支行业务部风险经理（专业技术六级）；詹正梅任大田支行委派营业主管（二级分行部门副经理级）；解聘李勇大田支行委派营业主管职务。7月，建行三明分行党委聘温敏任三明分行纪检监察部纪检监察特派员（二级分行部门经理级）派驻大田支行。原纪检监察特派员郑腾产改派驻沙县支行。

（姚　诚）

【离行式自助银行启用】 5月13日，建行大田支行在均溪镇福田路101号设立离行式自助银行正式投入使用，配备ATM自动取款机、自助终端各1台，循环自动存取款CRS一体机3台，投资60万元。为客户提供24小时存取款、查询、转账、修改密码等一般性金融自助服务。

（姚　诚）

中国农业银行股份有限公司大田县支行

【概况】 2014年，中国农业银行股份有限公司大田县支行围绕“持续创新促进稳健发展、精细管理提升价值创造”新主题，结合党的群众路线教育实践活动，开展信用风险防控化解暨不良贷款清收攻坚战和员工参与民间借贷、经商办企业、与客户非正常资金往来等专项治理，加强市场营销，夯实管理基础，强化风险防控，激发队伍活力，保持业务经营持续稳健运行，全年实现拨备前利润5031万元。年底，支行内设综合管理部、运营财会部、风险管理部/信贷管理部、客户部；城区设支行营业部、岩中支行、东门支行、南大街分理处，乡镇设上京营业所，共有营业网点5个，全行员工89人。

存款贷款 2014年底，农行县支行各项存款余额12.19亿元，比上年增长4%，其中，对公存款余额5.14亿元，同比增长6.64%；个人存款余额7.05亿元，同比增长2.17%。各项贷款余额11.88亿元，同比增长7.32%。

内控管理 2014年，农行县支行树立“安全性第一”的经营理念，坚持“守土有责”，把防控风险作为第一责任，全面加强内控管理。一是充分运用内控合规管理信息系统，加强日常动态评价，揭示内控薄弱环节，督促整改、控制风险，促进系统数据质量提高。二是开展罚则及员工行为守则学习测试等合规文化建设活动，提高员工合规意识。三是重视反洗钱工作，执行客户身份识别和重点可疑交易报告制度，确保符合人民银行监管要求。四是持续开展银行业内控和案防制度执行专项活动，组织重点业务、重点环节自查自纠，抓好检查发现各类问题的整改，落实整改责任，确保整改到位，持续改进内控管理水平。

金融服务 2014年，农行县支行一是推动服务农村、农业、农民（简称“三农”），做好烟农专属金融服务，在上京镇发放烟叶卡234张，代理烟草公司向烟农支付烟叶收购资金1080万元，发放惠农金叶卡贷款417万元，烟农贷款增量居全市农行首位。二是做好残损币兑换和券别调剂，明确主办网点，设立“绿色通道”，在网点明显位置设残损币兑换窗口，方便客户兑换残缺污损和小面额人民币。三是定期组织员工学习产品知识和营销技能，进行知识技能测验，提升员工服务水平。四是开展“金融知识进万家”宣传服务月活动，向居民宣传个人贷款、信用卡、借记卡、银行理财、电子银行、自助设备、代销业务、防范非法集资等业务知识，提高居民对金融服务的认识，增强金融防范意识。

（林纪伟）

【劳动组合优化】 8月，农行县支行推进劳动组合优化工作，在城区4个营业网点实行“上二休一”工作制，腾出4名柜员充实到客户经理队伍，增强营销力量，提升网点的服务效率。

（林纪伟）

【南大街分理处迁址】 9月，农行县支行南大街分理处从建山路89号迁址99号101—107号店面营业，新址面积287.03平方米，按照营业网点建设标准装修，投资77万元。

（林纪伟）

【职工之家建设】 2014年，农行县支行对单位职工食堂、职工周转宿舍全面装修改造，解决员工就餐、新员工住宿等问题，投资35万元。

（林纪伟）

中国邮政储蓄银行股份有限公司大田县支行

【概况】 2014年，中国邮政储蓄银行股份有限公司大田县支行围绕“拓行业、抓重点、强管理、重风控”工作，开展增存活贷，加强成本控制，各项工作持续健康发展，全年完成业务收入4088万元、利润2487万元，“双超”目标，分别居全区第一。县支行工会被省分行评为四星级职工之家、县级支行综合评比第八名，电子银行业绩全省第一名、全国第26名。县支行被市分行评为优秀支行和市邮政金融计算机系统安全运行竞赛第一名，陈汉榕被市分行评为优秀支行长。

存款贷款 2014年，邮储银行县支行各项存款余额9.8亿元，比上年增长11.11%，其中，储蓄存款余额8.64亿元、同比增长8.4%（自营网点2.22亿元、同比增长18.72%），公司存款1.16亿元、同比增长36.47%。各项贷款余额5.23亿元，同比增长28.19%，其中，新增小额贷款1461万元、个商贷款4692万元、消费贷款4056万元、小企业贷款1372.64万元。年底，不良贷款43.69万元，不良率为0.09%，资产质量全省邮储银行排名第七位。

内控管理 2014年，邮储银行县支行完善案防体系建设，加强检查惩处，确保“零案件”和不发生重大风险事件。一是落实安全责任，年初支行行长与部门负责人、部门负责人与员工100%签订安全生产、案件防控责任书。二是构建案件防控长效机制和合规管理规定，根据营销人员、柜员和其他人员的工作内容及特点，分类别一年一签《合规承诺书》43份，提示员工加强自律，恪守合规承诺；开展员工行为日常和集中排查，全年共排查156人次，未发现异常情况，成立案件风险排查领导小组，重点对重要岗位轮岗、对账、柜台业务等进行内控有效性排查；开展民间借贷和非法集资风险专项排查整治，防范和整治员工参与民间借贷违规违法行为。三是组织员工学习各项基本规章制度和本系统典型案例，熟悉防盗、防抢、防诈骗和防火“四防”预案，增强防范意识，提高防范能力。四是通过合规文化建设推进不想为教育、不愿为自律、不能为防范、不敢为惩戒“四不为”机制建设，培养全行员工合规从我做起、认真履职、遵章守纪的良好习惯，提升队伍责任。

金融服务 2014年，邮储银行县支行开展“规范化服务提升”工作。一是以队伍提升为重点，实行“一把手”负责制，制订管理措施，定期分析服务问题，解决客户端服务的实际问题，做到服务工作“有人管、管到位”。二是提高营业网点规范化服务，建设客户投诉处理畅通机制，加强投诉管理，全年无发生客户有理由投诉，满意度98.2%。三是做好普惠金融宣传，通过座谈会、讲座、电子屏幕、短信、电视广告等宣传电子银行、小额贷款、信用卡、支付结算、理财等内容36次。四是为农民提供储蓄、汇兑、代理保险、便民取款等基础金融服务，面向“三农”发放小额贷款1.5亿元，新增小额贷款1400多万元。五是创新金融服务方式和支持小微企业发展。完成县农办农业发展基金担保助业贷款前期授权和渔业、畜禽养殖业公司加农户、合作社加农户、合作社社员互助贷款等多种方式，推出全省首笔农机补贴和小水电抵押企业贷款。7月，开办信用消费贷款，单户授信最高50万元、期限最长3年；小额循环贷款单户授信最高20万元，支用期限最长2年，额度存续期3年。8月，开办票据承兑业务。9月，开办家庭农场（专业大户）贷款业务，单户授信额度最高500万元，额度有效期最长2年。11月12日，与县生猪养殖协会联合召开银企合作交流会，县畜牧水产局和协会领导、行信贷客户经理、养殖户共50人参加，受理18户生猪养殖户贷款申请，贷款金额共105万元。11月14日，与团县委联合召开青年创业贷款推介会，受理15人创业贷款申请，贷款金额85万元。

（颜贻地）

【汽车消费贷款业务开办】 5月，邮储银行县支行开办汽车消费贷款业务，单户授信额度最高150万元，贷款期限最长5年。11月30日，召开县内12家汽车经销企业、经销商等25人座谈会，受理车贷11笔、金额129万元。

（颜贻地）

【农机补贴贷款业务开办】 9月，邮储银行县支行开办农机补贴贷款业务，单户授信额度最高20万元，贷款期限最长1年。20日，办理全省首笔农机购置补贴贷款7.5万元。

（颜贻地）

【烟草流水贷款业务开办】 10月，邮储银行县支行开办烟草流水贷款业务，单户授信额度最高50万元，贷款期限最长1年。11月9日，与县烟草公司联合召开烟草项目业务推介会，专题推介烟草流水贷、代扣卷烟销售款、烟草信用卡、电子银行等业务，发展烟草信用卡38张，拓展商贸户2户，受理烟草流水贷5笔、63万元。

（颜贻地）

中国银行股份有限公司三明大田支行

【概况】 2014年，中国银行股份有限公司三明大田支行围绕分行绩效考核导向，立足当地经济特点，结合网点转型，抓客户、抓重点、抓产品、抓员工并重，稳定营销基础客户，跟进营销中高端客户，逐步增加行政事业单位存款账户和营销新入驻较大企业，支持地方社会经济发展。

存款贷款 2014年年底，中行大田支行人民币各项存款余额1.55亿元，比上年下降28.57%，其中，公司存款9553万元、同比下降31.76%；储蓄存款5940万元、同比下降14.06%。各项贷款余额4.4亿元、同比增长2.34%，其中，公司贷款2.6亿元、与上年持平；零售贷款1.8亿元、同比增长5.88%。不良贷款余额247万元，不良贷款率0.56%。

内控管理 2014年，中行大田支行持续推进和巩固“晨会案防一分钟”“安全员轮值”工作制度，创建“平安中行”。一是结合省、市分行下发的《安全保卫情况通报》《案件风险预警提示》等，开展案件防控专项教育，增强全行员工防范案件的意识和能力，提高营业网点案件防控水平。二是加大安全监督检查力度，每月开展1次应急预案演练和兵棋推演，组织相关人员进行营业场所安全专项检查，提高基层员工应对突发事件能力、及时发现安全隐患并加以排除。三是分区域负责，落实消防安全责任制，邀请省消防协会教官王毅平到支行做“珍惜生命，远离火灾”消防知识专题讲座，增强员工防火灾责任意识，提高火灾应急处置能力。四是做好防诈骗工作，面对电信诈骗等案件高发和手段的多样化，多次下发风险提示和通过晨会、周例会组织员工学习诈骗特点，提高识别能力，要求员工对客户所办业务加强询查，最大限度保障客户资金安全。五是加强保安队伍管理，结合省行开展的保安教育整顿活动，组织保安人员学习相关安全制度规定提高保安人员安全意识，加强对二楼值班室保安员值勤规范化管理，不定期检查值班情况。

金融服务 2014年，中行大田支行按照柜台服务要素及现场管理要求等，督促检查营业网点营业秩序、环境卫生、员工着装举止、仪容仪表、服务态度、服务质量和保安履职等情况，每月调阅录像等对员工文明优质服务执行情况进行通报，每周集中1次测评，加强技能练兵，提升柜员办事效率。支行被省分行推荐为高效优质服务网点进行达标验收。在整体有限信贷规模下，支持涉农经济和微型企业发展，发放林权抵押贷款150万元，微型企业贷款250万元。

（林伯镇）

兴业银行三明大田支行

【概况】 2014年，兴业银行三明大田支行贯彻落实总行和分行各项业务发展部署，及时调整经营思路，夯实客户基础，提高服务水平，各项业务稳步快速发展。年底支行内设综合科、企业金融业务部、零售业务科和营业厅，员工20人。

存款贷款 2014年年底，兴业银行大田支行各项存款余额3.03亿元，比上年增长50.75%，其中对公存款1.8亿元、同比增长2.18倍，储蓄存款1.23亿元、同比增长15%。各项贷款余额4.63亿元，同比增长10.28倍。全年新开户5.25万户。

内控管理 2014年，兴业银行大田支行实行综合治理，完善内控制度，一是严明纪律要求、加强自律教育，坚持执纪监督，落实责任制，全员签订安保、消防责任书，结合“道德讲堂”、案件风险排查“百日行动”，提升制度执行力，消除风险隐患。二是禁止员工从事民间借贷、违规担保、非法集资以及利用员工或客户账户为他人过渡资金等，排查员工异常行为，防范道德风险。三是明确岗位职责，规范业务操作，加强要害岗位轮岗制度和岗位监督，定期和不定期检查监督履职情况，及时纠正违规现象。四是落实三明分行“风险管理年”活动计划，加大科室党风廉政建设、风险管控和案件防控考核管理力度，与绩效挂钩，对存在问题和责任人进行积分处理。全年实现“不发案、不误人”和“不伤企业”的内控目标。

金融服务 2014年，兴业银行大田支行一是开展企业金融条线“对公客户‘强化服务、提升价值’竞赛活动”和服务宣传月、服务月及金融知识宣传。二是坚持“以客户为中心”的经营理念，以存款、理财为重点，优化存款结构，发展信用卡和存取款一体POS机、大宗分期等业务和经营贷、中长期消费贷及旅游贷等手续便捷、高效益产品，全年发放个人贷款

130笔、4323万元。三是支持政府工程建设和小微企业，推出“连连贷”“交易贷”和“易速贷”等授信流程简化、审批速度快、担保方式多样的产品，降低小微企业融资成本。四是完善硬件设施，优化功能分区，培养提高网点大堂经理、理财经理、客户经理素质；评选“服务之星”，加强员工的产品意识、服务意识和营销意识，加大力度查纠客户投诉、举报事件，多渠道监督日常优质服务情况，提升整体服务水平。

（洪新阳）

【支行党、团支部成立】 3月12日，兴业银行大田支行成立中共兴业银行三明大田支行支部委员会，选举支部委员3人。5月14日，成立共青团兴业银行三明大田支行支部委员会，选举支部委员3人。

（洪新阳）

大田晋农商村镇银行

【概况】 2014年，大田晋农商村镇银行（简称“村镇银行”）树立“服务三农”“支农支小”市场定位，夯实工作基础，加强风险管控，推进各项工作合规、稳健、科学发展，实现利润399.61万元，比上年增长234.65%。设有营业部、业务部、综合部，共有员工22人。

存款贷款 2014年，村镇银行各项存款余额2.07亿元，同比增长100.79%。其中，单位存款5297.91万元，同比增长103.71%；储蓄存款1.54亿元，同比增长99.81%。各项贷款余额2.27亿元，同比增长202.76%。其中，涉农贷款（含40户小微企业8709.5万元）2.15亿元，同比增长196.37%，占贷款余额94.82%。贷款农户456户、余额1.58亿元。不良贷款率为零。无不良资产，无案件和出现差错、损失。

内控管理 2014年，村镇银行严控风险，重点监测，增强合规风险防御力。一是加大稽核审查力度，进行风险自查与排查。主发起行稽核审查部门分别于5月、12月到行序时性稽核检查，从公司治理、内控制度、信贷资产风险、会计决算等方面进行全面检查，并重点针对检查后的整改落实，做好后续稽核，巩固稽核检查成果；对营业网点专项开展案件风险排查，抓好员工操作行为、授权业务、对账工作、重要岗位轮换等关键风险点排查；所有在岗员工按月、按季度进行风险自查，防范内部风险。二是加强安全防范意识，严防案件风险和经营事故。定期开展安全知识学习会，提高员工安全防范意识；组织防盗窃、防暴、消防及安全保卫预案演练，增强对各类案件的防范能力；按规定对营业网点进行安检、查库及“110”报警测试，查隐患，抓整改；落实“一把手”抓安全、全员抓保卫、层层抓落实的安全保卫责任制；加强安全物防、技防设施建设，提高风险管理效率。三是完善内控制度建设，提高合规风险意识。制定全面的内控管理规章制度，设立风险合规专职岗位，及时、有效进行合规风险监测；重点完善内控管理机制，环环相扣，层层监督；开展反腐倡廉警示和反洗钱教育、反“四风”建设，加强内部员工行为监督管理，树立合规风险意识。当年，被县银行业协会评为信用风险防控先进单位。

金融服务 2014年，村镇银行为“三农”“中小微企业”的发展提供便捷的金融服务。一是秉承“立足三农、支农支小”的服务理念，开展支农惠农零距离服务，开办农户联保、个体工商户经营性、小微企业联保贷款等产品，发展特色农业。二是根据不同客户的贷款需求特点，深入农户、企业宣传，走访下乡，重点了解企业生产情况、行业发展现状，推出“商联通”“联贷宝”“万通宝”等贷款产品，坚持“小额、流动、分散”的信贷原则，适时调整授信额度、灵活还款方式及管理模式，将信贷资金更多投向实体经济，为中小微企业提供一站式、便捷化的“绿色”融资渠道，助推二次创业。三是坚持“客户至上”的服务理念，与客户接触做到文明用语、礼仪周到、微笑服务；按照《中国银行业服务规范细则》开展“践行文明、树立形象”晨会，进行服务礼仪自检/互检、新业务学习、规范文明用语、传达文件精神，提升柜面服务水平。

（叶　琳）

【首届董事会、监事会第二次会议】 4月18日，村镇银行召开2014年度第一届董事会、监事会第二次会议，银监大田办事处副主任苏立墩应邀列席。会议审议村镇银行2013年度工作报告、董事会、监事会工作报告、审计报告、经营情况分析以及2014年工作计划等议题。讨论行内部机制建设、风险防范管理、金融服务质量及水平、统筹发展规划等，拟在乡镇设立支行，提升金融服务覆盖面。

（叶 琳）

大田县农村信用合作联社

【概况】 2014年，大田县农村信用合作联社围绕“转型创新年”“品牌推广年”“三基建设年”“合规控险年”等要求，结合实际，创新服务“三农”措施，拓宽金融服务领域，打造客户、股东、员工满意，基业长青的现代化金融机构，支持县域社会经济发展。年底，县联社职能部门11个，营业部1个，信用社16个，分社7个；员工188人，派遣人员57人。

存款贷款 2014年底，全县农村信用社各项存款余额33.66亿元，市场占有率42.35%；各项贷款余额26.1亿元，同比增长5.52%，市场占有率35.02%，其中涉农贷款25.83亿元，占98.97%。存贷款总量居全县金融机构首位。

内控管理 2014年，县信用联社一是加强信贷资金管理，严控大额贷款风险，落实关联企业、客户统一授信，坚持“小额、流动、分散”的经营策略；以收贷为重点，联合县法院进行不良贷款清收，采取人员、时间、精力“三集中”，分片依法开展集中执行行动。二是开展群众路线教育实践活动，推进建章立制，修订绩效薪酬管理、人事教育、财务费用、风险防控等10多项制度，加强财务管理，执行中央“八项规定”，压缩会议费、招待费等开支，全年支出比上年下降65.51%。三是加强合规风险管理评价和监督，完善合规风险管理体系，借助二代稽核审计系统，建立风险实时监测机制，实现风险时间和空间全覆盖，全年监测各类风险并落实整改226条次。四是完善信息披露制度，将联社2013年度总体经营情况在福建农信网和营业网点公开披露，接受广大社员监督。五是开展创建学习型组织活动，组织员工参加银行业从业资格、柜员等级、客户经理等级和法律法规业务知识考试，营造全员学习氛围。当年，获得高级柜员等级4人，取得中级客户经理资格11人。

金融服务 2014年，县信用联社一是加大农户小额贷款投放力度，共投放春耕生产贷款1.32亿元、林业生产加工贷款7105万元、农村青年创业贷款825万元、下岗失业人员再就业贷款1923万元、巾帼妇女创业小额贴息贷款444万元、生源地助学贷款1068万元。二是加大中小企业信贷服务力度，全年投放中小微企业贷款6.23亿元；7月，开展信用企业及星级信用户评信授信活动，为26户A级信用企业和77户星级信用户授信贷款4400万元。三是加强电子银行业务推广，对全县小额支付便民点158条通讯专线进行改造升级；开展贴膜手机和POS商户专项营销活动，新增贴膜手机银行用户605户、收单商户45户。四是加大网点建设和改造力度，对吴山信用社按照VI类标准进行重新装修，规划功能分区，提升网点服务功能。五是开展金秋助学和贫困帮扶结对子活动，通过福万通慈善基金会捐助15名贫困大学生7.5万元；帮扶结对子，捐助大田一中、大田五中等16名贫困学生3万元。

（池承泽）

【信誉党员贷款】 8月，县信用联社根据农村党员发展经济的资金需求，在县委组织部配合下推出农村信誉党员创业贷款业务。经基层党组织推荐、县委组织部与信用社联合审核，全年为信誉党员137人授信贷款650万元。

（池承泽）

【新员工持股激励机制建立】 2014年，县信用联社根据省联社关于激励新员工持股指导意见，结合实际出台新员工持股激励方案，由联社向社会市场回购，按上年季度末每股净资产价格，给2010年后未持股的22名新进员工，每人2万股共44万股。

（池承泽）

中国人民财产保险股份有限公司大田支公司

【概况】 2014年，中国人民财产保险股份有限公司大田支公司与县民政、气象、科技、科协等部门联合，于5月12日在东街口开展防灾减灾宣传活动，发放宣传单1000余份。6月起，与人寿保险开展业务互动，代收“百万身价惠民两全保险”保费6440元。支公司在激烈的市场竞争中，促进自我发展，全年保费收入2848.08万元，完成任务的83.82%，比上年下降3.8%. 其中，企业财险保费110.37万元，同比增长68.58%；家财险98.43万元，同比增长21.38%；责任险332.11万元，同比下降28.55%；货运险0.21万元，同比下降58%；农业保险569.89万元，同比下降13.06%；意外健康险175.22万元（意外险49.37万元、健康险125.85万元），同比增长44.67%；机动车辆保费1561.84万元，同比下降.072%（交强险384.29万元、同比增长3.57%，商业险1177.55万元，同比下降2.05%）。全年理赔结案1194件，支付赔款1353.37万元，比上年增加106.38万元，赔付率47.52%。其中，企业财产保险赔付51.32万元、赔付率46.50%，家财险26.16万元、赔付率26.58%，责任险104.38万元、赔付率31.43%，农业保险460.23万元、赔付率80.76%，意外健康险30.54万元、赔付率17.43%，机动车商业险464.41万元、赔付率39.44%，机动车交强险216.33万元、赔付率56.29%。全年实现利润183.94万元，同比减少59.73万元。

1月，三明市分公司聘郑群仙任大田支公司副经理。6月，经省保监局批准广平营销服务部迁址建设镇建设村深洋新村1号，更名“中国人民财产保险股份有限公司大田支公司建设保险营销服务部”。8月，分公司聘牛鹤翎任大田支公司副经理，主持工作。9月，支公司增设三农保险部，定编2人。10月，支公司组建续保团队，为客户提供承保理赔咨询服务，收车险保费26.66万元。年底，支公司合同制员工29人，其中总公司核定7人、省公司核定2人。劳务派遣工5人，续保专员8人，保险员4人，营销人员20人；三明分公司驻大田理赔分部6人。内设综合部、直销业务一、二部和销售管理部、三农保险服务部、1个续保团队，辖城郊、上京、建设营销服务部3个。

（陈开篇）

【信保通业务对接】 4月11日，人保财险大田支公司与县农村信用联社签订保险代理协议，5月27日，在城区兴业分社和石牌分社各签发借款人意外伤害保险保单1份，收取保费195元，“信保通”直接在银行网点签单业务对接，为人保财险三明分公司系统第一单。通过信保通及银行的合作，发展借款人意外保险业务，全年共承保1028笔，收入保费31.93万元。

（陈开篇）

【能繁母猪保险恢复】 6月，人保财险大田支公司与县畜牧水产中心联合召开能繁母猪保险大会，重新启动能繁母猪保险，当年全县饲养母猪30头以上达到承保条件养殖户46个，能繁母猪3412头全部投保，共收保费20.47万元。

（陈开篇）

【组织者责任保险开办】 8月28日，人保财险大田支公司与县文体广电出版局签订全国艺术体操锦标赛比赛活动组织者责任保险协议，为9月5—10日在县体育馆举行的该赛事组织者提供1715人责任保险，其中，参赛运动员、教练、裁判员215人，志愿者200人，工作人员100人，观众1200人，共收保费2万元。

（陈开篇）

【家系列保险新险种开办】 8月28日，人保财险大田支公司召开好易保、合家欢、家人组合、居家责任、家庭雇佣责任、个人综合责任、家庭责任综合等7个“家系列”分散性新险种业务竞赛动员会，至年底共收好易保保费5.28万元、合家欢保费1680元。

（陈开篇）

【电动车保险办理】 10月30日，人保财险大田支公司入驻县机动车检测站，按照县政府规范非机动车登记工作需求，办理助力车、电动车交通事故第三者责任强制保险，每辆保费80元，至年底共收保费13.82万元。

（陈开篇）

【奇韬镇森林火灾赔付】 11月11日，人保财险大田支公司对奇韬镇2013年3月9日森林火灾林班林权核实，涉及奇韬、文经、东佳等3个村，火灾面积98.2公顷，按户赔付共73.15万元。

（陈开篇）

【健身活动室设立】 12月23日，人保财险大田支公司“职工之家”健身活动室在五楼设立，配备健骑机、跑步机、多用健身器等器材4台，投资1.65万元，其中省公司工会拨款1万元。

（陈开篇）

【水稻保险赔付】 2014年，人保财险大田支公司为全县8108户农户水稻遭受各类灾害面积619.7公顷，支付赔款272.61万元，为赔付最高年份。

（陈开篇）

【其他财险营销部业务】 2014年，县辖区内未开展财险业务的有都邦、永诚、英大财险营销部等3家。经纪代理长安责任保险公司营销部保费收入102.62万元。有开展业务的财产保险营销部（或服务部）9家，保费收入4379.97万元，其中，中华联合财险835.91万元，中国人寿财险707.88万元，大地财险645.74万元，平安财险638.3万元，华安财险483.51万元，太平洋财险369.63万元，阳光财险326.92万元，紫金财险324.1万元，安邦财险47.98万元。

（陈开篇）

中国人寿保险股份有限公司大田县支公司

【概况】 2014年，中国人寿保险股份有限公司大田县支公司面对错综复杂的内外部环境，把握“稳中求进、改革创新、转型升级、再创辉煌”的总基调，落实“价值先导、规模适度、优化结构、注重创费”的经营思路，实现稳中有进、稳中增效、稳中有为。全年保费收入7810.78万元，比上年增长26.41%，其中，续期保费4064.5万元、同比增长3.67%，首年保费3217.36万元、同比增长85.31%，短期性保费528.92万元、同比增长1.3%。办理各类赔案756件，赔付金额338.2万元，其中，长期险赔付87件、210.6万元，短期险赔付669件、赔付127.6万元。

12月，县支公司副经理张传平调往三明分公司银保部，三明分公司团险部陈建蓉调任县支公司经理助理。年底，全县设营销服务部11个，员工30人、代理业务员266人。

（涂新红）

【新险种推出】 2014年，县支公司推出“国寿福禄鑫尊两全保险（分红型）”“国寿防癌疾病保险”新险种，全年共收保费621.1万元。

（涂新红）

【农村小额人身意外伤害险开办】 12月，县支公司开办农村小额人身意外伤害保险，作为新型农村合作医疗的补充保险，为参加新农合人员提供意外死亡和伤残保障。

（涂新红）

【大案理赔】 2014年，县支公司为城关居民严某患甲状腺癌死亡赔付重大疾病保险身故金10万元，为石牌镇村民林某、乐某夫妻车祸死亡赔付计划生育意外伤害保险金4万元，学生林某溺水身亡赔付学生意外伤害保险金3.6万元。

（涂新红）

综合管理

□编辑 陈吉浣

发展计划管理

【概况】 2014年，大田县发展和改革局坚持转型驱动、绿色发展，统筹做好稳增长、调结构、促改革、惠民生各项工作，促进经济社会持续健康较快发展。牵头起草《推进重点生态功能区建设实施意见》《2014—2018年科学发展跨越发展实施意见》《贯彻落实总书记习近平来闽考察重要讲话精神加快科学发展跨越发展实施意见》等文件，经县委十二届七次、八次全会审议通过。

年度计划编制与实施 2013年12月，县发改局完成2014年大田县国民经济和社会发展年度计划编制，并提交县第十六届人民代表大会第三次会议审议通过。

2014年大田县国民经济和社会发展主要预期目标及完成情况：

全县生产总值增长11.5%；当年完成148.68亿元，比上年增长10.5%。

农林牧渔业总产值增长4%；当年完成45.59亿元，同比增长5.17%。

规模以上工业增加值增长15%；当年完成98亿元，同比增长12.6%。

固定资产投资增长22%；当年完成189.98亿元，同比增长20.4%。

社会消费品零售总额增长17%；当年完成39亿元，同比增长13.8%。

出口总值（海关口径）增长12%；当年完成1.37亿美元，同比增长29.3%。

实际利用外资（验资口径）增长10%；当年完成1575万美元，同比增长13.9%。

地方公共财政收入增长10%；当年完成6.7亿元，同比下降9.4%。

居民消费价格指数控制在104.0%以内；当年实际101.9%。

城镇居民、农民人均可支配收入各增长11.5%；当年实际分别为2.5万元、1.18万元，同比分别增长10.2%、10%。

城镇登记失业率控制在3.6%以内；全年城镇登记失业率2.05%。

项目审批 2014年，县发改局衔接中央、省、市各级下放审批权限，审批建设项目205个，总投资66.3亿元，受理办结率100%。其中，批复项目69个、总投资13.26亿元，备案项目136个、总投资53.04亿元。

项目竞赛 2014年，县发改局落实项目带动战略，继续开展项目竞赛活动，年初制定“七个重大项目组”工作方案，年中开展“百日会战”攻坚活动。“七个重大项目组”实施重点项目132个、总投资575.46亿元，当年完成投资114.78亿元，其中，城市规划建设项目28个、完成投资29.19亿元，工业经济重点投资项目35个、完成投资34.82亿元，重大交通基础设施项目7个、完成投资6.38亿元，农业产业化及生态保护项目19个、完成投资17.33亿元，重大水利工程项目8个、完成投资2.43亿元，民生及社会事业项目12个、完成投资3.12亿元，现代服务业及旅游项目23个、完成投资21.51亿元。实施省、市重点项目30个，总投资135.42亿元，当年完成投资70.48亿元。全县新引进项目193个、总投资739.43亿元，当年实际到资53.75亿元。县级项目储备库储备总投资在3000万元以上且符合国家产业政策的项目456项，其中得到转化实施347项，转化率87.3%。

争取上级补助 2014年，县发改局会同有关部门共同争取到省级以上发改部门工业、农业、社会事业等补助项目53个、金额7513.9万元。其中，闽江上游尤溪流域防洪二期工程（大田段）补助2000万元、县档案馆建设项目585万元、县第二实验幼儿园园舍建设项目464万元、县妇幼保健院建设项目400万元，其他项目4064.9万元。

发展第三产业 2014年，县发改局通过全县第三产业发展联席会议形式，组织有关部门加强主要支撑指标的监测调度，全县第三产业增加值42.13亿元，比上年增长11.1%；新培育物流企业25家，电子商务企业19家，中介服务机构41家，新增限额以上商贸流通企业23家。实施第三产业重点项目62个、完成投资55.8亿元。

推动企业上市 2014年，县发改局继续做好上市企业梯队建设，抓好8家省重点上市后备企业跟踪服务工作，推动一批创新型、成长型企业上市，扩大直接融资规模，华伦特重工、宝树矿业、金鹏矿业等3家企业在海峡股权交易中心挂牌交易或展示，三井科技成为县首家在上海股权托管交易中心挂牌的科技型企业。

（施丽华）

【项目成果对接】 6月18日，县发改局牵头组织122家企业参加省政府在福州举办的“第十二届中国·海峡项目成果交易会”。共对接项目成果43项，总投资7.04亿元；征集企业技术难题31项；邀请专家12人，中国工程院院士刘鸿亮与县签订院士工作站建设协议。8个新产品参展，秦朝木业的碳化木、居民叶龙华发明的全球首款普及型变形两用自行车展品受到省市领导及专家来宾关注。

（施丽华）

【“十百千”项目建设】 2014年，县200个“十百千”计划（当年起，重大项目开工和竣工24个、在建和储备100个、固定资产投资完成1000亿元以上）年度重点项目完成投资190.76亿元，占年度计划的116.74%，其中，在建项目、前期储备项目各100个，分别完成投资111.33亿元、79.43亿元，占年度计划的124.02%、107.87%；当年竣工或部分竣工项目86个，新开工项目83个。

（施丽华）

【项目策划储备】 2014年，县发改局围绕实施赶超战略、“三维”招商、产业链拓展、中央苏区政策等领域，新策划储备项目568个，总投资2896亿元，转化为2014—2018年重大发展项目306个，其中列入市“十百千”重大工程项目173个，项目数、投资额居全市第一。转化为招商活动重点推介项目96个，其中矿产品深加工8条产业链招商项目45个。转化为对接中央苏区政策项目82个，其中列入省纪委挂钩帮扶计划项目20个。

（施丽华）

人力资源和社会保障管理

【概况】 2014年，大田县人力资源和社会保障局（简称县人社局）加强岗位责任制和绩效目标管理，促进稳定和扩大就业，健全覆盖城乡居民的社会保障体系，构建和谐劳动关系，提升基本公共服务能力。2月，县人社局被县委、县政府评为平安先进单位；12月，城乡居民社保中心被省人社厅、省档案局评为业务档案达标验收优秀单位。全系统受市级以上表彰6人、县级表彰13人。

就业和再就业 2014年，县人社局采取多项措施，扩大就业。一是每月26日举办人力资源集市，主动上门为就业困难人员、新落户企业送岗位、送政策、送技能、送员工，定期组织招聘活动，加大创业指导和服务力度，形成创业就业氛围。二是营造用工氛围，在县电视台、大田新闻网、海西大田劳动保障网开设企业用工专题栏目，发布企业用工和劳动者求职信息，为求职者、创业者和企业提供求职、招聘、培训、创业点子、创业项目等信息。三是与电信部门合作建立劳动就业手机短信发布平台，将劳动就业信息、劳动技能培训、小额贷款跟踪服务、鼓励在外创业务工人员返乡创业就业政策等以手机短信的形式及时准确发送给城乡群众。四是开展技能和培训竞赛，与用工企业及相关部门联合举办职工技能和培训大赛活动，提高用工技能水平，提升企业文化，凝聚职工向心力，增强企业招工吸引力。五是鼓励创业带动就业，继续开展创建创业型城市工作，落实县委、县政府优惠政策，发挥创业带动就业的倍增效应，开展创业培训、指导和创业扶持。

全年城镇新增就业2602人，城镇下岗失业人员再就业1212人，农村劳动力转移就业5389人；职业技能鉴定2725人，农村劳动力转移培训2360人，创业培训225人，发放小额贴息贷款1030万元；城镇登记失业率2.05%，低于市下达3.6%的控制指标，全县就业局势总体平稳。

社会保障 2014年，县人社局严格社保基金监管，全面实行基金运行监督。坚持纠建并举，实行对社保基金工作项目年度审计和追责制度。巩固和加强社会保险基金扩面征缴力度，做好退休人员社会化管理服务。

企业职工养老保险 全县参保企业501户、2.54万人，比上年增长10.92%，审批退休398人。全年征收保费9109万元，为企业离退休人员6186人、按时足额发放养老金1.41亿元，社会化管理100%。

机关事业单位养老保险 全县参保270户、2072人，征收保费2347万元，为离退休人员748人、发放养老金2286万元。

城乡居民社会养老保险 全县参加新型农村社会养老保险和城镇居民养老保险17.9万人，个人缴费1355.79万元；为60周岁以上城乡居民4.32万人发放基础养老金3525.24万元；新确认被征地农民养老保险对象1455人，为60周岁以上被征地农民3176人发放养老保险金404.98万元。

工伤保险 全县参保企业687户、2.96万人，征收保费1712万元；依法认定工伤440起、支付保险金1633万元。

生育保险 全县参保企业531户、2.21万人，征收保费511万元，为89人支付生育金73.17万元。

失业保险 全县参保企业450户、2.19万人，征收保费801万元；为失业人员650人按时足额支付失业金336.45万元。

医疗保险 城镇职工参保455户、2.55万人，征收基金7068.19万元，其中统筹账户4148.99万元、个人账户2919.20万元；基金支出5092.53万元，其中统筹账户2769.83万元、个人账户2322.70万元；基金结余1975.66万元，其中统筹账户1379.16万元、个人账户596.50万元。城乡居民参保31.6万人，基金收入1.23亿元、支出1.18亿元。

职工权益保障 2014年，县政府办公室下发《关于规范企业用工和工资发放管理的通知》，规定在建筑、工矿、商贸领域企业用工必须登记备案，严禁用人单位把工资直接发放给“包工头”或其他不具备用工主体资格的组织和个人，并且不得采用发放生活费、借支等方式拖欠工资，保证工资月月清；加强部门联动，注重劳动保障法律法规宣传，向社会公布举报投诉电话并确保畅通，24小时接受群众的维权举报和政策咨询，对涉及拖欠劳动者工资问题的举报投诉案件及时立案查处。全年共发放劳动保障法律法规宣传材料8000余份，接受群众维权法律咨询300多人次，接待群众来访70人次，劳动争议案件仲裁254件，调解157件，裁决109件，涉案金额3567.7万元；解决3183人被拖欠工资总额4378万元，维护农民工合法权益。

（吴敬芳）

【春风行动专场招聘会】 1—2月，县人社局举办“春风行动”等专场招聘会15场，参会企业79家，提供就业岗位1.08万个，达成意向1486人，现场签订劳动合同681人。

（吴敬芳）

【就业和社会保障综合服务中心搬迁】 8月1日，县就业和社会保障综合服务中心搬迁至赤岩山路2号，入驻农业企业总部大厦四楼，实现资源整合，提供“一站式”服务。

（吴敬芳）

【清欠农民工工资联席会议制度建立】 2014年，县建立预防和解决拖欠农民工工资联席会议制度，全县26家成员单位建立信息沟通机制，相互配合、互通信息、形成合力，并在各乡镇落实属地管理原则，每季度或在重要时间段召开联席会议，研究处理农民工工资拖欠重大事项或突出问题。3月19日、7月4日，分别召开2次联席会议。

（吴敬芳）

安全生产监督管理

【概况】 2014年，县安全生产监督管理局坚守安全生产红线，落实“党政同责、一岗双责”责任，“零容忍”排查、治理安全隐患，查处安全生产非法违法行为，全县安全生产形势持续稳定。全年共发生各类生产安全事故31起，比上年下降26.2%；死亡9人，占年度控制指标64.3%，无发生较大以上生产安全事故，各项指标均控制在市政府下达指标范围内。亿元生产总值生产安全事故死亡率0.13、同比下降0.04，10万人死亡率6.42、同比下降0.96；煤炭百万吨死亡率0.373、同比上升0.373。职业病危害因素监测覆盖率82.7%，接触职业病危害工人健康体检率79.09%。

2014年大田县各类生产安全事故情况

表10

项 目	事故情况							
	起数	比上年（%）	死 亡		受 伤		经济损失	
			人数	比上年（%）	人数	比上年（%）	金额（万元）	比上年（%）
工矿商贸企业	1	-50.0	1	-50.0	0	平	76.9	-50.0
生产性道路交通	19	-26.9	8	20.0	21	-12.5	6.9	-41.5
火灾	11	-21.4	0	平	1	+100.0	60.7	-25.8
合计	31	-26.2	9	-25.0	22	-8.3	144.5	-41.7

（林开族）

【“安全社区”创建】 1月，县安监局在均溪镇镇东居委会开展创建省级“安全社区”试点，此后每月举行1次安全健康救助和家庭用电、用气、消防等安全知识宣传培训，加强社区推广安全文化和安全科技知识功能。11月，试点通过省安监局验收，并在省安监局网站上公告。

（林开族）

【“安全生产月”活动】 6月，各乡镇、县直有关部门在第十三个安全生产月围绕“强化红线意识、促进安全发展”主题，集中组织开展安全生产咨询日活动，分发各种宣传手册、资料2200余份（件），悬挂各类标语横幅11条，展出安全图片42幅，播放安全生产宣传教育片，接受群众咨询150余人（次）。“安全生产月”活动期间，县教育、消防、交通、安监、质监、建筑等部门分别在中小学校、购物超市、汽车站、商用电梯等人员密集场所开展各类应急救援演练27场，高危行业企业开展演练活动112场；全县共举办安全生产法律法规知识讲座139场（次）、出宣传专栏648期（次）、张贴标语3400余张，通过中小学生发放宣传单2.3万份。

（林开族）

【安全生产“党政同责、一岗双责”督查】 7月28日至8月1日，由县安办牵头，抽调县安委会成员单位人员组成6个督查组，对18个乡镇、24个县直单列考核单位安全生产“党政同责、一岗双责”落实和年度安全生产监管计划执行情况进行专项督查，通报督查情况，对督查中发现的问题限期整改到位。11月14日，县委、县政府制定出台《大田县安全生产“党政同责、一岗双责”规定》，共24条和1个附件，明确主要负责人和班子成员应当承担的安全生产责任，规定各级党委、政府及其部门的安全生产工作职责，健全完善“党政同责、一岗双责、齐抓共管”的责任体系和考核体系，推进全县安全生产工作。

（林开族）

【打非治违专项行动】 8月21日，县政府在五楼会议室召开全县打非治违（打击治理非法违法生产经营）专项行动大会，各乡镇长及分管领导、县安委会成员单位主要领导共62人参加，县长熊旭明主持，副县长余维语做专项行动安排部署。突出矿山、危险化学品、交通运输、建筑施工、消防、粉尘防爆等重点行业领域，制订具体实施方案，进行集中打击和整治。至年底，全县177家规模以上企业自查自纠100%，其他生产经营单位自查自纠率99.4%；共有检查组185个，出动执法检查1421人次，检查企事业单位和场所2911家次，发现隐患4569条、整改4517条，整改率98.9%；责令改正、限期整改、停止违法行为421起，没收非法违法生产设备4起，责令停产停业整顿31家，暂扣安全生产许可证6家，关闭取缔7家，行政处罚58.1万元。

（林开族）

【新《安全生产法》宣传活动】 12月1日，新修订的《中华人民共和国安全生产法》施行，新法增加17条、64款，修改70多个条款，对违反安全法的行为加大处罚力度，行政罚款由原最高500万元提高到2000万元。全县开展新《中华人民共和国安全生产法》学习宣传活动，推动各生产经营建设单位和广大群众学法、知法、用法、守法，促进安全生产工作。

（林开族）

【安全隐患排查治理】 2014年，县安监局继续开展安全生产事故隐患排查治理信息统计试点县工作。共排查发现各类安全隐患1.47万条，至年底整改1.46万条，整改率98.97%，正在整改151条。排查重大火灾隐患6项，其中，新雅派色袋制造厂消防设施不符合标准、与宿舍在同一建筑场内，不夜城音乐会所未形成封闭楼梯间、包间照明灯未保持完好有效，福乐包装袋有限公司和荣美箱包制造有限公司未形成封闭楼梯间、丙类厂房与宿舍混合。县政府分别于3月11日、7月19日、7月23日和25日挂牌督办，经整改分别于4月29日、8月30日、9月10日销案；红星宾馆未设置两个疏散楼梯、装修使用易燃材料，8月6日县政府挂牌督办，已停业；新华都购物广场有限公司大田凤山店二、三层剪刀楼梯未分隔，9月11日县政府挂牌督办，经整改于10月10日销案。

（林开族）

【安全标准化提升三年行动】 2014年起，全县开展“安全标准化提升三年行动”，突出矿山、危险化学品、交通运输、建筑施工、城镇燃气、民用爆炸物品、冶金、烟花爆竹、电力、水利、渔业船舶等12个重点行业领域和学校、医院等事业单位。各乡镇、行业主管部门指导督促384家企事业单位对照“国标”“省标”要求，逐条逐项进行整改，提升企事业单位本质安全水平。至年底，申报验收达标企事业单位58家，占15.1%。

（林开族）

环境保护

【概况】 2014年，大田县环境保护局围绕改善环境质量，建设生态大田、美丽大田，开展省级、国家级生态县创建，推进生态保护、污染防治、污染物总量减排、环境监管和风险防范等各项工作。当年，境内主要河段水质均符合国家有关标准，闽江流域交界断面水质达到二类标准。县城空气污染指数（API）为51，空气质量优良率100%。区域环境噪声和交通噪声均达到功能区要求。

环保宣传 2014年，县环保局大力开展环境保护宣传，加强生态文明建设。一是通过《环境与发展》《三明环境保护》《大田政讯》《岩城快讯》等刊物和平安三明、大田新闻网等网站，宣传大田生态环境保护工作，全年发表环保信息58条。二是加强新修订的《中华人民共和国环境保护法》宣传工作，提升社会各界的环保意识，教育引导人民群众投身环境保护。三是公开环境信息，在局门户网站建立信息公开专栏，及时将环境保护工作动态、环评项目审批、污染源环境监管等信息向社会公开，全年共公开环境信息52件。

建设项目环境管理 2014年，县环保局开展党的群众路线教育实践和“马上就办”活动，加强县政务中心标准化窗口建设，开展“一站式”服务，规范审批流程，简化审批程序，审批时限缩短500多个工作日。全年审批建设项目44个，总投资10.97亿元，其中环保投资0.57亿元，占5.2%。完成同时设计、施工、竣工“三同时”验收项目46个，环评执行率100%。

环境监察 2014年，县环保局加强环境监管工作。一是实施排污申报登记动态管理制度，执行省政府颁发的《排污费征收使用管理条例》，采取有力措施和加大征收力度，发放排污许可证62本，依法足额征收排污费355万元。二是加强环境污染事故和纠纷调查处理，落实限时办结制度，健全环境信访工作责任和值班制度，维护群众环境权益，处理省、市转办件及领导批办件、人大议案、政协提案共65件，“12369”环保热线投诉111件，全部按期办结，结案率100%。三是加强环境执法监管，开展“查隐患保安全”和年度环保专项行动，县环保局出台《关于开展文江河流域水环境专项整治的实施方案》《关于开展重污染企业专项执法检查的通知》和《关于开展重点污染源专项整治工作的通知》等文件，共出动环境监察执法人员635人次，检查企业320家（次）。四是开展应急处置工作，印发实施《大田县环境突发事件应急预案》《大田县城区及乡镇集中式饮用水源污染应急预案》《大田县大气污染应急预案》《大田县环保局应急预案》。

环境监测 2014年，县环境监测站开展常规监测、建设项目环保监测和污染源监督性监测，完成城区4个季度的大气、降尘、降水和均溪河城区段3个断面、高才省控断面地表水及城区4个饮用水源两个月1次的常规监测；设置33个水质监测点位，定期监测并将监测结果向社会公开。进行10个建设项目“三同时”环保设施和18家企业清洁生产竣工验收监测，完成13个国控、省控企业和重金属污染企业监督性监测。

（翁作湖）

【创建国家级生态县工作会议召开】 4月8日，县政府在龙山宾馆七楼会议室召开创建国家级生态县工作会议，副县长缑泽昆主持，各乡镇长、分管领导和创建办负责人，县直机关有关负责人及相关企业负责人等137人参加会议。县长熊旭明讲话，县政府向各乡镇、相关部门和企业颁发创建国家级生态县责任书。

（翁作湖）

【国家级生态乡镇、村考核验收】 6月9—11日，受环保部委托，省环保厅自然处专家一行3人到县进行国家级生态乡镇、村考核验收，重点考核均溪镇、前坪乡等11个乡镇环境卫生、农村环境综合整治和环保设施建设以及生活污水、垃圾处理等环保设施运行情况。同时考核桃源镇蓝玉村、梅山乡香坪村、黎坑村国家级生态村创建情况。均溪、上京、太华、建设、广平、奇韬、武陵、济阳、华兴、文江等10个乡镇和蓝玉、香坪、黎坑村通过国家级生态乡镇、村验收。

（翁作湖）

【环境空气质量自动监测站建成】 2014年，县首个环境空气质量自动监测站（文昌站）在县一中建成，总投资40多万元。该站采用LGH-01型自动监测系统，安装有空气监测仪、动态校准仪、气象仪、数据采集传输等自动监测设备，能够全天候、连续自动监测空气中的可吸入颗粒物（PM10）、二氧化硫（SO_2）、二氧化氮（NO_2）及气温、气压、风速、风向和湿度等重要气象参数的实时变化情况，对县城空气环境质量自动监测。

（翁作湖）

【村级环境保护监督管理员聘任】 2014年，全县统一制定任职条件、工作职责和聘任程序，由县环保局负责审查、教育培训和业务指导，乡镇落实人员配备和日常管理。在265个村配备村级环境保护监督管理员，履行村辖区内环境保护监督管理职责。每村1人，县财政月人均补贴100元。建立健全县、乡镇、村“三位一体”环境监管网络。

（翁作湖）

国土资源管理

【概况】 2014年，大田县国土资源局履行“保护资源、保障发展、维护权益、服务社会”职能，为县域经济社会“科学发展、跨越发展”提供持续国土资源保障。保障重点项目建设用地，报批建设用地146.82公顷，矿政管理继续保持全省先进行列，矿山水土流失治理取得初步成效并得到省国土资源厅肯定。华兴乡、上京镇和县公安局等17个单位，2013年度国土资源管理工作成绩显著，受到县政府表彰奖励。

法规宣传 2014年，县国土资源局开展“4·22”世界地球日和“6·25”全国土地日宣传活动，悬挂横幅2条，设置宣传栏19个，发放《中华人民共和国矿产资源法》《中华人民共和国土地管理法》等宣传材料2500余份。

执法监察 2014年，县国土资源局建立土地管理共同责任机制和查处国土资源违法犯罪行为联席会议工作制度，打击国土资源违法行为。全年依法立案查处41宗，收取罚没款93.71万元，拆除违法占地建筑2.72万平方米，其中，土地行政案件38宗，处罚没款88万元，涉及土地面积18.13公顷（耕地2.75公顷），涉嫌犯罪移送公安机关立案侦查2宗；矿产行政案件3宗，处罚没款5.71万元。7月18日，全系统100多人在县委党校一楼会议室进行国土资源执法监察培训，邀请省国土资源厅执法监察处张建阳授课。

矿产资源开发管理 2014年，全县有采矿权证141本，矿产品经营许可证155本。县国土资源局受理省、市发证矿山采矿权延续登记19宗，办理县局发证采矿权延续登记、变更、新立各1宗，依法关闭矿山1处。开展采矿权人年度报告监督，现场检查矿山125个，年检结果合格矿山75个、不合格20个、需整改31个，未按时整改责令停产整顿矿山42个。新办矿产品经营许可证29本，年检70本。实施矿产资源开发整合，全县应关闭矿山26个，已关闭24个，待采矿许可证到期时实施关闭2个。至年底，完成整合并取得采矿许可证矿山8个。落实矿山开采生态恢复治理保证金制度，全县矿山累计缴存生态恢复治理保证金8712.68万元（不含省属煤矿）。

地质勘查管理 年底，全县探矿权证38本。探矿权人提交开工报告、地质资料35份，延续登记、协查项目各30个，到期停止勘查项目27个。开展矿山储量动态监督管理，检测矿山104个，列入检测矿种有煤矿、铁矿、硫铁矿、石灰石矿、铅锌铁矿、石墨矿，提交储量动态检测年报矿山企业56家，因未动用储量申请免于提交年度年报矿山企业48家。

地质灾害防治 年初，县国土资源局编制地质灾害防治方案，实行汛期24小时值班、汛期巡查和地质灾害速报等防治工作制度。经专家实地排查，全县地质灾害隐患点359处，设立警示牌和发放“防灾明白卡”359份、“避险明白卡”678份。当年未发生重大地质灾害和人员伤亡。武警中队及看守所、大田五中、前坪中心小学后山滑坡等3个地质灾害点治理工程已验收。全年督办用地单位做好地质灾害危险性评估44份。

建设用地管理 2014年，县国土资源局实行差别化供地政策，推进土地节约集约利用，鼓励工业项目进驻园区，确需在园区外建设的项目，提高用地出让起始价10%。全年审理报县政府审批个人建房31户、0.31公顷。经省、市政府批准农用地转用和征收土地13个批次、49个项目，面积146.82公顷。创新土地出让制度，公开出让土地使用权20宗、76.59公顷，成交价3.96亿元。推行和谐征迁，保护被征地群众合法权益，完成征地124.67公顷，支付征地补偿费4214.99万元。

地籍与测绘管理 2014年，县国土资源局办理土地登记865宗，颁发土地证书2093本、115.1公顷。办理土地使用权抵押登记527宗、91.96公顷，抵押金额18.28亿元。办理矿业权抵押登记7宗、抵押金额4.2亿元。培育和规范测绘市场，为用地单位和个人提供测绘图纸189宗、147.2公顷。

耕地保护与用地规划 2014年，县国土资源局落实国土资源部“保增长保红线”行动，严格耕地保护责任制和考核制度，确保全县耕地面积保有量、基本农田保护面积数量不减少、质量不降低。全县耕地保护面积2万公顷，基本农田面积1.67万公顷，占全县耕地面积的83.12%。办理建设项目土地规划预审56宗、188.61公顷，其中耕地35.08公顷。

土地收储 2014年，县土地储备中心收储国有土地7宗、3.5公顷；推出经营性（储备）用地14宗、45.94公顷，土地出让成交价2.8亿元；组织上报新增储备用地5个批次、21.77公顷，其中，已批15.11公顷，组卷新增储备用地6.66公顷。

（陈尾英）

【城镇地籍管理信息系统验收】 2013年6月，县国土资源局启动地籍管理信息系统建设项目，先后投入资金100余万元，成立地籍信息化工作小组，做好软、硬件设施采购和数据衔接、安装调试及历年登记的档案信息以及扫描件入库等。该系统具省国土资源厅的13项功能标准，并结合县土地登记实际，增加遥感影像图数据，可进行日常土地登记发证和数据图层管理、统计查询、图形变更、报表输出、图件制作等。2014年6月24日，县城镇地籍管理信息系统通过市国土资源局验收，7月1日起启用该系统开展地籍日常登记发证。

（陈尾英）

【基本农田保护标志牌设立】 2013年7月起，县国土资源局在重大耕地保护线区和土地整治项目区设立基本农田保护标志牌和界桩，投资

100万元。全县18个乡镇265个村，列入耕地保护1.07万片、1.67万公顷。按“乡镇—村庄—重点区域”设牌，在基本农田集中连片、村庄主要干道沿线醒目位置设立长3米、高2米和长2米、高1.8米两种规格标志牌，标明本乡镇或村基本农田保护区面积、范围示意图、区域四至、基本农田保护“五个不准”、监管、责任单位及举报电话等内容。2014年5月29日，该局对全县54座基本农田保护标志牌和120个界桩进行竣工验收。

（陈尾英）

【矿山生态环境恢复治理】 年初，县国土资源局下达83个矿山生态环境恢复治理任务335公顷，银顶格—川石矿区、汤泉铁矿区、上京煤矿区、太华煤矿区、建设有色金属矿区内和高速公路、省道两侧可视范围内的矿山，尤其是露天开采的矿山，将矿山生态环境恢复治理情况列为上年度矿山年检要件，未实行和未完成年度矿山植被恢复治理任务不能通过年检。当年，全县选种本土化、适应力强的红叶石楠、木荷、香樟、松、杉等树种近36万株，播撒草籽300多公斤，建造拦碴坝、沉淀池11座和排洪沟，矿山水土流失和“青山挂白”综合治理335公顷，投资2855万元。

（陈尾英）

【银川矿区矿山地质环境治理首期工程验收】 6月，银川银顶格—川石矿区矿山地质环境治理示范工程首期十八湾、428线、银场沟、南坑4个标段治理任务完成，治理面积90公顷通过工程验收，概算投资5834万元，国土资源部、财政部补助2000万元。

（陈尾英）

【土地使用权网上公开出让】 7月11日，县首次通过福建省土地使用权出让管理系统网络交易平台挂牌出让工业用地2宗，面积26.53公顷，分别由福建省浩特纺织科技有限公司和大田县长隆物流有限公司以成交价款1340万元、275万元竞得。8月起，所有工业用地项目均实行网上挂牌交易。经营性用地挂牌、拍卖出让也将逐步纳入土地使用权交易系统，在电子网络交易平台上进行集中交易。

（陈尾英）

【国土资源移动执法平台建立】 9月，县国土资源局为18个乡镇及相关单位参加土地移动执法、打击非法违法采矿的巡查工作人员配置移动执法监察终端240部，通过移动执法监察系统GPS定位、拍照、巡查数据采集、传输、对比，及时发现、制止、移送、查处违法行为。

（陈尾英）

【水土流失治理结合土地综合整治】 2014年，县国土资源局对太华镇汤泉村和大合村、前坪乡黄龙村2012年水土流失治理结合土地综合整治3个项目进行验收，总规模21.73公顷，总投资800万元，新增耕地18公顷。当年，申报均溪镇银顶格骏原工贸矿区、文江乡联盟村和湖美乡林兜村水土流失治理与耕地开发项目3个，12月完成招投标，总规模25.53公顷，总投资800万元，可新增耕地17.93公顷。

（陈尾英）

【旧村复垦项目实施】 2014年，县国土资源局继续推进旧村复垦工作，对无人居住旧房、地灾搬迁、闲置的宅基地进行退宅还耕，15个乡镇共33个项目，申报规模170.52公顷，省国土资源厅先行核定增减挂钩指标69.53公顷，已交易64.8公顷。接受省国土资源厅抽查2批17个项目，申报规模94.6公顷，省厅先行核定指标51.47公顷，新增耕地60.09公顷，增减挂钩指标56.16公顷，比省厅核定指标多4.69公顷。在建4个项目，申报规模26.1公顷，产生增减挂钩指标23.27公顷。当年申报复垦项目6个、25.82公顷，可新增增减挂钩指标25.37公顷。

（陈尾英）

【土地整理项目实施】 2014年，县国土资源局对吴山乡锦山和张坑、科山村及石牌镇桃坑村等3个土地整理项目进行验收，总规模165.65公顷，投资694.23万元，新增耕地17.32公顷。石牌镇三坊村和谢洋乡科里、和春、珍山村等2个项目完成工程的90%。新上报梅山乡秀岭、沧洲村土地整理项目2个，总规模88.34公顷，预算投资431.47万元，可新增耕地8.77公顷，年底，完成招投标，工程队进场施工。全年对2013年县级土地开发14个项目进行验收，总规模97.38公顷，补充耕地79.63公顷。

（陈尾英）

【卫星遥感监测图片执法检查】 2014年，县国土资源局对照2013年国家卫星遥感监测图斑发现的24个疑似违法用地和6个疑似非法采矿点核实统计，进行自查自纠。其中，立案查处违法用地19宗，拆除建筑物2.72万平方米，没收4.58万平方米，罚款68.13万元，已收缴9.39万元；违法占用耕地面积占新增建设用地占用耕地总面积之比为13.18%，通过省、市国土资源部门和上海督察局验收。6个矿产疑似图斑中，永安煤业上京分公司的仙亭煤矿主平硐口在采矿许可证界外，属历史遗留问题，为合法矿山；文江乡联盟村梧村自然村稀土矿点为无证开采，非法开采稀土案值16.25万元，4名案犯已被刑事处罚；无证开采铁矿图斑2个，以采代探、开采建筑用花岗岩图斑各1个，共处罚没款7.5万元。

（陈尾英）

【城市重点项目土地征迁】 2014年，县土地储备中心承担或参与多个重点项目土地征迁收储，协调解决征地调查、场地清表、测量放样、地质勘探等。参与均溪镇温镇村东坑垅项目征地1.53公顷，征迁坟墓3穴；实施原第二水泥厂、麻纺厂、闽通公司、国际影城、东坑垅、啤酒厂等片区征地调查27公顷，厂房等地上建筑10万多平方米；完成石凤水泥、腾达保温、庆祝水暖等7家企业旧厂房改造项目评估审查；开展金溪纺织、原野农产品、鹤冲食品、岩城机械等15家企业的土地收储协商。

（陈尾英）

工商行政管理

【概况】 2014年，大田县工商行政管理局进行注册资本登记制度改革，营造宽松平等的准入环境，履行市场监管职能，提升消费维权工作效能，开展党的群众路线教育实践活动，持续推动县域经济和社会发展。

注册管理 2014年，县工商局推进工商注册登记便利化，简化市场主体办理注册登记事项，营造便捷市场准入环境。全县新办企业登记注册470户，注销登记57户。当年企业总数2954户，注册资金118.05亿元；新设立外商投资企业6户；新发展个体工商户1668户，注册资金2.49亿元，从业3756人，个体工商户总数1.08万户，注册资金7.8亿元，从业2.11万人；新发展私营企业394户，注册资金13.76亿元，私营企业总数2130户，注册资金88.37亿元，从业1.85万人。年底，全县共有各类市场主体1.38万户，注册资本总额125.85亿元。

经济合同管理 2014年，县工商局监督拍卖活动经济合同31件，标的金额1.05亿元；办理企业动产抵押物登记20起，为企业融资8107万元。

广告管理 2014年，县工商局办理户外广告登记98件，临时户外广告备案46件。围绕广告违法率控制在1%以内的目标，加强对医疗、药品、保健食品、媒体等广告重点整治，立案查办各类违法广告2起，案值2万元，处罚款2万元。

商标管理 2014年，县工商局依托商标培育指导站，完善商标数据库，制定高知名度商标培育计划，当年新认定省著名商标1件、市知名商标3件。指导田阳旅游开发公司申报注册商标80件，为茶业龙头企业留芳园（福建）茶城管理有限公司申请商标注册37件、福建仙顶实业有限公司申报注册商标40件，指导留芳园（福建）茶城管理有限公司申报注册马德里国际商标1件（涉及6个国家）。8月，将“大田雪山萝卜”申请地理标志证明商标注册；持续跟进“大田高山茶”地理标志商标的进展情况。以桃源镇、武陵乡为试点在全县范围内开展“一村一社一品牌”工程，服务茶叶、油茶、木薯、花卉等特色农业发展。年底，全县共有有效注册商标693件，其中，省著名商标13件，市知名商标29件，集体商标1件。

行政执法 2014年，县工商局加强市场监管，一是抓好食品安全监管机构和人员划转期间食品安全监管工作，没收不符合食品安全标准的食品100多公斤。二是开展农资打假护农整治行动，督促农资经营企业落实索证索票、进货台账等制度，共出动执法人员94人次，检查经营户135户，抽检化肥样品5个；同时，开展农资经营示范点建设，在城关建立和规范农资经营示范点2家，并进行推广。三是开展打击商标侵权和制售假冒伪劣商品等“八闽红盾出击”专项整治行动，做好元旦、春节期间食品市场和娱乐场所专项执法检查。集中销毁2012—2014年收缴的假冒伪劣产品共96批次，重量近7吨，案值80余万元。四是创建无传销示范社区。结合打击传销集中行动，在“3·15”消费者权益保护日、“5·15”打击和防范经济犯罪宣传日期间，与县公安局、人行县支行等单位配合，在凤山中路时代广场开展打击传销、规范直销宣传和教育咨询活动，发放宣传材料950份，接受咨询110人次。8月14日，结合创建“无传销社区”活动，与均溪镇文昌居委会、安利三明分公司在凤山中路时代广场举办“打击传销、规范直销、创建无传销社区”宣传活动，现场问卷调查300余份，发放宣传材料1000余份。全年查处各类违法行为案件17起，处罚没款14.12万元。

（乐晓卓）

【企业信用监管体系建设】 4月，县建成全省首个县级企业信用信息交换平台。由人行县支行、工商、发改、矿管、税务、环保等20几个部门参与，依托现代信息技术，重点围绕市场准入、信贷、纳税、合同履行、产品和工程质量、食品药品安全、社会保障、科研管理等领域，依法依规对企业的信用信息进行记录、整合和应用，搭建政府内部信用信息交换和共享平台。各共享单位可依托该交换平台系统查询企业社会信用报告，为办理政府采购、招投标、信贷融资、发行债券、财政补助及评选“重合同守信用企业”“诚信纳税户”等活动提供参考，推动守信激励和失信惩戒机制的建立。至年底，该平台采集录入辖内1276家企业基本信息、企业财务信息553条、政府经济管理部门提供的相关企业信用信息1675条。

（乐晓卓）

【消费者权益保护】 2014年，县工商局坚持“关注民生，服务和谐”的维权理念，针对群众关心、关注的热点、难点问题，加大消费维权力度，营造和谐的消费环境。纪念“3·15”国际消费者权益日期间，联合消防、人行县支行、供电公司等10多个单位在时代广场开展现场接诉咨询活动；各工商所开展“维护消费环境、共建美好大田——消费维权进乡村”活动。共发放宣传材料1000多份，受理消费者投诉3起，接受消费者咨询87人次。加强行政调解与司法调解衔接机制，由法院司法确认消费调解案件40件。同时，做好消费投诉调解，推行“诉转案”工作机制，实施制定一个规范、明确一套处理流程、建立一类案件档案“三个一”和坚持强化协作、联动、考核“三个强化”，提高调处人员的责任意识，增强维权工作的整体合力，拓宽违法案件的线索来源，提升消费维权执法效能。当年，共受理各类申诉、举报、办结114件，办结率100%，调解成功101件，调解成功率88.6%，为消费者挽回经济损失4.53万元。

（乐晓卓）

【企业年报公示宣传】 2014年，县工商局做好企业年报公示宣传。印制宣传册1.5万余份、在县电视台分3次每次连续10天滚动播出年报相关事宜、发送年报告知短信2万余条等，进行企业年报公示工作宣传。至年底，年报应公示企业2168户，完成备案企业1584户、实际完成年报公示企业1508户，占应公示企业69.56%。

（乐晓卓）

【服务现代农业发展】 2014年，县工商局落实千亿现代农业产业项目注册官联系制度，对全县16家重点农业产业项目提供全程跟踪服务，每个项目安排一名注册官为联系人，注册官联系人走访重点农业产业项目12户次，接受企业咨询21人次，帮助解决问题3个、协调解决问题1个。鼓励和支持承包土地向专业大户、家庭农场、农民合作社流转。加大行政指导和宣传力度，放宽准入条件，以更加灵活、便捷的方式推动全县家庭农场快速健康发展。年底全县有家庭农场72户，经营农作物种植和家禽养殖与销售、农业观光服务等。

（乐晓卓）

【农民专业合作社发展】 2014年，县工商局继续实施“168”党建工作机制，推行“村党支部加合作社”模式，新发展各类农民专业合作社59家，注册资本共2.06亿元。年底，全县有茶叶、油茶、果树种植、林业生产、畜牧、水产养殖等各类农民专业合作社361家，注册资本总额11.17亿元。

（乐晓卓）

物价管理

【概况】 2014年,大田县物价局围绕“惠民生、保稳价、促和谐”目标及宏观调控任务,开展党的群众路线教育实践活动,稳妥推进价格改革,适时适度疏导价格矛盾,规范和整顿价格秩序,开展“平价商店”及困难群众春节临时价格补贴活动,保持价格总水平基本稳定。全年政务信息及宣传稿件被省、市、县级采用98篇,居全省物价系统前列,其中被新浪网、搜狐网、福建之窗各采用1篇,福建人民广播电台采用7篇,省物价局门户网站采用39篇,省委办、省政府办正刊采用4篇。

价格总水平 2014年,县物价局落实国家宏观调控政策,全县居民消费价格指数101.9%,低于全市平均102.0%的水平,完成县人代会通过的控制在3.5%左右的目标。

价格管理 2014年,县物价局把握“适度、稳妥、择重、衔接”原则,加强价格调控,服务扩大内需。做好闽通公共交通有限公司公交票价、湖美乡大尤和旺建水电站、前坪乡下地和官坝水电站上网电价的核定工作;做好县城区自来水价格调整相关准备工作;开展县供电有限公司2013年城乡同网同价执行情况审价工作。

收费管理 2014年,县物价局继续加强行政事业性收费管理。一是规范各类收费行为。按照2011年《福建省幼儿园收费管理办法》,规范民办幼儿园保育教育费收费标准,对报备的收费标准进行审核、确认;5月,开展全县幼儿园收费管理情况调研,提交调研报告,供县领导决策参考;审定县骏峰弃土服务有限公司弃土处置服务、县医院专用停车场、县顺通车辆检测服务有限公司停车服务收费标准,审核县殡仪馆非选择性殡仪服务价差,审定延长一中住宿费、县金园停车场、后坂洋停车场、汇龙地下停车场的停车服务费收费标准;核定大田职业中专学校学生公寓住宿费收费标准。二是继续深化农村税费改革,扩大涉农收费治理成果。加强中小学校教材价格管理和校安工程建设有关行政事业性收费的管理和监督;对涉企、经营服务性收费和中介组织服务收费、社团收费跟踪管理。三是及时、准确执行中央和省出台的各项收费政策,加强收费许可证的规范管理。对减征、免征范围、对象进行跟踪督查;遇收费项目和标准调整、变更时,立即对收费许可证进行变更。四是按照省物价局部署,与省、市同步完善“全国收费动态监管系统”建设,完成当年度103个单位的行政事业性收费许可证换发,其中,正本单位73个,副本单位30个,经营服务性收费许可证换发单位16个;完成2013年度收费审验及市统一组织的收费交叉年审,共审验行政事业单位162个,年审率100%,审验收费总额为9335.27万元,其中,行政性收费4303.12万元,事业性收费5032.15万元。评出合格单位162个,合格率100%。五是开展“阳光价费”活动。县供电有限公司、县林业局等10个单位作为“阳光价费”公示试点单位,县林业局被省物价局评为“阳光价费”公示示范单位。

成本监审 2014年,县物价局将成本监审作为政府定价的前置环节,配合市价格认证中心做好县城区自来水调整价格成本核算等相关工作;开展“岩城明珠”公租房政府回购价格和顺通车辆检测站停车服务收费标准及县骏峰弃土服务有限公司弃土服务收费标准等成本监审。

价格监测 2014年,县物价局发挥稳定价格职能,开展“价比三家”信息平台的民生商品价格监测。每周2次采集城区市场的肉、鱼、禽蛋、粮油、蔬菜、乳品、燃料、建材等八大类重要商品价格信息,提供稳价控价信息服务;每周1次采集城区冠超市等6家超市包含鲜肉、粮油、蔬菜等12个品种市场价格信息,在县广播电视台开设“价比三家”栏目;每月逢5日3次采集城区20多个城镇化相关商品信息,提供家居建设与装修价格信息服务。全年共发布价格信息77期,其中,主副生鲜食品50期,煤矿和铁矿主要工业品27期;发布价格监测信息141期,其中,重要商品96期,重要食品36期,城镇化相关商品9期。

价格行政执法 2014年,县物价局加强价格行政执法,一是进行2013年工程招标代理服务收费专项检查,收缴罚没款7.73万元。二是开展元旦、国庆等重要节日市场价格及旅游景点、客运票价等日常巡查和检查。三是配合市物价局在县内开展涉农涉企收费先行试点单位县住建局、国土局、公务员局、工商局、林业局、环保局、公路局、公安局和农信社、村镇银行等专项检查，共查出有违价行为单位5个。市物价局移交给县物价局处理单位4个，没收县建筑业协会违价款4.9万元，处罚款1.47万元；正按法定程序进行查处未结案单位3个。四是配合县农业、卫生、经贸等部门参与减轻农民和企业负担及纠正医药购销、医疗服务不正之风等专项治理检查。五是针对农村客运擅自提价行为屡被投诉的现象，召开价格提醒告诫会，发放价格提醒告诫函56份，多次联合县交通局、交警大队上路检查，农村客运违价行为得到遏止。六是开展市场商品明码标价检查，重点检查城区各大超市、商业网点、专业市场和部分乡镇市场明码标价执行情况。全年开展价格检查、日常巡查11次，查处价格违法案1件，违价金额4.9万元，实施经济制裁6.37万元；全年违价罚没款缴库14.1万元。接受群众来访来电和部门转办举报件11件(次)，其中交通7件、物业2件、电信和涉矿企业收费各1件。

价格认证 2014年，县价格认证中心履行价格行政裁定职能，办理各类价格认证业务99件，认证金额1420.97万元，其中，刑案71件、涉案金额110.34万元，服务政府1件、认证金额1270.51万元，调解价格纠纷3件、金额0.63万元，其他价格认证等24件、认证金额39.49万元。

（林照有、连幼琴）

【春节临时价格补贴实施】 春节期间，县物价局会同财政、民政、人力资源和社会保障等部门制定工作方案，报县政府审批后，运用价格调节基金向领取失业保险金人员、城市低保对象等困难人员519人、发放春节临时价格补贴5.19万元。

（林照有、连幼琴）

【春节期间平价商店活动】 1月20—2月28日，县物价局开展40天平价商店活动，城区冠超市、好多多、新华都、家佳友、佳龙超市和日日鲜蔬菜配送中心等7家商店参加活动，有粮油蛋类（月牙长粒米、5升金龙鱼调和油、红壳鲜鸡蛋）、肉类（猪腿肉、肋肉）、蔬菜类（白萝卜、大白菜、生菜、青椒、花菜）等10个品种。采取“先控后补”的方式进行差价补贴，其中蔬菜类销售价格低于同类产品市场平均价30%、粮肉蛋类低10%、食用油低5%，共拨付专项补贴资金24.82万元。

（林照有、连幼琴）

【全市价格信息工作会在县召开】 7月31日—8月1日，全市价格信息工作会在龙山宾馆一楼会议室召开，省、市物价局有关领导和全市各县（市）物价局领导或分管价格宣传相关人员等30人参加，常务副县长谢军出席会议。市价格监测中心主任曹绍杰主持，省物价局办公室领导张增田讲话，大田、宁化、尤溪等县物价局领导在会上发言。

（林照有、连幼琴）

【收费动态监管系统建设】 10月，县物价局按照省物价局统一部署，如期完成县157个收费单位基本信息、收费项目、收费标准、年审数据的录入、规范工作，应用“全国收费动态监管系统”进行全国收费同步统一规范管理。

（林照有、连幼琴）

【价格调节基金征管】 2014年，县价格调节基金征收管理办公室协同地税等部门征收价格调节基金509.38万元，会同财政部门应用价格调节基金开展平价商店活动进行差价补助，对困难群众发放春节临时价格补贴。会同农业等有关部门开展农产品基地冷链设施项目补助前各项工作调研，建立跟踪管理机制。

（林照有、连幼琴）

【价格举报管理信息系统开通】 2014年，县物价局根据省、市物价部门工作部署，指定专人负责，购置电话座席设置所需设施设备，协调电信部门按期完成系统接入、开通“12358”全国价格举报管理信息系统。年底，该系统投入试运行。

（林照有、连幼琴）

审 计

【概况】 2014年，大田县审计局对公共资金、国有资产、国有资源和经济社会发展中财政财务收支的真实合法和效益依法进行监督检查。全年审结项目（单位）20个，其中，预算执行审计项目5个，财务收支、政策跟踪审计项目各1个，专项资金、经济责任审计项目分别为

4个、9个。协助上级审计机关完成审计项目2个。查纠违纪违规金额7.94亿元，管理不规范金额7.29亿元，损益(收支)不实金额3.85亿元，其中，下达审计决定应上缴财政604万元，应归还原资金渠道897万元，应调整账务处理2139万元。向上级审计机关和县委、县政府提交审计报告、综合性报告27篇，呈阅件4篇，审计专报11篇，审计提出建议34条，其他审计信息25篇。审计信息被《中国审计报》采用1篇，上级审计机关和县政府采用12篇。

当年，县审计局获省审计厅2013年度审计统计工作先进单位、全市审计系统工作第二名、县直机关单位工作综合考评一等奖、县综治和平安建设工作先进单位，获审计署中国时代经济出版社、中国审计编辑部2014年度审计宣传工作先进单位。

县本级财政预算执行情况审计 2014年，县审计局对县财政局、地税局和县科技局、旅游局、福建电大大田工作站等5个部门单位2013年度预算执行情况进行审计，延伸审计单位8个。审计发现，在预算收入管理方面，存在财政收入不实，部分非税收入滞留财政专户；未按规定及时足额征收税款、存在预征部分企业税款、漏征税费、部分医保定点零售药店税收定额偏低；收取的科技经费、联合办学分成款等未上缴县财政。在预算支出方面，存在县财政无预算拨款、部分项目预算支出未能有效执行、预备费支出安排不尽合理，挂账数额较大、部分项目资金以拨作支等；3个单位经费支出超预算、违反规定扩大开支范围、预算编制不够准确完整；2个单位项目支出预算执行率偏低，专项结余数额大；挤占挪用科技专项资金用于补助单位日常经费支出等。共查出预算编报不真实不完整151万元，未按规定纳入预算管理515万元，未按规定征收缴纳收入3644万元，未落实收支两条线和专户管理规定17万元，违规改变资金用途54万元，资金滞留闲置88万元，虚列支出700万元，扩大开支范围40万元，会计核算不实3.62亿元，其他问题金额2.66亿元。县审计局针对性提出审计建议，依法出具审计报告，下达审计决定，责成有关单位整改。同时，向县人大、政府提交审计结果报告和工作报告。

领导干部经济责任审计 2014年，县审计局制定年度经济责任审计工作方案，推进任中经济责任审计。重点关注被审计领导干部贯彻执行有关法律法规、经济工作方针政策和决策部署，重大经济决策制定、执行和效果情况，预算执行和其他财政财务收支的真实、合法和效益情况，政府性债务、国有资产（资源）、政府投资项目等管理和相关目标责任制落实及遵守廉洁从政规定情况等。从资金取得、管理与使用的合法性、合规性、合理性、内部控制制度健全性、重大经济事项的决策程序及操作流程等分析与评价责任人，客观公正界定责任。全年审结任期经济责任审计项目6个，任中3个，查出主要问题金额6317万元，其中违规金额699万元、管理不规范金额5618万元。县审计局提出可行的审计建议，促进有关单位领导加强和完善内部管理、提高依法理财意识，为有关部门管理、评价和考核任用干部作参考。

固定资产投资审计 2014年，县审计局组织固定资产投资审计中心对县政府投资51个工程项目进行预算审计，总造价6.88亿元，审计核实净减0.33亿元，平均审减率4.8%；完成竣工工程结算审计169个，总造价3.99亿元，审计核实净减0.46亿元，平均审减率11.53%。

其他审计事项 2014年，县审计局一是配合上级审计机关开展城镇保障性安居工程跟踪审计、土地出让金收支和耕地保护专项审计两个项目。二是完成县政府交办的县国有资产投资经营有限责任公司2012—2013年度财务收支情况审计，查出主要问题金额3453万元。三是开展专项资金审计调查项目4个，延伸审计单位19个，审计专项资金总额1.41亿元，查出主要问题金额1630万元，内控制度重大缺陷问题1个；专项审计调查2012—2013年度县城乡居民最低生活保障政策执行和财政对低保项目的投入等情况，推动低保工作科学化、规范化、精细化管理，扩大保障面、落实保障资金、规范保障管理；专项审计调查2012—2013年度县生态公益林补助资金管理、分配、使用情况，确保涉农惠民政策落实到位，推动生态补偿长效机制建设；结合乡镇党政领导干部经济责任审计，审计社会抚养费征缴、是否依规使用，促进社会抚养费征收管理规范化，支出合理化、合规化；结合2014年审计项目，贯彻执行中央“八项规定”，对部门单位 公款出国（境）、公车费用、公款接待的“三公经费”、培训费和会议费管理、合理、有效使用及增长情况进行审计，促进节约行政经费。

（林起昌）

【后续审计】 6月，县审计局组织后续审计小组，对2013年度8位领导干部经济责任审计结果执行及整改情况进行督查；12月上旬，审计部门与部分县人大常委会组成人员组成检查组，对2013年度本级预算执行和其他财政收支情况审计及专项审计调查等查出问题整改落实情况进行跟踪检查，促进整改落实有关问题资金2726万元，其中当年度2395万元、上年度331万元，促进审计结果运用。

（林起昌）

【内部审计】 2014年，县审计局对内部审计工作加强队伍培训和指导、监督，宣传《中华人民共和国审计法》《审计法实施条例》《审计署关于内部审计工作的规定》，指定专业股室协助解决内审工作中遇到的困难和问题。县农村审计总站及所属基层审计站做好考试入围的村主干任期经济责任审计和账前审计，总金额1.37亿元，查出违纪并清退金额0.54万元；剔除手续不完整发票1100张、金额223.41万元，剔除违纪发票67张、收回违纪金额8.08万元。规范乡镇政府内部审计，上京、太华、广平等乡镇有计划、有目标、有重点地开展内部审计，维护财经工作秩序。县民政局、教育局、林业局、国土局、住建局、计生局、卫生局、人力资源和社会保障局、经贸局等单位，按年度审计工作计划对本单位开展专项审计、任期经济责任审计和财政财务收支审计。

（林起昌）

【干部培训】 2014年，县审计局组织审计干部学习培训3次共5天，内容有审计准则、预算执行审计、审计档案、审计OA应用系统和国务院《关于加强审计工作的意见》等。规范审计干部的审计行为，增强责任和创新意识，提高审计能力。

（林起昌）

质量技术监督

【概况】 2014年，大田县质量技术监督局围绕“转型升级年”主题，抓 “质量发展、品牌创建、标准引领”，确保“消费品、特种设备、质监队伍”三大安全，加强“计量惠民、技术提升、质监文化”三项基础，开展各项工作。当年，局党支部获“全市先进基层党组织”称号，质量计量检测所计量团队服务群众事迹在《中国质量报》“寻找最美质检人”栏目刊登。

行政执法 2014年，县质监局加大依法行政力度，规范市场秩序。一是推进“六五”普法工作。开展法制宣传，加强法制规范监督，提高队伍执法能力和法制保障作用。开展法律进企业、园区、社区、校园、家庭、农村“六进”活动，向企业宣传《中华人民共和国产品质量法》《中华人民共和国特种设备安全法》等法律法规。二是开展打非治违专项行动。重点抓农资、汽柴油、建材产品、儿童用品、日常消费品等监督执法，与当地乡镇政府、县安委会及相关行业主管部门联合开展特种设备执法行动，立案查处违法案件4起，罚没款5.6万元。三是加强执法稽查舆论宣传。利用县政府OA行政执法平台，公开行政处罚案件信息，曝光违法行为。四是首次召开执法听证会。对辖区一水泥生产企业使用未经检验的余热锅炉案进行公开听证，规范质监执法人员的执法行为及依法行政水平。全年立案查处违法案件26起，罚没款入库18.94万元，未出现行政复议或诉讼事件。

质量监管 2014年，县质监局加强质量监管，一是结合党的群众路线教育实践活动，服务七个重大项目组，分解39个质监业务项目，确定咨询或服务工作144项，将责任落实到人。到37家重点企业，解决实际困难和问题41项，其中质量、品牌、认证、计量、标准、产品检验和特种设备安全等25项。聘请省质量管理专家等为43家企业70名负责人、管理者做“提升企业质量竞争力”公益讲座1次。二是制订质量调研工作方案，确定15个调研课题及责任人，将调研文章撰写列入年终考核，到企业开展调研45人次，听取意见，分析企业存在的困难、问题及需求，提出具体帮扶措施。全年撰写调研文章 12 篇，其中，省《质量技术监督研究》杂志发表、县政府分管领导批示各 1 篇，《大田县电梯质量安全状况分析报告》被市质监局批转各县局借鉴。三是提升质量基础，推动福建仙顶实业有限公司导入卓越绩效管理模式，该公司获 2013—2014 年度三明市质量奖提名奖。指导鑫鹭峰实业服务有限公司导入 ISO 9001 质量管理体系认证；对 9 家工业许可证获证企业信用档案录入，逐步建立企业信用体系；组织九道山茶业和鑫城水泥企业质量负责人参加全省首席质量官培训，获得质量官资格证。开展“推动‘三个转变’、建设质量强县”为主题质量月活动，组织发改、经贸、住建等 15 个部门，收听收看省局举办的《政府质量工作考核》有关政策解读专题讲座。县政府出台《大田县贯彻实施质量发展纲要 2014 年行动计划》，明确任务和责任。

品牌建设 2014 年，县质监局制订年度经济建设领域品牌创建工作计划，明确各部门工作责任。县政府兑现 2013 年经济建设领域品牌创建奖励金 256.8 万元，列全市第一。培育秦朝科技公司“秦朝”牌碳化木、象山岩茶业有限公司“象山岩”牌茶叶等 2 个产品入选市优势品牌；推荐红狮水泥、宝山机械、九道山茶业、易津茶业有限公司等 4 家企业、4 项产品新创省名牌；大田种兔场、华闽纸业、高峰茶业、留芳园茶业有限公司等 4 家企业、4 项产品通过省名牌产品复评。

计量管理 2014 年，县质监局完成计量检定 6790 台件，其中加油机 769 台件、电子汽车衡器 121 台。免费检定乡村医疗机构血压计 902 台、集贸市场台秤等衡器 2090 台，免、减收费 11.97 万元。加强计量监督，开展定量包装商品净含量专项检查，检验 77 批次；电表监督抽查，检定 772 台件；民用水表首检 910 台件。对县医院和中医院医疗卫生计量器具监督检查，保证医疗器具准确可靠；督促社区、企业等开展计量检定和校准。推动 2 家企业开展能源数据采集，其中鑫鹭峰实业股份有限公司完成能源数据采集改造。开展 15 家重点用能单位能源计量检查，引导 2 家重点耗能企业红狮水泥、鑫城水泥有限公司进行省级测量体系认证。建立水表和医用 B 超机、心电图仪、X 光机三项设备计量标准，水表检定标准投入使用。8 月，质量计量检测所通过计量机构授权复查及法定计量检定机构分级评定现场考核。

标准化管理 2014 年，县质监局一是开展标准化服务。申报年度首批省标准化工作专项资助经费，免费为 16 家次企业提供标准 35 份、11 家企业培训标准化人员 14 人。开展强制性标准监督检查，推进企业执行标准注册登记制度。二是推动各类标准制修订。广联木业有限公司参与制定的国家标准《混凝土模板用木工字梁》（GB/T31265-2014）和行业标准《结构用木材强度等级》（LY/T2383-2014）、梅林国有林场主导修订的省地方标准《柳杉丰产林培育技术规程》（DB35/T78-2014）、《福建柏丰产林培育技术规程》（DB35/T 77-2014）、岩城水泥有限公司参与制定的省地方标准《用于水泥和混凝土中的尾矿微粉》（DB35/T1467-2014）等 5 项国家、行业、地方标准发布。广联木业有限公司参与修订国家标准《细木工板》、福建秦朝木业科技有限公司参与制定《热处理木材鉴别方法》国家标准，县林业科技推广中心主导制定的《米槠次生林改培技术规程》和梅林国有林场参与制定的《福建柏播种育苗技术规程》列入当年第三批省地方标准拟制修订计划项目。推选华闽纸业有限公司《乳胶纸》参加当年省标准贡献奖评审。指导宝山机械有限公司公司召开《V 法铸造》企业标准审查会和标准备案材料准备、福建鑫鹭峰实业股份有限公司《废物资源综合回收循环利用生产项目》申报国家级循环经济标准化试点项目。三是做好农业标准化示范区建设和后续管理。其中，桃源蔬菜种植第七批省级农业标准化示范区实施中期建设，雪山萝卜第八批国家级农业综合标准化示范区进行首期建设，并请市质监局标准化科人员到“国家雪山萝卜种植标准化示范区”检查指导。四是开展地理标志工作。分别与县林业局、武陵乡政府合作，对早兴风吹茶、雪山萝卜等项目申报地理标志产品保护进行前期调研。五是做好全国工具酶国家标准化工作组第三次年会确定项目跟踪服务，5 个通过审定的标准形成报批稿，拟定 2014—2017 年国家标准制定项目 14 个，并召开标准化工作组第四次年会。六是拓展服务标准化领域。探索具行业特色、有一定规模的矿山机械产品联盟标准制定、备案和应用机制。指导县行政服务中心标准化运作，探索旅游管理、餐饮住宿、社区等行业服务标准化，推动企业申报服务标准化示范试点。6月1日起，各类组织机构代码证年度现场验证改为网上申报。

特种设备监察 2014年，县质监局加强特种设备源头监管，一是重点开展电梯、灭菌器、气瓶、锅炉等特种设备安全检查整治和“百日行动”活动。全年共检查特种设备使用单位157家，发现安全隐患285条，下达指令书32份，锅炉内检37台、外检55台，检验起重机械163台、电梯221台、场内机动车26台、压力容器52台、气瓶3372只，无特种设备安全事故。二是做好公共领域电梯安全专项整治，落实使用单位首负责任，完善维保应急联动机制。开展住宅小区电梯专项检查整治。三是到重点产茶乡镇，对茶叶加工用气瓶普查整治“回头看”，推进经营门点气瓶统一送检和充装管理。四是推进3家气瓶充装单位数字化管理，港田液化气充装站安装自控联锁充装秤2台，新装陶瓷条形码1.17万个，并上传气瓶档案至数据库；顺发制氧厂条形码录入1635个、鑫宏铸钢厂录入1160个。11月起，由县质监局办理辖区内锅炉、压力容器（含气瓶）、压力管道、电梯、起重机械、场（厂）内专用机动车辆等特种设备使用登记。

消费品监管 2014年，县质监局进行消费品监管，开展水泥、人造板等产品专项整治，对6家水泥、2家细木工板等生产许可产品企业进行2轮日常监督巡查，1家细木工板、3家水泥生产企业生产许可证年度自查，配合省局对3家获证企业生产许可证换证和产品省级监督抽检7批次，合格率100%。督促原美化工公司申办工业产品生产许可证，对承诺停止生产的企业跟踪，消除产品质量安全隐患。对8家验配眼镜企业等级评定复核，均为B类（达标）。专项监督检查机动车安检和综检机构各1家，处理机动车综合性能检测站投诉举报案1起。配合市局对2家安检机构进行分类监管现场评级考核，现场审核新申办安检机构2家，督促安检站完成年度审查报告，并按照相关标准开展机动车检验，确保汽车安检数据真实、准确。上半年做好食品生产加工企业、面包、糕饼和豆、面、肉制品等五类经营单位、饮品生产企业及部分烘焙行业监管工作。

（杨景洲）

【食品生产监管职能划转】 5月15日，县质监局按照市政府《关于改革完善县（市，区）食品药品监督管理体制的实施意见》，在全市质监系统率先将食品生产加工环节安全监管职能（含食品、食品添加剂）划转县食品药品监督管理局。

（杨景洲）

【省局领导到县调研】 5月15日、16日、6月11日及9月26日，省质监局副局长赵雪萍、总工程师刘绍文、副局长吴赳、纪检组长陈春禹分别到县质监局调研指导工作，听取工作情况汇报，对县质监工作成效、省矿山机械及冶铸产品质量监督检验中心建设、检测能力和运行效果等给予肯定，与县领导就质监服务地方经济发展等问题进行沟通交流。

（杨景洲）

【省矿机及冶铸产品检测中心成立】 5月23日，“福建省矿山机械及冶铸产品质量监督检验中心”经省质监局批准在大田成立。该中心位于福田路216号，可承担矿山和冶铸机械企业进厂矿产品、生铁等原料和生产过程控制及产品出厂检验。至年底，开展产品检验710批次，其中，检验63家企业矿产品209批次、449项，纸袋、机砖、冶铸、机械等150批次，锅炉水351批次。8月，首次承担省级监督抽查40批次，抽查8个地（市）破碎机、给料机企业产品质量。当年，检测中心申报国家科技部、财政部《科技型中小企业技术创新资金》项目并立项，获业务奖励资金25万元。

（杨景洲）

【艺术体操锦标赛电梯安全保障】 9月，县质监局联合安监局、住建局、消防大队召开全国艺术体操锦标赛期间电梯安全运行保障会议，以宾馆、体育场馆、医院、商场等电梯为重点，落实主体责任，督促各使用单位开展自查，全面监督检查使用单位31家、电梯42台，完善管理制度和安全操作规程，启动大赛期间应急处置和联动机制。

（余昌潜）

【机械行业调查】 2014年，县质监局开展“冶铸机械产业质量提升”活动，调查企业67家，其中机械企业22家、冶炼5家、铸造40家，抽检产品84批次，检验参数666个，为企业提供技术标准15项、610份，初步摸清行业和质量情况。

（吴继宗）

【帮扶活动】 2014年，县质监局开展“问需帮扶强质量，服务群众零距离”活动，组织学习13次、讨论交流5次，征集建议42条，理出问题18个、整改16个。开展“百名干部进百企”活动，帮扶企业提升产品质量，并为挂钩村桃源镇前厝、杨坑村争取村道和农田水利建设项目1个，支持水泥30吨，慰问9户困难群众8985元。

（杨景洲）

食品药品监督管理

【概况】 2014年，大田县食品药品监督管理局坚持食品药品监管体制改革和食品药品安全监管两手抓，依法履行食品安全管理委员会办公室（简称食安办）综合协调、食品药品日常监管职责，推进治理“餐桌污染”、建设“食品放心工程”，食品药品监管工作取得新成效，全县未发生食品安全事故。县人大食品安全监管工作跟踪检查及专项测评中，县食品药品监管局满意率88.34%，位列县食品安全委员会成员单位之首。获评市级文明单位、县综治平安建设先进单位、县政府部门绩效考评三等奖，治理餐桌污染、实施食品放心工程年终考评位居全市前列。

市场监管 2014年，县食品药品监管局组织农业、经贸、教育、卫生、综合执法大队等部门联合开展学校食堂及校园周边食品安全、禽畜屠宰等专项整治10余次；制发专题会议纪要5份，各部门共发出食品无证经营抄告件58件，办理转办件12件、督查件4件。采取网格化、标准化、痕迹化、电子化监管模式，开展“打两非（非法生产和经营）、治源头”、农村食品市场打击无证无照、规范食品生产经营者主体资格，打击销售、使用无合法来源食品和原料、规范食品生产经营者采购活动，打击生产经营侵权仿冒和“五无”（无生产厂家、生产日期、保质期、食品生产许可证、食品标签）食品、规范食品包装标签标识管理，打击生产经营“两超一非”（超范围超限量使用食品添加剂和在食品中违法添加非食用物品）伪劣食品、规范食品生产经营过程“四打击四规范”，肉及肉制品、小作坊、重大节假日等专项行动18次，发放责令整改通知书452份，取缔无证经营3户。组织医疗器械虚设注册申报、违规生产、非法经营、夸大宣传、使用无证产品等“五整治”，高风险医疗器械、医用高压氧、定制义齿及特殊药品复方制剂、蛋白同化制剂、肽类激素等专项检查。要求企业按照《药品经营质量管理规范》（GSP）进行经营，整治医药购销和医疗服务领域损害群众利益突出问题，加强基本药物监管，检查县级医疗机构、部分乡镇卫生院、民营医院等13家，督促整改少量检测试剂和医疗器械过期、药品日常贮存等6个问题。

市场发展 2014年，县食品药品监管局重新梳理行政审批事项、设置许可窗口，提供“一个窗口对外”的“一站式”服务。全县新办理食品流通许可证212件，开展面包、面制品、糕饼、豆制品、肉制品店（不含豆浆、卤味）五类前店后厂核准4家；指导申办小作坊生产加工条件核准7家，办理药品经营许可换证6家；对三九军大、黎祥食品、金绿生姜专业合作社、富硒产业园、洛神花产业基地等重点企业，实行“一企一策”项目对接、跟踪服务、政策宣传、帮扶指导、协调认证等举措，帮促思源矿泉水、黎祥食品等12家企业获得生产许可证。年底，全县药品零售店49家、批发企业1家，医疗机构513家；获得QS证书的食品生产企业31家，五类经营单位25家，普查建档小作坊87家，酒类经营企业119家；保健品经营企业81家。全县流通环节食品经营主体4085家，其中食品批发商（包括批零）154家。

食品药品稽查 2014年，县食品药品监管局完善行政执法与刑事司法衔接机制，畅通协作渠道，发挥“12311”投诉举报作用，对危害食品药品安全犯罪行为，由食安办统筹协调，通过案前线索收集提供、协助侦办、检测鉴定经费支持等，保持执法稽查高压态势。全年，立案查处食品药品案件29起；协助公安等部门侦办豆芽添加无根豆芽素、九层粿添加硼砂等危害食品安全“生产、销售有毒、有害食品罪”案件4件，“非法经营罪”案件3件，被判处有期徒刑10人。其中，生产、销售豆芽添加AB水粉剂、无根豆芽素等非食品添加剂的2人、各被判处有期徒刑1年，分别处罚金7.5万元、5万元；销售水发产品掺入国家明令禁止添加的非食品原料片碱、双氧水的1人，被判刑10个月、处罚金5万元；共同生产、销售九层粿添加非食品原料硼砂的2人，各被判刑10个月、处罚金5万元；私设生猪屠宰点，经营生猪屠宰、销售的有1人被判刑3年、缓刑3年、处罚金5.6万元，1人被判刑2.5年、缓刑2.5年、处罚金3万元，共同犯罪的3人各被判刑2年、缓刑2年、处罚金2万元。

（蔡树检）

【食品安全监管职能划转】 5月15日，县食品药品监管局根据县委、县政府“改革完善食品药品监督管理体制”的决定，按照“三定”方案，在全市率先完成县工商局、县质监局食品安全监管职能划转、人员平稳过渡，顺利承担起全县食品生产流通（含酒类、食品添加剂、保健食品）、药品（含中药、民族药）、医疗器械、餐饮服务、化妆品的监管职责，内设5个股室、1个直属单位，派出机构有均溪、石牌、华兴、桃源、建设、文江、吴山等7个食品药品监督管理所。年底，县食品药品监管局干部职工38人，其中药监局划转15人、县工商局划转19人、县质监局划转1人、县卫生局划转3人。并率先在全市成立乡镇食品安全管理委员会、设立办公室，每个村（居）配备食品安全协管员1人。

（蔡树检）

【食品安全宣传】 2014年，县食品药品监管局开展“食品安全宣传周”“药品宣传月”及食品安全“进农村、进社区、进学校”、学生“带法回家”等宣传活动，制作电视专题节目，发放宣传材料4万多份，发送短信2000多条，举办咨询活动21场次，签订守信承诺书200多份。

（蔡树检）

【药品不良反应监测】 2014年，县食品药品监管局进行药品不良反应、医疗器械不良事件监测，上报276例，其中，药品新的、严重的病例78例，医疗器械不良事件58例，完成任务数位居全市第一。

（蔡树检）

盐政管理

【概况】 2014年，大田盐务局做好盐业市场管理和酒、食用油、调味品、牙膏等生活用品销售。全县非盐产品终端客户101个，比上年增加5个，全年销售额43万元，同比下降3.5%，其中酒类销售13万元，占30.23%。

盐政管理 2014年，盐业运输继续实行许可证制度，由省盐业公司下属物流公司直接向乡镇网点配送各种食用盐。全县食盐供应网点37个，其中城区6个（含超市直供点3个）、农村31个，盐务局人员到社区、农村食盐供应网点等盐业市场检查群众购盐情况，没有发现盐业违法案件。

盐业销售 2014年，全县销售各种盐1544.52吨，同比下降1.18%，其中，自然盐1257.9吨、同比增长8.25%，占81.44%；福建原盐80.13吨、同比下降59.53%；加碘海晶盐30吨、同比增长7.14%；纯钠盐、餐桌盐、贡晶盐、福晶盐、平衡盐、无碘美味盐等5.28吨、同比下降12%；甲亢盐2.06吨、同比下降58.8%；新增销售精选自然盐36.4吨；销售无碘日晒盐（选矿业用）22.95吨、同比增长63.93%；腌制盐105.8吨、同比下降29.47%。

（陈岳林）

统计管理

【概况】 2014年，大田县统计局执行统计法律法规和国家统计报表制度，遵循“以服务换数据，以服务促发展”统计工作理念，按照“统计工作激活力、统计指标稳增长、统计改革见成效、统计服务求创新”工作思路，完成上级统计部门和县委、县政府布置的各项工作任务。当年，县统计局获全省第三次全国经济普查先进集体称号、全市综合考评第二名、县政府综合考评一等奖。

统计业务 2014年，县统计局按照国家统计报表制度上报各种统计数据，完成县生产总值核算、“企业一套表”联网直报和工业、农村社会经济、批发零售和住宿餐饮业、固定资产投资、房地产经营业、劳动工资、外经贸易、能源、文化产业、旅游业、服务业等统计；城市、农村社会经济调查队分别完成城乡住户、消费品价格、服务业、限额以下贸易、工业品价格及农业粮食产量、农村固定资产投资等调查和畜禽监测统计等，及时为县委、县政府和有关部门、社会公众提供统计服务。

统计执法 2014年，县统计局继续加强统计法制建设，做好统计法律法规宣传，严格统计报表报送登记制度和执法错案责任追究制度，建立健全统计法律文书和统计执法程序。当年，立案查处统计违法行为基层单位8家。

城乡社会经济调查 2014年，县城市社会经济调查队对城镇70户居民生活收支、商品消费价格、工业品出厂价格情况等进行调查。经统计，当年城镇居民人均可支配收入2.5万元，人均消费性支出1.74万元；对城区883种商品和服务项目进行价格调查，当年居民消费价格指数为101.9%；并对53家工业企业的65种工业产品出厂价格进行调查。县农村经济社会调查进行全县农业粮食产量抽样和80户农村居民收支等情况调查，当年农村居民人均可支配收入1.18万元，人均生活消费性支出9310元。

统计服务 2014年，县统计局围绕县委、县政府中心工作，创新服务方式，拓展服务渠道，建立统计资料开发、利用及对外公布等制度，成立课题调研攻关小组，及时报送党政领导需要的统计资料，全年共发布年度统计公报1篇，编印《大田统计月报》12期，编辑分县（市区）、分乡（镇）主要经济指标对比表12期，提供统计分析、统计报告、统计调查56篇和统计信息176条、呈阅件6期，提供咨询服务926次，出具统计相关证明24份。

（黄初齐）

科学技术

□ 编辑 陈昭才

科学技术研究与开发

【概况】 2014年，大田县科技局组织实施县级科技项目6项，其中新材料研发项目1项，机械铸造项目1项，农林项目3项，其他1项；下达科技经费100万元。

2014年大田县科技项目情况表

表11

序号	项目名称	类别	研究开发内容	承研单位	经费（万元）
2014-1	铅锌尾矿综合回收利用研究	科研	与福州大学材料科学与工程学院合作，成立大田县岩城非金属新材料研发中心。利用铅锌尾矿研究生产环保轻质墙体板材和制备水泥烧砖	大田县伊鑫新材料有限公司	25
2014-2	文化鼎精密艺术品铸造研发	科研	与华中科技大学合作，成立宝山机械研发中心。利用先进的真空铸造技术和熔模铸造，制作出具有文化底蕴、地方特色明显、造型精湛的文化鼎艺术品	福建省宝山机械有限公司	15
2014-3	茶园土壤改良关键技术研究与推广	科研	与福建农林大学园艺学院合作，成立江山美人茶研发中心。引进EM堆腐技术法加工高效生物有机肥；根据土壤酸化形成的原因，采用平衡施肥、运用化学改良剂、抽槽换土等方法达到改善土壤物理和化学性状，有效解决土壤酸化问题	大方广茶业有限公司	20
2014-4	生姜冷库贮藏保鲜技术示范技术	科研	通过对生姜冷库贮藏温度、水分、贮藏量、贮藏方式等因素对生姜的贮藏保鲜时间、品质的影响进行系统研究；探索生姜冷库贮藏的最佳温度、湿度控制技术，达到减少生姜营养消耗、保持生姜品质、延长保鲜贮藏时间的效果	大田县福井农业开发有限公司	10
2014-5	杂柑新品种“春香橘柚”繁育与种植推广示范	科研	建立杂柑新品种“春香橘柚”繁育苗圃，以枳壳、香橙作砧木，用苗地育苗和容器育苗方法培育无病健壮苗木；建立百亩“春香橘柚”一代嫁接苗区域种植试验、示范基地，为推广种植果树特优稀新品种“春香橘柚”提供技术依据	大田县桔鑫果场	10
2014-6	科技创新服务平台建设	软科学	为县企事业科技创新牵线搭桥，对接国内高校和科研院所，联合开展“产、学、研”，进行技术攻关，促进产业转型升级	县生产力促进中心	20
合计					100

（李志辉）

【省科技型企业认定】 1月，县雄峰（秦朝）木业有限公司、华闽纸业有限公司、高峰茶业有限公司、自然源药材种植有限公司和华灿生物科技有限公司5家企业被福建省科学技术厅认定为福建省科技型企业。

（李志辉）

【县级以上科技项目】 2014年，大田县质量计量检测所的“福建省矿山机械及冶铸产品质量监督检验中心服务项目”获国家创新基金立项，列为科技服务项目，获扶持资金25万元；大田县金绿生姜专业合作社的“金姜规模化种植中姜腐病防控技术研究与示范”项目被省科技厅列为重点项目，并拨付项目资金补助20万；县生产力促进中心承担的“茶产业电子商务平台建设”被列为市级科技项目，获市扶持资金7万元。

（李志辉）

【科技富民强县项目通过验收】 2014年，县承担的“大田高山茶关键技术集成与示范”国家科技富民强县专项行动计划项目通过省科技厅和财政厅组织的验收。该项目实施三年来，县高峰茶业、云韵茶业等9家企业20个产品达到绿色食品标准，九龙峰茶业、留芳园茶业4家企业达有机茶转换产品标准，全县有71个茶样获省名优茶称号。全县茶园面积6301公顷，年产值3.11亿元；亩产从原来的60公斤增加到107.43公斤，增长79.05%；优质茶产品开发新增产值1366.16万元，新增利税491.8万元。

（李志辉）

【企业研发中心建设】 2014年，县内成立4家研发中心，福建仙顶实业有限公司（大田）与省农业科学院茶叶研究院开展产学研合作，联合成立福建省富硒茶研发中心；大田伊鑫新型材料有限公司与福州大学材料科学与工程学院合作，成立大田县岩城非金属新材料研发中心；宝山机械有限公司与华中科技大学合作，成立宝山机械研发中心；大方广茶业有限公司与福建农林大学园艺学院合作，成立江山美人茶研发中心。

（李志辉）

【三井科技上市挂牌】 2014年，县福建三井科技有限公司（股权代码：201132）在上海股权交易中心成功挂牌，成为大田县第一家在上海股权交易中心上市挂牌的科技型企业。

（李志辉）

科技推广与普及

【概况】 2014年，县科技局继续抓好科技培训和科技下乡工作，全县共举办各类技术培训38期、3300多人次参训。组织科技人员下乡70多人次，开展科技宣传和科普集市活动。

【科技培训】 2014年，县科技局举办企业专利知识培训4期、县办的专业技术提高培训12期，参加800多人次；农村青年实用技术培训22期、参训2500多人次。

（李志辉）

【科技下乡】 2014年，县科技局组织科技人员到各乡镇开展科技、文化、卫生“三下乡”及科普集市等活动，举办农作物栽培新技术、现代茶叶生产技术、果树种植管理、烟草种植和烤烟技术、肉兔生态养殖、特色畜牧养殖等讲座12场；科学技术咨询服务1000多人次；赠送和发放农业实用新技术丛书和防震减灾宣传手册等科普书籍5000多册，分发宣传材料1万多份，展出科普、防震减灾、节约水资源、生态茶园建设等挂图420多幅。

（李志辉）

科学技术成果

【概况】 2014年，全县获国家专利100项，其中发明专利2项，实用新型专利36项，外观设计专利62项。

（李志辉）

【科技成果获市奖励】 2014年，由县植保植检站田新湖、陈益生、林乐全、陈文乐、林积秀等组织实施的“高山茶园病虫绿色防控技术研究与应用”项目，获2013年度三明市科技进步奖三等奖。

（李志辉）

【黄发灿入选“国家科技创新创业人才”】 2014年4月，经国家科技部评选，县福建华灿生物科技有限公司董事长、海归博士黄发灿成为全国242名“国家科技创新创业人才”之一。

（李志辉）

防震减灾工作

【概况】 2014年，县地震局进一步完善地震应急预案；建设应急避难场所；建立防震减灾科普馆，宣传防震减灾知识；开展应急疏散演练，提高避难技能。

【防震减灾体系建设】 1月，县地震办结合县实际修订印发《大田县地震应急预案》，对县抗震救灾指挥机构的组成与职责作出修订。5月，县地震办配合县教育局圆满完成全县中、小学校地震应急疏散演练工作，演练有效提高学生防震减灾意识和避险技能。12月，按Ⅲ类标准新建成城东村、城关第一小学两处地震应急避难场所；年内，更换地震遥测台和GPS基准站设备3台，处理电源问题、信号中断等故障21次。

（李志辉）

【防震减灾宣传】 5月，大田县防震减灾科普馆正式开馆，免费对市民开放。年内，县地震办以“5·12”防震减灾日、科技活动周、防震减灾宣传月、“10·13”国际减灾日为契机，深入到各社区、中小学、幼儿园开展防震减灾知识宣传活动，发放防震减灾宣传手册3200册，宣传挂图300张。

（李志辉）

【获得表彰】 2014年，县地震办获2013年度福建省地震应急救援工作二等奖，在福建省2014年度市县防震减灾工作综合考核中获“优秀单位”表彰；均溪镇城东村被国家地震局授予“国家地震安全示范社区”称号。

（李志辉）

专业技术队伍

【概况】 2014年，全县有各类专业技术人员5470人，占全县总人口的1.41%，每万人口中有专业技术人员141人。各类专业技术人员中，高级职称506人、中级2055人、初级2909人。

2014年大田县各类专业技术人员情况表

表12

类别	合计	职称		
		高级	中级	初级
农业技术人员	336	43	162	131
卫生技术人员	755	59	220	476
教育专业人员	3979	378	1555	2046
科学研究和技术服务人员	178	10	28	140
水利、环境专业人员	60	7	27	26
文化、体育专业人员	91	3	35	53
公共管理专业人员	65	6	26	33
交通运输专业人员	6	0	2	4
总计	5470	506	2055	2909

（李志辉）

教　育

□编辑　郑祥果

综　述

【概况】 2014年，全县幼儿园127所（班），在园幼儿1.49万人；小学110所（点），在校生2.31万人；中学23所，在校生1.51万人。教育系统行政编制15人，事业编制教职工4645人。其中，公办3962人，非公办683人。公办教师中，研究生学历15人、大学本科1792人、专科1375人，中专665人、高中及以下115人；高级职称528人、中级2528人、初级835人、未定级71人。当年，县教育局获组委会2014“浩沙杯”全国艺术体操锦标赛“先进集体”、“中国人寿杯”少年儿童绘画作品展赛优秀组织奖，以“优秀”等级通过省级教育“两项督导”评估验收，被省政府授予“福建省2014年教育工作先进县”牌匾。

德育工作 2014年，全县德育工作以中共十八大精神为指导，全力开展“古春魂中国梦”宣传教育，引导广大师生践行社会主义核心价值观，全面实施中小学德育三年提升计划，分层次、分学段抓好学生养成教育和道德实践。

未成年人思想道德建设 2014年，全县中小学坚持立德树人，以培育和践行社会主义核心价值观为主线，以“中国梦”和“三爱”（爱学习、爱劳动、爱祖国）、“三节”（节粮、节水、节电）教育实践为重点，以提高中小学生思想道德素质为目标，开展“美丽福建·我的梦”、我们的节日、“中华魂·放飞梦想”、文明小博客、“反邪教”宣传、“日行一善”等主题教育活动。

文明创建 2014年，全县教育系统获市文明单位3个，文明学校35所（省1所、市13所、县21所）；学生志愿者5723人；“三好生”236名（省25人、市50人、县161人），“优秀学生干部”77人（省15人、市19人、县43人）；“文明班级”102个（省1个、市19个、县82个）。柯坑中学学生吴清芬获得第十一届宋庆龄奖学金。

校园文化建设 2014年，全县中小学推进校园文化建设，引导学校因校制宜，构建“底蕴深厚，主题突出，和谐高雅，积极向上，充满活力”的校园文化体系。开展校园净化、绿化、美化，学生作品上墙，学校社团文化活动和精神建设推进活动。一中、五中、职专、实小、实幼、均小等6所学校被县教育局确认为“文化建设示范校”。

“我的中国梦”主题活动 全县中小学组织开展“我的中国梦”主题班（团、队）会、征文比赛、摄影评比、演讲竞赛等系列活动167场次。组织参加市关工委“我与中国梦”征文活动，一中学生陈玉琴等2人获得二等奖、范建帅等2人获得三等奖，六中学生刘颖等6人获得优秀奖。

志愿帮扶活动 2014年，县教育工委、教育局2次组织志愿者到湖美乡西燕村、后坑村开展特困家庭帮扶共建活动，共帮扶20人，送慰问金近万元；结合创建省级文明县城活动，组织志愿者服务队300多人次到白岩社区、南山路开展“净化家园、美化环境”义务奉献主题实践活动；“第二集美学村”青年志愿者全年热心为省内外观众服务，并与厦门、广州青年志愿者建立互助联谊关系。在2014“浩沙杯”全国艺术体操锦标赛期间，组织1500名学生参加开幕式大型健身操表演，组织80名学生志愿者为赛事提供城市服务、观众引导、后勤应急等志愿服务活动，健身操表演、志愿服务得到国家体育总局体操运动管理中心领导、县领导、参赛运动员和教练员的肯定，县教育局被县委、县政府评为“先进集体”，11名音乐、体育教师被评为先进个人，1名教师获国家“道德风尚奖”。

“带法回家”活动 2014年，县教育局组建全县中学“带法回家”活动小组300多个，近万名学生参加活动，进村入户发放普法宣传资料10多万份。通过广播、墙报、专题报告、游园等形式进行普法宣传。

家庭教育工作 2014年，县教育局依托中小学、幼儿园家庭教育指导中心开展家长公益讲堂26次，家庭教育专题培训、公益讲座、家长沙龙、个别辅导、爱心接力、读书漂流等活动多次。3月4日、24日，《三明日报》《福建日报》分别报道县家庭教育公益讲堂活动；4月9日，省妇联副主席陆菁带领新华社、中国妇女报、中央人民广播电台等中央新闻媒体记者到县家庭教育指导中心开展调研活动，肯定县家庭教育工作成效；12月，联合县妇联举办优秀家庭教育论文（案例）评选，共收到论文（案例）41篇，评选优秀论文（案例）20篇。

“留守儿童”关爱活动 2014年，县政府投入资金88.8万元为全县中小学寄宿生安装热水器。县教育局组织开展“关爱行动”“爱心妈妈”等活动，关爱农村“留守儿童”、外来务工人员子女和特殊学生；联合县妇联、计生局在湖美中学、梅山中心小学等学校建立“留守儿童之家”，通过电脑网络开展外出务工家长与“留守儿童”视频“见面”活动。

智育工作 2014年，县教育局落实《大田县关于全面提高教育教学质量的实施意见》。

教学常规管理 2014年，县教育局重建教学巡课体系，制定下发《关于进一步加强中小学听课和巡课工作的意见》，结合督导责任区督学工作，健全巡课制度，全年巡课10批次，听课1100多节，检查教案、教师听课笔记3100多本、学生作业5000多本；组织开展片际教研活动66场次，教师参与3000多人次。

教学管理人员培训 2014年，县教育局组织26名中小学校长参加“市中小学校长（园长）任职资格或提高班”培训；选拔5名校长参加“市第二期中小学骨干校长培养对象高级研修班”学习；选送2名高中校长参加“省第二批基础教育高中教学副校长提高班”培训；选派1名支部书记参加“省中小学基层党组织书记第三期研修班”培训；遴选5名校长参加“省中小学名校长培养工程”培训、3名校长参加“省第一批中小学校长培训班”学习。

师资队伍建设 2014年，县教育局实施名师建设工程，提升全县中小学教师教学水平。选送10批、90人次参加省基础教育万名骨干教师培训、省普通高中高级教师专项培训；组织466名教师参加省高中级职称远程研修培训，选派35名教师参加“国培计划”远程培训；选拔推荐30名教师参加市中小学骨干教师培养对象第三期培训班、15名教师参加市中小学（幼儿园）学科带头人培养对象第一期培训班学习；举办县级骨干教师培训班4期、参训339人。当年被省教育厅评为特级教师1人，被命名为“省第四批中小学（幼儿园）学科带头人”教师8人。年底，全县中小学有省特级教师3人，省级学科带头人11人。

教育教研活动 2014年，县教育局出台《关于进一步推进义务教育小片区管理工作的通知》，将全县小学分为五个片区，以实小、城一小、城二小、城三小、均小等5所学校为小片区管理牵头单位；将全县中学分为五中、六中、鸿图中学等3个片际，轮流开展片际教研活动。全年开展小学片区活动20次，参加教研活动教师1300多人次；开展初中片际教研活动25次、25个学科、参与教师900多人；高中校际教研活动4次、12个学科、教师参与300多人。

教学技能比赛 2014年，县教育局组织开展初中教师课堂教学比武活动8场次，评出一等奖30人、二等奖50人、三等奖70人；举行全县初中教师命题比赛，评出一等奖37人、二等奖55人、三等奖62人；组织全县高中教师参加市普通高中综合素质测试，获市一等奖1人、二等奖3人、三等奖5人。实小教师陈园获“省第七届小学英语优质课评比活动”一等奖，三中教师朱成灯获“省中青年数学教师教学片段与课堂教学录像展示比赛”初中组一等奖，一中教师罗春钻获“省高中地理微课程课例评比大赛”一等奖。

教学质量监测 6月，县教育局举行全县小学六年级期末考试，科目设语文、数学、综合科（即英语、科学、品德和社会三科合卷）。全县设25个考点、103个考场，参考小学毕业生2823人。4—6月，组织中招考试，参加单项考查学生8795人，其中体育考试2106人，理化生实验操作2117人，英语口语2039人，信息技术2533人；参加初中毕业升学考试2106人，全县中考设20个考点、79个考场。高考大田考区设考点2个，其中普通高考考点设在一中，考场75个；高职单考考点设在职专，设考场33个。全县报考普通高考、高职单考3018人，其中，普通高考2235人，文科846人（文史类664人、艺术类140人、体育类42人），理科1389人（理工类1277人、艺术类12人、体育类100人）；高职单考783人。一中叶豪以总分708分考入清华大学，77名学生分别考入中科大、北师大、华中科技大、湖南大学、山东大学、厦门大学等“985”“211”国家重点高校，全县考生本科上线率54.9%，比上年提高6个百分点。

教师节表彰 9月10日，一中林先丁等16位教师获市委、市政府“优秀教师”“优秀教育工作者”表彰，陈其库等305位教师获县委、县政府“优秀教师”“优秀教育工作者”表彰。县财政安排教师节专项慰问经费25.9万元，其中，专款慰问特困教师60人、3万元。

文体工作 2014年，县教育局出台《体育工作三年行动计划》和《关于切实保证学生每天一小时体育锻炼时间的实施意见》，组织实施2014年国家教育部重新修订的《国家学生体质健康标准》，开展学生体质健康测试，全县中小学学生体质健康合格率96%，良好率60%。2016名初中毕业生参加升学体育考试，总及格率98.63%、优秀率84.75%。组织中小学生参加市中小学美术作品展，六中学生郭妍妍获初中组一等奖、城二小学生林文涛获小学组一等奖，二中陈丽萍等3名学生获初中组二、三等奖；选送优秀学生作品参加“中国人寿杯”少年儿童绘画作品展，有15幅作品获二、三等奖和优秀奖，汪玉娟等5位教师获优秀指导奖；举办第二届“天翼杯”全县中小学生围棋和中国象棋比赛，参赛218人，获奖学生30人，教师获优秀指导奖17人。

语言文字工作 2014年，全县有12所学校申报市级语言文字规范化示范校，24名学生在省第六届规范汉字书写大赛中获奖，其中郭妍昕、陈池、杜怡霏、田海音等4名学生获省级特等奖，梁森、范越等9名学生获一等奖，范承锋、颜建光2位教师被评为优秀指导教师；连玉凤、蒋先茂、陈小红、乐玲繁等4位教师在国家语委举办的“普通话水平测试与我”征文活动中获奖，征文发表于中国语言文字网专栏。

教育经费 2014年，县投入预算内教育经费4.76亿元，中央、省拨农村义务教育免杂费及补助公用经费2377.8万元，其中省拨1902.24万元，县承担475.56万元；补助寄宿生生活费309.46万元，其中省拨247.57万元，县拨61.89万元，受益学生4398人（小学1751人，初中2647人）；义务教育阶段免教科书费309.86万元，免作业本费计92.63万元。生源地助学贷款3215人，其中往年续贷2377人，新生838人，累计贷款1919.34万元；发放普通高中家庭经济困难学生助学金1141人次、95.44万元；中等职业教育学生免学费3603人次、280万元，中职学生助学金282人次、21.15万元；学前教育学生助学金434人次、28.17万元。

扫盲工作 2014年，全县成人文盲率3.35%，其中青壮年文盲率为0.18%，达到国家“到2015年，成人文盲率降低到6%以下，青壮年文盲率控制在1%左右”的扫盲指标。

特殊教育 2014年，全县有特殊教育学生273人（随班就读182人，其中小学107人，初中64人，高中11人）。县特殊教育学校1所，在校生91人，其中小学80人，初中11人，一年级招生4人。教职工22人，其中本科学历6人、大专13人、中专3人；高级职称2人、中级10人、初级6人，未评4人。

校园安全 2014年，全县中小学、幼儿园加大校园安全文化建设硬件设施投入，规范校园安全管理，保障校园安全稳定。一是深化平安校园创建。全面实施安全标准化建设提升工程三年行动，制定新一轮平安校园建设工作方案、创建办法及考评标准，一中等10所学校通过县安全标准化考评，由三级安全标准化提升至二级安全标准化等级。二是强化安全宣传教育。开展以“强化安全意识，提升安全素养”

为主题的第19个全国中小学生安全教育日、第7个省学校安全教育周、安全生产月、综治宣传周、“5·12”防灾减灾日、“11·9”消防宣传日、“12·2”交通安全日等宣传教育活动；组织参加全国中小学生安全知识网络竞赛，参赛9.61万人，其中家长5.35万人、教师2230人、学生4.04万人；发放《防震安全常识》宣传资料2万多册、安全宣传挂图400多份，印发《暑期安全致家长的一封信》3万份。三是专项整治周末班车。全县有6个乡镇、10所中小学开通上京至黄城等7条学生周末班车路线，乘坐学生533人，年累计2.87万人次，参与运输班车62辆、运行2142趟次，财政补贴29.8万元。开展学生周末班车及学生交通安全隐患排查整治百日行动，举行交通安全讲座、班会562节，制作专题板报、宣传栏685版，制止交通违法行为136起。

（陈吉胜 林进栖 章选东 张 斌 郑祥旦 余孔值 连仁胜 苏启叁 连占斗 陈德红 连雪卿 郭志萍 乐玲繁）

【教育督导责任区成立】 1月7日，县成立7个督导责任区，在县教育局召开责任区督学公示牌授牌仪式暨培训会议，聘任督学35人，每个责任区派驻督学5人，对学校课程设置、招生及编班、学校安全管理等热点难点问题进行专项督导和调研。8月，成立4个学前教育督导责任区，实现“义务教育、高中教育、职业教育、特殊教育、学前教育”五大教育督导责任区全覆盖，在省市联合督导中得到好评。

（陈吉胜）

【中小学生社会实践基地建设】 3月26日，县中小学生社会实践基地在华兴中学开工建设，先期投入30万元，主要用于操场土地平整及宿舍楼修缮等。至年底，平整操场土地6400平方米、修缮宿舍24间。实践基地每年可开办25期社会实践活动，每期可容纳学生200人。

（郑宗栖）

【青少年科技创新赛获奖】 4月，省科协、教育厅、科技厅、环保厅联合组织的第29届省青少年科技创新大赛中，六中学生林小暄制作的《多彩的光》演示仪获青少年创新成果项目一等奖，一中教师林启福撰写的《银顶格矿区生态安全现状调查活动方案》获科技辅导员创新成果项目二等奖，职专教师曾金普撰写的《具有硬件式连击功能鼠标的制作》获科技辅导员创新成果项目三等奖。

（张 斌）

【首个“留守儿童之家”成立】 5月29日，湖美中学成立全县首个“留守儿童之家”，为“留守儿童”健康、快乐成长提供良好环境。县妇联为“留守儿童之家”配备电脑3台及电话、文体器材、沙发、桌椅、饮水机等设施，县教育局赠送“爱心图书”200册。

（连仁胜）

【上京中学获爱心捐助】 6月20日，厦门南普陀寺慈善会向上京中学捐赠液晶电脑50台；6月27日，南安鹏峰福利基金为上京中学“侨心楼”建设捐赠40万元。

（陈吉胜）

【中科院院士郑有炓访母校】 6月29日，大田籍中国科学院院士、南京大学电子科学与工程学院博士生导师郑有炓回母校一中看望师生并与师生座谈、合影留念。

（刘爱华）

【叶豪获助学奖励】 8月22日，县政府及县教育基金会在一中举行助学奖励仪式，县委常委、宣传部长章玲、副县长陈钦梅为该校考取清华大学的应届毕业生叶豪颁发助学奖励金10万元。

（陈吉胜）

【鸿图中学转制】 8月26日，大田鸿图中学由民办学校转制为股级公办学校，更名为“大田县鸿图中学”，保留完全中学建制。

）余孔值）

【学前教育巡回支教】 8月，县教育局在华兴等15个乡镇设立40个学前教育巡回支教点，公开招聘学前教育巡回支教志愿者66人，开展为期2年的学前教育志愿服务。

（章选东）

【五中青少年航模锦标赛获奖】 9月，在省青少年航空模型锦标赛中，大田五中学生杨承弘获“小力士”火箭伞降、“天鹰”自旋翼模型火箭留空计时赛（普及）中学组2项第一名；吴冬宸获“神鹰”火箭助推滑翔机留空计时赛（普及）中学组第一名、“米奇”电动模型飞机竞时赛中学组第四名。

（张 斌）

【五中志愿服务获团市委表彰】 9月，五中学雷锋志愿服务队被团市委、青年联合会和青年志愿者协会联合授予“2013—2014年度市优秀青年志愿服务队”称号，教师陈开榄、学生陈薇被授予“2013—2014年度市优秀青年志愿者”称号。

（乐玲繁）

【上京中小学幼儿园搬迁】 9月，县政府为民办实事项目上京中学搬入新校区、中心小学及中心幼儿园搬入原上京中学校区，总投资2100多万元。

（乐玲繁）

【颜建光获县书法发展贡献奖】 10月24日，县委宣传部、县文联为在县书法艺术发展中做出贡献五中教师颜建光，颁发奖金5000元。

（郑宗栖）

【教育“均衡发展”通过省级初评】 11月10—14日，省市政府教育督导评估组，组长林希顺带队一行7人对县教育工作进行综合评估，县教育“均衡发展”通过初评。

（廖乃灯）

【魏姝敏获全国青少年电视书法大赛二等奖】 11月28日，一中学生魏姝敏在中国书法家协会等主办的首届“欧阳询杯”全国青少年电视书法大赛中获二等奖，是福建省唯一获奖的学生。此次电视书法大赛分为儿童组和少年组，分别设一等奖1人，奖金5000元；二等奖3人，奖金3000元；三等奖6人，奖金1000元。

（乐玲繁）

【厦门“担当者行动”到县公益助学】 11月，厦门“担当者行动”志愿者到县开展“班班有个图书角”公益助学活动，为太华汤泉小学、文江朱坂小学、济阳中心小学捐建图书角，共捐赠图书2000余册、书柜6个、专用书架11个和图书管理手册33本。

（乐玲繁）

【义务教育学校标准化建设完成】 12月，市义务教育标准化学校评估组分中学组、小学组2批次到上京中学、广平中学、城三小、上京中小、广平铭溪小学等学校对标准化建设工作进行验收。经评估，上京中学等5所学校均达到“义务教育标准化学校”建设标准。至此，全县47所义务教育阶段学校全面通过标准化学校验收。

（陈吉胜）

【健美操健身服务进校园】 12月，国际体操联合会健美操技术委员会副主席、中国健美操协会副秘书长、国家健美操集训队总教练王宏和曾获世界健美操冠军的寿旻超、秦勇、车磊、张鹏、韩明哲到一中、五中、职专等学校开展健身服务活动，启动“大体操进校园进社区”活动。

（连仁胜）

【主题活动征文比赛】 2014年，县教育局、司法局联合举办“反邪教”主题征文活动，评出一等奖10人、二等奖20人，三等奖40人，优秀指导奖70人；县教育局、水利局联合举办“水保杯”全县中小学生水土保持征文竞赛活动，参评作品528篇，评出一等奖49篇、二等奖112篇、优秀指导奖161人；县教育局、邮政局和中国移动大田分公司联合举办城区中小学“相约艺术体操锦标赛”主题征文比赛活动，评出一等奖20人、二等奖50人、优秀指导奖70人。

（连仁胜）

【素质教育督导评估】 2014年，县政府教育督导室对一中、实小等12所中小学开展新一轮实施素质教育工作评估督导，下发素质教育综合督导意见书，进一步规范学校办学行为，促进学校实施素质教育。

（廖乃灯）

【公开招聘新教师】 2014年，县根据“国标、省考、县用”的标准招聘新教师，通过全省统一笔试，按1∶3比例确定入围人选，再经过面试、体检等程序，共招聘新教师45人，其中高中教师3人、幼儿38人、职专4人。

（章选东）

【爱心助学活动】 2014年，社会各界开展爱心助学活动，累计资助学生295人、47.5万元。其中，县慈善总会资助学生41人、21.4万元；县妇联资助贫困生10人、3万元；省市计生局资助“二女户”学生4人、2.7万元；香港华恩基金会资助学生240人、20.4万元。

（郭志萍）

学前教育

【概况】 全县公办幼儿园31所，民办园28所，企业办园1所，小学附设幼儿班67个。其中省级示范园1所，市级示范幼儿园3所、县级示范幼儿园13所（民办园2所）。全县在园幼儿数1.49万人，其中公办园幼儿1万人、民办园4708人、企业办园183人。3—5周岁幼儿入园率94.74%。教职工791人，其中公办369人、非公办422人。公办教师中大学本科学历59人、专科230人、中专62人、高中及以下18人；高级职称4人、中级215人、初级97人、未定级53人。

1月，吴山中心幼儿园经评估验收被确认为“县级示范幼儿园”。12月，建设中心幼儿园被确认为“市级示范幼儿园”。

（林 蓉）

【幼儿教师培训】 3月，县教育局组织开展幼儿园教学常规管理专题培训，业务园长和保教主任参训90多人；10月、11月，分别开展“幼儿园骨干教师培训”和“幼儿园教师教学能力培训”、参训400多人；12月，开展科学领域和艺术领域幼儿教师专题培训2期、参训152人。

（林 蓉）

【幼儿新教师教学比赛】 5月，县教育局组织开展幼儿园新教师教学比武活动，参赛幼儿新教师20人，评出一等奖8人、二等奖12人。

（林 蓉）

【公办幼儿园建设】 2014年，县教育局完成桃源中心幼儿园建设并开班招生；将上京中心小学旧校区改造为上京独立中心园；投入50万元。继续做好太华、梅山2个独立中心园重新选址筹划工作。

（林 蓉）

【学前教育片区管理】 2014年，县教育局将全县18个乡镇、28所民办园划为3个片区，省、市示范园为片区管理牵头单位，开展片区活动18场次，召开片区管理工作会6次，举办片区教研活动12次、参加1056人次。

（张 斌）

【蔡茜名师工作室“送培下乡”】 2014年，“蔡茜名师工作室”成员分别在实验幼儿园开展音乐专题教学展示、太华中心园“送培下乡”活动，乡镇中心园和民办幼儿园的辅导员、园长、骨干教师240多人参加活动。

（林 蓉）

【3所民办园许可证颁发】 2014年，县教育局对红苹果幼儿园、康贝教育启智中心、华林幼儿园等3所民办幼儿园进行审查评估，确认其符合办园条件和标准，颁发了办园许可证。

（王英德）

初等教育

【概况】 2014年，全县有小学110所（点），其中，县直属小学4所、乡镇中心小学19所、村级完小6所、教学点81个，教学班637个，在校生2.31万人。一年级招生4825人，六年级毕业生2821人。适龄儿童（含女童、残疾少儿随班就读）入学率100%。教职工1814人，其中公办1671人，非公办143人。公办教师中大学本科学历273人、专科774人、中专565人、高中及以下59人，高级职称30人、中级1340人、初级289人、未定级12人。

（张 斌）

【网上教研直播活动】 3月，县实验小学组织教师参加省网上教研直播活动。在省“同课异构”网络直播教学研讨活动中，陈琪芳承担《清平乐·村居》教学，郑淑安承担《冬瓜和南瓜》教学；在专递课堂活动中，刘秋丰执教英语课4节、胡上炬执教美术课2节；在校长网络主题论坛中，副校长詹兴全作《以生为本展特色》专题讲座，介绍实小办学特色。

（郑祥旦）

【务工人员子女小学招生】 7月，县教育局采取电脑派位的方式，确定进城务工人员子女505人，分别到实验小学、城关一小、城关二小、城关三小、均溪中小、福塘小学等校就读，为进城务工人员子女提供上学方便。

（郑祥旦）

【农村薄弱小学委托管理】 9月，县教育局出台《关于农村小学薄弱学校委托管理工作实施意见》，开展农村薄弱学校委托管理试点工作，均溪中小、城关一小分别与华兴中小、济阳中小建立委托管理关系。均溪中小为华兴中小更新教学设施设备提供资金2万元，互派教师5人，“跟班学习”与“下班指导”相结合，交流教学心得，共同提高教学质量。

（张　斌）

【“身边的好学校”入选】 9月，城关第三小学、均溪中心小学在省教育厅组织开展的“身边的好学校”评选活动中入选。

（乐玲繁）

【“先学后教”专题研讨活动在实小举行】 10月30—31日，由省教育学会小学数学分会主办的“先学后教”专题研讨活动在实小举行。省教育学会小学数学教育分会领导陈笑晴、倪齐基、董良凯、林榕生等出席，来自江西弋阳和本省福州、厦门、建阳、尤溪、泰宁等地的200多位专家、教师参加活动。与会人员现场观摩实小三至六年级开放的高效课堂教学常态课和两节示范课，并听取专家讲座以及“先学后教”课题研究工作经验介绍。

（郑祥旦）

【实小获评省首批书法教育实验学校】 11月21日，省首届中小学书法教育实验校校长研讨会在泉州师范学院举行，对省首批30所“书法教育实验学校”进行授牌，县实验小学被授予“省书法教育实验学校”称号。

（乐玲繁）

【市特校教师研训活动在县举行】 12月15日—16日，市特殊教育学校教师教学能力提升研训活动在大田特校举行，16所县市特殊教育学校（特教班）校长、骨干教师代表等60余人参加。与会人员对创建标准化学校、学校管理经验进行和“普特融合，医教结合”等难点工作进行研讨；开展“贴近生活，快乐学习”主题教学研讨与交流。

（乐玲繁）

【课题研究开展】 2014年，全县开展小学和幼儿园课题研究26个（省、市级课题各1个，县级课题24个），结题14个（省、市级各1个，县级12个）。其中，均溪中心幼儿园开展的《农村大班额背景下创造性游戏开展的研究》被列入省重点课题。

（张　斌）

中等教育

【概况】 2014年，全县有中学23所，其中高中1所，完中4所，职专1所，初中13所，九年一贯制学校4所。在校生1.5万人，其中，初中8359人，高中4541人，职专2073人。初一招生2948人，初中毕业生2294人。高一招生2247人，其中普高1312人、中职935人。教职工2040人，其中公办1922人、非公办118人。公办教师中，研究生学历15人、大学本科1460人、大专371人、中专38人、高中及以下38人；高级职称494人、中级973人、初级392人、未定级13人，不能参评50人。5月，张如涯获第四届黄炎培职业教育杰出教师奖；6月，胡上泉等获市信息化教学比赛一等奖。

（余孔值）

【职业技能大赛获奖】 3月，县职业中专选派97名学生参加市中等职业学校技能大赛9个类别、25个项目竞赛活动，获得一等奖11人次，二等奖16人次，三等奖27人次；4月28—29日，“仙顶美人茶杯”全省职业院校（中职组）手工制茶技能大赛在职专举行，7个代表队、51名选手参加比赛，职专选手获得一等奖1人次，二等奖4人次，三等奖5人次。

（王英德）

【新增职业技能工种鉴定】 6月30日，县职业中专职业技能鉴定站获市职业技能鉴定指导中心批复，新增茶艺师、评茶员、客房服务员、餐厅服务员等4个鉴定工种。至年底，该站共可鉴定11个职业技能工种。

（潘丽清）

【进城务工人员子女新生入学】 8月，县教育局以抽签的方式，安排进城务工人员子女到五中、六中、鸿图中学就读629人。

（余孔值）

【“产学研”合作签约】 11月23日，三明学院应用生物技术研究所与大田职专签约合作。生物技术研究所将在“产学研”合作中对中草药种植专业与茶加工专业进行指导规划，搭建中高职专业教学绿色通道。

（乐玲繁）

高等教育

【概况】 2014年，全县高等教育有县电大工作站和职工业余学校，共有专（兼）职教师18人，其中大学本科学历16人、专科2人；高级职称6人、中级11人、初级1人。开设68个专业、学生830人，当年招生312人、毕业生370人。

县电大工作站 2014年，全站有专职教师10人，均为大学本科学历，其中高级职称3人、中级6人、初级1人。共开办64个专业、学生679人。当年，新招生241人，毕业生312人。其中，中央广播电视大学开放教育共开设10个专业、学生379人，新招生110人，毕业生193人。本科有法学、汉语言文学、会计学、行政管理、学前教育等5个专业，专科有法学、行政管理、会计学、学前教育、建筑工程与管理等5个专业。奥鹏远程教育中心合作高校，有东北师范大学、东北大学、四川农业大学、吉林大学4所，共开办数学及应用数学、计算机技术、土木工程、采矿工程、机械工程及自动化、安全工程、机电一体化、电气工程及其自动化、金融学、动物学、农学、林学、水产养殖、药学等本专科专业54个、88班，学生300人，新招生131人，毕业生119人。

7月，福建省广播电视大学大田县工作站奥鹏远程教育中心，获奥鹏远程教育中心招生服务进步奖二等奖；10月，被东北师范大学远程与继续教育学院评为东北师范大学网络高等学历教育招生推广工作“先进学习中心”。

县职工业余学校 2014年，县职工业余学校有专（兼）职教师8人，其中本科学历6人、专科2人；高级职称3人、中级5人。全校开设5个专业、7个班级，在校生151人，其中，与福建农林大学联办的电气化及其自动化专业大专2个班、48人，法学大专2个班、43人，会计学大专1个班、25人；与东北农业大学联办的计算机科学与技术本科1个班、18人，工商管理本科1个班、17人。全年新招生71人，毕业生55人。

（郑祥全　范起阳）

成人教育

【概况】 2014年，全县成人教育学校有教师进修学校、卫生进修学校、县农广校及各乡镇文化技术学校，共21所。专（兼）职教师106人，其中研究生学历1人、大学本科58人、专科39人、中专（高中）8人；高级职称38人、中级62人、初级6人。开设中等专业技术教育6个专业、7班、学生384人，新招生245人，毕业105人。举办各科类型培训班296期、参训1.54万人。

教师进修学校 2014年，有教职工34人，其中专任教师33人。专任教师中，大学本科学历24人、大专5人、中专4人；高级职称18人、中级14人、初级1人。举办培训班157期、参训8993人次，其中“锁定提质，深耕研训”培训1期、32人，兼职教研员命题1期、45人，幼儿园教学研训1期、95人，“教育技术能力水平（初级）考试”27场、807人，心理健康、师德教育远程培训11班、1100人，农村学前教育巡回支教点志愿者岗前培训1期、66人，中小学教师继续教育辅导教师培训1期、85人，中小学教师继续教育公开课新时代专业技术人员职业道德建设、专业技术人员沟通与协调能力的提升培训52班、3891人，专业课培训52班、2452人，县骨干教师培养对象培训8期、340人。

卫生进修学校 2014年，大田县卫生进修学校有专（兼）职教师25人，其中大学本科学历18人、大专5人、中专2人；高级职称6人、中级17人、初级2人。开办全日制中专学历护理专业3个班、函授大专学历护理专业1个班。当年招收新生50人。6月，举办中职衔接大专考试工作，参加学生32人。7月，2011级护理班毕业生31人，经统考成绩及格。

县农广校 2014年，有专兼职教师30人，其中副高级职称13人、中级14人、初级3人；研究生学历1人，本科15人，专科13人，中专或高中1人。开设中等教育3个专业、4个班、学生344人，其中现代农艺技术2个班、269人，毕业74人，农业职业技能鉴定73人；新设会计专业1个班、27人，果树专业1个班、48人。举办各种技术培训班27期、2257人次，其中，农村沼气技术6期、444人次，木薯种植、加工综合技术培训5期、420人次，玉米高产栽培和病虫害防治技术5期、380人次，测土配方施肥技术3期、216人次，农村食用菌产业化发展的新模式、春香橘柚引进与示范、食品安全与病虫害绿色防控、木薯高效栽培技术研究与加工综合利用、新型肥料研究与发展动态、村级“一事一议”、合作社创建与管理培训、健全村级财务制度规范财务管理等内容共8期、797人次。县农广校被福建省农业广播电视大学评为2013年度全省农广校中等职业教育十佳单位。

乡镇文化技术学校 2014年，全县有乡镇文化技术学校18所，兼职教师18人，其中本科学历1人、大专16人、中专1人；高级职称1人、中级17人。举办各种实用技术培训112期、参训4148人次，初三毕业生就业前引导性培训22期、参训2294人次。

（杜生池　陈小忠　谢景秀　郑祥旦）

【农业职业技能鉴定】 9月12日，县农广校首次开展农业职业技能鉴定，参加73人。分为理论考核和实际操作两个部分，鉴定题目由国家题库统一命题。经鉴定全部合格，取得国家人力资源和社会保障部颁发的职业资格证书。

（谢锦秀）

【教师论文发表和获奖】 2014年，教师进修学校教师柯永卓的《消除初中思想品德课堂无效教学行为的对策思考》论文在《新课程》2014年第9期（CN刊物）发表；苏元楚《对观察作文教学的几点思考》发表于CN刊物《福建教育研究》；郭德瀛《谈谈课堂教学有效性》发表于CN刊物《学校教育研究》；张秀琴《加强实验教学，培养学生能力》获省教育厅评比二等奖；翁文龙《谈初中化学小组合作学习的实施》在省普通教育教学研究室汇编。

（杜生池）

【课题结题与立项】 2014年，教师进修学校教师翁文龙的市级课题《初中化学小组合作学习的实践研究》结题，张秀琴省级课题《物理课堂生成性教学在农村中学的实践研究》结题；柯永卓《健全“四级教研网络”模式的实践研究》、苏元楚主持的《大田县“先学后教”高效课堂教学改革初中语文教学模式的实践研究》获的省教育发展基金会中小学教师发展基金课题立项资助，林奋的省级课题《农村大班额背景下创造性游戏开展的研究》立项开题。

（杜生池）

文化·体育

□编辑 潘 梅

文学艺术

【概况】 2014年，县文联各协会开展各项文艺创作和书画、摄影作品展览等文学艺术活动。出版文学作品4部，举办个人及单位书画、摄影展10次，下乡采风32次；书画、摄影作品获全国、省、市奖项百余幅。

（严垂壁）

【省市文艺家采风】 1月1日，省艺术馆副馆长、《福建歌声》主编范晋阳，市文联党组书记、主席黄莱笙，副主席伍林发等省市文艺家到安良堡、蓝玉村、芳联堡、闽湖等地领略大田自然风光和文化底蕴。

（严垂壁）

【个人国画作品展】 2月，县美术家协会主办的“连克想美术作品展”在白鹤画院举办，展出国画作品30幅。

（严垂壁）

【省级、国家级协会新增大田会员】 5月，县美术爱好者陈志盾加入省美术家协会，摄影爱好者程广程加入省摄影家协会；12月，县五中教师颜建光加入中国书法协会，退休教师陈振荣加入中国诗词学会。

（严垂壁）

【书画作品展举办】 5月，县总工会、县美术家协会（简称美协）、书法家协会（简称书协）主办的“五一职工书画展”在县青少年宫一楼展厅展出美术作品50幅。8月1日，县文明办、诚信促进会主办，县文联、美协、书协协办的“诚信杯书画作品展”在白鹤画院展出作品100余幅，其中美术作品50幅。8月，县委宣传部、县文体广电新闻出版局（简称文广局）、县美协主办的“大田县书画作品展”在白鹤画院展出书法和美术作品各40幅。9月，2014年全国艺术体操锦标赛组委会与县美协、书协举办的“田阳古韵”中国书画名家作品展在县文化广电中心一楼展厅展出书画作品160幅，其中大田书画爱好者作品22幅。

（严垂壁）

【书法作品获奖】 5月，魏姝敏、刘宇菲在共青团福建省委主办的“向上·向善”省青少年书法美术大赛中分别获少年组、儿童组一等奖，谢榛、郑颀获少年组二等奖，章子沁获少年组三等奖，范承锋获青年组三等奖。8月，县一中学生魏姝敏在中国书法家协会和长沙市共同举办的中国（长沙）首届“欧阳询杯”全国青少年电视书法大赛中获二等奖。9—12月，在省委宣传部主办的“同书价值观·共筑中国梦书法大赛”中，颜建光的书法作品获铜奖，刘广宏、范丽萍获优秀奖。

（严垂壁）

【屏山音舞诗会举办】 7月25日，由三明市文联、市作家协会和屏山乡政府、县文联、福建仙顶实业有限公司等单位联合主办的三明（屏山）“中国梦·茶乡美”音舞诗会在屏山乡举行。市诗歌朗诵协会的艺术家们朗诵了《探望茶叶》《屏山，请端出你的茶香》《茶的心事》《仙顶美人》等十几首主题诗歌，活动穿插舞蹈、歌曲等文艺表演，品茗、寻韵、论诗、赏舞，使诗会充满着茶韵诗情。

（严垂壁）

【书画作品入展】 8月，县文化部门选送10幅作品入展市文明办主办的“家风家训作品展”。9月，县美协主席连克想“梅、兰、竹、菊”4幅国画作品入展“联合中华、海峡两岸书画作品展”，并入选台北国军艺术中心和福建龙海市博物馆作品集。10月，县选送7幅美术作品入选“庆国庆65周年‘赤子心、中华情’三明市美术作品展”并入选作品集。其中，郑圣泉的《有风吹过》获三等奖，连克想的《烟光日影》、郭守福的《芳联堡》、张英豪的《风景》获优秀奖。12月，郑圣泉、郭守福、陈吉算的作品入选“意之大者——第二届福建省写意画大展”“福建省2014年第18回东海浪（新人新作）美术作品展”。

（严垂壁）

【“红色苏区”采风活动】 8月9日，县委党史研究室与县作协联合开展以“纪念红军北上抗日先遣队攻占大田县城80周年”为主题的采风活动。20多名本土作家参观考察红九军团驻扎地旧址安良堡、桃源分水隔革命烈士墓，寻觅当年红军北上抗日先遣队的征战足迹。

（严垂壁）

【2部文艺作品集公开出版】 9月，广平镇政府柯祖富长篇小说作品集《适者生存》，由九州出版社出版，20万字，印刷1000册。10月，石牌中心小学林起茂散文作品集《滴水泉》，由白山出版社出版，12万字，印刷1000册。

（严垂壁）

【首个市级特色文艺示范基地落户屏山】 10月24日，首个市级特色文艺示范基地落户屏山乡。屏山乡搭好茶文化“舞台”，通过茶园观光、名茗品尝、文艺交流采风等一系列活动，打响茶乡文艺发展品牌，提升茶乡知名度。

（严垂壁）

【第九届高山茶暨首届洛神花文化节举办】 10月27—29日，由中国经济林协会、省农业厅、省茶叶协会主办的大田县第九届中国高山茶暨首届洛神花文化节在吴山乡高山茶城举办。中国经济林协会正式授予大田县“中国洛神花（玫瑰茄）之乡”称号。同时，在吴山茶叶中心展厅展出美术书法摄影展作品60幅。

（严垂壁）

【2部作品内刊出版】 10月，汤泉村的《汤泉村志》（内刊）经过2年编写出版，10万字，16开彩印精装，印刷2000册。县宝通瓷厂林金球《八十寿辰纪念文集》（内刊）出版，16开彩印精装，印刷1000册。

（严垂壁）

【连克想国画作品入展】 10月，连克想国画作品《铁骨凝香》参加市政协成立65周年书画作品展并入选作品集。11月，其国画作品《明月何曾是故乡》参加由省总工会与澳门职工联合总会举办的“闽澳之光”书画摄影展，并在福州、澳门两地巡展并入选作品集。同月，其5幅国画作品参加海南福安画院成立书画作品展，并应邀出席开幕式及现场笔会。12月，其国画作品《春风》参加2014年上海浦东国际艺术节第50届亚细亚现代美术（上海）展并入选作品集。

（严垂壁）

【摄影协会会员作品获奖】 10月，县摄影协会会员陈德政摄影作品《金溪落霞》在将乐县和中国摄影报社联合举办的“将溪之阳·土沃民乐”将乐全国摄影大展中获二等奖。会员卢国首作品《红动云涌》在省政协办公厅和省摄影家协会联合主办的“美丽乡村”全省政协系统摄影赛中获佳作奖。

（范可杰　严垂壁）

【“仙顶杯”摄影作品集出版】 11月19日，县委宣传部、县文联、市新闻摄影学会联合出版《2014全国艺术体操锦标赛“仙顶杯”摄影展优秀作品集》，通过摄影作品记录赛事的精彩瞬间，同时展现赛事期间举办的县特色农产品展销会、“田阳古韵”中国书画名家作品展、乡村戏曲会演、微电影《缘定茶乡》首播仪式等系列活动。

（连福石）

群众文化

【概况】 2014年，县文体广电出版局（简称文广局）重视文化挖掘，以活动促发展，开展地方戏曲抢救、整理和保护，进行业余剧团调查摸底，引导12家业余剧团注册成为正式文艺表演团体。当年新增农村电影放映机3台，为全县265个村放映公益电影3180场。

（严序雄　郑时义）

【新春“迎铁枝”民俗活动】 2月7—10日，建设镇村民举办每年1次“迎铁枝”民俗活动。共有10景20架铁枝鼓城（铁枝由一架“铁枝”和一架“鼓城”组成，称之为一“景”，由两人肩抬，多人驾护行走），配合有旌鼓、唢呐乐器、舞狮队和龙伞旗幡队伍。其中和平旌鼓队30人、云山队90人，迎铁枝队长达2000多米。

（严序雄 郑时义）

【庆元宵活动】 2月14日，县文广局在白岩公园举办“欢乐庆元宵”有奖猜灯谜活动，内容包含谚语、历史故事和成语典故等，寓教于乐。同日，在岩城书画院展出“农行杯”全国首届电视书法大赛行书组获奖作者书法作品60多幅；在白鹤画院举办“追寻中国梦”张永山、兰若涛、连克想作品联展。

（严序雄 郑时义）

【“五四”青春歌会举办】 5月4日，县委宣传部、团县委、教育局、文广局联合主办“放飞中国梦·唱响青春歌”歌会在县影剧院举行，分为红色记忆、放歌青春、展望未来3个乐章，表演合唱、联唱、歌舞等节目。

（严序雄）

【中国书法家协会会员精品展出】 5月11日，中国书法家协会、福建省书法考级中心、中国书法家协会三明书法考级基地、县文学艺术界联合会联办的百名中国书法家协会会员精品展，在县青少年活动中心一楼展馆举办，展出全国各地中国书法家协会会员书法作品100余件。

（严序雄）

【“三下乡”活动开展】 5月19—21日，县委宣传部、县科技局、科协、农业局、畜牧兽医水产局、气象局、县医院、中医院、食品药品监督管理局、地震办等部门到桃源镇、湖美乡等乡镇开展科技、文化、卫生“三下乡“活动，为群众提供医疗、农业、防震减灾和气象知识咨询服务、假烟假酒识别、反邪教知识等科普宣传。展出科普、防震减灾、节约水资源、生态茶园建设等挂图20多幅，赠送科普书籍800多册，分发宣传材料1万多份，接受义诊260多人次，受理举报、咨询80余人次。

（严景业）

【首届儿童才艺秀活动】 8月18日晚，县文广局主办的县“乐宝宝”杯首届“才貌双全”儿童才艺秀活动在时代广场举行，入围的13名小朋友表演舞蹈、乐器、唱歌、讲故事等节目，8岁的林衫获得一等奖。

（严序雄 郑时义）

【艺术体操锦标赛千人操表演】 9月5日，县一中、五中、职专1500多名学生在县体育场为2014年“浩沙杯”全国艺术体操锦标赛开幕式表演广场舞《爸爸去哪儿》《小苹果》2个曲目。

（严序雄 郑时义）

【高山茶文化节文体活动】 10月25日，县第九届茶文化节组委会、县文体局、农体协联合在县体育文化中心举办乒乓球、羽毛球团体赛，46支代表队、200多名运动员参赛。均溪镇、县文广局代表队分获乡镇组、城区组羽毛球冠军，太华镇、县水利局代表队分获乒乓球冠军。

（严序雄 郑时义）

【连总陵园修缮大会召开】 10月27日，连总（唐代文忠年间进士）陵园修缮大会在太华镇万湖村召开。中华连氏宗亲会会长连文成、常务副会长连式林，秘书长连加利，湖南连氏宗亲会会长连若泉，省连氏宗亲理事会理事长连瑜华等和来自福建、海南、湖南、江西、台湾各地连氏宗亲近百人参加了大会和相关活动。会议通过连总陵园修缮章程和组织机构，中国国民党荣誉主席连战为陵园题词“连总进士陵园”。

（连福石）

【军民联欢】 11月21日，大田职专与武警中队在县武警中队操场联合举行“赞老兵、送老兵”军民联欢会。县委常委、宣传部长章玲出席。

（连福石）

图书

【概况】 2014年，全县有图书发行企业1家，县图书馆1家，学校图书馆室129个。乡镇文化站图书室18个，村农家书屋269个。3月，县图书馆在供电公司和白岩社区建立分馆，在上京镇城口村设立图书服务点。

新华发行集团大田分公司 2014年，新华发行集团大田分公司拓展多元经营，重点抓好教材和教学辅助材料发行，同时发展食用油、复印纸等副业。全年销售各类图书1138.53万元，比上年增长1.4%，其中教材及教辅资料销售959.73万元，门市销售178.80万元，比上年增加34.61万元，文化卡、图书团购和多元产品销售62万元，比上年增长600%。被福建新华发行集团评为“2014年度政治理论读物发行先进单位”和“2014年度大中专教材发行先进单位”，经理林还诚被评为“优秀工作者”。

图书馆 2014年，县图书馆总藏书量3.11万册、电子书15万册。借助计算机技术和图书馆管理软件进行各项业务管理，实现图书采编、流通、检索自动化，内务统计电脑操作、有序化管理。全年总流通量2.23万人次。设有外借室、报刊阅览室、少儿阅览室、电子阅览室、政府信息查阅点等，当年新增少儿绘本室，免费对外开放。至年底，七年间累计接收73个单位公开信息纸质文件5436条、电子版信息5381条。

（林还诚　郑圣泉）

【发行业绩提高】 2014年，新华发行集团大田分公司在目录外教辅材料禁订、“一本书”读书活动停止和全县生源减少的形势下，征订发行大中专教材36万余元；征订高三教辅资料23万元。

（林还诚）

【拓展多元经营】 2014年，新华发行集团大田分公司根据市“一桶油两张纸一碎机”的经营策略，推销食用油150件、复印纸和一体机纸1600件、碎纸机19台，总额37万余元，占门市销售额20.69%，位列全市第一。同时新增新华文具经营、销售新华玉瓷、电子等多种产品。

（林还诚）

【新馆初验通过】 11月，位于均溪镇银山北路2号图书馆新馆通过初验，12月，县图书馆邀请多家设计单位参与新馆二次装修方案的设计。

（郑圣泉）

【各类活动开展】 2014年，县图书馆开展各类读书活动7次。一是大年初一、正月十五，分别在在图书馆楼下、白岩公园广场举办春节灯谜活动，近3千人参加。二是4月23日读书日，通过宣传栏、发放宣传单等形式进行全民阅读宣传。三是5月，在图书馆宣传栏举办“世界遗产在中国”主题图片展。四是服务宣传周期间在东街口举办“全民爱读书，人人有书读——县图书馆免费开放”主题宣传活动，吸引5000余人参观，并发放《大田县数字图书馆资源推介》宣传单1000余份。五是结合庆“六一”，采购少儿图书1000册，在少儿阅览室进行新书展览。六是暑期举办少儿绘画、中国象棋、舞蹈培训及中国象棋少儿比赛等系列活动。七是国庆期间在县时代广场举行“共享大讲堂”传统文化系列讲座展播活动。

（郑圣泉）

文物

【概况】 2014年，县博物馆完成全国第一次可移动文物普查第一阶段文物调查登记。1月，博物馆副研究员陈其忠专著《闽中大田文物精粹》获市政府第六届社会科学优秀成果三等奖。

（严序雄）

【《古镇名村济阳》出版】 12月，陈其忠介绍济阳乡文化遗产的专著《古镇名村济阳》由海峡书局出版，全书6章节20万字，图片500幅，印刷3000册。

（陈其忠　严序雄）

【土堡群保护】 2014年，县文化部门完成大田土堡群修缮方案编制并通过国家文物局立项审批，获得文物保护专项补助资金230万元，对芳联堡、泰安堡、广崇堂、琵琶堡、凤阳堡5处全国重点文物保护单位进行修缮。

（陈其忠　严序雄）

文化市场

【概况】 2014年，县文广局坚持“一手抓管理，一手抓繁荣”，规范文化市场秩序，联合公安、消防、工商等单位对网吧、歌舞厅、书刊音像市场、打字复印店及电视接收进行综合检查，对存在的问题限时整改。全县有文化产业企业142家，其中印刷厂10家、网吧32家、游戏机室4家、歌舞娱乐场所17家、打字复印店23家、出版物和音像零售出租店40家、专业剧团1家、农村业余剧团15家。

（严序雄）

【娱乐场所专项整治】 1月8日晚，县文化市场综合执法大队2个检查组对县城营业性歌舞厅、KTV、夜总会、迪厅等歌舞娱乐场所及兼营娱乐项目的宾馆、酒店突击检查。责令证照不全或过期失效、证照事项不一致的限期改正，责令1家无照经营的娱乐场所停业。

（严序雄）

【非法卫星接收整治】 1月22日，县文化市场综合执法大队联合县工商局和广电网络大田分公司，集中销毁非法电视卫星接收器250套和部分接收器设备。11月17日，由县文化市场综合执法大队、工商局、公安局、广电网络大田分公司部门组成联合执法检查组，对非法卫星接收设施市场开展联合执法整治，检查建设、广平等乡镇的家电销售、维修市场，暂扣违法商户非法销售的卫星地面接收天线、接收机、高频头等设备，并对商家、群众进行宣传教育。

（严序雄）

地方志工作

【概况】 2014年，大田县地方志编纂委员会办公室重点做好二轮修志，抓好综合年鉴编纂、出版、发行及其他各项工作，服务全县科学发展、跨越发展。

二轮县志编修 2月，县方志办《大田县志（1993—2008）》总纂稿报送省、市初审。6月，召开省、市、县三级评审会。会后，依评审意见组织力量对志稿进行修改、补充。

综合年鉴编纂 2014年，县方志办年鉴编纂一是凸显地方特色，从篇目、内容等方面进行创新，在封面、封底及彩图设计编排中，围绕全县大事、要事、特事和各行各业的亮点进行选定，增强年鉴的可读性、针对性、艺术性。增加县四套班子工作类目“综述”内容，对个别类目、分目标题进行修改提炼，规范书眉、图表等。二是审校力求严谨准确，实行“五四三”工作方法，即做到编辑、协纂、副主编、总纂、主编“五级编审”，协纂、副主编、总纂、主编“四级审改”，一稿、二稿、三稿和承编单位、编委会成员、职能部门审查“三稿与三次审查制度”。在“压”“保”“增”三字上下足功夫。即压水分、压广告、保基础信息、保基本资料，有选择地适当增强记述深度。

（潘 梅）

【志稿评审会召开】 6月25—27日，《大田县志（1993—2008）》省、市、县三级志稿评审会在县龙山宾馆召开。省方志委市县志辅导处处长吕秋心一行四人、市方志委主任黄荣发一行五人、各县（市、区）方志办领导、同行，副县长戴绍松、县直有关单位负责人和县方志办全体人员等共50余人参加。县委书记汤俊生看望与会人员。戴绍松致辞，主编詹文批做县志编纂工作汇报，黄荣发做讲话。设综合类、经济类和社会事业类分3个小组对志稿进行评审。与会专家、学者评价大田修志工作启动迟、进度快、质量好。

（潘 梅）

【《大田年鉴(2013)》出版发行】 10月，《大田年鉴（2013）》由方志出版社出版公开发行，印刷800册。

（潘 梅）

【《大田年鉴（2014）》送交出版】 12月，《大田年鉴（2014）》完成编纂任务，交付出版社出版。全鉴部类31个、类目186个，条目1016个，约58万字。

（潘 梅）

【旧志整理点校】 2014年，县方志办继续进行明朝、清朝版《大田县志》点校。明朝版是万历三十九年（1611年）知县刘维栋主修，全志31卷，约10万字。清朝版是康熙二十四年（1685年）知县叶振甲主修，全志31卷，约10万字。

（潘 梅）

档案工作

【概况】 2014年，县档案馆馆藏档案资料4.78万卷（册），其中档案4.06万卷、资料7175册；政府信息公开中心接收已公开现行文件1382份，其中纸质853份、电子版529份。抢救重点档案6卷、756页。接待查档1733人次、查阅档案1185卷次。完成馆藏建国初期土地所有权证档案专题目录数据录入3.9万条目。

（李建忠）

【“国际档案日”宣传活动】 6月9日，县档案馆在“国际档案日”向全县各乡镇、县直机关发送“走近档案”宣传手册300份；在城区、华兴等乡镇张贴《档案知识普及宣传挂图》；通过移动网络向机关、企事业单位领导和档案工作人员发送短信1800多条。

（李建忠）

【综合档案馆建设】 2014年，县档案、图书馆和新闻广电中心建设项目完成主体施工和立面装修，其中综合档案馆建筑面积3241平方米。申报“原中央苏区县”国家专项补助资金经国家发改委批准，到位资金495万元。

（李建忠）

【档案人员培训】 2014年，县档案学会发展新会员43名。组织赴三明参加全省档案人员持证上岗培训11人，参加全省档案人员持证上岗验证55人，参加全省重点建设项目档案管理培训班学习9人。

（李建忠）

【档案指导工作】 2014年，县档案局指导9个乡镇、28个机关单位开展当年立卷工作和工商、质监等机构行政体制调整档案移交；进行档案登记单位44个，其中县直机关单位15个、乡镇8个、企事业单位21个。与县重点办联合发出《关于加强2014年度重点建设项目档案工作的意见》，指导县中医院迁建等2个省级及校安工程建设等11个市、县重点建设项目的建档，县自来水公司、供电公司、建行等15家国有企业和完善学籍、金融信贷、医疗保险中心档案管理。经市档案局组织验收，县职专为省一级档案工作规范化管理单位，县农村社保中心为社保业务档案管理省级达标单位。

（李建忠）

广播电视

【概况】2014年，大田县广播电视台围绕县委、县政府中心工作，开辟新闻专栏，办好专题节目，做好宣传工作。一是转播好中央、省、市广播节目，办好大田新闻。全年转播上级广播节目5475小时，其中，新闻资讯类1217小时20分钟，专题服务类1611小时45分钟，综艺益智类2524小时15分钟，其他节目121小时40分钟。广播播出县新闻稿件1000件，被省、市电台采用265件。二是以《大田新闻》为中心节目，继续办好《岩城经纬》《健康同行》《警方在线》等专题节目；5月，配合县委政法委开办《法制大田》栏目；7月，与县林业局合作开办《绿色大田》栏目；10月，与县人口与计生局合作开办《人口与计生》栏目；还分别与物价局、供电公司、科协合作开办《价比三家》《电力之窗》《科普新说》栏目。全年共播出电视专题132期，共制作播出电视新闻1765条，其中省台采用95条、市台采用120条。三是拍摄制作“教育实践活动工作开展情况汇报”“创建省级文明县城”“创建国家级生态乡镇”“‘十百千’重点项目推进情况汇报”等6个专题汇报片，制作创城督查、效能督查等系列纪录片，配合制作播出各类通告和公益广告180多期。年底，内设办公室、总编室、新闻部、技术部、广告部5个部室，在编干部职工25人。

（徐刚毅）

【广播作品获奖】 2月，县广播电视台涂智靖、陈小琼主创的专题《吴吟：叩响世界顶级钢琴学府大田第一人》和蔡莉萍、官辅圣主创的短消息《荣誉也能换来“真金白银”》分别获2013年度“三明广播电视新闻奖·广播类”二、三等奖。

（徐刚毅）

【电视稿获省、市奖】 3月，县广播电视台涂智靖、柯兴攀、郭绵韧创作的《谁来给农村老人养老？》获第十六届福建电视艺术奖纪录片三等奖，是县台自主选送并获奖的首个电视作品。评论《谁来给农村老人养老？》和长消息《吴吟：叩响世界顶级钢琴学府大田第一人》，分别获2013年度三明广播电视新闻奖·电视类二、三等奖。

（徐刚毅）

【首次全程直播】 9月2—10日，县广播电视台在县体育馆举办的2014年“浩沙杯”全国艺术体操锦标赛期间，利用4台高清摄像机和1架摇臂，首次全程直播赛事全况，居民在家即能观看比赛盛况。之前该台购置直播相关设备，投入近10万元。

（徐刚毅）

【广播电视安全播出】 2014年，县广播电视台做好全县广播电视节目安全播出工作，全年安全播出电视9702小时、广播5475小时，转播中央电视台第一套电视节目8760小时、福建电视台公共频道电视节目851小时，自制节目电视播出93小时、广播52小时。全年无发生非法信号入侵破坏现象，广播电视节目安全播出无事故。

（徐刚毅）

【电视播音作品获奖】 2014年，县广播电视台选送的周富健和刘娉婷电视播音作品分别获2013年度三明广播电视播音与主持作品奖二、三等奖。

（徐刚毅）

【《大田古堡》央视节目播出】 2014年，中央电视台《地理中国》栏目组到县实地采风，制作纪录片《大田古堡》2集共45分钟，在中央电视台第七套节目播出，对县土堡进行专题报道。

（徐刚毅）

【省台直播大田节目开通】 2014年，福建电视台公共频道《福建农村新闻联播》开通直播大田节目，全年播出反映大田县重点工作动态、风土人情的新闻126条。

（徐刚毅）

群众体育

【概况】 2014年，县先后举办八市县（区）乒乓球邀请赛，三明、泉州两地四县篮球赛，第二十九届“岩城杯”篮球赛等群众性体育赛事30多场。县体育文化中心投入运营，赤岩社区列入省体育局2014年城市社区多功能运动场地建设名单。

（陈继棉　郑时义）

【参加市第二届体育舞蹈锦标赛】 4月19—20日，县组队参加在三明市举行的“福晟杯”2014年福建省全民健身运动会暨三明市第二届体育舞蹈锦标赛，获得金牌、银牌各21枚、铜牌14枚。

（陈继棉　郑时义）

【参加市职工羽毛球公开赛】 4月25—27日，县组队参加市2014年福建省全民健身运动会三明市职工羽毛球公开赛，获得甲级、乙级混合团体赛2项冠军。

（陈继棉　郑时义）

【八市县(区)乒乓球邀请赛】 5月10—11日，由县文广局主办，乒乓球协会承办的“八市县(区)乒乓球邀请赛”在县体育馆举行，共有三明、永安、德化、永春、安溪、南安、惠安、大田等8支代表队、30多名选手参赛。三明、南安、安溪代表队分获男子团体前三名。

（陈继棉　郑时义）

【“五一”体育活动】 “五一”期间，县总工会举办全县职工乒乓球赛，有27支代表队、215名运动员参加；县文广局等部门组织职工开展登山、自行车、拔河、球类、棋牌等活动80余场、1.6万人参加。

（陈继棉　郑时义）

【“信用社杯”青年趣味运动会举办】 5月29日，县委宣传部、团县委、教育局联合在县教育局运动场举办全县“信用社杯”2014年机关青年趣味运动会，有15支代表队、200名选手参加。共设背夹球、一分钟集体跳绳、传球接力等5个竞赛项目，经角逐，鸿图中学代表队获一等奖，大田职专、一中代表队获二等奖，大田五中、格林集团和供电公司代表队获三等奖。

（严景业）

【第二十九届“岩城杯”篮球赛】 7月20—30日，由县文广局主办的第二十九届“岩城杯”篮球比赛暨第九届群星俱乐部篮球联赛在县刑侦大队、烤烟厂篮球场举行，参赛的28支代表队分甲、乙、丙3个组别。电力、腾宇、公安代表队获甲组前三名，东源、汇峰、前坪代表队获乙组前三名，均溪、美的、纪委代表队获丙组前三名。

（陈继棉　郑时义）

【“大体操”培训基地合作协议签订】 9月5日，2014年“浩沙杯”全国艺术体操锦标赛在县体育馆举办，国家体育总局体操运动管理中心主任罗超毅与县长熊旭明在开幕式上，签订“中国体操协会大田县大体操培训基地”合作协议，并举行大体操进校园进社区启动仪式。

（张春珍）

【2014年全国艺术体操锦标赛】 9月，由国家体育总局体操运动管理中心、中国体操协会主办，福建省体育局、大田县人民政府、浩沙集团承办的2014年“浩沙杯”全国艺术体操锦标赛在县体育馆开赛，这是全国艺术体操锦标赛首次在县级城市举办，也是县首次承办国家级大型赛事。有国家队及12个省队参赛，设团体赛、全能赛和单项决赛。项目有成年集体10棒、3球2带；少年集体5圈、10棒；成年个人圈、球、棒、带4项；少年个人绳、圈、球、棒、带5项。经5天10场比赛争夺21枚金牌，

还设立艺术表现奖、创新奖、成套动作编排奖和表演节目优胜奖。

（陈继棉　郑时义）

【四县篮球邀请赛】 10月31日—11月2日，县文广局主办的“四县篮球邀请赛”在县体育中心篮球馆举行，德化、永春、沙县、大田4支代表队参赛。经过角逐，永春、德化、大田、沙县代表队分获一、二、三、四名。

（陈继棉　郑时义）

【韩国篮球队到县交流】 11月17日，韩国群众体育交流团篮球代表队到县开展文化探访和体育交流活动。市体育局局长张清水陪同篮球队一行参观均溪镇许思坑村的全国重点文物保护单位芳联堡和县体育文化中心。当日上午11时，交流团篮球代表队与县篮球队进行友谊赛。该活动始于2001年，是一项传统性双边群体交流项目，每年举办1期。此次活动由国家体育总局对外体育交流中心、省体育总会承办。

（陈继棉　郑时义）

【县体育文化中心管理创新】 2014年，县体育中心运营管理采取“一馆多制”创新模式，即游泳馆推向市场，羽毛球、气排球和乒乓球馆由各个协会管理使用，老人专用场馆向县老体协免费提供，篮球馆、田径场由县文广局管理。在场馆运行中，巧用“变脸”方式，对老体协专用场地当好服务员，对协会管理场地当好监督员，同时，通过与交巡警合作共建、组织老年人劝导队、聘用物业管理人员等方式，组建多支管理队伍对场馆运作进行管理。

（陈继棉　郑时义）

体育训练与竞技

【概况】 2014年，县文广局以县少体校为龙头，加强体教结合，提升竞技体育水平。县组队参加6场市级比赛，获得1至6名49人。

（陈继棉　郑时义）

【市武术竞赛获奖】 4月26—27日，县少体校组队参加2014年度市武术竞赛，获团体总分第二名，其中第一名6人、第二名8人、第三名4人。

（陈继棉　郑时义）

【市羽毛球比赛获奖】 5月10—11日，县少体校组队参加市羽毛球比赛，获团体总分第四名。田园、邱文昕、郑诗韵分获女子丙组单打第二、三、五名；陈永锐获男子丙组单打第五名。男子团体甲组、乙组、初中组分获第四、三、五名；女子团体乙组、甲组分获第四、六名。

（陈继棉　郑时义）

【市中小学乒乓球比赛获奖】 5月16—18日，县少体校组队参加在三明下洋体育健身中心举办的市中小学乒乓球联赛暨少儿乒乓球锦标赛。男子团体小学甲组、乙组和初中组分获第二、二、三名；女子团体小学乙组获得第四名；男子单打小学甲组戴志坚、涂建森分获第二、三名；男子单打初中组邱国栋获第六名；女子单打小学甲组陈梓琬获第五名。

（陈继棉　郑时义）

【市少年儿童举重锦标赛获奖】 7月6—7日，县少体校组队参加市少年儿童举重锦标赛，获团体总分第四名，其中甲组第二名3人、第三名1人；乙组第一名、第二名各2人；丙组第一名1人、第二名2人。

（陈继棉　郑时义）

【施生倬残疾人羽毛球赛获奖】 7月5—8日，县残疾人运动员施生倬在贵州举行的2014年全国残疾人羽毛球公开赛中，获得男子站立（BMSTU）5级单打金牌、与另一名队友合作获双打铜牌。

（严景业）

【市儿童篮球锦标赛获奖】 7月25—28日，县少体校组队参加市儿童篮球锦标赛暨中小学生篮球联赛，获得第五名。

（陈继棉　郑时义）

【市少年儿童跆拳道锦标赛获奖】 8月5—7日，县少体校组队参加在市体育馆举办的市儿童举重锦标赛，获团体总分第二名，其中甲组第二名1人、第三名2人；乙组第一名2人、第二名5人；丙组第一名3人、第二名1人。

（陈继棉　郑时义）

卫 生

□编辑 魏庆賜

医药卫生管理

【概况】 2014年，全县各类医疗卫生机构531家，其中，县级有县医院、中医院、疾病预防控制中心（卫生监督所）、妇幼保健院、卫生进修学校、社区卫生服务中心各1家，乡镇卫生院17家，民营医院有协和医院、民生医院、东南医院、平安医院4家，社会医疗机构17家（包括厂矿、学校及其他部门医疗室），社区卫生服务站8家，村卫生所（室）369家，个体诊所110家。全县公立医疗机构在编人员783人，其中，管理人员36人，卫生专业技术人员668人，财务、计算机等其他专业技术人员47人，工勤人员32人。乡村医生413人，个体医生115人，社区卫生服务站医疗卫生服务人员24人，社会医疗机构卫技人员51人。全县共有医疗卫生服务人员1386人，千人均3.43人。病床数1248张，每千人3.09张。医疗单位门诊人数55.51万人次、比上年增长3%，住院4.34万人次、同比增长0.93%，其中，县级医院门诊28.04万人次、同比下降1.23%，住院2.29万人次、同比增加7.01%；乡镇卫生院门诊27.47万人次、同比增加7.89%，住院2.05万人次、同比减少5.09%。全县医疗单位总收入1.96亿元(财政补助4688.71万元）、同比下降3.92%，其中，县级1.40亿元（财政补助2306.2万元）、同比下降4.11%；乡镇卫生院总收入5644.24万元(财政补助2382.51万元）、同比下降2.83%。全县医疗单位总支出1.91亿元，总结余510.74万元，其中，县级医院总支出1.38亿元，收支对抵结余133.23万元；乡镇卫生院总支出5266.74万元，收支对抵结余377.51万元。

（郭曾荣）

【公立医院改革】 2014年，县医院、中医院完善综合改革一是实行药品零差率。全年药品收入2718万元，让利患者407万元，药品收入占医药收入的25.78%。二是实行医院院长、医生年薪制。共核定工资总额5262万元、实发工资4489万元，院长年薪51万元。三是实行单病种付费。共完成871例单病种付费结算。四是控制医药费用增长，次人均住院费用县医院3962元，县中医院4026元，乡镇卫生院664元，均控制在市级标准以内。

（郭曾荣）

【基层医疗卫生机构第二轮改革】 1月，县政府印发《关于深化基层医疗卫生机构第二轮改革的实施意见》，一是建立完善的投入保障机制，县财政保障人员经费，年安排设备设施更新添置资金180万元、药品零差率补偿300万元，公共卫生服务补助经费全额拨补到位；二是人事管理制度改革，完善以县为主的管理体制，实行院长（主任）聘任制，完善基层专业人员招聘和聘用管理，简化招聘程序，适当放宽紧缺急需专业人员招聘条件；三是分配制度改革，通过增收节支提高医务人员待遇，允许年终收支节余提取80%作为二次分配，实行院长（主任）管理绩效奖励，在本单位人员平均工作绩效奖的3倍内发放。

（郭曾荣）

【高招征兵体检】 2014年，县医院等完成高招、征兵健康体检1.8万人次。

（郭曾荣）

公共卫生

【概况】 2014年，县卫生局加强对重点传染病的预防控制和公共场所、饮用水、餐饮服务等卫生监督，巩固卫生应急综合示范县创建成果，推进基本公共卫生服务项目，开展爱国卫生运动，保障人民群众身体健康。

基本公共卫生服务项目 2014年，全县累计建立辖区内居民健康档案28.59万份，建档率92.06%，健康档案合格率达85%；建立预防接种证8006人，建证率100%，各种单苗接种率均达95%。0—6岁儿童健康管理新生儿访视率95.8%，儿童健康管理率80.79%，儿童系统管理率75.89%；孕产妇健康管理92.56%，早孕建册率89.77%，产后访视率91.79%。65岁以上老年人3.2万人，体检2.7万人，体检率84.37%；高血压患者4.67万人，健康管理1.99万人，管理率42.61%，规范管理率95.68%；糖尿病患者2.41万人，健康管理5082人，管理率21.08%，规范管理率95.43%；重性精神疾病患者规范管理率97.23%。法定传染病疫情报告率、报告及时率、突发公共卫生事件报告率均100%；卫生监督协管信息开展100%。完成中医药健康管理2.41万人，其中，0—3岁儿童1.14万人，管理率47.3%，65岁以上老人1.27万人，中医药健康率52.7%。

疾病控制 2014年，县卫生局贯彻“预防为主”的方针，加强疾病防控工作。一是传染病疫情报告。全年共报告法定传染病17种1139例，死亡1例，报告发病率358.67/10万，报告死亡率0.31/10万，与上年相比报告发病率上升1.49%，报告死亡率下降49.92%。其中报告甲乙类传染病12种748例、死亡1例，报告发病率235.55/10万，报告死亡率0.31/10万，与上年相比报告发病率上升4.05%，报告死亡率上升0.16%。各病种发病情况分别为艾滋病5例，病毒性肝炎318例，痢疾12例，肺结核163例，猩红热3例，淋病99例，梅毒143例，流行性感冒3例，流行性腮腺炎10例，急性出血性结膜炎2例，伤寒、流脑、百日咳、钩体病、疟疾各1例，其他感染性腹泻52例，手足口病324例。计划免疫控制的相应传染病均控制在部颁标准以下。二是免疫规划常规接种。全年报告出生儿童7217人，建卡率100%。规划疫苗接种卡介苗基础免疫99.97%（6739/6741），脊灰疫苗免疫99.96%（23040/23049）、加强免疫99.92%（5260/5264），百白破基础免疫99.96%（23705/23715）、加强免疫99.97%（7803/7805），麻风疫苗基础免疫99.96%（7984/7987），麻风腮疫苗加强免疫99.98%（8160/8162），白破二联苗加强免疫99.95%（3964/3966），乙肝疫苗基础免疫99.99%（23221/23224），其中第一针及时率99.81%（7203/7217），乙脑基础免疫99.95%（8154/8158）、加强免疫99.96%（8143/8146），流脑基础免疫99.94%（16190/16200）、A+C流脑加强免疫99.92%（9035/9042），甲肝疫苗免疫接种率99.96%（8041/8044）。三是免疫规划统一接种。4月，开展脊灰麻疹疫苗查补免疫活动，其中，麻疹类疫苗接种率98.65%（439/445），脊灰疫苗接种率99.07%（319/322）。四是重点传染病防控。全年新增艾滋病（HIV）感染者和病人9例。各类人群HIV抗体和梅毒抗体检测302人，检测结果HIV抗体阳性3例；看守所在押人员血清检测270份，均为阴性。全年报告手足口病316例，开展专题分析4期，采集疑似手足口病标本61份，检测结果肠道病毒EV71型阳性12份、CVA16阳性18份、其他肠道病毒阳性11份、阴性20份。全年新登活动性肺结核病人159例，涂阳81例，涂阳率50.9%，其中新发涂阳78例。对非住院肺结核患者实行全面督监化学治疗（DOTS）策略人口覆盖率100%，归口转诊符合率39.76%（101/254），病人管治率、督导与访视率均100%，新涂阳肺结核病人的发现率75%、治愈率85%。

卫生监督 2014年，全县重点做好餐饮服务、公共场所、饮用水卫生和职业卫生监督监测工作。一是卫生许可。全年共受理餐饮服务行业预防性审查149家，验收140家；新发餐饮服务许可证263家、延续145家、变更5家、注销13家、不予许可3家，餐饮服务单位持证率99.77%（858/860），从业人员健康体检3440名，体检与培训合格率100%。全年共受理公共场所预防性审查28家，验收22家；发放公共场所卫生许可证35家、延续7家、变更3家、注销2家、复核44家，发证率100%；完成从业人员体检与培训1103人，未发现痢疾、伤寒、病毒性肝炎、活动期肺结核、化脓性渗出性或接触性皮肤病等“五病”人员，体检与培训率100%。监督各类公共场所经营单位627户次，监督覆盖率100%。二是量化分级。餐饮服务食品安全量化分级动态等级评定849家，其中优秀10家、良好264家、一般575家，年度等级评定546家，其中A级单位1家、B级94家、C级451家。公共场所卫生监督量化分级管理评定235家，其中A级8家、B级30家、C级197家。三是卫生监测。抽检各类食品100份，合格率100%；餐具消毒效果监测754户次5864份，合格率86%（5043/5864）；开展公共场所卫生监测200户，监测覆盖率68%（200/294）；公共用品监测187户次、样品1032份，合格率77.8%；集中式空调监测7户次、样品40份，合格率50%；游泳池水监测11户次、样品55份，合格率45.45%。四是卫生体检。完成餐饮、公共场所从业人员健康体检4543名，体检与培训合格率100%；职业危害接触人员健康体检2458人，体检率79%。五是案件查处。全年共办理一般程序卫生行政处罚案件25件，其中餐饮服务2件、公共场所9件，医疗市场管理14件，处罚金额18.14万元。六是重大卫生保障。全年共出动卫生监督员和医护人员205人次，开展“浩沙杯”2014年全国艺术体操锦标赛、高山茶文化节、高考期间食品安全保障检查等7次。

卫生应急　2014年，县、乡两级医疗卫生机构储备应急设备、救治药品、消杀灭药品、个人防护物品、监测检验设备等物资328万元。组建医疗救治队、疾病控制队、卫生监督队等三支卫生应急队伍共46人，分工负责相应的应急工作；成立县突发公共卫生事件专家咨询委员会，下设医疗救治组、疾病防控组、卫生监督组；组建突发公共卫生事件专家库，由54名专家组成。加强突发事件公共卫生风险评估，制定《突发事件公共卫生风险评估工作实施方案》，明确风险评估组织机构与职责，评估方法与流程，并成立风险评估专家组。3月，县卫生局组织人感染H7N9高致病性禽流感防控桌面演练1场，县疾控中心、县医院等单位相关专业人员参加35人。

8月19—22日，对桃源镇、广平镇部分村庄开展救灾防病应急处置，共对300多幢受淹房屋约3.1万平方米的内外环境进行消杀处理，发放宣传资料3000余张，采集并监测水样2份。9月10日，在南湖针织厂对面福塘片区出现44户自来水浑浊事件进行调查处置，调查确认该片区住户的饮用水除市政供水外，还擅自将自建供水接入市政供水管道，出现水质浑浊，经跟踪验收，供水安全隐患消除。

当年，县医院共接到急诊电话2268个，“120”救护车出诊1486次，派出医护人员1486人次，危重病人抢救成功率97%，各类意外伤害得到及时和妥善诊治。

妇幼保健　2014年，县妇幼保健工作坚持保健与临床相结合、预防为主的方针，加强儿童和孕妇系统管理。一是孕产妇系统管理。全县分娩产妇8474人，活产数8547人，产前检查8185人，产检率96.59%，孕产妇系统管理7580人，系统管理率89.45%，产后访视8200人，访视率95.94%，住院分娩率100%，剖宫产1019人，剖宫产率11.92%，全县高危筛查2670人，占产妇总数31.51%，高危产妇管理2670人，高危管理率100%，高危产妇住院分娩2670人。孕产妇梅毒检测6760人，检测率79.77%，感染5人，感染率0.07%，孕产妇死亡3人，死亡率0.35‰，无发生新生儿破伤风。二是儿童系统管理。全县共有7岁以下儿童4.35万人，体检4.15万人，体检率95.46%，其中3岁以下儿童数2.3万人，系统管理2.18万人，管理率94.76%。共筛查出高危儿1364人，约为3.13%，专案管理率100%。全县低出生体重儿212人，发生率2.48%，出生缺陷儿19人，发生率2.22‰，死胎死产12人；早期新生儿死亡33人，围产儿死亡率5.26‰；新生儿死亡36人，死亡率4.21‰；婴儿死亡59人，死亡率6.90‰；5岁以下儿童死亡72人，死亡率8.42‰。三是新生儿听力和疾病筛查。全县听力应查8547人，筛查8142人，筛查率95.26%，无发现听力障碍。新生儿疾病应查8547人，疾病筛查6222人，筛查率72.80%，筛查出先天性甲状腺功能低下症5人，未筛查出苯丙酮尿症。四是婚前医学检查。当年，全县结婚5670对，婚前检查5570对，婚检率98.24%。其中，男婚检、HIV筛查5570人，建议暂缓结婚32人，暂缓率0.57%，尊重受检者意愿918人，检出各类疾病546人，患病率9.80%；女婚检、HIV筛查5570人，建议暂缓结婚11人，暂缓率0.20%，尊重受检者意愿752人，检出各类疾病839人，患病率15.06%。查出的各类疾病均给予相应的治疗及指导。五是托幼机构卫生保健。定期开展全县托幼教师和0—7岁儿童每年1次健康查体工作，全县共有托幼园所46所，入托儿童1.35万人，体检1.3万人，体检率96.30%，其中患严重营养性疾病85人，管理85人，已转归40人，对检出疾病和缺点的儿童进行矫治。托幼机构保育员240名，教养员720名，炊事员85名，保安人员50名，保健人员28名。为幼教人员验发健康证1123本。

当年，实施妇幼重大公共卫生服务项目，农村孕产妇住院分娩补助2479人，发放补助款99.16万元；为农村育龄妇女增补叶酸预防神经管缺陷2362人次，叶酸服用率27.87%。为城乡低保妇女免费妇科病普查1215人，查出的各类疾病大部分得到相应的治疗；进行农村孕妇和城市低保孕妇免费产前筛查诊断，对怀孕15—206周的孕妇采血筛查、怀孕18—24周的超声初筛共2841人，血清检出高风险84人，彩超查出异常478人，建议到上级医院进一步诊治。

爱国卫生 2014年，县爱国卫生围绕推进创建省级卫生县城，持续省级文明县城、卫生县城和国家生态县城“双城同创”，一是在4月和9月统一开展环境卫生整治2次。二是4月全县开展以“清洁家园、除害防病、促进健康”为主题的第27个全国爱国卫生月活动。三是9月在城区开展大规模的蚊蝇蟑消杀和灭鼠活动，投放溴敌隆鼠药2.5吨。四是实施农村改水改厕，农村自来水普及率98.96%、无害化厕所普及率91.62%。

（郭曾荣 肖其富 马晓红 黄骄莲）

【健康宣传教育】 2014年，县卫生局与县电视台联办《健康同行》栏目，每半个月播出1期，每期15分钟，共播出24期；全年开展各种卫生宣传日（周）活动13场次，接受公众健康咨询8000余人次；开展健康培训与讲座350余场，受教育6000余人次；健康教育宣传栏出刊370期，印制并发放健康教育材料13万份，完成居民基本健康知识与行为调查1800份，重点人群卫生防病知识调查300份。

（郭曾荣 肖其富）

新型农村合作医疗

【概况】 2014年，全县不断完善新型农村合作医疗政策措施，加强定点医疗机构监管，规范运作和基金补偿。参加城乡居民基本医疗保险31.6万人，参保率97.64%。中央、省、市、县财政对参合农民的人均补助总额由330元提高到390元；全年筹集资金1.23亿元，纳入县财政新农合基金专户管理。其中，各级财政补助1.01亿元，农民个人缴纳2211.96万元（含县财政为全县2.59万名农村低保户、五保户等特殊人员统筹支付的个人参合资金181.41万元），各级财政补助和农民个人参合资金收缴率100%。

（郑启祥）

【新农合医疗政策调整】 2014年，县新农合执行全市统一的基金统筹补偿标准。普通住院一级医院起付线80元，80元—300元部分补偿比例60%，300元—800元部分补偿比例95%，800元以上部分补偿比例80%；二级医院起付线400元，400元—4000元部分补偿比例85%，4000元—6000元部分补偿比例80%，6000元以上部分补偿比例75%；三级医院起付线600元，600元—4000元部分补偿比例50%，4000元—8000元部分补偿比例60%，8000元以上部分补偿比例80%；统筹区外定点医院起付线600元，600元—4000元部分补偿比例40%，4000元—8000元部分补偿比例50%，8000元以上部分补偿比例70%。全年基金补偿封顶10万元。开放27个特殊病种门诊补偿，不设起付线，补偿比例分70%和80%两档，全年基金补偿封顶0.2万元—10万元不等；普通门诊不设起付线，补偿比例60%，次均补偿封顶40元，全年基金补偿封顶120元/人。一个年度内发生的政策范围内自付费用（全年累计政策范围内费用扣除住院、特殊病种门诊统筹基金补偿金额）纳入大病补充补偿范围，实行分段补偿，起付线6000元，0.6万元—2万元部分补偿比例65%，2万元—4万元部分补偿比例75%，4万元以上部分补偿比例85%，全年补充补偿封顶22万元。

（郑启祥）

【新农合医疗补偿】 2014年，全县新型农村合作医疗住院费用补偿4.72万人次，总费用1.97亿元，基金补偿9633.58万元，次均补偿2040.45元，实际补偿率48.93%。特殊病种门诊费用补偿6.52万人次，总费用1429.07万元，基金补偿981.24万元，次均补偿150.51元，实际补偿率68.66%。三是普通门诊费用补偿9.59万人次，总费用524.86万元，基金补偿252.03万元，次均补偿26.27元，实际补偿率48.02%。大病住院补充补偿7104人次，基金补偿1047.56万元，次均补偿1474.6元。

（郑启祥）

【新农合基金支付】 2014年，全县新农合共支出基金1.18亿元，其中系统补偿支出1.09亿元，比上年增长15.80%，提取补充补偿基金947.98万元，同比增长5.45%。当年收支结余508.95万元，基金使用率95.87%。

（郑启祥）

医院建设

【概况】 2014年，全县各医疗卫生单位结合实际，多方筹集资金，完善基础设施建设项目，添置先进医疗设备，改善县、乡两级医疗服务环境，强化科学管理。一是县级医疗机构县中医院迁建项目，完成门诊楼、医技楼、病房楼地下室及地上主体工程的部分装修，总建筑面积2.96万平方米，投资1.09亿元；县卫生监督所综合楼建设项目，六层主体工程竣工并投入使用，总建筑面积1750平方米，投资550万元；实施县妇幼保健院搬迁中医院旧址项目，完成改造设计。二是乡镇卫生院建设项目，当年，完成建设、济阳、吴山卫生院改扩建和环境改造，其中建设卫生院病房综合楼改扩建1420平方米、济阳卫生院新门诊综合楼加层270平方米、吴山卫生院环境改造750平方米，总投资390万元。扶持桃源卫生院8月19—22日特大暴雨洪涝灾害后楼房和场所修建，投资51.5万元。

（郭曾荣）

【卫技人员公开招聘】 8月，县卫生系统经公开招聘，共录用卫生专业技术人员39人，其中县直医疗卫生单位29人，乡镇卫生院10人。委托省内医学高等院校培养县内医学本科生8人，大专生10人。

（郭曾荣）

【卫生信息化建设】 2014年，县医院、县中医院完成电子病历和慢性病管理接口改造，实现与省级平台数据上传、共享等功能；县中医院更换福州亿能达公司医院信息管理系统（HIS）1套，功能更加齐全；实施村卫生信息化建设项目，完成省卫生厅为全县207个村卫生所配备207套电脑、读卡器、针式打印机等终端设备安装，通过VPDN方式接入政务外网，与全省基层医疗卫生信息系统互联互通。

（郭曾荣）

【医疗设备添置】 2014年，县医院投入123.58万元购置医疗设备，其中，支撑喉镜1台1.9万元、根管动力系统1套1.9万元，血液透析滤过机2台45万元，孕产妇危重症监护救治网络建设设备25万元，超声切割止血系统1套49.78万元；县妇幼保健院投入343万元，购置高端彩超（VoIusonE8）1台228万元、全自动大生化仪（Cobas C501）1台115万元；均溪、建设、广平、上京、桃源等乡镇卫生院投入129万元，分别添置彩色B超1台、全自动血球仪4台、X光机1台等医疗设备。

（郭曾荣 吴培源 余小芳 马晓红）

【医疗新技术引用】 2014年，县医院引进3项医疗新技术，完成病例24个。一是内二区的小导管行微创手术5例（请会诊手术1例，本院做4例），其中闭合性气胸4例、交通性气胸1例，无转外科行大管胸腔闭塞引流病例，无出现术后并发症，临床治愈率100%，术后1个月回访恢复。二是外一区肩关节镜治疗肩袖破裂共2例（L型巨大破裂和部分破裂各1例），在肩关节镜下行肩峰成型及肩袖破裂修补术，巨大破裂例术中辅经小切口行肩袖破裂缝合术，无出现并发症。术后疼痛较传统开放手术明显减轻，临床治愈率100%，术后3个月回访肩关节疼痛完全缓解、大部缓解各1例，关节功能优1例。三是五官科鼾症全麻手术治疗17例，其中小儿6例、成人11例。小儿予行扁桃联合腺样体切除手术，成人行扁桃体及腭咽成形手术，均取得良好效果，术后打鼾均有改善，小儿效果较明显，术后随访半年至1年，临床好转率100%，小儿治愈率100%，成人治愈率60%。

（余小芳）

医学教育与科研

【概况】 2014年，全县选送医务人员参加上级医院进修24人次，组织在职人员报名参加医学通讯继续教育341人、网络医学继续教育245人，参加各种短期培训、学术交流等61人次；获得护士执业资格28人、执业医师资格30人、执业助理医师资格25人，初级职称75人、中级28人、高级12人。三明职业技术学院大田卫校教学点招收2014级护理专业1个班、50人，学制3年。7月，县卫校2011届护士班毕业38人。年底，县卫校在校全日制护理班3个、138人。

当年，全县卫生医疗机构，医务人员在省级以上医学刊物发表科研论文18篇，其中在省《现代医药卫生》《青岛大学医学院》《中国农村卫生》《健康导报医学板》各1篇，在国家《世界最新医学》3篇、《海峡预防医学杂志》2篇，《中国卫生产业》《中国伤残医学》《健康世界》《中国医药指南》《医师在线》《中国实用医药》《当代护士》《中国当代医学》《医药前沿》各1篇。

（郭曾荣）

红十字会

【概况】 2014年，县红十字会开展人道主义救灾、救助、救护工作，提高备灾救灾能力，完善红十字会网络建设，加大筹资宣传力度，推进社会救助活动。在影剧院门口组织3次无偿献血活动，参加2106人次，献血量73.5万毫升；全年受理城镇居民（低收入家庭和低保家庭）申请大病救助103例。接收省红十字会救援物资价值2.18万元，发放到文江乡大安、联盟、温厝村和屏山乡杨梅村等4个村532户受灾户。组织43名建筑安全员参加市红十字会举办的建筑工地安全员复训班，经考试合格取得救护员证书。开展社会募捐活动，县红十字会在新华都超市、龙山宾馆、金谷酒家、杏花村酒家等公共场所设置捐款箱5个，当年收集募捐款3015.40元。县城关第一小学被县红十字会、县教育局确定为红十字体验式生命教育示范学校，开展“珍爱生命、快乐学习”体验式主题活动。

（陈之垅）

社会生活

□编辑 魏庆赐

人口和计划生育

【概况】 2014年，大田县贯彻省、市人口和计划生育工作会议精神，坚持计划生育基本国策、党政一把手负总责、计划生育一票否决制“三不变”，做到责任、措施、投入、落实到位，统筹解决人口问题、推动人口计生工作平稳健康发展，较好地完成市下达的年度人口计生责任目标和任务。当年，全县总人口38.82万人，人口出生8547人，自然增长率11.67‰，出生人口符合率86.7%，出生人口女、男性别比100:109。3月，县计划生育协会被省计划生育协会评为三类先进单位；大田县被市政府评为计划生育依法行政工作先进单位，县计生协会被评为创优工作先进单位。

（陈淑丹）

【人口和计生工作会议】 2月8日，县委、县政府在县影剧院召开全县人口计生工作会议，县委副书记廖金辉主持，县委书记汤俊生做讲话，县纪委书记张勇民宣读表彰决定，副县长陈钦梅做主题发言，县人大常委会副主任，县计生协会会长温如校做计生协会工作专题发言，会上表彰了2013年度人口和计划生育工作先进单位。

5月26日，县委、县政府在龙山宾馆七楼会议室召开全县人口计划生育形势分析暨宣传服务月活动动员会，县人口计生领导小组正、副组长，成员单位正职领导，各乡（镇）党委书记、分管计生领导、计生办主任、服务所所长，东风农场场长、计生办主任；永安煤业上京分公司计生办主任、计生专干；县人口计生巡回法庭负责人等100多人参加。会议由县纪委书记张勇民主持，副县长陈钦梅总结分析前阶段人口计生工作情况、安排部署年内人口计生和宣传服务月活动工作，县委书记汤俊生讲话。

10月14日，计生工作务虚会在县人口计生局六楼会议室召开，县委副书记廖金辉主持，副县长陈钦梅、县人口计生领导小组部分成员单位领导、计生局股级以上干部共40人参加，廖金辉作县人口计生工作存在难点问题的发言。

10月17日，全县人口计生工作推进会在石牌镇政府二楼会议室召开，各乡（镇）分管计生领导、计生办主任，服务所所长、计生协会秘书长，县人口计生局股级以上干部、县人口计生巡回法庭负责人等100多人参加。会前与会人员参观了石牌镇长溪村计生自管工作和计生档案资料管理。副县长陈钦梅主持会议并讲话，石牌镇领导介绍计生工作经验，县人口计生局局长周家好部署计生工作。

（陈淑丹）

【计生干部业务培训】 5月7—8日，县人口计生局在六楼会议室举办全县计生干部业务培训，各乡（镇）分管计生领导、计生办主任，流动人口管理工作人员，城区和东风农场计生办主任，永安煤业上京分公司计生专干及各乡（镇）计生协会秘书长共100多人参加。副县长陈钦梅主持培训，聘请省卫生和计划生育委员会流动人口管理处处长龚凌、政策法规处主任缪长安，省机干校高级讲师汤小明，市人口计生委副主任许文盛，县人口计生局和计生协会股（室）负责人等讲授规划统计、政策法规、流动人口管理、责任目标考核细则及计生协会等业务知识。

（陈淑丹）

【市计生工作推进会在县召开】 6月19日，市计生工作推进会在县龙山宾馆七楼会议室召开，会前市委副书记余红胜带领与会人员参观县人口计生巡回法庭。副市长张丽娟，市人口计生委相关人员，各县（市、区）分管计生领导、计生协会会长、计生局局长，县领导熊旭明、张勇民、温如校、陈钦梅等50多人参加会议，会议由余红胜主持，副市长张丽娟讲话。

（陈淑丹）

【市领导到县调研】 11月4日，市人口计生委副主任许文盛、郑晓英一行12人，到吴山、屏山乡了解检查2014年度计划生育目标管理责任制完成情况，县委副书记廖金辉，宣传部部长章玲和县人大常委会副主任、县计生协会会长温如校及副县长陈钦梅等陪同调研。

（陈淑丹）

【流动人口管理与幸福家庭创建】 2014年，县人口计生局开展流动人口“便民维权服务年”活动，实行流动人口数字化管理、个性化服务，网格化管理、一站式服务和市民化管理、均等化服务“三管理三服务”，为流动人口提供维权、法律援助、免费优生健康检查、创业资金帮扶、生育关怀等服务114人次，该做法在5月21日《中国人口报》头版刊登。当年，实施幸福家庭创建活动，采取“幸福家庭加致富”链、“幸福儿童加成才”计划、“幸福母亲加健康”档案，提升计生家庭的发展能力，县投入帮扶资金910万元，建立帮扶基地21个、帮扶计生家庭发展生产、脱贫致富530户；为计生户孩子290人发放各类成才奖励金、免交学费100多万元，建立育龄妇女健康档案5762份，为育龄妇女检查身体和诊治各种疾病2万多人次，免交体检和药费162.8万元，该做法在国家《人口与计划生育》杂志第8期刊登。

（陈淑丹）

【生育关怀行动】 2014年，县人口计生局继续开展幸福工程、法律援助、计生家庭意外伤害保险等计划生育关怀项目，实施全国试点“生育关怀——防治寄生虫”项目，县、乡两级筹集生育关怀资金210万元，发放生育工程贴息贷款753万元；为1.11万户计生家庭办理意外伤害保险，投入资金55.5万元。免费孕前优生健康检查5820人，为计生家庭贫困92名女孩上学帮扶资金20多万元，补助慰问计生特殊家庭19户、资金44万元。6月19日，在海南省全国“生育关怀——防治寄生虫，促进健康行动”会议上作介绍。

（陈淑丹）

【计生法规宣传教育】 2014年，县、乡镇均成立计生志愿者宣传队伍，利用文化“三下乡”文艺晚会、广场文化等多种形式进行计划生育法律法规和相关知识宣传，在县电视台开辟《人口计生》节目，利用手机短信定期向育龄群众发送人口文化知识，元旦、春节期间发送短信、彩信5万多条。建立人口文化示范基地19个，印制计生宣传品3万多份，各媒体报道县人口计生工作新闻217条，其中，国家级媒体13条，《中国人口报》11条，省级40条，《人口之声》大篇幅报道7次，市级153条。

（陈淑丹）

【“两非”案件查处】 2014年，县建立完善打击非法鉴定胎儿性别、非法终止妊娠的“两非”长效工作机制。立案查处“两非”案件12件，结案11件。本地案源移交市公安局立案查处1件，处理相关人员9人，处罚金13.8万元，吊销执业医师证书1人，刑拘1人。

（陈淑丹）

民政工作

【概况】 2014年，大田民政工作坚持“上为中央分忧、下为百姓解愁”的宗旨和“以民为本、为民解困、为民服务”的民政工作理念。社会救灾救助水平稳步提高，继续做好双拥优抚安置，推进基层组织建设，规范各项社会事务管理，民政工作取得较好成绩。县民政局获2013年度县政府绩效考评二等奖、市民政局一等奖，被县委、县政府评为2013年度平安先进单位，局党支部被县委评为2011—2014年度先进基层党组织。

救灾救济 2014年，全县继续农村住房统一保险和自然灾害救灾救助责任保险，增加室内财产附加险。由省财政拨付保费88.15万元，为全县农村8.34万户住房统一投保，受灾民房每户最高赔偿1万元；市、县财政拨付保费48.32万元，把32.21万人自然人纳入自然灾害公众责任保险，因死亡每人最高赔偿10万元；市财政拨付保费8.34万元，室内财产被褥、服装、粮油、厨具、炊具等投保8.34万户，因灾每户最高赔偿1000元。全年受灾民房83户291人、房屋83座，财保公司理赔25.38万元；室内财产理赔8户，赔偿金额8000元。当年下拨救灾资金90万元、棉衣760条、应急包36个；为4个A类避灾点配备上下双人床架80床，棉被96条。落实市政府《关于加强城乡困难家庭临时救助工作的意见》，对因病、就医、突发灾害和其他原因造成暂时困难的家庭、给予非定期、非定量的临时生活救助，最高救助金5000元，全年，救助临时困难235人次、35万元。继续实施城乡困难群众医疗救助，6月，县政府下发《关于大田县城乡医疗救助实施意见的通知》，提高重病患者可报销范围内的医疗费用，城乡全面实行医疗救助"一站式"即时结算服务。全年救助2.2万人次、398.77万元，资助城乡困难居民残疾医保2.1万人、143.3万元。为城乡流浪乞讨人员提供食宿、帮助寻找亲人，救助223人次，其中购买车票或护送返回原籍19人，送流浪乞讨和重度精神病人（含智障流浪人员）到永安市同济医院（原三明市第四医院）救治21人。

城乡居民低保 1月起，全县农村低保标准由1900元提高到2100元，人均补助标准从120元提高至135元。建立农村五保供养标准与农村居民家庭人均生活消费支出挂钩的自然增长机制，五保户集中和分散供养水平分别由每月350元、410元提高到600元、466元，当年，共有农村低保对象3124户、8951人，发放低保金1571.77万元，月人均146元；城镇低保对象502户、1047人、发放328.28万元，月人均261元；农村五保户1160人，发放供养金653.6万元，月人均470元。

优抚安置 2014年，县委、县政府加强"双拥"工作领导，调整充实双拥领导小组人员，在春节，"八一"建军节、国庆节期间慰问驻军部队和625名重点优抚对象、发放慰问金22.8万元。将重点优抚对象1736名的身份证、户口簿、退伍证等和160名烈士的姓名、简历、牺牲时间和地点等信息录入信息系统，为烈士换发、补发证明书。按照国家民政部和省民政厅规定提高优抚对象生活补助标准，全年共发放重点优抚对象和农村60周岁以上退伍士兵抚恤补助金514.26万元，为驻军12名随军无工作家属发放生活保障金8.1万元，月人均675元；重点优抚对象447人，发放医疗救助金22.43万元，门诊医疗补助11.32万元，奖励义务兵优秀士兵116人、10.41万元，义务兵家属326户（农村300户、城镇26户）发放优待金348.24万元；为重点优抚对象529人体检，支付体检费15.87万元。接收2013年冬季退役士兵189人（农村160人，城镇29人），发放地方经济补偿金349.32万元。安置符合条件转业士官5人到乡镇工作，20人到县矿管局申报站工作，推荐退役士兵参加省退伍军人培训中心职业技能培训46人。当年，全县复查审核重点优抚对象，新增44人，自然减少63人；清理停止享受双重抚恤待遇12人，安排孤老重点优抚对象1人入驻县光荣院，选送在乡老复员军人到福建省荣誉军人医院疗养19人，为中华人民共和国成立前入伍有听力障碍的老复员军人7人配发助听器。

基层组织建设 2014年，全县落实省委办、省政府办《关于减轻基层组织负担的十条规定》，减轻村（居）负担。继续招募5名高校毕业生服务社区，派往南街、东门、镇东、玉凤、白岩社区居委会学习锻炼2年，参加社区服务和管理；对2012年、2013年招募的8名高校毕业生社区服务工作进行绩效考核。协调落实社区居委会工作人员财政性生活补贴。

殡葬改革 2014年，县民政部门贯彻中央、国务院办公厅《关于党员干部带头推动殡葬改革的意见》和全国殡葬工作会议精神。6月16日县政府印发《关于2014年大田县殡葬改革工作责任目标分解的通知》，将殡葬改革工作目标责任列入县政府单项工作责任考评。继续推行惠民殡葬政策，当年，县境内共火化遗体1857具，免除殡葬费188.76万元。其中，基本殡葬费每具1072元，共185.88万元；困难对象123人（城乡低保82人，农村五保34人，重点优抚和革命"五老"人员7人），免除项目2.88万元。处理公安立案侦查案件移送无名尸体5具，费用4.68万元。开展生态墓地专项整治工作，对铁路、公路（含高速路、国道、省道、县道）、河道两侧和水源保护区、风景旅游区、文化保护区、经济开发区、住宅区等"三沿五区"一重山乱建坟墓，加大旧坟治理力度。县民政部门制定《关于城乡公益性骨灰楼堂及公墓规划建设（2014—2016）》推动公益性骨灰楼（堂）建设。

社团管理 2014年，县民政局登记县内农村合作经济组织、科普作家、气排球、农业发展、银行业、生殖养殖、风景园林、体育舞蹈、足球、民用爆炸物品安全管理等各种协会及县诚信促进会、岩城书画院、华正义工联合会等社团13家；登记民办非企业单位建设镇小博士、红苹果幼儿园及康贝启智教育中心等3家。注销质量技术监督协会，安检社团131家、民办非企业单位37家，全部合格。参加评估社会组织82个。

勘界区划与地名 2014年，县勘界办继续开展乡级界线联检，6月，完成梅山—文江等7条乡级界线联检共84.75公里；继续联合开展平安边界建设，促进行政界线平安稳定。加强地名管理，依法命名均溪镇兴业路（凤山东路与兴田路交叉转盘处—秋竹新村—石牌镇老厝村部的道路），园区路（秋竹新村—闽中现代物流园—京口工业集中区的道路）；更名南山桥（原赤岩桥）、兴田路（原星华路）等地名。做好第二次全国地名普查组织动员、成立机构、搜集资料、制订方案、人员培训等各项准备工作。

老区扶建 2014年，省、市老区部门扶持县老区社会发展和农村基础建设项目11个，扶建资金45万元。其中，道路建设桃源镇广汤村、武陵乡武陵村和上岩村、太华镇坑头村、东风农场桂洋村、谢洋乡怀德村和仕福村各2万元，谢洋乡科里村1万元，武陵乡百束村黑兔养殖示范项目、华兴乡张墘村油茶新品种推广示范基地、吴山乡梓溪村道路建设各10万元。县财政对老区扶建每个项目配套补助1万元，共12万元。

（詹金花）

【残疾人补助】 2014年，县民政部门将听力、语言残障纳入重度残疾人救助范围，按统一标准每人每月补助生活费50元，全县共有重度残疾人6258人，发放补助金375.48万元。

（詹金花）

【慈善资助】 2014年，县慈善总会募集善款606万元，开展助医、扶贫、助学等，发放各类公益善款503.76万元，其中定向资助浩沙杯全国艺术体操锦标赛430万元；文江乡山芹村、昭文村道路混凝土铺设各4500元，均溪镇金岭村道路建设2万元；助学71人、65万元，助医9人、5.5万元，助孤3人3600元。当年，县政府给76名大学生一次性奖励18.2万元。

（詹金花）

【婚姻与孩子收养登记】 2014年，县民政局婚姻登记服务大厅办理结婚登记5569对，离婚登记486对，补发结婚证书623对、离婚证书31本，出具无婚姻登记记录证明3306份。办理孩子收养登记2件。

（詹金花）

【社会福利中心与敬老院建设】 2014年，县社会福利中心工程一期建设项目儿童福利院、敬老院、光荣院2、3号楼完成内外装修，投资2350万元。省民政厅补助吴山、奇韬、文江、华兴等4所乡（镇）敬老院每所90万元，共360万元，县财政配套资金各10万元、共40万元。建筑面积共2900平方米、配床位160张。实现乡乡有1所敬老院。

（詹金花）

【农村幸福院建设】 2014年，太华镇万湖、华溪、汤泉村、均溪镇城东村，上京镇梅林、城口村，建设镇建中村，济阳乡济中村，吴山乡梓溪村，桃源镇东坂村，谢洋乡和春村，梅山乡西书村等12个村建设农村幸福院，省民政厅每个补助17万元、共204万元，中央专项彩票公益金每个院补助3万元、共36万元。

（詹金花）

【助孤工程】 2014年，县民政部门经调查核实，全县有孤儿94人，发放基本生活费97.8万元，月人均867元。慈善救助孤儿3人，发放助养费3600元，每人每年1200元。

（詹金花）

【福利彩票销售】 2014年，全县销售福利彩票1122.98万元，其中电脑福利彩票554.4万元、刮刮乐70万元、“中福在线”498.58万元。

（詹金花）

【救助家庭核对中心成立】 3月3日，县民政局在低保工作站加挂“大田县救助申请家庭经济状况核对中心”牌子，不增编、不增人。对城乡申请低保、农村五保等对象家庭的人口、收入、财产进行核对，对2015年低保对象协调公安户籍、车管、社保、税务、房管、住房公积金、工商等有关部门进行联审核对、核查不符合低保、五保对象1352人，对申请限价房、公租房的747户家庭经济状况给予审核认定。

（詹金花）

【民政干部业务培训】 8月15日，县民政局在县委党校举办基层民政干部业务知识培训班，18个乡镇、东风农场分管领导和乡镇社会事务办主任等40人参加。采取授课与互动交流相结合的形式，由局分管领导和业务骨干进行讲解，内容涉及社会救助，防灾减灾，殡葬改革，优抚安置、基层政权和社区建设及老区工作等民政业务知识。

（詹金花）

【慈善超市创办】 8月，县民政局在办公楼一楼创办三明市首家慈善超市，由大田县乐助社工服务中心管理经营，配专业社工2名。为县特殊困难群众、空巢老人、留守儿童等人员提供无偿或低偿服务。全年，为特殊困难群众发放大米56袋560公斤，食用油58桶290公斤，花生牛奶5件。中秋节，慰问敬老院老人，送月饼178盒。为社区行动不便老人提供服务21人次。

（詹金花）

【公祭革命烈士】 9月30日，县委、县政府在县烈士陵园举办首个“烈士纪念日”活动。县委、县人大、县政府、县政协领导，县民政局、均溪镇党委政府、团县委部分人员，武警中队官兵、城区学校部分师生和社会各界人士共3000多人参加。

（詹金花）

【烈士墓修缮】 2014年，县民政局重修桃源镇分水格林友梅、林冠民、陈树霖、苏仁兑、林占赓、陈相、肖应时等7位烈士墓，投资25万元。

（詹金花）

老龄工作

【概况】 2014年，县老龄委继续宣传执行国家关于老龄工作的方针、政策，围绕“老有所养、老有所依、老有所教、老有所学、老有所乐、老有所为”的目标开展敬老活动。在春节、老年节期间慰问高龄老人、困难老人，巩固9个老年基金会，筹集资金60万元。年底，全县60周岁以上老年人3.96万人，占总人口10.2%，其中80—89岁5224人，90—99岁600人，100岁以上5人。

（林启亮）

【高龄老人生活补贴提高】 7月，县老龄委根据县政府常务会议纪要，扩大高龄老人生活补贴范围和提高标准，补贴范围从85周岁扩大到80周岁，80—89周岁人月补贴30元，90—99周岁，人月补贴50元，100周岁以上由人月补贴200元提高到300元。

（林启亮）

【高龄老人慰问】 “老年节”期间，县老龄委慰问90周岁以上老人700人，发放慰问金8.32万元，其中90—94周岁老人616人、6.16万元，95—98周岁71人、1.42万元，100虚岁8人、2400元，100周岁以上5人、5000元。

（林启亮）

【“孝老爱亲好儿女”评选表彰】 2014年，县老龄委组织开展“孝老爱亲好儿女”评选表彰活动，全县评出“孝老爱亲好儿女”40人，县委办、政府办转发县老龄办、文明办文件，在“老年节”期间进行表彰，发给荣誉证书和每人奖金300元。

（林启亮）

库区移民工作

【概况】 2014年，大田县库区移民开发局围绕“移民富、库区美”的目标，促进移民经济发展，维护库区安定，稳定。一是推进“平安库区”创建，调整充实县、乡、村三级信息网络和库区维稳信息员、网络舆情引导员和维稳群众工作队等“三支队伍”，建立健全库区综治信访维稳“1+N”调解领导小组和调委会。由县政府向大中型水库库区相关8个乡镇政府下达“平安库区”创建责任书，纳入综治考核。全年受理移民信访件8件，没有发生移民群体事件和越级上访。二是继续改善库区民生，全县实施移民项目32个，争取移民资金1850万元，其中在均溪镇城东村、谢洋乡坑口村、湖美乡高才村开展移民村庄环境综合整治，城东村建绿化休闲公园1个、铺设混凝土路面1万平方米、房屋立面装修1.4万平方米、屋面改造1万平方米。湖美乡湖上、后平、岬才等村庄库区的主干道安装路灯10公里、共152盏、投资110万元；修建城东、湖美、高才、宏才、昆山、大儒、芳林、坑口、桃坑9个移民村文化活动中心，总建筑面积5700平方米，投资422万元。全部活动中心通过市移民局验收并投入使用。三是做好库区移民后期扶持，发放直补资金352万元，开展"温暖在库区，倾心为移民"活动，为困难移民838户发放慰问金23万元；为湖美乡湖上、旺建等挂包村争取帮扶资金55万元。全年组织移民参加省、市、县移民机构各类实用技术和职业技能培训400人次，其中直补移民取得中式烹饪和小车驾驶职业技能证书200多人。当年，县移民局被省移民开发局核准保留全省"平安库区"创建工作先进集体称号。

（赵思扬）

【库区移民村道路建设】 2014年，梅山乡沈岭岬至盖竹道路13.9公里，完成拓宽铺设混凝土路面，该公路是通往尤溪、德化县的主要干道，又是通往乡境内的雄峰、沈口、盖竹等3个村和卓坑里经济合作社的道路，县移民局投资350万元；同时修建谢洋乡科里村至吴山乡东埔村1.9公里混凝土路面，开通谢洋库区通往泉三高速吴山互通口道路，完成村内、自然村和生产道路混凝土面铺设14.8公里，投资103万元。

（赵思扬）

【移民创业小额贷款贴息】 2014年，大田县继续实施省库区直补移民创业小额贷款贴息试点，至年底，县银行业机构为383户移民发放贷款3100万元，应付贴息资金186万元。

（赵思扬）

社会新风

【概况】 2014年，团县委、县委宣传部等单位，组织开展志愿者关爱帮扶困难家庭和慰问活动，捐资助学的文明服务等，传播社会主义新风尚。

（王尧钦、严景业）

【青春美爱相随送温暖活动】 1月15日，团县委发动基层团组织、青年文明号、青联委员、青年企业家、专业社会组织等群体到县特教学校和各中学，举行"青春美，爱相随"以"助弱扶困，携手同行"送温暖活动。走访摸底调查8次，建立档案32人，为农民工子女留守儿童100名送毛毯100条，过冬衣服50套，慰问金4000元。

（王尧钦）

【迎新春送春联活动】 1月26日，团县委组织青少年书法爱好者在时代广场按照群众选择的内容，挥毫泼墨为群众义书春联600余副。

（王尧钦）

【学雷锋志愿服务活动】 3月16日，团县委组织大田一中、大田五中、大田六中、鸿图中学、大田职专等5所学校青年志愿者150多人，在建山路，宝山路重要路段的斑马线以及公交站点，对群众文明疏导。帮助老人、孕妇和儿童安全过马路，擦洗和清理道路两旁及护栏的小广告。

（王尧钦）

【清明祭奠先烈】 4月4日，城区中小学师生1000多人到县革命烈士陵园祭奠革命烈士；县委常委、纪委书记张勇民，县人大常委会副主任张爱兰，副县长戴绍松，县政协副主席陈庆建等参加祭扫活动。张勇民做讲话。

（王尧钦）

【捐资助学】 2014年，全县"希望工程圆梦行动"帮扶资助各类贫困学生56人，资金30多万元。7月，"加多宝"学子情助学金资助11名贫困大学生5.5万元；11月18日，福建省黄仲咸教育基金奖学金发放仪式在大田五中举行，副县长陈钦梅参加。大田一中和大田五中贫困学生80人，每人获奖学金1000元，计8万元；12月19日，上京镇桂坑村白血病患者肖丽芳获"许清水青少年医疗救助金"1万元。

（王尧钦）

人民生活

【概况】 2014年，全县国有单位职工年人均工资5.09万元，城镇集体职工年人均4.46万元；机关事业单位离退休人员退休金人均3.06万元，企业人员人均2.28万元。农民人均纯收入1.18万元，人均食品消费3697元。

职工生活 2014年年底，全县在岗职工1.93万人，比上年减少903人，其中，国有单位职工1.06万人，平均人数1.05万人；城镇集体单位职工3507人，平均人数3493人。全年在岗职工工资总额8.62亿元，同比增长3.1%，其中，国有单位职工工资总额5.36亿元，月人均4242元；城镇集体职工工资总额1.56亿元，月人均3717元。县社会劳动保险管理中心为离退休人员6186人发放养老金1.41亿元，月人均1899.45元，机关社保管理中心使用财政预算资金为机关事业单位离退休人员1784人发放养老金5701万元，月人均2663元。其中为财政代发1036人、养老金3551万元。

农民生活 2014年，全县农民人均可支配收入1.18万元，比上年增长9.99%；人均生活消费支出9309.95元，同比增长16.45%，其中食品消费支出3696.95元，同比增长15.28%，衣着支出518.13元，同比下降15.06%，居住支出1961.73元，同比增长129.71%，交通通信支出908.84元，同比增长7.16%，医疗保健574,77元，同比增长9.43%。年底，农户固定资产投资完成额3.38亿元，同比增长9%；人均居住面积65.59平方米，同比增长34.46%。

（吴仁孝　叶丽珠）

2014年大田县农民人均食品消费情况

表13

品　名	单位	2014年	2013年
合计	元	3696.95	3207.0
谷物	元	587.64	624.2
薯类	元	74.09	18.4
豆类	元	23.38	16.7
食品油	元	130.06	117.2
蔬菜及制品	元	353.33	329.6
肉、禽、蛋、奶及制品	元	1321.03	1032.9
水产品及制品	元	102.13	74.8
烟、酒	元	528.25	552.2
茶叶、饮料	元	77.05	185.0
其他类食品	元	500.01	256.1

2014年大田县每百户农民主要耐用消费品拥有情况

表14

品　名	单位	2014年	2013年
洗衣机	台	78	78
电冰箱	台	89	85
热水器	台	78	75
摩托车	辆	101	90
电话机	部	38	27
移动电话	部	277	100
彩色电视机	台	111	99
家用计算机	台	49	33
影碟机	台	0	0
空调	台	23	21
抽油烟机	台	13	11
微波炉	台	16	17
照相机	架	3	2
汽车	辆	13	10

（叶丽珠）

乡镇概况

□编辑 魏庆赐

均溪镇

【概况】 2014年年底，全镇辖村23个，居委会8个，村民小组205个；总户数2.77万户，总人口7.66万人。其中，非农业户1.39万户、3.36万人。镇财政收入1361.45万元，比上年下降1.03%。

农业 2014年，全镇有耕地面积710.67公顷，其中水田523.12公顷、旱地187.55公顷；拥有农机总动力1.5万千瓦；粮食总产量6125吨，同比增长7.97%。全镇农林牧渔业总产值达4.42亿元，同比上年增长15.4%。

工业 2014年，全镇有规模以上企业31家，其中，国有1家，集体2家，私营28家；职工总数1.64万人，拥有工业固定资产10.14亿元；工业总产值44.85亿元，同比增长9.07%；销售收入44.5亿元；实现利税2.02亿元；实施技改15项，投入资金2.44亿元。

招商引资 2014年，全镇有三资企业7家，总投资3.56亿元，吸引外资4342万元，完成外贸供货值1.86亿元。

商业服务 2014年，全镇社会消费品零售额7933万元，同比增长11.65%；集市贸易额25.06亿元，同比增长7.78%。流通领域国有、集体、私营企业及个体工商户共1341家；有农村信用社和晋农商村镇银行2家金融机构服务网点6个，第三产业增加值5334万元，同比下降4.92%。

交通邮电 2014年，全镇拥有机动车1544辆（客车46辆，小轿车810辆，卡车361辆，农用车142辆，拖拉机185辆），同比增加64辆。有固定电话1.78万户，同比增加500户，移动电话用户4.98万户，同比增加2000户。

社会事业 2014年，全镇教育事业投入235万元，民办鸿图中学为政府管理，周田、上太两村开办日托学前班。县重点建设项目第二实验幼儿园筹建；年底有各类学校38所，在校学生2.48万人，同比增加532人。全镇有闭路电视用户2.12万户，同比增加606户；广播电视覆盖率100%，96%的村开通数字电视。均溪医院有病床56张，医务人员68人，97%的人口饮用自来水。

人民生活 2014年，全镇农村居民人均可支配收入1.34万元，同比增长6.35%；村民人均住房33平方米，居民29平方米；每百户拥有洗衣机77台，自行车92辆，电视机105台（彩电103台），电冰箱50台，摩托车82辆；有90%的农户用上电磁炉等厨房电器。

社会保障 2014年，全镇享受低保村民1396人，发放低保金115.32万元；享受基础养老金村民4653人，发放405万元（70元/人·月）；村民参加新农合1.59万人，参保率95%，征收医保基金33.54万元。

（陈泽旭）

【美丽社区建设】 2014年，镇政府实施镇东社区沿街立面装修和改造，配齐社区卫生、体育、交通的基础设施；建设镇东桥旁便民农贸市场550平方米，设摊点220个，铺设混凝土路面300多米，种植绿化树1250株，设置标准停车位70个，摩托车、自行车停放点6处，投入资金520万元。

（陈泽旭）

【贫困帮扶】 2014年，镇政府成立贫困户建档立卡工作领导小组，由镇长担任组长，配备工作人员3人。按照建档要求，23个村开展群众民主评议，对相关记录和档案资料进行公开，登记贫困户590户、1493人，其中，扶贫户69户，低保户377户，五保户144户。并指定致富能人、党员干部与贫困户结对帮扶，定期走访慰问，建立走访手册，共结成帮扶对子63对，全年走访慰问2100人次，发放食用油158桶790公升、大米230袋2300公斤。

（陈泽旭）

【国道“纵五线”均溪段征地拆迁】 2014年，镇政府组织国道“纵五线”一期均溪段7公里的土地及附属建筑物征用和拆迁，涉及宋京、良元、华坑、上太、后华等5个村。共需征拆房屋58幢，占地1.5公顷，征用林地25.7公顷，水田19.87公顷，旱地7.95公顷，涉及农户573户，至年底完成征拆房屋30幢；共兑现征地和拆迁款1743.37万元。

（陈泽旭）

【翰林泉休闲中心建设】 2014年，镇政府在城东村建设翰霖泉休闲健身中心，规划面积4422.9平方米，投资3800万元。至年底，儿童水上乐园、游泳池及室内恒温游泳池投入使用，并建成木栈道及山泉水引水管道1.4公里。

（陈泽旭）

【虎臂崎生态场建设】 2014年，镇政府在上太村虎臂崎建设生态农场，占地466.67公顷。至年底，餐厅、休闲山庄、停车场及网球场、游泳池等健身场所建成并投入使用，投入资金2000万元。

（陈泽旭）

广平镇

【概况】 2014年，全镇辖村14个，林果场1个，村民小组193个；总户数1.07万户，人口4.09万人，其中非农业户1189户、2103人。镇财政收入691万元、比上年增长21.23%。12月，广平镇首次表彰道德模范6人。

农业 2014年，全镇耕地面积1331.8公顷，其中，水田1267.33公顷，旱地64.47公顷；建立铭溪水稻机械化生产和五峰再生稻2个高产示范片、面积333.3公顷；全镇粮食总产量1.13万吨，同比增长0.89%。开发“五龙山”和“大帽山”2个茶产业化生态茶园基地、面积200公顷，并套种名贵树种日本樱花、罗汉松、叶丹桂等1万多株，茶园喷灌面积80公顷，实施“猪—沼—茶”生态循环农业模式，“五龙山”茶叶获省级著名商标，出栏生猪2.01万头；拥有农机总动力1.48万千瓦。全镇农林牧渔业总产值4.54亿元、同比增长8.61%。

工业 2014年，广平镇有重点项目17个，其中，省级项目水井坑煤矿、元沙煤矿和广平矿区配套项目竣工投产，新增规模工业企业2家。全镇有规模工业企业15家，其中，国有1家、集体2家、私营12家，同比增加2家；职工总数4419人，拥有固定资产12.35亿元；实施技改项目5项，投资9550万元。规模以上企业完成工业总产值19.47亿元，同比增长54.03%。销售收入19.36亿元，实现利税5594万元。秦朝木业科技有限公司“秦朝牌”细杠板获“市级优势品牌”称号。

商业服务 2014年，广平镇有序推进市级铭溪农产品专业市场建设项目，加快建设县级广平集镇嘉荣商贸中心及鑫盛物流园区项目。总投资13.27亿元，至年底，完成投资3.2亿元。全镇社会消费品零售额4964万元、同比增长2.6%；集市贸易额1.95亿元，同比增长2.63%；流通领域的国有、集体和私营企业及个体工商户共362户；有2家金融机构服务网点3个。第三产业增加值2.6亿元，同比增长216.26%。

交通邮电 2014年，广平镇重新改造广平至岩城水泥厂公路1.58公里混凝土路面宽4.5米，岩城水泥有限公司、广平非金属矿等6家企业和镇政府共同投资200万元；东景至丰庄宽6.5米、长5.32公里和大吉至三元松阳公路宽5米、长8.03公里混凝土路面铺设，共投资2000万元；当年，全镇有机动车813辆（客车15辆、卡车83辆、农用车119辆、拖拉机75辆、小汽车521辆），同比增加17辆；有固定电话用户2135户，与上年持平，移动电话用户2.84万户，同比增加800户。

社会事业 2014年，全镇教育事业投入347.6万元，有各类学校16所，在校生3540人、同比增加354人；有闭路电视用户4650户，同比增长330户；镇卫生院有病床30张，医务人员18人；有95%人口饮用自来水。

人民生活 2014年，全镇农村居民人均可支配收入1.18万元、同比增长13.46%；村民人均住房68平方米，居民47平方米；每百户拥有洗衣机71台、自行车40辆、电视机100台（彩电99台）、电冰箱51台、摩托车98辆；有45%农户用上液化气、电磁炉。

社会保障 2014年，全镇村民享受低保993人，发放低保金109.23万元；享受五保村民96人，发放五保金57.6万元；享受基础养老金村民4328人，发放养老金364万元（70元/月·人），村民参加新农合3.39万人，参保率100%；征收医保基金287.69万元，支付医疗补偿费1.68万人次、355.13万元。

（陈善卿）

【圆通堂重建和姜公诞辰座谈】 6月6日，广平镇圆通堂（奉祀灵相公）举行重建落成典礼，该寺由圆通堂理事会主持重建，建筑面积200多平方米，村民和社会各界人士筹集资金200余万元；10月19日，龙湖堂举办纪念姜公诞辰1040周年座谈会，市民宗局处长孙海平、市道教协会副会长余金栋等参加，连续7天举行汉剧、高甲戏、木偶戏、越剧、演唱会、文娱晚会等民俗文化活动，吸引了众多信徒前来朝拜。

（陈善卿）

【万宅村入选传统村落名录】 11月17日，广平镇万宅村入选中国第三批传统村落名录，该村位于广平镇西北部，距大田县城76公里，建于明嘉靖年间，辖区面积8.8平方公里。是以余氏家族为主的血缘村落，集古堡、古屋、古树、古洞、古寨址、古风、古韵于一体，其中绍恢堡被列为省第七批文物保护单位。

（陈善卿）

【美丽乡村建设】 2014年，广平镇继续做好栋仁特色村和铭溪、广平中心村美丽乡村建设和“家园清洁”活动，房屋立面装修125幢，面积8000平方米，坡屋面改造3500平方米，绿化2500平方米，延伸石护栏1.2公里，安装太阳能路灯135盏；建立垃圾处理长效机制，清理河道8公里，共投资600万元，其中县财政补助110万元。

（陈善卿）

【生态保护】 2014年，广平镇做好土地管理、造林绿化、环境保护、水土流失综合治理，着重抓好非法水洗矿、捞沙、农村建房“两违”治理工作。处理非法洗砂点6处，取缔河道捞砂3处，扣押农用车、铲车8辆，捣毁铲车4辆、大型设备7处；拆除违法建房129处、面积2.5万平方米，恢复耕地6公顷，解决各类信访问题3件。完成造林绿化293.3公顷，其中，人工造林面积、“四绿”工程各30公顷，幼林抚育233.3公顷，植防火林带17.2公里，当年，在全县水土保持工作目标责任考评中获三等奖。

（陈善卿）

【惠民办实事】 2014年，县政府落实惠民政策，发放农民种粮直补资金283.12万元，良种补贴44.01万元，购买农机补贴11.3万元；投入水利工程建设资金350万元，其中砌筑河堤2公里、渠道防渗3条1.5公里，新建拦水坝2座、清淤河道10公里。水稻保险投保面积176公顷，投资67万元；同时，开展“干部结对帮扶济困”活动，帮扶36户，资金5万元；各类实用技术培训12场次、500多人次。

（陈善卿）

上京镇

【概况】 2014年，全镇辖村16个，村民小组161个；总户数6680户、总人口2.51万人，其中非农业户1917户、2943人。镇财政收入660万元、比上年增长7.49%。

农业 2014年，全镇耕地面积998.93公顷，其中水田893.6公顷，旱地105.33公顷；拥有农机总动力9263千瓦；粮食总产量7767吨、同比增长0.08%：出栏生猪1.42万头。农林牧渔业总产值2.15亿元、同比增长7.5%。

工业 2014年，全镇有规模以上企业20家、同比增加3家，其中国有1家、集体3家、私营16家；职工4275人，拥有工业固定资产17.3亿元；完成工业产值38亿元、同比增长32.96%，销售收入37.87亿元，实现利税1.74亿元；实施技改项目3项，投入资金2.1亿元。

招商引资 2014年，全镇引进森利生物能源、中天物流、通诚物流有限公司和丰庆有余茶油专业合作社4家企业，总投资2.56亿元。

商业服务 2014年，全镇社会消费品零售额7469万元，同比增长6.10%；集市贸易额6223.8万元，同比增长15%；流通领域的国有、集体、私营企业及个体工商户共947家；有3家金融机构服务网点3个。第三产业增加值 2721 万元，同比增长 9.01%。

交通邮电 2014 年，全镇拥有机动车 978 辆（客车 12 辆、卡车 316 辆、小汽车 335 辆、农用车 40 辆、拖拉机 275 辆），同比增加 286 辆；有固定电话用户 3890 户，同比减少 70 户，移动电话用户 1.24 万户，同比增加 1100 户。

社会事业 2014 年，全镇教育事业投入 268.7 万元，辖区内有中学、中心小学各 2 所、初小 5 所、幼儿园 10 所，在校生 3321 人，同比增加 1363 人（含入园幼儿）；实施数字电视整体转换，有数字电视用户 1000 户；镇卫生院有病床 30 张，医务人员 21 人；90%的人口饮用自来水。

人民生活 2014 年，全镇农村居民人均可支配收入 1.33 万元，同比增长 10.83%；村民人均住房 60 平方米、居民 46 平方米；每百户拥有洗衣机 72 台、自行车 24 辆、彩色电视机 98 台、电冰箱 45 台、摩托车 71 辆；有 77% 的农户用上液化气、电磁炉。

社会保障 2014 年，全镇享受低保村民 635 人、五保 71 人，发放低保金 137.8 万元，享受基础养老村民 2367 人，发放养老金 198.83 万元（70 元 / 人・月）。村民参加新农合 1.95 万人，参保率 98.47 %。征收医保基金 163 万元。为 1.08 万人次支付医疗补偿费 196.17 万元。

（蒋鹏　唐名谦）

【元庄新型墙体材料投产】 4 月 30 日，上京镇梅林村东边坑元庄新型墙体材料项目竣工投产。该项目于 2013 年 1 月动工，建原材料棚、陈化库、成型车间、办公楼、宿舍楼等设施，建筑面积 2.4 万平方米。利用煤矸石、尾矿渣、页岩等原材料，采用国内高挤出压力和高真空度的硬塑挤砖机先进设备，通过一次码烧技术工艺生产新型墙体空心砖，至年底产砖 1.2 亿块，产值 3600 万元。总投资 6128.3 万元。

（蒋鹏　唐名谦）

【生活污水处理设施投入使用】 5 月 1 日，上京镇位于延京村高洲坂的生活污水处理设施投入使用，该工程占地 2400 平方米，总投资 45 万元，一级排放标准，主要采用“厌氧滤池加双级生物滤池（生物膜填料）加潜流人工湿地加沉水植物氧化塘”的组合式人工湿地工艺进行处理，利用现有的雨污分离管道，收集建成区居民的生活污水经过人工湿地予以净化。日处理污水 300 吨，受益 585 户、2263 人。

（蒋鹏　唐名谦）

【慈善爱心捐赠仪式举行】 6 月 20 日、27 日，上京镇在上京中学新校区，分别为厦门南普陀寺慈善会向上京中学捐赠电脑 50 台（价值 15 万元）、南安鹏峰福利基金向上京中学新校区“侨心楼”建设捐赠 40 万元举行捐赠仪式。

（蒋鹏　唐名谦）

【萧氏肇基始祖诞辰祭祀活动】 8 月 25 日，林埔大宗祠萧氏肇基始祖萧遵三公诞辰 1091 周年祭祀暨华表落成庆典活动在桂坑村黄城岬自然村举行。台湾萧氏宗亲总会、全省萧氏宗亲会以及各地萧氏宗亲等共计 1800 余人参加。

（蒋鹏　唐名谦）

【新农专业合作社党支部成立】 9 月 18 日，经镇党委研究同意，成立溪口新农农副产品专业合作社党支部，该社有中共党员 5 名，通过选举产生支部书记 1 名。

（蒋鹏　唐名谦）

【上京中学新校区投入使用】 9 月，上京中学新校区投入使用。新校区位于上京村铸鼎垅，2011 年 12 月动工建设，占地 4 公顷，建筑面积 1.42 万平方米，总投资 3500 万元，设 16 个教学班，可容纳学生 800 人、寄宿生 600 人、教职员工 120 人。原上京中心小学搬到中学旧校区，上京中心小学由幼儿园使用。

（蒋鹏　唐名谦）

【泉南高速上京互通工程动工】 10 月 23 日，泉南高速大田上京互通及连接线工程举行开工仪式。该工程起点上京镇溪口村，在泉南高速设 A 型单喇叭互通。互通区主线长 1.06 公里，匝道长 2.76 公里，连接线长 6.85 公里。连接线采用双向两车道二级公路标准建设，路基宽 10 米，设计行车时速 60 公里，在灵川崎设置与省道 307 连接的京东平交，在石牛岬设置与省道 306 连接的梅岭平交。工程预算投资 2.8 亿元。

（蒋鹏　唐名谦）

【泉州市基督教义诊队送医药】 11 月 9 日，泉州市基督教义诊队一行 39 人到上京镇开展义诊送药活动，义诊队设 18 个科室，诊疗患者 230 名，并免费发送药品价值 1.7 万元。

（蒋鹏　唐名谦）

桃源镇

【概况】 2014年，全镇辖村13个，村民小组83个；总户数7323户、人口2.24万人，其中非农业1782户、4642人。镇财政收入678万元，比上年增长11.3%。

农业 2014年，全镇耕地面积997.4公顷，其中水田938.66公顷、旱地58.74公顷；拥有农机总动力1.81万千瓦；粮食总产量7639吨，同比减少1.5%；出栏生猪1.26万头。全镇农林牧渔总产值2.5亿元，同比增长9.17%。

工业 2014年，全镇有规模以上私营企业8家，与上年持平；职工总数1356人，拥有工业固定资产13.54亿元；工业总产值11.99亿元、同比增长23.23%。销售收入11.83亿元，实现利税4097万元；实施技改项目16项，投入资金1.01亿元。

招商引资 2014年，全镇有三资企业福建聚贤农业开发有限公司1家，总投资2000万元，吸引外资600万元。

商业服务 2014年，全镇社会消费品零售额9510万元，同比增长12.05%；集市贸易额5201万元，同比增长7.64%。流通领域国有、集体、私营企业及个体工商户497家，有金融机构2家，第三产业增加值1.2亿元，同比增长18.81%。

交通邮电 2014年，全镇拥有机动车1277辆（客车6辆，卡车244辆，小汽车405辆，农用车373辆，拖拉机249辆），同比增加27辆；有固定电话用户1881户，同比减少76户，移动用户1.67万户，同比增加200户。

社会事业 2014年，全镇教育事业投入1580.4万元，有各类学校3所，在校学生1366人，同比增加295人；有闭路电视用户2009户，同比增加48户。镇卫生院有病床45张，医务人员24人；全镇有96%的人口饮用自来水。

人民生活 2014年，全镇农村居民人均可支配收入1.4万元，同比增长14.75%；村民人均住房24.7平方米，居民16.8平方米；每百户拥有洗衣机64台、自行车60辆、电视机99台（彩电91台）、电冰箱27台、摩托车97辆；有29%的农户用上液化气、电磁炉。

社会保障 2014年，全镇享受低保村民481人，发放低保金69.26万元；享受五保村民55人，共发放五保金30.36万元；享受基础养老金村民2176人，发放养老金148.6万元（70元/月·人）。参加新农合村民1.76万人，参保率96.8%，征收医保基金111.97万元，为6566人次支付医疗补偿费85万元。

（王　淮）

【省领导慰问困难党员、群众】 1月21日，省纪委书记 倪岳峰一行5人，在县委书记汤俊生陪同下，到桃源镇蓝玉村慰问陈晓芸、肖崇江等困难党员、群众。并要求镇党委、政府尽最大努力帮助困难群众，把群众的安危冷暖时刻放在心上，把党和政府的温暖送到千家万户。

（王　淮）

【全市组织部长会议在桃源召开】 3月12日，三明市委组织部在桃源镇政府会议室召开全市组织部长会议，参加会议有各县、市、区组织部部长等12人；与会人员在市组织部副部长李明带领下到桃源镇蓝玉村调研基层党组织建设工作；查看河道沿岸景观和亲水平台、党建宣传栏、蓝玉凤山公园，通过座谈、查看等形式，了解该村推进服务型党组织建设和富民强村工程所取得的成效。

（王　淮）

【市领导到桃源调研】 3月14日、8月7日、8月27日，市纪委书记冯新婷带领一行人员，在县委书记汤俊生及市委、县委督导组人员陪同下、三次到桃源指导党的群众教育路线实践活动，并对开展党的群众教育实践活动取得的成效给予肯定。

（王　淮）

【市级美丽乡村示范村认定】 11月12日，桃源镇蓝玉村经三明市委农村工作领导小组考查，认定为第一批市级美丽乡村示范村。

（王　淮）

【东坂村入选传统村落名录】 11月25日，桃源镇东坂畲族村经中国传统村落保护发展委员会评审认定，入选第三批中国传统村落名录，为此次全市入选4个村落之一。

（王　淮）

【龙岩市民宗局到东坂村参观】 12月11日，龙岩市民族宗教局副局长、调研员蓝建英带领漳平市、上杭县镇村干部16人，在三明市、大田县民族宗教局相关人员陪同下到桃源镇东坂畲族村参观。

（王　淮）

【基本建设投资完成6.19亿元】　2014年，桃源镇实施集镇建设、社会事业、工业项目、美丽乡村、生态农业等项目22个，完成投资6.19亿元，占年度计划的117.2%，其中农贸市场改造、集镇景观综合整治、集镇供水、污水处理工程、小流域景观综合整治、桃新公园6个项目，完成投资1.07亿元；农村生态能源循环综合利用、大湾造福工程（二期）、标准化烟草站建设、公共租赁房项目、蓝玉村至赤头坂“10公里长廊”景观带等5个项目，完成投资8610万元；中心幼儿园、2个敬老院，完成投资1950万元；华伦特重工机械制造、福建省力仁源机械设备有限公司建设、金泰铝合金生产项目、安良堡旅游项目、防洪堤，美丽乡村建设、农业特色精品园、源农花卉、湖田生态农业发展等9个项目，完成投资4.06亿元。

（王　淮）

太华镇

【概况】　2014年，全镇辖村24个，村民小组280个；总户数8033户，人口3.72万人，其中非农业690户、1729人。镇财政收入297万元，比上年下降79.37%。

农业　2014年，全镇耕地面积1738.27公顷，其中水田1512.2公顷，旱地226.07公顷；拥有农机总动力2.3万千瓦；粮食总产量1.55万吨，同比增长2.65%；出栏生猪1.5万头，全镇农林牧渔总产值4.21亿元，同比增长7.4%。

工业　2014年，全镇有规模以上企业16家（集体4家，私营12家），同比增加1家；职工总数2631人，拥有工业固定资产16.7亿元；工业总产值40.01亿元，同比增长19.68%，销售收入40.36亿；实现利税2.03亿元。实施技改项目12项，投入资金10.21亿元。

商业服务　2014年，全镇社会消费品零售额3.09亿元，同比增长1.31%；集市贸易额3.12亿元，同比增长4.35%。流通领域国有、集体、私营企业及个体工商户共1510户；有2家金融机构服务网点3个；第三产业增加值1.3亿元、同比增长10.17%。

交通邮电　2014年，全镇拥有机动车1659辆（客车30辆，卡车435辆，小汽车685辆，农用车301辆，拖拉机208辆），同比增加110辆。有固定电话用户9964户，同比减少36户；移动电话用户2.66万户，同比增加100户。

社会事业　2014年，全镇教育事业投入612万元，有各类学校12所，在校学生2732人；同比减少118人，闭路电视用户4056户，数字电视用户790户，比上年增加236户。镇卫生院有病床46张，医务人员24人；有97%的人口饮用自来水。

人民生活　2014年，全镇农村居民人均可支配收入1.19万元，同比增长12.26%；村民人均住房57平方米，居民34平方米；每百户拥有洗衣机90台、自行车36辆、彩电100台、电冰箱93台、摩托车99辆；有81%的农户用上液化气、电磁炉。

社会保障　2014年，全镇村民享受低保1058人，发放低保金153.17万元，享受基础养老金村民3959人、发放养老金337.92万元（70元/月 ·人），村民参加新农合3.07万人，参保率97%。征收医保基金214.74万元、为2.94万人次支付医疗补偿费233.59万元。

（魏　威）

【仙师泉矿泉水加工】　2014年，太华镇在群团村建设福建省仙师泉山泉水加工项目；完成征地和土地平整1200平方米，并加固斜坡挡土墙等基础设施，投资8000万元。该项目在厦门、泉州、三明设物流配送中心网络营销点。

（魏　威）

【罗丰铭晟精密铸造项目投产】　2014年，太华镇罗丰铭晟精密铸造项目第一、二条生产线，预计月生产铸件100余吨。第三条生产线完成厂房基础建设，地面铺设混凝土，投资5000万元。当年，该厂生产铸件150吨、产值75万元，销售收入75万元，利税10万元。

（魏　威）

【二手车销售经营】　2014年，太华镇引进独资企业大田县光大有限公司，在万湖村建设销售二手车项目，占地1万平方米，建设综合办公楼及展馆2800平方米，车库厂房6500平方米，购置办公和机电设备，投资5300万元。经营销售二手汽车、摩托车；代办车辆年检、挂牌、转籍、过户、旧货交易、货物寄售等业务、并设有投资理财咨询服务处。年营业收入2000万元。

（魏 威）

【生态休闲旅游项目引进】 2014年，太华镇引进外资企业福建绿之舟在高星村建设绿之舟生态休闲旅游项目，计划占地26.67公顷，生态休闲生态观赏园等集多功能为一体的园林并销售各类珍稀花木，投资5000万元。当年征地3.33公顷，铺设混凝土道路1.2公里和土地平整。

（魏 威）

【空腔煤项目建设】 2014年，太华镇引进外资企业在万湖村建设夏嘉空腔煤生产建设项目，总投资4000万元，至年底征用土地1.33公顷，建综合办公楼1200平方米，车库厂房6500平方米。

（魏 威）

建设镇

【概况】 2014年，全镇辖村12个，村民小组123个。总户数5542户，总人口2.55万人，其中非农业441户、748人。镇财政收入708万元，比上年下降36.42%。建设镇获评“第二批国家级生态乡镇”，被中央文明办评为“第四届全国文明村镇”。

农业 2014年，全镇耕地面积983.2公顷，其中水田852.2公顷，旱地131公顷：拥有农机总动力9421千瓦；粮食总产量8759吨，同比增长9.09%；出栏生猪3.2万头。全镇农林牧渔业总产值2.98亿元，同比增长11.19%。

工业 2014年，全镇有规模以上企业18家（集体3家，私营15家），与上年持平；职工总数4472人，拥有固定资产14.31亿元；工业总产值19.58亿元，同比增长36.26%，销售收入19.58亿元，实现利税7152万元，实施技改项目8项，投入资金2.69亿元。

招商引资 2014年，全镇共引进企业4家，总投资1.5亿元，吸引外资758万元，完成外贸供货值886万元。

商业服务 2014年，全镇社会消费品零售额12.69亿元，同比增长13.55%；集市贸易额12.12亿元，同比增长16.26%。流通领域国有、集体、私营企业及个体工商户共876家；有2家金融机构服务网点2个，第三产业增加值1.53亿元，同比增长14.18%。

交通邮电 2014年，全镇拥有机动车1016辆（客车35辆，卡车171辆，小汽车585辆，农用车113辆，拖拉机112辆），同比增加10辆。有固定电话用户3105户，同比增加3户，移动电话用户2.32万户，同比增加100户。

社会事业 2014年，全镇教育事业投入17.2万元，有各类学校10所，在校学生3978人，同比增加624人。闭路电视用户3818户，同比增加3户。镇卫生院有病床38张；医务人员29人；100%人口饮用自来水。

人民生活 2014年，全镇农村居民人均可支配收入1.35万元，同比增长11.57%；村民人均住房55平方米，居民46平方米；每百户拥有洗衣机100台，自行车21辆，彩电215台，电冰箱115台，摩托车214辆；100%农户用上液化气、电磁炉。

社会保障 2014年，全镇享受低保村民809人，发放低保金129.8万元；享受基础养老村民3059人，发放养老金266.88万元（70元/人·月）；村民参加新农合1.94万人，参保率99.83%，征收医保基金178.15万元。为1.49万人次支付医疗补偿费288.11万元。

（林新捷）

【村道路灯安装】 5月，和平村架设安装路灯95盏，7月竣工，投资37万元，其中“一事一议”县财政补助11.9万元，村自筹25.1万元。6月，建爱村架设安装306省道、建桃线村道路灯65盏，9月竣工，总投资32万元，其中“一事一议”县财政补助13.5万元，村自筹18.5万元。

（林新捷）

【村道路面铺设】 6月，建强村动工铺设四堡坑湖山段混凝土路面长1.2公里、宽3米，7月竣工，总投资39.6万元，其中“一事一议”县财政补助9.5万元，村自筹30.1万元。7月，建丰村动工铺设松柏林至丰浮路口混凝土路面长1.1公里、宽3.5米，12月竣工，投资53.9万元。其中，“一事一议”县财政补助17万元，村自筹36.9万元。

（林新捷）

【建欣桥面加固装饰竣工】 6月，镇政府实施建欣桥桥面加固装饰工程，该桥长25米，桥面宽12.5米，路面宽8米，两边人行道各2.25米，架设石栏杆50米，8月竣工，总投资14.35万元。

（林新捷）

石牌镇

【概况】 2014年，全镇辖村16个，村民小组136个；总户数4871户、总人口1.96万人，其中非农业户718户、人口1206人。镇财政收入736.39万元，比上年增长19.18%。

农业 2014年，全镇耕地面积698.13公顷，其中水田501公顷，旱地197.13公顷；拥有农机总动力8000千瓦；粮食总产量4826吨、同比增长1.6%；出栏生猪1.9万头。全镇农林牧渔业总产值1.34亿元、同比增长9.84%。

工业 2014年，全镇有规模以上企业7家（集体3家、私营4家），同比增2家；职工总数3287人，拥有工业固定资产1.95亿元；完成工业总产值10.14亿元，同比增长14.45%。销售收入9.82亿元，利税2348万元；实施技改项目1项，投入资金1500万元。

招商引资 2014年，全镇有三资企业福建省先锋养身温泉有限公司1家，总投资8000万元，吸引外资4000万元，完成外贸供货值4500万元。

商业服务 2014年，全镇社会消费品零售额5756万元，同比增长6%；集市贸易额1800万元，同比增长12.5%；流通领域国有、集体、私营企业及个体工商户757家；有1家金融机构服务网点1个。第三产业增加值1.01亿元，同比增长8%。

交通邮电 2014年，全镇拥有机动车818辆（客车5辆、卡车381辆、小汽车232辆、农用车165辆、拖拉机35辆），同比增加35辆；有固定电话用户2962户、同比减少40户，移动电话用户1.02万户、同比增加100户。

社会事业 2014年，全镇教育事业投入337万元，有各类学校4所，在校学生1490人、同比增加451人；有闭路电视用户2629户、与上年持平；镇卫生院有病床21张，医务人员19人；100%的人口饮用自来水。

人民生活 2014年，全镇农村居民人均可支配收入9850元，同比增长16.27%；村民人均住房41平方米，居民28平方米；每百户拥有洗衣机54台、自行车23辆、彩色电视机97台、电冰箱49台、摩托车97辆；85%的农户用上液化气、电磁炉。

社会保障 2014年，全镇享受低保村民456人、发放低保金80.1万元，享受基础养老村民2217人、发放养老金186.2万元（70元/人·月），参加新农合村民1.69万人，参保率99%，征收医保基金140.65万元。为7524人次支付医疗补偿费293.5万元。

（范成省）

【高速路口至福田桥道路改造】 2014年，镇政府实施石牌高速路口至福田桥道路改造，总长2605米，其中主干路A线（高速路口—老厝村部—石牌派出所—石牌镇政府—福田桥）长1775米，宽40米；B线（老厝村部—仙峰桥）长491米，宽35米；支路C线（老厝村部—跨屏山溪—县道）长161米，宽24米和景观路D线（C线—旧石拱桥东侧—B线）长178米，宽18米。同时，建设雨污分流管道和街道路灯，实施管线下地和人行道旁设置绿化带，总投资8600万元。年底，完成A线路段改造300米，县财政投入500万元。

（范成省）

【高速路口桥拓宽改造】 2014年，镇政府实施高速路口桥拓宽改造工程，聘请湖南大学设计研究院进行设计，分别在原桥梁左右侧各加宽11米，拓宽后桥梁宽40米、长70.04米，县财政拨款总投资1125万元。

（范成省）

【均溪河石牌宽田段防洪堤建设】 2014年，闽江上游尤溪流域一期防洪工程石牌宽田段，按防洪能力20年一遇标准砌筑防洪堤798米，上级拨款877万元。

（范成省）

【三九军大生物科技园建设】 2014年，福建三九军大生物科技有限公司在石牌镇上坡村圆伞投资开发三九军大科技园，公司注册资金3000万元，固定资产1300万元，占地6.65万平方米，建筑面积3.84万平方米。当年，完成生产厂房9幢和办公综合楼、锅炉房、职工宿舍楼各1幢等基础设施建设；完成压榨生产、喷粉车间、精炼车间、浸出车间和小包装等5条生产线安装；产品原材料主要是油茶、茶饼、生姜和玫瑰花等农副产品，生产压榨精炼茶籽油、浸出茶籽油、茶多酚、姜精油、茶皂素、洗洁粉等18种油茶产品。年油脂产量3600吨。预计2015年1月可试生产。总投资5亿元。

（范成省）

【村道拓宽改造】 2014年，镇政府实施鳌江村部至牙口与省道306线连接处的2公里村道拓宽改造，由3.5米拓宽至6米，投资70万元，其中省交通厅补助50万元，村自筹20万元。

（范成省）

奇韬镇

【概况】 2014年，全镇辖村12个，村民小组71个。总户数4327户、总人口1.5万人，其中，非农业150户、352人。镇财政收入551万元，比上年下降3.5%。当年，奇韬镇被省委、省政府评为“2012—2014年度省级文明乡镇”。

农业 2014年，全镇耕地面积724.73公顷，其中，水田667.83公顷，旱地56.9公顷；拥有农机总动力6693千瓦；粮食总产量6236吨，同比下降0.94%；出栏生猪7035头。农林牧渔业总产值2.14亿元，同比增长9.74%。

工业 2014年，全镇规模以上企业8家，其中集体2家，私营6家，同比增加1家；职工总数2754人，拥有工业固定资产7.1亿元；完成工业总产值8.05亿元，同比增长31.32%；销售收入8.05亿元，实现利税3695万元；实施技改项目10项，投入资金1.6亿元。

招商引资 2014年，镇有三资企业22家，投资8.6亿元，吸引外资3580万元，完成外贸供货值1630万元。

商业服务 2014年，全镇社会消费品零售额3663万元，同比下降3.33%；集市贸易额3408万元，同比增长53.09%。流通领域国有、集体、私营企业及个体工商户393家；金融服务网点1个。第三产业增加值1773万元，同比下降4.42%。

交通邮电 2014年，全镇拥有机动车475辆（客车5辆，卡车45辆，小汽车369辆，农用车47辆，拖拉机9辆），同比增加76辆；固定电话用户1403户，同比减少107户，移动电话用户7713户，同比增加207户。

社会事业 2014年，全镇教育事业投入26万元，有学校2所，在校学生1140人（中学生232人，小学生583人，在园幼儿325人），同比增加57人；闭路电视用户1440户，同比减少135户。镇卫生院有病床25张；医务人员11人；92.6%的人口饮用自来水。

人民生活 2014年，全镇农村居民人均可支配收入1.27万元，同比增长14.41%；村民人均住房41.3平方米，居民30.6平方米；每百户拥有洗衣机61台、自行车11辆、彩电98台、电冰箱30台、摩托车89辆；45%的农户用上液化气、电磁炉。

社会保障 2014年，全镇享受低保村民355人，发放低保金51.12万元；享受基础养老村民1871人，发放养老金152.89万元（70元/人·月）；参加新农合1.19万人，参保率98.79%，征收医保基金81.17万元，为7682人次支付医疗补偿费137.83万元。

（林昌俊）

【中心小学办公综合楼竣工】 9月，奇韬镇中心小学综合办公楼投入使用，占地332.5平方米，建筑面积1304平方米，框架结构、楼高4层，于2013年11月动工建设，总投资206万元，上级校安项目拨款。

（林昌俊）

华兴乡

【概况】 2014年，全乡辖村10个，村民小组107个。总户数4721户，总人口1.43万人，其中非农业278户、661人。乡财政收入606.69万元，比上年增长14.34%。

农业 2014年，全乡耕地面积419.2公顷，其中，水田299.8公顷，旱地119.4公顷；拥有农机总动力1750千瓦；粮食总产量3353吨，同比增加4.72%。出栏生猪7989头。农林牧渔业总产值1.44亿元，同比增长9.09%。

工业 2014年，全乡规模以上私营企业13家，同比增加4家；职工总数1821人，拥有固定资产12.1亿元；工业总产值19.78亿元，同比增长31.43%；销售收入18.83亿元，实现利税4258万元；实施技改项目6项，投入资金9000万元。

商业服务 2014年，全乡社会消费品零售额3208万元，同比增长3.99%。集市贸易额254万元，同比增长12.89%。流通领域国有、集体和私营企业及个体工商户共445家；金融服务网点1个。第三产业增加值480万元，同比增长5.03%。

交通邮电 2014年，全乡拥有机动车381辆（客车1辆，卡车23辆，小汽车170辆，农用车165辆，拖拉机22辆），同比增加258辆。有固定电话用户935户，同比减少15户，移动电话用户4616户，同比增加53户。

社会事业 2014年，全乡教育事业投入822.49万元，有各类学校5所，在校学生334人，同比增加185人；闭路电视用户904户、同比增加325户，卫生院有病床10张，医务人员12人；89%人口饮用自来水。

人民生活 2014年，全乡农村居民人均可支配收入9875元，同比增长11.22%；村民人均住房32平方米，居民25平方米；每百户拥有洗衣机41台，自行车48辆，电视机91台（彩电85台），电冰箱7台，摩托车32辆；42%的农户用上液化气、电磁炉。

社会保障 2014年，全乡享受低保村民355人，发放低保金52.56万元，享受基础养老村民1618人，发放养老金188.4万元（70元/人·月）。参加新农合村民1.23万人，参保率99.4%，征收医保基金112.34万元。为2897人次支付医疗补偿费55.46万元。

（林炳锻）

【危房改造】 1月，乡政府在横坑村实施斜屋面改造64座，整修屋顶7500平方米，可视范围内墙面墙体刷白1500平方米。5月，斜屋面改造竣工3座、整修屋顶510平方米。总投资105万元，其中省市县补助75万元，乡村自筹30万元。

（林炳锻）

【京之园文化活动中心综合楼竣工】 3月，京口村动工建设京之园文化活动中心综合楼，占地360平方米，建筑面积3416平方米，楼高9层，12月竣工。总投资500万元，村自筹。

（林炳锻）

【县道华武线拓宽华兴段竣工】 3月，县道华武线华兴境内路段拓宽工程竣工，2012年10月动工，德化界至华兴乡政府所在地长8.57公里，路基宽8米，路面6.5米，征地14.13公顷，工程由县交通局组织实施，总投资2905万元，其中省交通厅补助686万元，县自筹2219万元。

（林炳锻）

【洪坑村文体综合楼竣工】 10月，洪坑村动工建设文体综合楼及活动场所，占地145平方米，建筑面积470平方米，楼高4层，12月竣工，投资48万元，其中县组织部补助7万元，京口工业区管委会补助3万元，县民政局补助2万元，乡村自筹36万元。

（林炳锻）

屏山乡

【概况】 2014年，全乡辖村13个，村民小组151个；总户数4787户、人口1.58万人，其中非农业332户、443人。乡财政收入399.22万元，比上年增长5.1%。

当年，乡政府获县委、县政府生态农业、旅游经济类乡（镇）综合考评、人口和计划生育工作、美丽乡村竞赛活动先进单位3个一等奖，第三产业发展责任目标、宣传思想文化工作先进单位2个二等奖，项目竞赛活动、农业责任目标，综治和平安创建责任目标先进单位3个三等奖，美阳、蒋山、内洋3个村获县"综治工作先进村居"称号；内洋、屏山、杨梅、许坑等4个村获县"平安建设先进村居"称号。

农业 2014年，全乡耕地面积622.87公顷，其中水田577.73公顷、旱地45.14公顷；拥有农机总动力4647千瓦；粮食总产量4669吨，同比增长1.15%；出栏生猪1.04万头，全乡农林牧渔业总产值1.78亿元，同比增长7.23%。

工业 2014年，全乡有规模以上私营企业3家，与上年持平；职工总数1306人，拥有工业固定资产5.72亿元；工业总产值3.04亿元，同比增长28.81%，销售收入2.99亿元，实现利税736万元。

招商引资 2014年，乡有三资企业5家，总投资6.34亿元，吸引外资620万元，完成出口供货总值624万元。

商业服务 2014年，全乡社会消费品零售额2236万元，同比增长26.11%；集市贸易额913万元，同比增长4.75%。流通领域国有、集体、私营企业及个体工商户共396家；有2家金融机构服务网点2个。第三产业增加值889万元，同比增长17%。

交通邮电 2014年，全乡拥有机动车185辆（客车2辆，卡车30辆，小汽车104辆，农用车32辆，拖拉机17辆），同比增加6辆。有固定电话用户860户，同比减少30户，移动电话用户6500部，同比增加200户。

社会事业 2014年，全乡教育事业投入14万元，有学校3所，在校学生254人，同比减少5人。闭路电视用户390户，同比增加17户。乡卫生院有病床15张，医务人员12人。90%的人口饮用自来水。

人民生活 2014年，全乡农村居民人均可支配收入1.09万元，同比增长11%；村民人均住房59平方米，居民50平方米；每百户拥有洗衣机58台，自行车38辆，电视机160台（彩电158台），电冰箱65台，摩托车82辆；26%的农户用上液化气、电磁炉。

社会保障 2014年，全乡享受低保村民179人、发放低保金168.54万元，享受基础养老村民2013人、发放养老金181.2万元（70元/人·月）。村民参加新农合1.32万人、参保率95.44 %，征收医保基金118.92万元，为6496人次支付医疗补偿费137.39万元。

（陈小梅）

【省领导到乡调研】 3月12日，省人大常委会副主任张健一行8人，三明市人大常委会主任徐铮、县人大常委会主任陈汉良、县委副书记廖金辉，到大方广东方美人茶基地、大方广茶企、内洋村，上茶山进基地，察看厂房、车间，了解茶叶生产、询问茶企发展情况，乡党政主要领导陪同。

（陈小梅）

【生态旅游调研】 3月17日，县政协主席郑建勋、副主席张友生、高石麟、涂林瑢等率领县政协常委会委员，到屏山乡开展生态旅游发展情况专题调研。乡党委书记连仁山、乡长张乃军以及雾海茶人家项目负责人吴文盘等陪同。调研中肯定生态旅游开发取得的成绩，并提出要加快项目建设进度，加大景区开发力度，整合各类旅游资源，挖掘屏山文化内涵，高起点、高标准打造屏山旅游名片，加快生态旅游发展。

（陈小梅）

【茶业经济调研】 5月1日，县长熊旭明带领县政府办、旅游局、屏山乡党政负责人到屏山雾海茶人家休闲区建设项目、大方广茶企等地，实地察看和听取汇报，对屏山生态旅游及茶业经济发展成绩给予肯定，提出做大做强屏山乡旅游和茶业两大产业。

（陈小梅）

【社区矫正人员服务基地建立】 6月10日，屏山乡成立县首家社区矫正人员社区服务基地。该基地充分利用本地特色茶产业在美阳、杨梅村改造提升茶园133.33公顷，作为职业技能培训和社区服务基地，利用龙头企业高峰茶业公司建设矫正教育中心，设有矫正办公室、宿舍、食堂、休闲活动室等场所。

（陈小梅）

【县农业农村现场会召开】 9月22日，全县农业农村工作"走乡镇·看变化"现场会在屏山乡政府会议室召开，县人大常委会主任陈汉良、县委统战部部长江太生带领与会人员25人，观摩乡台湾樱花观赏休闲养生基地和内洋村美丽乡村，重点检查农业农村工作开展及变化情况。与会人员对受检点进行打分，部门和乡镇进行互评，肯定成绩，寻找差距，交流工作经验。

（陈小梅）

【市文艺示范基地揭牌】 10月24日，三明市特色文艺示范基地落户屏山乡，三明学院党委书记曾祥辉、市文联主席黄莱笙和县委常委、宣传部长章玲等出席揭牌仪式。

（陈小梅）

【生态茶文化交流会】 11月1日，福建大田生态茶文化旅游交流会在屏山乡举行，来自福建联创商业联盟机构的泉州客商、屏山籍在外经商人士和中国将军艺术协会福建军旅书画院的书法家等50余人和屏山乡党委书记连仁山及一方茶叶有限公司章进设参加交流会。

（陈小梅）

吴山乡

【概况】 2014年，全乡辖村9个、村民小组90个，总户数2934户、人口1.28万人，其中非农业517户、2946人，乡财政收入756万元，比上年增长73.39%。

农业 2014年，全乡耕地面积389.33公顷，其中水田272.52公顷、旱地116.8公顷；拥有农机总动力1.15万千瓦；粮食总产量3697吨，同比增长7.53%；出栏生猪5560头。全乡农林牧渔业总产值2.19亿元，同比增长8.42%。

工业 2014年，全乡规模以上私营企业2家，与上年持平。职工2256人，拥有固定资产7.2亿元，完成工业总产值21.84亿元，同比增长125.39%；销售收入21.57亿元，实现利税9880万元；实施技改项目1项，投入资金8000万元。

商业服务 2014年，全乡社会消费品零售额5441万元，同比增长13.7%；集市贸易额6761万元，同比增长11.99%。流通领域国有、集体、私营企业及个体工商户527家；有金融服务网点1个；第三产业增加值2739万元，同比增长8.99%。

交通邮电 2014年，全乡拥有机动车197辆（客车5辆，卡车55辆，小汽车57辆，拖拉机80辆），同比增加32辆。有固定电话用户1694户、同比增加5户，移动电话用户9336户，与上年持平。

社会事业 2014年，全乡教育事业投入30万元，有学校3所，在校学生890人，同比增加78人。闭路电视用户619户，同比增加15户。乡卫生院有病床20张；医务人员12人。98%的人口饮用自来水。

人民生活 2014年，全乡农民人均纯收入1.23万元，同比增长11.8%；人均住房村民65平方米，居民35平方米；每百户拥有洗衣机82台，自行车43辆，电视机136台（彩电110台），电冰箱72台，摩托车105辆；70%的农户用上液化气或沼气。

社会保障 2014年，全乡享受低保村民252人，发放低保金136.02万元，享受基础养老村民1151人，发放养老金99.74万元（70元/人·月）；村民参加新农合8498人、参保率99.86%，征收医保基金71.31万元，为8795人次支付医疗补偿费130.46万元。

（林惠萍）

【茶文化创意产业园建设】 2014年，乡实施高山茶文化创意产业园项目建设，完成茶文化广场铺设石板材1.6万平方米、茶叶交易市场3号、5号楼店铺装修、主干道两侧绿化池瓷砖铺贴及路灯安装、2号楼冷冻库调试安装及配套消防设施，建成占地2000平方米高山茶博展馆1座。9月6日，高山茶城开业、进驻茶企业88家，并举办第九届中国高山茶暨首届洛神花文化节。

（林惠萍）

【工业气体生产项目建设】 2014年，乡在吴山村洋头建设岩兴工业气体生产项目，至年底、完成至厂区道路混凝土铺设，进行厂房、办公楼土建工程施工。已投资1.62亿元。

（林惠萍）

【岩城物流中转站建设】 2014年，乡在程塘村吉洲建设大田县岩城物流水泥中转站，占地4公顷，至年底完成综合楼和仓储库装修，购买装卸设备及部分运输车辆，投入资金2.57亿元。

（林惠萍）

【美丽乡村建设】 2014年，和洋村在形钟山生态茶园套种樱花、四季桂树大苗1万多株，建观光亭3座，省道沿线绿化2公里，4条（段）茶山机耕道铺设混凝土路面5.3公里；完成官路小区二期河道盖板260米和场地平整，污水整治通过省市环保部门验收，提升改造茶叶一条街门店；阳春村拆除和洋山岬机砖厂1座，修缮村部办公楼，场地绿化500平方米。

（林惠萍）

【生态农业项目建设】 2014年，乡实施生态农业项目建设，在和洋村秋竹垅套种樱花、四季桂8公顷，道路混凝土铺设2.5公里，建500立方米储液池1口，铺设和洋岬佳木养殖场至阳春集中加工区沼液管道1公里；在闽台农机具产业园边坡绿化1.33公顷，排水系统开始施工。科山铜盘盂茶园、和洋茶园分别套种樱花146.67公顷和53.33公顷。

（林惠萍）

济阳乡

【概况】 2014年，全乡辖村12个，村民小组118个；总户数2325户，人口1.01万人，其中非农业94户、218人。乡财政收入242.9万元，比上年增长10.96%。

农业 2014年，全乡耕地面积388.53公顷，其中水田382.53公顷、旱地6公顷；拥有农机总动力5862千瓦；粮食总产量4720吨、同比下降1.75%；出栏生猪7565头。全乡农林牧渔业总产值1.51亿元，同比增长7.09%。

工业 2014年，全乡有规模以上私营企业5家，与上年持平，职工总数1253人，有工业固定资产4.51亿元；工业总产值10.73亿元，同比增长19.75%，销售收入10.7亿元，实现利税2636万元；实施技改项目15项，投入资金3.8亿元。

商业服务 2014年，全乡社会消费品零售额6109万元、同比增长8.49%，集市贸易额788万元、同比增长10.99%；流通领域国有、集体、私营企业及个体工商户共199家；有金融服务网点1个。第三产业增加值1.56亿元、同比增长15.56%。

交通邮电 2014年，全乡拥有机动车283辆（客车2辆、卡车70辆、小汽车146辆、农用车55辆、拖拉机10辆），同比增加28辆；有固定电话用户583户、同比减少47户，移动电话用户4835户、同比增加314户。

社会事业 2014年，全乡教育事业投入38.4万元，有学校1所，在校学生455人、同比增加5人；闭路电视用户447户，与上年持平；乡卫生院有病床14张，医务人员10人；91%的人口饮用自来水。

人民生活 2014年，全乡农村居民人均可支配收入1.3万元，同比增长12.83%；村民人均住房41平方米，居民32平方米；每百户拥有洗衣机67台、自行车35辆、彩色电视机143台、电冰箱49台、摩托车257辆；77%的农户用上液化气、电磁炉。

社会保障 2014年，全乡享受低保村民240人，发放低保金33.6万元；享受基础养老村民1212人，发放养老金101.8万元（70元/人·月）；村民参加新农合8027人，参保率99%，征收医保基金74.42万元。为4065人次支付医疗补偿费102.4万元。

（涂祥鹏）

【便民服务中心大厅建设】 4月，济阳乡对便民服务中心大厅进行标准化建设，设办公服务大厅和综合协调室265平方米，并配备办公设备，各服务窗口公示办理流程和工作流程图及便民服务卡。

（涂祥鹏）

【历史文化名村保护规划评审】 11月，济阳乡在政府会议室召开《大田县济阳历史文化名村保护规划（2014—2030年）》评审会，邀请省文化局原局长郑国珍、住建厅副总工程师温晓勇、规划院高级工程师黄洵和市规划设计研究院院长邱宏及县博物馆馆长、副研究员陈其忠等5人参加。将该保护规划方案呈报省住建厅审查后送省政府批复。

（涂祥鹏）

【危旧房退宅复垦】 2014年，济阳乡对无人居住危旧房进行退宅还耕，拆除旧危房60座，复垦宅基地5.33公顷，预投资1080万元。

（涂祥鹏）

【美丽乡村建设】 2014年，济阳乡济中村由省纪委挂钩帮扶实施美丽乡村建设，省纪委派干部担任济中村党支部第一书记，投入帮扶资金800万元，至年底，完成旧房改造20座，建筑面积5000平方米。铺设自然村道混凝土路面6公里，新建串珠栈道1.2公里，修复高3米、宽4米、长27米紫云桥1座和建筑面积220平方米飞凤戏台等古建筑。

（涂祥鹏）

谢洋乡

【概况】 2014年，全乡辖村14个，村民小组91个；总户数2124户、人口8223人，其中非农业113户、153人。乡财政收入382.1万元、比上年下降26.27%。当年，获全县综合考评三等奖、精神文明建设二等奖。

农业 2014年，全乡耕地面积746公顷，其中水田264.8公顷、旱地481.2公顷；拥有农机总动力2860千瓦；粮食总产量5236吨、同比下降1.75%；出栏生猪5847头。农林牧渔业总产值1.53亿元，同比增长8.51%。

工业 2014年，全乡规模以上私营企业1家，与上年持平，职工658人；拥有工业固定资产5200万元；完成工业总产值1.18亿元、同比增长21.65%。销售收入1.18亿元，实现利税263万元。

商业服务 2014年，全乡社会消费品零售额853万元、同比增长5.96%；集市贸易额296万元、同比增长6.47%；流通领域国有、集体、私营及个体工商户319家；1家金融机构服务网点2个。第三产业增加值806万元，同比增长2.54%。

交通邮电 2014年，全乡有机动车415辆（客车3辆、卡车153辆，小汽车66辆、农用车142辆、拖拉机51辆），与上年持平；固定电话用户1881户，同比增加2户；移动电话用户4868户，同比增加800户。

社会事业 2014年，全乡教育事业投入104万元，有学校3所，在校生116人、同比减少9人；闭路电视用户620户、同比增加4户；乡卫生院有病床12张，医务人员8人；98%的人口饮用自来水。

人民生活 2014年，全乡农村居民人均可支配收入9817元、同比增长11.94%；村民人均住房45平方米，居民37平方米；每百户拥有洗衣机65台、自行车31辆、电视机132台（彩电100台）、电冰箱75台、摩托车68辆；75%的农户用上液化气、电磁炉。

社会保障 2014年，全乡村民享受低保和五保160人、发放低保金和五保供养金67.61万元，享受基础养老村民1112人，发放养老金90.58万（70元/人·月）；村民参加新农合7316人，参保率100%，征收医保基金59.03万元，为4497人次支付医疗补偿费79.79万元。

（吴英儒）

【村道路混凝土铺设】 2014年，谢洋乡对碧山、珍山等村村级道路进行混凝土路面铺设5.6公里，投资210万元，其中县财政补助60万元，村自筹150万元。

（吴英儒）

【三和新村建设】 2014年，乡在谢洋村村民127户在三和新村建设房屋98座，至年底，67户完成装修42座、352平方米，主街道铺设混凝土路面562米、排污管道385米，投资4000多万元。

（吴英儒）

【水土流失治理】 2014年，谢洋乡实施和春溪小流域和省重点乡镇100个水土流失治理项目，建设护岸护坡420米，封山300公顷，茶园坡改梯90公顷，茶园套种桂花、罗汉松、竹柏等树种4万株；建机耕道2公里、排水沟3公里、茶园田间道3公里、蓄水池44口。投入资金490万元。

（吴英儒）

【茶叶产品获奖】 2014年，谢洋乡在县第九届高山茶文化节评比中，象山岩茶叶有限公司选送的茶样“铁观音”和金山茶厂选送的“金观音”各获得银奖；隆胜茶厂选送的“铁观音”茶样获得铜奖。

（吴英儒）

武陵乡

【概况】 2014年，全乡辖村9个，村民小组94个。总户数3198户、人口1.22万人，其中非农业203户、262人。乡财政收入494.58万元，比上年下降21.44%。

农业 2014年，全乡耕地面积588.47公顷，其中水田483.47公顷、旱地105公顷；拥有农机总动力7860千瓦；粮食总产量4053吨，同比增长2.17%；出栏生猪8540头。全乡农林牧渔业总产值1.37亿元，同比增长7.03%。

工业 2014年，全乡规模以上私营企业6家；与上年持平，职工总数495人，拥有工业固定资产1.65亿元；完成工业总产值7.91亿元，同比增长19.49%；销售收入7.91亿元，实现利税2492万元；实施技改7项，投入资金2.42亿元，

招商引资 2014年，乡有三资企业1家，总投资430万元，吸引外资301万元。

商业服务 2014年，全乡社会消费品零售额4200万元，同比增长2.28%；集市贸易额2131万元，同比增长3.8%。流通领域国有、集体、私营企业及个体工商户共291户，金融服务网点1个。第三产业增加值2924万元，同比增长7.78%。

交通邮电 2014年，全乡拥有机动车375辆（客车2辆，卡车31辆，小汽车308辆，农用车18辆，拖拉机16辆），同比增加26辆；有固定电话用户582户、同比减少14户，移动电话用户6380户、同比增加1684户。

社会事业 2014年，全乡教育事业投入23.4万元，学校3所，在校学生655人，同比增加6人；闭路电视用户880户，同比减少105户。乡卫生院有病床15张，医务人员10人；92%的人口饮用自来水。

人民生活 2014年，全乡农村居民人均可支配收入8610元，同比增长13.01%；村民人均住房27平方米，居民21平方米；每百户拥有洗衣机60台、自行车15辆、电视机64台（彩电62台）、电冰箱26台、摩托车63辆；79%的农户用上液化气、电磁炉。

社会保障 2014年，全乡村民享受低保311人，发放低保金44.78万元，享受基础养老村民1597人、发放养老金125.85万元（70元/人·月）；参加新农合村民1.08万人，参保率99.36%，征收医保基金49.18万元，为5433人次支付医疗补偿费115.26万元。

（郭传東　张善涛）

【粮站小区项目建设】 1月，乡政府实施武陵粮站小区建设项目，占地3.33公顷，年底，完成旧粮站权属确认建筑物拆除和“三通一平”、平面图设计，一期工程12座房屋设计。预算投资4000万元。

（郭传東　张善涛）

【永强家庭农场建设】 1月，吴山乡锦山村刘永强在大石村建设富硒园区永强家庭农场，占地13.33公顷，开辟葡萄园、草莓园、瓜果园等富硒园区；新建设泥鳅池、钓鱼池、农家乐、自助菜园等休闲娱乐场所，年底完工，总投资600万元。

（郭传東　张善涛）

【农村电网改造】 1月，县供电公司进行仕洋、茶山2个村低压线路改造，新增100千伏安—400千伏安变压器6台，年底完工，总投资325.5万元。

（郭传東　张善涛）

【凯力机械加工项目建设】 1月，大石工业园区凯力机械加工项目动工建设，年底完成土地平整3.33公顷，1个标准车间和1条生产线安装经调试投入使用，2号车间及办公楼进厂道路混凝土在铺设，总投资5000万元。

（郭传東　张善涛）

【桃溪新村房屋立面装修】 1月，桃溪新村房屋立面装修30座，统一铺贴瓷砖2867平方米，年底完工，总投资50万元。

（郭传東　张善涛）

【敬老院竣工】 9月，乡政府在武陵村建设敬老院，占地1500平方米，建筑面积1000平方米，楼高4层，建有生活起居、康复护理、文化活动等用房及附属设施，设床位30张，年底竣工。投资250万元。

（郭传東　张善涛）

【乡服务中心大厅装修】 10月，乡政府对便民服务中心大厅进行装修，面积130平方米，内设村建、国土、民政、农业、林业、社会保障、计生、综合等服务窗口。年底投入使用，投资25万元。

（郭传東　张善涛）

文江乡

【概况】 2014年，全乡辖村20个、村民小组117个；总户数6482户，总人口2.29万人，其中非农业237户、592人；乡财政收入536.83万元，比上年增长7.81%。

农业 2014年，全乡耕地面积937.4公顷，其中水田852.62公顷、旱地84.78公顷；拥有农机总动力8913千瓦；粮食总产量7242吨，同比减少1.42%；出栏生猪1.3万头。农林牧渔业总产值3.15亿元，同比增长9.76%。

工业 2014年，全乡有规模以上企业5家（集体1家、私营4家），同比减少1家；职工总数715人，拥有固定资产8亿元；工业总产值6.8亿元，同比增长45.3%。销售收入6.8亿元，实现利税3114万元；实施技改项目4项，投入资金7100万元。

招商引资 2014年，乡有三资企业2家，总投资1300万元，吸引外资386万元，完成外贸供货值1394万元。

商业服务 2014年，全乡社会消费品零售额1.16亿元，同比增长17.17%；集市贸易额1.09

亿元，同比增长9%；流通领域国有、集体、私营企业及个体工商户431家；2家金融机构服务网点2个。第三产业增加值8412万元，同比增长5.1%。

交通邮电 2014年，全乡拥有机动车600辆（客车42辆、卡车256辆、小汽车11、农用车167辆、拖拉机124辆），同比增加72辆；有固定电话机用户2125户，同比增加9户；移动电话用户1.13户，同比增加200户。

社会事业 2014年，全乡教育事业投入120万元，有各类学校10所，在校学生670人，同比增加13人；闭路电视用户4393户，同比增加4户；乡卫生院有病床21张，医务人员13人；98%的人口饮用自来水。

人民生活 2014年，全乡农村居民人均可支配收入1.06万元，同比增长10.47%；村民人均住房44平方米，居民33平方米；每百户拥有洗衣机79台，自行车36辆，彩电201台，电冰箱73台，摩托车177辆；61%的农户用上液化气、电磁炉。

社会保障 2014年，全乡享受低保村民590人、发放低保金49.56万元，享受基础养老村民5697人，发放养老金269.6万元（70元/人·月）参加新农合村民1.87万人，参保率99.6%，征收医保基金168.3万元、为8597人次支付医疗补偿费176.65万元。

（范鹤翔）

【美丽乡村建设】 3月，乡政府实施桥下村美丽乡村建设试点，完成村道绿化1.8公里、27户旧房改造面积8000平方米和村部修缮等项目，投资90万元。

（范鹤翔）

【出境村级道路建设竣工】 3月，文江乡铺设出境通道民主村至梅山乡西坑村村道混凝土路面铺设，长3.8公里、宽4.5米，7月竣工。投入资金70万元，其中，“一事一议”县财政补助30万元，县交通局补助32万元，村民自筹8万元。

（范鹤翔）

【村部办公楼建设】 3月，桥下村村部办公楼改造动工，占地（含操场）700平方米，建筑面积300平方米，混凝土框架结构，楼高2层，11月竣工，投资20万元；8月，山芹村村部办公楼修缮动工，面积180平方米，11月竣工，投资21万元；9月，小文村村部办公楼修缮和操场混凝土铺设350平方米，11月竣工，投资9万元；9月，大文村办公楼建设动工，占地（含操场）600平方米，建筑面积450平方米，混凝土框架结构，楼高3层，12月竣工，投资65万元；10月，民主村村部办公楼修缮动工，面积200平方米，11月竣工，投资8万元。5个项目资金各村自筹。

（方淑婷）

【旧宅基地复垦】 5月，乡政府在文江，龙门、大安等11个村共拆除旧房屋56座，进行旧宅基地复垦，年底，通过市农办验收，新增耕地面积4.34公顷。

（方淑婷）

【幼儿园筹建捐款仪式举行】 6月17日，乡政府在文江中心小学举行文江中心幼儿园建设捐款仪式，县、乡政府领导和乡村的企业爱心人员及小学学生300多人参加。企业家陈兴光捐资20万元。年底，项目已完成征地和土地平整4000平方米。

（方淑婷）

【首届道德模范评选活动】 2014年，文江乡组织首届道德模范和讲卫生好家庭评选活动，共评选出乡级道德模范11人，表彰讲卫生好家庭10户。其中“助人为乐”“敬业奉献”“见义勇为”模范各2人；“诚实守信”模范1人；“孝老爱亲”模范4人。

（方淑婷）

【乡村电网项目改造】 2014年，县电力公司对乡村电网进行改造；架设朱坂至文江35千伏双回线路4公里，投资200万元；新增朱坂分坂、大中麦弯、文江街道及政府所在地、东溪和桥下村变压器6台，容量1360千伏安，投资420万元。

（方淑婷）

【保护母亲河活动】 2014年，文江乡实施保护“文江河——母亲河”行动，建立“河长制”，并联合县生态执法等部门共同管理保护流域环境。当年，在全县“河长制”工作考评中获一等奖。

（范鹤翔）

【防洪工程建设】 2014年，乡政府实施文江河防洪堤工程，治理河道3.5公里，砌筑护岸长4.92公里，排涵管5处。总投资2320万元。年底，完成护岸砌筑1公里。

（范鹤翔）

梅山乡

【概况】 2014年，全乡辖村21个，村民小组187个，总户数6306，总人口2.53万人，其中非农业317户、435人。乡财政总收入764.8万元，比上年增长17.66%。

农业 2014年，全乡耕地面积1163.73公顷，其中，水田990.26公顷，旱地173.47公顷；拥有农机总动力8856千瓦；粮食总产量1.04万吨，同比增长1.96%；生猪出栏1.6万头。农林牧渔业总产值4亿元，同比增长8.7%。

工业 2014年，全乡规模以上私营企业1家，职工1495人，固定资产4.7亿元，工业总产值3.06亿元，同比下降10.26%。销售收入3.03亿元，实现利税1260万元。

商业服务 2014年，全乡社会消费品零售额2930万元，同比增长4.21%；集市贸易额1879万元，同比增长8.3%；流通领域国有、集体、私营企业321家；有金融机构服务网点2个，第三产业增加值3814万元，同比增长20%。

交通邮电 2014年，全乡拥有机动车365辆（客车33辆，卡车45辆，小汽车125辆，农用车102辆，拖拉机60辆），同比增加30辆。有固定电话用户1600部，同比减少236户，移动电话用户1.56万户，同比增加540户。8月，沈岭岬至盖竹公路长14.6公里改造动工，由3.5米拓宽为5米，铺设混凝土路面，12月底竣工，投资285万元。

社会事业 2014年，全乡教育事业投入320万元，有学校3所，在校学生857人，同比增加19人。闭路电视用户595户，同比增加15户。乡卫生院有病床10张，医务人员13人。95%人口饮用自来水。

人民生活 2014年，全乡农村居民人均可支配收入1.12万元，同比增长10.89%；村民人均住房49平方米，居民32平方米；每百户拥有洗衣机30台，自行车2辆，彩电96台，电冰箱12台，摩托车57辆；90%的农户用上液化气、电磁炉。

社会保障 2014年，全乡参加新农保8905人，参保率92.5%，收取基金115万元，为2459人发放基础养老金235万元（70元/月人）；享受低保村民54人，发放低保金12万元；参加新农合1.9万人，参保率99.8%，征收医保基金133万元；为8400人次支付医疗补偿费144万元。2月，新建福利院和老人活动中心，占地900平方米，建筑面积760平方米，其中老年人活动中心60平方米。内设食堂和健身活动场所；福利院其中1栋2层建筑面积300平方米，12间8个床位，另1栋3层建筑面积400平方米，22间12个床位。共投资130万元，其中省级专项补助资金90万元。

（郑　炜）

【集镇街道整治】 7月，梅山乡进行集镇街道整治，投资120万元，其中建设绿化带165条、20万元，设立垃圾收集桶200个、25万元，新架LED路灯90盏、10万元，成立专门保洁队伍26人、投资45万元，街道路面进行整修、投资20万元；并对梅山、秀岭、郭井、新楼等3.2公里河道内的垃圾、淤积泥沙进行清理。

（郑　炜）

【村级饮水工程建设】 11月，梅山乡完成沧洲、长津、高泉、梅山、秀岭5个村安全饮用水建设，铺设口径25—63厘米自来水管道长4.23公里，解决1600多人饮用水安全，投资100万元，其中省财政补助50万元。

（郑　炜）

【村民危房改造】 2014年，乡政府完成梅山、香坪、秀岭、龙口、雄峰、金阳6个村村民危房改造14座、27户，建筑面积1680平方米，投资34万元，其中县农办补助27万元。

（郑　炜）

【农林产业项目】 2014年，梅山乡引进福建高富仁堂生物科技有限公司，投资5000万元，发展洛神花产业化项目，一期投资300万元，建设66.67公顷洛神花标准化种植基地。10月，首届中华洛神花旅游文化节在大田县举办，并授予大田县“中国洛神花之乡”。当年全乡完成“两高一优”竹林抚育500公顷、幼林抚育1600公顷；璞溪村新种丰产竹林14.67公顷，培育连片竹林30.67公顷，其中盖竹村16.67公顷、黎坑村 14 公顷。至年底，有连片毛竹林 54.2 公顷。以林、竹为原料兴办竹木加工厂 6 家、产值 3000 万元。

（郑　炜）

【油茶种植项目】 2014 年，梅山乡长坑、高泉村成片新植油茶 14.6 公顷，年底，两个村油茶面积 38.2 公顷。

（郑　炜）

湖美乡

【概况】 2014 年，全乡辖村 16 个，村民小组 107 个，总户数 4006 户、人口 1.36 万人，其中非农业 203 户、356 人。乡财政收入 511.9 万元，比上年增长 23.79%。

农业 2014 年，全乡耕地面积 566.48 公顷，其中水田 291.46 公顷、旱地 275.02 公顷；拥有农机总动力 5922 千瓦；粮食总产量 3684 吨，同比增长 1.57%；出栏生猪 6616 头。农林牧渔业总产值 1.75 亿元，同比增长 7.36%。种植洛神花 214.33 公顷，产值 482.25 万元。当年，县被国家经济林协会评为"中国洛神花之乡"，湖美乡成为检查验收唯一基地。

工业 2014 年，全乡规模以上私营企业 2 家，同比增加 1 家；职工总数 865 人，拥有固定资产 9652 万元，工业总产值 2.57 亿元，同比增长 542.5%。销售收入 2.19 亿元，实现利税 539 万元，实施技改项目 2 项，投入资金 980 万元。

招商引资 2014 年，全乡三资企业 2 家，总投资 2.6 亿元，吸引外资 2.4 亿元。

商业服务 2014 年，全乡社会消费品零售额 819.6 万元，同比增长 13.99%；集市贸易额 5142 万元，同比增长 6.28%。流通领域国有、集体和私营企业及个体工商户 268 家；有金融服务网点 1 个；第三产业增加值 2663 万元，同比增长 8.92%。

交通邮电 2014 年，全乡拥有机动车 146 辆（客车 7 辆，卡车 17 辆，小汽车 74 辆，农用车 25 辆，拖拉机 23 辆），同比增加 16 辆，固定电话用户 1497 户，同比增加 65 户，移动电话用户 5698 户，同比增加 892 户。

社会事业 2014 年，全乡教育事业投入 103.4 万元，有学校 5 所，在校学生 460 人，同比减少 32 人；闭路电视用户 632 户，同比减少 8 户。乡卫生院有病床 12 张；医务人员 9 人；饮用自来水人口 100%。

人民生活 2014 年，全乡农村居民人均可支配收入 1.18 万元，同比增长 12.38%；人均住房村民 46 平方米，居民 29 平方米；每百户拥有洗衣机 47 台、自行车 9 辆、电视机 111 台（彩电 110 台）、电冰箱 17 台、摩托车 98 辆；20% 的农户用上液化气、电磁炉、沼气。

社会保障 2014 年，全乡享受低保村民 427 人，发放低保金 86.83 万元，享受基础养老村民 1382 人，发放养老金 117.47 万元（70 元/人·月），参加新农合村民 1.29 万人，参保率 98%，征收医保基金 103 万元，为 1203 人次支付医疗补偿费 26.34 万元。

（苏振相）

【闽湖水质监测站建立】 3 月 16 日，高才省控地表水监测闽湖（街面水库）水质监测站在湖美乡高才村桥头动工建设，建筑面积 125 平方米，包括测试设备由省环保厅投资 126.48 万元。该站于 2015 年 2 月 17 日投入使用。

（苏振相）

【中小河流域工程项目治理】 9 月，湖美乡实施湖上村、仁美村流域治理工程，至年底，砌筑防洪堤 60 米、护岸 740 米、涵洞 3 处，河道清淤 410 米，投资 1540 万元。

（苏振相）

【高才革命历史陈列馆开馆】 10 月 15 日，湖美乡高才苏维埃政府旧址暨红军北上抗日先遣队革命历史陈列馆开馆，省党史研究室副主任黄玲，市人大常委会副主任张知通、县委统战部部长江太生和市、县党史研究室等有关人员参加。该馆由县党史研究室牵头协同相关部门对高才村村部进行装修改造，展馆面积 36 平方米，分"临危受命、挥师北上""进军闽中、攻占大田""抢渡榕溪、会师高才""精神永驻、浩气长存"四个部分，展示史料图片和实物，图文并茂，列为县爱国主义教育基地。

（苏振相）

【绿大地苗木产业合作社成立】 2014 年，西燕村党员和技术骨干各 5 人，帮领村民 23 人，成立"绿大地苗木产业合作社"，培育金钻丝楠、花木梨、檀香、含笑、日本樱花、罗汉松等景观和林业苗木68公顷，年产值1000万元。

（苏振相）

前坪乡

【概况】2014年，全乡辖村11个、村民小组55个，总户数1878户，人口7662人，其中非农业132户、190人。乡财政收入463.44万元，比上年增长7.6%。当年，获县委、县政府工业、商贸经济类乡（镇）综合考评、第三产业发展责任目标、规模以上工业责任目标、发展非公有制经济工作、美丽乡村竞赛活动、宣传思想文化工作等6项先进单位三等奖。

农业 2014年，全乡耕地面积570.53公顷，其中水田213.06公顷、旱地357.47公顷；拥有农机总动力5580千瓦；粮食总产量2958吨，同比增加4.52%，生猪出栏3310头。农林牧渔业总产值1.43亿元，同比增长6.72%。

工业 2014年，全乡规模以上企业15家(集体1家，私营14家)，与上年持平，职工总数2279人，拥有固定资产9亿元；完成工业总产值32.72亿元，同比增长42.76%。销售收入31.55亿元，实现利税7833万元。

招商引资 2014年，全乡外资企业2家，总投资1800万元，吸引外资750万元，完成外贸供货值1200万元。

商业服务 2014年，全乡社会消费品零售额620万元，同比增长0.65%；集市贸易额862万元，与上年持平。流通领域国有、集体、私营企业及个体工商户124家；金融机构服务网点1个。第三产业增加值3500万元，同比增长75%。

交通邮电 2014年，全乡有机动车216辆(卡车78辆、小汽车70辆、农用车42辆、拖拉机26辆)，同比增加2部。固定电话用户829户，同比增加5户；移动电话用户2180户，同比增加7户。

社会事业 2014年，全乡教育事业投入24万元，有各类学校4所，在校学生302人，同比增加76人。闭路电视用户580户。同比增加20户。乡卫生院有病床6张，医务人员5人。98%的人口饮用自来水。

人民生活 2014年，全乡农村居民人均可支配收入1.26万元，同比增长11.5%；村民人均住房76平方米，居民24平方米；每百户拥有洗衣机39台，自行车15辆，电视机112台(彩电107台)，电冰箱30台，摩托车79辆；70%的农户用上液化气、电磁炉。

社会保障 2014年，全乡参加新农保村民3433人，参保率100%，享受基础养老村民896人，发放养老金72.13万元（70元/人·月）；参加新农合村民6696人，参保率98.3%，征收医保基金57.1万元，为3915人次支付医疗补偿费168.6万元。

（颜小虹）

【鑫鹭峰铸造项目】 2014年，前坪乡实施生产性、公益性项目12个，总投资5.72亿元，当年投资3.67亿元。重点实施鑫鹭峰实业有限公司二期工程，扩建年产9万吨机械铸造生产线。项目用地11.33公顷，投资3.2亿元，至年底，投入2.38亿元。完成土地平整、土石方回填13万立方米和铸造车间钢结构厂房主钢架，厂房四周料场部分铺设混凝土，第二条日产150吨石灰气烧炉生产线完成炉体主体制作安装和炉内耐火砖砌筑，气烧炉投入生产；完成冶铸一体化冶炼高炉炉体及配套的热风系统外壳非标制作，并进行防腐油漆处理；11月完成第二条低品位褐铁矿焙烧生产线建设。

（颜小虹）

【特色农业基地建设】 2014年，前坪乡注重培育特色农业，一是“高峰”金姜标准化示范基地66.67公顷，实施闽中金姜保鲜仓储及交易中心建设项目，总投资5500万元。已完成征地2.33公顷，通往项目区道路完成路面混凝土铺设，建设保鲜储藏区3000立方米、交易场所2500平方米、产品展示厅1000平方米、停车场及车库800平方米。二是九山农产品销售服务中心建设项目总投资5100万元，占地5.73公顷，至年底完成投资1677万元，建成简易办公楼和通往厂房的道路，九山农业开发公司在吉坑、北坑、福井、前坪等村完成油茶基地开发40公顷。

（颜小虹）

【生态环境治理】 2014年，前坪乡组织实施银川矿区矿山地质环境治理二期示范工程、三角溪小流域综合治理、重点乡镇水土流失综合治理、川石矿区水土流失综合治理示范点等上级补助项目。共修筑防洪堤、排水（洪）沟 2.8 公里、生态护岸 2.2 公里、机耕路 4.2 公里、蓄水池 34 口、混凝土道路 829 米，划定水土保护林 59.33 公顷、封禁治理 980 公顷，整理绿化地 24.5 万平方米，种植苗木 15.67 公顷。

（颜小虹）

【红坪街改造和美丽乡村建设】 2014 年，前坪乡继续推进红坪街改造项目，投入资金 200 多万元。乡敬老院竣工验收、行政服务大厅装修，供电所办公楼 12 月中旬动工。乡投入美丽乡村建设资金 500 万元，其中山川、下坑 2 个村投入 300 万元，下坑村种植名优树种 500 多株，绿化面积 1380 平方米，修筑河堤 150 米，砌筑排水沟 390 米，混凝土场地铺设 480 平方米，新装路灯 15 盏，新建公厕 2 座，拆除违章建筑 4 座和乱搭盖鸡鸭舍 7 处，面积 263 平方米。山川回族村动工新建 1 处休闲公园、继续完善山头自然村景观绿化。

（颜小虹）

【安全生产整治】 2014 年，前坪乡开展道路交通安全综合整治“三年行动”，重点打击交通违法行为，加强事故多发地段管控，新增道路交通安全标识 13 处。开展安全生产整治百日行动，抓好重点行业和领域的安全监督，全年无发生重大安全生产事故。

（颜小虹）

【五访五问活动】 2014 年，前坪乡在第二批党的群众路线教育实践活动中，持续开展孤寡老人、下岗人员、失学儿童、流动人口、残疾人员必问，生病住院、红白喜事、邻里纠纷、刑满释放、家庭困难必访“五访五问”特色活动，39 名干部走访群众联系率 98.6%，共征集意见建议 109 条，其中班子存在“四风”问题 19 条、班子成员 90 条，群众反映强烈的切身利益问题 36 条。并做到边查边改，同时整顿转化软弱涣散的党组织，使北坑村各项工作有明显的进步。

（颜小虹）

2014 年大田县村级概况

表 15

乡镇别	村别	村民小组（个）	户数（户）	人口（人）	耕地（亩）	集体经济收入（万元）	农村居民人均可支配收入（元）	党支部书记	村委会主任
均溪镇	红星	19	2396	6984	284	418.46	14429	陈有尧	杜成开
	玉田	21	1735	5352	151	284.03	14428	范立朝	范明辉
	福塘	17	1297	4129	421	174.11	14362	陈奇旭	陈有桂
	金岭	4	209	639	220	41.65	11737	陈世建	陈长垵
	宋京	16	692	2194	1113	54.91	13387	范庭国	范训桑
	良元	6	309	1028	427	53.24	12607	温乃早	温乃早
	郭村	5	222	696	179	21.36	12629	柳书政	柳书政
	翰林	5	229	731	364	28.83	12462	李勤寮	李克火
	温镇	8	765	2464	733	46.91	13677	温兴邦	温兴邦
	周田	8	477	1533	716	114.11	13503	周仁潮	刘连垣
	许思坑	5	259	828	415	65.32	12488	周以际	张开用
	建成	4	252	794	392	25.27	13149	柳书明	柳传河
	东坑	12	571	1888	683	35.57	13745	郑祥建	郑祥序

续表 15

乡镇别	村别	村民小组（个）	户数（户）	人口（人）	耕地（亩）	集体经济收入（万元）	农村居民人均可支配收入（元）	党支部书记	村委会主任
均溪镇	金山	6	278	867	285	47.37	13403	郑宜桧	郑在标
	上华	12	567	1871	736	66.12	13677	杨开笔	杨逢垒
	和丰	8	304	996	357	27.80	13353	周有桥	周仲军
	和丰坪	6	333	1082	520	26.40	13189	周调泉	周调泉
	后华	6	318	957	525	132.96	13281	严序泽	严取煜
	华坑	6	371	1171	423	49.25	13040	严建国	林章主
	上太	10	566	1737	833	56.93	13466	郑际源	严景聪
	太山崎	7	304	975	689	17.56	11774	林善报	林传代
	大道山	3	125	385	194	15.13	11662	郑联灶	郑联灶
	城东	11	1155	3653	—	154.56	13118	刘春雷	刘青晓
广平镇	广平	24	1139	4730	2818	29.53	11877	郭兆水	林乐标
	五峰	12	450	1810	984	7.86	11865	蒋承隆	蒋佑宝
	万筹	15	638	2540	1162	9.03	11875	郑恢仪	郑恢宋
	万宅	5	273	1099	815	45.36	11850	余开湘	余有暖
	元沙	27	1466	6173	2708	60.34	11821	张乃善	张英理
	苏桥	23	1619	6547	3087	148.82	11882	廖乃座	廖上桂
	铭溪	19	1009	4113	1153	36.72	11845	池 忠	池其莹
	栋仁	29	1368	5652	2472	78.98	11969	郑新明	郑新严
	岬头	4	200	804	568	8.38	11498	林长南	林长棋
	东景	5	167	672	470	11.86	11461	李兴勇	陈盛世
	西园	8	371	1442	1114	24.87	11451	王英斌	王孔建
	丰庄	11	531	2025	1644	13.79	11607	罗施秀	罗联滨
	大吉	6	69	230	335	10.77	11667	方兴忠	陈达明
	兴埔	3	150	604	352	16.42	11628	廖兆森	廖加强
	龙宫场	2	97	374	295	1.90	10270	郑恢洽	
上京镇	上京	18	574	2809	1694	105.77	14661	陈乘俥	陈天利
	上平	16	509	2325	1447	28.05	14162	吴义社	吴嵩仑
	黄城	13	501	2294	2102	5.74	12485	曾垂贤	陈兆治
	桂坑	9	251	1069	1214	4.62	12538	肖文强	肖文强
	城口	9	275	1176	847	18.27	12192	黄来樟	陈昌双
	丰田	10	241	1176	886	2.40	12056	林初权	朱升本

续表 15

乡镇别	村别	村民小组（个）	户数（户）	人口（人）	耕地（亩）	集体经济收入（万元）	农村居民人均可支配收入（元）	党支部书记	村委会主任
上京镇	南坑	5	156	689	562	2.90	12130	俞上海	魏初周
	溪尾	8	154	750	502	0.20	12624	魏初美	魏初彬
	下溪口	10	268	1301	818	6.54	12392	刘美气	刘美亿
	溪口	11	401	1891	878	5.27	12235	刘育聚	刘育科
	三阳	6	183	896	530	11.90	12788	叶一忍	叶正要
	赤水	13	325	1512	1141	1.74	13782	魏瑞宙	魏初钿
	梅林	10	298	1440	800	7.18	14135	田美省	田守平
	隆美	8	231	1133	576	16.43	14360	田有楷	田有新
	灵川	7	217	768	477	13.50	14136	田民云	田民云
	延京	8	179	900	510	41.34	14234	陈源苗	陈初太
桃源镇	桃源村	11	1212	3818	2611	50.81	14380	陈来勇	张福财
	西安村	10	471	1447	1080	35.04	14105	涂志成	郑金发
	东坂村	9	277	927	902	145.25	12960	张吉清	巫振桂
	桥山村	6	232	757	600	17.17	13585	林传广	郑得忠
	翁厝村	8	517	1613	1782	77.92	13572	翁文普	翁文东
	前厝村	3	369	1156	1142	48.28	13328	郑永胜	郑圣烨
	前村村	8	284	942	1014	33.73	14613	张兆良	张兆高
	广汤村	7	756	2470	1962	17.89	14438	张钟荫	王振庭
	杨坑村	6	303	964	956	74.67	13673	柯仁城	肖兆海
	上举村	4	177	600	611	11.37	13793	肖先奋	肖先钦
	兰玉村	5	652	2146	1695	102.95	13907	肖基传	肖君烈
	桃新村	3	205	620	260	14.11	13868	陈月珠	苏桂明
	桃林村	3	86	284	346	16.49	12211	涂德热	涂景堤
太华镇	玉井村	9	237	1167	852	21.98	11662	叶美地	叶高考
	群团村	34	702	3437	1999	64.33	12162	陈增旭	陈兴鸿
	华溪村	7	270	1312	1010	54.80	11646	陈文团	陈文团
	太华村	4	105	505	258	21.65	11525	田增久	郑初迁
	温坑村	12	243	1307	1228	31.69	12219	连仁芳	陈正德
	小华村	12	270	1186	713	106.00	11678	林新涛	林新琳
	仕坑村	10	293	1459	1035	74.50	12234	唐丁分	吴为堆
	魁城村	18	743	3665	2356	62.13	12270	连晋慎	连春圳

续表 15

乡镇别	村别	村民小组（个）	户数（户）	人口（人）	耕地（亩）	集体经济收入（万元）	农村居民人均可支配收入（元）	党支部书记	村委会主任
太华镇	张地村	6	187	932	566	64.27	11845	连福绍	连福成
	万湖村	36	789	3886	2999	194.13	12223	詹文潭	连华贤
	西埔村	10	342	1625	872	95.97	11988	乐首活	连礼校
	甲魁村	8	184	874	590	45.00	11716	苏进汇	苏进报
	大合村	12	270	1300	1016	28.50	12138	周庆泉	廖首统
	菖坑村	7	156	756	815	15.34	11257	连善智	连礼河
	坑头村	9	174	861	565	42.14	12114	周初旺	周初柱
	汤泉村	27	733	3440	2161	302.64	11860	蒋先贯	陈文峰
	黄沙村	6	182	862	863	58.52	11578	张流汉	张善满
	锦溪村	5	105	480	378	10.85	11188	周先杰	周先湘
	华山村	8	220	1045	750	6.31	11091	章国首	章先庆
	泮车村	6	156	757	791	18.05	11493	郑联队	郑联队
	罗丰村	14	425	2054	1675	29.86	11650	高超广	方正焕
	池元村	8	206	992	788	8.94	11109	陈德水	陈德水
	德安村	8	258	1165	1223	23.90	11210	陈开清	郑长纯
	高星村	4	93	432	571	46.99	10972	黄荣积	罗振忠
建设镇	建爱村	12	529	2607	70.51	63.99	13396	黄文广	黄长造
	建忠村	12	628	3046	101.52	208.74	13519	陈生怀	吴 荣
	建设村	21	702	3329	112.59	124.26	13803	林起舜	林进光
	建强村	7	339	1674	59.75	95.15	13506	林书刊	池邦坦
	建民村	7	300	1444	59.97	22.32	13263	郑永祥	林书涛
	建丰村	17	664	3295	92.92	34.65	13759	高超梓	高上洁
	建乐村	9	447	2294	76.18	34.66	13303	高加禄	高忠来
	建国村	7	258	1214	52.17	150.84	13325	田生炳	田生柯
	和平村	10	407	1918	76.86	53.93	13369	郑永彭	唐方春
	元山村	8	263	1226	59.81	22.66	13107	池承焕	—
	大同村	10	449	2199	178.95	81.36	13129	廖尚本	吴联聪
	香浮村	3	115	510	41.93	28.60	13102	周进乐	周文舍
	建设镇街道	—	441	748	—	—	—	—	—
石牌镇	石牌	6	251	1096	350	61.79	10596	陈亨国	
	老厝	10	352	1587	425	45.19	10728	陈宜耿	陈华聪

续表 15

乡镇别	村别	村民小组（个）	户数（户）	人口（人）	耕地（亩）	集体经济收入（万元）	农村居民人均可支配收入（元）	党支部书记	村委会主任
石牌镇	上坡	8	275	1120	394	59.95	10070	郑大温	黄兴煖
	马山	6	168	772	318	12.54	9033	陈永运	陈立准
	盖山	6	114	578	259	16.83	8886	苏诗格	陈开乾
	拱桥	5	130	452	369	13.15	9402	陈开聪	苏亨龙
	石坑	7	153	724	526	51.90	9066	陈开佾	陈祥碧
	长溪	13	296	1285	512	55.04	9654	李春华	李家旗
	小湖	13	400	1783	1061	100.84	10396	乐景川	乐发广
	桃山	8	322	1450	1043	23.48	9643	杜元旺	杜启栈
	桃坑	8	290	1324	1103	23.01	9319	乐见墙	乐志炳
	鳌江	14	472	2159	1545	29.08	9810	郑允超	吴文教
	三坊	9	295	1321	1071	52.87	9573	张加慧	张永柏
	下洋	10	271	1174	460	9.53	9646	魏起安	魏开仁
	龙坑	8	251	1099	645	11.75	9036	李游燕	乐丁校
	京程	5	113	467	391	11.02	8441	刘起生	刘志锻
奇韬镇	奇韬村	23	1201	4202	3254	79.95	12601	郑登举	郑登均
	东佳村	11	387	1354	408	70.92	11818	张春校	郑成溢
	丁华村	3	94	329	975	4.49	12005	郑丁炫	
	西韬村	3	191	667	646	49.37	13221	吴成贤	郑光钗
	文经村	9	732	2560	532	71.53	12112	方来源	邱荣新
	桃东村	3	350	1222	878	119.02	14948	方来然	方来荣
	桃舟村	3	315	1100	437	38.40	14261	黄裕佳	黄其为
	洋地村	5	284	994	456	18.48	12119	胡上润	胡上福
	龙坪村	4	252	881	1061	40.26	12279	黄祥阳	王新广
	金华村	2	100	348	527	5.46	11923	陈思模	
	龙溪村	2	126	439	1580	9.52	12062	林上萍	
	永德村	3	145	507	117	8.22	12085	罗秋莲	刘梨养
华兴乡	华安村	9	560	1681	816	184.63	10219	郑贤津	郑肇平
	仙峰村	12	612	1879	748	125.49	10167	翁扬鑫	翁扬七
	早兴村	15	490	1490	779	17.18	10245	卢开室	卢维收
	张乾村	10	345	1076	600	39.61	9785	邱斯煌	邱旺良
	杞溪村	7	229	715	326	39.24	8907	陈捷选	陈德力

续表 15

乡镇别	村别	村民小组（个）	户数（户）	人口（人）	耕地（亩）	集体经济收入（万元）	农村居民人均可支配收入（元）	党支部书记	村委会主任
华兴乡	柯坑村	8	301	899	491	16.47	8434	杨景光	杨景雄
	横坑村	12	302	936	570	56.95	8693	杨廷茅	杨廷韶
	京口村	17	906	2769	875	423.60	10227	叶玉团	杨金华
	昆山村	15	578	1791	788	149.81	10183	程开理	程立坦
	洪坑村	2	120	391	295	61.37	9835	颜和洁	李勤操
屏山乡	屏山村	12	371	1190	738	56.02	11352	张　慧	郭守棋
	内洋村	16	618	2171	1229	250.14	11656	苏庆俊	苏启绵
	溪头村	15	325	1121	695	71.36	10693	苏华隆	苏诗鑫
	玉屏村	16	453	1504	930	30.10	10683	陈进相	陈其捷
	芹阳村	9	204	679	401	25.21	10675	陈荣候	陈开丹
	和坑村	18	580	2047	1241	86.55	10718	陈吉潮	陈世真
	美阳村	15	610	2058	1234	23.17	11466	郭文杰	郭显楣
	瑞美村	15	341	1205	738	27.42	11184	郭盛理	郭开敬
	内山村	6	170	630	415	17.68	10348	郭传珍	陈兴程
	王坪村	8	160	527	346	14.24	10340	章进步	章选服
	杨梅村	8	278	971	617	16.63	10359	章进怡	章进电
	蒋山村	5	155	555	342	29.68	10359	章永伟	章永敏
	许坑村	8	190	675	417	52.28	10369	章双标	章进楠
吴山乡	张坑村	100	345	3	294	20.90	11771	章思礼	章德偕
	锦山村	238	985	10	917	47.98	11093	刘贵忠	刘登提
	科山村	197	738	9	737	49.72	12067	刘珍珊	刘振华
	程堂村	291	1224	8	646	57.52	12178	陈兴繁	陈兴途
	吴山村	597	2485	21	1061	171.46	12978	陈生文	陈广亮
	和洋村	169	684	6	274	50.06	13747	陈荣耀	陈德书
	阳春村	449	1831	17	1249	134.03	12042	林开望	林开安
	东埔村	98	383	4	304	78.54	11987	林两得	林传丁
	梓溪村	278	1195	12	358	139.99	12122	林芳梓	林起明
济阳乡	济阳	17	360	1621	1070	28.66	13289	涂育现	涂经聪
	济中	11	204	953	716	55.08	12844	涂友第	涂扬宗
	三扎	4	80	367	263	15.39	12616	涂育棍	涂育棍
	德仁	5	85	375	233	13.20	12960	涂秋龙	涂学良

续表 15

乡镇别	村别	村民小组（个）	户数（户）	人口（人）	耕地（亩）	集体经济收入（万元）	农村居民人均可支配收入（元）	党支部书记	村委会主任
济阳乡	芳林	6	105	423	233	7.39	12624	章选读	章选煌
	国庆	11	194	797	375	20.67	12949	涂继星	涂国相
	上丰	16	249	1177	729	27.77	13161	涂双跃	涂有德
	洋林	8	140	584	274	7.98	12705	涂开兴	涂文启
	高升	11	134	640	432	13.92	12719	涂凤绵	涂德俊
	砚坑	4	96	348	183	8.15	12730	章桂胜	章前程
	大儒	14	308	1456	621	25.36	13063	章华纯	章斯忠
	大乾	11	276	1097	699	51.72	12935	陈士历	章金龙
谢洋乡	谢洋村	12	304	890	1200	5.29	9742	林昌明	林玉添
	怀德村	13	223	1000	2000	6.06	9660	林起满	林起满
	坑口村	4	105	480	300	5.08	9854	林开品	林起坛
	白玉村	3	100	275	100	5.00	9924	林芳靛	林起汉
	象山村	4	100	321	400	5.15	9857	林起周	林凤枢
	科里村	11	220	1169	1600	7.05	9954	林起超	林丁勇
	珍山村	8	200	837	1200	6.36	9797	林起树	林文基
	草垅崎村	4	104	513	700	5.03	9589	林昌多	林昌多
	三角尾村	3	55	219	300	5.15	9788	林起兴	林起兴
	上珍村	3	60	264	400	5.30	9697	陈春坦	陈春暖
	蕉坂村	2	43	183	300	5.00	9896	林起周	林开联
	和春村	6	100	421	600	5.00	9850	林开庚	林广谋
	碧山村	4	88	351	500	5.39	9895	林凤征	林丁铬
	仕福村	14	309	1148	1600	19.16	9940	林起库	林起聪
武陵乡	武陵	12	476	1913	1028	15.27	8456	林其源	林新昌
	红君	11	316	1314	797	13.35	8479	林 燕	林彩用
	桃溪	16	506	1959	1524	18.96	8394	林共河	林广文
	上岩	12	341	1535	1134	22.59	8861	叶一美	叶一栽
	百束	12	391	1515	1133	19.27	8165	林光恬	林光记
	茶山	7	199	740	663	16.60	8689	陈丁勇	陈玉滨
	岬坪	7	145	606	581	9.06	9883	陈玉见	陈进新
	大石	14	536	2104	1657	42.41	8237	林庆业	林永湖
	仕洋	3	85	275	310	15.28	9018	陈进省	

续表 15

乡镇别	村别	村民小组（个）	户数（户）	人口（人）	耕地（亩）	集体经济收入（万元）	农村居民人均可支配收入（元）	党支部书记	村委会主任
文江乡	文江	13	840	2959	1725	54.21	11318	陈汝治	余育大
	大中	10	498	1799	1067	33.16	10995	李凤铨	乐荣森
	民主	9	448	1550	945	26.20	10698	叶德扬	吴上垠
	大文	6	394	1361	663	26.64	7570	陈先幼	陈先安
	小文	4	190	654	543	4.70	10815	余成碧	余孟洒
	典坑	3	112	399	509	37.59	10819	林上贡	陈启沙
	朱坂	12	612	2249	1678	53.63	11570	廖世右	廖启赐
	琼口	7	490	1796	977	22.79	10721	余联跃	余联修
	白沙	2	95	329	280	15.38	9872	黄其政	
	大安	4	280	968	500	66.51	10541	廖尚堆	廖世前
	桥下	3	115	415	322	5.73	11100	范鹤翔	陈兴贡
	龙门	5	320	1144	541	19.79	10709	周延炽	周学淼
	光明	5	282	964	545	9.74	10467	林启加	林联山
	后洋	4	220	792	403	60.23	10971	林朝喜	林廷敬
	温厝	3	251	922	644	30.53	10628	周学贝	邓招伟
	花桥	3	158	600	470	17.61	10861	范祖现	王秀达
	小芹	5	192	740	463	26.39	10275	柯永味	柯永令
	山芹	2	123	450	316	11.19	10431	林志江	林永野
	昭文	12	420	1512	845	8.51	10833	杨丰炤	杨连肆
	联盟	5	205	742	625	31.91	10653	陈升彩	余志帛
梅山乡	新楼	4	95	376	171	16.31	10150	陈育苑	陈育苑
	梅山	16	540	2050	1217	157.40	10083	吴日光	吴有溪
	郭井	14	423	1751	1059	34.96	10494	吴占宝	吴英炳
	秀岭	16	490	1822	1907	40.28	10091	詹宏天	陈清溪
	沈岭	9	345	1726	1210	55.68	10050	吴同针	吴同村
	沈口	9	289	1125	610	25.68	10211	陈正樟	陈正樟
	雄锋	12	390	1538	925	28.33	10162	吴秉恩	吴步炉
	盖竹	2	100	430	373	48.70	10055	朱自诚	朱福荣
	德州	3	79	346	234	10.77	9987	黄初绍	黄初绍
	沧州	16	496	2296	1790	54.09	10683	陈天湖	陈在灼
	璞溪	4	136	638	908	33.31	9675	苏宗古	苏宗柯

续表 15

乡镇别	村别	村民小组（个）	户数（户）	人口（人）	耕地（亩）	集体经济收入（万元）	农村居民人均可支配收入（元）	党支部书记	村委会主任
梅山乡	西书	13	389	1707	1375	44.37	10682	吴开炜	吴树春
	西坑	7	263	1156	968	51.30	10258	叶清涵	叶聿相
	龙口	6	145	665	340	20.61	10850	陈高炉	陈占佳
	岭后	5	190	820	464	17.22	9785	陈上楼	陈开金
	金阳	14	438	1693	797	21.66	10085	林初导	林顺秩
	高泉	12	403	1621	1050	31.72	10500	陈占建	陈高桥
	长坑	8	212	812	553.5	24.01	9995	陈文炉	陈先炼
	长津	6	195	739	400	14.55	9885	陈高料	陈如丹
	香坪	7	244	1050	803	27.06	10528	叶长坤	叶德禄
	黎坑	4	127	514	301	21.34	10034	吴美世	吴志翔
湖美乡	大尤	4	129	487	495	20.69	10399	刘春坤	刘春海
	前进	5	219	792	682	74.37	10332	林芳艮	林芳佩
	旺建	12	461	1620	651	70.15	10392	廖应社	廖士漳
	西燕	5	281	977	1089	34.12	10502	林桂春	张芳才
	元安	9	320	1152	916	27.64	10661	颜全路	颜建活
	仁美	10	362	1223	559	22.37	10670	廖斯椿	廖生捋
	湖上	11	328	1203	577	49.28	10699	施素梓	施生晖
	岬才	9	251	819	336	43.16	10443	施发党	施发党
	宏才	12	378	1263	762	16.85	10345	施生兴	施生杰
	长坂	5	167	577	286	6.98	10263	吴仁贤	吴祥卢
	后坪	4	106	357	546	25.36	10286	吴祥电	吴全友
	高才	3	86	293	236	36.16	11879	刘建友	刘春干
	后坑	4	99	330	397	8.74	10343	施生茂	施生奇
	林兜	6	267	908	358	46.29	10326	林高善	林高善
	汉口	4	196	696	319	29.16	10485	吴其灯	林文拱
	仁东	4	153	504	287	19.23	10499	廖生瑞	廖生图
前坪乡	前坪	6	180	636	932	31.67	12547	—	蒋加物
	黎明	7	214	935	1025	57.34	12535	陈其烈	蒋先斜
	上地	4	109	495	641	21.70	12465	林佳军	林长流
	下坑	7	255	1087	975	93.43	12588	廖春麻	廖正井
	下地	4	115	519	634	17.46	12466	林绍炳	林绍楼
	山川	4	124	588	618	150.05	13503	林建都	丁长池

续表 15

乡镇别	村别	村民小组（个）	户数（户）	人口（人）	耕地（亩）	集体经济收入（万元）	农村居民人均可支配收入（元）	党支部书记	村委会主任
前坪乡	湖坪	7	205	930	1066	61.52	12516	林英清	陈进坊
	黄龙	6	171	776	828	42.95	12539	林建翁	林芳秋
	北坑	2	86	323	450	37.05	12446	杨先修	杨先修
	福井	4	162	669	745	24.41	12556	张青领	张春茂
	吉坑	4	125	514	644	22.02	12347	林廷昌	林廷昌

2014 年社区（居委会）基本情况表

表 16

居委会	常住		区域面积（km^2）	享受低保		补助金额（每月/元）	医保情况（人）	支部书记	居委会主任	居委会电话
	户数	人口		户数	人数					
白岩	1918	4859	1.30	69	146	32900	1349	连荣诗	兼	7223124
文昌	1695	4012	0.82	41	93	21670	1060	唐清香	兼	7236379
玉凤	2411	3816	0.86	87	194	44400	2350	郭秀花	兼	7223493
仙亭	1589	3816	3.25	41	91	20900	1505	郑秀桂	兼	7236397
南街	1993	5273	0.68	69	150	33260	2059	刘晓玲	兼	7222123
赤岩	1101	2840	1.60	38	82	18270	1240	陈春辉	兼	7236392
东门	1416	3444	1.73	57	135	30210	1407	柳梅妹	郑爱萍	7222939
镇东	1069	2482	1.87	37	85	19740	1033	林开发	兼	7236391
合计	13192	33596	12.11	439	976	221440	12003	—	—	—

人物

□编辑 郑祥累

先进人物

茅有温 大田县建设镇党委书记，大田县均溪镇人。1969年3月出生，大学文化，1992年1月参加工作，同年10月加入中国共产党。先后被评为三明市优秀共产党员、精神文明建设先进个人、党管武装好书记，2014年7月，被中共福建省委评为优秀党务工作者。

2011年5月，任建设镇任党委书记后，投入2800万元建设六保岬工业园区，引进惠丰矿业等16家企业，新培育规模以上企业18家。2013年，全镇新增个体工商户165户，社会消费品零售额达13.91亿元。用心打造“美丽乡村”：筹资1732万元完成公路改造29.6公里，镇村道混凝土率100%，镇域省道沿线实现“亮化”；筹资近3亿元完成集镇供水一期工程、垃圾无害化处理场、镇区高清视频监控系统、社会福利中心、10千伏电力三回线路等一批民生工程；推进消防站、客运二级站、镇内溪流防洪工程、三泉矿山救护中心等项目；贵竹林治理点成为省、市水土流失生态治理的样板。推行城镇治安网格化管理，及时排查纠纷。

（王光顺）

吴祥江 大田县石牌派出所指导员兼谢洋警务室警长，大田县湖美乡人。1967年7月出生，大学文化，1993年6月参加工作，2004年1月加入中国共产党员。2012年5月，被省总工会授予“五一劳动奖章”，2014年7月，被中共福建省委评为优秀共产党员。

2006年9月，吴祥江到谢洋乡工作后，坚持“勤走、勤问、勤记、勤学”的“四勤”工作法，走遍全乡14个村、68个自然村，走访群众2046户、7700多人，采集信息4.14万条，筑起警民“连心桥”，村民成为他的警务信息员。他“理性、平和、文明、公正”，亲民、爱民。8年间，为群众办好事实事400多件，常年帮扶贫困家庭8户和留守儿童32人，为6名失足青年找到工作。他主动上门为行动不便的老人照相并办理身份证120张，为群众3000余人上门送证。针对农村矛盾纠纷突出的特点，他摸索出“公正评判法”“事实说服法”“情绪疏导法”“服务化解法”和“心理引导法”等调解方法，共调解各类矛盾纠纷356件，做到“大事不出乡，小事不出村”，辖区内没有发生一起信访案件和因矛盾激化引发的“民转刑”案件，被群众称为“金牌调解员”。

（王光顺）

刘晓玲 女，大田县湖美人，1973年8月出生，大学文化。1996年12月参加工作，2007年10月加入中国共产党。南街社区党支部书记兼主任。2014年12月，被国家民政部、教育部、新闻出版广电总局、中国老龄委、全国妇联、共青团中央、中国关工委授予“全国孝亲敬老之星”称号。

2009年7月，刘晓玲任南街社区党支部书记，2011–2014年，共调解因家庭、邻里、房屋、土地等矛盾纠纷127起。南街社区获得省级“平安家庭创建活动先进社区”和“市民主法治示范社区”“平安综治建设工作先进集体”称号，县、市等新闻媒体多番报道推介。2013年，被市总工会授予“女职工标兵”，被市司法局授予“全市优秀人民调解员”，被省妇联评为“三八”红旗手。

（南街居委会）

逝世人物

张文福（1926.5—2014.1） 男，山东潍坊人。1948年6月参加工作，1951年3月加入中国共产党。历任济南市警备工团2连副班长，华东警卫旅2团2连班长、福建守备3师2团文化教员，大田县文化局局长、高甲戏剧团团长、县宣传站副站长、县文化馆馆长、县知青办副主任、县革委会办公室副主任等职。1984年2月离休，享受县（处）级待遇。

（陈辉文）

杨斐章（1926.10—2014.1）男，大田县文江乡人。1949年8月参加工作。历任均溪镇游击大队第4连排长、副连长，永安军分区大田警备大队3连副连长、分区独立3营侦察通信参谋、大田县人民武装部军事助理员、军分区司令部兵役科军事助理员，大田县梅山中心小学、县实验小学、上京小学教员。1960年10月，被处理回乡务农。1981年12月，落实政策办理退休。1984年9月改办离休。

（陈辉文）

潘学如（1929.1—2014.1）男，江苏淮安人。1947年12月加入中国共产党，1948年8月参加工作。历任中国人民解放军第三野战军十兵团29军87师26团2营战士，大田县人民武装部战士、县粮食局、县化肥厂、县水泥厂干部。1985年8月离休。

（陈辉文）

孙光祖（1931.8—2014.1） 男，山东荣成人。1948年8月参加工作，1952年6月加入中国共产党。历任山东胶东军区军政干部学校通讯员，中国人民志愿军第四分部16大站48分站副班长。1955年11月，任福州军区16大站48分站副班长。1956年转地方工作，历任大田县兵役局武装助理员、县第一钢铁厂第一车间副主任、县通用厂车间主任、县粮食局岭头转运站负责人、县硫铁矿车队党支部书记。1988年8月离休。

（陈辉文）

郑师兴（1926.10—2014.3）男，福建福清人。1949年6月参加工作，1958年8月加入中国共产党。历任中国人民解放军福清南区武装工作队战士、司务长，大田县铭溪铁厂党支部委员、东风农场党支部副书记、黄城林场场长兼党支部副书记。1988年8月离休。

（陈辉文）

陈郁生（1930.4—2014.5） 男，浙江萧山人。1949年5月参加工作。历任中国人民解放军浙江省第二军分区教导队学员、85师侦察连侦察员、第二军分区司令部侦察员，福建省永安专区公安处会计、宁洋县双泽区公所扫盲干部。1957年8月至1968年4月，错划为右派在汤泉村务农。1968年5月至1979年5月错定为反革命罪，判处20年徒刑。1979年5月，落实平反，释放待业。1979年10月，任太华中学出纳。1980年11月退休，1984年7月改办离休。

（陈辉文）

周克耶（1926.12—2014.6）男，大田县太华镇人。1950年7月参加工作，1952年7月加入中国共产党。历任大田县汤泉区土改队员、武装部政治干事、区委秘书、县委组织部干事、梅山区委副书记、县委组织部副部长、小湖公社党委书记、县委副书记、县革委会副主任，明溪县革委会副主任，三明农校校长、党委书记等职。1987年8月退休后，被聘为大田县地方志编纂委员会《大田县志》和《大田年鉴》编辑部副主编、县关工委顾问、县老体协副主席、县少工委校外总辅导员、县纪委监督员等职。

（陈辉文）

杜诚生（1927.10—2014.8）男，山东荣成人。1949年9月参加工作。历任中国人民解放军某部副排长、大田县汤泉小学、梅山小学、文江小学、文江中学教师。1988年9月离休。

（陈辉文）

于荣信（1930.11—2014.10） 男，山东临沂人。1948年10月参加工作。1949年6月加入中国共产党。历任中国人民解放军26军77师231团3营机炮连战士、河南信阳军事学校学员、60军179师训练队副队长、队长，大田县林业局干部、桃源木材采购站站长等职。1988年1月离休，享受县（处）级待遇。

（陈辉文）

乐庆和（1928.7—2014.10）男，大田石牌镇人。1949年9月参加工作，1982年4月加入中国共产党。历任均溪游击大队战士，县人民政府民政科文书、县人民法院审判员、县手工业管理局干部、县工业局干部、县民政局干部、县司法局公证员和公证处主任等职。1988 年 1 月离休。

（陈辉文）

李克忠（1928.8—2014.11）男，山东高青人。1945 年 5 月参加工作，1950 年 2 月加入中国共产党。历任山东省第四区青年干事，福建省明溪县第二区区公所助理员、县供销合作社干部科科长、第二区区长、邮电局代局长、县人委民政科科长，三明市人委办公室主任，大田县邮电局局长、县防空指挥部施工办负责人，县直机关党委书记，县纪委副书记、县统战部副部长、县人大常委会委员、县司法局调研员等职。1988 年 12 月离休，享受县（处）级待遇。

（陈辉文）

史开文（1929.10—2014.12）男，山东省青州市人。1947 年 8 月参加工作，1948 年 10 月加入中国共产党。历任山东省益都县桃园区通讯员、青年干事，福建省福州市郊区工作队队员、大田县第四区委会农会干事、县委组织部干事、组织科副科长、组织员，县供销社主任，第四区委会副书记、县政府人事科副科长、县委审干办主任，建设公社、广平公社党委书记，县林业局副局长、局长，县革委会副主任、县政府副县长、县政协副主席等职。1985 年 5 月离休。

（陈辉文）

郑荣智（1934.1—2014.12）男，大田县桃源镇人。1952 年 3 月参加工作，1953 年 1 月加入中国共产党。历任桃源区工委团委干事、副书记、书记，桃源区党委副书记、文江区工委团委书记、沈口乡党总支书记，梅山乡党委第二书记、书记，南安社教工作队副队长、宁化社教工作队长，宁化县禾口公社党委书记，大田县建设公社革委会主任、党委书记，大田县委副书记、县人大常委会副主任（主持）等职。1994 年 2 月退休。

（陈辉文）

重要文件选编

□编辑：陈源发

中共大田县委
大田县人民政府 文件

中共大田县委 大田县人民政府关于全面深化农村改革加快农业现代化发展的实施意见

田委发〔2014〕1号

各乡（镇）党委、政府，县直各单位：

2014年我县农业农村工作的总体要求是：全面贯彻落实中央、全省、全市农村工作会议和中央、省委、市委1号文件精神，按照县委十二届六次全会的要求，围绕“农业创特色”和培育百亿现代农业产业、城乡发展一体化战略目标，全面深化农村改革，大力发展现代农业，加快城镇化进程，积极创建美丽乡村，努力实现产业强、百姓富、生态美。主要预期目标是：农林牧渔业总产值增长5.2%，现代农业产业总产值增长20%，农民人均纯收入增长12.0%。

一、保障粮食稳定生产，加快百亿现代农业产业发展

1. **稳定发展高优粮食产业。**落实全县37.5万亩粮食种植指导计划，确保粮食总产12万吨以上。开展粮食高产创建活动，推广优良品种、集中育秧、配方施肥、统防统治等粮食关键增产技术，示范带动粮食稳产增产。落实各项粮食补贴政策，新增补贴向新型农业经营主体、主产区倾斜。规划和实施“粮安工程”，加快县粮油储备库现代化仓容建设，新增现代化仓容3.4万吨，至年底全部启用。加强粮食物流体系建设，改造和提升现有粮库仓储功能与基础设施，确保粮食安全。加强粮食市场监管，推进粮食产销协作，维护粮食市场秩序，确保市场粮足价稳。

2. **大力推进特色产业发展。**以富硒农产品为导向，以打造百亿现代农业产业为目标，推进高优粮食、绿色林业、精致园艺、生态养殖、现代烟草五大产业和茶叶、油茶等14条产业链建设。高山茶产业：巩固现有茶园面积，提升生态茶园5000亩，建立屏山和吴山和洋、科山茶园套种樱花生态茶园示范点；加大野生、半野生红茶研发力度，走生态红茶之路；提高东方美人茶制作水平，规范产品等级，以质论价，提升产品市场信誉度；加快福建高山茶文化创意产业园建设，加强宣传推介，加大扶持力度，做响、做强市场，早日建成闽中茶叶集散中心。油茶产业：大力发展生态油茶产业，推进中央财政现代农业（油茶）产业发展项目，加快现有油茶林改造，实现低产油茶林改培1万亩，建设机耕道10公里，蓄水池650立方米，培植标准示范油茶专业合作社2个。木薯产业：加强与中国热带农业科学院的战略合作，实施农业部“木薯间套种高产高效关键技术试点示范工程”，推广高效栽培模式，在文江乡建立标准化生产示范基地1000亩、良种繁育基地300亩，在梅山、均溪实施木薯秆（渣）栽培食用菌100万袋。

3. **培育壮大农业龙头企业。**整合财政涉农资金，加大高山茶产业区、油茶产业区和现代农民创业基地等“二区一基地”投入，重点抓好生产东方美人茶为主的大方广、生产乌龙茶为主的仙顶实业、生产红茶为主的高峰、允宣，油茶加工为主的三九军大等龙头企业。农业发展基金、茶叶专项基金、农业综合开发等涉农专项资金优先支持县级以上农业龙头企业，认真落实符合条件的农产品加工龙头企业项目优先纳入省级技改专项资金补助政策，推动资源要素向优势产业、示范基地、龙头企业集聚，促进集群发展。

4. *加强农产品质量安全监管*。建立全程的农产品质量安全监管制度，落实各乡（镇、场）属地管理和生产经营主体责任。加大农产品质量安全监管机构和检测体系建设，建立健全检验监测资源，进一步完善农产品检验检测中心。建立农产品质量安全可追溯体系示范试点。严格农产品质量安全执法，重点抓好农产品全程生产监督执法。严禁使用高毒高残留农药，推广高效、低残留农药和生态的茶树病虫害防治技术，强化茶叶市场监督，保障上市茶叶质量安全。推进农业标准化建设，做好桃源镇“蔬菜种植农业标准化示范区”省级农业标准化示范区建设项目，推进雪山萝卜种植国家级标准化示范区一期建设。继续加大地理标志产品保护力度，推动大田槐猪、早兴风吹茶等项目申报地理标志产品保护。新增农业“三品”认证4个以上，农产品国家地理标志保护产品1个，争创农字头“福建名牌产品”1个。

5. *强化农业科技创新与推广*。突出新品种带动产业发展战略，大力实施农作物新品种示范推广工程，根据我县优势产业，积极引进、推广一批优质、高产、抗性强新品种，充分发挥良种在农业生产中增产增收作用，推广农作物新品种24万亩以上，良种覆盖率达到95%以上。加强与高校和科研院所合作，创建产学研、农科教紧密结合的新机制。

6. *加强与台湾农业合作交流*。继续实施农业“走出去”战略，鼓励东方美人茶等茶企和其他优势农业企业开展对外合作交流。精心策划对台招商项目，通过林博会等招商平台，吸引台商到我县投资办厂。继续在全县推广台湾的畜禽有机废弃物处理机、山地运输机械及各类适用丘陵山地的小型农机具等。

二、建立新型农业经营体系，提高农业社会化服务水平

7. *发展农业适度规模经营*。加快建立土地经营权流转市场，逐步健全县乡村三级土地流转服务和管理网络，引导土地向专业大户、家庭农场、专业合作社等新型经营主体流转。县成立土地信托有限公司、乡（镇）成立土地信托分公司网络服务平台，力争3月底前县成立县级土地信托公司，6月底前所有涉农乡镇成立信托机构，建成县级土地信托流转服务平台，实现县乡联网。探索建立进城农户有偿“退出”承包地的激励机制，鼓励有条件的地方对流转土地给予奖补。

8. *发展多种形式新型农业经营主体*。开展农民专业合作社示范社创建活动，推进农民专业合作社规范化建设，新增市级以上农民专业合作社示范社5家。支持农民合作社发展农产品加工流通，落实和完善相关税收优惠政策。引导发展农民合作社联合社。制定推进家庭农场加快发展的意见，按照自愿原则开展家庭农场登记。开展生态休闲农场和家庭农场示范场创建活动，积极争取市级生态休闲农场和家庭农场示范场奖补资金。鼓励发展混合所有制农业产业化龙头企业，密切与农户、农民合作社的利益联结关系。在年度建设用地指标中单列一定比例专门用于新型农业经营主体建设配套辅助设施。

9. *培育新型职业农民*。组织实施年万名新型职业农民素质提升工程，依托农业专业院校、科研院所和农业龙头企业开展生产技能培训，充分发挥“阳光工程”、“雨露计划”、农广校、农函大和农村实用技术远程培训平台作用，开展新型职业农民培训，推动农村实用技术远程培训、农村劳动力培训阳光工程等向新型职业农民培育转型。

10. *完善农业社会化服务体系*。继续实施乡镇农技推广机构条件建设项目。探索建立专业服务公司，对主要特色农产品的种植、管理、采收等环节，特别是产品收获、病虫害防治组建专业服务队，进行统一的代耕代种代管代收服务。落实农机、植保专业合作社购置用于粮食生产的重点农机具与植保器械实行累加补贴政策。开展乡镇“三农”行政服务中心规范化建设，建立健全村级“三农”综合服务站和农村“六大员”队伍，不断提升服务水平。创新供销合作社组织体系和服务机制，继续实施农村社区综合维修服务体系“扩面提升工程”，新建2个乡镇综合维修服务站，新建4个村级维修服务点。

三、加强农业基础设施建设，夯实现代农业发展基础

11. **加快农田水利建设**。加强农村水利建设，实施水利工程重点项目8个，完成投资2.3亿元以上。深化农村小型水利产权制度改革，规范农民用水户协会建设，创新农田水利建设管护机制，保证建设和建后管护资金。实施国家农业综合开发建设项目，争取资金1000万元以上。实施4条小流域水土流失综合治理。开展旧村复垦工作，完成新增耕地300亩；实施土地整理与高标准基本农田建设0.16万亩。完成投资600万元，实施烟田基础设施项目23个，受惠烟田面积1.15万亩。

12. **加快设施农业建设**。加快发展园艺设施，大力发展果蔬标准钢架大棚和自动化水肥一体化等设施。加快发展畜禽水产规模设施，开展标准化池塘改造建设，支持使用自动饲喂、温控、信息管理等系统和种畜禽生产性能测定、无害化处理等设施。加快发展设施林业，开展茶叶、油茶、林竹示范基地作业道、灌溉系统及机耕路建设，促进林下经济发展。全县新增设施农业面积0.2万亩。

13. **加快农产品市场体系建设**。组织实施《关于推进城区菜市场建设改造管理的实施方案》，加快福塘综合农贸市场建设步伐等批发市场建设；加快生鲜超市、直供直销社区菜店等网点建设，新建、改造2个城乡标准化集贸市场（生鲜超市），推动农超对接、农批对接、农餐对接。加强农产品电子商务平台建设，继续推进紫诚（福建）信息技术有限公司、福建仙顶实业有限公司等2个农产品电子商务平台建设。推进福建高山茶文化创意产业园建设，加快涉茶产业发展。规划建设闽中富硒农副产品产业园，提升优势农产品影响力。完善农村物流服务体系，加快邮政物流服务"三农"综合平台建设。

四、加快生态农业发展与保护，促进农业可持续发展

14. **大力发展生态农业**。继续推进测土配方施肥工作，加大生产和使用商品有机肥，减少化肥施用量，提高肥料利用率。落实土壤有机质提升补贴政策，推广机械化深松整地、秸秆还田、种植绿肥等保护性耕作技术。探索、推广稻草等农业有机废弃物产沼气技术，普及"三沼"综合利用知识，推广农村沼气工程建设，推广"养（种）殖业—沼气—种（养）殖业"等生态种养模式，促进种养殖业、沼气良性发展。加大农业面源污染防治力度，大力普及低残留农药、高效肥料，鼓励使用生物农药，开展土壤重金属污染防治工作，支持对病死畜禽进行无害化处理。

15. **强化生态环境保护与建设**。完成2.11万亩造林绿化和森林经营任务，其中"四绿"工程及林分补植修复1.11万亩，人工造林更新1万亩；新增绿色村庄21个。强化生态公益林保护，严格执行"占一补一"。加强文江溪、均溪等重点流域水环境综合整治和地表饮用水源地、地下水保护，落实水资源开发利用控制、用水效率控制、水功能区限制纳污责任机制。持续加大水土流失治理力度，完成5.07万亩水土流失治理任务。推进生态乡镇、生态村创建活动，力争80%的乡镇达到国家级生态乡镇标准，争创国家级生态县。

16. **提升防灾减灾能力**。进一步完善防灾减灾体系，加快推进气象传媒系统建设。完成气象灾害防御示范乡镇和现代农业气象服务建设。健全森林防火、有害生物防治、林区治安等林业"三防"体系，加快野生动植物、湿地保护管理和野生动物疫源疫病防控建设。建立健全动植物疫病监测体系，加强外来有害生物监控。

五、加快城乡一体化发展，努力提高城镇化水平

17. **稳妥推进城镇化**。全面放开建制镇落户限制，凡在试点镇、中心乡镇有稳定职业（固定住所）且愿意落户的可在其就业地落户，继续保留土地承包经营权、宅基地使用权、集体收益分配权。全面实行流动人口居住证制度，逐步推行居住证持有人享有与居住地居民相同的基本公共服务。提高城镇建设用地利用效率，保障城镇化建设用地指标。实施农村土地整治与城乡建设用地增减挂钩，完成200亩以上的旧村复垦。推动小城镇"三边三点"规划设计和改造建设，推进示范区建设，发展各具特色的产业，完善市政基础设施建设，开展绿化美化和景观整治，打造宜居宜业环境。2个市级中心乡镇实施19个项目，完成投资3.25亿元。

18. **强化农村基础设施建设**。动工建设泉南高速上京互通、国道“纵五”、吴山至屏山公路等重点项目，建成大德公路、华石线二期工程。继续实施农村公路路网工程，新建农村公路30公里，改造一批危桥，实施农村公路安保工程45公里，提升县道、乡道技术等级，全县90%以上乡（镇）通达三级及以上公路。更新新增一批农村客车，实现全县具备通客车安全条件的乡村开通农村客运。推进农村公路常态化、规范化养护。继续实施新一轮农村电网改造提升工程，动工建设京口110千伏、梅山35千伏输变电工程，技改仙峰、奇韬35千伏输变电站。完善农村有线广播应急预警系统建设，继续巩固农村“村村响”建设成果；继续推进50户以上自然村光纤宽带接入工程。

19. **推进城乡基本公共服务均等化**。实施农村紧缺学科师资代偿学费、补充农村学校教师资助计划，加大农村中小学校、幼儿园新任教师补充力度，加快发展农村职业教育、技能培训和文技校建设，加快农村中小学校舍及田径、球类等体育运动场地、设施标准化建设，进一步推进乡镇独立中心幼儿园建设。加快农村公共文化设施建设，创建国家公共文化服务体系示范区，提升“农村文化惠民工程”；完成大田土堡群保护规划方案编制，推动文江“朱坂丰场戏”申报省级非物质文化遗产。继续做好广播电视村村通、村村响运行维护工作，加强对农村有线广播县乡村应急预警系统设施和村村通设备的检修维护，增强应急广播体系服务功能。加快培养乡镇卫生院临床医师，推进基层医疗卫生机构管理信息系统延伸至村卫生所，推进基本公共卫生服务均等化。落实提高医疗救助政府筹资、城乡低保和农村五保供养标准政策。实施居家养老服务工程，新建4所农村敬老院，全面实现乡乡有敬老院；建成老年公寓及康复训练中心，动工改造县殡仪馆。广泛动员全社会力量，大力发展慈善事业。进一步完善县、乡、村三级计生技术服务网络，大力提升计生公共服务能力。创新完善流动人口服务管理体制，推进流动人口基本公共服务均等化；大力实施“优生促进工程”，落实好免费孕前优生健康检查、孕期保健、产后随访、咨询指导服务；进一步完善农村计划生育家庭奖励扶助、计划生育家庭特别扶助等利益导向政策，对纳入低保的独生子女户和二女户适当提高补助标准。

20. **提高农村扶贫开发精准性**。加大造福工程危房改造力度，实施造福工程危房改造1500户以上，扶持3个造福工程百户集中安置区基础设施建设。深化党员干部“一助一”“三个一”及“党员干部结对帮扶济困”等活动，落实帮扶到户政策措施。深化扶贫开发整村推进工程，实施第四轮整村推进扶贫开发工作，抓好扶贫小额信贷创新试点。

21. **大力创建美丽乡村**。按照“一好五美”目标要求，继续推进“点线面”攻坚计划，抓好一批精品村建设，重点推进蓝玉村、大湾新村、东坂村和桃源等村，争取翁厝大湾新村、蓝玉村为省级美丽乡村示范村，带动桃源镇整镇推进美丽乡村创建；连片打造和洋片、济阳片，重点打造省第一批传统古村落济阳村，完善村庄保护规划，做到历史建筑保护与基础设施建设、环境卫生整治、旅游综合开发有机结合，建设高速公路沿线美丽乡村景观带；提升长溪、梅林、温坑、建国、建设、栋仁等村，建设省道沿线美丽乡村景观带。结合“两违”治理，着重抓好“三边三点”的环境卫生整治，拆除无人居住的破旧危房和违章搭盖，加快集中成片棚户区改造，重点做好鱼池洋小区和老城区危旧房改造建设;整治提升城镇“三边三点”建设，重点抓好中央苏区主题公园、河滨西岸栈道景观、石牌高速路互通口至福塘桥道路及沿线立面改造、汽车站至三角亭改造、龙腾盛世市民广场建设；落实已经出台的农村环境卫生长效管理实施方案,保持农村环境卫生整洁。每个乡（镇）重点抓好1个中心村、2个特色村，因地制宜，以点带面推进美丽乡村创建。

六、推进农村土地制度改革，有效保障农民财产权益

22. **推进农村产权制度改革**。稳定农村土地家庭承包关系并保持长久不变。在落实农村土地集体所有权的基础上，稳定农户承包权、放活土地经营权，允许承包土地的经营权向金融机构抵押融资。加强对农村土地承包经营权确权登记颁证工作的组织领导，充分依靠农民群众自主协商解决经营管理过程中遇到的矛盾和问题，可以确权确地，也可以确权确股不确地，确权登记颁证工作经费纳入县级财政预算。深化集体林权制度改革，完善新型林业经营体系，搭建森林资源流转平台，鼓励林权公开规范流转，探索林权资本化，拓宽林业融资渠道，建立集体林区良性发展机制。在符合规划、用途管制的前提下，允许农村集体经营性建设用地出让、租赁、入股，实行与国有土地同等入市、同权同价。推动农村集体产权股份合作制改革，规范农村集体资金、资产、资源管理，发展壮大集体经济，保障农民集体经济组织成员权利。

23. **推进农村宅基地管理制度改革**。稳妥推进农村宅基地制度改革，完善农村宅基地分配政策，保障农户宅基地用益物权。完善城乡建设用地增减挂钩收益分配办法，农村宅基地复垦为耕地后所形成的挂钩指标用于城市建设，挂钩指标使用费用于拆旧、复垦和依法补偿，剩余资金主要用于美丽乡村基础设施配套建设。加快包括农村宅基地在内的农村地籍调查，推进宅基地使用权和集体建设用地使用权确权登记颁证工作。

24. **推进农村征地制度改革**。缩小征地范围，规范征地程序，完善对被征地农民合理、规范、多元保障机制。严格执行征地程序，推行和谐征迁“五五工作法”、补偿资金不落实的不得批准和实施征地。因地制宜采取留地安置等多种方式，确保被征地农民长期受益。落实提高森林植被恢复费征收标准的政策。建立征地争议调处裁决机制，保障被征地农民的知情权、参与权、申诉权、监督权。

七、健全乡村治理机制，推进农村基层民主政治建设

25. **加强农村基层组织建设**。深入开展党的群众路线教育实践活动，全面推行乡村干部服务群众、做群众工作制度，巩固提升农村“168”党建工作机制，推进农村基层服务型党组织建设。加大在农民合作社、专业协会等建立党组织力度，扩大党的组织和工作覆盖。实施“基层党组织带头人培养工程”和以“十个一”活动为载体的“党建富民强村”工程，开展基层党组织书记、村主任轮训工作，提高村干部“一定三有”保障水平。选派干部驻村任职，从县直机关抽调优秀干部到扶贫开发重点村担任第一书记。加强农村党风廉政建设，强化农村基层干部教育管理和监督，改进农村基层干部作风，坚决查处和纠正涉农领域侵害群众利益的腐败问题。

26. **加强农村基层民主管理**。进一步完善党组织领导核心下的村民自治机制，推广“六要”群众工作法，继续推行“四议两公开”、“村务决策听证”工作机制，深入推进村务公开、党务公开，健全村务监督委员会、民主评议和经济责任审计等制度，实现村民自治制度化和规范化。总结提升乡镇干部“两述两评三公示”工作实绩考评办法。在全县三分之一的乡镇试行党代会年会制。

27. **促进农村安定稳定**。深入开展平安乡镇、平安村居、平安家庭和一流平安小区创建活动，推进以网格化服务管理为重点的农村社会治理机制创新，加强综治信访维稳1+N联动中心（工作站）、群众工作室（工作站）规范化建设，建立县、乡、村联动和公调、诉调、检调、四调相互衔接的“大调解”体系，切实做好矛盾排查、纠纷调处、治安防控、安置帮教、社区矫正、流动人口服务管理等综治基础性工作。严厉打击各类刑事犯罪活动，广泛开展农村法制教育，深化群众性精神文明创建活动。结合“百姓富，生态美”建设，大力开展政法护绿行动。健全农村留守儿童、留守妇女、留守老人关爱和服务制度，建立“亲情视屏沟通驿站”，构筑绿色安全防范通道。加强农村交通、矿山、烟花爆竹等安全生产管理，遏制重特大恶性事故发生。健全落实涉农涉稳重大项目、重大事项、重大决策、重大活动社会稳定风险评估机制，做好农村重大案（事）件防范处置工作，维护农村社会稳定。

八、健全农业支持保护制度，加大对“三农”的投入力度

28. **完善“三农”投入稳定增长机制**。县、乡两级要建立财政资金投入“三农”的稳定增长机制，切实把“三农”作为财政支出重点，优先保证“三农”投入。充分发挥财政资金引导作用，通过贴息、奖励、风险补偿等措施，带动金融和社会资金更多投入农业农村。稳步推进从财政预算编制环节清理和归并涉农资金，提高项目预算执行和监管水平。加强专项扶贫资金监管，盘活农业结余资金和超规定期限的结转资金，由同级预算统筹限时用于现代农业建设。

29. **创新农村金融服务机制**。引导银行业金融机构持续加大涉农信贷投入，确保涉农贷款增量不低于上年、涉农贷款增速不低于各项贷款平均增速。积极推动上京镇农村金融改革试验区建设。积极支持村镇银行、贷款公司、农村资金互助社等新型农村金融机构下乡设立网点。推动和引导普惠金融发展，为弱势群体、边远山区提供便利金融服务，扩大金融服务的覆盖面和渗透率。加快农业保险体系建设，落实保费补贴政策，推进农房、水稻种植、森林综合、渔工、渔船、能繁母猪等政策性保险。改善农村支付环境，畅通支付结算渠道。注重支付结算服务向农村生活、生产、消费领域的渗透，继续深化银行卡助农取款服务，大力发展手机支付、网上支付等自助服务渠道。

30. **健全现代农业发展项目推进机制**。继续推进农业产业化及生态保护项目组建设，实施项目19个，完成投资15亿元以上。突出典型示范，每季度开展一次“看特色看变化”流动现场会，深入各乡（镇）、东风农场，参观交流特色农业产业园（基地）、农业产业化、美丽乡村建设、为民办实事、创新机制 “五个一批”重点项目示范点进展情况，推动工作落实。筛选推荐一批特色农业产业园、特色农业重点示范项目、创新机制项目参加全市 “三个一”项目竞赛活动。加大农业招商引资力度，组团参加海峡两岸林业博览会和农业专场招商会，组织“三维”项目对接，引进央企、外企、民企等社会资本共同建设现代农业。建立督查考评制度，对现代农业重点项目进行督查，考评结果纳入年度绩效考核内容，对工作突出、成效明显的给予表彰奖励，对工作不力、成效不好的给予通报批评。

2014年3月14日

中共大田县委　大田县人民政府关于实施转型驱动绿色发展战略加快推进重点生态功能区建设的意见

田委发〔2014〕9号

各乡（镇）党委和人民政府，县直各单位：

为贯彻落实党的十八届三中全会和省委九届十一次全会、市委八届八次全会精神，加快推进我县作为闽江上游重点生态功能区的绿色转型，根据《福建省贯彻落实〈国务院关于支持福建省深入实施生态省战略加快生态文明先行示范区建设的若干意见〉的实施意见》和《三明市关于深化三明南方林区生态文明建设综合配套改革的实施意见》精神，结合我县实际，提出如下意见。

一、总体要求

（一）指导思想

坚持以科学发展观为指导，以山区资源型城市转型升级为目标，以体制机制创新为动力，大力实施转型驱动、绿色发展战略，统筹推进生态空间、生态环境、生态产业、生态制度、生态文化建设，积极构建与重点生态功能区定位相适应的产业发展格局、城镇化格局和生态安全格局，打造全省山区资源型城市转型先行区、重点生态功能区建设示范区。

（二）主要目标

——到2015年，山区资源型城市转型机制初步建立，重点生态功能区建设取得明显成效，成功创建省级园林县城、省级森林城市（县城）、省级新型城镇化试点县，通过国家级生态县考核验收。生态环境质量进一步改善，空气质量优于国家二级标准，[市目标]全县森林覆盖率达到75%以上，森林蓄积量达1200万立方米以上，林地保有量达到262万亩；城镇生活垃圾无害化处理率、污水集中处理率分别达97%和85%以上；水土流失面积占土地面积比重控制在10%以内；出境断面水质Ⅲ类水天数保持在100%。绿色产业发展模式初步确立，服务业增加值比重达到30%以上，高新技术产业比重得到提高，经济发展对矿产资源的依赖程度明显降低，单位GDP能源消耗低于0.6吨标煤/万元，非化石能源占一次能源消费比重达到8%，单位GDP二氧化碳排放、主要污染物排放、单位工业增加值用水量均控制在省、市下达的目标以内。生态文明制度建设得到加强，“河长”工作制进一步完善，企业环境行为信用评价制度、生态专项考核制度、源头保护制度、损害赔偿制度、责任追究制度初步建立，生态文化建设积极推进。——到2020年，率先建成全省山区资源型城市转型升级示范区、重点生态功能区建设示范区。空间结构更加优化，统筹配置生产、生活、生态空间，生态功能空间占国土空间比重不低于80%，形成点状开发、面上保护、疏密有致的空间战略格局。绿色产业更加凸显，先进机械制造、新型建筑材料、轻纺新型面料等支柱产业形成完整产业链，现代富硒农业、生态休闲旅游与现代服务业为主的生态产业体系基本形成。生态环境更加优质，森林、土地、水、矿产资源等得到合理利用和保护，主要污染物排放得到有效控制，水土流失面积占国土面积比重下降至5%以内，出境断面水质稳定保持国家地表水Ⅱ类标准，生物多样性得到全面保护，生态产品生产供给能力大幅提高，成为闽江上游重要的生态屏障。生态文化更加彰显，系统完整的生态文明制度体系基本建成，绿色生活方式和消费模式得到大力推广，建成“百姓富”与“生态美”有机统一的生态岩城、清新大田。

二、重点任务

（一）突出功能导向促转型，构建绿色空间开发格局

坚持“点状开发、面上保护”原则，实施差异化发展战略，严格按照重点生态功能区定位推动发展。以均溪、石牌、华兴为主体的重点开发乡镇，要围绕做大做美中心城区，积极稳妥推进新型城镇化开发建设，辐射带动周边屏山、吴山、谢洋、武陵等乡镇的部分区域进行据点式开发，重点发展先进机械制造、轻纺服饰和现代服务业等产业，做好城市经济文章，打造县域人口、经济和公共服务聚集区。以上京、太华为主体的重点开发乡镇和以建设、广平、奇韬、文江、前坪为主体的据点式开发乡镇，要围绕统筹城镇和乡村发展，实行集约开发、集中建设，拓展小城镇发展空间，完善产业配套、公共服务和人口聚集功能，大力发展矿产资源深加工及综合利用、新型建筑材料、商贸服务、现代物流等产业，打造资源型产业转型升级示范区。以桃源、谢洋、武陵、吴山、济阳、屏山、湖美、梅山等为主体的限制开发乡镇，要围绕增强生态产品生产能力，实行保护优先、点状开发，大力推进生态保护和修复工程，因地制宜发展优势农林产品生产及深加工产业，做大做强生态旅游、运动休闲等绿色产业，适度发展新能源、新材料等新兴产业，打造生态绿色发展核心区。以大仙峰省级自然保护区、大谷山省级森林公园、一顶尖省级森林公园及饮用水源地为主体的禁止开发区域，要以加强水源涵养与生物多样性维护为重点任务，全面实施强制性保护措施，严禁不符合主体功能定位的各类开发活动。

（二）突出生态建设促转型，打造山川秀美绿色环境

按照保护生态环境与发挥生态优势并行、面上保护与点上开发并举、生态保护与生态修复并重的思路，着力提升水源涵养和生物多样性等生态系统功能，充分发挥生态安全屏障作用。

加强森林生态体系建设。大力实施生态公益林保护工程、造林更新工程、封山育林工程、森林抚育工程、低效林改造工程、生物多样性保护工程，稳定森林覆盖率和林木蓄积量，力争到2020年全县森林覆盖率保持在75%以上。继续实施“四绿”工程，加强城市近郊森林公园、绿道、片林和环城林带建设，创建省级园林城市、省级森林城市；积极开展村镇道路、庭院、房前屋后绿化美化，建设绿色村镇；加强高速公路、国省道、文江河流域、均溪河流域和九龙江源头等重点区域沿线一重山造林绿化美化，建设景观丰富、层次分明、环境优美的森林通道、绿色屏障。

加强矿山生态恢复治理。全面推行“五园”治理模式（废弃矿山变公园、家园、田园、工业园、物流园），因地制宜对境内矿山进行分类治理，重点推进废弃矿山复垦、生态绿色矿山建设、银顶格－川石矿区矿山地质环境治理、太华矿

区水土流失治理等示范项目，积极探索矿山生态治理产业化、市场化道路，努力打造全省乃至全国矿山水土流失治理样板。

加强流域水环境综合整治。进一步落实“河长制”，健全闽江上游文江河流域、均溪河流域和九龙江源头等重点流域长效治理机制。加快实施闽江上游文江河流域水环境综合整治、均溪河城区河段绿水工程、闽江上游尤溪流域（大田段）防洪工程、清水工程、山洪灾害治理、中小河流治理、小流域水土流失综合治理等项目，建立流域水功能监测、评价、管理体系，确保流域水体水质满足相应水域功能要求，主要溪河水质达标率达100%。

加强重点污染物治理监管。加大畜禽养殖污染治理力度，划定畜牧业禁养区和禁建区，积极推广集中养殖、集中治污的规模健康养殖小区建设，持续抓好闽湖网箱养鱼规范管理工作。持续开展农村环境连片综合整治，大力推行农村生活垃圾“分块实施、分级管理、共同维护”的运转机制，推动文江河、均溪河流域1公里范围各乡镇建设压缩式垃圾中转站、污水处理厂及配套管网，提高农村垃圾、污水集中收集覆盖率和无害化处理率。完善城市污水收集处理系统，规范城区垃圾收集处置，加快旧城区污水管网改造工程、东部新城污水管网建设、南部新城污水管网建设、生活垃圾资源化处理厂改扩建工程、鸭蛋山非正规垃圾填埋场治理等重点项目建设。加强工业污染综合防治，完善工业园区污水集中处理设施，加强工业固体废物产生、流向和处置管理，推进京口合成革集控区煤改气工程、选矿企业固废综合利用与治理、重金属污染防治和尾矿库治理等项目建设。加强重点污染源在线监测装置建设，实行治污设施运行在线监控，推进闽江流域水质监测系统建设。

加强能源资源节约利用。调整优化能源结构，加快空腔型煤产业化技术开发，推进煤炭清洁高效利用；全面实施农村水电增效扩容和农村电网改造；加快城市管道天然气、LNG接收站、汽车加气站等天然气基础设施建设；积极发展太阳能、地热、风能、生物质能等非化石能源，合理布局开发陆上微风发电项目。深入推进节能降耗，完善落后产能退出机制，突出抓好工业、建筑、交通运输和公共机构等重点领域节能，积极推广高效节能技术装备及产品，推进合同能源管理、余热余压利用、区域热电联产、锅炉（窑炉）改造、建筑节能等重点工程，鼓励企业使用洁净能源、替代能源和可再生能源，提高企业清洁能源利用率。加强水资源管理，强化水资源“三条红线”管理，加快水资源配置工程建设，重点推进雪山水库、土坑水库、金竹坑水库、华安水库、蓝田水库、大吉水库等中小型水库建设，加快实施石牌镇小盖竹抗旱应急工程、梅山乡大山水库应急抗旱水源工程、广平镇及前坪乡引水抗旱应急工程、吴山乡提水抗旱应急工程等引调水工程；加快城市地表水厂及配套管网建设，推进乡镇供水工程、农村饮水安全、灌区节水改造工程，加强坑口水库、高云水库水源地环境整治，确保饮用水安全，积极创建全省水生态文明试点县。集约节约利用土地，完善农村土地产权制度，严守耕地保护红线，从严控制建设占用耕地；完善建设用地投资强度控制标准和评价体系，鼓励企业建设多层厂房，探索工业用地租赁制；积极推进工矿废弃地复垦利用与新增建设用地相挂钩；积极稳妥开发利用城镇地下空间；适度开发利用低丘缓坡地，推进农村土地整治和旧城镇旧村庄旧厂房、低效用地等二次开发利用，清理处置闲置土地。加强矿产资源保护，明确禁止、限制、鼓励勘查开采的区域和矿种，完善矿山开采补偿机制，重视修复脆弱地区生态环境；严禁在禁止勘查开采区内新设置探矿权和采矿权。推进资源综合利用，推进工业固体废弃物、建筑及道路废弃物、农林废弃物等资源化利用，推进建设镇再生资源回收集散市场建设；加快绿色矿山建设，提高开采回采率、选矿回收率和综合利用率，促进矿产资源产业化发展，开展资源型企业可持续发展转型试点。

（三）突出产业升级促转型，建立现代绿色产业体系

加快发展生态产业，改造提升传统产业，构建符合资源禀赋和环境承载力要求的绿色产业体系，夯实生态文明建设的经济基础。

调整优化产业发展布局。统筹协调县域产业发展，打破乡镇行政区划限制，创新项目管理和利益调节机制，探索县域“飞地经济”发展模式，推进上京、太华、石牌、广平、建设、均溪等乡镇的飞地经济园区建设，重点加快大田京口经济开发区、海西（大田）机械铸锻集中区、均溪双茂新型建材工业区、广平循环经济示范园、济阳金鸡化工园、前坪鑫鹭峰循环经济示范园等“三区三园”建设。引导限制开发、空间不足的乡镇把重点项目向重点开发区域或据点式开发区域集中，推动同类和关联产业高度聚集，形成符合资源禀赋和环境承载力要求的产业支撑；对限制开发区域原则上不再新建各类工业园区，把现有园区逐步改造成为低消耗、可循环、少排放、无污染的生态型园区。

大力发展生态特色农业。坚持以“三生”理念发展农业，积极打造闽中百亿现代农业产业示范基地。抓链条促转型，发挥高山资源优势，做大做强茶叶、油茶、木薯、生姜、洛神花、蔬菜、肉兔等特色种养业，大力发展生态农业、休闲观光农业；积极引导农业向加工、流通环节延伸，加快农产品加工集中区和农产品流通体系建设，培育壮大福建仙顶茶叶电子商务平台等一批农产品营销平台，推动农业向二、三产业延伸发展。抓基地扩规模，实施特色农业精品园“一乡一园”培育工程，加快高山茶产业区、油茶产业区、木薯产业区和闽中（桃源）现代农业示范园“三区一园”建设，重点打造10万亩高山茶、15万亩油茶、10万亩木薯、10万亩林下种植、10万亩洛神花等现代农业产业生产基地，积极培育一批国家级、省级农民创业示范基地和农民创业园，推动农业产业化、规模化发展。抓优势创品牌，以高山茶、油茶、林下经济为重点，以发展无公害农产品、绿色食品、有机食品为导向，持续打响“中国高山茶之乡”“中国油茶之乡”品牌，积极创建国家级林下经济发展重点县；加快富硒农产品开发步伐，建设以粮食、蔬菜、萝卜、茶叶、红菇等为重点的富硒食品基地，推进闽中富硒农副产品产业园建设，打造中国高山硒谷地域品牌；加快推进洛神花产业升级，开发洛神花系列产品，打造“中国洛神花（玫瑰茄）之乡”品牌。

加快发展新型绿色工业。坚持增量选优、存量升级，积极推动资源型产业向生态绿色工业转变，打造全省资源型产业转型升级示范区、绿色先进制造业核心区。转变资源利用方式，引导县内优势企业整合全县矿产资源，促进优势资源向优势企业集中；支持开发利用县境外资源，为本地资源深加工产业寻找原料后备基地；建立资源开发——初级原材料生产——精深加工一体化格局，禁止矿产资源粗放开发和原矿销售，改变当前以生产初级原材料为主的局面。推动产业链拓展延伸，重点推动新型轻纺面料、机械制造、建材水泥、矿产品深加工等主导产业向高端、绿色方向发展，积极培育生物医药、新能源、新材料、节能环保、高端装备制造等战略性新兴产业。加快科技创新步伐，加快资源型产业创新体系建设，推进院士工作站、博士后工作站、企业研发中心等平台建设；探索“政校企、产学研”合作机制，由政府主导建立公共技术创新服务平台，整合科技创新资源，全力推进资源型产业科技创新。积极发展循环经济，推广“资源——产品——废弃物——再生资源”的环型生产模式，引导产业链相关企业建立循环经济联合体；推进广平循环经济产业园、前坪鑫鹭峰循环经济产业园建设，积极争取大田经济开发区国家循环化改造试点，培育鑫鹭峰国家资源综合利用“双百工程”骨干企业。大力推行清洁生产，实施工业园区生态化改造，推广资源精深加工、工业固体废物和废水综合利用技术，以及节能节水节材工艺、技术和设备，推动污水垃圾处理设施、重点行业脱硫脱硝、煤改气、油改气等重点减排工程建设。

提升发展现代服务业。创新服务业发展业态，加快发展平台经济，努力建设沿海现代服务业转移重点承接区、闽中绿色服务业重要特色集聚地。大力发展现代物流业，以吉泉快速铁路、莆炎高速公路、国道“纵五”等重大交通基础设施建设为契机，合理布局物流节点空间，布局开发一批专业批发市场和物流配送中心，重点加快推进制造业与物流业联动发展、大宗农产品物流、物流公共信息平台、农产品冷链物流等项目建设，推动发展第三方物流，打造闽中生态产业物流走廊。加快发展电子商务，以优势产业和产品为基础，推广紫诚、仙顶、诺迅等电商发展经验，加强线上线下融合创新，推进电子商务产业园、电子商务示范村建设，创建省级电子商务示范园区和创业孵化器。积极发展文化产业，挖掘整合高山茶、土堡、戏曲、农耕文化、民俗文化等文化元素，加强文化与生态、文化与旅游的深度融合，重点推进福建三明海峡文创城、陶瓷文化创业产业园、大田土堡民俗文化产业园、闽中戏剧文化产业园等一批文化产业项目，提升山水城市文化内涵。重点发展休闲旅游业，坚持生态、文化和旅游三位一体，促进旅游产业与文化体育产业、现代农业、家庭手工业、庭院经济深度融合，积极培育高山茶苑休闲游、温泉养生度假游、土堡民俗探秘游、闽湖运动体验游、乡村民宿观光游、苏区红色文化游、森林人家康体游等特色旅游产品，加快推进福建土堡生态文化产业园、闽湖（大田）旅游休闲度假区、闽中高山茶苑度假区、象山避暑养生度假区等一批生态旅游项目建设，打造闽南沿海的“后花园”、“心灵憩息地”，闽中生态休闲旅游度假区。拓展新兴服务业态，创新商贸、金融等传统服务业商业模式，大力发展总部经济、网络经济、服务外包、健康养老、医疗保健、运动休闲等新兴服务业，重点发展污染防治、生态工程管护运营和环境咨询服务业，以及第三方物流、技术研发、产品设计、检验检测等生产性服务业，增强产业绿色转型的服务支撑能力。

（四）突出产城融合促转型，推动城镇化绿色发展

坚持以重点生态功能区为蓝本，扎实推进新型城镇化建设，积极探索山区资源型城市城镇化转型道路，切实做到“人进城、建好城、管好城”。

科学规划城镇开发。积极探索经济社会发展规划、土地利用总体规划、城乡规划和生态建设规划等“多规融合”。优化城镇化空间布局和规模结构，构建以中心城区为依托，中心镇和卫星城镇协调发展、产业和城镇融合发展、新型城镇化和新农村建设协调推进的格局。严格控制城镇开发强度，依托现有承载能力较强的城镇集中布局、据点式开发，禁止限制开发区域城镇建设成片蔓延式扩张。遵循“人的城镇化”本质要求，重点改善公共基础设施和公共服务设施，逐步实现基本公共服务常住人口全覆盖。

拓展提升中心城区。积极实施“大城关”战略，加强产业和公共服务资源布局引导，推进城市规划、市政配套、智慧城市、生态建设、文化内涵等提升工程，提高城市综合承载能力。加大城市“四大板块”开发力度，加快城市东部生态宜居综合体、城市西北新区综合体、城区南部城市综合体、石牌集镇改造提升等项目建设，稳步推进中心城区行政区划调整。按照“山水一色、生态岩城”的城市特色风貌，深入实施宜居环境行动计划，延伸拓展“点线面”攻坚，加快推进龙腾盛世广场、城市河道清水蓄水景观工程、河滨景观栈道工程等廊道建设，实施城郊自行车慢道景观工程，加快形成“城在山中，山在城中，绿水环绕”的生态城市景观。

优化发展中心乡镇。落实扩权强镇政策，深化建设镇、桃源镇市级中心镇的土地、财税、投融资、人口、行政管理等体制改革，支持有条件的乡（镇）申报省级试点小城镇。更加注重个性塑造和文化传承，因地制宜培育一批农业大镇、工业强镇、商贸重镇、旅游旺镇和文化名镇，推进各具特色的县级小城镇改革试点乡（镇）。积极探索开展撤乡设镇、乡镇改街道和“村改居”工作，适时对规模较小的乡镇进行撤并或委托周边中心乡镇管理。

加快美丽乡村建设。完善农村人口聚集机制，有序引导限制开发和禁止开发区域的人口向重点开发城镇或据点式开发城镇转移。围绕“一好五美”的目标，积极培育一批田园风光、产业风采、生态风貌、民俗风情、红色风土、新型风格社区等6种类型的美丽乡村，把蓝玉、和洋、内洋打造成省级乃至全国“美丽乡村”示范村。深化农村家园清洁行动和人居环境综合整治，加快农村危旧房改造，加强历史文化村落保护，按照“慎砍树、不填池、少拆房”的原则，尽可能在原有村庄形态上改善居民生产生活条件。

（五）突出改革创新促转型，健全绿色发展体制机制

创新考核评价体系。建立体现生态文明建设要求的目标体系、考核办法、奖惩机制，将资源消耗、环境损害、生态效益纳入经济社会发展评价体系。抓紧建立和完善与主体功能区相配套的分类考核指标体系和评价办法，对重点开发乡镇和据点式开发乡镇，重点考核评价产业集聚程度、城镇化、工业化发展水平和质量；对限制开发和禁止开发区域，重点考核评价生态环境保护，生态农业、生态旅游等绿色产业和特色优势产业发展。建立领导干部任期资源消耗、环境损害、生态效益责任制和问责制，对领导干部实行自然资源资产离任审计，实行重大生态责任事故一票否决。

推进生态资源资产化。开展自然资源资产产权确权登记工作，划定生态用途管制区和开发界限。认真落实生态补偿机制改革，积极争取按碳汇、水质量、空气质量等生态贡献程度的“以奖代补”。推进生态产品市场化，抓好排污权有偿使用和交易工作，推行环境污染第三方治理，建立吸引社会资本投入生态环境保护的市场化机制；完善矿产资源有偿使用和矿山生态环境恢复治理保证金制度，探索建立建设类项目水土保持补偿制度；推进阶梯式水价、电价改革，建立有效调节工业用地和居住用地合理比价机制，提高工业用地价格。推进绿色信贷体系建设，推行企业环境行为评级制度，实施有差别的信贷政策。稳步推进森林资源产权改革，鼓励林权按宗地协商评估规范流转，推动林权抵押贷款，建立规范有序的林权流转市场；探索建立林权收储机制，依托省内林业交易中心推进林权市场化运作，实现林权资本化、资产化。

完善资源环境保护管理制度。落实完善“河长制”“街长制”等环境保护管理制度，健全执法监管机制，实现全县环境保护全覆盖。推进区域生态文明共建共享，加强与相邻地区的生态保护合作，形成生态系统保护修复和污染防治区域联动机制。严格执行生态环境损害赔偿制度，探索建立环境污染公益诉讼机制和公益赔偿机制。健全环境保护目标责任制和环境影响评价制度，对不符合环境保护法律法规的建设项目，一律不予立项；对水土流失治理不到位、环保不达标的企业，一律不予通过年检；对监管不力、执法不严的单位和个人，一律严肃追究责任。

三、保障措施

（一）加强组织领导。成立县重点生态功能区建设工作领导小组，负责本意见实施的总体安排、统筹协调、整体推进和督促落实工作，领导小组下设办公室，负责日常组织协调工作；各乡镇人民政府、县直各单位要成立相应的领导和工作机构，研究制定乡镇、部门的具体方案和保障措施；建立重点生态功能区建设工作联席会议制度，定期研究解决意见实施过程中的重大问题。

（二）用好用足政策。抢抓中央支持福建生态文明先行示范区建设以及省上支持三明市南方林区生态文明建设综合配套改革的有利机遇，精心研究对接政策，策划和储备一批符合投向的生态建设、节能环保、水土保持、循环经济、污水垃圾处理、水利工程、新能源、能力建设等生态项目，积极对接中央、省级财政资金。各有关单位要主动向上级对口部门沟通汇报，争取符合重点生态功能区建设需要的相关试点示范工作在大田先行先试。

（三）落实工作保障。科学编制重点生态功能区建设专项规划，并把重点生态功能区建设任务细化落实到“十三五”经济社会发展规划各个领域。县财政设立重点生态功能区建设专项资金，将生态功能区建设作为公共财政支出重点。引导金融机构加大信贷支持力度，政府担保机构优先担保扶持。鼓励和引导社会资本进入环保基础设施建设和经营领域，积极开展环境资本运作，形成政府主导、市场运作、社会参与的多元投入机制。

（四）强化责任落实。要把重点生态功能区建设工作的目标任务，以责任状的形式分解到乡镇和部门，领导小组建立专项督查制度，定期开展工作督查；各乡镇、县直各单位要定期向县委、县政府报告重点生态功能区建设任务进展情况；县政府定期向县人大、政协报告或通报工作进展情况，定期向社会公布节能减排、生态建设、环境质量情况。

（五）营造浓厚氛围。宣传普及重点生态功能区建设有关知识，大力倡导生态文明理念和生态伦理道德。开展生态文化进机关、进学校、进企业、进社区、进村镇、进家庭“六进”活动，引导全社会树立生态价值意识、生态忧患意识和生态责任意识，提高全民生态文明素质。完善环境保护信息发布和重大事项公示、听证制度，建立企业环境行为诚信和环境监督员制度，保障公众知情权、议事权和监督权。动员广大群众积极参与重点生态功能区建设，倡导形成勤俭节约、绿色健康的生产生活方式，全面提升生态文明建设水平。

2014年11月24日

中共大田县委　大田县人民政府关于进一步加快推进大田科学发展跨越发展的实施意见

田委发〔2014〕10号

各乡（镇）党委和人民政府，县直各单位：

为深入学习贯彻习近平总书记系列重要讲话和对福建工作的重要指示精神，全面落实省委九届十一次全会、市委八届八次全会关于进一步加快科学发展跨越发展的战略部署，推动我县经济社会更好更快发展，结合大田实际，提出如下实施意见：

一、明确发展目标任务

从2014—2018年五年时间内，以贯彻落实市“十百千”重大项目工程建设五年计划为载体，实施跨越发展重点项目300个以上，总投资1500亿元以上。到2018年，在转型升级、结构优化、效益提高、能耗降低、生态保护的基础上，全县经济总量达到235亿元以上，GDP年均增长幅度保持11.2%左右，全力推动人均GDP、城乡居民收入、生态环境等指标优于全市平均水平。

二、加快基础设施建设

按照适度超前、功能配套、管理科学、安全高效的原则，加快交通、能源、市政、水利等基础设施建设，五年实施重大项目78个以上，争取到2018年完成投资683亿元以上，城乡基础设施明显改善。

（一）交通基础设施。五年实施重大项目22个以上，力争总投资246亿元以上。到2018年，境内新增铁路里程约55公里、高速公路里程80.1公里、国省干线里程142.6公里、县乡道路里程197.7公里，形成更加完备的综合交通运输网络。

1. 吉泉铁路。继续配合做好吉泉铁路项目前期工作，力争2015年立项获批，大田段2016年动工。

2. 高速公路。积极配合做好莆田至炎陵、古田至大田高速公路前期工作，争取莆炎高速大田段2015年动工，力争古大高速大田段2017年动工。

3. 国省干线。积极推进国道纵五、横六、横七线大田段项目建设，其中：纵五线溪柏林至梅山德州段2015年动工、溪柏林至长溪段2016年竣工；横六线文江塔头至广平镇栋仁公路2016年动工；横七线石牌、上京、桃源过境路段和省道联四公路提升等级项目2017年动工。

4. 县乡道路。桃源至东坂乡道2014年动工，华武线华兴至德化界公路改造2014年竣工，吴山梓溪至永春一都县道2015年动工，华石线鸭蛋山秋竹新村至华兴段、屏山至吴山高速互通口三级路2015年竣工，桃源至漳平新桥县道2016年动工，湖华线（湖美—京口—华兴）、大蓝线（湖美大尤—太华—桃源蓝玉）2017年动工，文槐线（文江—建设大同—永安槐南）、德横线（吴山—济阳大乾—德化美湖）和太华高星至永安青水汀海道路2018年动工。

5. 交通枢纽。吉泉铁路客运站点与铁路建设同步动工；泉南高速上京互通、县客运服务中心（县汽车站和建设镇汽车站）项目2016年竣工。

（二）能源基础设施。五年实施重大项目7个以上，力争总投资163亿元以上，能源结构不断优化，电网保障能力明显增强。

1. 电力。加快推进农村水电增效扩容改造，争取2017年全面完成；继续做好陆上微风发电、地热发电项目前期论证和招商工作，积极争取2018年前转化落地动工建设。

2. 电网。110千伏京口输变电工程2015年动工；110千伏福塘输变电工程、220千伏百石输变电工程力争2018年动工，继续实施农配网改造工程，提升农村电网供电质量。

（三）市政基础设施。五年实施重大项目32个以上，力争总投资241亿元以上。到2018年，新改建城市道路10公里，新改建污水管网20公里，建成城市燃气管网25公里以上，市政基础设施和宜居条件更加完备。

1. 城市交通。进一步完善城区骨干路网，拓宽改造小街巷，提高道路网密度，推进城区桥梁安全检测和加固改造，凤山路改造、小街小巷改造提升、公交首末站及公交站点建设项目争取 2016 年动工。

2. 城市供水。加快城市供水设施建设，提高城市供水保障和水质检测能力，旧城区供水管网改造项目 2015 年动工，城市自来水厂（二期）工程和南部新城、东部新城供水管网建设项目 2016 年动工，京口新区、北部新城供水管网建设项目 2018 年动工。

3. 城市环境。城区污水处理厂二期工程、鸭蛋山非正规垃圾填埋场治理工程 2015 年动工，福塘－石牌污水管网延伸、均溪河滨两岸绿道建设、均溪河西岸（南门桥—东门桥）栈道景观工程项目 2015 年竣工；东部新城污水管网建设项目 2016 年开工，石牌集镇改造提升工程 2016 年竣工，南部新城污水管网建设项目 2016 年开工，城区排水防涝工程、城区管线下地建设项目 2018 年竣工。

4. 燃气设施。城市管道天然气建设项目争取 2016 年动工，建设中压燃气管网、小区低压管网等供气系统，建设长输管线接收门站 1 座。

（四）水利基础设施。五年实施重大项目 17 个以上，力争总投资 26 亿元以上，水利基础设施逐步完善，防灾抗灾减灾能力明显提升。

1. 工程水利。加大文江河流域、均溪河流域防洪工程建设力度，闽江上游尤溪流域防洪工程二期（大田段）2016 年竣工，中小型水库除险加固、山洪灾害治理项目 2016 年动工，中小河流治理项目 2017 年动工。

2. 资源水利。加快中小型水库建设，武陵雪山水库 2015 年动工，桃源土坑、上京金竹坑等蓄水工程建设项目 2016 年动工，济阳乡黑石兜水库 2017 年动工；强化抗旱应急能力建设，广平龙宫水库、梅山乡大山水库等抗旱应急水源工程项目 2016 年动工；加强集中饮用水源地保护，高云水库水源地保护项目 2016 年动工，坑口水库水源地保护项目 2018 年建成。

3. 生态水利。开展水环境保护和水生态整治，加大中小流域治理力度，恢复河道生态系统。银顶格矿区水土流失治理、国家农业综合开发小流域治理、均溪河城区河段绿水工程建设项目 2014 年动工；清水工程、太华矿区水土流失治理项目 2016 年动工；煤矿水土流失治理项目 2017 年动工。

4. 民生水利。推进农村集中式供水和灌区节水改造提升工程，农村饮水安全工程、山地水利工程 2016 年动工，灌区节水改造工程项目 2017 年动工，小型农田水利重点县建设项目争取 2018 年动工。

三、构建现代产业体系

按照一产接“二”连“三”、二产集聚延伸、三产创新业态的产业发展思路，坚持抓龙头、铸链条、建集群的产业发展方向，着力提升产业集聚能力、配套能力和创新能力，推动三次产业更好地融合发展。

（一）加快发展新型工业。五年实施工业重大项目 59 个以上，力争总投资 385 亿元以上。到 2018 年，机械铸造、新型建材水泥、轻纺新型面料、矿产品深加工、农林产品加工等产业的产值分别比 2013 年实现翻番。

1. 机械铸造产业。到 2015 年，建成年产值超 50 亿元的机械铸造产业集群；到 2018 年，建成海峡西岸特色鲜明的机械铸造产业基地，年产值达到 100 亿元以上。

（1）产业龙头。重点培育壮大华伦特重工、鑫鹭峰机械铸造、宝山机械等龙头企业，积极推动企业技术创新，开发具有较高科技含量的新产品，发挥龙头示范带动作用。

（2）重点园区。加快海西（大田）机械铸锻集中区、福建（海西）铸造原材料基地开发建设，积极承接闽南沿海机械装备制造产业转移，重点引进消防器材、阀门水暖、汽车配件、工程机械配件、装载机械配件等配套生产项目，加快培育产业核心企业，提升产业链上下游配套能力。精密机械工艺创意产业园、汽车配件产业园项目 2016 年动工建设。

（3）创新平台。探索“政校企、产学研”合作机制，加强与清华大学、中国地质大学、华中科技大学等科研院校对接，建立机械铸造产业公共技术创新服务平台。

2. 新型建材水泥产业。到 2015 年，全县水泥产能达到 500 万吨，新型墙体材料产能达到 1.5 亿块标砖；到 2018 年，水泥产能争取达到1000万吨，新型墙体材料产能达到2亿块标砖，自保温的新型墙体材料占墙体材料总产量的50%以上，打造产值超100亿元的新型建材水泥产业集群。

（1）龙头企业。重点发展壮大红狮、新岩、鑫城等水泥生产企业；继续扶持红狮物流、长隆物流、岩城仓储物流等建材水泥专业物流企业。

（2）重点项目。联瑞建材精加工、伊鑫新型建筑材料建设项目2015年建成；煤矸石生产微晶玻璃板材、水泥基材生产项目2017年动工；红狮新型干法水泥二期项目争取2017年建成。

（3）产业配套。积极开展年产15万吨干混砂浆、年产120万吨水泥粉磨站、预拌混凝土搅拌站、水泥基材生产等水泥产业链延伸项目和超细（活性）轻质碳酸钙、煤矸石制造瓷质砖等配套新型墙体材料项目，以及上京—太华新型建材工业走廊、广平循环经济产业示范园等产业平台项目的前期论证与招商工作，力争有部分项目转化开工建设。深化与武汉理工大学、福州大学的对接合作，加快建立绿色新型建材产业科技公共服务平台。

3.轻纺新型面料产业。到2015年，基本形成以万华、飞鹰等为龙头的产值超50亿元的轻纺新型面料产业集群；到2018年，建成集研发、设计、制造和服务为一体的、产值超100亿元的海西轻纺新型面料基地。

（1）壮大产业龙头。重点支持万华实业、飞鹰实业、旭日纺织、大联纺织、建华纺织、康华科技、三井科技、浩特科技等现有企业不断发展壮大，加快推进育灯纺织、华盈塑胶、华利树脂、龙跃纺织等项目建设并实现投产达产。

（2）打造产业核心。以浩特纺织服饰、格林童装名城为龙头，着力在服装、鞋业、家具、箱包等产业链终端培育和引进一批档次高、配套能力强的核心企业，使之成为集群的核心主体和产业升级的带动力量。引导和鼓励万华、飞鹰、格林、浩特等企业加强品牌建设，培育具有本地特色的核心品牌，提升产业核心竞争力。

（3）筑优发展平台。在完善京口轻纺新型面料产业园的基础上，加快规划建设纺织、印花、鞋帽、服装等下游配套的轻工产业园，逐步引导宏润织造、同利祥纺织、南湖纺织等纺织企业“退城入园”；加强产业服务平台建设，抓实产学研对接合作，积极争取中国纺织科学院在大田设立科研中心；实施“接二连三”战略，规划建设轻纺新型面料交易市场和配套物流园区。

4.矿产品深加工产业。到2015年，建成产值超60亿元的矿产品深加工产业集群，到2018年，建成产值超100亿元的矿产品深加工产业集群。

（1）煤炭深加工。重点加大空腔型煤、石墨深加工企业扶持力度，加快促进产业化生产。继续做好超临界燃煤发电机组坑口火电项目的前期论证和招商工作，积极争取转化落地并动工 建设。

（2）铁矿深加工。加强产学研合作，着力抓好低品位铁矿（以褐铁矿为主）综合开发利用新技术、新工艺的研发应用，做强做大铁矿深加工产业，提升资源利用效益。

（3）瓷土深加工。重点抓好高岭土的精细加工和新产品开发，元情赤金粉深加工项目2016年开工；元韬高岭土精加工生产项目2017年建成。

5.农林产品加工产业。重点发展茶叶、油茶、竹木等农产品深加工。到2018年，建成产值超30亿元的农林产品深加工产业集群。

（1）茶叶加工。用好用活省政府出台的关于提升现代茶产业发展水平六条措施，以大方广茶业、仙顶茶业为龙头，加快推进茶叶精深加工；以三九军大生物科技为龙头，加快推进茶食品、茶饮料、茶医药保健品等茶叶深加工产品的研发生产，提升茶叶附加值。

（2）油茶加工。依托三九军大生物科技等龙头企业带动，加强产学研合作，充分利用茶枯、茶壳等油茶副产品加工生产药用化妆品、洗涤产品、茶皂素、活性炭、饲料等产品，三九军大生物综合开发利用项目2016年竣工。

（3）竹木加工。重点培育广联木业、秦朝木业、博大轻工等龙头企业，支持企业参与制定国家、地方和行业标准，提高企业科技创新水平；加快推进木材深加工出口基地、木结构科技产业园、板式小家具生产、碳化木系列产品加工等项目建设。

（二）提升发展服务业。五年实施重大项目78个以上，总投资220亿元以上，着力推进服务业发展提速、比重提高、水平提升，力争全县第三产业增加值年均增长10%以上，服务业固定资产投资年均增长25%以上。到2018年，第三产业增加值占地区生产总值的比重达到38%以上，逐步提高服务业税收占税收收入的比重。

1. 现代物流产业。围绕打造“闽中重要的物流节点”的目标定位，以大交通、大物流、大商贸为发展格局，建设闽中物流集散中心和物流产业配送服务基地，力争到2015年，全县物流业增加值占服务业比重达到15%以上；到2018年，建成5个以上专业物流园区，物流业增加值占服务业比重达到20%以上。

（1）完善物流网络布局。在优化全县重点物流枢纽、物流园区（基地）和物流企业布局的基础上，对接泉州、三明物流产业布局，着力建设集市场、信息、仓储、配送、展示、交易等功能于一体的现代综合物流中心；结合县城区企业“退二进三”，规划建设大型停车场、标准化仓储设施、物流企业总部等。长隆物流集散中心项目2016年建成。

（2）引导产供销主辅分离。以矿产开发、冶铸机械、轻纺材料、林产品加工、纸产品加工、茶产业等产业为重点，引导企业产销主辅分离，实施制造业与物流业联动发展、电子商务与物流业融合发展工程，引导物流企业全面参与制造企业的供应链管理，或与制造企业共同组建第三方物流企业，支持农产品冷链、城市商业配送等重点物流领域建设。岩城仓储物流中心、闽中金姜保鲜及交易中心项目2015年建成，仙师泉山泉水物流配送中心、俊辉农产品加工冷链、鑫盛物流园区项目2016年建成，闽中现代物流园区、德润物流园区项目2017年建成。

（3）培育发展龙头企业。全力推进“三维”项目对接，支持大型优势物流企业通过兼并重组等方式，对分散的物流资源进行整合，重点培育长隆物流、同乐物流、鑫盛物流等龙头企业，力争2015年总营业额突破2亿元。

2. 旅游业。围绕“生态、休闲”主题，着力打响“南方天山、闽中茶苑”旅游品牌，做大旅游产业规模和经济总量。到2015年，旅游接待人数达到110万人次，实现旅游业总收入3亿元；至2018年，力争全县游客接待量突破150万人次，年均增长14%，旅游总收入达4亿元，年均增长15%。

（1）打造旅游精品。打造以闽中高山茶休闲养生旅游度假区为核心的高山茶苑生态休闲之旅，加快推进仙峰养生温泉度假区、象山避暑养生度假区、屏山雾海茶人家、台湾樱花观赏休闲养生基地、高山茶文化创意产业园等项目建设，着手开发济阳传统村落和历史文化名村等旅游项目。打造以桃源镇乡村休闲旅游度假区为主体的乡村体验之旅，大力推进桃源蓝玉省级乡村旅游特色村、东坂村安良堡乡村休闲体验旅游区、赤头坂森林人家、广汤温泉、郑氏荥阳祠、肖氏林甫祠等旅游项目开发，积极培育乡村旅游示范点。打造以原中央苏区县为特色的红色苏区之旅，整合提升苏区红色旅游资源，加快中央苏区爱国主义教育基地建设，组合编排旅游线路，推进红色旅游与生态旅游融合发展。

（2）提升公共服务。完善旅游交通网络，开通京口经济开发区至闽湖库区的旅游公路，推进闽湖环湖自行车道、城郊乡村休闲健身自行车道等项目建设。提升旅游接待水平，重点加快仙峰温泉大酒店、凯天龙国际大酒店、金象温泉酒店等一批星级酒店建设，加快石牌大骨头肉美食街建设，提升仙廷、山水、龙山酒店的档次水平。加快闽湖旅游集散中心、屏山生态茶园旅游服务中心建设。

3. 信息服务业。到2015年，培育紫诚信息技术、仙顶实业、诺迅电子商务等成为年营业额超亿元的电商企业；到2018年，培育发展电商企业10家以上，在知名商城上开设交易平台和网店300家以上，实现网络销售营业额10亿元以上。

（1）夯实电商平台建设。引导电商企业整合线上、线下渠道资源，开发B2B、B2C、C2B等电子商务平台，支持生产企业入驻阿里巴巴、善融商城及国家级行业B2B、B2C等行业平台，重点开发建设紫诚商城公共服务网站平台和仙顶、紫诚、诺迅电子商务平台。

（2）引导电商产业聚集。加快电商公共服务平台建设，规划建设电子商务产业园、电子商务创业村，引导电商产业集聚发展；发展电商专业村镇，重点发展吴山和洋高山茶电子商务专业村，引导村民或茶企在国家主流网站开设高山茶销售金牌网店。

（3）推广电子商务应用。组建电子商务协会，充分发挥协会协同作用，推广电商服务，扩大电商业务培训和交流，推进企业电子商务应用。

4. 商贸服务业。重点提升县城商业服务聚集区，完善社区商业网点和乡镇农贸市场，形成布局合理、城乡协调的商贸服务体系。力争社会消费品零售总额年均增长14.5%以上，到2018年，社会消费品零售总额达到67亿元以上。

（1）提升县城商贸聚集区。构建城区核心商圈—特色街—专业街—主力店、旗舰店、专卖店等为骨架的点、线、面相结合的城市商业新格局，加快推进凯天龙文体创意园综合商圈和秋桐小区、福星花园、金象温泉城等社区商场建设，打造新型城市商业综合体，逐步引进沃尔玛、永辉等一批国内外知名商贸连锁企业入驻。

（2）加快培育专业市场。围绕茶叶、矿山机械、家具、林产品等本土产业，积极打造一批专业批发零售市场，实现年交易额10亿元以上。加快推进"万村千乡市场工程"建设，大力发展"农超对接"营销模式，推进农产品集散中心、乡镇标准化农贸市场改造、无公害农产品批发市场以及农产品冷链物流基础设施建设。闽中三宝建材交易中心、铭溪农产品专业市场2015年建成，建材家居一站式体验中心、广平建材批发市场2016年开工，福塘综合市场2016年建成。

5. 文化产业。以县域特色文化为支撑，大力发展创意设计、体育服务、传媒服务、文化旅游、印刷出版、演艺娱乐、会展广告、艺术培训等文化产业，到2018年，全县文化产业体系初步形成，文化产业增加值达10亿元以上。

（1）挖掘本土文化资源。整合高山茶、土堡、戏曲、农耕文化、民俗文化等文化元素，加强文化与生态、文化与旅游的深度融合，重点培育发展高山茶文化产业、土堡文化旅游产业。凯天龙休闲旅游中心项目2016年建成，海峡酒文化物流产业生态观光园、陶瓷文化创业产业园、土堡民俗文化产业园项目2016年动工，国际电影文化城项目2017年建成。

（2）重振戏剧文化产业。通过整合资源、政府扶持等手段，培育包括戏剧演出、演员交流培训、戏剧用品批发销售的闽中戏剧产业市场，辐射周边县市，提高大田戏剧知名度，做大做强戏剧文化产业。

6. 健康及养老服务。积极构建以居家为基础、社区为依托、机构为支撑的养老服务体系，加快形成以事业带产业、以产业促事业的养老服务业发展格局，到2015年养老床位占老年人口的3%，到2018年养老床位占老年人口的4—5%。

（1）完善养老服务设施。加快县社会福利中心二期项目建设，引导社会力量创办养老机构，实现每千名老年人拥有30张床位数目标。发展社区健康养老服务，鼓励医疗机构将护理服务延伸至居民家庭，发展多种形式的老年人照料服务，做好上门巡诊等健康延伸服务，推进居家养老服务。社会福利中心二期项目2018年建成。

（2）积极推进健康消费。重点引导发展高山休闲养老、中医理疗、健身运动、舞蹈瑜伽、温泉养生等健康服务业。仙峰养生温泉度假区、翰霖泉休闲健身中心项目2016年建成。

（三）提升发展现代特色农业。五年实施重大项目28个以上，总投资56亿元以上。加快推进百亿农业产业跨越发展行动计划，基本建成10万亩茶叶、15万亩油茶、10万亩木薯、10万亩洛神花等现代农业产业生产基地。到2018年，实现现代农业产业总产值150亿元以上，其中农林牧渔业总产值60亿元 以上。

1. 高山茶。提高东方美人茶、铁观音、高山红茶制作水平，统一质量等级，做大做强大方广、仙顶、崇圣岩、易津等茶企，提升"江山美人""仙顶"等品牌；加快推动茶产业接"二"连"三"，向茶文化、茶旅游、茶叶精深加工发展，推进江山美人茶产业化项目、雾海茶人家休闲体验中心、茶叶精深加工等项目建设。

2. 油茶。优化基地建设布局，抓好丰产油茶示范乡村、示范基地建设；推行"公司+基地+农户"经营模式，引导油茶籽等原料向三九军大生物科技、兴田食用油、京口洋生态农业等加工龙头企业聚集，延伸发展油茶科研、油茶产品销售、油茶林生态旅游等产业链条。油茶丰产培育基地及深加工项目2016年建成。

3. 木薯。加强与中国热带农业科学院的战略合作，抓好国家和省木薯新品种、新技术试验和示范项目，推进木薯新产品开发和废弃物综合利用，重点实施文江标准化生产示范基地、良种繁育基地、木薯杆（渣）食用菌栽培等项目，做大做强聚祥生物等龙头企业。国家农业热带作物（木薯）标准化示范区项目2016年建成。

4. 富硒农产品。依托富硒土地资源优势，大力开发茶叶、油茶、木薯、生姜、雪蔗、果蔬、食用菌、洛神花等富硒农产品，推进闽中富硒农副产品产业园建设，建立富硒食品质量检测中心和富硒产业技术研究开发中心，打造中国高山硒谷地域品牌。闽中（大田）富硒农产品产业园项目2016年动工，万亩生姜标准化种植基地、生态果蔬标准化大棚工程项目2016年动工。

5. 林下经济。突出林畜、林禽、林蜂、林菌、林药等多种模式相结合，重点在林下培育红菇、泥菇等食用菌，套种草珊瑚、金银花、金线莲、绞股蓝等中药材和红豆杉等珍稀树种，培育发展八峰天然菌业等龙头企业，创建省级林下经济发展重点县。林下经济示范项目2016年建成。

6. 珍稀花卉苗木。以九町、茂林、神龙、闽农苗圃为龙头，利用荒山、低产田种植珍贵树种苗木，延伸发展山地休闲观光旅游、设施盆栽植物和观赏苗木加工；以源农花卉、阡陌花卉为龙头，按照“合作社＋基地＋农户”的发展模式，引导利用闲置农地连片发展花卉种植，支持林农、花农建立苗木花卉电子商务交易平台，拓宽销售渠道。珍稀花卉苗木基地建设项目2016年建成。

四、积极稳妥推进新型城镇化

扎实推进以“转型驱动、绿色发展”为主题的新型城镇化建设，积极创建省级新型城镇化试点县，逐步形成以城带乡、以乡促城、城乡互动的发展格局。

（一）有序推进转移人口市民化。到2018年，全县常住人口城镇化率达到52%左右，户籍人口城镇化率达到48%，力争实现基本公共服务向城镇常住人口全覆盖。

1. 推动人口集聚。全面放开城镇落户限制，在我县城镇范围内有合法稳定职业、合法稳定住所且愿意落户的，其本人及其家属均可申请落户。放宽在城镇购买成套商品房、二手房、店面的公民户口迁入条件，取消先进个人、专业人才迁移准入限制等，创造条件让企业中的白领和蓝领、进城就业创业的新型农民、外出经商创业者等三类中等收入人群向城镇集中。

2. 促进公共服务均等化。加快推进城镇基本公共服务由主要向本地户籍人口提供转变为向常住人口提供，逐步解决在城镇就业居住但尚未落户的农业转移人口享有城镇基本公共服务问题，保障随迁子女平等享有受教育权利，扩大社会保障覆盖面；拓宽住房保障渠道，通过公租房、租赁补贴等多种形式改善转移人口居住条件。构建多层次、多方式、多元化的公共服务供给体系，扩大政府购买服务的规模和力度，逐步提高城镇居民基本公共服务水平。

（二）优化城镇空间布局和形态。到2018年，县城常住人口达15万人，建成区面积达17平方公里，形成以中心城区为依托，中心镇和卫星城镇协调发展、产业和城镇融合发展、新型城镇化和新农村建设协调推进的格局。

1. 提升城市规划水平。积极探索经济社会发展规划、土地利用总体规划、城乡规划和生态建设规划等“多规融合”，加强规划之间有效衔接。加快新一轮城市建设规划修编工作，城市规划面积由原来的34平方公里将扩大到100平方公里，提高县城空间利用效率，形成生产、生活、生态空间的合理结构。全面启动县城单元控规编制工作，2015年县城单元控规覆盖率达到60%以上，力争三年内全部完成。编制完善城市综合交通、防洪排涝、景观风貌、综合减灾、公共服务设施、绿地系统专项规划。

2. 实施“大城关”战略。大力实施“南进东拓北扩西延”战略，加大城市“四大板块”开发力度。东部新城板块重点抓好凯天龙五星级酒店、美地公园、体育文化创业园、汽车站迁建、水岸人家安置房、秋桐保障房、省能源集团大田矿区总部、城东城市广场等项目建设。南部新城板块，重点抓好金象·温泉城、仙峰温泉养生度假区、桃源山庄、六迪坑小区、国际影城等项目建设。旧城改造板块，重点抓好国际商城、渔池洋小区、桥山片区等旧城改造项目建设。

3. 统筹推进城乡发展。加快小城镇建设，增强城镇产业发展、公共服务、吸纳就业、人口集聚功能，重点推进建设镇和桃源镇2个市级中心镇改革发展。建设美丽乡村，按照“一好五美”目标要求，统筹安排农村基础设施建设和社会事业发展，加快实施“水源清洁”“家园清洁”“田园清洁”工程，做到每个乡（镇）每年重点抓好1个中心村、2个特色村建设，建成一批各具特色的美丽乡村。加大扶贫开发力度，大力实施产业扶贫、扶贫搬迁造福工程和整村推进帮扶工程，积极开展精准扶贫工作试点示范村创建活动。

（三）提高城乡建设管理水平。到2018年，城镇基础设施和公共服务设施更加完善，社区综合服务设施全覆盖，城市综合管理实现智能化、精细化，生态环境持续保持优良，人居环境显著改善。

1. 加强城乡基础设施建设。实施宜居环境行动计划，延伸拓展“点线面”攻坚，实施交通、能源、市政、水利、信息、环保六大提升工程。重点抓好“五路三桥”（“五路”指纵五线、华石线二期、赤岩路二期、栋山路连接线、仙峰温泉度假区与石牌中学连接线，“三桥”指珠宝桥、屏山桥、仙峰温泉度假区与石牌中学连接桥）等市政路网工程。加快城市地表水厂、垃圾焚烧厂、垃圾填埋场处理、污水处理厂二期等市政基础设施建设，完善城区幼儿园、菜市场、停车场、公厕等配套功能，抓好城市河道清水蓄水景观工程、河滨景观栈道工程、市民休闲广场、森林公园等景观提升工程，提升城市品位。积极推进电信、广电、互联三网融合，打造电子政务基础平台和公共服务信息平台。抓好文化体育中心、中医院迁建、乡镇卫生院改造、城关第三小学、社会福利中心、城乡中心幼儿园等公共服务设施建设。

2. 加强改善城乡建设管理。推进城市管理信息化，推广“大城管”经验，整合市政公用设施数字平台和“平安大田”视频监控系统，大力推进智慧城市建设，数字城市管理系统建设项目2015年建成。推进城市管理网格化，强化社区自治和服务功能，推进惠民服务信息平台和社区综合服务管理平台建设，推动城市管理重心向城区中心村和社区延伸。推进城市管理法治化，加强城乡用地管理，持续开展专项治理行动，坚决遏制“两违”蔓延势头。

五、深化对台交流融合

完善对台深度对接机制，以共建平台、共创品牌、共拓市场为重点，推动林业、现代农业、旅游、经贸、电子商务、文化、教育、产业园建设等方面，开展双向交流互动，推动双方经济、文化、生活深度融合。到2018年，力争在大田注册的台资企业达到10家。

（一）深化对台经贸合作。依托海峡两岸（三明）现代林业合作实验区和“11·6”林博会平台，推动重点产业、传统产业与台湾的农林、机械、电子、纺织等产业对接，积极引进台湾现代服务业，引导重点产业与台湾高校、科研院所开展产学研对接，协同开展新技术、新产品、新工艺研发。重点扶持大方广茶业、联瑞建材等台资企业发展壮大，促进海峡酒文化物流产业生态观光园项目尽快转化落地，力争闽台高新农机具项目2015年动工建设。

（二）增进对台民间交流。特色文化方面，重点以连氏、萧氏、郑氏等宗亲文化为纽带，积极开展以寻根谒祖、族谱对接为主题的宗亲文化交流，搭建对台高山茶文化交流平台，推动对台民间文化交流健康发展。旅游合作方面，充分发挥我县宗亲文化、高山茶文化等独特对台优势，借助海峡旅游博览会、海峡论坛和海峡两岸林业博览会等平台，加强与台湾旅行商业同业公会的交流协作，建立稳定互动的沟通渠道，进一步拓展旅游合作空间。

六、提升全方位开放水平

积极主动融入“一带一路”建设，进一步合理有效利用外资，扩大对外经贸交流，提升对外开放层次和水平。到2018年，实际利用外商直接投资和出口总值年均增长10%以上。

（一）加强对外经贸合作。发挥产业优势和特色，进一步加强与港、澳、台经贸合作，重点突破东盟、中亚、中东、南亚、东非出口市场，鼓励和引导万华实业、浩特科技、格林实业、秦朝木业等重点企业“走出去”，充分利用国外市场和资源，培育外贸出口新增长点。

（二）创新利用外资渠道。利用“6·18”“9·8”“11·6”等招商平台，鼓励和引导企业加强与境外大企业、大集团合作，引进一批投资强度大、科技含量高、单位能耗低、税性比重大、发展前景好、带动能力强的优势外资项目。

七、加快社会事业发展

五年实施重大项目26个以上，力争总投资45亿元以上，推进城乡教育、医疗卫生、就业服务等基本公共服务均等化，提升城乡民居幸福指数，实现经济社会协调发展。

（一）提高教育发展质量。五年实施重大项目8个以上，力争总投资9亿元以上，完善基本教育公共服务体系，促进义务教育均衡发展，扩大普惠性学前教育，推动普通高中多样化发展，建成以就业为导向的现代职业教育体系。到2018年，九年义务教育巩固率达到98.5%，高中阶段教育毛入学率达到96%，新增劳动力平均受教育年限提高到14年。

统筹实施义务教育标准化学校建设、幼儿园建设、薄弱校改造等保障性工程，加大城区中小学扩容改造力度，增强城市人口集聚能力。县第二实验幼儿园2015年竣工，县中小学生社会实践基地2016年竣工。五年内完成117所薄弱校改造、10所幼儿园建设项目。加快推进中小学校运动场地、城东初中和城东小学等项目规划建设。加强大田职业中专学校基础能力建设，通过省级中等职业学校发展改革示范校核查。

（二）提高医疗卫生服务水平。五年实施重大项目8个以上，力争总投资7亿以上。建立健全公共卫生服务体系、基层医疗服务体系、药品采购和监管体系，建立卫生专业人才培养和高层次人才引进机制，提高基本医疗卫生服务的公平性、可及性和质量水平。到2018年，每千人医疗机构床位达到4.6张。

加快提升县级医疗设施整体水平，加强妇产科、儿科、精神科、重症监护室、层流手术室、健康体检中心、老年病科等科室建设，建立健全疾病控制、卫生监督、妇幼保健、应急救治等公共卫生服务体系，继续完善乡镇卫生院、社区卫生服务中心、村卫生所等基础设施，加快实施基层卫生人才队伍建设工程、卫生信息化建设工程、药品安全保障设施建设工程。县中医院迁建（一期）项目争取2015年竣工；县妇幼保健院搬迁项目争取2016年竣工；县公共卫生服务中心项目2017年动工建设。

（三）加强文化体育事业。五年实施重大项目4个以上，力争总投资19亿元以上。建立健全公共文化服务体系，广泛开展全民健身运动，推进全民健身公共服务。

实施文化惠民工程，完善县、乡公共文化服务设施，加强文物保护、非物质文化遗产保护、基层公共体育、全民健身设施工程。抓好地方特色传统文化传承，推进济阳、东坂等省级历史文化名村和“中国传统村落”建设。积极创建国家公共文化服务体系示范区，规划新建县博物馆，建成县图书馆，完成大田土堡群保护规划方案编制，推动文江“朱坂丰场戏”申报省级、国家级非物质文化遗产，做好芳联堡等国保、省保单位保护性修缮工作。体育文化创意产业园项目争取2017年竣工。

（四）完善公共就业创业服务体系。建立城乡统一的人力资源市场和平等就业制度，提升就业全过程公共服务能力，到2018年，城镇登记失业率控制在3.6%以内。

加强基层就业和社会保障综合服务设施建设，开展就业和职业技能培训，提供社会保险参保登记、待遇核发、关系转移等服务。建设人力资源综合服务设施，规范县就业和社会保障综合服务中心平台运作，实施18个乡镇就业和社会保障平台标准化建设，改善劳动关系协调、劳动人事争议调解仲裁等服务条件。完善预防和解决拖欠农民工工资联席会议制度、企业工资保证金制度，健全农民工工资管理工作协调机制。建立就业失业信息监测网络，开展就业需求预测，完善失业预警体系。

（五）建立完善社会保障制度。五年实施重大项目6个以上，力争总投资10亿以上。推进城乡居民医疗保险、养老保险一体化，建立健全城乡社会救助体系和弱势人群关爱服务体系。到2018年，城乡居民基本医疗保险参保率98%以上，参加城镇职工基本养老保险人数2.5万人以上，农村社会养老保险参保率90%以上。

不断提高社会保险经办能力和服务水平，完善县就业和社会保障综合服务中心建设，整合县人力资源和社会保障局的就业中心、社会保险（4个险种及退管办）、三明市医疗保障基金管理中心大田管理部的医疗保险、民政局的城乡低保和医疗救助、总工会的职工医疗互助、红十字会的救助、慈善总会的扶助、残联的残疾人保障等8个单位的相关职能，推行“一站式办公”，“集约化管理”。鼓励居家养老，拓展社区养老服务,增强公益性养老服务能力，鼓励通过公建民营、民办公助等方式，引导社会资本参与养老服务机构建设和管理运行。

八、加快生态文明建设

以建设重点生态功能区为目标，以打造国家级生态县为抓手，统筹推进生态农业、生态工业、生态旅游和生态文化建设。五年实施生态环保重大项目37个以上，力争总投资152亿元以上。2015年通过国家级生态县考核验收。

（一）加强生态保护与修复。到2018年，全县森林覆盖率稳定在75%以上，森林蓄积量1200万立方米以上，生态功能空间占国土空间比重不低于80%，水土流失面积占国土面积比重下降至7%以内，积极构建省级重点生态功能区绿色发展模式。

1.加强森林生态体系建设。加大省级大仙峰自然保护区和坑口水库等湿地建设与保护。大力实施“四绿工程”，强化造林绿化，加强森林抚育，对重点生态功能区、生态极为脆弱区进行重点保护、保育和生态重建，巩固森林面积和蓄积量。到2018年，五年累计完成造林更新10万亩。

2.加强矿山生态恢复治理。全面推行“五园”治理模式（废弃矿山变公园、家园、田园、工业园、物流园），因地制宜对境内矿山进行分类治理，重点推进废弃矿山复垦、生态绿色矿山建设、银顶格－川石矿区矿山地质环境恢复治理、银顶格骏原工贸矿业用地土地整治、银顶格矿区水土流失治理等示范项目，打造全省乃至全国矿山水土流失治理样板。

（二）加强资源节约利用。到2018年，全县资源循环利用体系初步建立，节能减排和碳强度控制在市级下达目标，资源产出率、万元工业增加值用水量、农业灌溉水有效利用系数达到全市前列水平。

1.集约节约利用土地。完善农村土地产权制度，严守耕地保护红线，从严控制建设占用耕地；完善建设用地投资强度控制标准和评价体系，鼓励企业建设多层厂房，探索工业用地租赁制；积极推进工矿废弃地复垦利用与新增建设用地相挂钩；积极稳妥开发利用城镇地下空间；适度开发利用低丘缓坡地，推进农村土地整治和旧城镇旧村庄旧厂房、低效用地等二次开发利用，清理处置闲置土地。

2.推进资源综合利用，推进工业固体废弃物、建筑及道路废弃物、农林废弃物等资源化利用，推进建设镇再生资源回收集散市场建设；加快绿色矿山建设，提高开采回采率、选矿回收率和综合利用率,促进矿产资源产业化发展，开展资源型企业可持续发展转型试点。

3.发展清洁能源和可再生能源。加快空腔型煤产业化技术开发，推进煤炭清洁高效利用；加快城市管道天然气、LNG接收站、汽车加气站等天然气基础设施建设；积极发展太阳能、地热、风能、生物质能等非化石能源，合理布局开发陆上微风发电项目，引导农户安装太阳能热水器，继续推进农村沼气工程，大力推广普及发展绿色能源和绿色建筑技术。力争到2018年，30%的城镇新建建筑达到绿色标准要求。

（三）加强环境综合整治。到2018年，辖区地表水水质全部达到或优于国家《地表水环境质量标准》相应功能类别水质要求，化学需氧量、氨氮、二氧化硫、氮氧化物等污染物减排完成省市下达任务；大气环境质量达国家二级标准，县城区大气环境质量优于国家二级标准，城区饮用水源水质达标率100%。

1.开展流域水环境综合整治。进一步落实“河长制”，健全重点流域长效治理机制。加快实施闽江上游文江河及均溪河流域水环境综合整治、均溪河城区河段绿水工程、闽江上游尤溪流域（大田段）防洪工程、清水工程、山洪灾害治理、中小河流治理、小流域水土流失综合治理等项目。加强饮用水水源达标建设，推进乡镇供水工程、农村饮水安全建设，加快坑口水库、高云水库水源地环境整治，确保饮用水安全。

2.加强重点污染物治理。加强工业污染综合防治，完善工业园区污水集中处理设施，推进京口合成革集控区煤改气工程、选矿企业固废综合利用与治理、重金属污染防治和尾矿库治理等项目建设。推动文江河、均溪河流域1公里范围各乡镇建设压缩式垃圾中转站、污水处理厂及配套管网，提高农村垃圾、污水集中收集覆盖率和无害化处理率。完善城市污水收集处理系统，规范城区垃圾收集处置，加快旧城区污水管网改造、东部新城污水管网、南部新城污水管网、京口新区污水管网、鸭蛋山非正规垃圾填埋场治理等重点项目建设。

九、深化体制机制改革创新

坚持向改革要红利，紧紧围绕县委十二届六次全会的改革部署，着眼于关键领域和全局性问题，加快推进“一个目标、两个载体、六个领域”的综合改革，推动政府与市场各归其位，最大限度地调动和激发经济社会发展的动力和活力，推动经济社会更有效率、更加公平、更可持续发展。到2018年，重点领域改革不断深化，市场主体活力得到充分激发，新型城镇化和城乡发展一体化、生态文明制度建设、社会治理体制创新、全国小微企业信用体系建设等领域改革走在全省、全市前列。

十、强化组织实施保障

进一步加快科学发展跨越发展是当前和今后一个时期的中心任务。全县上下要振奋精神、齐心协力、真抓实干，努力实现既定的科学发展跨越发展目标。

（一）落实责任分工。各乡镇党委、政府要建立责任机制和考核机制，结合本地实际挖掘潜力、主动作为，组织制定和实施好本乡镇的具体实施方案，主要领导亲自抓，加强总体指导和综合协调，研究解决发展过程中存在的重大问题，营造良好的发展环境。县直各有关单位要根据本实施意见制订具体工作方案，加强部门协调配合，形成工作合力，共同推进各项目标任务落实；主动加强与国家和省、市对口部门的对接，对已明确的支持政策和项目要切实抓好落实，尽快将其转化为实实在在的发展成效。

（二）深化项目带动。把项目带动作为加快推进我县科学发展跨越发展的重要手段。深入贯彻落实市“十百千”重大项目工程建设五年计划，组织实施重大项目306个，总投资1534.1亿元，其中产业项目165个，总投资660.40亿元；基础设施（含城建）项目78个，总投资677.1亿元；生态环保项目37个，总投资151.74亿元；社会事业（含民生）项目26个，总投资44.85亿元。在重大项目推进上要重点在“抓前期、抓重点、抓落地、抓投产”上下功夫，采取更加灵活措施，滚动生成项目，全力做好项目的实施管理、要素保障、施工协调等工作，确保项目尽快落地、投产，发挥效益。

（三）强化督促考核。各级各部门要强化目标责任考核，加强协调配合，狠抓工作落实。通过重点工作考核指标评价，加强对我县加快推进科学发展跨越发展整体部署的年度实施、政策落实、项目进展等情况的跟踪分析和督促检查，及时通报督查结果，强化问责制度。把推进科学发展跨越发展的实施情况列入各级领导班子和领导干部的考核评价范围，把考核结果作为提拔和使用干部的重要依据。

加快推动科学发展跨越发展，任重而道远，既是使命更是责任。各级各部门要按省市县的统一部署要求，立足实际、攻坚克难、开拓创新、扎实工作，千方百计确保完成既定目标任务，促进我县经济社会更好更快发展。

2014年11月24日

统计资料

□编辑：魏庆赐

【国民经济和社会发展统计】

经济统计资料

2014年大田县国民经济和社会发展情况统计表

表17

项　目	单 位	2014年	增长（%）
一、综合	—	—	—
大田县生产总值（GDP）	亿元	148.68	9.89
其中：第一产业	亿元	27.23	9.05
第二产业	亿元	79.32	8.60
第三产业	亿元	42.13	12.98
人均生产总值	元	47806	9.89
第三产业占全县生产总值比重	%	28.34	0.78
二、农业	—	—	—
农林牧渔业总产值	亿元	45.59	9.04
其中：农业产值	亿元	29.32	11.48
林业产值	亿元	7.72	8.58
牧业产值	亿元	7.23	1.26
渔业产值	亿元	1.03	3.00
农林牧渔服务业	亿元	0.29	7.41
粮食产量	万吨	12.03	1.95
甘蔗产量	万吨	2.31	5.00
烟叶产量	万吨	0.41	7.89
蔬菜瓜果类产量	万吨	56.20	2.86
油料作物产量	万吨	0.19	—
水产品产量	万吨	0.62	5.08
其中：淡水养殖	万吨	0.62	5.08

续表 17

项　　目	单 位	2014 年	增长（%）
肉蛋总产量	万吨	2.59	1.17
生猪出栏数	万头	20.65	—
羊出栏数	万头	2.15	6.97
家禽出栏数	万只	152.44	9.00
农村居民人均可支配收入	元	11761	10.28
三、工业	—	—	—
1. 规模以上工业增加值	亿元	98.00	12.60
规模以下工业增加值	亿元	3.08	14.30
2. 规模以上工业产值	亿元	302.10	31.15
四、邮政业务总量	万元	1851.30	0.12
五、固定资产投资（不含农户）	亿元	189.98	20.45
六、社会消费品零售总额	亿元	39.00	13.80
七、财政、金融	—	—	—
（一）地方公共财政收入	亿元	6.70	-9.34
（二）地方公共财政支出	亿元	16.70	1.09
（三）本外币存款余额	亿元	79.52	4.56
（四）本外币贷款余额	亿元	74.56	12.90
八、文化、教育、卫生	—	—	—
小学在校学生数	人	23056	8.27
普通中学在校学生数	人	12900	-4.43
医院床位数	张	940	-22.06
卫生技术人员	人	1215	35.75
九、劳动工资	—	—	—
单位从业人员	人	20643	-3.45
其中：国有	人	11556	0.86
城镇集体	人	3574	-20.81
其他	人	5513	1.90
单位从业人员全年平均劳动报酬	元	43795	8.35
其中：国有	元	48564	7.87
城镇集体	元	44596	13.76
其他	元	33147	4.14
十、人口	—	—	—

续表 17

项　　目	单 位	2014 年	增长（%）
总户数	户	100358	0.18
总人口	人	388232	3.94
其中：城镇人口	人	93046	2.70
非城镇人口	人	295186	4.33
出生人数（以计生为准）	人	8547	—
出生率（以计生为准）	‰	22.02	—
死亡人数（以计生为准）	人	4017	—
死亡率（以计生为准）	‰	10.35	—
自然增长率（以计生为准）	‰	11.67	—

（黄初齐）

【规模以上工业企业主要经济效益指标统计】

2014 年大田县规模以上工业企业主要经济效益指标表

表 18

项　　目	单 位	2014 年	增长（%）
产品销售收入	亿 元	279.50	8.21
利税总额	亿 元	13.68	-3.18
其中：税金	亿 元	8.17	-7.05
利润	亿 元	5.51	3.18
亏损企业数	个	29	7.41
亏损总额	亿 元	0.79	-4.10
产 销 率	%	100.16	0.16
总资产贡献率	%	18.09	-6.66
成本费用利润率	%	2.03	-5.58
资本保值增值率	%	115.64	14.20
劳动生产率	万元 / 人、年	49.12	14.05
流动资产周转	次数 / 年	7.29	7.06
资产负债率	%	56.61	-3.71
综合指数	%	451.48	40.10

（魏起川）

附　录

□编辑：涂庆南

教育　文化　卫生单位名录

【主要教育单位名录】

2014 年大田县主要教育单位名录

表 19

名　称	类　型	地　址	电　话	负责人
大田一中	高中	均溪镇文山路 17 号	7223612	颜良重
大田二中	完中	建设镇建设村 272 号	7408219	郑兴民
大田三中	完中	桃源镇桃源街 108 号	7382819	林照斌（主持）
大田四中	初中	吴山乡吴山新村 161 号	7328007	柯文炳
大田五中	完中	均溪镇天山路 43 号	7266826	连青阳
大田六中	初中	均溪镇白岩山南路 116 号	7335006	田剑锋
大田职专	职专	均溪镇福田路 160 号	7223634	林凤瑮
鸿图中学	完中	均溪镇白岩山南路 118 号	7320099	余真毅
石牌初级中学	初中	石牌镇石牌村 46 号	7249666	郑承国
上京初级中学	初中	上京镇上京村京南路 4 号	7363103	吴成本
太华初级中学	初中	太华镇群团村	7391390	郭兆志
广平初级中学	初中	广平镇五峰村 151 号	7416386	余志味
奇韬初级中学	初中	奇韬镇奇韬村 399 号	7438122	陈育海
文江初级中学	初中	文江乡文江村 162 号	7458005	郑宝珍
梅山初级中学	初中	梅山乡龙际路 003 号	7468005	陈春买
湖美初级中学	初中	湖美乡湖美街 22 号	7488013	颜全圣
华兴初级中学 县中小学生社会实践基地	初中实践基地	华兴乡华兴街 6 号	7232212	章志钢
武陵初级中学	初中	武陵乡宏图街 44 号	7358023	刘永志
柯坑初级中学	初中	上京镇柯坑村	7366250	池上裕
教师进修学校	师资培训	均溪镇玉山路 12 号	7237838	林再生
电大工作站	大学	均溪镇玉山路 12 号	7233968	俞建营
实验小学	小学	均溪镇文山路 8 号	7240909	吴建玲

续表 19

名 称	类 型	地 址	电 话	负责人
城关第一小学	小学	均溪镇雪山北路 58 号	7226693	杜肆贰
城关第二小学	小学	均溪镇玉山路 22 号	7322688	吴生煌
城关第三小学	小学	均溪镇福田路 103 号	7333189	陈光养
均溪中心小学	小学	均溪镇温镇村 53 号	7201999	徐明煦
石牌中心小学	小学	石牌镇石牌村 061 号	7242939	叶建穗
上京中心小学	小学	上京镇上京村 90 号	7363027	郑超胜
桃源中心小学	小学	桃源镇桃源村 4 号	7382961	郑得星
太华中心小学	小学	太华镇太华村 36 号	7391131	苏元炜
建设中心小学	小学	建设镇建设村 274 号	7408112	肖方信（主持）
广平中心小学	小学	广平镇广平村 133 号	7416838	林其渊
奇韬中心小学	小学	奇韬镇奇韬村 399 号	7438133	程传章
文江中心小学	小学	文江乡文江村 175 号	7458977	林 泉
梅山中心小学	小学	梅山乡梅秀新街 246 号	7408612	施生劲
前坪中心小学	九年一贯制	前坪乡黎明村 8 号	7478596	郭守寨
湖美中心小学	小学	湖美乡湖美街 19 号	7488016	廖明嵩
华兴中心小学	小学	华兴乡华安村 4 号	7232212	陈仁稳
屏山中心小学	九年一贯制	屏山乡屏山村兴屏路 2 号	7308256	陈联生
吴山中心小学	小学	吴山乡吴山村 163 号	7328001	柯传琦
济阳中心小学	九年一贯制	济阳乡济阳村 14 号	7348820	章赞扬
谢洋中心小学	九年一贯制	谢洋乡谢洋村文兴路 14 号	7338158	涂振接
武陵中心小学	小学	武陵乡宏图街 11 号	7358033	柳成铭
柯坑中心小学	小学	上京镇柯坑村	7366278	叶聿祥
实验幼儿园	幼儿园	均溪镇前山路 33 号	7226966	王雯君
特殊教育学校	特殊教育	均溪镇玉山路 12 号	7335399	林秀梅
青少年学生校外活动中心	课外活动	均溪镇玉山路 12 号	7231606	林芳锃

（陈吉胜）

【主要文化单位名录】

2014 年大田县主要文化单位名录

表 20

名 称	类型	地 址	电 话	负责人
大田县文体广电出版局	文化	均溪镇建山路 14 号	7222157	林春忠
大田县广播电视台	文化	均溪镇文山路 13 号	7222562	李建政
大田县文化市场综合执法大队	文化	均溪镇建山路 15 号	7337133	连福石
大田县文化馆	文化	均溪镇建山路 14 号	7222012	连福石

续表 20

名　称	类型	地　址	电　话	负责人
大田县博物馆	文化	均溪镇建山路 14 号	7230968	陈其忠
大田图书馆	文化	均溪镇文山路 9 号	7222216	姜彩云
大田县少体校	体育	均溪镇银山北路 2 号	7222215	王建民
大田县影剧院	文化	均溪镇建山路 14 号	7226211	林乐朝
大田县文联	文化	均溪镇凤山西路 40 号	7222093	

（严序雄）

【主要卫生单位名录】

2014 年大田县主要卫生单位名录

表 21

名　　称	类型	地　址	电话	负责人
大田县卫生局	卫生	均溪镇建山路 19 号	7222132	陈永晶
大田县医院	卫生	均溪镇雪山北路 180	7222137	林其汉
大田县中医院	卫生	均溪镇建山路 69 号	7222047	高石麟
大田县疾病预防控制中心（县卫生监督所）	卫生	均溪镇南山路 150 号	7222017	郑雪珍
大田县妇幼保健院	卫生	均溪镇建山路 8 号	7222038	林大平
大田县卫生进修学校	教育	均溪镇建山路 19 号	7222312	陈小忠
大田县均溪社区卫生服务中心	卫生	均溪镇建山路 17 号	7222085	施发权
大田县石牌卫生院	卫生	石牌镇石牌街 62 号	7242970	施发珏
大田县桃源中心卫生院	卫生	桃源镇桃源村 81 号	7382377	陈瑞华
大田县上京卫生院	卫生	上京镇京南路 5 号	7363105	杨连熠
大田县太华卫生院	卫生	太华镇太华村 42 号	7391350	詹光治
大田县建设中心卫生院	卫生	建设镇建设街 273 号	7408159	涂黎明
大田县广平卫生院	卫生	广平镇五峰村 148 号	7416368	蒋联义
大田县奇韬卫生院	卫生	奇韬镇奇韬村 372 号	7438113	郑爱华
大田县文江卫生院	卫生	文江乡文江新村 40 号	7458095	黄裕润
大田县梅山卫生院	卫生	梅山乡龙际路 14 号	7468008	陈之耀
大田县前坪卫生院	卫生	前坪乡红萍路 15 号	7478178	郑启红
大田县湖美卫生院	卫生	湖美乡仁美村 18 号	7488008	刘朱远
大田县华兴卫生院	卫生	华兴乡华兴街 7 号	7335769	肖佳篇
大田县屏山卫生院	卫生	屏山乡兴屏路 41 号	7308224	苏庆棋
大田县武陵卫生院	卫生	武陵乡宏图街 10 号	7358031	高加墶
大田县吴山卫生院	卫生	吴山乡吴山村 15 号	7328191	陈加文

续表 21

大田县济阳卫生院	卫生	济阳乡新街 12 号	7437120	林生军
大田县谢洋卫生院	卫生	谢洋乡文兴路 18 号	7338008	林起庙
大田县民生医院	卫生	建设镇建设街	7409066	陈生前
大田县协和医院	卫生	建山路 206 号	7222088	郑 昌
大田县东南医院	卫生	凤山东路 80 号	7231938	林传权
大田县平安医院	卫生	建山路 231 号	13385085765	余育承

（郭曾荣）

企业名录

【部分工业企业名录】

2014 年大田县部分工业企业名录

表 22

登记名称	企业类型	法定代表人（负责人）	注册资金（万元）	经营范围	成立日期	地 址
大田石凤企业公司	全民所有制	吴美采	2126.00	仅供合资及清理债权债务用	1989-08-09	均溪镇建山路
大田县上京水泥厂	集体所有制	陈天齐	939.56	仅供清理债权债务用	1990-03-06	上京镇梅林村
大田县梅林水泥厂	集体所有制	田承衍	980.00	水泥生产、水泥纸袋加工	1994-05-23	上京镇梅林村
大田灵川水泥有限公司	有限责任公司（国有控股）	苏始烟	2420.40	水泥生产、销售	1994-10-29	上京镇灵川村
大田铭溪石凤水泥熟料有限公司	有限责任公司（国有控股）	吴美采	1349.32	水泥生产、销售	1997-01-02	广平镇铭溪村
大田县华太铁矿深加工有限公司	其他有限责任公司	吴士鑫	1000.00	铁矿精选、加工，铁矿、铅锌矿、铜矿、石灰石购销	1998-04-16	太华镇黄沙村
大田县岩城水泥有限责任公司	有限责任公司（国有控股）	吴美采	14552.86	水泥及包装物生产、销售	2001-06-28	广平镇万筹村
岩泉啤酒（福建）有限公司	有限责任公司（自然人投资或控股）	蔡荣誉	1632.00	啤酒（熟啤酒）生产	1994-12-26	均溪镇白岩山北路
大田岩城机械工业有限公司	有限责任公司（自然人投资或控股）	林渊标	800.00	机械、建材、矿山除尘设备制造；建筑材料、钢材销售。	1997-11-03	均溪镇凤山东路

续表 22

登记名称	企业类型	法定代表人（负责人）	注册资金（万元）	经营范围	成立日期	地 址
浩沙实业（大田）有限公司	有限责任公司（外商投资企业法人独资）	施鸿雁	2000.00	高档织物面料织造，高档内衣、泳装、健身服及其他服装、服饰、体育用品、橡胶制品、包装制品制造	2013-11-11	华兴乡京口工业集中区
大田县岩城水泥熟料有限公司	有限责任公司（自然人投资或控股）	庄祖坤	2435.37	水泥熟料生产、销售	1994-06-27	广平镇万筹村
大田县金光纸业有限公司	有限责任公司（自然人投资）	林祖鹤	500.00	纸品生产、销售	2000-02-18	吴山乡程堂村
佳多宝科技有限公司	有限责任公司（自然人投资或控股）	郑新雷	3000.00	电子产品、保健用品、健身器材、枕头、多功能护理床、清洁用品、建筑材料制造、销售	2000-12-11	均溪镇凤山东路
大田县弘惠纸业有限公司	有限责任公司（自然人投资或控股）	孙惠强	2210.00	机制纸制造	2001-04-30	华兴乡仙峰村
大田县东升包装制品制造有限公司	有限责任公司（自然人独资）	陈秀喜	500.00	包装物品生产、销售	2001-08-23	均溪镇温镇工业区
大田县和发机械有限公司	有限责任公司（自然人独资）	张淑华	500.00	钢、铁铸件铸造，机械加工，钢材、铸件、生铁、矿产品、煤炭购售，对外投资，废旧金属物资回收	2001-12-19	均溪镇后华村
农翔（福建）食品有限公司	有限责任公司（自然人独资）	乐初座	2000.00	农产品初加工	2003-04-22	均溪镇北山路
大田县岩峰矿业有限公司	有限责任公司（自然人独资）	郑爱华	2000.00	矿产品生产、销售	2005-09-06	均溪镇上华村埔山
大田宝生矿业有限公司	有限责任公司（自然人投资或控股）	张耀芳	630.00	矿产品加工销售	2006-03-21	前坪乡黎明村
大田县兴洲纸业有限公司	有限责任公司（自然人投资或控股）	方斯清	600.00	机制纸、卫生纸制造、销售	2004-05-10	华兴乡仙峰村
大田县绿佳木业有限公司	有限责任公司（自然人投资或控股）	周贻仁	500.00	木材制品制造	2004-06-24	武陵乡武陵村

续表 22

登记名称	企业类型	法定代表人（负责人）	注册资金（万元）	经营范围	成立日期	地 址
大田县富杰矿业有限公司	有限责任公司	王茂青	500.00	富锰渣生产、销售，富锰渣、铁矿、锰铁矿、生铁、焦炭及矿产品销售	2004-09-23	广平镇铭溪村
大田县山友机械有限公司	有限责任公司（自然人独资）	叶 健	500.00	矿山机械加工、销售	2004-11-01	华兴乡华安工业区
三明市鑫豪木业有限公司	有限责任公司（自然人投资或控股）	田承衍	500.00	木制产品制造销售	2004-12-09	上京镇隆美村
大田县闽发纸业有限公司	有限责任公司（自然人投资或控股）	刘仁东	1000.00	纸品生产、销售	2003-10-20	吴山乡吉洲工业区
大田县新岩水泥有限公司	有限责任公司（自然人投资或控股）	田承衍	1000.00	水泥生产销售；石灰岩开采销售	2003-10-29	上京镇梅林村
大田县桃源桥山铸造厂	普通合伙企业		750.00	铸钢件、铸铁件制造、销售；生铁销售及机械加工	2003-11-27	桃源镇桥山村
大田县健丰木业有限公司	有限责任公司（自然人投资或控股）	林国锋	550.00	木材制品生产	2003-11-27	桃源镇桃源村
福建省大田县鑫城水泥工业有限公司	有限责任公司（自然人投资或控股）	黄秀琪	10300.00	水泥生产、水力发电	2003-12-26	广平镇下坪
大田县华盛建材有限公司	有限责任公司（自然人投资或控股）	池其福	752.00	煤矸石多孔砖生产与销售	2006-05-26	广平镇栋仁村犁田峰工业项目区
大田奇峰矿业有限公司	有限责任公司（自然人独资）	潘才皇	513.45	铅锌矿采选，铅、锌、铁矿购销	2006-06-14	谢洋乡仕福村
大田县前鑫矿业有限公司	有限责任公司（自然人投资或控股）	吴方灯	500.00	矿产品加工、销售及矿山机电设备、建筑材料购销	2006-09-19	前坪乡前坪村
朝阳食品有限公司	有限责任公司（自然人投资或控股）	陈朝智	500.00	粮食制品加工、销售	2006-10-26	均溪镇福塘村
宝山机械有限公司	有限责任公司（自然人独资）	杜建辉	1300.00	矿山设备、铸件生产；橡胶制品、机电产品销售；对外进出口贸易	2006-11-09	均溪镇福田路
金杉木业有限责任公司	有限责任公司（自然人投资或控股）	陈建全	1800.00	木制品加工	2006-11-24	上京镇灵川村

续表 22

登记名称	企业类型	法定代表人（负责人）	注册资金（万元）	经营范围	成立日期	地　址
大田县福源工程机械厂	个人独资企业	曾万道	1300.00	装载机、挖掘机、叉车零部件加工	2006-12-04	均溪镇温镇村
三明市博大轻工制品有限公司	有限责任公司（自然人投资或控股）	高孝松	500.00	家具制造，矿产品、建筑材料、酒店设备、五金交电、电子产品销售	2007-05-11	建设镇建强村
大田县长鑫船舶配件制造有限公司	有限责任公司（自然人投资或控股）	刘莺官	6000.00	铸件制造、销售	2007-08-30	上京镇三阳村
大田县东方升铸造有限责任公司	有限责任公司（自然人投资或控股）	罗立江	800.00	铸件制造、机械加工及产品销售	2007-09-20	太华镇万湖村
大田县源兴木业有限公司	有限责任公司（自然人投资或控股）	陈元清	1000.00	木制品加工，家具用品、建筑装潢材料、家纺家具、床上用品、电线电缆、五金交电、农副产品、预包装食品销售	2007-09-27	桃源镇桃源村
大田县恒丰工贸有限公司	有限责任公司（自然人投资或控股）	周庆塔	500.00	机械制造、铸件生产，矿山机械、工业设备、机电设备、生铁、钢材、焦炭、矿产品销售	2007-10-15	太华镇万湖村
沈宏矿业有限公司	有限责任公司（自然人投资或控股）	陈迪树	500.00	磁铁矿、硫铁矿精选及销售	2007-10-26	前坪乡下坑村
金福旺矿业有限公司	有限责任公司（自然人投资或控股）	何晓红	508.00	矿产品加工、销售	2008-06-10	前坪乡湖坪村
诚盛手袋服饰厂	普通合伙企业		500.00	包装袋生产	2008-06-16	均溪镇福塘工业园区
大田县楚云矿业有限公司	有限责任公司（自然人独资）	陈加森	500.00	矿产品加工、销售	2008-09-03	太华镇西埔村
大田县双兴矿业有限公司	有限责任公司（自然人投资或控股）	王春亭	1015.00	瓷土、石英石加工，矿产销售	2008-09-16	吴山乡吉洲工业区
大田县谐坤矿业有限责任	有限责任公司（自然人投资或控股）	何如意	500.00	矿产品加工销售	2008-09-25	太华镇罗丰村
福建好的生活用品有限公司	有限责任公司（自然人投资或控股）	陈春霞	1000.00	纸品生产	2008-10-16	福塘轻工业园区

续表 22

登记名称	企业类型	法定代表人（负责人）	注册资金（万元）	经营范围	成立日期	地 址
大田县山川铸造有限公司	有限责任公司（自然人独资）	丁首达	500.00	钢铁铸件制造及机电配件、水暖配件销售	2008-10-22	前坪乡湖坪村
大田县盛达铸造有限公司	有限责任公司（自然人投资或控股）	施生壮	500.00	水暖设备、消防管道制造与销售；生铁销售	2008-10-22	前坪乡山川村
大田县鑫业铸造有限公司	有限责任公司（自然人投资或控股）	连华潭	700.00	铸铁件铸造	2008-12-02	武陵乡大石村
大田县宏盛铸造有限公司	有限责任公司（自然人独资）	连华潭	700.00	铸铁件铸造	2008-12-03	武陵乡大石村
大田县晨晖铸造有限公司	有限责任公司（自然人投资或控股）	章瑞才	500.00	铸件加工、机械制造与销售	2007-11-30	太华镇群团村
大田县晨华铸造有限公司	有限责任公司（自然人投资或控股）	陈永挺	2100.00	焦炭、生铁、水渣、钢材、木材、家具、煤、矿产品及铸件购销	2007-12-06	前坪乡湖坪村
大田县岩盛铸造有限公司	有限责任公司（自然人投资或控股）	林已杰	1000.00	铸件制造及销售	2008-01-11	武陵乡大石村
大田县华能达机械铸造有限公司	有限责任公司（自然人投资或控股）	郑允训	1000.00	铸件、机械加工、销售	2008-01-29	太华镇小华村
大田县原美化工有限公司	有限责任公司（自然人投资或控股）	谢宝琼	2000.00	硫酸（工业用）生产，矿产品购销	2008-03-03	广平镇铭溪村
大田县广平镇宏岩新型建材厂	普通合伙企业		550.00	煤矸石多孔空心砖生产和销售	2008-03-13	广平镇铭溪村
大田县新泉包装制品有限公司	有限责任公司（自然人投资或控股）	王加想	900.00	水泥袋、集装袋、包装装潢印刷品、其他印刷品生产	2008-04-29	石牌镇上坡村
大田县全鑫机械制造有限公司	有限责任公司（自然人投资或控股）	郑传营	500.00	铸件制造、销售；机械加工配件、钢材、生铁销售	2008-04-29	前坪乡山川回族村
三明市富友石墨矿业有限公司	有限责任公司（自然人投资或控股）	游正余	1000.00	矿产品加工销售	2008-05-22	建设镇建爱村

续表 22

登记名称	企业类型	法定代表人（负责人）	注册资金（万元）	经营范围	成立日期	地　址
大田红狮水泥有限公司	有限责任公司（自然人投资或控股）	章小华	18000.00	水泥生产、石灰石开采	2008-05-28	太华镇小华村
工友机械有限公司	有限责任公司（自然人投资或控股）	蒋先彪	500.00	机械加工，生铁铸件生产、销售	2010-11-08	太华镇群团村
大田县金阳矿业有限公司	有限责任公司（自然人投资或控股）	李卓捷	3000.00	结晶硅加工，结晶硅、矿产品、矿山机械、建筑材料、水渣销售	2010-11-10	石牌镇上坡村小汤泉工业集中区
大田县青花矿业有限公司	有限责任公司（自然人投资或控股）	陈古央	500.00	铁矿破碎；矿产品、金属材料、化工产品、五金交电、建筑材料、劳动防护用品、农业品批发及零售	2010-11-19	太华镇群团村
大田县铭和建材有限公司	有限责任公司（自然人投资或控股）	池昌森	1500.00	煤矸石多孔空心砖生产与销售；金属材料、矿产品、五金交电、建筑材料、木材等销售	2010-11-19	广平镇兴埔村
大田县石牌镇陈永旺新型建材厂	个人独资企业	陈永旺	800.00	煤矸石多孔空心砖生产销售	2010-12-02	石牌镇老厝村
大田县高新制砖厂	普通合伙企业		600.00	环保砖制造、销售	2010-12-06	奇韬镇桃舟村
大田县宏宇木业有限公司	有限责任公司（自然人投资或控股）	郑光好	600.00	木制品加工	2010-12-16	文江乡联盟村
大田县太华镇万湖木材加工厂	个人独资企业	陈长清	500.00	木制品加工	2011-01-04	太华镇万湖村
大田县建设镇鑫盛元木制品厂	个人独资企业	池长汉	500.00	木制品加工	2010-06-10	建设镇元山村
大田县建设镇德兴木材加工厂	个人独资企业	林进福	2300.00	木制品加工	2010-07-07	建设镇建设村
鑫欣源竹木有限公司	有限责任公司（自然人投资或控股）	曾森建	3600.00	竹木制品加工	2010-10-15	桃源镇前厝村后丘坪工业园区
大田县恒隆空心砖有限公司	有限责任公司（自然人投资或控股）	杨景强	500.00	多孔空心砖生产及销售	2010-03-30	上京镇隆美村

续表 22

登记名称	企业类型	法定代表人（负责人）	注册资金（万元）	经营范围	成立日期	地　址
大田县富豪矿业有限公司	有限责任公司（自然人独资）	范克嵩	500.00	矿产品加工与销售	2010-03-31	均溪镇和丰村
大田县三陵液压机械制造有限公司	有限责任公司（自然人或控股）	林光理	600.00	液压机械制造及销售	2010-04-07	均溪镇玉田村
雅安居家具有限责任公司	有限责任公司（自然人独资）	林芳仕	500.00	家具、复合门、装饰材料生产与销售	2010-04-13	石牌镇小汤泉
华灿生物科技有限公司	有限责任公司（投资或控股）	黄发灿	9902.00	生物技术产品研发；农畜产品购销	2009-07-06	均溪镇后坂洋 4 号
大田县建龙新型建材有限公司	有限责任公司（自然人或控股）	李云峰	500.00	多孔砖生产	2009-11-17	建设镇建强村
大田县奕盛矿业有限公司	有限责任公司（自然人或控股）	詹兴振	666.00	矿产品、生铁铸件、化工原料、建筑材料、酒店设备、五金交电、家具、电子产品、日用百货、工艺品、通讯（通信）设备销售	2009-11-25	均溪镇郭村
万华实业有限公司	有限责任公司（自然人投资或控股）	李　敏	22288.00	合成革、无纺布、革用浆料生产及销售	2009-03-20	吴山乡吉洲工业园区
大田县和顺竹业有限公司	有限责任公司（自然人投资或控股）	陈洪传	500.00	竹制品生产及销售	2009-06-02	桃源镇谷口项目区
九道山茶业有限公司	有限责任公司（自然人独资）	陈加场	500.00	茶叶加工、预包装食品批发、零售；茶叶种植	2011-11-03	均溪镇上太村
大田县庆丰米业有限公司	有限责任公司（自然人投资或控股）	陈志盾	500.00	大米加工	2011-11-14	石牌镇石牌村
福润新型建材有限公司	有限责任公司（自然人投资或控股）	林炳钗	1000.00	煤矸石空心砖生产与销售	2011-11-23	广平镇栋仁村
合欢服装有限公司	有限责任公司（自然人投资或控股）	洪联煌	500.00	服装制造，服装面料织造、销售	2011-11-24	均溪镇福塘工业区
闽磁（大田）电子科技有限公司	有限责任公司（自然人投资或控股）	刘加鹏	500.00	电子变压器加工生产，电感产品、LED、振动器、电子材料、塑料制品、五金交电、家用电器销售	2011-12-14	均溪镇福塘工业园区

续表 22

登记名称	企业类型	法定代表人（负责人）	注册资金（万元）	经营范围	成立日期	地　址
仙顶实业有限公司	有限责任公司（自然人投资或控股）	刘起城	5000.00	茶叶种植、加工、生态农业观光	2012-03-15	均溪镇福田大道标准厂房
大田县华阳光电有限公司	有限责任公司（自然人投资或控股）	施发济	3000.00	工业硅生产与销售	2011-06-14	上京镇隆美村
大田县原野农产品加工有限公司	有限责任公司（自然人投资或控股）	陈元利	700.00	茶叶、萝卜、金姜初加工	2011-08-30	均溪镇福塘村
大田县福立矿业有限公司	有限责任公司（自然人投资或控股）	黄立在	500.00	石墨矿加工与销售，矿产品购销，煤炭批发	2011-09-06	建设镇建爱村
大田县盛和矿业有限公司	有限责任公司（自然人投资或控股）	苏志福	500.00	铁矿破碎加工及矿产品购销	2011-09-21	太华镇张地村
大田县华建新型建材有限公司	个人独资企业	黄文传	700.00	煤矸石多孔空心砖制造与销售	2011-01-12	建设镇建爱村
大田县汇鑫铸造有限公司	有限责任公司（自然人投资或控股）	丁华通	10000.00	机械铸造、销售及对外贸易	2011-01-14	太华镇仕坑村
恒泰机械有限公司	有限责任公司（自然人独资）	王孔鑫	500.00	机械设备及配件生产加工，矿山物资销售	2011-03-09	广平镇铭溪村
大田县山海矿业有限公司	有限责任公司（自然人投资或控股）	郑先进	500.00	低品位褐铁加工、销售、矿产品购销	2011-03-24	前坪乡黄龙村
育灯纺织有限公司	有限责任公司（自然人投资或控股）	蔡进展	2000.00	PU 革、无纺布、化纤布生产及销售	2011-04-28	华兴乡京口工业集中区
建华纺织有限公司	有限责任公司（自然人投资或控股）	王伟华	2000.00	高档仿真人工皮革材料生产项目筹建、人造合成革销售	2011-05-13	华兴乡京口工业集中区
旭日纺织有限公司	有限责任公司（自然人投资或控股）	张金盾	3000.00	PU 合成革生产及销售	2011-05-20	华兴乡京口工业集中区
大联新型材料发展有限公司	有限责任公司（自然人投资或控股）	张贻尧	5000.00	PU 革、PU-PVC 复合革、无纺布生产、销售及对外贸易	2011-05-25	华兴乡京口工业集中区
五广铸造有限公司	有限责任公司（自然人投资或控股）	郑恢中	500.00	钢铁件铸造与销售	2010-03-26	广平镇犁田峰工业园区

续表 22

登记名称	企业类型	法定代表人（负责人）	注册资金（万元）	经营范围	成立日期	地　址
顺天来彩陶制品有限公司	有限责任公司（自然人投资或控股）	林青叶	500.00	瓷泥、瓷瓶（酒瓶）彩陶生产和销售	2012-06-12	建设镇建国村工业项目
铭晟机械有限公司	有限责任公司（自然人投资或控股）	周小丽	2000.00	机械制造，机械铸件、煤炭购销、对外投资	2012-07-10	太华镇罗丰村
大田县万隆洋伞有限公司	有限责任公司（自然人投资或控股）	许文曲	500.00	雨具制造及销售	2012-09-10	均溪镇后坂洋
大田县鼎晟圆工贸有限公司	有限责任公司（自然人投资或控股）	涂忠海	500.00	矿产品生产及销售	2012-09-10	均溪镇上华村
大田县腾龙新型建材有限公司	有限责任公司（自然人投资或控股）	田守平	1000.00	石灰生产、销售	2012-11-16	上京镇隆美村
仙师泉山泉水有限公司	有限责任公司（自然人投资或控股）	陈文团	500.00	矿泉水销售	2012-12-04	太华镇华溪村
庆成新型建材有限公司	有限责任公司（自然人投资或控股）	李光禄	500.00	煤矸石页岩空心砖生产与销售	2013-01-18	太华镇罗丰村
大兴工贸有限公司	有限责任公司（自然人投资或控股）	陈志德	3000.00	铁矿破碎，建筑材料、金属材料、机械设备、五金交电、矿产品、农畜产品、化工产品销售、再生物资回收、煤炭批发	2013-01-24	广平镇万宅村
海逸纺织有限责任公司	有限责任公司（自然人独资）	李连治	500.00	织物面料、服装生产，纱线、布料、服装销售，进出口贸易	2013-01-30	华兴乡京口工业区
雅派旅游用品有限公司	有限责任公司（自然人投资或控股）	吴文贴	500.00	拖鞋、纺织品生产、销售	2013-05-07	均溪镇凤山东路
龙传装饰材料制品	个人独资	林家顺	500.00	腻子粉、益胶泥、防水涂料生产与销售	2013-05-22	奇韬镇奇韬村
福建体克体育用品有限公司	有限责任公司（自然人投资或控股）	杜进京	500.00	鞋服加工及销售	2013-08-28	福塘标准厂房

续表 22

登记名称	企业类型	法定代表人（负责人）	注册资金（万元）	经营范围	成立日期	地　址
大田县建设镇林池木竹加工厂	个人独资企业	池上卫	3000.00	木制品加工	2013-10-24	建设镇建国村
大田县尧顺发体育用品有限公司	有限责任公司（自然人投资或控股）	乐光宾	1000.00	包袋加工及体育用品销售	2013-11-06	均溪镇福塘轻工业区
福建省大田县凯力机械加工有限公司	有限责任公司（自然人投资或控股）	连华潭	1000.00	矿山机械设备制造、配件加工、生铁、焦炭、矿产品购销、废旧物回收	2013-11-11	武陵乡大石村
大田县元庄新型墙体材料有限公司	有限责任公司（自然人投资或控股）	庄德雄	1000.00	煤矸石页岩空心砖生产与销售	2013-11-11	上京镇梅林村
大田县永禾木业有限公司	有限责任公司（自然人独资）	李古在	3000.00	木制品加工	2014-06-09	建设镇建民村
永岩工贸有限公司	有限责任公司（自然人独资）	陈维锋	500.00	煤矸石破碎、加工、销售	2014-06-11	上京镇灵川村
大田县石牌镇小湖新型建材有限公司	有限责任公司（自然人投资或控股）	翁运平	600.00	煤矸石多孔空心砖制造、销售	2014-06-19	石牌镇小湖村
大田县福岩石业有限公司	有限责任公司（自然人投资或控股）	廖明库	500.00	石材、瓷砖加工、销售和安装	2014-10-24	华兴乡华安村
大田县超步户外用品有限公司	有限责任公司（自然人独资）	陈文锦	500.00	鞋类生产、销售	2014-10-30	石牌镇小汤泉工业园区
大田县泰源旅游用品有限公司	有限责任公司（自然人独资）	郑燕平	500.00	鞋类生产、销售	2014-10-30	石牌镇小汤泉工业园区
大田县玖条龙服装有限公司	有限责任公司（自然人独资）	池仁龙	1000.00	服装生产、销售	2014-11-17	建设镇商贸大厦
大田县兴森牲畜屠宰有限公司	有限责任公司（自然人投资或控股）	张玉森	500.00	生猪屠宰	2014-12-04	广平镇铭溪村
大田县正丰服装有限公司	有限责任公司（自然人投资或控股）	陈吉喜	800.00	服装、鞋帽、箱包制造、销售	2014-12-10	均溪镇福塘工业区
大田县艺森竹木业有限公司	有限责任公司（自然人独资）	王孔灯	1000.00	竹、木制品加工与销售	2014-12-16	广平镇梨田峰工业园区
力劦实业有限公司	有限责任公司（自然人投资或控股）	李　炜	5000.00	鲜湿面制造，煤炭、纸制品、五金、化工、建材销售	2014-12-26	吴山乡高山红精制茶工业园。

续表 22

登记名称	企业类型	法定代表人(负责人)	注册资金(万元)	经营范围	成立日期	地 址
大田县泼专笋业农民专业合作社	农民专业合作社	廖首生	800.00	竹、笋栽培、销售	2010-09-09	桃源镇东风农场

说明：注册资金 500 万元以上

（黄清渊）

【部分私营企业名录】

2014 年大田县部分私营企业名录

表 23

登记名称	企业类型	法定代表人\负责人	注册资金(万元)	经营范围	成立日期	地 址
俊昱贸易有限公司	有限责任公司(自然人投资或控股)	陈传祥	1000.00	燃料油、水泥、初级农产品、矿产品、化工产品、建筑材料、电子产品批发、代购代销	2013-10-29	建设镇建设街
翔荣贸易有限公司	有限责任公司(自然人投资或控股)	周进乐	1000.00	建材、金属材料、机械设备、五金交电、化工产品、矿产品、电子产品、农畜产品销售	2011-04-28	均溪镇富山新村
宏陶贸易有限公司	有限责任公司(自然人投资或控股)	罗联炳	1000.00	家具、建材、金属材料、化工产品、机械设备、五金交电、日用品、农畜产品销售；再生物资回收	2011-03-17	均溪镇富山新村
大田县昌盛机械制造有限公司	有限责任公司(自然人投资或控股)	李陆华	1000.00	铸钢球制造；生铁、铸件制造及销售；金属材料、建筑材料、废旧金属购销	1995-04-06	均溪镇凤山东路
国成工贸有限公司	有限责任公司(自然人投资或控股)	张晓东	1000.00	矿产品、金属材料、建筑材料、化工产品、碳素制品、服装、水泥原辅材料销售	1999-02-12	均溪镇凤山东路
大田县岩能发电有限公司	有限责任公司(自然人投资或控股)	杜常春	1303.00	水力发电	1999-07-07	均溪镇南山路
福建仙峰华捷温泉酒店有限公司	有限责任公司(自然人投资或控股)	林壮伟	1600.00	酒店、物业管理	2012-11-06	石牌镇石牌路

续表 23

登记名称	企业类型	法定代表人\负责人	注册资金（万元）	经营范围	成立日期	地　址
三星汽车运输站	普通合伙企业		1600.00	货运、货车维修、装卸，车辆存放、代理机动车辆险、货运保险及其配件、润滑油、建材、矿产品销售	1993-03-11	石牌镇石牌村
鹭峰矿业有限公司	有限责任公司（自然人投资或控股）	许仙敏	1200.00	石灰石、硫矿、焦炭、生铁、五金交电商品、汽配、轮胎、润滑油脂销售	1999-11-19	前坪乡湖坪村
华闽纸业有限公司	有限责任公司（自然人投资或控股）	郭友实	2000.00	纸制品生产销售	2000-08-25	均溪镇福塘工业园区
大田县惠通贸易有限公司	有限责任公司（自然人投资或控股）	林晋莹	1020.00	汽车及零部件、普通机械、润滑油销售	2000-09-27	均溪镇福田路
鸿图房地产开发有限公司	有限责任公司（自然人投资或控股）	游开辉	10000.00	房地产投资、开发	2000-12-27	均溪镇福田路
大田县盛田石化有限公司	有限责任公司（自然人独资）	田光梯	1000.00	汽车、柴油、润滑油零售	2001-02-13	上京镇梅林村
大田县华通汽车贸易有限公司	有限责任公司（自然人投资或控股）	林恩河	1001.00	东风风神品牌汽车、货车、工程机械、摩托车及零部件、五金交电、建筑材料、化工材料、矿产品销售；提供工程机械劳务服务；代理普通货运、机动车辆人身意外伤害保险	2001-02-22	均溪镇福田路
大田县昌盛发电有限公司	有限责任公司（自然人投资或控股）	李陆华	1030.00	水力发电	2001-04-12	均溪镇凤山东路
大众医药有限责任公司	有限责任公司（自然人投资或控股）	林新宪	1100.00	药品销售	2001-08-07	均溪镇宝山路
大田县明岩矿业有限公司	有限责任公司（自然人投资或控股）	郭镇洪	1500.00	矿产品、生铁、焦炭、金属材料、建筑材料、化工产品购销、纺织品原料批发	2001-12-28	均溪镇银山南路

续表 23

登记名称	企业类型	法定代表人\负责人	注册资金（万元）	经营范围	成立日期	地 址
福建大田县朝阳矿业有限公司	有限责任公司（自然人独资）	涂红卫	1000.00	铁精矿粉精选、销售	2002-02-04	济阳乡高升村
全通汽车贸易有限公司	有限责任公司（自然人独资）	李家全	1001.00	汽车、汽车零部件、建筑材料、生铁销售；代理机动车保险业务	2002-03-22	均溪镇建山路
明益水电有限公司	有限责任公司（自然人投资或控股）	苏谈益	2000.00	水力发电	2002-08-08	屏山乡内山村
大田县宝树矿业有限公司	有限责任公司（自然人投资或控股）	谢海恚	3000.00	铅、锌矿采选及销售	2002-10-08	梅山乡盖竹村
大田县明发矿业有限公司	有限责任公司（自然人独资）	林永起	2000.00	煤炭批发；焦炭、矿产品、建筑材料、化工产品、塑料制品、生铁销售	2002-11-07	谢洋乡谢洋村
大田县盛发矿业有限公司	有限责任公司（自然人投资或控股）	郑仙祖	1000.00	铁矿精选及矿产品销售	2002-12-20	均溪镇福田路
大田县兴安水电开发有限公司	有限责任公司（自然人投资或控股）	林丽娜	1000.00	水力发电	2002-12-20	均溪镇建山路
大田县文江大中水电站	普通合伙企业	陈兴光	1406.45	水力发电	2003-01-25	文江乡大中村
诚通房地产开发有限公司	有限责任公司（自然人投资或控股）	蔡文祥	5189.00	房地产开发，建筑材料、建筑机械销售	2003-03-06	石牌镇后溪坂
福建南生科技有限公司	有限责任公司（自然人投资或控股）	黄发灿	1100.00	生物制品研究、开发	2003-04-01	均溪镇福田路
大田县景宏矿产品有限公司	有限责任公司（自然人投资或控股）	郑承泰	1000.00	煤炭、石灰石、粘土、铁矿、铅锌矿、水泥、钢材、建筑材料销售	2003-06-06	广平镇万筹村
益建建筑工程有限公司	有限责任公司（自然人投资或控股）	韦 卫	2600.00	房屋建筑、土石方、建筑装饰装修、建筑防水工程承建	2005-08-30	均溪镇福田路 102 号
大田县益峰商贸有限公司	有限责任公司（自然人投资或控股）	郑爱华	2000.00	建筑材料、机电产品、润滑油销售	2006-01-17	石牌镇石坑村

续表 23

登记名称	企业类型	法定代表人\负责人	注册资金（万元）	经营范围	成立日期	地　址
大田县均溪香口坑硫矿有限公司	有限责任公司（自然人投资或控股）	周调顺	1000.00	矿产品加工、销售	2006-03-16	均溪镇和丰村
大田县闽益矿业有限公司	有限责任公司（自然人投资或控股）	苏新强	2000.00	铁矿、铅锌矿销售	2006-04-05	太华镇高星村
大田县梅山璞溪水利发电有限公司	有限责任公司（自然人投资或控股）	涂其鹤	1000.00	水力发电	2005-03-18	梅山乡璞溪村
大田县海鑫矿业有限公司	有限责任公司（自然人投资或控股）	谢宝琼	1188.00	铁矿采选与销售	2005-04-01	广平镇铭溪村
一鹏房地产开发有限公司	有限责任公司（自然人投资或控股）	黄少勇	1601.00	房地产开发；建筑材料、五金交电、钢材、废旧物资回收；水电开发	2005-05-20	均溪镇建山路 60 号
上丰矿业有限公司	有限责任公司（自然人投资或控股）	章景宏	1500.00	矿产品加工、销售	2005-06-15	济阳乡上丰村
大田县宏城建筑工程有限公司	有限责任公司（自然人投资或控股）	刘连垣	2016.00	房屋建筑	2005-08-08	均溪镇凤山中路
大田县京福林业投资有限公司	有限责任公司（自然人投资或控股）	陈源济	1500.00	林木种植、木材采伐供销	2004-06-25	均溪镇福田路
大田县五环矿产品有限公司	有限责任公司（自然人投资或控股）	周初楚	1000.00	矿产品加工，建筑材料、矿山工程机械配件购销	2004-09-08	均溪镇银顶格
东润汽车贸易有限公司	有限责任公司（自然人投资或控股）	林挺汉	1005.00	汽车、汽车配件、建筑材料销售，代理汽车险、意外险	2004-09-17	均溪镇福田路
大田县广福矿业有限公司	有限责任公司（自然人投资或控股）	吕宇东	3000.00	铁矿、铅锌矿采选	2004-10-26	前坪乡下坑村
华达工贸有限公司	有限责任公司（自然人投资或控股）	陈振蕊	1380.00	工程机械租赁，工程机械、农副产品、建材、机电、化工产品、金属材料、汽车配件、办公用品、纺织品销售	2004-11-08	石牌镇石牌村

续表 23

登记名称	企业类型	法定代表人\负责人	注册资金（万元）	经营范围	成立日期	地　址
大田县飞麟新能源科技有限公司	有限责任公司（自然人投资或控股）	严　红	1180.00	风力发电，太阳能发电技术、矿山技术开发、咨询，花岗岩开采、机制砂生产、矿产品销售	2004-12-03	石牌镇石牌路
顺嘉矿业开发有限公司	有限责任公司（自然人投资或控股）	吕海洋	3500.00	矿产品采选及机电设备、建筑装饰材料、矿石机械设备、化工材料销售	2004-12-17	均溪镇建山路
大田县大吉林业采育有限公司	有限责任公司（自然人投资或控股的法人独资）	江　湖	1330.00	林木种植；原木、板材、方料销售	2003-07-03	广平镇东景村
大田县金鹏矿业有限公司	有限责任公司（自然人投资或控股）	苏志班	1000.00	矿产品开采、销售	2003-11-27	太华镇张地村
大田县仁坂水电站	普通合伙企业		1098.00	水力发电	2003-11-27	文江乡大中村
大田县鑫城水泥工业有限公司	有限责任公司（自然人投资或控股）	黄秀琪	10300.00	水泥生产、销售，水力发电	2003-12-26	广平镇下坪
大田县恒福采掘劳务有限公司	有限责任公司（自然人投资或控股）	陈升福	1000.00	矿产品加工、销售，提供矿山劳务	2006-06-14	太华镇汤泉村
鑫融融资担保有限公司	有限责任公司（自然人投资或控股）	田光梯	10089.00	融资担保	2006-09-05	均溪镇建山路
大田县鑫磊矿业有限责任公司	有限责任公司（自然人独资）	詹兴振	4300.00	铅锌、铜、铁矿精选	2006-10-18	太华镇群团村
宝山机械有限公司	有限责任公司（自然人独资）	杜建辉	1300.00	矿山设备及铸件制造、销售橡胶制品、机电产品销售	2006-11-09	均溪镇福田路 246 号
金杉木业有限责任公司	有限责任公司（自然人投资或控股）	陈建全	1800.00	木制品加工	2006-11-24	上京镇灵川村
大田县炽鑫矿业有限责任公司	有限责任公司（自然人独资）	蒋加炽	1006.00	铁矿开采、矿产品销售	2006-11-24	前坪乡前坪村
松岩矿业有限公司	有限责任公司（自然人投资或控股）	林志同	1000.00	铁矿、硫矿、石灰石、有色金属矿购销	2006-12-01	均溪镇上华村

续表 23

登记名称	企业类型	法定代表人\负责人	注册资金（万元）	经营范围	成立日期	地 址
大田县博古典当有限公司	有限责任公司（自然人投资或控股）	蔡灵玲	1000.00	质押典当	2006-12-07	均溪镇凤山东路
大田县华荣建材贸易有限公司	有限责任公司（自然人投资或控股）	乐加扬	1668.00	建筑材料、钢材、五金交电、矿产品农副产品销售、废旧金属回收，土石方销售	2007-02-05	均溪镇建山路
大田县伟业贸易有限公司	有限责任公司（自然人投资或控股）	叶树东	1000.00	汽车、汽车配件、摩托车、轮胎、生铁、焦炭、铸钢件、铸铁件、矿产品、家具、建筑材料、化工材料、工业废渣销售	2007-02-07	均溪镇竹西滩水坝一楼
大田县伊鑫新型材料有限公司	有限责任公司（自然人投资或控股）	林 凯	3000.00	绿色生态节能墙板、水泥助磨增效剂、抹面砂浆制造，新型建筑材料、钢材、五金、水泥、矿产品、工业废渣购销，物流	2007-02-08	吴山乡程堂村
大田县广联木业有限公司	有限责任公司（自然人投资或控股）	吴文盘	1000.00	木制品生产	2007-03-30	石牌镇小汤泉工业项目区
大田县骏原工贸有限公司	有限责任公司（自然人投资或控股）	陈克援	1000.00	铁矿加工及铜、铅锌、铁、硫多金属矿购销，劳保用品、建材、机械设备销售	2007-08-10	均溪镇福塘村
大田县益智物资贸易有限公司	有限责任公司（自然人投资或控股）	吴金田	1003.00	食品、金属材料、化工产品、机械设备、五金交电、冶金、建材、日用品、矿产品销售，工程机械、钢管架出租	2007-08-29	石牌镇石牌村
大田县源兴木业有限公司	有限责任公司（自然人投资或控股）	陈元清	1000.00	木制品加工；木制品、家具用品、建筑装潢材料、家纺、电线电缆、五金交电、农副产品、预包装食品销售	2007-09-27	桃源镇桃源村

续表 23

登记名称	企业类型	法定代表人\负责人	注册资金（万元）	经营范围	成立日期	地 址
大田县丰德盛商贸有限公司	有限责任公司（自然人投资或控股）	刘肇力	1116.00	机电产品、建筑材料销售	2008-06-04	石牌镇街道
大田县盛岩水泥有限公司	有限责任公司（自然人独资）	郑国明	1380.00	水泥、石灰石、磷石膏、矿山废渣、工业废渣、纸制品销售	2008-07-16	广平镇万筹村
大田县山福矿业有限责任公司	有限责任公司（自然人投资或控股）	乐珍珍	2000.00	矿产品、焦炭、生铁、石灰石、有色金属材料、建材、化工原料购销，纺织原料批发	2008-07-25	均溪镇建山路
磐睿融资担保有限公司	有限责任公司（自然人投资或控股）	陈 滢	2000.00	金融担保	2008-08-13	均溪镇宝山路
大田县双兴矿业有限公司	有限责任公司（自然人投资或控股）	王春亭	1015.00	瓷石、石英石加工，矿产品销售	2008-09-16	吴山乡吉洲工业区
天利和矿业有限公司	有限责任公司（自然人投资或控股）	章经忠	1020.00	矿产品购销	2007-11-13	太华镇坑头村
大田县国勇商贸有限公司	有限责任公司（自然人独资）	陈国勇	1600.00	家具、矿产品、化工产品、机械配件、建筑材料、塑料制品、五金销售	2007-11-22	均溪镇香山路
裕民经贸有限公司	有限责任公司（自然人投资或控股）	陈振祥	1680.00	工程机械、五金交电、汽车配件、矿产品、农副产品销售	2008-01-28	均溪镇赤岩山路
大田县华能达机械铸造有限公司	有限责任公司（自然人投资或控股）	郑允训	1000.00	铸铁件、铸钢件制造、销售，机械加工、销售	2008-01-29	太华镇小华村
大田县恒信融资担保有限公司	有限责任公司	林央锦	3000.00	金融担保	2008-04-10	均溪镇岩城文化广场
大田县天崴贸易有限公司	有限责任公司（自然人独资）	温荣晶	1080.00	铅锌、铁、铜、硫矿、生铁、铸件、矿山机械、建材、五金机电销售	2008-04-14	均溪镇凤山东路
大田县永利融资担保有限公司	有限责任公司（自然人投资或控股）	肖丽燕	1000.00	金融担保	2008-04-15	均溪镇雪山北路

续表 23

登记名称	企业类型	法定代表人\负责人	注册资金（万元）	经营范围	成立日期	地 址
大田县龙昌建山工程有限公司	有限责任公司（自然人投资或控股）	张元彬	2180.00	工程建筑	2008-04-16	均溪镇宝山路
岩海通贸易有限公司	有限责任公司（自然人投资或控股）	许建伟	2100.00	矿产品、建筑材料、化工产品、机械设备、农业机械、汽车、摩托车及零配件、五金交电、电子产品、计算机及辅助设备、纺织品、服装、日用百货、文体用品、农副产品、生铁、铸件、焦炭购销	2010-11-01	均溪镇香山路
鑫丰矿业有限公司	有限责任公司（自然人投资或控股）	王昌盛	1000.00	采矿、矿产品及机械配件销售	2010-12-07	前坪乡湖坪村
泰美电子商务有限公司	有限责任公司（自然人投资或控股）	张晓勇	1000.00	服装鞋帽、日用百货、五金交电、办公用品、通信设备等销售	2010-12-17	均溪镇雪山南路
大田县仙峰房地产置业有限公司	有限责任公司（自然人投资或控股）	林诚嘉	1350.00	房地产开发，工业厂房投资建设、物业管理，建筑材料销售	2010-12-23	石牌镇石牌路
三明市玉鑫融资担保有限公司	有限责任公司（自然人投资或控股）	范绍埠	11000.00	金融担保	2011-01-05	均溪镇赤岩山路
福建瑞京投资有限公司	有限责任公司（自然人投资或控股）	郑国雄	1000.00	工业园区基础设施投资建设、建筑材料销售	2011-01-11	华兴乡京口工业集中区
大田县银盛矿产品贸易有限公司	有限责任公司（自然人投资或控股）	蒋燕鹰	1000.00	矿产品、工业废渣购销，城镇绿化苗木生产	2011-01-11	均溪镇前山路
雅府房地产开发有限公司	有限责任公司（自然人投资或控股）	陈良金	2000.00	房地产开发	2010-06-07	建设镇综合市场
大田县大通建材有限公司	有限责任公司（自然人独资）	程开腾	2000.00	金属材料、化工原料、建筑材料、酒店设备、五金交电、家具、电子产品、日用百货、工艺品、通讯设备销售	2010-06-12	均溪镇福田大道

续表 23

登记名称	企业类型	法定代表人\负责人	注册资金（万元）	经营范围	成立日期	地 址
神龙现代农业综合开发有限公司	有限责任公司（自然人投资或控股）	田光梯	1000.00	苗木、药材、花卉、果蔬种植销售	2010-06-29	石牌镇老厝村
大田县建设镇德兴木材加工厂	个人独资企业	林进福	2300.00	木制品加工	2010-07-07	建设镇建设村
联邦汇建材有限公司	有限责任公司（自然人投资或控股）	陈永萍	5000.00	家具、建筑材料、装饰装潢材料及化工产品、水暖配件、五金材料、机械设备、电子产品、汽车配件、日用百货销售	2010-07-13	均溪镇锦绣福田99号
益达兴建设工程有限公司	有限责任公司（自然人独资）	郑永楚	1000.00	工程勘察、规划、设计、测量，电力物资销售	2010-07-20	均溪镇集美路
大田县朝阳商贸有限公司	有限责任公司（自然人独资）	叶美毓	2068.00	阀门、机电产品、门、五金、交电、化工产品、建材、生铁销售	2010-08-05	大田县均溪镇建山路
前峰矿业投资有限公司	有限责任公司（自然人投资或控股）	吴士鑫	2000.00	矿业、工业、农业、房地产业、商贸投资	2010-08-09	均溪镇宝山路
四方置业有限公司	有限责任公司（自然人投资或控股）	周闽湘	6000.00	房地产开发	2010-08-11	均溪镇建山路
正仁环保有限公司	有限责任公司（自然人投资或控股）	陈首强	3000.00	垃圾、污水无害化处理；太阳能利用；环保空心砖制造、销售；环保科技研发及技术应用；环保工程投资	2010-08-25	华兴乡京口村
大田县旺辫贸易有限公司	有限责任公司（自然人独资）	乐有烧	1000.00	金属材料、化工产品、五金交电、建筑材料、机械设备、矿产品、劳动防护用品、农产品销售	2010-09-16	石牌镇长溪村
中森置业有限公司	有限责任公司（自然人投资或控股）	林志涵	2000.00	房地产、农贸市场开发经营	2010-10-13	均溪镇福田大道
福建鑫欣源竹木有限公司	有限责任公司（自然人投资或控股）	曾森建	3600.00	竹、木制品加工	2010-10-15	桃源前厝村工业园区

续表 23

登记名称	企业类型	法定代表人\负责人	注册资金（万元）	经营范围	成立日期	地　址
尚润商贸有限责任公司	有限责任公司（自然人投资或控股）	温美华	5000.00	预包装食品，木雕工艺制品、其他工艺品、日用百货、五金交电、矿产品、建筑材料销售	2010-01-18	岩城文化广场
桂园融资担保有限公司	有限责任公司（自然人投资或控股）	乐木锯	10500.00	金融担保	2010-01-25	均溪镇栋山路
大田县东丰矿业有限公司	有限责任公司（自然人独资）	蒋宗珠	2000.00	矿产品、化工原料、建材及矿山机械配件、五金交电、家具、电子产品、日用百货、工艺品、通讯（信）设备销售	2010-01-27	均溪镇凤山东路
福建省仙廷大酒店有限责任公司	有限责任公司（自然人独资）	陈美河	1077.70	住宿、餐饮服务	2010-02-03	岩城文化广场
大田县福旺贸易有限公司	有限责任公司（自然人独资）	刘岩峰	2000.00	藤竹木制品、工艺品、皮具、纺织品、服装、塑料橡胶及制品、矿产品、化工原料、矿山机械配件、建材、五金交电、家具、电子产品、日用百货、通信设备销售	2010-03-03	均溪镇建山路
大田县金指贸易有限公司	有限责任公司（自然人独资）	谢剑彬	3000.00	工矿设备、机电、建材、矿产品购销	2010-03-09	梅山乡卓坑里
大田县开拓物资贸易有限公司	有限责任公司（自然人独资）	叶式载	1019.00	金属材料、化工产品、机械设备、五金交电、冶金材料、建材、日用品、矿产品、农畜产品、铸件、锻件、纺织品、机电设备、办公用品、工艺品、木制品、汽车销售	2010-03-17	均溪镇河滨东路
大田县祥瑞融资担保有限公司	有限责任公司（自然人投资或控股）	邱光龙	2000.00	金融担保	2010-04-15	均溪镇凤山中路

续表 23

登记名称	企业类型	法定代表人\负责人	注册资金（万元）	经营范围	成立日期	地　址
煌森工贸有限公司	有限责任公司（自然人投资或控股）	刘建平	5000.00	矿产品、化工、农副产品、再生金属、服饰、鞋帽、汽车配件、摩托车及配件、建材、皮革、纺织品、石材、工艺品、化纤原料、电子产品、通讯设备、仪器仪表、五金交电、机械设备、日用百货销售和对外贸易、货运代理	2010-05-06	石牌镇街道
七洲工贸有限公司	有限责任公司（自然人投资或控股）	邱建法	5000.00	农副产品、再生金属、服饰、建筑材料、五金机电、纺织产品销售	2010-05-06	石牌镇石牌路
法林进出口贸易有限公司	有限责任公司（自然人投资或控股）	吴雅玲	3000.00	农副产品、矿产品、再生金属、服饰、化工产品、摩托车销售	2010-05-06	石牌镇石牌路
金鸡园区开发有限公司	有限责任公司（自然人投资或控股）	李世快	1000.00	投资与资产管理	2009-09-27	济阳乡济中村
大田县智源矿业有限公司	有限责任公司（自然人独资）	丁宜相	1000.00	矿产品销售	2009-10-23	均溪镇香山路
大田县和晟机械制造有限公司	有限责任公司（自然人投资或控股）	丁家霖	1000.00	铸件制造，生铁、煤炭、矿产品购销及对外投资	2009-11-06	前坪乡湖坪村
大田县武陵上岩村锦林林场	个人独资企业	杨　力	1200.00	林木种植、管理，林场自产材销售	2009-11-17	武陵乡上岩村
大田县红狮物流有限公司	有限责任公司（自然人投资或控股）	乐有烧	1000.00	物流，汽车配件、五金交电、化工建材、金属材料零售，停车服务、货车维修	2009-12-14	太华镇仕坑村
大田县富豪年华酒家	个人独资企业	范佳壮	1100.00	餐饮服务	2009-02-27	均溪镇宝山路
大田县凯祥矿业有限公司	有限责任公司（自然人投资或控股）	温荣操	5000.00	矿产品、建材及矿山机械配件销售	2009-04-27	均溪镇福塘村
融捷融资担保有限公司	有限责任公司（自然人投资或控股）	游丽琼	10360.00	金融担保	2009-06-18	均溪镇建山路

续表 23

登记名称	企业类型	法定代表人\负责人	注册资金（万元）	经营范围	成立日期	地址
铁炉坑矿业有限公司	有限责任公司（自然人投资或控股）	蒋祖亮	1000.00	矿产品、矿山机械配件销售	2011-10-13	太华镇太华街道
连溪矿业有限公司	有限责任公司（自然人投资或控股）	黄德柑	1000.00	矿产品、矿山机械配件销售	2011-10-13	太华镇太华街道
大田县鑫沃矿业有限公司	有限责任公司（自然人独资）	郭镇洪	1000.00	矿产品、焦炭、生铁、石灰石、有色金属材料、建材、化工产品、纺织品原料批发	2011-11-04	大田县福田路
大田县先锋矿业有限公司	有限责任公司（自然人投资或控股）	乐远灿	1020.00	多金属矿精选，矿产品、建材、机械设备、化工产品、五金交电、农畜产品销售	2011-11-08	前坪乡前坪村
大田县南天园林绿化有限公司	有限责任公司（自然人投资或控股）	林丽勤	1200.00	珍稀树种苗木、花卉、中药材种植、销售，矿产品、建材购销	2011-11-23	均溪镇前山路
福建华灿南生兽药有限公司	有限责任公司（自然人投资或控股的法人独资）	黄发灿	1000.00	农畜产品购销	2011-11-23	均溪镇福田路
三泉矿山救护有限公司	有限责任公司（自然人投资或控股的法人独资）	吴士全	1000.00	矿山抢险救护	2012-02-16	建设镇建设村
大田县联诚贸易有限公司	有限责任公司（自然人投资或控股）	曾少军	1000.00	化工原料、工艺品、皮具、纺织品、服装、塑料橡胶制品、矿产品及矿山机械配件、建材、五金交电、家具、电子产品、日用百货、工艺品、通讯设备、汽车配件销售	2012-02-17	均溪镇福田路
黎祥（大田）食品有限公司	有限责任公司（自然人投资或控股）	吴萍静	2500.00	糖果、饼干等生产、销售	2012-02-17	石牌镇上坡村
康华塑料科技有限公司	有限责任公司（自然人投资或控股）	蔡建福	2000.00	塑料制品、涤纶短纤维、五金制品等生产、销售	2012-03-13	京口工业区

续表 23

登记名称	企业类型	法定代表人\负责人	注册资金（万元）	经营范围	成立日期	地 址
福建省鑫陵矿业有限公司	有限责任公司（自然人投资或控股）	罗春彩	3000.00	矿产品、建筑材料、化工原料、装饰材料、塑料制品、日用百货、服装鞋帽、五金交电、电子产品、农副产品购销	2012-03-15	建设镇建爱村
大田县华阳光电有限公司	有限责任公司（自然人投资或控股）	施发济	3000.00	工业硅生产与销售	2011-06-14	上京镇隆美村
大仙峰名贵苗木有限公司	有限责任公司（自然人投资或控股）	陈如意	1000.00	树木种植，园林绿化工程开发	2011-07-13	大田县均溪镇雪山北路
凯天龙实业有限公司	有限责任公司（自然人投资或控股）	温荣学	5000.00	房地产开发，建材销售，软件开发、销售及技术服务	2011-07-14	均溪镇凤山东路
大田县文昌投资管理有限公司	有限责任公司（自然人投资或控股）	刘佳秋	1242.00	投资与资产管理	2011-07-18	均溪镇后坂洋
大云山珍稀花木有限公司	有限责任公司（自然人投资或控股）	姚继华	1000.00	花木、城镇绿化树木、药用植物种植与销售，园林绿化工程开发	2011-07-18	均溪镇栋山路
诺讯（福建）电子商务有限公司	有限责任公司（自然人投资或控股）	廖成键	1000.00	网上批发、零售预包装食品、汽车用品、家用电器、电子产品、五金交电、通信设备、纺织品、工艺品、化妆品、健身器材、日用百货、文体办公用品，信息咨询、对外投资、电子产品研发	2011-08-17	均溪镇福田路
大田县恒润贸易有限公司	有限责任公司（自然人独资）	林亮然	1000.00	矿产品、焦炭、石灰石、生铁、有色金属材料、建材、化工产品、纺织品原料批发	2011-09-20	均溪镇福田路
福裕房地产有限责任公司	有限责任公司（自然人投资或控股）	林 盛	5000.00	房地产开发	2011-03-02	均溪镇福田路

续表 23

登记名称	企业类型	法定代表人\负责人	注册资金（万元）	经营范围	成立日期	地　址
大田县山水大酒店有限公司	有限责任公司（自然人投资或控股）	陈碧卿	2800.00	住宿、餐饮服务	2011-03-08	均溪镇宝山路 16 号
大田县九禾商贸有限公司	有限责任公司（自然人独资）	严千年	1000.00	谷物种植、磨制，矿产品、建材、五金交电、预包装食品、农副产品批发及零售	2011-03-15	均溪镇河滨东路
弘鼎盛岩贸易有限公司	有限责任公司（自然人独资）	叶良回	1000.00	矿产品、建筑材料、化工产品、普通金属材料、机电、碳素制品、服装、水泥原辅材料批发	2011-03-15	均溪镇建山路
成大矿业有限公司	有限责任公司（自然人投资或控股）	吴　承	1000.00	矿产品、建材、电子产品、五金批发、代购代销	2011-03-22	均溪镇福田路
乾丰房地产有限公司	有限责任公司（自然人投资或控股）	陈源赫	1000.00	房地产开发，建筑材料、建筑工程机械销售	2011-03-25	均溪镇河滨东路
大田县长亿车业有限公司	有限责任公司（自然人投资或控股）	李家盛	1000.00	汽车维修，汽车、汽车配件销售，车辆存放、施救	2011-03-30	石牌镇长溪村
闽农农业发展有限公司	有限责任公司（自然人投资或控股）	汪其选	5000.00	林木、花卉、蔬菜、水果种植及农副产品加工、保鲜，生态农业观光旅游	2011-04-11	石牌镇桃坑村
大田县华光创业投资有限公司	有限责任公司（自然人投资或控股）	赵明春	1753.00	投资与资产管理	2011-05-09	均溪镇后坂洋 4 号
茂林珍稀花木有限公司	有限责任公司（自然人投资或控股）	郑成建	1000.00	珍稀花木、药用植物、花卉、城镇绿化苗种植与销售，园林绿化工程开发	2011-06-02	梅山乡香坪村
大田县丰华矿业有限公司	有限责任公司（自然人投资或控股）	刘生庆	1200.00	铁矿、硫铁矿购销	2012-04-06	均溪镇宝山路
大田县金泰矿业有限公司	有限责任公司（自然人投资或控股）	苏志贤	2000.00	矿产品购销	2012-05-10	太华镇张地村
宇隆超纤有限公司	有限责任公司（自然人投资或控股）	张树仁	1888.00	超纤合成革销售	2012-06-04	京口工业区

续表 23

登记名称	企业类型	法定代表人\负责人	注册资金（万元）	经营范围	成立日期	地 址
林大农业生态有限公司	有限责任公司（自然人投资或控股）	杨新芹	1000.00	中草药、茶、果树、蔬菜种植与销售，鸡鸭养殖与销售、农业观光休闲旅游	2012-06-19	均溪镇温镇村
闽台农机具产业基地投资有限公司	有限责任公司（自然人投资或控股）	李志伟	1000.00	对农机具产业基地投资，农机具研发、销售，房地产开发	2012-06-28	吴山乡和洋村
汇邦贸易有限公司	有限责任公司（自然人投资或控股）	郑鹏珠	1000.00	黄金、白银批发，矿产品、化工产品、生铁、五金交电、建筑材料销售,茶树种植，茶叶初加工	2012-07-10	均溪镇河滨东路
铭晟机械有限公司	有限责任公司（自然人投资或控股）	周小丽	2000.00	机械铸件制造、煤炭购销、对外投资	2012-07-10	太华镇罗丰村
凯天龙置业有限公司	有限责任公司（自然人投资或控股）	陈兆平	5000.00	房地产开发	2012-07-17	均溪镇凤山东路
三井科技有限公司	有限责任公司（自然人投资或控股）	柯婉娥	5000.00	纺织品织造、销售	2012-07-25	京口工业集中区
大田县亚艺新型环保建筑材料有限公司	有限责任公司（自然人投资或控股）	黄其众	1500.00	干混砂浆生产和砂浆、混凝土、建筑材料销售	2012-08-28	石牌镇上坡村
同乐（福建）物流有限公司	有限责任公司（自然人投资或控股）	乐长锵	1200.00	物流仓储、货物运输、信息提供、物流配送；水泥、金属材料、建筑材料、机电设备、矿产品销售	2012-08-30	石牌镇长溪村
金泰铝业有限公司	有限责任公司（自然人投资或控股）	韦 勇	3000.00	铝合金线材、铝铸件销售	2012-09-13	桃源镇仙头工业区
万鸿置业有限公司	有限责任公司（自然人投资或控股）	杨善峰	5000.00	房地产开发与销售、物业管理、建材购销	2012-09-18	均溪镇香山路
宏昌建设工程有限公司	有限责任公司（自然人投资或控股）	涂振理	1000.00	工程建筑、拆旧等	201-09-24	均溪镇赤岩山路
凝祥贸易有限公司	有限责任公司（自然人投资或控股）	林明卿	1000.00	食品、乳制品、各种工业制品、建筑材料等销售	2012-10-17	均溪镇建山路

续表 23

登记名称	企业类型	法定代表人\负责人	注册资金（万元）	经营范围	成立日期	地　址
研瑞机电设备有限公司	有限责任公司（自然人独资）	杜成亮	1000.00	机电产品及消防设备、化工原料、陶瓷制品、医疗器械、水暖器材、环保设备、冶金设备销售	2012-10-29	均溪镇银山南路
天蟾生态农业有限公司	有限责任公司（自然人投资或控股）	苏志强	1000.00	茶树、毛竹、林木、果树、花卉种植	2012-10-30	石牌镇盖山村
大田县腾龙新型建材有限公司	有限责任公司（自然人投资或控股）	田守平	1000.00	石灰生产、销售	2012-11-16	上京镇隆美村
福建岩兴气体有限公司	有限责任公司（自然人投资或控股）	卢维攀	3600.00	工业气体研发，气体设备和配件、机电产品购销，液氧、液氩、液氮批发	2012-11-21	大田县均溪镇凤山西路
大田安然燃气有限公司	有限责任公司（自然人投资或控股）	肖柱斌	1000.00	燃气管道建设、燃气具安装维修、燃气具及配件销售	2012-11-27	均溪镇建山路
大田县华瑞投资有限公司	有限责任公司（自然人独资）	邱祥有	1000.00	房地产业、物流业、汽车运输业投资	2012-11-28	均溪镇凤山中路158号
福建三九军大生物科技有限公司	有限责任公司（自然人投资或控股）	黄志强	3000.00	生物技术、医药保健品、化妆品研发，化妆品销售，中药材、油茶树种植	2013-01-07	石牌工业园区
大田县龙山大酒店有限责任公司	有限责任公司（自然人独资）	林联超	1200.00	住宿、餐饮服务	2013-01-16	均溪镇文山路
诚晔现代物流有限公司	有限责任公司（自然人投资或控股）	易瑞庆	2000.00	货运、仓储、物流；建材、机械设备、电子产品、矿产品、农畜产品销售	2013-01-17	均溪镇银山南路
大兴工贸有限公司	有限责任公司（自然人投资或控股）	陈志德	3000.00	铁矿破碎；建材、金属材料、机械设备、五金交电、矿产品、农畜产品、化工产品销售；再生物资回收；煤炭批发	2013-01-24	广平镇万宅村
浩特贸易有限公司	有限责任公司（自然人投资或控股）	林美黛	1000.00	服装纺织品及其原材料销售、对外贸易，高档织物面料研发	2013-01-30	均溪镇建山路

续表 23

登记名称	企业类型	法定代表人\负责人	注册资金（万元）	经营范围	成立日期	地　址
港润纺织有限责任公司	有限责任公司（自然人投资或控股）	林少琴	1000.00	织物面料、服装生产，纱线、布料、服装销售、进出口贸易	2013-01-30	华兴乡京口工业集中区
京口洋生态农业有限公司	有限责任公司（自然人投资或控股）	廖生建	1000.00	油茶树、茶叶树、苗木、果树、蔬菜种植与销售，农林牧业技术开发	2013-03-15	均溪镇建山路
融天房地产开发有限公司	有限责任公司（自然人投资或控股）	张垂安	1200.00	房地产开发	2013-03-18	均溪镇香山路
伟业物流有限公司	有限责任公司（自然人投资或控股）	叶秋明	1000.00	货运、仓储、包装、搬运装卸、提供物流信息；汽车及配件、建材、生铁、焦炭、矿产品销售	2013-03-26	华兴乡京口村
中瑞贸易有限公司	有限责任公司（自然人投资或控股）	朱忠华	1000.00	钢材、水泥、矿产品、建材、水暖管道及配件、农产品销售	2013-05-09	均溪镇建山路
峰鼎贸易有限公司	有限责任公司（自然人投资或控股）	林伦峰	1010.00	钢材、水泥、矿产品、建材、农产品销售	2013-05-09	均溪镇建山路
岩城物流有限公司	有限责任公司（自然人投资或控股）	林秀萍	3000.00	货运、仓储、提供物流信息；水泥及水泥制品、水泥辅助材料、矿产品销售	2013-06-08	吴山乡程堂村
德润物流有限公司	有限责任公司（自然人投资或控股的法人独资）	吴　翔	1000.00	货运、仓储、包装、装卸和汽车及配件、轮胎、五金电器、建材、水泥、生铁、焦炭、矿山机械、矿产品购销	2013-06-09	广平镇东景工业项目区
键泓房地产开发有限公司	有限责任公司（自然人投资或控股）	张建宗	3000.00	房地产开发经营、物业管理、建材销售	2013-06-17	均溪镇凤山路
大田县奔腾农场	个人独资企业	章志雄	1500.00	鸡、鸭、鱼饲养、茶叶种植、农副产品销售	2013-07-08	济阳乡济阳村
大田县金野农场	个人独资企业	郭传旺	1500.00	鸡、鸭、鱼饲养、茶叶种植、农副产品销售、旅游休闲	2013-07-08	屏山乡美阳村

续表 23

登记名称	企业类型	法定代表人\负责人	注册资金（万元）	经营范围	成立日期	地　址
大田县鑫蕾农场	个人独资企业	郭传草	1500.00	鸡、鸭、鱼养殖、茶叶种植、农副产品销售	2013-07-08	屏山乡美阳村
大田县尖山农场	个人独资企业	郭守杭	1500.00	鸡、鸭、鱼饲养、茶叶种植、农副产品销售	2013-07-08	屏山乡屏山村
大田县毓富农场	个人独资企业	郭盛富	1200.00	茶叶种植、家禽饲养、农副产品销售	2013-07-29	屏山乡瑞美村
尚鑫汽车销售有限公司	有限责任公司（自然人投资或控股）	周承禄	1100.00	汽车及配件、电子电器销售	2013-07-30	均溪镇赤岩山路
大田县绿海农场	个人独资企业	陈世真	1500.00	家禽饲养、茶叶种植、旅游休闲	2013-08-15	屏山乡和坑村
大田县联瑞建材市场服务有限责任公司	有限责任公司（自然人投资或控股）	吴联昌	1000.00	建材市场经营管理	2013-09-05	建设镇建设村
思叶生态农业有限公司	有限责任公司（自然人投资或控股）	林昌估	1000.00	农作物种植；农业生态休闲、观光旅游开发，农林牧业、水产养殖业技术开发、旅游业投资	2013-09-22	谢洋乡珍山村
大田县森泰林场	普通合伙企业	余泉水	1180.00	油茶、花卉、绿化树种植与销售	2013-10-09	梅山乡梅秀新街
发旺矿业有限公司	有限责任公司（自然人投资或控股）	林起鹏	1000.00	矿业开采、矿产品销售	2013-10-16	石牌镇石牌村
大田县冠通矿业有限公司	有限责任公司（自然人投资或控股）	唐名苹	1000.00	矿产品、生铁、铸件、焦炭、金属材料、工业炉渣、石膏、黏土、化工原料及产品销售、废旧物资回收	2013-10-17	均溪镇河滨东路
大田县建设镇林池木竹加工厂	个人独资企业	池上卫	3000.00	竹、木制品生产、销售	2013-10-24	建设镇建国村
先福贸易有限公司	有限责任公司（自然人投资或控股）	郑明叶	1000.00	农产品销售、仓储，金姜深加工	2013-10-30	前坪乡前坪村

续表23

登记名称	企业类型	法定代表人\负责人	注册资金（万元）	经营范围	成立日期	地 址
八峰生态农业有限公司	有限责任公司（自然人投资或控股）	林发金	1000.00	农作物、果树种植，生态农业休闲、观光旅游开发，农林牧业、水产养殖业技术研发，旅游业投资	2013-10-31	桃源镇东风农场
大田县尧顺发体育用品有限公司	有限责任公司（自然人投资或控股）	乐光宾	1000.00	包袋加工、销售，体育用品销售	2013-11-06	均溪镇福塘轻工业区
大田县乌山头农业休闲观光有限公司	有限责任公司（自然人投资或控股）	涂书墩	1200.00	生态农业休闲、观光旅游开发与管理，农林牧业开发、旅游业投资	2013-11-07	济阳乡高升村
宝宸建设有限公司	有限责任公司	陈吉财	3200.00	工程建设	2013-11-18	均溪镇福田路
大田县金乐矿业有限公司	有限责任公司（自然人投资或控股）	王培金	1000.00	矿产品购销	2013-11-19	均溪镇文山路
星华誉贸易有限公司	有限责任公司（自然人投资或控股）	施生顺	1000.00	矿产品购销	2013-11-19	上京镇隆美村
众鑫置业有限公司	有限责任公司（自然人投资或控股）	吴学锋	3000.00	房地产开发，建筑材料销售	2013-12-13	均溪镇福田路
大田县元庄新型墙体材料有限公司	有限责任公司（自然人投资或控股）	庄德雄	1000.00	煤矸石页岩空心砖生产与销售	2013-12-18	上京镇梅林村
大田县银辉生物燃料科技有限公司	有限责任公司（自然人投资或控股）	方玉香	1000.00	生物质成型燃料研发、销售	2013-12-18	奇韬镇奇韬村
福建茶天下度假旅游开发有限公司	有限责任公司（自然人投资或控股）	吴文盘	1000.00	度假旅游项目、设施开发	2013-12-23	屏山乡内洋村
大田县红旗山生态农业农场	普通合伙企业	上官金金	1000.00	生态农业休闲、观光旅游开发，蔬菜、果树种植与销售，家禽养殖销售	2013-12-25	东风农场
大帝永隆（大田）置业有限公司	有限责任公司（自然人投资或控股）	吕培榕	5000.00	房地产开发、建材销售	2014-03-10	均溪镇福塘村

续表 23

登记名称	企业类型	法定代表人＼负责人	注册资金（万元）	经营范围	成立日期	地　址
福建省九山农林开发有限公司	有限责任公司（自然人投资或控股）	林合山	1000.00	生态农业基地、生态观光旅游开发、建设，油茶、水果、蔬菜、花卉、盆景、园艺作物销售，草坪种植、销售，农业科学技术研发、转让	2014-03-31	前坪乡吉坑村
东祥华辉新能源汽车科技有限公司	有限责任公司（自然人投资或控股）	张报炼	1200.00	园区基础设施建设、产业投资、物业管理	2014-04-28	石牌镇老厝工业区
元韬矿业有限公司	有限责任公司（自然人独资）	吴　毅	1000.00	多金属矿石、非金属矿石、矿石机械设备、建材购销	2014-04-29	均溪镇建山路
大田县双港物流有限公司	有限责任公司（自然人投资或控股）	林细梅	1000.00	物流，工程机械、汽车及配件、建材、矿产品销售	2014-05-07	石牌镇长溪村
福联兴（福建）科技有限公司	有限责任公司（自然人投资或控股）	方君斯	3000.00	游艇、塑料机械研发，木塑制品、玻璃钢制品、模具加工设备销售	2014-05-19	华兴乡京口工业集中区
长胜机动车安全技术服务有限公司	有限责任公司（自然人投资或控股）	肖文辉	1000.00	机动车安全技术检验检测、车辆代管	2014-05-19	石牌镇长溪村
大田县万隆投资管理有限公司	有限责任公司（自然人投资或控股）	林长丛	1000.00	投资管理、财务咨询、营销策划	2014-05-22	均溪镇建山路
大田县永禾木业有限公司	有限责任公司（自然人独资）	李占在	3000.00	木制品加工	2014-06-09	建设镇建民村
大田县中天物流有限公司	有限责任公司（自然人投资或控股）	黄铁均	1000.00	物流、货运信息咨询	2014-06-12	上京镇梅林村
大田县昌顺汽车贸易有限公司	有限责任公司（自然人投资或控股）	李魁昌	1002.00	汽车及配件、化工建材、金属材料、橡胶制品销售，汽车维修	2014-06-12	均溪镇福田路
大田维斯特环保科技有限公司	有限责任公司（自然人投资或控股）	孙蓓蕾	3000.00	废弃物处理设备与设施的研发、设计、制造，废弃物资源综合利用与安全处置投资、运营、咨询，房地产开发、物业管理、环保工程设计与施工	2014-06-16	均溪镇宝山路 111 号

续表 23

登记名称	企业类型	法定代表人\负责人	注册资金（万元）	经营范围	成立日期	地 址
市汇银富信息技术有限公司	有限责任公司（自然人独资）	吴传铿	1000.00	信息技术、理财咨询、计算机软件系统开发服务，电子产品、计算机软、硬件及辅助设备销售	2014-09-26	均溪镇赤岩山路
大田县儒洲农林生态休闲开发有限公司	有限责任公司（自然人投资或控股）	章文顺	1000.00	农林生态休闲、棘胸蛙、观赏鱼养殖技术开发，造林和更新，蔬菜、食用菌及园艺作物种植与销售	2014-09-26	济阳乡大儒村
晶鑫矿业有限公司	有限责任公司（自然人独资）	余育大	1000.00	钢筋、水泥销售及废旧物品回收、对采矿业、交通运输业投资	2014-09-28	文江乡文江村
大田县彼岸农场开发有限公司	有限责任公司（自然人投资或控股）	蒋先笑	1000.00	农作物种植与批发、零售，农林牧业、水产养殖技术开发与投资	2014-10-09	前坪乡前坪村
南方天山生态农业有限公司	有限责任公司（自然人投资或控股）	李家宝	1200.00	生态农业休闲、观光旅游开发，农产品、果品、蔬菜展示及销售，茶叶加工	2014-10-16	谢洋乡坑口村
大田县新苗农业发展有限公司	有限责任公司（自然人投资或控股）	涂建文	1000.00	农作物、水果、中药材、油茶树种植、内陆养殖、造林和更新、农产品初加工及销售、饲养业投资	2014-10-30	济阳乡泮林村
铁炉坑矿业有限责任公司	有限责任公司（自然人投资或控股）	范艳映	1000.00	矿产品加工、精选和购销	2014-11-05	太华镇西埔村
赐福生态农业有限公司	有限责任公司（自然人投资或控股）	肖常堂	1500.00	蔬菜、水果、茶叶树种植与销售，茶叶加工、内陆养殖、生态农业观光旅游	2014-11-10	谢洋乡坑口村
盆金矿业有限公司	有限责任公司（自然人投资或控股）	范艳映	1000.00	矿产品销售	2014-11-11	均溪镇文山路
康佳美生物科技有限公司	有限责任公司（自然人投资或控股）	叶 洪	1000.00	保健食品和饮料研发、生产及销售，农业技术开发、农产品初加工	2014-11-14	均溪镇北山路

续表 23

登记名称	企业类型	法定代表人\负责人	注册资金（万元）	经营范围	成立日期	地　址
大田县玖条龙服装有限公司	有限责任公司（自然人独资）	池仁龙	1000.00	服装生产、销售	2014-11-17	建设镇商贸大厦五楼
速旺贸易有限公司	有限责任公司（自然人独资）	郑宗育	1000.00	建筑材料销售	2014-11-17	建设镇市场
大田县湖美乡瑞东商行	个人独资企业	廖生瑞	1200.00	日用品、预包装食品、卷烟零售	2014-11-18	湖美乡仁东村
大田县湖美乡西燕生态休闲中心	个人独资企业	张芳材	1200.00	农业观光休闲旅游	2014-11-18	湖美乡西燕村
大田县湖美乡林兜金姜贸易商行	个人独资企业	林高善	1500.00	生姜销售	2014-11-18	湖美乡林兜村
大田县湖美乡天明鱼干贸易商行	个人独资企业	吴仁贤	1500.00	农产品销售	2014-11-18	湖美乡高才村
福东升贸易有限公司	有限责任公司（自然人投资或控股）	吕海惠	1000.00	矿产品、矿山机械及配件、建材、五金交电、电子产品、化工产品、日用百货、服装、鞋帽销售	2014-11-26	湖美乡大尤村
三田建设有限责任公司	有限责任公司（自然人投资或控股）	康雨生	3200.00	工程建筑	2014-11-28	均溪镇凤山中路
绿之舟生态农业有限公司	有限责任公司（自然人投资或控股）	罗春星	1000.00	蔬菜、药用植物、花卉种植与销售，珍稀花木、经济林种植、园林绿化工程	2014-07-08	太华镇高星村
大田县盛福贸易有限公司	有限责任公司（自然人投资或控股）	陈明珠	1000.00	矿产品、生铁、原煤、铸件、焦炭、建材销售，对外投资	2014-07-16	均溪镇福田路
大田县祥瑞石英矿有限公司	有限责任公司（自然人投资或控股）	茅　杰	1500.00	石英开采、销售，矿产品、机电设备销售，矿业、交通运输投资	2014-07-16	梅山乡沈岭村
平昇文化创意设计有限公司	有限责任公司（自然人投资或控股）	余联满	1000.00	动漫文化领域衍生品开发、文化艺术景观创意与雕塑设计、工业产品、媒体广告设计、制作、代理、发布	2014-07-16	均溪镇玉山路

续表 23

登记名称	企业类型	法定代表人\负责人	注册资金（万元）	经营范围	成立日期	地　址
大末富硒生态农业有限公司	有限责任公司（自然人投资或控股）	林广文	1200.00	茶叶、油茶、蔬菜、果树、花卉种植，农业生态休闲、观光旅游开发，农产品展示及销售，茶叶加工	2014-07-29	均溪镇宝山路
虎鼻崎林场有限公司	有限责任公司（自然人独资）	乐初步	1000.00	林业、农业项目投资，农业观光休闲旅游	2014-08-12	均溪镇华坑村虎鼻崎
盛百顺矿业有限公司	有限责任公司（自然人独资）	周调顺	1000.00	建材、五金交电、金属材料销售	2014-08-12	均溪镇赤岩山路
大田县海昌贸易有限公司	有限责任公司（自然人投资或控股）	朱建仁	1000.00	煤炭、煤矸石、铁矿石、高岭土、石灰、石灰石、尾渣、尾矿销售	2014-08-27	上京镇梅林村
聚贤农业开发有限公司	有限责任公司（自然人投资或控股）	林大炽	1000.00	花卉、蔬菜、水果、食用菌种植、销售	2014—09-05	桃源镇桃源村
红星名门大酒店有限公司	有限责任公司（自然人投资或控股）	林凤洋	1000.00	住宿和餐饮	2014-09-17	均溪镇赤岩山路
大田县鸿松汽车修理有限公司	有限责任公司（自然人投资或控股）	郭立松	1000.00	汽车修理、汽车零配件销售	2014-09-18	广平镇兴埔村
红武陵生态旅游有限公司	有限责任公司（自然人投资或控股）	涂育宗	1000.00	旅游产业投资与资产管理，旅游工艺品设计、制作、销售	2014-12-01	武陵乡宏图街
大田县云龙牧业生态养殖有限公司	有限责任公司（自然人独资）	李振云	1500.00	生猪养殖	2014-12-04	均溪镇翰林村
大金田农业有限公司	有限责任公司（自然人投资或控股）	陈乘毛	1000.00	水果、蔬菜、花卉、树木种植，家禽饲养、农业观光旅游，农副产品、预包装食品、工艺品销售	2014-12-04	上京镇上京村
仕坑矿业有限公司	有限责任公司（自然人投资或控股）	林斗盛	1000.00	金属矿、非金属矿销售	2014-12-08	均溪镇文山路

续表 23

登记名称	企业类型	法定代表人\负责人	注册资金（万元）	经营范围	成立日期	地　址
田安生态农业发展有限公司	有限责任公司（自然人投资或控股）	田昌骞	1000.00	生态农业休闲、观光旅游开发，林木、农产品、果品、蔬菜种植、展示及销售，茶叶加工、内陆养殖	2014-12-09	太华镇街道
腾顺物流有限公司	有限责任公司（自然人投资或控股）	乐建木	1000.00	物流，汽车、轮胎、汽车配件、润滑油、燃料油购销，机械设备租赁、车辆施救、承接土石方工程	2014-12-10	石牌镇小湖村
大田县内洋乡村旅游发展有限公司	有限责任公司（自然人独资）	苏庆焌	1200.00	农业观光休闲旅游，农产品、水产品销售	2014-12-15	屏山乡内洋村
大田县鑫农乡村旅游发展有限公司	有限责任公司（自然人独资）	苏爱华	1000.00	农业观光休闲旅游，农产品、水产品销售	2014-12-15	屏山乡许坑村
佳盛林业有限责任公司	有限责任公司（自然人独资）	林春来	1000.00	林木育苗、采伐，指接板、细木工板加工，木材、花卉、林业机械、森林防火物资销售	2014-12-15	均溪镇雪山南路3号
大田县艺森竹木业有限公司	有限责任公司（自然人独资）	王孔灯	1000.00	竹、木制品加工、销售	2014-12-16	广平镇犁田峰工业园区
旺宝福珠宝首饰有限公司	有限责任公司（自然人独资）	杨传旺	1000.00	黄金、珠宝首饰、工艺品加工及销售，钟表、玉石、玉器销售	2014-12-16	均溪镇建山路
大田县京之园旅游开发有限公司	有限责任公司（自然人投资或控股）	叶玉团	1000.00	旅游产业投资与资产管理、农业观光休闲旅游，城镇绿化苗生产、住宿餐饮，旅游工艺品、预包装食品销售	2014-12-16	华兴乡京口村
大田县大鼓山茶业有限公司	有限责任公司（自然人投资或控股）	陈学舜	1000.00	茶、水果、蔬菜、毛竹、花卉种植、造林和更新，家禽家畜、鱼饲养，农产品加工、销售	2014-12-19	吴山乡梓溪村

续表 23

登记名称	企业类型	法定代表人\负责人	注册资金（万元）	经营范围	成立日期	地 址
盛达市政建设有限公司	有限责任公司（自然人投资或控股）	罗建康	2518.00	工程建设	2001-12-31	均溪镇桥山路
福建省大田县德润置业有限公司	有限责任公司（自然人投资或控股）	吴建国	2000.00	房地产开发、房屋租赁、建筑材料销售	2011-06-13	均溪镇福田路
福建双嘉汽车发展有限公司	有限责任公司（自然人投资或控股）	邱 零	3850.00	汽车及配件销售、二手车中介服务；汽车装潢	2009-09-11	济阳乡济中村

说明：注册资金 1000 万元以上

（黄清渊）

【部分三资企业名录】

2014 年大田县部分三资企业名录

表 24

登记名称	企业类型	法定代表人\负责人	注册资金（万元）	经营范围	成立日期	地址
大田长庆实业有限公司	有限责任公司(台港澳法人独资）	陈永建	1000.00	建筑材料销售	2014-01-26	均溪镇文山路
大田石凤水泥有限公司	有限责任公司(台港澳法人独资）	李祖协	748.00	水泥及水泥熟料生产	1993-10-04	均溪镇凤山东路
大田县南湖针织时装有限公司	有限责任公司(台港澳法人独资）	徐伟福	848.00	针织时装产品生产	1994-11-25	均溪镇福塘村
浩特纺织科技有限公司	有限责任公司(台港澳法人独资）	施毅然	3388.00	高档织物面料研发织造、服装生产销售、布料销售	2012-12-17	华兴乡京口工业集中区
格林实业（三明）有限公司	有限责任公司(台港澳法人独资）	赵建河	1351.00	服装生产、轻工产品进出口贸易	2010-05-31	均溪镇福田工业区
仙峰养生温泉旅游开发有限公司	有限责任公司(台港澳法人独资）	李世快	1420.00	旅游景点开发、旅游设施建设及配套服务	2010-07-07	石牌镇石牌路
飞鹰实业（三明）有限公司	有限责任公司(台港澳法人独资）	黄金杯	1100.00	无纺布、PU 合成皮革的生产与销售	2010-07-29	县华兴乡京口工业区

说明：注册资金 500 万美元以上

（黄清渊）